노마디즘 1

노마디즘 1

천의 고원을 넘나드는 유쾌한 철학적 유목

이진경 지음

Humanist

■ 일러두기

이 책 전체에 걸쳐서 《천의 고원》 인용은 불어본과 번역본 두 가지로 하였다. 불어본은 Deleuze/Guattari, Mille Plateaux, Minuit, 1980인데, 이 책에서는 MP로 약하여 표기했고, 쪽수를 적어넣었다(MP, 9~10). 번역본은 이진경, 권해원 외 역, 《천의 고원》(1, 2)를 인용하였다. 번역본의 표기는 Ⅰ, 128 또는 Ⅱ, 96 등으로 하였다. 이 번역본의 파일은 www.transs.pe.kr에서 자료실에 가면 다운로드 받을 수 있다. 부적절한 번역은 수정하였는데, 특별한 경우가 아니면 따로 언급하지 않았다.

서문

> 친구가 될 수 없다면 진정한 스승이 아니고,
> 스승이 될 수 없다면 진정한 친구가 아니다.
> —이탁오

    이 책은 들뢰즈·가타리와의 우정을 기념하기 위한 책이다. 물론 이 말에 의혹과 불신을 가질 사람이 적지 않으리라는 것을 잘 안다. 실제로 나는 들뢰즈도, 가타리도 만난 적이 없다. 솔직한 고백을 하자면, 일전에 독일에 살던 시절에 들뢰즈를 만나고 싶다는 생각을 한 적이 있었다. 그러나 그것을 본격적으로 추진하려 할 무렵, 그가 자살했다는 비보를 들어야 했다. 그래서 나는 자랑할 만한 사진은커녕 친필 편지 한 장 주고받은 것이 없다.

    그럼에도 불구하고 그들과의 우정을 기념한다는 말은 결코 거짓말도, 농담도 아니다. 아니, 좀더 강하게 말해서 이 책은 그들과 나의 '우정의 기록'이라고 해도 좋을 것이다. 우정의 기록이란, 함께 찍은 사진이나 서로 주고받은 서명된 편지만을 뜻하진 않는다. 비록 멀리 떨어져 있지만, 심지어 만난 적도 없지만, 서로 간에 호의를 갖고 무언가를 주고받았고, 그것을 통해 삶이나 사유에 어떤 변화가 야기되었다면, 그것으로 우정을 나누었다고 말하기에 충분하지 않을까?

그래서 우리는 서로 만난 적도, 동일한 시간대에 살았던 적도 없으면서 많은 것을 주거나 받는 사람들을 본다. 아마도 들뢰즈에게는 에피쿠로스가 그랬을 것이고, 스피노자가 그랬을 것이며, 니체가 그랬을 것이고, 베르그송이 그랬을 것이다. 《철학이란 무엇인가?》에서 들뢰즈와 가타리는 "철학이란 친구들과 하는 것"이라고 말한 적이 있다. 그렇다면 들뢰즈에게 스피노자나 니체보다 친한 친구를 찾을 수 있을까? (물론 여기에 들뢰즈의 친구 푸코 또한 포함시켜야 한다.) 이런 점에서 들뢰즈가 그들 각각에 대해 쓴 책은 들뢰즈와 그들 간의 우정을 전하는 우정의 기록들이다.

나는 《천의 고원》을 통해서, 아니 들뢰즈와 가타리가 함께 쓴 저작이나 각각이 혼자 쓴 수많은 저작을 통해서 그들과 철학적 우정을 나누었고, 그들과 함께 사유했으며, 그들의 사유를 통해서 이전에 보거나 생각하지 못했던 많은 것을 보고 생각할 수 있었다. 그것은 나의 삶이 펼쳐지는 여정에 아주 중요한 문턱 중 하나가 되었다. 그리고 그들을 통해서 니체나 스피노자 같은 새로운 친구들을 알게 되었고, 그들과 함께 철학적 우정을 나눌 기회를 얻을 수 있었다. 그들은 나에게 진실로 스승 같은 친구였고, 동시에 친구 같은 스승이었다.

이 책은 《천의 고원》에 대한 책이다. 〈수유연구실＋연구공간 '너머'〉에서 그 책에 대해 강의했던 것을 기초로 하여 씌어진 책이다. 그렇지만 단지 그 책에 대한 책만은 아니다. 그보다는 그 책을 통해 내가 말했던 기록이고, 그 책과 더불어 내가 사유했던 기록이며, 그 책-기계를 이용해서 내가 알게 된 것, 만들어낸 것들의 기록이다. 또한 그 책을 통해서 내가 그들의 사유와 섞이며 끄집어낸 것들의 모음이다. 요컨대 그 책을 따라가면서 그들과 내가 만나고 헤어졌던 흔적들의 집합이다. 따라서 이 책은 《천의 고원》에 대한 책이지만,

그들과 나의 우정의 기록이라고 하기에 충분하다.

이 책은 《천의 고원》이나 들뢰즈의 철학을 좀더 쉽게 해명하려는 안내서고 그 책-기계를 이용하는 '설명서(manual)'임을 자처하지만, 동시에 내가 그들의 책을 통해 어느새 말려-들어갔던(involution) 들뢰즈·가타리-되기의 기록이고, 이로 인해 뭇 사람들을 들뢰즈·가타리-되기의 선으로 끌어-들이려는 유인과 촉발의 시도다. 그런 만큼 그것은 들뢰즈·가타리로 하여금 무언가 다른-것이-되게 하는 성분을 포함하고 있음이 틀림없다. 인간의 동물-되기가 동물의 다른-것-되기를 필경 포함하게 마련이듯이 말이다.

아마도 독자들은 들뢰즈·가타리가 스스로 끌어들인 것들 가운데 일부분이 더욱더 크고 넓게 확장되면서 들뢰즈·가타리의 원래 영토를 침식하는 것을 보게 될 것이다. 혹은 그들이 생각하지 않았던 것, 말하지 않았던 것이 어느새 그들이 만든 배치들, 그 기계들 틈새로 끼어들며 또 다른 탈영토화의 선을 그리는 것을 보게 될지도 모른다. 그러나 새로운 탈영토화의 선이 그려지지 않고서 대체 어떻게 한 권의 책이 새로 씌어질 수 있을 것인가?

나는 이질적인 어떤 것과 만나 만들어지는 그 새로운 생성의 선에 대해, 다른 것들과 만나 그들 자신이 다른-것이-되는 그 변이의 선에 대해 그들이 비난하거나 반대할 것이라곤 생각하지 않는다. 거꾸로 나는 그것이 그들이 기꺼이 반길 만한 생성이요 창안임을 확신한다. 왜냐하면 그것이 바로 그들이 나에게 알려준 사유와 행동의 '기술'이며, 철학하는 '방법'이기 때문이다.

그러나 그것이 아무 거나 제멋대로 섞는 그런 혼합이나 혼성은 결코 아니다. 내가 한 것은 그들이 문을 연 방향에서, 그들이 끌어들이고자 했던 것을 좀더 강하게 끌어들인 것에 불과하다. 외부와의 만남/접속, 유목과 혁명, 의미화와 주체화에서 벗어나는 탈지층화의 선, 일관성의 구도, 그리고 내재성 등. 내가 좀더 밀고 들어간 것은 모두 이 문들을 통해서 이미 반쯤 들어선 것들이었다. 하지만 그것만으로도 그들이 만들어놓은 책의 배치 안에 무언가 변이가 발생한 것은 틀림없다. 그것을 통해 나는 '천의 고원', 아니 '수천의 고원'에 포함될 또 하나의 새로운 '고원'을 추가할 수 있다고 생각했다. 〈무아의 철학과 코뮨주의〉라는 제목을 단 마지막 장이 그것이다.

이 장은 그 앞의 장들과 다른 스타일로 씌어졌지만, 그 차이를 그대로 둔 것은 그것이 강의한 것이 아니어서 그런 것만은 아니다. 그런 식으로 나를 통해 만나고 변성된 것을 새로운 하나의 고원으로 만들어 돌려주고 싶었기 때문이다. 그 장은 내가 《천의 고원》을 여행한, 아니 《천의 고원》에 이르기까지 그들과 함께 여행하여 도달한 곳이면서, 동시에 새로운 탈영토화가 시작되는 곳, 혹은 이렇게 표현해도 좋다면, '내가 《천의 고원》에서 나가는 출구'라고 말해도 좋을 것이다. 그렇게 '천의 고원'이 수천의 고원, 수만의 고원으로 증식되기를! 그렇게 새로운 탈주선, 탈영토화의 선이 범람하기를! 그렇게 생성의 선들이 차이의 반복으로 한없이 이어지기를!

들뢰즈와 가타리는 《천의 고원》 각각의 고원을 독립적으로 읽을 수 있을 거라고 말한 바 있다. 이 책 역시 그 점에선 동일하다. 내 생각에 이 책이나 《천의 고원》을 읽는 아마도 가장 미련한 방법은 우직하게 처음부터 읽다가 지쳐서 뒤쪽에 있는 풍요로운 고원을 보지 못하는 것이 아닐까 싶다. 특히 유목주의의 다양한 잠재성을 탐색하면서 그것의 정치적 함축을 명확하게 언명하고 있는 12, 13장, 그리고 생성의 또 다른 번역어인 '되기'의 문제를 다룬 10장을 읽지 않고는 그 책, 아니 이 책을 읽었다고 하기 힘들지 않을까 싶다.

앞서 말했듯이 《천의 고원》에 대한 강의를 담고 있는 이 책은 1998년 겨울에 시작한 이후, 매년 한 번씩은 했던 연구실 강의에 기초하고 있다. 굳이 '기초하고 있다'라는 말을 쓴 것은, 녹취한 시기와 출간을 준비하던 시기 사이에 또다시 수많은 만남과 인연의 선들이 끼어들어 '나'의 생각을 다르게 변성시켰기에, 출간하기 위해선 거의 대부분을 다시 써야 했기 때문이다. 덕분에 출간은 예정보다 훨씬 늦어졌고 훨씬 힘든 일이 되었다. 게다가 보다시피 분량이 많아서 모든 일정을 가능한 한 뒤로 미루고 작업했음에도 불구하고 많은 시간이 지나갔다.

그래도 그럭저럭 책이 나올 수 있었던 것은 많은 사람들의 도움이 있었기 때문이다. 강의 기획자와 강의를 들어준 수강생들, 책을 만들도록 부추긴 사람, 녹취하는 작업을 해준 사람들, 교열과 교정 작업을 도와준 사람들, 도판을 구하거나 필요한 '잡학'을 제공하고 보충해준 사람들, 그 와중에 내 생각과 내 삶에 끼어든 사람들, 그리고 원고를 곱게 책으로 만들어준 사람들 등등, 수많은 인연의 선이 모이고 중첩되어 이 책이 만들어질 수 있었다. 이런 의미에서 이 책은 그들 모두와의 우정의 기록이기도 하다. 직접 거명하기엔 너무 많은 그 모든 분들에게 이 자리를 빌려 감사의 인사를 올린다. 이 책으로 인해 그들 모두와, 아니 이 책이 만나게 될 모든 외부와 새로운 우정을 나눌 계기가 만들어지기를…….

2002년 10월 29일
이진경

차례 노마디즘 1

0장 차이의 철학과 역사유물론

23 1. 《천의 고원》, 혹은 철학적 음악?

34 2. 들뢰즈+가타리

38 3. 《천의 고원》에 이르는 길
   1) 1968년 이전 | 2) 《안티 오이디푸스》: '정신분석학 비판을 위하여'
   3) 《카프카》: '욕망'에서 '배치'로 | 4) 《천의 고원》: 새로운 역사유물론?

1장 리좀: 내재성, 혹은 외부의 사유

67 1. 책에 관하여
   1) 책이란 무엇인가? | 2) 책과 외부 | 3) 책의 유형들

91 2. 리좀의 몇 가지 특징들
   1) 접속의 원리 | 2) 이질성의 원리 | 3) 다양성의 원리
   4) 비의미적 단절의 원리 | 5) 지도그리기와 전사술

108 3. 수목적 사유와 리좀적 사유
   1) 수목적 체계와 위계적 체계 | 2) 초월성과 내재성
   3) 리좀 속의 수목, 수목 속의 리좀

2장 무의식과 욕망: 욕망하는 기계에서 욕망의 다양체로

123   1. 분열분석의 대상

127   2. 《안티 오이디푸스》: 욕망으로서의 무의식
         1) 정신분석학에서 욕망의 개념 | 2) 《안티 오이디푸스》에서 욕망의 개념 | 3) 분열분석의 네 가지 명제 | 4) 분열분석의 과제

152   3. 《천의 고원》: 다양체로서 무의식
         1) 변화의 요소들 | 2) 무의식, 혹은 늑대의 무리
         3) 무의식, 리좀적 다양체

167   4. 분열분석이란 무엇인가?

3장 이중분절, 혹은 지질학적 역사유물론

179   1. 지층화와 이중분절
         1) 지층과 지층화 | 2) 이중분절 (1) 1차 분절과 2차 분절
         (2) 내용과 표현 차원에서의 분절

202   2. 지층과 추상기계
         1) 추상 기계 (1) 형식의 추상과 탈형식적 추상 (2) 탈형식화의 추상기계 | 2) 지층과 그 외부 | 3) 지층화와 탈지층화 (1) 탈코드화/재코드화, 탈영토화/재영토화 (2) 상대적 운동과 절대적 탈영토화

223   3. 내용과 표현 : 구별의 유형들
         1) 구별의 세 가지 유형 | 2) 실재적-형식적 구별
         3) 실재적-실재적 구별 | 4) 실재적-본질적 구별

235   4. 내용과 표현의 관계
         1) 내용/표현은 기의/기표 관계로 환원되지 않는다
         2) 내용/표현은 내용/형식 관계로 환원되지 않는다 | 3) 내용과 표현의 상이한 형식에 진화적 단계를 설정하는 것은 불가능하다

248   5. 지층과 배치, 추상기계
         1) 지층과 배치 | 2) 배치와 추상기계의 관계

4장 언어학의 외부: 반음계주의적 언어학을 위하여

261　1. 언어는 정보적이고 소통적이리라
　　　1) 언어활동 : 명령과 훈육 | 2) 언표와 언표행위 | 3) 명령어
　　　4) 주파수와 공명 | 5) 비신체적 변환 | 6) 화용론

282　2. '외생적인' 어떤 요소에 호소하지 않는, 언어라는 추상적 기계가 존재하리라
　　　1) 내용과 표현 | 2) 배치의 4가성 | 3) 언어학의 외부

297　3. 언어를 동질적인 체계로 정의할 수 있게 해줄 보편성과 항상성이 존재하리라
　　　1) 상수들의 체계와 변수들의 체계 | 2) 일반화된 반음계주의
　　　3) 언어 속의 언어들 | 4) 언어를 더듬거리게 하기

316　4. 다수적인, 혹은 표준적인 언어 아래서만 언어는 과학적으로 연구될 수 있으리라
　　　1) 표준어, 혹은 언어의 권력 | 2) 다수적 언어와 소수적 언어
　　　3) 명령어와 탈주선

5장 기호체제들: 기호계는 어떻게 작동하는가?

333　1. 기호체제의 개념
　　　1) 기호체제와 미시정치학 | 2)기호체제의 개념

338　2. 네 가지 기호체제
　　　1) 기표적 기호체제 | 2) 전기표적 기호체제 | 3) 반기표적 기호체제
　　　4) 탈기표적 기호체제

379　3. 주체화 체제와 이중체
　　　1) 주체화 체제의 얼굴 | 2) 코기토의 의식적 이중체
　　　3) 커플의 정염적 이중체 | 4) 두 가지 잉여성 | 5) 탈지층화의 선

405　4. 기호체제의 혼성과 변환
　　　1) 기호체제의 혼성성 | 2) 기호계의 변환/번역 가능성,
　　　혹은 변환의 유형들 | 3) 기호계의 성분들

6장 기관 없는 신체에 관하여: "인간은 자신이 본래 무엇이라고 생각하는가?"

426　1. 기관 없는 신체란 어떤 것인가?
　　　　1) 금이 그어진 알 | 2) 뭉개진 얼굴 | 3) 요가, 혹은 '본래면목(本來面目)'

439　2. 잔혹연극과 기관 없는 신체

446　3. 기관 없는 신체가 왜 '문제'인가?

454　4. 어떻게 기관 없는 신체를 만들 것인가?

459　5. 기관 없는 신체 위에선 무슨 일이 벌어지는가?
　　　　1) 기관 없는 신체와 강밀도 | 2) 기관 없는 신체와 욕망 | 3) 욕망과 내재성

477　6. 세 가지 지층, 세 가지 기관 없는 신체
　　　　1) 세 가지 지층 | 2) 탈지층화와 위험 | 3) 기관 없는 신체의 세 가지 유형

488　7. 기관 없는 신체와 일관성의 구도

7장 얼굴의 정치학: 얼굴의 권력, 권력의 얼굴

496　1. '얼굴'과 '시선'의 현상학

501　2. 얼굴의 미시정치학
　　　　1) 표현기계 | 2) 얼굴과 권력

507　3. 얼굴과 신체
　　　　1) 얼굴과 언어 | 2) 머리와 얼굴 | 3) 얼굴과 풍경

525　4. 탈영토화에 관한 4개의 정리

532　5. 얼굴은 어떻게 만들어지고 작동하는가?
　　　　1) 안면성의 추상기계 | 2) 얼굴과 가면 | 3) 안면성-기계의 작동방식
　　　　4) 이항적 관계의 확장

574　6. 얼굴의 극한
　　　　1) 두 개의 극한적 얼굴과 클로즈업 | 2) 얼굴의 해체 혹은 탈안면화

8장 사건의 철학과 분열분석

593   1. 사건과 계열화
        1) 사건이란 무엇인가? | 2) 점적(點的) 사유와 선적(線的) 사유

601   2. 소설과 사건

608   3. 세 가지 삶, 세 가지 선

620   4. 절단, 균열, 단절

629   5. 두 종류의 감시자

634   6. 분열분석과 선의 배치
        1) 선의 배치 | 2) 세 가지 선:혼합, 이행 그리고 위험

9장 미시정치학과 선분성: 거시정치와 미시정치

654   1. 선분성의 양상들
        1) 선분성 | 2) 선분성의 세 형태

661   2. 선분성의 두 유형
        1) 이항적 선분성의 두 유형 | 2) 원환적 선분성의 두 유형
        3) 선형적 선분성의 두 유형

681   3. 거시정치와 미시정치
        1) 두 개의 성, N개의 성 | 2) 계급과 대중 | 3) 관료제 | 4) 전체주의와
        파시즘 | 5) 유연한 선분성에 대한 오류 | 6) 68년 5월 혁명

704   4. 선분성과 권력 중심
        1) 선분적인 선과 양자화된 흐름 | 2) 화폐대중의 흐름과 선분화
        3) 믿음 · 욕망의 흐름과 권력 | 4) 권력 중심에 대한 명제들

723   5. 세 가지 선과 네 가지 위험
        1) 두 가지 추상기계 | 2) 세 가지 선 | 3) 네 가지 위험
        ① 공포 ② 명확성 ③ 권력 ④ 혐오 혹은 멸망의 정염

■ 찾아보기

745   주제어 찾아보기
778   인명 찾아보기

차례 노마디즘 2

10장 생성 혹은 되기: 동물-되기에서 모든-것이-되기에 이르는 길

1. 생성, 혹은 되기의 '철학적' 문제
    1) 존재의 철학과 생성의 철학 | 2) 되기와 변용

2. 되기와 기억들
    1) 되기와 반-기억 | 2) 되기-고원의 기억들

3. 동물-되기
    1) '윌라드'의 쥐-되기 | 2) 유비적 표상과 구조적 동형성
    3) 동물이 되는 방법 | 4) 동물-되기, 되기 | 5) 동물-되기의 세 가지 원리 (1) 다양체의 원리 (2) 별종, 혹은 예외적 개체 (3) 변환 혹은 되기의 문턱들

4. 분자-되기, 음악-되기
    1) 분자-되기, 혹은 되기의 분자들 | 2) 되기의 블록
    4) 되기와 모방 | 5) 분자-되기와 소수-화

5. 지각-불가능하게-되기와 비밀
    1) 지각-불가능하게-되기 | 2) 비밀-화, 혹은 비밀의 세 유형

6. 음악-되기의 원소들은 어디로 가는가?
    1) 목소리의 기악-화 | 2) 분자-화, 이온-화, 원소-화
    3) 음악-되기의 블록, 혹은 일관성의 구도 | 4) 탈영토화에 관한 정리들

8. 일관성과 특개성
    1) 되기와 차이 개념 | 2) 기준, 혹은 일관성의 구도
    3) 신체의 경도와 위도 | 4) 특개성 | 5) 두 개의 구도

11장 음향과 배치: 리토르넬로에 대하여

1. 리토르넬로란 무엇인가
   1) 음악에서의 리토르넬로 | 2) 리듬적 인물과 선율적 풍경
   3) 음향과 배치

2. 리토르넬로의 세 가지 측면
   1) 방향적 성분 | 2) 차원적 성분 | 3) 이행적 성분

3. 배치와 리토르넬로
   1) 카오스에서 환경으로 | 2) 영토와 표현 | 3) 영토와 스타일
   4) 배치와 이행 | 5) 네 가지 리토르넬로

4. 배치와 일관성
   1) 일관성 | 2) 일관성과 이질성 | 3) 배치와 기계 및 생명

5. 음악에서 세 가지 배치
   1) 고전주의 | 2) 낭만주의 | 3) 모던

6. 리토르넬로와 민중

12장 유목의 철학, 전쟁기계의 정치학

1. 전쟁기계란 무엇인가?
   1) 전쟁기계와 전쟁 | 2) 전쟁과 국가장치

2. 전쟁기계는 국가장치에 외부적이다
   1) 신화에서 전쟁기계의 외부성 | 2) 장기와 바둑
   3) 국가장치와 전쟁기계

3. 국가장치의 구성을 저지할 방법이 있는가?
   1) 국가장치를 저지하는 요인 | 2) 국가장치와 교환
   3) '원국가'와 국가저지 메커니즘

4. 유목적 과학과 국가적 과학
　　1) 유목과학의 특징 ① 유체와 흐름의 이론 ② 생성과 이질성의
　　모델 ③ 소용돌이형의 모델 ④ 문제설정적이다
　　2) 유목과학과 국가과학의 관계

5. 사유의 두 가지 양상
　　1) 사유의 국가적 모델 ǀ 2) 대항사유

6. 전쟁기계와 공간 : 전쟁기계의 공간적 측면
　　1) 점과 선
　　① 점과 선의 관계 ② 선의 기능의 차이
　　2) 유목민의 공간
　　① 탈영토화의 공간 ② 촉감적 공간
　　③ 국지적 절대 ④ 매끄러운 공간
　　3) 국가장치와 홈파기

7. 전쟁기계와 수 : 전쟁기계의 수적 측면
　　1) 조직의 세 유형 ǀ 2) 유목민과 수 ǀ 3) '세는 수'의 특징
　　4) 유목민과 역사

8. 전쟁기계와 무기 : 전쟁기계의 감응적 측면
　　1) 무기와 도구 ① 투척와 투입 ② 속도와 중력 ③ 자유행동과
　　노동 ④ 감응과 감정 ⑤ 기호와 보석 ǀ 2) 무기와 노동의 동맹

9. 전쟁기계와 야금술
　　1) 무기와 기계적 계통 2) 야금술과 구멍 뚫린 공간

10. 전쟁기계와 전쟁
　　1) 전투와 전쟁 ǀ 2) 전쟁과 전쟁기계
　　3) 전쟁기계의 국가적 영유 ǀ 4) 전쟁기계와 전쟁의 변화 양상

13장 포획장치와 자본주의: 다시, 국가와 혁명에 관하여

1. 국가의 두 극들
   1) 마법사-황제와 판관-사제 | 2) 국가는 전쟁기계를 어떻게 포획하는가

2. 어느 것이 일차적인가?
   1) 극한과 문턱 | 2) 잉여와 스톡 | 3) 예견-방지 메커니즘
   4) 두 개의 문턱 | 5) 자본주의와 예견-방지 메커니즘

3. 포획
   1) 포획이란? | 2) 교환과 스톡 | 3) 포획장치 | 4) 지대의 포획
   5) 이윤의 포획 | 6) 세금의 포획 | 7) 포획장치의 추상기계
   8) 포획장치와 폭력

4. 국가와 그 형태들
   1) 제국적 고대국가 | 2) 진화된 제국의 국가적 극 | 3) 근대 국민국가
   4) 공리계와 실현 모델 | 5) 기계적 노예화와 사회적 예속화

5. 공리계와 현재의 상황
   1) 추가와 제거 | 2) 포화 | 3) 모델과 동형성 | 4) 능력
   5) 포함된 제3항 | 6) 소수자들 | 7) 결정 불가능한 명제

14장 매끄러운 공간, 홈 패인 공간

1. 기술적 모델

2. 음악적 모델

3. 해양적 모델

4. 수학적 모델

5. 물리적 모델

6. 미학적 모델
   1) 근거리 상과 촉감적 공간 | 2) 포괄성과 국지성

15장 무아의 철학과 코뮨주의

1. 경이: "무엇이 과학자들을 당혹하게 하는가?"

2. 인식: "레아는 누구인가?"

3. 존재: "솔라리스란 무엇인가?"

4. 윤리: "솔라리스의 '손님'들은 상인가 벌인가?"

5. '나'의 죽음, 혹은 인간의 죽음

■ 찾아보기
  주제어 찾아보기
  인명 찾아보기

0장 | 차이의 철학과 역사유물론

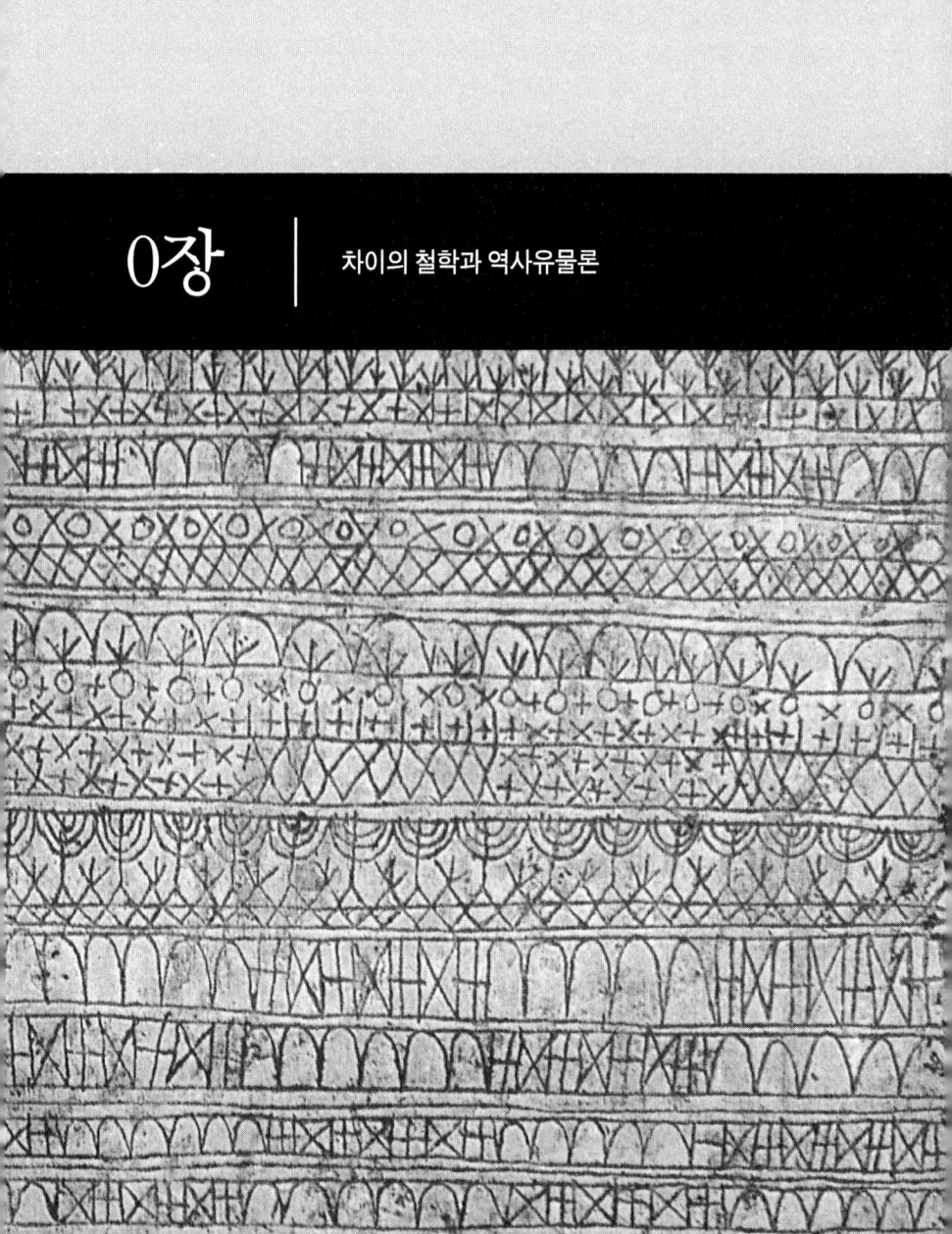

0

차이의 철학과 역사유물론

1. 《천의 고원》, 혹은 철학적 음악?

  제 생각이지만, 《천의 고원》은 아마도 20세기에 간행된 가장 '위대한' (그다지 좋은 형용사는 아니군요) 철학책 가운데 하나일 것이며, 또한 가장 아름다운 책 가운데 하나일 겁니다. 그것이 보여주는 사유와 그것이 만들어낸 개념들의 새로움과 독창성, 그것을 표현하는 간결한, 그러면서도 때론 익살스럽고 때론 환상적이며 때론 치밀하고 때론 허허로운 문장들이 그렇고, "만 미터 심해를 들여다본 고래의 충혈된 눈"이 그렇습니다. 하지만 이 책은, 저자들이 무어라고 말하든, 확실히 어려운 것이 사실이어서, 책-기계로 이용하여 새로운 무언가를 산출하는 것은 관두고 읽고 이해하기조차 쉽지 않습니다. 일전에 료타르(J-F. Lyotard)가 이 책이 출간된 당시 이 책에 대한 서평을 언급한 것을 본 적이 있습니다. "나는 프랑스의 한 주간지에서, 특히 철학책을 읽을 때는 어느 정도 이해할 수 있기를 기대하기 때문에 《천의 고원》에 대해 반감을 갖고 있다는 것을 읽은 적이 있다"고[1] 했던 걸로 보아, 그 당시 프랑스의 철학자에게도 이해하기 쉬운 책이 아니었던 것은 분명한 듯합니다.

물론 들뢰즈는 그전에 자신의 책이 어렵다는 지적에 대해 이렇게 말한 적이 있습니다.

> 하지만 놀라운 것은 이 책[《안티 오이디푸스》]이 어렵다고 생각하는 사람들이 다름 아니라 가장 교양 있는 사람, 특히 정신분석학적 지식을 많이 가진 사람들이라는 사실일세. ……나는 아무런 지식을 갖추지 않고서도 자신들의 '습관' 덕분에, 스스로를 그렇게 만드는 방식 덕분에, 기관 없는 신체라는 말을 금방 이해한 사람들을 알고 있네.[2]

하지만 이는 아마도 글의 쉽고 어려움에 대한 언급이라기보다는, 니체를 읽지 않아도 니체적으로 사유할 수 있고, 스피노자를 읽지 않아도 스피노자적으로 행동할 수 있다는 이야기를 한 걸 거예요. 그런 의미에서 들뢰즈의 사유는 우리가 생각했던 것 이상으로 우리에게 익숙한 것일 수도 있고, 우리가 알았다고 생각하는 순간에도 저 밀리 떨어져 있는 낯설고 생소한 것일 수도 있어요. 그 경우 어려

---

(1) 료타르, 〈질문에 답하며: 포스트모더니즘이란 무엇인가?〉, 정정호·강내희 편, 《포스트모더니즘론》, 터, 1989, 124쪽.
(2) 들뢰즈, 〈어느 가혹한 비평가에게 보내는 편지〉, 김종호 역, 《대담(Pourparler)》, 솔, 1993, 31쪽.

움이란 공부를 하면 할수록 더욱더 완고해지는 우리의 고정된 사유, 살면 살수록 더욱더 강하게 고착되는 삶의 방식에 기인하는 것이란 말이겠지요.

물론 그런 종류의 생소함이나 난해함만이 아니라, 접근하기 어렵게 만드는 '문체(style)'의 문제도 있을 거예요. 들뢰즈 역시 나름의 독창적인 문체가 독창적 사상가의 전제조건처럼 간주되고, 그런 문체를 만드는 데 필요하다면 문장을 돌리거나 비틀기도 하고, 장황한 설명이나 해설은 생략해버리기도 하는 프랑스에서 철학을 하는 사람이니 말입니다. 그래서 프랑스의 철학책은 문학책 이상으로 문학적이지만, 그런 만큼 마치 말라르메의 시를 읽어내는 데 필요한 긴장과 노력, 혹은 부담을 주는 것 또한 사실이지요. 카프카에 대한 책[3]에서 명시적으로 말하듯이, 들뢰즈는 특히 '간결함'의 미덕을 중요하게 생각하는 사람입니다. 많은 설명을 하는 경우가 별로 없지요. 그런 만큼 그의 글에는 수많은 것들이 생략되어 있고, 짧은 구절 하나에 수많은 의미들이 응축되어 있곤 합니다. 그의 글은 간결하고, 그런 만큼 담연하고 강밀합니다. 그래서 가령 니체에 대한 책은 니체의 저작을 충분히 읽지 않았다면, 베르그송에 대한 책은 베르그송의 책을 어느 정도 읽지 않았다면 읽고 이해하기가 아주 어려워요. 이것이 아마도 《천의 고원》을 포함해서, 그의 저작이 어려운 첫 번째 이유일 겁니다.

난해함의 또 하나의 이유는 들뢰즈와 가타리의 '잡학' 때문일 겁

---

(3) 들뢰즈·가타리, 이진경 역, 《카프카: 소수적인 문학을 위하여(*Kafka: pour une littérature mineure*)》, 동문선, 2001.

니다. 읽어보신 분들은 아시겠지만, 특히나 이 책에는 정신분석학이
나 철학, 문학, 언어학은 물론, 신화학, 민속학, 동물행동학, 경제학,
고고학, 음악, 미술사, 물리학, 분자생물학, 수학 등 온갖 '잡학'들
이 다 동원됩니다. 이는 한편으로는 다양한 학문의 성과를 이용하여
자신들의 사유를 펼치려는/설명하려는 생각에, 다른 한편으로는 그
모든 성과를 자신의 철학적 사유 안에 담으려는 생각에 따른 것일
겁니다. 하지만 자신들이 그러한 학문의 성과에 대해 철학적 '해석'
을 하고 있는 건 아니라는 것, 또 그런 예들을 개념에 대한 은유로
사용하고 있는 것도 아니라는 점을 강조합니다. 정말 강한 의미의
'예증'이라고 생각하거나, 아니면 그 사실들에 대한 사유를 펼치고
있다고 생각하고 있을 겁니다. 들뢰즈는 언젠가 자신이 '형이상학
자'냐는 질문에 그렇다고 한 적이 있는데,[4] 그것은 아리스토텔레스
가 사용했고, 베르그송이 다시 사용했던, 글자 그대로 메타-피직스
(méta-physique), 메타-자연학(자연학적 발견에 대한, 혹은 그것에
기초한 사유)라는 의미에서였습니다.[5] 아마도 그 많은 예들을 이런
맥락에서 이해할 수 있을 겁니다. 하지만 그가 다루고 있는 것이 물

---

(4) G. Deleuze, "Réponse à une série de question," A. Villani, *Les guêpes et les orchides*, Belin, 1999, 130쪽.
(5) "내가 베르그송적이라는 말은, 근대 과학은 아마도 자신이 필요로 하는 자신의 메타피직스
를 찾지 못했다고 하는 베르그송의 생각과 관련되어 있습니다."(같은 책) 한편 들뢰즈는 《의미
의 논리(*Logique du sens*)》의 후반부에서 물리적(physique) 표면과 메타물리적(méta-physique)
표면을 구별해서 사용하는데, 이 경우 메타피직스는 정확하게 메타물리적 표면이고, 사유의 표
면으로서 뇌의 표면을 지칭합니다(국역본에는 '형이상학적'이라고 번역되어 있습니다. 이정우
역, 《의미의 논리》, 한길사, 1999, 362~63쪽). 이런 용법으로 볼 때, 그가 말하는 메타피직스란
서양철학의 전통에서 사용되는 통상적인 '형이상학(métaphysique)', 다시 말해 어떤 근원적인
근거나 원리, 로고스로 모든 것을 환원하는 철학적 설명으로서의 '형이상학' 과는 전혀 무관하
며, 차라리 어원 그대로 메타-자연학이라고 해야 정확할 겁니다.

리학이나 자연학만은 아니라는 점에서, 차라리 '메타-과학' 내지 '메타-학문'[6]이라고 해야 더 적절할 듯합니다.

그래서 확실히 이 책은 그런 예들을 알고 있으면 이해하기가 쉬워요. 그런 점에서 이 책이 어렵다는 비난에 대해, 그건 자신들 책임이 아니라고 발뺌할 여지가 충분히 있는 셈이라는 생각도 들지요. 실제로 저는 그 예들을 최대한 놓치지 않고 쫓아다니면서 이 책을 읽었는데, 그래서인지, 아니면 익숙해져서인지, 처음엔 그 어이없고 황당하던 문장들이 나중엔 쉽게 느껴지게 되더군요. 그렇게 보면 이 책처럼 새롭고 풍요로운 책이 어디 있을까 싶은 생각도 하게 되었지요(믿거나 말거나!). 더불어 덕분에 다양한 '잡학'에 대해 알게 된 셈이고, 이 책에서 다른 잡학들로 이어지는 길들도 많이 보아두게 되었다는 생각도 합니다. 그런 점에서 이 책은, 아주 훌륭한 부산물을 선물로 주는, 다양한 지적 영역을 넘나들게 만드는 일종의 지도 같은 것이라고 해도 좋을 듯합니다.

하지만 모든 사람이 그런 식으로 책을 읽기는 쉽지 않을 겁니다. 그래서 누군가 "《천의 고원》을 어떻게 읽으면 이해하기 쉽겠느냐"고 질문하자, 들뢰즈는 "오디오에 음반을 걸어놓고 듣듯이 읽어달라"고 한 적이 있어요. 또 《철학이란 무엇인가》에서 들뢰즈는, 어떤 사람은 음악을 가지고 철학을 한다지만(가령 아도르노 같은 사람이 그렇지요), 자신은 철학을 가지고 음악을 한다면서 음악가를 '참칭' 한 적이 있었어요. 그렇다면 그가 쓴 책은 음악적 작품(곡composi-

---

[6] 이 경우에도 과학이나 학문에 관여하여 그것의 진위 여부를 가리는 분과학문으로 정의되는 그런 종류의 메타-과학이 아니라, 다양한 과학 내지 학문의 성과에 대한/기초한 사유라는 의미임을 잊어선 안 됩니다.

tion)인 셈이고 그는 작곡가(composer)인 게 되지요. 웃자고 한 애기일 수도 있겠지만, 이런 그의 말들을 진지하게 고려한다면 자신의 철학책을 음반을 듣듯이 들어달라는 이야기 역시 그저 단순한 농담이나 은유라고만은 할 수 없을 듯합니다(농담에 진지하게 주석을 다는 썰렁한 우愚를 용서하시길!).

카프카는 〈어느 개의 연구〉라는 작품에서, 춤추는 개들의 무리를 보면서 이렇게 쓴 적이 있어요.

> 그들은 이야기를 하는 것도, 노래를 부르는 것도 아니었다. 저마다 일제히 혈기왕성한 표정을 하고 입을 거의 여는 일이 없이, 텅 빈 공간으로부터 마법적인 힘으로 음악이 솟아나게 하는 것이었다. 모든 것이 다 음악이었다. 발을 올리고 내리거나 고개를 갸웃거리거나 달리고 멈춰서고 한 마리가 다른 개의 등 위에 앞발을 얹고 그리고 똑바로 선 앞의 개가 다른 모든 개의 무게를 지탱하고 있거나……서로 간에 규칙적인 결합 형태를 취하기도 하고 서로를 받아들이는 자세를 취하기도 한다.[7]

여기서 카프카는 아무런 소리도 없는 음악에 대해 말하고 있습니다. 들뢰즈와 가타리도 《카프카》에서 〈여가수 요제피네〉에 대한 애기와 더불어 이 부분을 인용한 적이 있지요. 아무런 소리 없이도 있을 수 있는 음악, 혹은 들을 수 없거나 식별 불가능한 소리로 하는 음악, 이건 아마도 리듬에 의해 어떤 움직임을 포착할 때 가능한 음

---

[7] 카프카, 〈어느 개의 연구〉, 이주동 역, 《단편전집》, 솔, 1998, 579쪽.

악일 거예요. 사실 이 책의 11번째 '고원'은 이 문제를 본격적으로 다루고 있어요. 그리고 이것은 또한 표상(representation) 이외의 형태로 포착되는 어떤 것에 대한 얘기기도 하고, 스피노자가 말하는 공통개념에 대한 것이기도 하며, 차이화하는 반복이라는 개념과 관계된 것이기도 합니다. 그래서 들뢰즈는 스피노자의 《에티카》라는 책에서 나타나는 음악적 리듬에 대해 진지한 글[8]을 쓰기도 했지요. 이런, 진지함이 지나쳤지요?

들뢰즈나 스피노자의 가장 중요한 문제의식 가운데 하나가, 표상 없이 사유하는 게 가능한가 하는 것입니다. 우리는 보통 표상을 통해서 지각하고 생각하며 말합니다. '의미'란 대개 그렇게 표상된 어떤 것을 지칭하지요. 그런데 '표상(representation)'이란 '다시 나타나게 하는 것(re-presentation)'입니다. 예를 들어 무언가를 보고 '빨간 깃발'이라고 판단할 때, 우리는 단지 눈앞에 나타난 어떤 사물을 있는 그대로 보고 있는 게 아닙니다. 말에 의해 고정되는 것은 일단 접어둡시다. 눈앞의 '빨간 깃발'은 그 자체로 나타나는 게 아니라, 무언가 다른 어떤 것과 연관되어 떠오릅니다. 혹자는 거친 투우를 떠올릴 것이고, 혹자는 운동회의 홍군 깃발을 떠올릴 것이며, 혹자는 공산주의를 떠올릴 겁니다. 또 공산주의를 떠올린 사람은 더불어 유혈 낭자한 내전을 떠올릴 수도 있을 것이고, 빨갱이라는 단어를 떠올릴 수도 있을 것이며, 민중혁명을 떠올릴 수도 있을 겁니다. 누구든 빨간 깃발만 단출하게 떠올리지 않습니다. 자신이 갖고 있는 경험이나 생각, 혹은 관념이나 도덕 등을 통해서 빨간 깃발을

---

[8] G. Deleuze, "Spinoza et les trois Ethiques," *Critique et clinique*, Minuit, 1993.

떠올립니다. 다시 말해 그 깃발은 있는 그대로 나타나는 게 아니라 그런 것들을 통해 다시-나타나는 거지요. 그리고 그런 다시-나타남은 언제나 자신이 갖고 있는 기존 관념의 동일성(정체성!)을 유지하는 방식으로 나타납니다. 표상을 통한 사유, 즉 표상적인 사유가 근본적으로 동일성에 의한 사유라는 것은 이런 뜻에서지요. 그것은 여러 사물들을 보면서 공통성을 추출하는 그런 사유(공통성의 추상으로서 추상 개념)와 결부되어 있습니다.

그런데 음악은 이런 식의 사유에서 처음부터 벗어나 있습니다. 가령 드뷔시(C. Debussy)의 〈아마빛 머리의 소녀〉를 들으면서 어떤 소녀의 인상을 떠올린다든지, 무소르그스키(M. Mussorgsky)의 〈전람회의 그림〉을 들으면서 등장하는 어떤 그림을 떠올린다든지 하는 것은 아주 유치한 일입니다. 심지어 가사가 딸린 가곡조차, 어떻게 연주하는가에 따라 때론 경쾌하고 아름다운 느낌을 만들어내지만, 때론 진중하고 기품 있는 느낌을, 때론 장중하고 무거운 느낌을 만들어냅니다. 그 차이를 느끼지 못한다면, 그것은 음악을 듣는 게 아니라 가사를 읽는 것입니다. 같은 바흐(J-S. Bach)의 〈프랑스 조곡〉도, 누구는 무게 있고 기품 있게 연주한다면, 누구는 강밀하면서도 경쾌하게 연주하지만, 누구는 섬세하고 가벼운 터치로 여성적인 느낌을 만들며 연주하지요.

물론, 여기서 사용된, 필경 어떤 표상을 만드는 '무게 있는', '경쾌한', '섬세한' 등의 단어들은 다만 제가 여러분에게 음악 없이 연주의 차이를 설명하기 위해 동원한 것일 뿐이며, 음악을 들으며 이런 말을 떠올리는 건 그 느낌을 남에게 말하기 위한 경우에, 다시 말해 음악적 감응 이후에 사용되는 것입니다. 연주가 주는 감응이나 느낌은 그 말들 이전에 오며, 말로 표현되지 않은 채 오고, 정확하게 말할 수 없는 어떤 느낌으로 오지요. 이처럼 음악은 표상 외부에서 무언가를 느끼게 합니다. 그리고 그 느낌은 언어로 표상되는 어떤 동일성에서 벗어나게 마련이지요.

들뢰즈가 글로 쓴 음악에 대해 말할 때, 그래서 데카르트가 그토록 강조했던 '명료함과 뚜렷함'에 대해 별다른 관심을 두지 않을 때, 심지어 개념을 뚜렷하게 정의하지도 않고 논증적인 명료함을 추구하지도 않을 때, 적어도 그의 책이 어렵다는 비난을 웃어넘길 때, 그가 생각하고 있던 것은 이런 게 아니었을까요? 반대로 그의 책을 음반을 걸어놓고 음악 듣듯이 들어달라고 주문하는 것은, 책의 리듬을 타고 읽어달라는 것일 거고, 그 리듬을 타는 데 익숙해지면 그가 말하려는 것을 충분히 이해할 수 있을 것이라는 게 아니었을까요?

사실 리듬을 탄다는 것은 아주 중요합니다(스피노자가 말하는 '공통개념'이란 바로 이런 것입니다). 그것은 무언가를 제대로 알고 있는가를 확인하는 가장 쉬운 방법입니다. 가령 수영을 한다는 것은 물의 리듬을 타는 것이고, 그 리듬에 자신의 리듬을 일치시키는 것입니다. 저도 수영을 어떻게 해야 하는지는 잘 알고 있습니다. 자유형의 동작이 어떤 게 정확하고, 접영의 동작도 어떻게 해야 하는지 아주 잘 알고 있습니다. 하지만 물에 들어가면 제 몸은 그저 단순히 수직운동만을 할 뿐입니다. 그냥 아래로 꼬르륵 내려가고 마는 거지요. 물의 리듬에 내 몸을 싣는 법을 모르기 때문입니다. 반면 수영의 동작이 어때야 하는지에 대해 제대로 설명하지 못해도 수영을 잘 하는 사람은 많습니다. 자동차 운전도 마찬가지지요. 운전 방법에 대해 시험을 잘 보고 면허증도 있건만, 실제로 자동차를 몰지 못하는 사람이 많지요. 끌고나갔다가 사고내기 일쑤인 분들이지요. 이유는 운전 방법에 대한 인식이나 이해가 모자라서가 아니라, 자동차의 흐름을 제대로 타지 못해서고, 그 리듬을 타지 못하기 때문이지요.

이런 점에서 리듬을 탄다는 것은, '이해'나 '인식'과는 다른 차원에서 무언가를 제대로 실행할 수 있는 능력과 결부되어 있습니다. 그것은 물의 흐름을 이용하는 능력, 자동차의 흐름을 자신의 리듬에 맞게 타면서 이용하고 때론 변용을 가하는 능력이지요. 때론 이 부분을, 때론 저 부분을 음반을 듣듯이 읽으면서 그 리듬에 익숙해지는 것, 그래서 그 책을 통해 어떤 '참된' 인식에 도달하려 하기보다는 그 책을 자신의 삶에 적절하게 이용하는 것(그래서 그들은 자신의 책을 '책-기계'로 이용해달라고 주문하고 있지요), 그게 바로 음반을 듣듯이 읽어달라는 주문이 말하고자 하는 바 아닐까 싶습니다. 그렇다면 자신들이 철학으로 음악을 하려 했다는 말도 점점 그럴듯하게 들리기 시작하지 않나요?

더불어 이런 음악적 책-기계를 통해 그들이 하려는 것에 대해서도 좀더 말해야 할 듯합니다. 새로운 사유의 리듬을 타는 것은 새로운 리듬감을 획득했다는 뜻입니다. 새로운 음악을 듣고 즐길 수 있게 되었다는 것은 새로운 음악적 감각이 생겼다는 뜻입니다. 새로운 사유의 음악은 우리에게 새로운 사유를, 아니 정확하게 말하면 새로운 사유의 감각을 촉발(affection)하고, 우리의 감각/정서(affect)를 변용(affection)시켜 새로운 사유의 리듬에 적절하게 감응(affect)하게 합니다. 니체의 말을 따라 "학문을 예술의 관점에서 보고 예술을 삶의 관점에서 본다"면, 다시 말해 철학도 예술도 삶의 문제, 새로운 삶의 방식을 만들어내는 문제로 본다면, 그것은 예술이나 철학, 혹은 학문을 통해 새로운 삶의 방식을 만들어내는 촉발/변용의 계기를 창출하는 것을 뜻하는 것일 겁니다. 그것은 의식이 바뀌고 표상 내용이 달라져도 사실은 잘 달라지지 않는 우리의 신체를, 그 신체의 모든 표면에 새겨져 있는 무의식적인 삶의 감각을 바꾸는 계기를 만들어내는 것입니다. 책을 통해 그런 삶의 방식, 신체의 표면, 삶의 감각과 감응의 방식을 변용시키는 것, 그것이 바로 이런 '철학적 음악'을 통해 저자들이 하고자 했던 것은 아닐까 싶어요.

그러니 책이 어렵더라도, 그건 처음 듣는 음악이 생소하고 귀에 선 것과 마찬가지려니 생각하세요. 더구나 '현대' 철학 아닙니까? 현대 음악을 들어보세요. 불레즈(P. Boulez)나 노노(L. Nono), 쉬톡하우젠(K. Schtockhausen), 베리오(L. Berio)는 말할 것도 없고, 윤이상이나 리게티(G. Ligeti)처럼 상대적으로 '들을 만한' 곡들도, 아니면 메시앙(O. Messiaen)처럼 상대적으로 '쉬운' 곡들도 지극히 생소하고 고통스러울 겁니다. 그에 비하면 이 책을 읽고 익숙해지는 것은 훨씬 쉬운 일일 겁니다.

물론 쇤베르크의 순진한 생각처럼 현대 음악을 반복해서 들으면 12음기법의 그 끔찍한 불협화음이 고운 소리로 들린다거나, 음렬화된 리듬에 춤을 출 수 있게 되는 건 아닐 겁니다. 하지만 적어도 몇 시간이든 앉아서 듣고 나면, 음악적 소리에 대한 감각, 음악에 대한 생각이 크게 바뀌리란 것은 분명합니다. 혹은 콘크리트를 뽀개고 아스팔트를 자르는 듯한 소리를 한 시간 가량 들려주는 루 리드(Lou Reed)의 실험적 음반 〈메탈 머쉰 뮤직(Metal Machine Music)〉의 끔찍한 소음음악을 다만 10분이라도 들어보세요. 아마 펄 잼(Pearl Jam)이나 너바나(Nirvana) 같은 80년대의 '그런지 록' 음악이 곱게 들릴지도 모르는 일이니까요. 아니면 조공례 씨의 고운 목소리와 김대례 씨의 거친 목소리가 번갈아 교차하는 시나위를 한번 들어보시든지요.

낯선 그 소리, 낯선 그 리듬 들에 조금씩 익숙해짐에 따라, 자신의 감각과 정서가 정말 조금씩 바뀌고 있다는 걸 쉽게 알 수 있을 겁니다. 새로운 소리, 새로운 리듬을 수용할 수 있는 능력(capacity)이 증대하고, 이질적인 소리, 이질적인 삶에 자신을 열 수 있는 능력이 크게 증대하리란 걸 확신합니다. 들뢰즈 · 가타리의 이 책도 아마 그럴 것입니다. 여러분이 자주 음반 《천의 고원》을 걸어놓고 듣는다면, 그래서 《천의 고원》과 리듬을 어느 정도 탈 수 있게 된다면, 여러분은 이미 변이의 선을 타고 있는 거라고 이야기할 수 있을 겁니다.

2. 들뢰즈+가타리

1980년에 씌어진 《천의 고원》이라는 책에 이르기까지, "둘이면서 하나인 동시에 그 이상인" 이 책의 저자들(다만 관습에 따라서 두 사람의 이름을 썼다고 그들은 말합니다)이 어떤 경로를 거쳤는지 간단하게 이야기하겠습니다. 질 들뢰즈는 아시다시피 철학사를 전공한 철학자입니다. 일생 동안 거의 여행도 하지 않고, 인용된 것만으로도 믿을 수 없을 정도의 책을 읽고 이용하며 사유했던, 편안하고 여유 있는 표정의 철학자지요. 그에 비해 잘 알려져 있지 않은 펠릭스 가타리는 정신분석가로, 한때는 라캉의 영향 아래 있었고, 우리(J. Oury) 등과 더불어 라 보르드(La Borde) 병원에서 집단요법이라는 실험적인 치료를 하기도 했던 의사지요. 가타리는 고등학교 때부터 이미 전투적 좌익활동가였고, 그래서 죽을 때까지 믿을 수 없을 정도로 많은 곳을 헤집고 다니면서 전투적인 실천을 했던 전사(militant)였다는 평을 쉽사리 발견할 수 있는 '활동가'입니다.

들뢰즈는 흄에 대한 책[9]이 있지만, 니체에 대한 책[10]으로 본격적인 지적 활동을 시작했던, 니체적인 사유가 몸에 배어 있던 사람이지요. 그런 점에서 들뢰즈는 '강한 의미에서' 니체주의자라고 할 수 있을 겁니다. 또 그에 못지 않게 동일한 의미에서 강한 의미의 스피노자주의자라고도 할 수 있는 사람입니다.[11] 들뢰즈는 60년대 이전에 맑스를 읽은 적이 없다고 말하고, 니체와 맑스를 같이 읽으면서 그때 비로소 맑스를 알게 됐다고 합니다. 그리고 헤겔에 대한 비판적 태도가 그의 사유 전체에 강하게 드러나는 만큼, 그와 근접했던 한에서 맑스에 대한 특별한 관심이나 적극적 호의를 갖고 있진 않았다고 보여요. 맑스에 적극적 관심과 애정을 갖게 된 건 아마 68혁명과 가타리 때문인 듯한데, 가타리와 함께 작업한 이후에는, 특히 말년으로 갈수록 자신이 "어떠한 의미에서도 맑스주의자"라는 발언을 자주 합니다.[12] 그리고 마지막 저작이, 《맑스의 위대성(*Grandeur de Marx*)》이 될 거라는 말을 하곤 했지요(네그리가 전하는 바에 따르면 이 원고는 죽기 직전에 씌어졌다고 하는데, 아마도 퇴고하지 않은 채 죽어서 아직 출간이 되지 않은 듯합니다).

---

(9) G. Deleuze, *Empirisme et Subjectivité: Essai sur nature humaine selon Hume*, PUF, 1953.
(10) G. Deleuze, *Nietzsche et la philosophie*, PUF, 1962.
(11) G. Deleuze, *Spinoza et le problème de l'expression*, Minuit, 1968.
(12) 가령 네그리와의 대담(《대담》, 190쪽)에서도 그랬고, 《르 누벨 옵세바퇴르(*Le Nouvel Observateur*)》에서 에리봉(D. Eribon)과의 대담에서도 그랬습니다. "《안티 오이디푸스》나 《천의 고원》에는 고스란히 맑스와 그 이념의 숨결이 담겨 있어요. 오늘날 난 완전히 맑스주의자라고 말할 수 있어요."(박철화, 〈부정과 긍정: 들뢰즈의 생애〉, 《세계의 문학》, 1996년 봄호, 79쪽)

반면 가타리는 앞에서 이야기했듯이 고등학교 때부터 학생운동을 했고, 프랑스 공산당에 대해 비판적이던 이른바 '극좌파' 맑스주의자였고, 68혁명 때 적극적이고 주도적인 역할을 했던 사람이었으며, 아주 독창적으로 사유하던 맑스주의자였어요. 그래서 그랬는지 가타리는, 들뢰즈와의 그런 연대와 우정에도 불구하고, 니체에 대해서는 특별한 호감을 갖지는 않았던 것 같습니다. 나중에 이탈리아의 자율주의 운동으로 유명한 네그리의 구명운동에 참여하기도 했고, 그와 함께 책을 쓰기도 했지요.[13]

이렇게 다른 경력과 성격을 가진 이질적인 두 사람이 만나 함께 사유하고 함께 책을 쓰게 된 겁니다. 그 결과 아주 독창적이고 훌륭한 네 권의 책이 씌어집니다. 아시다시피 《안티 오이디푸스》, 《카프카》, 《천의 고원》, 《철학이란 무엇인가?》가 그것이지요.[14] 두 사람의 만남은 68혁명 이후에 가타리가 들뢰즈를 찾아가서 인연을 맺게 되었다고 합니다. 아마도 가타리는 이전에 나온 책들을 통해, 60년대 프랑스의 전반적인 지적 조류와 달리, 프로이트(Freud)와 정신분석학에 대해, 그리고 라캉(Lacan)에 대해, 또 언어학이나 기호학에 대해 거리를 두고 있었던 들뢰즈를 주목하지 않았나 싶어요. 가타리는 프로이트와 라캉, 정신분석학에서 벗어나고자 했지요.[15] 이

---

(13) 가타리·네그리, 이원영 역, 《자유의 새로운 공간(*Nouvelle espace de liberté*)》, 갈무리, 1995(조정환 역, 《미래로 돌아가다》, 갈무리, 2000에 포함되어 재출간).
(14) *Anti-Oedipe*, Minuit, 1972; *Kafka*, Minuit, 1975; *Mille plateaux*, Minuit, 1980; *Qu'est-ce que la philosophie?*, Minuit, 1991.
(15) 이는 나중에 글을 모아 출판한 《정신분석과 횡단성(*Psychanayse et transversalité: Essai d'analse institutionnelle*)》(Maspéro, 1972)에서 간접적으로 확인됩니다. 한편 들뢰즈의 저작 가운데 오직 《의미의 논리》만이 정신분석학과 구조주의에 대해 호의적이지요.

미 정신분석학 내부에서 다양한 실험과 사유를 거치면서 그 한계를 보았던 가타리로선, 특히나 라캉이나 라캉주의에 대해 가졌던 여러 가지 비판적 문제의식을 좀더 밀고나갈 통로를 들뢰즈에게서 발견했던 거지요. 그래서 라캉에게 들뢰즈를 소개해달라고 부탁했는데, 라캉이 그러마고 대답은 했지만, 소개를 해주려고 하지 않아서 가타리가 다른 친구를 통해 직접 찾아갔다고 해요.

들뢰즈의 말을 들어보면, 아마 라캉은 들뢰즈를 가타리에게 소개해주기보다는 자기 주위로 끌어들이려고 했던 것 같습니다. 마조흐의 소설《모피 입은 비너스》에 붙인 들뢰즈의 긴 글(〈냉정함과 잔혹함〉)에 대해 라캉은 자신의 세미나에서 한 시간 동안이나 언급했다고 하면서, 직접 들뢰즈와 만난 자리에서 "나한테는 당신 같은 사람이 필요하다"고 했다고 해요. 그러나 가령 표상에서 벗어난 사유를 꿈꾸던 니체-스피노자주의자 들뢰즈와, 표상체계를 일종의 '인간조건'으로 다루는 프로이트-소쉬르주의자 라캉은 그다지 어울리기 쉬운 관계는 아니었을 겁니다. 오히려 가타리와의 만남에서 가타리의 프로이트-라캉 비판에 쉽게 의기투합할 수 있었던 듯한데, 가타리의 말로는 그 첫 만남에서 얼른 책을 내자고 서둘렀던 것은 오히려 들뢰즈였고, 자신이 반대로 신중파였다고 해요. 보기와는 정반대였던 셈이지요.

나중에《안티 오이디푸스》로 드러난 이 두 사람의 결합은 세간의 많은 비난을 샀다고 했요. 그 비난의 주된 내용은 전도가 양양한 철학자 들뢰즈가 가타리와 만남으로써 인생을 망쳐버렸다는 그런 것이었던 모양입니다. 사실 들뢰즈는 1968년, 1969년에《차이와 반복》과《의미의 논리》를 출판한 후, 에콜 노르말 출신이 아니었음에도

0. 차이의 철학과 역사유물론 | 37

불구하고 프랑스 철학계의 중요한 인물로 부상했고, 그 두 책에 대한 서평에서 푸코는 "20세기는 언젠가 들뢰즈의 세기로 기억될 것이다"라는 '수수께끼 같은 예언'을 하기도 했지요.[16] 하지만 그런 비난은 그 두 사람의 관계에 별다른 영향을 미치지 못했고, 들뢰즈는 반대로 "나에게 정치가 무언지를 가르쳐준 사람은 가타리와 푸코였다"고 말하면서 가타리에 대한 애정을 반복해서 표시합니다.

두 사람이 어떻게 작업했는가에 대해 말하면서 들뢰즈는, 한 사람은 굉장히 적게 말하고 한 사람은 굉장히 많이 말하는 관계였다고 해요. "두 사람의 관계가 어떻습니까?"라는 질문에 대해, 들뢰즈는 "한 사람은 번개였고 한 사람은 피뢰침이었다"라고 이야기해요. 가타리의 재기발랄하고 번뜩이는 아이디어를 자신이 피뢰침이 되어서 받았다는, 들뢰즈의 지극히 겸손한 말일텐데, 사실은 또 두 사람의 성격을 단적으로 보여주는 말처럼 들리기도 합니다. 어쨌든 새로운 창조적 변이의 선이 만들어지는 '사건적인' 만남/접속이 이루어진 것이고, 그 접속은 특히 68혁명을 통해 새로운 삶의 방식, 새로운 혁명을 모색하는 새로운 장을 펼치는 계기가 됩니다.

3. 《천의 고원》에 이르는 길

1) 1968년 이전

이미 말했다시피, 들뢰즈는 철학사를 전공한 철학자였습니다. 그는 〈어느 가혹한 비평가에게 보내는 편지〉에서 자신이 철학사를 연

---

(16) 푸코, 〈철학 극장(Theatrum Pihilosophicum)〉, 권영숙 외 역, 《들뢰즈의 푸코》, 새길, 1995, 205쪽.

구한다는 것은 무엇이었던가에 대해서 이야기를 한 적이 있습니다. 자신은 철학사를 뒤적이며 마음이 끌리는 철학자와 만나면 그를 뒤에서 덮쳐 "계간(鷄姦)을 했다"고 말입니다. 즉 어떤 철학자를 뒤에서 덮쳐서 사생아를 만들어내는 것이 자기가 철학사를 가지고 사유하는 방식이었다고 말입니다. 가령 칸트 철학에 대한 책은, 칸트를 뒤에서 덮쳐서 만들어낸 칸트와 자신의 사생아인데, 칸트가 보면 놀랄 만큼 끔찍한 얼굴을 가진 사생아라는 것입니다. 아마도 이는, 철학사를 통해 사유한다는 것은, 어떤 철학자의 '진정한' 사상을 찾아내는 것이 아니라, 그 철학자의 생각과 자신의 것이 만나고 접속하여 제3의 것을 만드는 것이라는 말일 것이고, 그런 만큼 자신이 서술한 칸트가 정말 칸트인가를 묻는 것은 우문이라는 얘기를 돌려서 한 말일 겁니다.

사실 어떤 철학자의 사상도 이런 '만남'의 조건, 이른바 '인연 조건'이 달라지면 다른 사상이 되기(devenir) 마련이지요. 그런데 같은 글에서 들뢰즈는 거기서 니체를 만났고, 하던 대로 "니체의 뒤를 덮쳐 사생아를 만들려고 보니까, 어느새 니체가 자신을 덮치고 있더라"고 이야기합니다. 자신이 만들어낸 것, 자신이 만들어낸 사생아들이 사실은 어느새 니체에게 겁탈 당해 낳은 니체의 사생아였다는 말인데, 그만큼 자신의 사유에서 니체의 영향이 지대했다는 것을 표현하는 말이겠지요.

그런데 철학사에 대한 이런 식의 이야기는 헤겔이나 하이데거 식의 철학사에 대한 근본적인 의문과 반감을 바탕으로 하는 비판이기도 합니다. 철학사가는 아니었지만 헤겔(Hegel)이나 하이데거(Heidegger) 역시 다른 철학자들에 대해 '주석을 다는 방식'으로 작업을 했지요. 그런데 가령 헤겔에게 철학사라는 것은, 마치 그에게 역사가 프로이센 국가로 귀착되었던 절대이성의 실현을 위해 만들어진 역사였듯이, 절대이성에 대한 인식으로서 헤겔 철학 자신이 탄생하기 위한 전사(前史)일 뿐이었지요. 요컨대 헤겔이 말하는 역사철학적인 철학사란 어떤 하나의 목적지를 향해 나아가며 그것을 준비해간 역사고, 그 과정에 등장하는 모든 사상이란 결국 최종 목적에 등장하게 될 어떤 철학—헤겔 자신의 철학—을 준비하고 예비해간 것으로서만 의미를 가질 뿐입니다. 이는 우리가 사상사를 다룰 때 쉽게 갖게 되는 관점이지요.

하이데거는 헤겔처럼 역사철학적인 방식으로 사상가들을 다루지는 않지만, 때론 '존재 망각의 역사'라고 부르기도 하고, 때론 '형이상학의 역사'라고 부르기도 하는 역사적 '역운' 안에서 그들을 다룹니다. 이 경우 철학의 역사란 존재자(Seiende)가 존재하는 근거를 신이나 '부동(不動)의 동자(動子)'와 같은 특정한 존재자에게서 찾음으로써 존재(Sein) 자체가 망각되는 과정이었고, 그런 한에서 형이상학의 역사였다는 겁니다. 이처럼 최초의 근거를 찾으려는 노력으로서의 형이상학, 형이상학의 역사란 그것을 근본적으로 비판했던 니체조차 피할 수 없었던 것이라고 하면서 니체야말로 최후의 형이상학자라고 말합니다. 그리고 존재자와 존재 자체의 차이, 이른바 '존재론적 차이'에 주목함으로써 형이상학적 존재자에 가려 있던 존재 자체의 말걸음에 귀기울여 그것을 들리게 하고자 했던 자신이 그 마지막 형이상학자 뒤에 나타납니다. 헤겔이 스스로를 종점(終點)에 위치시킴으로써 이전의 모든 철학자들을 자신의 출현을 준비한 사람들로 복속시켰다면, 하이데거는 자신이 어떤 시점(始點)을 차지하기 위해 선행하는 철학자들을 모두 '존재 망각의 역사'에 밀어넣었다고나 할까요?

들뢰즈가 사유하던 시절은 누구 말대로 헤겔, 후설(Husserl), 하이데거의 이른바 '3H'가 프랑스 철학 전체를 지배하던 시절이었지요.[17] 그래서일텐데, 들뢰즈는 목적론적 방식으로 씌어지는 '철학사'는 억압적인 것이었다고 말합니다. 이 경우 이전의 철학사를 뒤적이면서 헤겔처럼 자신이 설정한 목적/종말에 부합하는, 그것을 준비한 어떤 요소만을 보게 되거나, 하이데거처럼 동일한 울타리에 갇힌 사자들을 발견할 수 있을 뿐인 게 됩니다. 그 결과, 이런 식의 철학사 서술에서는 이전의 철학자들이 만들어냈던 다양한 사고의 선들, 새로운 창조적 사유의 선들이 어떤 하나의 틀 속으로 수렴되거나 갇혀버리게 되고, 결국 그들 각각이 만들어냈던 다양한 창조와 변이의 선들은 망실되고 사라져 보이지 않게 되겠지요. 철학사가 그들에 대해, 혹은 철학사를 연구하려는 사람에게 억압일 수 있는 것은 이런 이유에서일 겁니다.

들뢰즈가 생각하는 철학사란, 이러한 억압적 역사, 억압적 사유 방식에 반하는 것이었습니다. 그러기 위해 그는 언제나 지배적이고 주류적인 입장을 취함으로써 역사나 철학사의 최고 중심에 자리잡는 철학자나 그 단일한 중심으로 귀착되는 소중심이 되는 철학자가 아니라, 그로부터 벗어나는 새로운 사유의 선을 그리는 사람들을 찾아내고 부각시키려 합니다. 에피쿠로스, 루크레티우스, 스피노자, 니체 등이 그렇게 찾아낸 사람이지요. 그게 아니면 주류적이고 다수

---

(17) V. Descombe, *Le Même et l'autre*, Minuit, 1979, 13쪽.

적인(major) 철학자를 덮쳐 기형적인 괴물로, 소수적인(minor) 철학자로 만들어버립니다. 그가 만들어낸 칸트가 그렇게 그려진 대표적인 초상일 겁니다. 왕립과학(Royal Science)과 소수적 과학(minor science)(혹은 유목적 과학nomad science)이라는 구분 역시 역사에 대한 이런 문제의식과 직접 연결되어 있는 것이지요. 어쨌든 철학자를 덮쳐 사생아를 만든다는 것은, 철학사라는 거창한 목적론적 체계에서 벗어나 각각의 철학자와 자신의 고유한 만남, 그러한 만남이 만들어내는 새로운 사유의 생성을 시도하려는 것이라고 할 수 있습니다.

이러한 작업의 결과는 흄에 대한 책인《경험주의와 주관성》(1953), 《니체와 철학》(1962),《칸트의 비판철학》(1963),《베르그송주의》(1966),《스피노자와 표현의 문제》(1968) 등의 철학자에 대한 연구서로 출판되었습니다(물론 이외에도 프루스트의 소설에 대한 연구서인 《프루스트와 기호들》(1964), 마조히즘과 사디즘에 대한 글인〈자허 마조흐 소개〉(1967) 등도 출판됩니다). 그리고 '차이의 철학'에 대한 문제의식 속에서 그러한 철학사 연구의 거대한 종합을 시도하여 만들어낸, '철학사의 콜라주'로서《차이와 반복》(1968)이라는 책이 만들어집니다. 그리고 이 책을 주논문으로,《스피노자와 표현의 문제》를 부논문으로 제출하여 1968년 박사학위를 받지요. 그리고 60년대 프랑스 및 서구 철학계 전체를 석권했던 구조주의의 영향 아래, 스피노자주의적인 표현 개념에 따른, 동시에 차이의 개념이 원리로서 작동하는 의미의 이론을《의미의 논리》(1969)라는 제목으로 출판합니다.[18]

그는 이런 태도와 방법으로 철학사를 뒤져서 자신의 친구들을 찾아냅니다. 스피노자와 니체가 특히 그러한데, 아마도 들뢰즈 자신은 이들이 평생을 함께 한 친구라고 생각하고 있을 겁니다. 데리다(Derrida)의 표현을 빌면, "모순보다 더 심오한 차이를 어떻게 사유할 것인가?"라는 문제설정 속에서, '존재'가 아닌 '생성(devenir)'을 사유하는 것, 무한한 '생성'을 사유할 수 있는 '내재성의 장'을 철학적으로 구성하는 것, 그것이 들뢰즈가 철학사를 통해서 이루고자 했던 것입니다.

이런 맥락에서 그는 모든 것을 내재성의 장 안에서 끊임없이 변화해가는 강밀도(intensity)의 연속체로 다루는데, 이는 그가 가장 탁월한 '내재성의 철학자'라고 말하는 스피노자의 실체와 양태 개념에 의거하고 있는 것이지요. 또한 차이 나는 것만이 영원회귀한다는 니체의 영원회귀사상을, 차이화하는 반복이란 개념으로 변용시킴으로써 또 다른 내재성의 사상으로 변용시켜[19] 스피노자와 교묘하게 뒤섞고 연결합니다. '거대한 부정'이 아니라 '위대한 긍정'의 윤리학이, '부정적 변증법'의 어둡고 무거운 아이러니가 아니라 밝고 가벼운 유머가, 결여와 공제의 논리학이 아니라 생산과 접속의 논리학이 그 두 개의 평면 사이에서 만들어집니다. 그리고 둔스 스코투스(Duns Scotus)나 베르그송, 라이프니츠와 푸코, 나아가 프루

---

[18] 하지만 그렇다고 이 책이 구조주의에 속한다는 말은 아닙니다. 차라리 레비-스트로스나 라캉이 제기한 구조주의의 요소들이 '사건의 철학' 안에서 변용되고 이용되고 있다고 해야 적절하며, 이런 점에서 구조주의의 사생아를 만들어낸 것이었다고 해야 할 듯합니다. 이 책에서 다루어진 많은 개념이나 사고방식은 가타리와 함께 쓴 이후의 책에서도 나타나지요. 다만 이른바 '동적 발생'을 다룬 부분에서 크게 기대고 있는 정신분석학에 관해서는 후일 일관되게, 아니 점점 더 비판적 태도를 견지하며, 이후 거의 원용되지 않습니다. 가령 《의미의 논리》가 크게 기대고 있는 클라인(M. Klein)의 이론은 《안티 오이디푸스》에서 '부분대상' 개념으로 축소해 사용하다가, 나중에 가면 그 개념마저 '신체 없는 기관'을 가정하고 있다는 점에서 포기됩니다.

[19] G. Deleuze, *Différence et répétition*, PUF, 1968, 12~41쪽.

스트나 카프카, 로렌스(D. H. Lawrence)와 아르토(A. Artaud) 등이 그 두 평면이 만드는 공간 속에 나름의 자리를 잡게 됩니다.

다른 한편, 맑스주의자로서 가타리는 "이미 이론적으로 제도화되어 멈추고 굳어버린 혁명적 사유, 공산당이라는 제도적 영토에 정착하고 고착되어버린 맑스주의적 운동을, 어떻게 다시 살아 움직이는 생생한 실천적 사유, 혁명적 실천으로 변환시킬 것인가"라는 문제의식 아래 사유하고 실천한 좌파 '공산주의자' 중 한 사람이었지요(그래서 흔히 좌파 공산주의자들을 지칭하는 '트로츠키주의자'라는 이름으로 분류되기도 하는데, 사실 가타리는 트로츠키주의에 대해 비판적인 태도를 갖고 있다는 점에서 이는 적절한 명칭이 아니라 일종의 '욕'이라고 해야 할 겁니다). 그는 새로운 맑스적 실천이 생성될 수 있는 정치의 공간을 찾고자 했는데, 이는 아마 가타리만이 아니라, 나중에 '포스트모더니스트'로 간주되어 비난받게 되는 료타르(J-F. Lyotard)나 보드리야르(J. Baudrillard) 등과 같은 '좌파 맑스주의자'들 역시 어떤 공유점을 갖고 있는 그런 문제의식이라고 할 수 있습니다.

약간 옆으로 새는 얘기지만 말이 난 김에 좀더 덧붙이자면, 이런 것들을 염두에 둘 때에만 이른바 '포스트모더니즘'이라는 말로 불리는 사고방식이나, 좀더 넓게 그것의 철학적 지반을 제공한 '포스트구조주의'에 대해서도 제대로 이해할 수 있을 겁니다. 가령 '포스트모더니즘'은 이미 충분히 미국화되어, 패스티쉬(혼성모방)와 키취에 대해 뻔뻔스런 찬사를 보내는 예술이나, 모든 종류의 거대담론에 대한 거부라는 조잡하고 소박한 철학적 언명, 혹은 원본과 복제의 구별이 사라지고 시뮬레이션이 현실이 된 세계에 대한 사회학적 명제들로 간주되지만, 아마도 그것은 대서양을 건너면서 탱자가 되어버린 포스트모더니즘의 외양이라고 해야 적당할 겁니다. 왜냐하면 그런 기이한 철학의 발원지면서 그것을 대표하는 이론가들이 좌파 맑스주의자에서 자신의 이력을 시작했고(료타르는 알제리 전쟁에 반대하여 싸우던 투사고 《노동자의 힘(Pouvoir de Oeuvrier)》이란 신문의 편집위원이었으며, 보드리야르는 《사회주의인가, 야만인가(Socialisme ou barbarisme)》라는 좌파 잡지의 편집위원이었습니다), 중요한 저작들 역시 맑스주의적인 개념과 문제설정 아래 있었다는 사실을 어떤 식으로든 지워버리고 있으며, 그에 따라 그들이 그런 얘기를 하게 되는 문제설정 내지 문제의식을 삭제해버리고 있기 때문입니다.

저는 물론 포스트모더니스트도 아니고, 그들을 지지하거나 좋아하지도 않습니다만, 적어도 포스트모더니스트라고 불리는 료타르나 보드리야르의 경우에도, 그들이 제기한 문제와 개념의 근저에 자리 잡고 있는 정치적 상황을 보지 못한다면, 그들이 하고자 하는 말을 이해하기 어렵다는 것은 지적할 필요가 있으리라고 생각해요. 가령 '소비의 사회'에 대한 맑스주의적 비판에서 시작하여, 정치경제학과 기호학을 접합하려는 기호의 정치경제학을 거쳐, 급기야 생산의 패러다임 자체에 대한 비판으로 넘어갔던 보드리야르의 행적을 모른다면, 그가 《시뮬라시옹》[20]에서 '시뮬라시옹'이란 개념으로 현대 자본주의에 퍼붓는 반어적 언사들이나 그 밑에 깔린 가슴 섬뜩한 저주를 이해하기 어렵습니다.[21] 환상의 나라인 디즈니랜드는 미국 전체가 디즈니랜드(환상의 나라)가 아니라는 것을 보여주기 위해 저기

---

[20] 보드리야르, 하태환 역, 《시뮬라시옹(Simulacres et Simulation)》, 민음사, 1992.
[21] 이에 대해서는 이진경, 〈포스트모더니즘의 사회이론〉, 《철학의 외부》, 그린비, 2002 참조.

따로 있다는 게 바로 그가 말하는 시뮬라시옹 개념의 핵심이지요. "대중들을 자본주의가 하라는 대로 하게 두라. 그래서 자본주의 자체가 내부로부터 붕괴해버리게 하자"는 게 바로 그가 말하는 '내파(implosion)'라는 개념이지요.

제가 보기에 '소비사회'라는 지점의 분석에서 시작했던 그가 결국은 자본의 기호학적 코드에 포섭된 대중에 대해 실망하고 절망하면서 냉소적 허무주의에 도달했던 것은 아닌가 싶습니다. 연구를 하든 혁명을 하든, 좋은 자리에서 좋은 방법으로 시작해야지, 아니면 이렇게 망가질 수 있다는 걸 보여주려는 것처럼 보이기도 합니다. 어쨌거나 그의 이 섬뜩한 반어법을 이해하지 못한다면, 단지 원본과 모사(simulacre), 현실(reality)과 하이퍼-리얼리티(hyper-reality) 간의 구별을 지우는 이상한 개념만 남게 됩니다.

아마도 이것이 미국이 이들의 '극좌적' 사유를 받아들이는 방식이었겠지요. 지나치게 강한 놈은 거세하고 지나치게 과격한 놈은 순화하여, 그다지 위험하지도 않고 그다지 강력하지도 않지만 나름대로 신기한 개념이나 말들의 집합으로 만드는 것 말입니다. 더욱 불행한 것은 그런 포스트모더니즘이 태평양의 그 넓은 바다를 건너면서는 그나마 다 썩어버려 탱자에 있던 '향기'마저 썩은 냄새로 둔갑하고, 볼 것이라곤 껍데기마저 남지 않게 되어버렸다는 것이 아닌가 싶습니다. 덕분에 '포스트모더니즘'은 물론 '포스트주의'라는 말만으로도 욕이 되기 충분한 것이 되고 말았지요.

다시 가타리로 돌아갑시다. 어쨌든 이런 식의 새로운 맑스주의가 어떻게 가능할 것인가라는 문제의식이 현실의 문제로 전면화되었던 것이 바로 68년 5월 혁명이었습니다. 굳이 거슬러 가자면 낭테르 대학의 기숙사 문제로 시작되었다고도 할 수 있는 이 혁명은, 남녀학생을 별도의 구분된 건물에 분리 수용하고 그들의 생활을 분리하려는 그런 태도에 대한 문제제기에서, 일상적 삶을 사로잡고 있는 다양한 권력과 그로 인해 차단되고 억압된 욕망, 그런 억압을 당연시하는 금욕주의적 태도에 대한 근본적인 저항으로 확장되었고, 그런 문제에 관한 한 공산당이나 노동조합을 비롯한 좌파들 역시 크게 다르지 않았다는 점(그래서 그들은 그 혁명을 "소부르주아의 철없는 난동" 정도로 간주하여 비난했지요)으로 인해 혁명과 실천에 대한 기존의 좌파의 태도와 입장에 대한 근본적인 의문으로 밀고가게 됩니다. 욕망과 혁명의 결합, 그게 바로 그들의 '화두'였다고 할 수 있을 겁니다(비틀즈는 "네게 필요한 것은 사랑뿐"이라고 노래했고, 고다르 Godard는 거대 컴퓨터와 계산이 지배하고 통제하는 〈알파빌〉에서 빠져나가기 위해 '사랑'을 생각하라고 말하는데, 이 역시 이런 맥락에서 이해해야 할 겁니다).

가타리가 정신분석학과 맑스주의의 접점에서 사유하고자 했던 것 역시 이것이었지요. 그에 앞서 이미 영국의 랭(R. Laing)을 비롯하여, 유럽의 '반정신의학(anti-psychiatry) 운동'을 이끌던 많은 정신의학자들은 무의식과 욕망을 사회적인 것이라고 보면서 그 치료 또한 의사와 환자의 일방적인 권력관계에서 벗어나 환자 자신의 자율적이고 집단적인 활동을 통해서 이루어져야 한다는 주장을 다양한 실험적 시도를 통해서 제기하고 있었습니다. 가타리 역시 우리(Oury)가 이끌던 라 보르드 병원에서의 '집단요법' 실험을 통해, 개별적인 것이 아니라 집단적인 프로세스, 가족적인 것이 아니라 정치적인 프로세스로 무의식과 욕망을 다룰 수 있는 방법을 모색한 바 있습니다. 거기서 그는 정신병이란, 욕망에 대한 사회적 억압에서 기인하는 것이고, 무의식이란 애초부터 사회적인 것이지, 본성상 성적이고 가족적인 것이 승화된 것이 아니란 확신을 얻게 됩니다.

이것이 혁명이라는 집합적 실천과 연결되는 것은 그다지 어렵지 않았을 겁니다. 그런데 그것은, 스탈린주의나 기존 좌파들이 잘 보여주듯이, 혁명조차 금욕적인 실천으로 정의하는 그런 종류의 맑스주의에 대해 비판적인 태도를 더욱더 멀리 밀고갑니다. 왜냐하면 그 경우 혁명은 욕망의 억압을 통해 정의되게 되는데, 이는 결코 혁명적인 정의라고 보기 어렵기 때문이지요. 반대로 그는 혁명은 욕망에 기초해야 하고 욕망의 힘을 통해 추동되어야 한다는 생각을 하게 됩니다. 그것이 가타리로 하여금 68년 혁명에 적극 관여하고 개입하게 했던 또 다른 이유기도 했던 셈이겠지요.

이런 경험 속에서 가타리는 기존의 맑스주의는 물론, 프로이트와 라캉으로부터도 벗어나는 탈주선을 그리게 됩니다. 예를 들면 가타리는 라캉적인 구조 개념에 대비되는 '기계'라는 개념을 통해 무의식을 정의하고, 욕망을 결여가 아니라 생산적인 힘으로 정의하며, 그런 만큼 모든 종류의 제한과 경계, 구획을 넘어서는 흐름으로, 이른바 '탈주선'을 그리는 일차적인 어떤 힘으로 보게 됩니다. 이런 문제의식과 개념 들은 들뢰즈와 접속하면서 새로운 개념적 발전을 이루게 되지요. 《안티 오이디푸스》는 그러한 사유와 실천, 접속의 산물입니다.

2) 《안티 오이디푸스》: '정신분석학 비판을 위하여'

아시다시피 두 사람이 접속하여 만들어낸 첫 작품이 《안티 오이디푸스》였지요. 니체의《안티 그리스도》를 떠올리게 하는 제목이지요. 그리스도 대신에 정신분석학의 중심에 자리잡고 있는 오이디푸스를 타깃으로 설정함으로써, 정신분석학에 대한 '니체적인' 비판을 시도하는 것임을 시사하는 제목입니다. 옆길로 새는 이야기부터 하면, 이 책은 1972년에 출판되면서 매우 떠들썩한 '히트'를 기록했다고 해요. 프랑스는《존재와 무》나《슬픈 열대》,《말과 사물》처럼, 난해한 저작들이 종종 공전의 히트를 기록하는 나라긴 하지만, 이 책이 기록한 히트에는 일종의 스캔들과 같은, 비난 어린 소란이 수반되었다고 합니다. 일단 책의 명시적인 테마가 욕망과 혁명의 '혁명적' 접속이었다는 점에서 "68년 혁명을 이론화하려 한 책"이라는, 때론 적극적인, 때론 부정적인 평가가 일반적이었다고 합니다. 그래서인지 나중에 '신철학'을 주창하면서 모든 곳에서 '전체주의'의 흔적을 찾아다니며 비슷한 요소만 있으면 "여기 전체주의가 있다", "이것도 파시즘이었다"고 비난하던 사람들 중 하나인 앙리–레비(Henry-Lévy)가《인간의 얼굴을 한 야만》에서 가장 일차적인 비판의 대상으로 삼은 책이 바로 이 책이었지요.

다른 한편 책을 읽어보신 분은 아시겠지만, 이 책의 처음 몇 문장은 이렇습니다. "거시기(ça)는 어디서나 작동한다. 때론 멈춤 없이, 때론 불연속적으로. 거시기는 숨쉬고 거시기는 달아오르며 거시기는 먹는다. 거시기는 똥싸고 거시기는 씹한다."[22] 여기서 '거시기'는 프로이트가 'das Es'라고 말한 것, 영역되면서 'Id'(it의 라틴어 어원이라고 해요)로 번역되었던 것인데, 보다시피 철학책을 펼치면서

---

(22) Deleuze/Guattari, *Anti-Oedipe*, Minuit, 1972, 7쪽.

기대하긴 힘든 그런 문장으로 쓰고 있는 겁니다. 책과 글에 대한 아카데미즘에 "엿먹어라"라고 욕을 하고 있는 책이지요. 내용에서뿐만 아니라 표현에서도 전혀 뜻밖의 책을 만들어낸 겁니다. 아마도 이것이 스캔들을 더욱더 소란스럽게 하는 데 크게 일조했을 듯싶어요. 국역본의 번역이 워낙 '개판'(!)이라―개념의 번역은 접어두고라도, 문장을 걸핏하면 빼먹거나 잘라먹은데다, 편집도 가령 3장의 5절은 다른 절과 뒤섞여 있어서 원래는 11절까지 있어야 하는데 국역본은 10절까지만 있으며, 거기다 '역자 후기'라고 붙인 건 정말 가관입니다―읽기 위해선 많은 노력이 필요하지만, 끝까지 읽는다면 혁명적 열정에 넘치면서 새로운 개념과 독창적인 발상으로 가득 찬 '감동적인' 책이란 걸 알 수 있을 겁니다.

《안티 오이디푸스》는 또한 맑스적인 책입니다. 이 책은 '자본주의와 정신분열'이란 부제를 달고 있지만, 사실상 '정신분석학 비판을 위하여'라는 부제를 붙일 수도 있는 책입니다. 이 부제는 맑스가 정치경제학 비판에 관한 일련의 책에 붙이고자 했던 제목이면서, 또한 《자본》이라는 주저(主著)의 부제기도 했던 '정치경제학 비판을 위하여'와 상응한다고도 하겠습니다. 왜냐하면 예전에 맑스가 고전적인 정치경제학 전반에 대한 비판을 통해서 노동 내지는 생산, 생산적 능력이라는 것을 찾아냈던 것처럼, 그들은 프로이트와 라캉까지 포함해서 기존의 정신분석학 전반에 대한 비판을 통해서 '욕망', 즉 생산적 능력의 다른 이름으로서의 욕망이라는 것을 찾아내고 있기 때문입니다. 고전경제학에 의해서 '가치'라는 개념에 갇혀버린 생산적 능력을 포착하려 했던 맑스처럼, 그들은 고전적인 정신분석학에 의해서 다시 '신성한 가족'(맑스의 초기 저작 제목인데, 《안티 오이디푸스》 제2장의 부제기도 합니다)의 틀에 갇혀버린 무의식과 욕망의 생산적 능력을 포착하려 했던 겁니다.

그들이 이 책 전반에 걸쳐 가장 기초적인 개념으로 사용하는 '욕망하는 생산(production désirante)'이란 개념은, 욕망과 생산이 하나의 동일한 힘이라는 것을 표시하기 위한 것인데, 이 역시 이런 맥락에서 이해할 수 있겠지요. 이를 통해 그들은 가족화된 욕망, 오이디푸스화된 욕망에 파열구를 만들어내고, 그를 통해 '욕망하는 생산'의 흐름이 분출하며 흐르게 하는 것, 그럼으로써 정신분석학 자체, 혹은 무의식 이론을 혁명적으로 변환시킬 가능성을 시험하는 책이라고 할 수 있어요. 따라서 '욕망'에 기초하여 '혁명'을 다시 정의하고 다시 사유하는 것이 《안티 오이디푸스》의 가장 중요한 문제의식이라고 하는 것은 쉽게 이해할 수 있을 겁니다.

이러한 이론적 변환은 혁명의 이론을 그 금욕적 틀로부터 탈주하게 하는 이중의 질문을 통해 이루어집니다. 첫번째는 스피노자와 라이히라는 두 명의 선구자를 언급하면서 저자들이 '정치학의 근본문제'라고 했던 질문인데, "대중은 어째서 마치 그것이 자신을 위한 것이라도 되는 양 자신에 대한 억압을 욕망하는가?" 하는 것입니다. 이는 정신분석가이자 맑스주의자였던 라이히(W. Reich)가 나치즘의 승리를 보면서 《파시즘의 대중심리》(1934)라는 책에서 던졌던 질문입니다.[23] 대중들이 히틀러를 지지한 것에 대해, 당시 대부분의 맑스주의자들은 나치에 의해 대중이 속은 것이라고 말하지만, 정작

---

(23) 라이히, 오세철 외 역, 《파시즘의 대중심리(*The Mass Psychology of Fascism*)》, 현상과인식사, 1987.

중요한 것은 허위와 속이고 속음이 아니라, 대중이 그것을 지지하고 그것에 열광했다는 사실이며, 그렇게 된 이유라는 것이 라이히의 근본적인 문제의식입니다. 그는 이를 억압에 의해 '성격(charater)'이라는 갑옷이 된 욕망, 억압에 길든 욕망에서 기인하는 것으로 보고, 그런 욕망을 파시스트가 포섭한 방법에 대해 연구합니다. 그리고 그것을 이길 새로운 정치활동을, 욕망에 기초한 정치활동을 제안하고 실행하려 합니다. 덕분에 그는 공산당에서도 쫓겨나고, 프로이트 협회에서도 쫓겨나 유럽을 떠도는 비참한 생활을 하게 됩니다.

스피노자 역시 300년 가량 전에 이와 유사한 질문을 한 적이 있습니다. 1670년 출판한 《신학정치론》에서 그는 이렇게 질문하지요. "왜 인민은 자신의 예속을 영예로 여기는가? 왜 인간은 예속이 자신의 자유가 되기라도 하듯 그것을 위해 투쟁하는가?"[24] 그가 던진 질문의 정당성을 증명이라도 하듯, 이런 일이 그 뒤에 실제로 일어납니다. 중앙집권국가 형성에 집착했던 칼뱅파와 오란녀 가의 연합에 반하여, 평화와 자유주의의 발전에 관심을 갖고 추진하던, 당시 네덜란드를 유럽에서 가장 자유로운 나라로 만들었던 재상 요한 드 비트를, 1672년 프랑스 군대의 진출을 계기로 반란을 도모한다는 이유로 대중들이 붙잡아 때려죽인 일이 있었습니다.[25] 이같은 대중의 무지에 격분하여 합리적이고 차분한 평소의 성격과 달리 스피노자는 '대자보'를 써서 '범죄현장'으로 달려가려다 주변의 만류에 의해 중단합니다.

---

(24) 들뢰즈, 박기순 역, 《스피노자의 철학(Spinoza: Philosophie pratique)》, 민음사, 1999, 20쪽.
(25) 스크러턴, 정창호 역, 《스피노자(Spinoza)》, 시공사, 2000, 27~28쪽.

들뢰즈와 가타리는 《안티 오이디푸스》에서 이러한 억압적인 욕망의 문제를 바로 '억압에 대한 욕망'이라고 말하면서, 혁명적인 욕망과 대비시키고 있어요. 혁명과 욕망, 그것은 이처럼 억압에 대한 욕망, 혹은 억압에 길든 욕망을 혁명적 욕망으로 변형시키는 것, 그런 억압적 욕망을 만들어내는 삶의 방식을 변혁하는 것이 바로 그들이 이 책에서 시도하고 있는 것입니다.

두 번째 질문은, 사실 앞서의 것과 다르지 않은데, "금욕에 기초하지 않은 혁명, 반대로 욕망에 기초한 혁명은 불가능한가?" 하는 것입니다. 알다시피 1968년에 이르면 공산당이 주도한 사회주의 운동이나, 소련을 비롯한 기존의 사회주의체제가 금욕에 기초한 체제라는 것이 아주 분명하게 드러나지요. 하지만 "욕망은 그 자체로 혁명적이다"—욕망은 생산적인 힘 내지 능력의 흐름이기에 어떠한 하나의 체제에 머물지 않으며, 범람하고 흘러넘친다는 점에서—라는 명제를 새로운 기초로 삼고 있는 이들이 보기에, 혁명이란 욕망에 반하고 그것을 억압하는 금욕적인 무엇이 아니라, 반대로 욕망에 기초하고 욕망이 살아 움직이게 하는 것이었어요. 그래서 그들은 "의무기에 혁명이 이루어진 적은 없었다. 혁명은 의무가 아니라 욕망이다"라고 말하지요. 따라서 혁명이라고 하는 것은 금욕적 의무나 도덕이 아니라, "정말 하고 싶어서 하는 욕망"에 기초할 때 비로소 그 힘이 극대화될 수 있고 진정 혁명적일 수 있다고 생각하는 거지요. 따라서 혁명은 욕망에 기초한 것이어야 하고, 그러한 것이 될 수 있도록 새로운 사유와 개념을 마련해야 한다는 겁니다. 그들이 욕망의 미시정치학을 시도하려고 할 때, 그것은 이런 점에서 새로운 혁명의 정치학을 구성하려는 것이라고 할 수 있습니다.

3) 《카프카》: '욕망' 에서 '배치' 로

적어도 이들의 책은 다른 사람은 몰라도 들뢰즈와 가까웠던 푸코에게만은 큰 영향을 미쳤던 것이 틀림없습니다. 푸코는 《안티 오이디푸스》의 영역판에 아주 훌륭한 서문을 써주었을 뿐만 아니라, 자신의 첫번째 저작이라며 좋아하던 책 《감시와 처벌》에서도, 자신이 그 책에 진 신세는 인용의 횟수로는 결코 표시할 수 없는 것이라고 하는 특별한 주석을 달아놓지요.[26] 그 책에서 푸코가 새로이 창안하고 발전시킨 권력의 미시정치학이 《안티 오이디푸스》에서 시도한 욕망의 미시정치학, 푸코의 말을 빌면 "반파시즘적 삶을 위한" 윤리학[27]에서 큰 영향을 받은 건 확실합니다.

반면 푸코의 이 책이 들뢰즈와 가타리에게 다시 큰 영향을 미치는 것 또한 분명합니다. 그 직접적인 영향은 《감시와 처벌》이 출판된 직후에 나온 《카프카: 소수적인 문학을 위하여》에서 확인할 수 있습니다. 거기서 그들은 《안티 오이디푸스》의 중심에 자리잡고 있던 '억압적인 욕망' 과 '혁명적인 욕망' 의 이분법을 포기하고, 그에 결부된 권력과 욕망의 대립도 던져버립니다. 권력에 대한 욕망이 따로 있는 게 아니라 권력이 바로 욕망이라는 것이 그들이 카프카에 대한 주석 형식으로 제시하는 새로운 명제입니다. 따라서 권력의 배치기도 한 욕망의 배치들만이 존재할 뿐이며, 중요한 것은 그러한 배치를 변환시키는 것(탈영토화시키는 것)이 됩니다. 《감시와 처벌》에서 보이는, 권력의 배치들이 보여주는 다양한 양상, 그리고 권력

---

(26) 푸코, 박홍규 역, 《감시와 처벌(Surveiller et punir)》, 강원대 출판부, 1989, 46쪽, 주 19.
(27) 푸코, 《《안티 오이디푸스》 영역판 서문》, 서울사회과학연구소 편, 《탈주의 공간의 위하여》, 푸른숲, 1997, 358쪽.

은 금지하고 억압하는 방식으로 작용하기보다는 차라리 생산하고 구성하는 방식으로 작동한다는 명제, 주체란 그러한 권력의 효과로 만들어진 결과물이라는 명제가 권력과 욕망의 관계에 대한 들뢰즈와 가타리의 개념에 큰 변화를 야기한 거지요.

들뢰즈와 가타리는 이를 카프카의 서술에서 발견합니다. 즉 권력과 욕망, 억압적 욕망과 혁명적 욕망의 이항성에서 벗어나, 권력과 욕망이 다르지 않으며, 욕망이 권력이 되고 권력이 욕망이 되는 내재적 관계를 그 둘 사이에서 발견합니다. 가령 카프카는 소설《성》에서 성의 관리 소르티니의 '수청'을 거절했던 아말리아의 가족이, 관리나 관청의 처벌이 아니라 그 소식을 들은 이웃 사람들에 의해 '왕따'가 되고 핍박을 받으며 몰락하는 과정에 대해 탁월하게 묘사한 바 있습니다. K가 도착해서 숙박하게 된 여관의 여주인은 성의 관리인 클람에 대한 욕망으로 평생을 살아가는 인물("클람이 내게 신호를 보냈을 때 내가 클람에게 달려가는 것을 방해할 수 있는 남편이 어디에 있겠어요?"[28])이란 점에서 권력과 욕망이 하나의 짝임을 보여줍니다. 바로 이 욕망이 성(城)의 권력이 작동하기 이전에 이미 권력자가 바라는 바에 따라 타인은 물론 자신들의 삶을 길들이고, 그에 응하지 않는 아말리아의 가족을 파괴한 것이지요. 이는 클람의 정부 프리다나, 자신과는 상관없는 공식적인 편지에 도취되어 "꿈을 꾸는 듯한 모습으로 클람의 편지를 만지작거리고 있"는 면장의 아내, 그리고 서류에 대해 경의 어린 태도를 갖고 있는 면장, 모두에게서 마찬가지로 발견됩니다.

---

[28] 카프카, 박환덕 역,《성(Das Schloß)》, 범우사, 1996, 121쪽.

법과 소송을 다루는 장편소설 《소송(*Der Prozeβ*)》(국역본 제목은 《심판》으로 되어 있습니다)은 이러한 욕망과 권력의 내재적 관계를 '소송'이라고 불리는 무한한 '과정'에서 발견합니다. 판사가 보는 법전에는 포르노그라피라는 욕망의 한 단편이 자리잡고 있지요. 다시 말해 법이란 어떤 특정한 욕망이 법화(法化)된 것일 뿐이란 겁니다. 따라서 그와 다른 어떤 욕망도 법에 대해 자신의 권리를 주장할 수 있지요. 그래서 '소송'은 필연적이고, 소송을 다루는 사법(정의Justice)이라는 배치가 불가피합니다. 아니, 어쩌면 카프카는, K의 소송이 이유도 모른 채 체포되는 것으로 시작된다는 점에서, 법보다 먼저 존재하는 욕망을 법이 나중에 덮쳐오는 식으로 소송이 시작된다고 말하고 있다고도 할 수 있습니다. 이유를 모른다는 점에서 K는 자연스런 자신의 욕망에 따라 살았던 거지만, 법의 자리를 차지한 특정한 욕망과 다르다는 점으로 인해, 혹은 그것과 충돌하는 욕망이었다는 점으로 인해 법이 체포의 형식으로 닥쳐오는 것입니다. 그것은 법과 피고, 권력과 욕망의 대립이란 형태로 진행되지만, 권력이 하나의 특정한 욕망인 한, 사실은 욕망들의 상호적인 관계일 뿐이며, 따라서 소송이란 욕망의 내재적 장을 표시하는 것이라는 거지요.

그렇지만 욕망과 권력의 내재성 내지 상호성을 말하는 게 양자를 구별할 필요가 없음을 뜻하는 건 아닙니다. 다만 양자가 본성을 달리하는 것이라기보다 배치(agencement)를 달리하는 것이란 점을 보아야 한다는 겁니다. 즉 순수한 욕망이란 없으며, 욕망은 언제나 특정한 배치로서 존재한다는 것이며, 그 상이한 배치들 간의 차이와 대립, 혹은 충돌이 있다는 것이고, 거기서 현재적이고 지배적인 위치를 갖는 경우 권력(pouvoir)이란 개념을 부여받게 되는 것이며, 반면 잠재적인 상태에 있는 욕망은 그것과 대립되는 항으로서 존재한다는 겁니다. 네그리라면 이 잠재적 상태의 욕망을 능력(puissance)이라고 불렀을 겁니다.

따라서 《카프카》의 마지막 장이 '배치란 무엇인가'라는 제목이라는 것은 매우 자연스럽게 보입니다. 즉 이 책은 욕망과 권력의 대립 대신에 욕망/권력의 다양한 배치로 관심사가 이동하고 있다는 것을 보여줄 뿐만 아니라, 중요한 것은 배치의 변화라는 것을 보여주며, 그것을 통해 혁명을 다시 정의하게 되리란 것을 짐작하게 합니다. 언젠가 들뢰즈가 《천의 고원》 전체에서 가장 중요한 개념을 하나 들어달라는 주문에 대해 '배치'라는 개념을 들었던 것은 이러한 사실의 방증이라고 할 수 있을 겁니다. 따라서 《카프카》는 《천의 고원》의 가장 기초가 되는 문제의식과 개념 들이 산출되고 있다는 점에서, 《안티 오이디푸스》와 《천의 고원》을 잇는 가교일 뿐만 아니라, 《천의 고원》을 탐사하는 데 가장 쉽고도 유용한 통로를 제공한다고 할 수 있습니다. 물론 이 책이 카프카와 소수적인 문학에 대한 탁월한 책이라는 사실이, 이런 교량 내지 통로라는 역할에 종속된다거나 부차화되어선 안 된다는 단서를 달고서 말입니다.

4) 《천의 고원》: 새로운 역사유물론?

다시 말하지만 《천의 고원》은 한마디로 '배치(agencement)'에 관한 책입니다. 배치란 흔히 사용되는 말이기에 별로 이해하기 어렵지 않아요. 하지만 그것은 사물이나 사태를 바라보는 어떤 새로운 태도를 포함하고 있어요. 그걸 이해하려면 약간의 우회가 필요합니니다. 그건 '계열화(mis en série)'라는 개념을 통과하는 겁니다.

'계열화'란 개념이 사용된 것은 《의미의 논리》에서예요. 그것은 '의미(sens)'와 관련된 개념입니다. 자, 여기 축구공이 하나 있다고 합시다. 이것의 의미는 뭐지요? 눈망울만 돌리지 말고 말해보시죠. '축구공'이라고요? 그럼 "축구공의 의미는 축구공이다"—말이 되나요? 물론 말은 됩니다. 게다가 언제나 참인 명제, '항진명제'지요. 그러나 그건 사실 동어반복에 불과하지요. 그런데 축구공의 의미를 이처럼 공 하나 달랑 떼어서 물어보는 일은 철학책이나 철학강의 시간밖에 없을 겁니다. 가령 축구경기를 본다고 해보죠. 공이 날아갑니다. 날아가는 저 공의 의미는 무엇인가? 사실 이 공만으론 알 수 없어요. 그런데 그 공이 날기 시작한 자리에 한국 선수가 있었다고 합시다. 그리고 그 공이 날아가는 자리에 한국 선수가 있었다고 해요. 다시 말해 공의 앞이나 뒤에 한국 선수가 있을 경우 이 축구공의 의미는 뭐지요? 여러 차례 물어보지만 전문용어라서 그런지 대답들을 잘 못하시더군요. ……. '패스'지요. 자, 이번에는 공의 앞에 한국 선수가 있고, 공의 뒤에 일본 선수가 있다고 합시다. 이 공의 의미는 뭐죠? 역시 잘 모르시는군요. '패스 미스'지요. 다음, 공의 앞에 한국 선수가 있고, 공의 뒤에 골대가, 골 그물이 있다고 합시다. 이때 이 공의 의미는 뭐죠? 맞아요, '골인'이지요. 이제야 머리가 돌아가기 시작하시는군요. 그럼, 그 골대 앞에 한국 선수가 장갑을 끼고 서 있다고 합시다. 이 공의 의미는? 그렇습니다. '자살골'입니다.

여기서 공은 이런저런 선수나 골대 등과 더불어 각각 하나의 계열(série)을 형성합니다. 이처럼 하나의 사물이 다른 것과 하나의 계열을 이루며 연결되는 것을 '계열화'라고 합니다. 하나의 사물이나 사실은 그것이 다른 것과 어떻게 연결되는가, 다시 말해 다른 것과 어떻게 계열화되는가에 따라 다른 의미를, 심지어 상반되는 의미를 갖습니다. 여기서 연결되는 항들은 어떤 것이든 상관없습니다. 사람과 물건, 동물, 글자 등등 어떤 것도, 연결되어 어떤 의미를 만든다면, 하나의 계열을 만든 것이라고 할 수 있습니다. 다시 예를 들면 찰리의 손에 연결된 빨간 깃발은 그 앞에 떠나가는 철근을 실은 자동차와 계열화되었을 때는 '주의하시오!'라는 경고의 표시지요. 반면 그 자동차가 떠나고 걸어가는 찰리의 뒤에 시위대가 연결되어 하나의 계열을 이루면, 그 앞의 경찰들이 하는 말처럼 '공산주의자 리더'의 징표가 됩니다. 즉 이때 빨간 깃발은 빨갱이나 공산주의를 상징하는 '적기'를 의미하게 됩니다.

이런 개념을 통해서 들뢰즈는 사물의 의미를, 지시나 의도, 혹은 기호작용이 아니라 이웃한 항들과의 이웃관계에 의해 정의하려고 합니다. 그런데 방금 '자살골'이나 찰리의 예에서 잘 보이듯이, 어떤 항 하나가 추가되거나 떨어져나가는 것만으로도 하나의 계열은 전혀 다른 의미를 갖는 다른 계열이 됩니다. 이것이 의미를 사건으로, 생성으로 다루려는 들뢰즈의 구상이 창안해낸 독창적인 '의미의 논리'지요.

그런데 여기서 '계열화'란 개념은 주로 시간적인 선을 따라 진행되었지요? 그렇지만 공시적(共時的)인 차원에서의 계열화 역시 얼마든지 가능합니다. 이처럼 공시적인 차원에서 만들어지는 계열들을 '배치'라고 할 수 있습니다. 가령 시계는 시간표 및 벌금과 접속될 수도 있고, 시간표 및 몽둥이와 접속될 수도 있으며, 맥박 및 청진기와 접속될 수도 있습니다. 첫째 것은 (특히 19세기 중반의) 공장에서 발견되는 배치고, 둘째 것은 지금도 중·고등학교에서 흔히 발견되는 배치며, 셋째 것은 병원에서 발견되는 배치지요. 뿐만 아니라 시계는 다른 항들과 더불어 실험실의 배치를 이루기도 합니다. 물론 이 경우 시계의 의미는 모두 달라지지만, 배치라는 개념은 '사건'이나 계열화와는 달리 어떤 개개의 항의 의미를 포착하려는 것이라기보다는 그 연결된 전체를 포착하려는 개념입니다. 또 덧붙이자면, 계열화가 두 가지 사물의 상태(가령 크다, 작다) 사이에서 의미(커진다, 작아진다)를 포착하려는 개념이라면, 배치는 공시적인 어떤 상태를 포착하려는 개념입니다.

배치 안에서 각각의 항은 다른 이웃항과 접속하여 하나의 기계로 작동합니다. 물론 여러 기계가 접속되어 만들어진 하나의 배치가 그 자체로 다른 것과 관련하여 하나의 기계로 작동할 수도 있지요. 그리고 접속하는 항이 달라지고, 작동하면서 그것이 절단하고 채취하는 흐름이 달라지면 동일한 항도 다른 기계가 됩니다. 가령 식당의 배치 안에서 입은 식기와 접속하여 영양의 흐름을 절단하고 채취하는 경우에는 '먹는 기계'지만, 지금처럼 강의실의 배치 안에서 여러분의 귀와 접속하여 소리의 흐름을 절단하고 채취하는 경우에는 '말하는 기계'가 되고, 침실의 배치 안에서 성기나 성감대와 접속하여 리비도의 흐름을 절단하고 채취하면 '섹스 기계'가 되며, 거식증 환자의 배치 안에서 밀어내는 식도와 접속하여 음식을 토하는 경우에는 '싸는 기계(항문 기계)'가 됩니다.

여기서 저자들은 모든 것을 이러한 배치와 기계로 다루려고 합니다. 이 경우 배치는 크게 두 가지로 나뉘게 됩니다. 하나는 말 그대로 물질적 기계들로 이루어진 '기계적 배치'고, 다른 하나는 말이나 기호, 규칙, 언표행위 등으로 이루어진 '언표행위의 배치'지요(하지만 이 둘은 따로 있는 게 아니라 하나의 동일한 배치를 구성하는 두 가지 측면이라고 할 수 있습니다). 가령 법정이나 교도소가 재판소의 기계적 배치를 이룬다면, 법전이나 판결, 형벌, 소송규칙, 범죄학 등은 그것의 언표행위의 배치를 이루지요. 그리고 배치가 작동하는 것을 보면, 어떤 항을 자기 안에 포섭하여 자신의 일부로 만드는 '영토화'와, 거기서 벗어나는 '탈영토화'라는 두 가지가 기본적인 방식으로 이루어집니다. 식당의 배치를 이루던 손-기계는 식기에 영토화되어야 제대로 작동할 수 있습니다. 하지만 그것이 강의실 배치를 이루기 위해선 식기에서 탈영토화되어 펜에 (재)영토화되어야 합니다.

배치를 구성하는 이 네 가지 지점을 들뢰즈와 가타리는 '배치의 4가성(四價性)'이라고 합니다. 여기서 배치의 작동을 (재)영토화와 탈영토화로 포착하는 것은, 배치가 어떤 하나의 항의 탈영토화나 재영토화만으로도 다른 것으로 얼마든지 변화될 수 있음을 보여줍니다. 이런 점에서 배치란 어떤 항을 사로잡고 그것을 특정한 기계로 작동하게 하는 '사회적' 관계를 표시하지만, 동시에 탈영토화와 재영토화를 통해 쉽사리 다른 종류의 배치로 이행할 수 있는 것임을 보여줍니다. 이처럼 다른 배치로 이행하는 데 출발점이 되는 지점을 '탈영토화의 첨점(尖點)'이라고 합니다. 따라서 배치란 개체의 영역을 규정하는 외부적인 관계성을 강조하는 개념인 동시에 그것의 가변성을 강조하는 개념이기도 합니다.

바로 이 점에서 배치의 개념은 역사유물론과 연결된다고 할 수 있습니다. 가령 맑스는 《임노동과 자본》이란 책에서 "흑인은 흑인이다. 특정한 관계 속에서만 그는 노예가 된다"라는 유명한 말을 했지요. 이는 계열화 내지 배치를 통해서만 어떤 항의 의미나 기능을 규정할 수 있다는 것을 보여주는 말이지요. 이 말이 역사유물론의 기본명제라는 것은 모두 잘 아시는 바일 겁니다. 앞서의 예를 우리는 이런 식으로 변형시킬 수 있습니다. "빨간 깃발은 빨간 깃발이다. 특정한 관계 안에서만 그것은 적기가 된다." 이는 광기의 역사를 다룬 푸코의 연구에도 그대로 적용할 수 있습니다. "광인은 광인이다. 특정한 관계 속에서만 그는 환자(정신병자)가 된다." 이런 점에서 푸코의 연구 역시 배치에 대한 연구요, 역사유물론적 연구라고 할 수 있습니다.

자본이란 G-W-G′ (G:화폐, W:상품, G′=G+⊿G)라는 맑스의 정의는 자본을 화폐와 상품의 특정한 계열화를 통해, 다시 말해 특정한 배치로 포착하고 있다는 걸 잘 보여줍니다. 자본주의적 생산관계를 요약하는 맑스의 도식은 다음과 같습니다.

(G: 화폐, A: 노동력, Pm: 생산수단)

분리되어 있는 노동력과 생산수단이 화폐 형태의 자본을 통해 결합함으로써 생산이 시작된다는 것을 보여주는 이 도식은 자본주의에서 생산 역시 하나의 배치라는 것을 보여주는 훌륭한 사례입니다.[29]

---

(29) 이에 대한 좀더 상세한 서술은 이진경, 〈혁명의 욕망, 욕망의 혁명〉,《문화과학》, 2002년 여름호 참조.

다시 말하지만, 《천의 고원》은 강한 의미에서 배치에 관한 책입니다. 그것은 배치를 기본개념으로 하여, 다양한 종류의 배치들이 어떻게 형성되는지, 그 배치 속에서 탈영토화하는 벡터는 어떻게 그어지는지, 그러한 배치로 특징지어지는 지층들은 또 어떤 방식으로 탈지층화되거나 재지층화되는지, 그런 것에서 벗어나는 탈주선들은 어떻게 그려지는지 등등에 관한 이야기를 하는 책이라는 의미에서 그렇습니다. 이처럼 욕망은 특정한 배치로서만 존재합니다. 욕망의 다른 배치를 만들어내는 것이 바로 욕망의 문제로 혁명을 사유하고 실천하는 것이란 점에서, 이 책은 욕망 및 권력의 배치와 그 변환을 다루는 역사이론이요, 욕망/권력의 역사유물론이라고도 할 수 있습니다.[30] 요컨대 맑스가 사회적 생산의 영역에서 배치의 역사이론을 선취했다고 할 수 있는 만큼, 들뢰즈와 가타리는 그것을 벗어나, 기호나 사회관계는 물론, 얼굴이나 리듬에 이르기까지 새로이 역사유물론의 영역을 확장하고 변환시켰다고 할 수 있습니다.

---

(30) 아마도 이런 의미에서 네그리는 《천의 고원》을 '역사유물론'이라고 주저없이 이야기했을 겁니다(네그리, 《〈천의 고원〉에 대하여》, 《탈주의 공간을 위하여》, 푸른숲, 1997).

1장 | 리좀: 내재성, 혹은 외부의 사유

1

리좀: 내재성, 혹은 외부의 사유

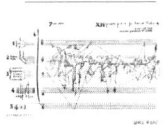

1. 책에 관하여

《천의 고원》의 첫째 '고원'은 책 전체의 서론에 해당되는데, 이 '고원'에서는 '뿌리줄기'라는 뜻을 갖는 '리좀(rhizome)'을 통해 이 책 전체를 관통하는 '내재성(immanence)'의 개념을 설명하고 있습니다. 하지만 그 전에 《천의 고원》이라는 책에 대해, 아니 '책'에 대해, 책을 쓰는 저자들에 대해 먼저 다루고 있어요. 이에 대해 먼저 살펴보지요.

1) 책이란 무엇인가?

일단 '고원'이란 말이 나왔으니, 그것부터 이야기해두지요. 들뢰즈와 가타리는 1장, 2장 등등처럼 각각의 장들이 순서대로 배열되어 있고, 그것이 '결론'으로 이어지며, 역으로 그 '결론'을 통해 앞에 등장한 여러 장들이 하나의 유기적 통일체가 되는 고전적인 책의 구성방식에 대해 거리를 두고자 합니다. 그것은 여기서 설명하려는 '리좀'과 달리 하나의 중심, 하나의 뿌리로 귀착되는 나뭇가지의 구조에 따른 것이라는 겁니다. 반대로 리좀이란 이런저런 줄기들이 어떤 중심뿌리 없이 분기되고 접속되는 그런 상(狀)을 취하는데, 자신들이 쓰려는 책 또한 그런 리좀 상(狀)의 구도에 따라 만들려고 하고 있는 거지요. 그래서 이 책의 각 장은, 다른 것과 접속되고 이어질 수 있는 길을 이리저리 갖지만, 독립적으로 읽어도 좋을 만큼 독자성을 갖고 있어요. 그리고 각각의 '장'조차 어떤 정점(頂點)으로 각 부분이 귀착되는 '산'의 형상보다는, 정상이 없는, 하지만 평지와는 구별되는 높이와 강밀도를 갖는 고원(高原)의 형상을 부여하고자 하고 있습니다.

 그런 의미에서 이 책의 각각의 장은 일종의 고원이고, 이 책 전체는 그런 고원들이 이리저리 이어지면서 연결되는, 하지만 어떤 하나의 결론으로 모든 논지와 문장을 끌고가지는 않는 고원들의 '모호한(fuzzy) 집합'이라고 할 수 있습니다. 'Mille Plateaux'이란 제목은 직역해서 '천의 고원'이라고 하긴 했지만, '수많은 고원들'이란 뜻이고 그래서 '수천의 고원들'이라고 하는 게 더 적당한 그런 제목입니다. 이 책 역시 '결론'이란 제목의 장이 있긴 하지만, 앞의 논리를 총괄하며 통합하는 명제들의 제시가 아니라, 지층(화), 배치, 리좀, 일관성의 구도, 기관 없는 신체, 탈영토화, 추상기계 등 중요한 개념들에 대한 요약의 형식을 취하고 있다는 것은 이런 맥락에서 이해할 수 있을 겁니다. 물론 이는 "철학이란 개념을 창조하는 활동"이라고 하는, 나중에 《철학이란 무엇인가》에서 자신들이 말한 철학의 정의에 따른 것이기도 하지만 말입니다.

다음으로 이 책의 저자에 관한 것입니다. 이 책은 이렇게 시작합니다. "우리는 둘이서 함께 《안티 오이디푸스》를 썼다. 우리 각자가 여러 명이었던 것처럼, 그것 또한 이미 많은 사람들로 이루어진 것이다. 우리는 여기서 우리가 접근해갔던 모든 것들을 가장 가까운 것에서 가장 먼 것에 이르기까지 이용했다."[1] 이는 어떤 책을 하나의 저자, 책이나 작품의 '기원(origine)'이자 독창성(originalité)의 원천인 '저자'에 귀속시키는 것에 거리를 두려는 태도를 보여줍니다. 사실 이 책은 들뢰즈, 가타리라는 두 사람의 저작으로 간주되지만, 그 안에는 그들이 인용문의 형식으로 끌어들이고 있는 많은 다른 사람들이 발언하고 있는 것이고, 인용은 없지만 이미 그들이 읽고 들은 수많은 저자들이 발언하고 있는 것이며, 이런 점에서 이 책은 어쩌면 그런 많은 발언들이 중첩된 연쇄로 이루어진 것이라고 해도 좋을 겁니다.

나아가 들뢰즈나 가타리 각자도 이미 그 각각이 살고 사유하면서 자신의 삶 속에서 만나고 끌어들였던 많은 사람들, 혹은 많은 사람들의 집합인 셈이고, 그래서 "각자가 여러 명이었다"고 하고 있습니다. 지금 제가 말하지만, 그것은 들뢰즈와 가타리, 혹은 푸코나 맑스, 나아가 지금까지 제가 만났던 많은 사람들의 말들이 섞여서 발

---

(1) Deleuze/Guattari, *Mille Plateaux*, Minuit, 1980, p.9(이진경·권혜원 외 역, 《천의 고원》, 1권, 연구공간 너머 자료실, 2000, 7쪽. 이 번역본의 파일은 www.transs.pe.kr에서 자료실에 가면 다운로드 받을 수 있습니다. 이하에서 이 책을 인용할 때는 본문 중에 I, 123이나 II, 28 등과 같은 식으로 표시합시다. 부적절한 번역은 수정했는데, 특별한 경우가 아니면 따로 언급하지 않았습니다. 그 옆에 MP, 9 식으로 쓴 것은 불어본의 쪽수입니다).

화되고 있는 것처럼 말입니다. 따라서 우리는 혼자 말하는 경우에도 각자는 이미 많은 사람들로 말하는 것이고, 그 많은 사람들이 하나의 배치 안에서 나름의 집합적인 언사를 발하고 있는 것입니다(이것을 저자들은 뒤에서 '언표행위의 집합적 배치'라고 말합니다). 그래서 그들은 단지 관습에 의해 두 사람의 이름으로 이 책을 쓰고 있지만, 이는 '나'라고 말하든 그렇지 않든, 별로 중요해지지 않게 되는 지점에 이르기 위해서라고 합니다. 따라서 "우리는 더 이상 우리 자신이 아니다"라고 하지요(MP, 9; I, 7).

그들은 바로 여기서 책에 대한 이야기를 시작합니다. 이상과 같은 의미에서 책은 대상도 주체도 갖지 않는다는 겁니다. 쓴 사람이 단수일 경우에도 이미 복수라면, 책이 주체를 갖지 않는다는 말을 이해하는 건 그리 어려운 일이 아닙니다. 대상도 마찬가지지요. 푸코의 《감시와 처벌》은 '감옥의 탄생'이란 부제처럼 감옥에 대한 책이지만, 또한 그것은 자기감시의 도식(다이어그램diagram)이 작용하는 모든 영역에 대한 책이고, 그런 근대 세계를 살아가는 우리의 삶에 관한 책이며, 그런 세계를 만들어낸 역사에 관한 책이고, 그런 세계에서 벗어나기 위한 꿈에 관한 책이기도 합니다.

맑스의 《자본》은 그가 명시하듯 '자본주의 생산양식'에 대한 책이지만, 또한 그 부제에서 보이듯이 '정치경제학'에 관한 책이기도 하고, 자본의 운동에 관한 책인 것 이상으로 그런 운동에 의해 착취당하는 노동자, 노동자의 삶에 관한 책이며, 그런 삶의 일상을 구성하는 화폐의 메커니즘에 대한 책이기도 하고, 자본의 축적법칙에 대한 책이면서 '산업예비군'이라고 불리는 실업자에 관한 책, '자본주의적 인구법칙'에 관한 책이고, 그런 세계의 역사에 관한 책이기도 하며, 그런 세계를 전복하려는 기획에 관한 책이고, 낡은 세계를 전복하려는 사유에 관한 책이기도 합니다. 어떤 책도 그 책이 이용 가능한 폭만큼이나 많은 '대상'을 갖습니다. 하지만 그것을 이용하는 책 자체가 또한 그렇게 많은 대상들을 갖는 한, 이용되는 책의 대상 역시 항상-이미 복수적입니다. 따라서 어떤 하나의 대상, 혹은 특정한 대상에 책을 귀착시키는 것은 애시당초 불가능한 일이지요.

그렇다면 책이란 무엇인가? 혹은 책이란 어떤 것인가? 저자들은 말합니다. "한 권의 책에는 분절의 선, 선분성의 선들, 지층 및 영토성의 선들이, 또한 탈주선과 탈영토화의 선들, 탈지층화의 선들이 존재한다"는 점에서 "책은 하나의 배치다"라고 말입니다(MP, 9~10; I, 8). 또한 상이한 상대속도를 갖는 흐름들의 복합체라는 의미에서 "책은 하나의 다양체(multiplicité)"라고도 말합니다.

예를 들어 60년대 프랑스에서 가장 많이 원용되었던 소쉬르(Saussure)의 고전적인 책《일반언어학 강의》는 이를 잘 보여주는 사례라고 할 수 있습니다. 먼저 "기호는 지시대상과 무관하다"라는 '기호의 자의성'에 관한 명제는 기호를 지시체로부터 탈영토화시킵니다. 이는 단어의 의미는 사물이고 문장의 의미는 그림이라는 실증주의적 언어철학의 지층을 해체하는 탈지층화운동을 야기합니다. 그러나 동시에 그것은 언어 내지 기호를 '랑그(langue)'라고 불리는 기호들의 규칙으로 재영토화합니다. 랑그란 언어가 재영토화되는 새로운 지층의 이름인 셈이지요. 이는 소쉬르의 책에서 제시되는 다양한 명제와 문장들에 유기적 통일성을 부여합니다. 이 책이 하나의 통일성을 가진 유기체라고 한다면 바로 이런 의미에서일 겁니다.

그 안에서 각각의 기호들은 기표(signifiant)와 기의(signifié)라는 이항적 분할의 선을 따라 분절됩니다. 기표적 분절의 선과 기의적 분절의 선이 각각 음운론과 의미론이라는 지층을 형성합니다. 하지만 이 책에서 분절의 속도와 강도는 매우 다른데, 음운론의 요소는 음성학적 기초에 이르기까지 완만하고 상세하게 전개되지만, 의미론적 요소는 별도로 다루어지지 않으며, 기표에 대한 설명에 덧붙여진 채 부차적인 방식으로 다루어집니다. 이는 소쉬르의 언어학이, 나중에 '기표의 물질성'이라는 개념이 보여주듯이, 기표적 측면을 부각시킨 것으로, 그리고 그에 따라 기표의 자의성과 기표의 미끄러짐을 강조하는 것으로 원용되게 되는 지점입니다.

하지만 소쉬르의 이 책은 또 다른 탈영토화의 지대를 포함하고 있습니다. 예를 들어 영어에서 '양고기'를 뜻하는 mutton은 '양'을 뜻하는 불어 mouton에서 온 것입니다. 하지만 불어 mouton은 '모든 양'을 지칭하는 데 비해 영어 mutton은 '죽은 양'만을 지칭합니다. '산 양'을 지칭하는 sheep이란 단어가 이미 있기 때문에, 새로 수입된 단어는 —아마도 그들은 이 말을 주로 식당에서 들었던 모양입니다— 원래 기표와 다른 '가치(의미)'를 갖게 된 겁니다. 또 가령 우리말에서 '강아지'와 '개새끼'는 같은 지시체(기의)를 갖지만, 전혀 다른 '가치'(!)를 갖습니다.

이에 대해 소쉬르는 기표들의 '가치'는 어떤 지시체에 대응하는 것이 아니라 다른 기표들과의 관계에 의해, 다른 기표들과의 차이에 의해 결정된다고 말합니다("언어에는 차이만이 존재한다").[2] 이는

---

(2) 소쉬르, 최승언 역, 《일반언어학 강의(Cours de linguistique générale)》, 민음사, 1990, 138~45쪽.

기의와 기표에 대한 자신의 이항적 분절의 선을 가로지르는 탈주선을 그린다고 할 수 있습니다. 왜냐하면 그것은 기표의 게임에 의해 동일한 기표가 상이한 의미를 갖게 되는 지점을 보여주기 때문입니다. 이는 또한 기표와 기의가 대응한다고 하는 소쉬르의 다른 명제를 탈영토화하는 명제기도 합니다.

이처럼 소쉬르의 이 책은 상이한 속도를 갖고 흘러가는 언어학적 사유의 흐름들의 복합체고, 어느 하나의 명제나 척도로 환원될 수 없는 이질적 명제들의 혼합이라는 점에서 하나의 다양체라고 할 수 있습니다. 그것은 들뢰즈와 가타리의 말대로, 영토성의 선, 지층화의 선, 탈영토화의 첨점, 내용의 형식과 표현의 형식이라는 두 차원의 분절 등이 작동하는 하나의 배치지요. 그것은 '소쉬르'라는 하나의 이름을 갖는 단일한 저자로 귀속되지 않는 이질적인 흐름의 집합이고, 음운이든 기표든 단 하나의 대상으로 환원되지 않는 기호들에 관한 언표들의 집합입니다. 상이한 속도를 갖는 그 흐름 속에서, 구조언어학처럼 새로운 음운론적 언어학을 끌어내거나,[3] 라캉처럼 무의식의 언어적인 구조와 '기표의 물질성'을 끌어낼 수도 있고,[4] 반대로 그 흐름을 거슬러, 바흐친처럼 음성학과 파롤이 강조된 새로운 종류의 언어학적 사유를 이끌어낼 수도 있을 겁니다.[5]

이런 식으로 우리는 가령 맑스의 《자본》이라는 책에 대해서도 접

---

[3] 야콥슨, 권재일 역, 《일반언어학 이론(*Essais de linguistique générale*)》, 민음사, 1989; 트루베쯔코이, 한문희 역, 《음운학 원론(*Grundzuge der Phonologie*)》, 민음사, 1991.
[4] J. Lacan, *Ecrits*, Seuil, 1966; 라캉, 권택영 편역, 《욕망이론》, 문예출판사, 1994.
[5] 바흐젠·볼로쉬노프, 송기한 역, 《마르크스주의와 언어철학(*Marxism and the Philosophy of Language*)》, 한겨레, 1988.

근할 수 있을 겁니다. 먼저 이 책은 맑스가 스미스나 리카도의 가치론을 자신의 '가치 형태' 개념으로 재영토화하면서 시작하지만, 그것이 어떻게 이율배반에 빠지는지를 보여주며(《자본의 일반적 정식의 모순》), 그럼으로써 가치론에서 탈영토화되는 지점을 보여줍니다. '잉여가치'란 개념은 그 탈영토화의 첨점을 표시하는 일종의 표지판입니다. 그러면서 정치경제학이라는 거대한 담론적 지층을 깨며 파열구를 만들어내면서 정치경제학에서 탈영토화된 새로운 연구의 가능지대를 형성합니다.

그렇지만 역으로 이전의 정치경제학적 개념을 재영토화하는 것이었다는 점에서, 그 파열구에서 탄생한 개념(잉여가치)마저 새로이 발전된 '맑스주의 정치경제학'으로, 다시 말해 확장된 정치경제학 안으로 재영토화할 수 있는 것이기도 합니다. 실제로 주류 맑스주의 정치경제학은 이런 방식으로 '정치경제학 비판'이라는 맑스의 애초의 기획을 '정치경제학의 과학적 발전'이라는 진화적 역사의 일부로 만들어버리고 맙니다. 이런 점에서 맑스의 이 책은 그 자체로 분명히 탈영토화의 선과 재영토화 지대를 갖는 배치고, 그것이 진화적 역사에 의해 하나의 지층이 되어가는 지점을 포함하고 있으며, 그를 위해 작동하는 다양한 선분적 선들로 가득 차 있는 하나의 지층이라고도 할 수 있습니다. 그럼에도 불구하고 그것은 또한 그 안에 포함된 다양한 이율배반과 이질적 요소들로 인해 탈지층화로 이어지는 탈영토화의 선, 탈분절화의 선을 포함하고 있음 또한 분명합니다.

그래서 어떤 개념들을 어떤 문제의식에 연결시키면서 새로이 강조하거나 부각시켜내는가, 혹은 그런 문제의식 아래 어떻게 다른 개념과 연결하는지, 혹은 연결된 어떤 개념을 제거하는지에 따라《자본》은 아주 다른 책이 됩니다. 그래서 혹자는 이 책을 정치경제학의 최고봉이라고 하겠지만(구 소련이나 동구의 정통파), 혹자는 '사물화된 논리'에 따라 자본의 논리만을 일방적으로 서술한 책이라고도 하며(가령 네그리), 혹자는 자본주의에서의 사물화와 소외의 메커니즘에 대한 책이라고도 하고(가령 루카치), 혹자는 자본주의 비판이 이데올로기에서 과학으로 비약한 책이라고도 합니다(가령 알튀세르). 이 모두는《자본》이라는 하나의 책에서 연원하는 것이지만, 어느 것도 동일하지 않은 상이한 책이지요. 따라서《자본》이란 책은 그 모든 다양한《자본》들을 포함하며, 또 다른《자본》들이 만들어질 수 있는 하나의 장이요 다양체라고 할 수 있습니다.

 이야기가 약간 벗어나는 듯하지만,《자본》을 하나의 배치로 봄으로써 우리는 거기서 서술되고 있는 자본 내지 자본주의 또한 하나의 배치로 파악할 수 있습니다.《자본》은 상품의 선분, 화폐의 선분, 자본의 선분 등에 대한 서술로 시작합니다. 생산과 가치라는 개념이 표시하는 내용의 층위와, 화폐적인 기호로 표시되는 표현의 층위가 있으며, 그에 따라 노동시간(내용의 층위)과 그것의 화폐적 표현에 의한 분절(표현의 층위)이 발생합니다. 이러한 분절이 노동자의 신체를 관통하여 노동력이 상품화되는 순간, 그리하여 그것이 자본가에 의해 구매되어 생산수단과 결합되는 순간 자본주의적 배치가 탄생합니다. 이처럼 노동력과 생산수단이 화폐(자본)에 의해 결합되는 지점에 대한 서술을 통해 자본의 개념 내지 자본주의의 개념이 정의됩니다. 이것이 함축하는 바는 노동자의 생산활동이나 생산능력이 화폐에 의해 분절되고 그에 따라 가치의 형식으로 재분절됨에 따라 그것이 자본의 일부(가변자본)가 된다는 것이고, 이로써 생산수단과 노동력이라는 이질적인 생산요소들이 자본이라는 지층의 일부가 된다는 것입니다.

거기서 자본의 목적으로서의 '잉여가치'의 현실적 조건이 서술되고, 잉여가치를 생산하고 증가시키기 위한 두 가지 방법이 서술됩니다. 그것은 노동자의 생산활동을 자본으로 영토화하기 위한 방법이라고 말할 수 있지요. 자본의 축적을 '잉여가치의 자본으로의 전화'라고 정의할 때, 그것은 바로 잉여가치를 자본으로 재영토화하는 것을 의미하고, 이로써 노동이 노동에서 탈영토화되어 자본으로 재영토화되는 양상이 해명됩니다. 이는 이미 자본주의적 형식으로 분절된 노동력이 자본을 재생산할 뿐만 아니라 스스로 자본으로 재생산되는 양상을 보여준다고 하겠지요. 그렇지만 자본의 축적은 새로운 탈지층화 운동을 야기합니다. '산업예비군' 내지 '상대적 과잉인구'가 그것입니다. 이는 노동자를 자본주의적 지층 안에 포획하는 과정이 불가피하게 탈지층화되는 운동을 만들어낸다는 것을 보여줍니다.

또한 《자본》은 자본이 잉여가치를 생산하는 과정이나, 그것의 주된 형식을 바꾸는 과정, 그것을 다시 자본으로 바꾸는 과정, 심지어 기계를 도입하는 과정조차도 사실은 노동자계급의 탈주선에 강제와 폭력을 가하는 과정이라는 것을 보여줍니다. 특히 이른바 '본원적 축적'에 대한 역사적 서술은 이를 아주 선명하게 드러내주지요. 이런 점에서 이 책은 자본주의적 배치에 대한 책이며, 그것이 상이한 지층 사이를 연결하고 포획하거나 분리하는, 탈영토화하는 양상에 대한 책이라고도 할 수 있습니다.

2) 책과 외부

책이 배치고 다양체라는 것을 설명하는 데 너무 많은 시간을 보냈지요? 다음은 책과 외부에 대한 것입니다. 저자들은 이렇게 말합니다. "책을 하나의 주체에 귀속시키는 순간, 질료의 가공과 그것의 관계가 갖는 외부성을 무시하게 된다."(MP, 9; I, 7) 이건 앞에서 책의 주체와 대상에 대해 말한 것과 연관되어 있기도 합니다. 먼저, 책이 만들어지는 과정에 관여된 외부성은 차라리 상식적이라고 할 수 있습니다.

가령《에티카》라는 책에서 스피노자가 자신의 '범신론적' 견해를 펴기 위해 신 내지 실체로부터 시작해야 했고, 이전의 스콜라 철학의 개념을 이용해서 그것을 펼쳐야 했다는 것은, 두말할 것도 없이 그가 살던 환경의 산물입니다. 사물의 가치를 그것을 만들어내는 데 걸린 노동시간으로 정의하는 스미스의 책《국부론》은, 모든 인간의 노동을 등가화했던 18세기에 이르기까지의 시장의 발전 그리고 임금의 형태로 모든 노동을 가치화했던 그 당시 자본주의라는 '외부'의 산물입니다. 무정부주의자였으면서도 결코 '국가주의'와 '민족주의'를 버리지 못했던 말년의 신채호의 책들은, 문명화와 동일시된 근대화라는 '민족적' 과제 및 그와 동시에 일본의 식민지라는 당시의 조선 상황을 고려하지 않으면 결코 이해할 수 없는 당착일 겁니다. 정신병리학에 관한 책들은 파리 시민을 100명당 1명 꼴로 가두었던 17세기의 대감금이란 사건 없이는 결코 생각할 수 없을 거라는 푸코의 말도, 책이 만들어지는 과정에서 작용하는 외부성에 관한 것입니다. 이런 의미에서 어떤 책도 그 외부의 산물이며, 책의 내부란 그것의 외부와 마치 뫼비우스의 띠처럼 하나로 연결되어 있다고 할 수 있습니다. 따라서 내부와 외부를 명확하게 가르는 건 불가능하다고 할 수 있지요.

그렇지만 책의 외부성이란 개념이 이처럼 단순히 책이 씌어지는 사회·역사적 상황만을 뜻하는 것은 아닙니다. 만약 그렇다면 사실 이는 통상적인 역사유물론이나 역사학 내지 사회학에서 하는 얘기와 별 다를 바 없을 겁니다. 여기서 말하는 '외부'란 이런 조건 말고도, 그 책과 만나게 되는 다른 책들, 그것이 대결하고 있는 어떤 사유들, 혹은 그 책을 통해서 읽는, 우리가 대결하고자 하는 어떤 사유들, 아니면 그 이미 씌어진 상태에서 어떤 책이 새로이 만나게 되는 역사적 사건들 등이 모두 '외부'입니다.

가령 리드의 말처럼 러시아 혁명이 '세계를 뒤흔든' 직후에, 혹은 적대 없는 사회의 꿈을 사회주의 혁명을 향해 밀고가던 시대에 맑스의《자본》이나 레닌의《무엇을 할 것인가》를 읽는 것과, 사회주의체제가 붕괴한 이후 그 책을 읽는 것은 동일한 사람이 읽는 경우에도 결코 같을 순 없을 겁니다. 혹은 이른바 '사회구성체 논쟁'에 대한 관심에서 맑스의 책을 읽는 것과, 문화이론에 대한 관심에서 그것을 읽는 것은 동일할 수 없을 겁니다. 또한 맑스를 읽다가 읽는 스피노자의 책과, 하이데거를 읽다가 읽는 스피노자의 책이 같은 책일 리가 없겠지요. 맑스를 헤겔주의자로 보려 했던 루카치의《자본》과, 맑스를 반헤겔주의적 투쟁에 끌어들이려고 했던 알튀세르의《자본》은 전혀 다른 책이 됩니다. 또 헤겔의 책과 진화적 형식으로 연결되는《자본》과, 스미스 및 리카도의 책과 진화적으로 연결되는《자본》또한 동일한 책이 아닐 겁니다.

이처럼 어떤 책도, 이미 완성된 작품인 경우조차, 그것이 어떤 외부와 만나는가에 따라 다른 내용의 책이 되고 다른 효과를 발휘하며 다른 의미를 갖습니다. 책이 외부성을 갖는다는 말은 이처럼 책이 어떤 외부와 만나고 접속하는가에 따라 다른 책-기계로 작동한다는 것을 함축합니다. 마치 칼이 어떤 외부와 접속하는가에 따라 요리-기계가 되기도 하고, 살인-기계가 되기도 하는 것처럼, 책도 그 외부에 따라 다른 책-기계가 된다는 말입니다. 따라서 이 모든 의미에서 우리는 책이란 외부를 가질 뿐만 아니라 그 외부를 통해, 그 외부와의 만남을 통해서 비로소 작동하고, 그 외부에 의해 다른 책-기계로 변환된다고 말할 수 있습니다.

책은 이미 굳은 활자로 종이 위에 씌어진 것이지만, 언제나 그 외부에 대해 열려 있다고, 그 외부가 쓰는 글자를 받아들이며 자신의 것의 일부로 삼는다고 할 수 있습니다. '내부'에 이미 씌어져 있는 글자와 '외부'가 새기는 글자가 함께 뒤섞여 책이 말하고 책이 작동하는 겁니다. 다른 식으로 말하면, 우리가 책에서 읽는 '텍스트'란 책과 그 외부가 함께 만드는 어떤 것입니다. 따라서 우리는 이런 명제를 새로 제출할 수 있습니다. 책을 통해 읽게 되는 모든 텍스트는 책이 그 외부와 만나면서 만들어지는 주름이라고. 그렇다면 이렇게도 말할 수 있습니다. "모든 텍스트는 그 외부에 의해 접힌 주름 위에 씌어진다"라고. 혹은 "모든 텍스트는 그 외부의 주름이다"라고.

더불어 책이 외부를 갖는다는 것은 외부에 의해 책이 변형되는 것뿐만 아니라, 그것과 만나는 외부에 대해서 어떤 효과를 생산하는 '기계'라는 것을 내포합니다. 물론 만나는 외부가 무엇인가에 따라 다른 효과를 발휘하며 다른 기계가 된다는 것을 포함해서 말입니다.

책이 외부를 갖는다는 들뢰즈와 가타리의 말이나, 모든 텍스트는 책이 외부와 만나서 만들어지는 주름이라는 우리의 명제를, "텍스트 밖에는 아무것도 없다"는 데리다의 유명한 명제와 대비할 수도 있을 겁니다. 물론 데리다의 이 말은 단지 텍스트의 외부적 현실이 없다거나, 책이나 담론과 같은 텍스트만이 존재한다는 것을 뜻하는 말은 아닙니다. 차라리 그것은 현실을 다루는 하나의 방법이고, 어떤 것에 새겨진 그 외부의 흔적을 통해서 그것을 포착하려는 태도지요. 가령 "원자폭탄도 하나의 텍스트다"라고 할 때, 이는 원자폭탄을 텍스트나 책처럼 다루라는 말이 아니라, 원자폭탄에 새겨진 흔적(traces)을 읽어야 한다는 말이겠지요. 나치와 세계대전, 유대인 학살, 유대인 과학자 아인슈타인의 이론, 나치와 소련을 동시에 겨냥한 미국의 전략 등등이 원자폭탄에 흔적으로 새겨져 있다는 것이고, 그런 의미에서 원자폭탄조차 하나의 텍스트라는 것이지요.

이처럼 데리다는 모든 것에서 거기에 새겨진 문자들(grammes), 그 흔적을 읽어내려 합니다. 그래서 자신이 하려는 것은 문자(grammes)를 다루는 문자학(grammatologie)이라고 하지요.[6] 여기서는 원자폭탄이나 공장, 컴퓨터마저 하나의 텍스트로 다루고자 합니다. 그것은 물론 원자폭탄이나 컴퓨터를 그것에 새겨진 외부의 흔적으로, 텍스트로 보는 것이며, 바로 이런 의미에서 모든 것은 텍스트라고 할 수 있습니다. 흔적과 문자를 읽는 문자학은 책이 아니라 모든 것을 대상으로 하며, 그 모든 것을 텍스트로 삼아 읽으려는 학문인 거지요. 텍스트 밖에는 아무것도 없다는 말은 바로 이런 의미일 겁니다. 따라서 데리다가 책이나 담론에만 관심을 갖고 있다고 하는

---

(6) 데리다, 김성도 역, 《그라마톨로지(De la grammatologie)》, 민음사, 1996, 62쪽 이하 참조.

것은 전혀 적절치 못한 비난입니다.

그렇지만 거칠게나마 대비하자면, 무엇보다도 먼저 데리다는 폭탄이나 기계조차 텍스트로 간주하는 반면, 들뢰즈와 가타리는 책조차도 기계로 다루고자 한다는 점을 지적할 수 있겠습니다. 즉 데리다에겐 모든 것이 읽어야 할 텍스트라면, 들뢰즈와 가타리에겐 모든 것이 효과를 생산하며 작동하는 기계라는 것입니다. 데리다가 모든 것을 읽고자 하는 아카데믹한 학자라면, 들뢰즈와 가타리는 모든 것을 작동시키고 실재적인 무언가를 생산하고자 하는 엔지니어인 셈입니다.

또 하나 대비할 것은 데리다의 명제가 외부를 텍스트 안으로 내부화한다면, 들뢰즈와 가타리는 책이든 폭탄이든 그것이 만나는 외부에 따라 다른 것이 된다고 한다는 점에서(계열화와 배치라는 개념을 생각해보세요), 외부성을 통해 사유하고 있다는 점입니다. 기계나 폭탄을 흔적으로 다루는 경우, 흔적이란 언제나 '과거'라는 의미에서 역사적인 것이 되고, 그것을 읽어내는 작업은 일종의 '역사학'이 됩니다.[7]

반면 이미 완성된 형태의 것조차 새로이 다가올 외부와의 어떤 만남에 의해 다른 것이 된다고 보는 경우에는 책이나 텍스트조차 다가올 '장래(avenir)'(이를 들뢰즈와 가타리는 아직 오지 않은 것이란

---

[7] 제가 보기엔 이는 모든 것을 내부화하고자 하는 사유방법이란 점에서 묘하게도 관념론의 전통에 충실한 것처럼 보입니다. 물론 데리다는 싫어하겠지만, 모든 것을 절대정신 안으로 내부화했던 헤겔의 경우를 떠올릴 수도 있을 듯합니다. 그러나 저처럼 "유물론이란 외부를 통한 사유"(이진경, 《철학의 외부》, 그린비, 2002, 6쪽)라고 생각하는 사람에겐 여기서 보이는 양자의 차이는 매우 의미심장한 것으로 보입니다.

의미의 '미래futur'와 구별합니다⁸⁾)와 연결된 것이 됩니다. 이들이 과거나 역사에는 큰 관심을 보이지 않으며, 반대로 카프카처럼 "다가올 악마적 세력들"에 대한 진단이나, 새로운 것의 창조와 생성을 강조하고 결국 잠재성의 차원에서 새로운 것을 향해 열린 세계를 사유하고자 하는 것은 이와 무관하지 않습니다.⁹⁾

3) 책의 유형들

지금까지 책은 배치며, 외부와 접속하여 작동하는 것이라고 말했습니다. 이런 점에서 책은 엄밀한 의미에서 '기계(machine)'라고 할 수 있습니다. 어떤 것과 접속하여 어떻게 작동하는가에 따라 다른 것이 되는 기계. 그래서 하나의 책이 때론 자본관계를 정당화하는 담론들을 깨부수고 자본의 논리에 반하는 실제운동을 촉발하는 기계가 되기도 하고, 때론 정치경제학이라는 고전적 담론의 발전적 연장선을 그리면서 '정통성'의 족보를 그리는 기계가 되기도 하며, 때론 자본의 운동법칙에 대한 엄격한 경제학적 계산을 유발하는 기계가 되기도 하고, 때론 자본주의의 역사를 비판적으로 사유하게 촉발하는 기계가 되기도 하지요.

---

(8) 들뢰즈·가타리, 이정임 외 역, 《철학이란 무엇인가?(Qu'est-ce que la philosophie?)》, 현대미학사, 1995, 164~65쪽.
(9) "생성은 역사와는 전혀 다른 것입니다. 아무리 구조적인 것이라고 할지라도 역사란 대개의 경우 과거·현재·미래의 개념밖에는 모릅니다. 혁명이 잘못 돌아가고 있다고, 혹은 혁명의 미래가 괴물을 낳을 거라고 사람들은 말하지만 이는 낡은 생각입니다. ……혁명의 미래란 좋지 않은 것이라고들 말하지만 누구도 민중의 혁명적 생성에 대해서는 말하지 않았습니다. 유목민이 우리의 관심을 끈 것은 그들이 생성 그 자체기 때문입니다. 그들은 역사의 일부가 아닙니다. ……68년 5월은 역사의 한가운데 솟아오른 생성이었습니다. 그 때문에 역사 및 역사적 사회는 그것을 잘못 받아들인 것입니다." (들뢰즈, 〈철학자들〉, 김종호 역, 《대담》, 솔, 1993, 167~68쪽)

이처럼 책의 외부성이란 그것과 접속되는 외부에 따라 다른 책-기계가 된다는 것을 뜻하고, 또한 책이란 단지 물질적 힘을 갖는 기호의 연쇄나 흔적의 집합인 텍스트가 아니라, 실제로 유효하게 작동하며 특정한 효과를 생산하는 기계라는 명제를 함축합니다. 그래서 저자들은 간곡히 부탁합니다. 자신들이 만들어낸 이 책을 부디 책-기계로 '이용'해달라고 말입니다. 중심화된 사유를 깨부수고 동일화하는 논리를 파괴하며, 새로운 다양체를 생산하고 새로운 삶의 방식을 만드는 데 이용해달라고 말입니다. 따라서 책의 외부성, 혹은 책-기계라는 개념은 책의 문제를 실천의 문제, 이용의 문제로 보는 입장이라고 할 수 있습니다.

하지만 책에도 여러 가지가 있지요. 외부나 용법과 다른 차원에서 책을 구성하는 일종의 '내부'라면 내부가 있는 셈이고, 그것이 구성되는 상이한 양상들이 있지요. 그것이 구성되는 양상이 외부를 향해, 혹은 다양한 삶을 향해 얼마나 열리는가와 무관하지 않다는 생각에서 저자들은 책이 구성되는 상이한 양상들에 대해 언급합니다.

먼저 유형화하는 데 사용하는 모델들에 대해 간단히 언급할 필요가 있습니다. 하나의 개체를 종, 속, 과, 목으로 거슬러 올라가 계라는 거대 범주에 묶는 분류학의 수형도(樹型圖)는 모든 것을 하나의 중심으로 귀속시키는 방식으로 각각을 유기적 통일체의 일부로 만듭니다. 잔뿌리들을 중간뿌리로, 결국은 하나의 중심뿌리로 귀속시키는 뿌리도, 마찬가지 방식으로 유기적 통일성을 만드는 모델을 보여줍니다. 이처럼 중간가지나 중간뿌리를 거쳐 하나의 중심, 하나의 일자(一者, l'Un, the One)로 모든 것을 귀속시키는 모델을 저자들은 '수목형' 모델, 혹은 뿌리형 모델이라고 부릅니다.

반면 어떤 일자적인 중심 없이, 가지 내지 줄기들이 서로 만나고 흩어지는 방식으로 접속되고 분기하는 것을 뿌리줄기 모델, 리좀형 모델이라고 부릅니다. 이 두 가지는 어떤 것이 다른 것과 관계를 맺는 상반되는 양상을 보여줍니다. 물론 여기에 덧붙여, 옥수수 뿌리처럼 하나의 중심뿌리는 없지만 모든 뿌리들이 결국은 하나의 줄기로 귀착되는 경우도 있습니다. 이를 저자들은 '곁뿌리' 내지 '총생뿌리(racine fasciculée)'라고 부릅니다.

저자들은 책들이 바로 이러한 유형으로 구분된다고 말합니다. 그에 따르면, 가장 먼저 수목(樹木)형의 책, 혹은 뿌리 유형의 책이 있습니다. 결론으로 귀착되며 그것을 통해 하나의 전체성을 획득하는 장(章)들의 유기적 체계로 구성되는 책이 그것입니다. 유기적이고, 의미화하며, 주체적인 멋진 내부를 갖는 고전적 책이란 관념이 이와 결부되어 있지요. 이러한 책의 형식은, 분류학적 체계가 잘 보여주듯이, 세계란 나무나 뿌리처럼 하나의 중심으로 귀결되고 그것을 통해 하나의 전체가 되는 유기적 통일체라고 보는 그런 관념에 따라, 그런 이미지에 따라 만들어진 것이라고 합니다.

여기서 책의 법칙은 반성의 법칙이고, 둘이 되는 일자다. …… 이 공식을 만날 적마다 우리는 가장 고전적이고 가장 반성적인, 가장 늙고 더없이 피곤한 사유 앞에 서 있게 된다. ……정신적 실재로서의 책, 이미지로서의 나무나 뿌리는 하나가 둘이 되고, 둘이 넷이 되는 '일자'의 법칙을 끊임없이 전개한다. ……이분법과 일대일 대응의 방법. 하나에서 둘이 아니라 하나에서 여럿

으로 뻗는 축상(軸狀, pivotante)뿌리라고 해서 나을 건 없다.(MP, 11; I, 9)

물론 장들로 구성된다는 사실이 문제는 아닐 겁니다. 그야말로 그저 편의와 관습에 따른 것일 수도 있으니까요. 정작 문제는 각각의 장들을 결론을 위해 점점 상승하는, 혹은 결론을 향해 모여가는 그런 부분들로 구성하는 것이지, 장이란 말을 사용하는 것이 아니니까요. 그런 점에서 통상적인 근대 소설은 대개 플롯이라는 형식에 따라 결론을 향해 모여가는 것이란 점에서, 장별 구성을 취하지 않는 경우조차 이런 고전적인 책의 유형에 속합니다.[10] 반면 용수(龍樹, Nāgārjuna)의 《중론(中論)》[11]은 27개의 장으로 이루어져 있지만, 장들 간의 유기적 연관은 없으며, 각 장들이 수렴되는 어떤 하나의 결론도 없습니다. 이 책의 저자들이 장별 구성의 형식을 피해 '고원'이란 형식을 도입한 것도 이런 이유에서였지만, 책이 그렇게 씌어진 이상 '고원'이란 단어를 '장'이란 단어로 바꾼다고 해서, 혹은 '결론'이란 장이 있다고 해서 무슨 차이가 있겠습니까?

책의 두 번째 유형은 곁뿌리 내지 총생뿌리의 유형입니다. 이는 여러 편의 작품, 여러 편의 책 들에 주로 해당되는데, 가령 저작집(l'OEuvres)이나 전집(Le Grand Opus)에 실린 여러 편의 책이나 글들

---

[10] 카프카가 자신의 장편소설을 '끝없는 소설'의 형식으로 쓰려고 했을 때, 그래서 소설에서 플롯은 물론 결말-종말을 제거해버렸을 때, 그는 근대 소설의, 아니 아리스토텔레스 이래의 고전적 형식에서 벗어난 새로운 종류의 소설을, 새로운 종류의 '책'을 쓰고 있는 것이라고 할 수 있습니다. 이에 대해서는 이진경, 〈카프카: 큐비즘적 서사공간과 욕망의 건축술〉, 《문학과경계》, 창간호, 2001년 여름호 참조.
[11] 용수, 김성철 역주, 《중론》, 경서원, 1996.

은, 하나의 결론으로 귀착되는 중심이 없다고 해도, 그것을 지은 저자로 귀착되는 통일성이 있을 것이란 관념이 그것입니다. 그래서 맑스·엥겔스 전집에 실린 글들을 그 통일성이 지시하는 방향 안에서 읽고, 그 통일성을 깨지 않는 범위에서 이해하려고 합니다. 그러나 이미 알튀세르가 말했듯이, 맑스 자신의 저작 안에 근본적인 불연속성이 있을 뿐만 아니라, 이른바 '청년 맑스'의 저작 안에서도 가령 에피쿠로스(Epicuros)의 유물론에 주목했던 박사학위논문[12]과, 포이어바흐(Feuerbach)를 통해 헤겔을 넘어서려고 했던 저작들[13]이 어떤 단일성을 갖고 있으리라고 생각하기는 힘든 일입니다. 초기의 자기 자신[14]과 대결하면서 펴낸 말년의 비트겐슈타인(Wittgenstein)의 저작[15]이 동일한 저자라는 접착제로 봉합할 수 없는 근본적인 불연속성을 갖고 있다는 것도 잘 알려져 있지요. 나아가 맑스의 《자본》이라는 책 안에조차 이른바 '논리적 부분'과 '역사적 부분'들 간에 연속성이나 동질성이 존재하는가에 관한 긴 논쟁이 있었습니다. 소련의 공식적인 정통파가 그것의 동질성을 주장함에도 불구하고('논리=역사주의'), 그것은 적어도 《자본》의 논리적 서술 순서가 자본주의의 역사적 진행 순서와 일치하지 않는다는 점에서 지지되기 힘들다는 것은 분명합니다.

물론 어떤 불연속성이나 '단절'을 보여주지 않는 저자도 있지요.

---

(12) 칼 맑스, 고병권 역, 《데모크리토스와 에피쿠로스의 철학 체계의 차이》, 그린비, 2001.
(13) 가령 맑스, 홍성두 역, 《헤겔 법철학 비판》, 아침, 1988; 맑스, 김태경 역, 《경제학·철학 초고》, 이론과실천, 1992.
(14) 비트겐슈타인, 이영철 역, 《논리철학논고》, 천지, 1991.
(15) 비트겐슈타인, 이영철 역, 《철학적 탐구》, 서광사, 1994.

하지만 가타리와 만나기 전의 들뢰즈의 저작 가운데에도, 가령《의미의 논리》와《스피노자와 표현의 문제》사이에는, 저자 자신이 설정한 긴밀한 연관성에도 불구하고 아주 이질적인 부분이 있습니다.《의미의 논리》에서 들뢰즈가 구조주의와 정신분석에 대해 보이는 호의와 적극성은, 그 책과 비슷한 시기에 나온 다른 책에서는 발견하기 어렵습니다. 이는 사실《의미의 논리》안에도, 니체-스피노자적인 요소와 구조주의(가령 라캉)적인 요소 간에 이질성이 존재하고 있음을 뜻하는 것이기도 합니다.

어쨌든 중요한 것은 저자라는 이름으로 그 저자에 부여된 어떤 내용에 작품들을 귀결시키는 방식으로 이해하는 것은 그의 많은 작품들을 왜소화하고 단순화하는 길임이 분명합니다. 더구나 책을 쓰는 사람 자신이 그런 종류의 '통일성'을 의식하면서 작업한다면, 그래서 이미 명성이나 평판의 형식으로 주어진 '자기'에서 벗어나려고 하지 않는다면, 그 결과는 어떨지 쉽게 짐작할 수 있을 겁니다. 한국의 경우에는 그런 종류의 통일성이 마치 일종의 '지조'와 같은 것으로 취급되기에, 독자들도 저자들도 일단 얻게 된 '자기'에 사로잡힐 가능성이 더 크지요.

제 개인적인 애길 하자면, 이는 사실《사회구성체론과 사회과학방법론》(1987)이란 책의 저자와, 들뢰즈·가타리나 푸코를 앞세운 90년대 후반의 저 사이의 '비통일성'을 지적하고 우려해주시는 분들을 통해서 제가 직접 빈번하게 확인할 수 있었던 것이기도 합니다. 물론 이런 '노파심'의 밑바닥에는 공연히 유행을 좇는 천박한 세태에 대한 우려가 있다는 것은 잘 압니다만, 그것이 사회주의가 망해도 사회주의에 대한 신념을 유지하는 '지조'에서 위안을 찾는 것은 아니었으면 하는 바람입니다. 말이 난 김에 덧붙이자면, 그런 변화의 바탕에 깔려 있는 문제의식 내지 질문의 일관성을 보아주시길 부탁드리고 싶기도 합니다.

그런 점에서 보면 확실히 '저자'나 '저작집'에서 어떤 일관성을 발견하려는 시도가 잘못된 것은 아닙니다. 언젠가 하이데거는 진정한 철학자는 평생 동안 오직 하나의 질문만을 갖고 추구할 뿐이라고 말한 적이 있어요. 아마도 선가(禪家)에서 사용하는 '화두(話頭)'라는 개념을 자기 식으로 풀어 말한 듯합니다. 저는 어떤 저자가 보여주는 일관성이란 바로 그 사람의 평생을 바치게 만든 화두를 통해 각이한 그의 책들이 "하나로 묶이는 것"을 뜻한다고 생각해요.

그런데 그 경우에도 그가 쓰는 책들, 그가 말한 대답들은 다양한 '외부'에 의해 각이한 주름으로 펼쳐지지요. 사회·역사적 조건이 달라지거나, 연구하고 참조하는 책이나 사람들이 달라지면, 혹은 저자 자신의 체험이 달라지면 동일한 화두를 들고서도 다른 대답들을 하게 되지요. '저자'나 '저작집'의 형식으로 표상되는 어떤 통일성에 대한 들뢰즈와 가타리의 비판은, '저자'가 갈팡질팡하며 써도 좋다는 말이 아니라, 이처럼 하나의 문제설정을 갖고서도 그때마다 상이한 대답들, 상이한 책들이 씌어진다는 의미로 이해해야 하지 않을까 싶습니다. 질문이나 화두의 단일성이 이질적인 것들의 접속과 변이를 낳는 방식으로 다양한 것들을 낳으면서 증식할 수 있다는 겁니다. 이는 뒤에 그들이 '통일성' 내지 '단일성'과 구별해서 '일관성'이란 개념을 아주 중요하게 사용하고 있다는 것을 본다면 더욱 쉽게 이해할 수 있을 겁니다.

마지막으로 리좀적인 유형의 책이 있습니다. 곁뿌리들을 끌어들이며 통일시키는 중심, 일자로서의 중심을 제거한 뿌리들의 망이 리좀이라면, 리좀과 같은 양상으로 구성된 책을 생각할 수 있을 겁니다. 우선 저자들 자신의 이 책이 그러한데, 각각의 장은 중심도 정점(頂點)도 없는 고원이고, 그 고원 같은 장들은 독립적으로 읽을 수 있으며, 동시에 다른 모든 장들에 연결되어 있다는 점에서 다른 장으로 가는 길이며, 다른 고원의 환경(milieu)이고, 다른 장들로 넘어가도록 촉발하는 표지판이기도 합니다. 결론이 있지만, 그것은 각각의 장들을 통합하는 중심이 아니라, 각각의 고원에서 발견할 수 있는 개념들의 집합일 뿐입니다.

100개의 '공안(公案)'들을 두고, 설두(雪竇) 중현(重顯)과 원오(圜悟) 극근(克勤) 두 사람이 상이한 시대에 각각 쓴 시와 산문이, 웃음을 유발하는 유머와 통렬한 고함소리가 난무하는 가운데 '알음알이'라고 불리는 논리적이고 통상적인 '이해'를 차단하면서 도(道)에 관한 근본적 직관을 촉발하는 책《벽암록(碧巖錄)》[16] 역시 이런 방식으로 구성되어 있습니다. 앞서 말한 용수의《중론》역시 마찬가지지요.

이런 책의 유형을 늘리거나 세분하는 것보다 중요한 것은, 이 유형들의 두 극이 포함하고 있는 것을 보는 것입니다. 들뢰즈와 가타리는 일자적인 구조를 갖는 나무 내지 뿌리형의 책이 국가를 모델로 하고 있음을 지적합니다. 국가, 법, 혹은 왕은 형태를 달리하지만 정치적 중심이라는 초월적인 위상을 갖고 있다는 점에서 공통되는데, 이는 다른 모든 것들이 그에 복속되어야 할 '일자'의 모델이 되었다

---

[16] 원오 극근,《벽암록》, 상·중·하, 장경각, 1993.

고 하지요. 그리고 플라톤의 '철인(哲人) 통치'라는 개념이 아주 정확하게 보여주듯이, 철학과 국가의 결합이 국가와 정치에 대한 철학적 모델이었다는 것입니다. 이러한 모델은 결국 국가의 초월적 위상에 '로고스'의 위치를 부여하면서 동시에 그 초월적 권력의 일부가 되려는 철학적 꿈을 보여줍니다.

데카르트가 스웨덴 여왕의 '선생'이 되었던 것이 그의 생명을 단축시켰던 이유기도 했다는 건 잘 알려져 있습니다. 라이프니츠 역시 비열하다는 느낌을 줄 정도로 끊임없이 국가적 귀족들의 후원을 얻기 위해 노력했고, 칸트는 자신의 '이성비판'이라는 기획을, 이성을 '법정'에 세우는 법적인 모델을 설정함으로써 법정에 이성을 비판하고 재판하는 위치를 부여했습니다. 헤겔은 프로이센 국가의 완성에 절대이성의 실현이라는 위상을 부여했으며, 그에 대응하여 그 자신이 국가철학자가 됨으로써 철학과 국가의 통일이라는 오래된 철학적 소망을 성취했습니다. 이러한 국가의 특권화는 세계 질서에 로고스라는 내적 통일성을 부여하는 것이고, 사람들로 하여금 국가에 뿌리박게 만드는 것입니다(MP, 35~36; I, 30).

반면 외부를 통해 작동하는 책-기계는, 외부에 따라 변이하는 책이란 개념을 낳음으로써, 책이나 사유가 하나의 모델에 뿌리박는 것을 방해하며, 그와 반대로 그때마다 상이한 외부를 향해 달리게 한다는 점에서 유목적인 사유를 촉발하며, 지배적인 가치와 지배적인 삶의 방식에 반하고 국가장치에 반하는 '전쟁기계'(이에 대해서는 나중에 다시 볼 것입니다)가 됩니다. "책으로 하여금 모든 유동적인 기계의 부품이 되게 하며, 줄기로 하여금 리좀이 되게 하는 배치" (MP, 35~36; I, 30), 그것이 바로 리좀적 유형의 책이란 개념을 통해 저자들이 말하고 싶었던 것일 겁니다.

2. 리좀의 몇 가지 특징들

이제 책이 아니라 리좀에 대해 얘기해봅시다. 리좀이란 무엇인가에 대해서는 이미 여러 번 언급했습니다. 그리고 뿌리나 나무에 리좀을 대립시키는 것이 어떤 '정치적' 의미가 있는가 역시 방금 한 말을 통해 대략 짐작할 수 있을 겁니다. 하지만 그래도 리좀이 어떤 것인지, 어떤 특징을 갖는지에 대해 대략적이나마 정리해둘 필요가 있습니다.

1) 접속의 원리

저자들에 따르면, 먼저 리좀은 '접속(connexion)'의 원리에 의해 정의되고 만들어집니다. 어떤 의미에선지는 불명료하지만, 예전에 칸딘스키는 20세기에 대해 한마디 해달라는 주문에, 19세기가 "이것이냐 저것이냐(entweder ……oder)"의 시대였다면, 20세기는 '와(und)'의 시대가 될 것이라고 말했다고 합니다. 여기서의 '와'는 바로 접속을 표시하는 접속사예요. 즉 접속이란 말은 넓은 의미로는 '와(et, und/and)'로 연결되는 모든 경우를 지칭합니다. 책과 외부, 이 책과 저 책, 손과 자동차, 명사와 동사 등등.

그러나 저자들은 접속이란 말에 특정한 외연을 부가합니다. 일찍이 들뢰즈는 《의미의 논리》에서 접속과 이접(離接 disjonction)과 통접(統接 conjonction)을 구별한 바 있는데, 이러한 구별은 가타리와 함께 쓴 《안티 오이디푸스》에서도 반복하여 나타납니다. 접속의 접속사는 '……et……'(……와……)예요. 이접의 접속사는

'soit……soit……'('이것이든 저것이든,' '이것이냐 저것이냐')지요. 통접의 접속사는 'donc……'(그리하여……)예요. 세 경우 모두 가령 A와 B가 결합하거나 분지(分枝)하는 것을 뜻합니다. 하지만 접속은 A와 B가 등위적(等位的)으로 결합하여, A도 아니고 B도 아닌 제3의 것인 C를 만들어내는 것입니다. 입과 식도(食道)가 접속하여 먹는 기계가 되고, 입과 성대가 접속하여 말하는 기계가 되며, 입과 입이 접속하여 입맞추는 기계(섹스 기계)가 됩니다.

이접은 A냐 B냐를 선택—논리학에서는 '선언(選言)'이라고 하지요—하는 것입니다. 여기서는 둘 중 하나를 배타적으로 선택하는 배타적(exclusive) 이접과, 상이한 경우를 허용하는 포함적(inclusive) 이접이 있습니다. "네가 남자냐 여자냐?" 하는 질문, 혹은 "동성애자인가 이성애자인가"라는 질문이 앞의 경우라면, "네가 남자든 여자든" 내지 "동성애자든 이성애자든" 하는 문장이 뒤의 경우예요. 접속이 등가적인 위치에서 두 항을 연결하는 것이라면, 이접, 특히 우리가 흔히 접하게 되는 배타적 이접은 둘 중 하나를 선택할 것을 요구하는 것입니다. 대개의 이분법은 둘 중 어느 하나를 선택하도록 요구하거나 호오(好惡)의 가치판단을 포함하고 있지요.

통접은 다양한 요소들이 결합하여 어떤 하나의 통일체를 이루는 것입니다. 즉 A와 B는 물론, C, D 등 그 이상의 것들이 모여 모두가 어떤 하나로 귀결되는 것입니다. 소화기관과 호흡기관, 순환기관, 배설기관 등이 모여 하나의 유기체를 형성한다든가, 입법부, 사법부, 행정부 등의 기관이 모여서 국가장치를 구성하는 경우나, 혹은 이런저런 장들이 모여서 하나의 책이 되는 것 등이 그것입니다. 또한 이와 달리 여러 가지 요소들이 모여 하나의 흐름이 되는 경우도 역시 통접이라고 할 수 있습니다. 임금, 이윤, 소득, 이자 등등이 모여 '통화량'이라고 부르는 하나의 화폐의 흐름이 되는 것이 그것입니다. 전자가 각각이 부분적인 기관이 되어 하나의 유기체 내지 통일적 전체로 통합되는 것이란 점에서 '유기적 통접'이라면, 후자는 각각이 탈형식화되어 '통화량'이라고 부르는 하나의 흐름으로 통합되는 것이란 점에서 '흐름으로의 통접'입니다.

포함적인 이접이나 흐름으로의 통접이 있긴 하지만, 이접은 "이것이냐 저것이냐" 하는 이항적 선택을 요구하는 경우가 대부분이고, 통접은 하나의 유기체나 결과물로 통합하는 경우가 대부분이라고 할 수 있습니다. 다시 말해 통상적인 의미에서(포함적 이접이나 흐름으로서의 통접이 아니란 의미에서) 이접과 통접은 관련된 항들을 어떤 하나의 방향으로 몰고갑니다. 반면 접속은 두 항이 등가적으로 만나서 제3의 것, 새로운 무언가를 생성합니다. 여기에는 어떤 귀결점도 없고, 호오의 선별도 없습니다.

접속이 리좀의 원리라는 것은 바로 이런 의미에서지요. 줄기들의 모든 점이 열려 있어서 다른 줄기가 접속될 수 있는 것, 혹은 다른 줄기의 어디든 달라붙어 접속할 수 있는 것, 하지만 접속한 줄기들이 어느 한 점으로 귀결되지 않으며, 배타적 이항성도 작동시키지 않는 것. "리좀은 어떤 다른 점과도 접속될 수 있고 접속되어야 한다."(MP, 13; I, 11) 그런 만큼 이런 접속에서는 접속되는 항이 달라지면, 혹은 접속의 지점이 달라지면 접속의 결과 만들어지는 것 전체가 달라집니다.

가령 성화를 들고 뛰는 주자는 정해진 지점에서 정해진 다음 주자와만 접속하며, 그 접속은 도달해야 할 목적지에 도달해야 합니다. 거기 이르지 못하면 아무 의미도 없는 게 됩니다. 반면 〈모던 타임즈〉의 찰리는 무수한 사건을 만들며('사고를 치며'!), 이르는 곳마다 접속의 지점을 찾지요(혹은 만들지요). 스패너를 들고 단추 단 여인을 쫓아가기도 하고, 깃발을 들고 자동차를 향해 가다가 시위대에 '접속당하기도' 하며, 도둑질하는 소녀와 접속을 시도하고, 공장에, 백화점에 다시 접속의 고리를 내미는 등등 말입니다. 그렇지만 그에게는 '성공'이나 '안정'과 같은, 접속을 통해 도달하려는 목적지가 없지요. 통상의 사람이라면 절망할 수도 있는, 저 끝없는 길을 유쾌하게 가지요. 물론 여기서 그런 행보를 포획하려는 국가적 촉수(경찰)와의 접속은 피합니다. 그것은 n에서 '일자'를 뺀 것, 즉 $n-1$인 셈이지요.

2) 이질성의 원리

리좀의 두 번째 원리는 '이질성의 원리'예요. 리좀은 이질적인 모든 것에 대해 새로운 접속 가능성을 허용한다는 의미에서 그렇습니다. 붉은 깃발은 응원단과 접속되기도 하고, 사나운 소와 접속되기도 하며, 시위대와 접속되기도 하고, 조난 당한 배와 접속되기도 합니다. 이처럼 접속은 어떠한 동질성도 전제하지 않으며, 다양한 종류의 이질성이 결합하여 새로운 것, 새로운 이질성을 창출하게 합니다. 따라서 접속을 원리로 하는 리좀의 원리는 이런 이질성을 또한 당연히 원리로서 포함하지요.

가령 맑스의 텍스트는 헤겔과 접속하기도 하고, 레닌과 접속하기도 하며, 에피쿠로스와 접속하기도 하며, 리카도와 접속하기도 하고, 케인스와 접속하기도 하며, 실증주의와 접속하기도 하고,

'반실증주의'를 표방하는 휴머니즘과 접속하기도 하며, '안티휴머니즘'을 내건 구조주의와 접속하기도 합니다. 맑스의 사유와 이 다양한 외부가 서로 뒤섞이며 새로운 사유의 선들이 여러 가지 방향으로 증식됩니다. 이를 맑스적 사유의 리좀적 증식이라고 할 수 있지요.

반면 '정통'이라는 이름 아래, 접속 가능한 것을 특정한 것 내지 특정한 계열로 제한하는 조치들이 국가적 권력을 배경으로 만들어지기도 합니다. 이 경우 맑스나 레닌의 텍스트는 다른 모든 텍스트들이 벗어나선 안 될 테두리를 이루고, 모든 텍스트나 입론이 귀속되어야 할 특권적 중심이 되며, 이런 방식으로 다양한 사유와 활동의 흐름을 통일하고 동질화합니다. 여기서 벗어나는 텍스트는 '기회주의' 내지 '편향'이라는 이름으로 단죄됩니다. 이런 방식으로 '국가적' 맑스주의는 맑스적인 사유의 리좀적인 증식의 선을 제한하고 차단하며, 새로 만들어지는 텍스트의 내용과 질을 규제하고 통제하려 하며, 결국 맑스의 텍스트를 하나의 '중심'으로 만들어버립니다. 맑스는 하나의 뿌리가 되고, 맑스적 사유 내지 맑스주의는 언제나 그 하나의 뿌리에서 나온 나무의 형상을 그리게 됩니다.

3) 다양성의 원리

다음 리좀의 세 번째 원리는 다양체(multiplicité, 다양성)의 원리입니다. 들뢰즈와 가타리는 여기서 다양체 내지 다양성이라는 개념에 커다란 중요성을 부여하고 있습니다. 차이가 차이 그 자체로서 의미를 갖는 것, 동일자의 운동에 포섭되지 않는 것, 그것은 진정한 의미에서 다양성이 존재하는 것을 뜻하기 때문입니다. 진정한 다양성이란 무엇인가? 그것은 차이가 어떤 하나의 중심, '일자'로 포섭되거나 동일화되지 않는 다양성입니다.

화폐가 지배하는 상품세계에서는 기발하게 만들어진 어떤 새로운 상품이라도 '얼마짜리 상품'에 불과합니다. 화폐라는 단일한 척도에 의해, 단지 양적 차이만 갖는 상품으로 동질화되고 말지요. 수나 종류가 얼마가 되든, 그 새로운 상품이 추가되었다는 것이, 종류가 느는 정도의 차이말고는 전체 상품세계에 아무런 변화를 주지 못합니다. 여기서 우리는 다양성이 아닌 획일성을 발견할 수 있을 뿐입니다.

전에 알지 못했던 아주 이질적인 것이 나타났을 때도 통상 우리가 아는 문명은 이를 다양성의 확장의 계기로 삼기보다는 기존에 존재하는 것 안에 갖다놓음으로써 동질화하고 동일화하는 과정에 끌어들입니다. 가령 이른바 '아메리카' 인디언들이나 아프리카 원주민들의 이질적인 삶의 방식을 발견했을 때, 유럽인들은 이를 자신을 지칭하는 '문명'에 미치지 못한 '미개' 내지 '야만'이라고 개념화하고는 계몽과 개화를 통해 '문명화' 해야 할 대상으로 만들어버렸지요. 다시 말해 그것은 자신들이 알지 못했던 새로운 문화나 삶의 방식이 아니라, 시간이 지나면 자신들의 문명 안에 들어올 일종의 '과거'로 만들어버림으로써, 문명이란 이름으로 동질화하고 동일화하여 지상에서 제거해야 할 무엇으로 만들었습니다. 헤겔 식의 역사철학은 이런 식의 태도를 아주 '모범적인' 사변으로 보여준 사례라고 하겠습니다.

종류가 늘거나 무언가 추가되며 '다양성'이 증가하기는 하지만,

전체는 아무런 변화가 없는 이런 종류의 다양성을 저자들은 수목형 다양성, 사이비 다양성이라고 합니다. 잔가지가 몇 개 새로 나는 것이나 부러지는 게 나무에 변화를 주긴 하지만, 사실 전체에는 아무런 영향을 못 미치는 것처럼 말입니다.

반면 리좀적 다양성은 어떤 하나의 척도, 하나의 원리로 환원되지 않는 이질적인 것의 집합이고, 따라서 하나가 추가되는 것이 전체의 의미를 크게 다르게 만드는 그런 다양성입니다. 가령 지난번 강의에서, 축구공의 뒤에 무엇이 오는가가 축구공의 의미나 그것이 포함된 계열 전체의 의미를 완전히 다른 것으로 만들어버리는 것이 그런 경우라고 하겠습니다. 배치라는 개념이 그런 리좀적 다양체를 함축한다는 것은 쉽게 알 수 있을 겁니다. 예를 들어 자물쇠의 위치 하나만 바꾸는 것으로도 침실의 배치는 감옥의 배치로 바뀝니다. 그래서 그들은 "배치란 접속되는 항들에 따라 그 성질과 차원수가 달라지는 다양체"라고 말합니다(MP, 15; I, 12).

여기서 "접속되는 항에 따라 차원수가 달라진다"는 말은 프랙탈 기하학을 염두에 두고 하는 말입니다. 차원이란 말은 어떤 것의 기하학적 성분이 얼마나 다양한가(복잡한가)를 표시하는 개념이지요. 가령 길이라는 한 방향의 성분을 갖는 직선은 1차원, 길이와 폭이라는 두 성분을 갖는 면은 2차원, 거기에 높이라는 성분까지 갖는 입체는 3차원이라고 하지요. 여기서 차원수는 모두 정수일 수밖에 없기 때문에, 일반화해서 n차원으로 표시하지요.

그러나 구불구불한 선이나 울퉁불퉁한 면이라면 어떨까요? 쉽게 얘기하기 위해 단순화시켜 말하자면, 한없이 늘어나며 구불구불한 선은 곧은 직선보다 더 복잡한(다양한) 만큼 더 큰 차원수를 가지며,

울퉁불퉁한 면은 단조로운 평면보다 더 복잡하고 다양한 만큼 더 큰 차원수를 가져야 한다고 생각할 수 있겠지요.[17]

예를 들어봅시다. 일정한 길이의 선분을 3등분하는 두 점에서 〈그림 1.1〉처럼 꺾인 도형으로 바꿉니다. 그리고 각각의 선분마다 동일한 작업을 반복합니다. 그러면 마치 눈송이처럼 생긴 도형이 만들어집니다. 이를 코흐(Koch) 곡선이라고 부릅니다. 보다시피 이 곡선은 길이라는 성분만 갖기 때문에 유클리드 기하학의 관념에 따르면 1차원 곡선이라고 해야 합니다. 하지만 처음의 곧은 선분과 이 곡선이 같은 복잡성 내지 다양성을 갖는다는 말이 부적절하다면, 두 선이 같은 차원수를 갖는다는 것 역시 부적절하다고 할 수 있지요. 이 선이 갖는 복잡성 내지 다양성을 차원수로 표시하는 방법을 만델브로트(B. Mandelbrot)가 찾아냈고, 이를 다루는 기하학을 그는 '프랙탈 기하학'이란 이름으로 불렀습니다. 정삼각형을 세워서 만든 〈그림 1.1〉의 코흐 곡선은, 그가 제시한 방법에 따라 계산하면 약 1.2618차원이 됩니다.

그런데 선분을 세우는 각도를 달리하면 선의 복잡성도 달라지고, 그에 따라 차원수도 달라집니다. 〈그림 1.2〉는 각도를 달리해 그린

---

(17) 여기서의 복잡도는 단지 눈에 보이는 복잡성이 아니라, '측도(測度)'—여러 차원의 도형의 크기를 일반화한 값—라고 부르는 것과 관련된 것입니다. 가령 선분의 길이가 2배로 늘어나면 (확대율) 선분의 크기(측도)는 그대로 $2=2^1$배 늘어납니다. 하지만 사각형의 한 변이 2배 확대되면 면적은 $4=2^2$배로 늘어나지요. 육면체의 경우에는 $8=2^3$배로 늘어납니다. 이 값이 측도예요. 즉 여기서 차원수는 지수로 표시됨을 알 수 있지요. 따라서 이 관계를 측도=확대율^{차원수}로 표시할 수 있습니다. 양변에 로그(log)를 취하면 log(측도)=차원수×log(확대율)가 됩니다. 따라서 차원수=$\frac{\log(측도)}{\log(확대율)}$가 됩니다. 바로 뒤에 나오는 (그림 1)의 코흐 곡선의 경우, 확대율이 3배가 되면 크기(측도)는 4배로 늘어납니다. 따라서 차원수는 $\frac{\log 4}{\log 3}$ ≒ 1.2618(차원)입니다. 1보다 크고 2보다 작은 소수의 차원수를 갖는 거지요.

〈그림 1.1〉 코흐 곡선

코흐 곡선이 어떻게 다른 차원수를 갖는가를 보여줍니다. 직선은 1차원인데, 그 밑에 있는 곡선은 1.02차원, 1.13차원 등으로 차원수가 증가합니다. 끝에 있는 것은 1.91차원으로, 면을 뜻하는 2차원에 매우 가까운 값을 갖게 됩니다. 조금 더 가면 면이 될 정도로 곡선이 '복잡하다'고 이해하면 쉽겠습니다.

따라서 리좀은 이처럼 접속하는 선의 수가 늘어나면 그에 따라 차원수가 증가하는 만큼 그 다양성 내지 복잡성이 증가하는 일종의

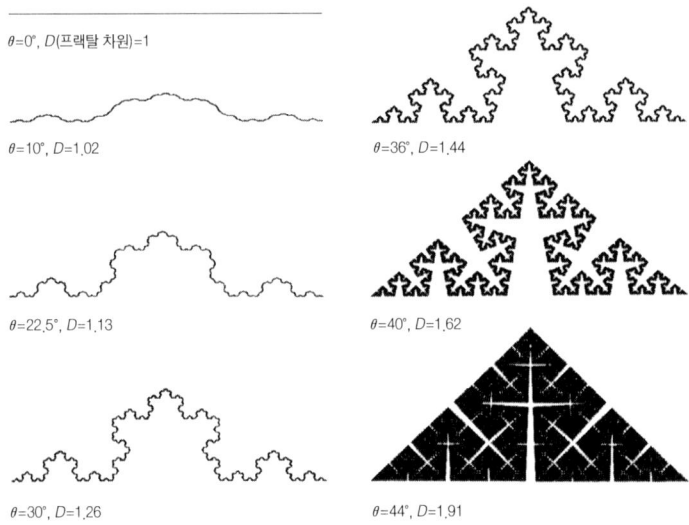

〈그림 1.2〉 다른 차원수를 갖는 코흐 곡선들

프랙탈한 다양체라는 말을 이해할 수 있을 겁니다. 반면 수목형의 다양체는 새로 출현한 모든 것을 이미 그려진 수형도 내부의 어떤 자리에, 가령 개목 고양이과로 이어지는 선 속에 위치짓습니다. 새로운 식물이 발견되어도 분류표 자체에는 아무런 변화가 일어나지 않는다는 거지요. 이런 의미에서 저자들은 수목형의 다양체는 이미 결정된 어떤 것이므로, 새로운 것의 추가나 새로운 변이체가 이미 결정되어 있는 다양체 자체의 차원수를 변화시키지는 못한다는 점에서 리좀적 다양체와 대비하고 있는 겁니다. "다양체는 외부에 의해 정의된다"(MP, 15; I, 13)는 말도 이런 맥락에서 이해할 수 있을 겁니다. 이는 다양체가, 추가되는 외부의 선, 뒤집어 말하면 외부를 향해 새로이 분기하는 선(탈주선, 탈영토화의 선)에 의해 정의된다는 것을 뜻하기도 합니다. 저자들이 반복해서 탈주선의 일차성에 대해 말하는 것은 이런 의미에서지요.

4) 비의미적 단절의 원리

네 번째로 리좀적 다양체는 비의미적인(asignifiante, 비기표적인) 단절의 원리를 특징으로 갖는다고 합니다. 여기서 저자들은 '의미적인(signifiante, 기표적인)'과 '비의미적인'을, '절단(coupure)'과 '단절(rupture)'을 대비합니다. 가령 절단이란 무나 두부를 자르는 것처럼 어떤 대상이나 흐름을 일정한 규칙에 따라 자르는(cut) 것입니다. 이는 '의미적인'이란 형용사와 함께 사용되는데, 가령 소리의 흐름은 일정한 언어적 규칙에 따라 음소로 절단되고, 절단된 것들이 연결되어 기표적 연쇄를 만들며, 그것을 통해 소리를 의미화합니다. 통상 언어적인 '분절'은 이런 '의미적인/기표적인 절단'의 일종입니다.

반면 단절은 어떤 주어진 선과 연(緣)을 끊는 것이고, 그 선에서 벗어나는 것이며, 그 선 안에서 만들어지는 의미화의 계열에서 벗어나는 것입니다. 예를 들면 '노다지'는 원래 영어의 '노 터치(No touch)'에서 나온 말이죠. 예전에 금광에서 금을 캐면 광부들에게 "건들지 마!"라고 외치던 말인데, 영어를 모르던 한국인 광부들은 그것을 '금은보화'를 가리키는 말로 받아들였고, 그래서 원래 의미와는 아무런 상관이 없는 '노다지'가 되었지요. 이 경우 '노다지'는 원래 영어의 의미적인 기표들의 계열에서 벗어나(단절되어) 전혀 다른 뜻을 갖는 것으로 변용된 말이 됩니다. 이런 점에서 소리의 절단(분절)이 의미적인/기표적인 기호를 만드는 것과 반대로, 단절은 기존의 기표적인 계열에서 벗어나 다른 계열의 일부가 되는 것입니다. 그래서 저자들은 이런 단절을 '탈영토화(déterritorialisation)' 내지 '탈주(fuite)'와 상관적인 개념으로 사용하고 있어요. 단절이 '비의미적'이라 함은, 의미화하지 않는다 함은 바로 이런 뜻에서지요. 그런데 이 말은 기표(signifiant)와 연관된 것이기도 한데, 기표란 그 자체로는 아무 의미가 없는 소리가 음소로 분절되어 변별자질을 얻게 되고, 그럼으로써 의미를 갖는 단어를 구성하는 것입니다. 그래서 '의미화한다'는 것은 어떤 소리가 기표가 되어 다른 기표와의 사슬/연쇄 속으로 들어감을 뜻하지요.

여기서 본 것처럼 비기표적인 단절은 리좀의 특징입니다. 왜냐하면 리좀은 어떤 근원적인 의미나 기원으로 거슬러 올라가지 않은 채, 떼어내 다른 것으로 만들어버리기 때문입니다. '노다지'는 어원이나 어근과 아무 상관이 없는 말 아닙니까? 이런 일은 단지 두 언어 사이에서만 벌어지는 게 아니라 언어와 비언어, 동물과 식물 등처럼 이질적인 지층 사이에서 벌어지기도 합니다. 말벌과 오르키데(orchidée, 난초의 일종)는 저자들이 즐겨 사용하는 예지요.

먼저 오르키데는 말벌 암컷의 이미지를 만들어 말벌(수컷)을 끌어들이고(오르키데의 말벌-되기), 거기에 달라붙어 힘을 쓰던 말벌은 말벌이 아님을 알고 오르키데에서 벗어나 날지만, 이로써 오르키데의 꽃가루를 옮김으로써 오르키데의 일부로 기능하게 됩니다(말벌의 오르키데-되기). 여기서 오르키데는 말벌의 활동을 그 본래 의미와 무관하게 단절하여 이용함으로써 자신을 재생산합니다. 말벌의 활동을 비의미적인 방식으로 단절하여 채취하고 있는 거지요. 여

〈그림 1.3〉
오르키데와 말벌의 '교미'

기서 말벌은 오르키데와 이질적이지만 오르키데와 더불어 리좀을 만듭니다. 이를 저자들은 쇼뱅(R.Chauvin)의 말을 인용해 "서로 간에 아무런 관련이 없는 두 존재의 비평행적 진화"라고 말합니다(MP, 17; I, 14). 또 C형 바이러스가 고양이와 비비 사이를 옮겨 다니면서 양자의 DNA의 진화에 기여하는 경우도 이런 비평행적 진화의 예로 들고 있습니다.

리좀은 정연하게 분화되고 갈라지는 수형도의 선을 따라 만들어지는 게 아니라, 이런 식으로 그 선들을 넘나들고 횡단하며 접속하는 것이고, 그런 만큼 족보학적(généologique) 수목을 흔들고 교란시킵니다. 여기서 "진화론적 도식들은 이제 더 이상 가장 덜 분화된 것에서 가장 분화된 것으로 진행하는, 후손에 관한 수목형의 모델이 아니라 이질적인 것 안에서 직접적으로 작동하며, 이미 분화된 선에서 다른 선으로 비약하는 리좀적 모델을 따를 것"(MP, 17; I, 15)이라고 말합니다. 비평행적 진화나 비기표적인 단절이 수목형의 모델과 근본적으로 구분되는 지점을 잘 보여주는 말이라고 할 수 있겠지요.

저자들은 두 개의 지층(말벌과 오르키데, 바이러스와 고양이, 바이러스와 비비, 영어와 한국어 등등) 간에 탈영토화의 선을 그리는 이러한 비기표적 단절을 두 지층 간의 평행론이라고도 말합니다. 두 개의 지층이 나란히 가면서 소통한다는 점에서 무한원점에서 만나는 두 평행선과 같다는 거지요. 일찍이 스피노자는 실체가 갖는 다양한 속성들이 각각의 지층을 이루면서 평행성을 갖는다는 뜻에서 평행론(parallelism)을 주장한 바 있지요. 가령 '개'라는 개념은 짖지 않는다는 점에서 개와 다른 지층을 이루지만, 동시에 그것은 짖는 개와 상응하는 개념이란 점에서 평행하다고 할 수 있습니다. 평행론은 이처럼 '만나지 않는다'와 '상응한다'를 동시에 내포하고 있습니다. 영국의 포크록 그룹인 '스파이로자이라(Spirogyra)'의 노래 가운데 〈평행선은 결코 헤어지지 않는다(Parallel Lines Never Separate)〉란 곡이 있는데, 제목만으로도 평행선은 만나지 않는다는 우리의 통념을 깨주고 있지요.

반면 구조주의에서 말하는 구조적 동형성은 상이한 지층의 차이를 무시한다는 점에서(기표적인 것으로 환원한다는 점에서), 그리고 상응성을 동형성으로 이해한다는 점에서 여기서 말하는 평행론과는 다릅니다. 말벌과 오르키데가 '상응하여' 하나의 리좀을 형성하지만, 양자는 어떠한 동형성도 갖지 않기 때문입니다. 또한 여기서의 상응성은 '의태(mimétisme)'와도 다릅니다. 오르키데가 말벌의 이미지를 모방하거나 이용한다고 할 때조차, 그것은 말벌의 형태를 모사하는 것이 아니라, 말벌의 신체나 행동의 코드를 읽어내고 그것을 이용해 그것과 섞일 수 있는 조건을 만드는 것이고, 카멜레온이 자신의 색깔을 바꾸는 것 역시 주위환경의 코드를 읽어내고 그것과 섞여들어갈 수 있는 색깔을 만드는 것이란 겁니다. 이런 점에서 저자들은 이러한 현상을 "흉내라기보다는 코드의 포획이고, 코드의 잉여가치"를 이용하는 것이라고 말합니다(MP, 17; I, 14). 바이러스는 고양이의 DNA 코드의 잉여가치를 이용해 그것의 일부가 되기도 하고, 그것을 포획하여 다른 것에 옮기기도 합니다.

5) 지도그리기와 전사술

여기에 리좀의 다른 두 원리를 추가합니다. 하나는 '지도그리기(cartographie)'고 다른 하나는 '전사술(décalcomanie)' 입니다. 이 두 원리는 모상과 모방, 재현과 재생산이라는 관념과 반대되는 것입니다. 저자들은 먼저 리좀이란 "모상이 아니라 지도"라고 말합니다. 지도란 무엇인가? 여기서 우리는 지구의 형상을 본떠서 만든 어떤 그림을 떠올리기 이전에, 지도란 대체 무엇에 쓰는 것인지를 상기해야 합니다. 지도란 길을 찾기 위한 것입니다. 길의 분기점들과 간단한 지형지물만을 표시한 약도에서부터, 산을 오를 때 들고 다니는 손수건 지도, 항해시에 사용되는 해도, 혹은 전쟁시에 사용되는 정교한 지도에 이르기까지, 지도의 종류는 많지만 공통된 것은, 길을 찾거나 어떤 구체적인 행동의 경로를 찾으려고 할 때 사용된다는 점입니다.

요컨대 지도란 우리가 행동의 경로와 진행, 분기 등을 표시하여 행동의 지침으로 삼는 일종의 다이어그램입니다. 만약 그렇다고 한다면 단순히 길의 형상을 그린 것만이 지도라고 할 순 없으며, 지표면의 형상을 정확히 재현한 것만이 지도라고 말할 순 더더욱 없을 겁니다. 사유의 경로를 표시한 다이어그램이나 힘의 분포 상태를 표시한 그림, 기(氣)가 흐르는 경로와 경혈(經穴) 등을 표시한 인체의 그림 등이 모두 지도입니다. 반면 서구의 중세 지도처럼 세계관을 표시하기 위해 사용하거나, 궁전의 실내를 장식하기 위해서 사용한 경우도 있지만, 이 경우는 실제적 의미를 갖는 지도라기보다는 하나의 그림이라고 해야 적절할 것입니다.

이런 점에서 지도는 반드시 길의 형상과 지표면의 형상을 정확하게 재현해야 한다는 관념에서 자유로울 필요가 있습니다. 실질적인 행동의 다이어그램으로서의 지도에서 중요한 것은 행동과 삶의 길/방법(way)이 접속되고 분기하는 양상이고, 그 경로들의 위상학적 관계며, 그 경로를 가는 데서 만나게 될 장애물이나 위험물의 적절한 표시일 겁니다. 여기서 선들의 접속으로 구성되는 다양체로서 리좀이란 개념을 떠올리는 것은 아주 자연스러워 보입니다.

물론 그것들이 정확하게 그려질 수 있다면 더 좋겠지요. 그렇지만 거기서도 잊지 말아야 할 것은 모상조차도 지도의 일부가 되게 하는 것이 중요하다는 점입니다. 다시 말해 지형의 정확한 묘사나 모상조차 행동이나 삶의 다이어그램의 일부가 되지 못한다면 그건 지도가 아니라 '그림'에 불과할 뿐이란 겁니다. 모상이나 형태의 정확한 재현 그 자체로는 삶이나 행동의 경로가 되지 못합니다. 반면 모상이나 재현의 정확한 정도는 삶이나 행동의 경로를 그리는 데 필요한 요구에 의해 결정되며, 그런 한에서만 유의미합니다. 동네 뒷산을 오르는 데 5만분의 1 지도는 굳이 필요없으며, 차라리 번거롭고 이해하기 어려운 방해물이 될 수도 있습니다. 그러나 서울 같은 도시에서 모르는 곳을 자동차로 가려면, 중요한 도로 이름은 물론 건물과 좌회전 여부까지 표시된 자세한 지도가 필요합니다.

따라서 중요한 차이는 모상과 지도 간의 대비가 아니라, 모상을 지도로 옮기는 것과, 지도조차 모델 내지 모상에 따라 변형시키는 것의 대비라고 해야 합니다. "지도 위에 모상의 가지를 거듭하여 뻗어내는 것, 뿌리나 나무를 리좀에 접근시키는 것."(MP, 22; I, 19) 여기서 저자들은 한스 소년의 사례를 들어서, 프로이트가 한스의 지도를 가족사진이라는 모델에 포갬으로써 그의 리좀을 파괴하고 지도를 더럽혔다고 비판합니다. 사실 정확한 재현이 중요한 가치로 자리잡은 세계에서는 정확한 모상을 지도로 바꾸기보다는, 정확하지 않은 지도를 정확한 모상과 모델에 두들겨 맞추는 일이 빈번하게 일어나게 마련이지요. 이것이 저자들이 모상과 지도를 굳이 대비시켰던 이유라고도 할 수 있습니다.

따라서 정확한 모상을 지도 안으로 옮겨놓을 때조차, 그것은 모상(calque)을 지도의 리좀적인 선 안에서 변용시키는 것이라고 해야 합니다. 미술에서 데칼코마니(décalcomanie)란 물감을 칠한 그림을 접어서 대칭적인 형상을 만드는 방법이지요. 하지만 접는 순간 원래 그려두었던 형상은 찍는 면에 의해 변형되지요. 즉 그것은 모상을 변형시키는 방법이란 의미에서 탈-모상(dé-calque)하는 방법이라고 할 수 있겠지요. 현실에 따라 지도를 그리지만, 그려지는 지도에 따라 변형되는 현실, 아마도 이것이 지도그리기와 전사술이라는 개념을 통해 저자들이 말하고 싶었던 게 아닌가 싶습니다.

이런 관점에서 본다면, 저자들이 이 책에서 하려고 하는 것은 일종의 지도 제작법을 알려주고 그것으로써 사람들이 생산적이고 긍정적인 삶의 지도를, 행동과 실천의 지도를 만들도록 촉발하고자 하는 것이라고도 말할 수 있을 듯합니다. 또한 자본주의 세계에서 삶을 둘러싸고 그것을 포섭하는 거대한 몰적(molaire) 선분성의 선들, 거기서 갈라져 나가는 유연한 분자적(moléculaire) 선분성의 선들의 배치에 대해서 일종의 잠재적 지도를 그려주고, 거기서 벗어나는 창조적이고 생산적인 탈주선들을 그리는 법을 알려주는 것이었다고 할 수 있을 겁니다.

바로 그것이 저자들이 '미시정치학'이라고 말하기도 하고 '분열분석'이라고도 말하는 것, 혹은 '리좀학', '화용론' 등의 이름으로 부르는 것이 아닐까 싶습니다. "이는 집단의 지도의 경우도 마찬가지다. 그것은 군중화, 관료제, 리더십, 파시즘화 등의 현상이 대체 리좀의 어떤 지점에서 형성되는가를 보여주는 것이고, 그럼에도 불구하고 어떤 선들이, 심지어 지하에서조차 희미하게나마 리좀을 만들면서 존속하는가를 보여주는 것이다."(MP, 22; I, 19)

3. 수목적 사유와 리좀적 사유

지금까지 리좀의 몇 가지 특징에 대해 살펴보았습니다. 그런데 알다시피 리좀이란 나무 혹은 뿌리와 대비되는 개념으로 제시되었습니다. 이제 이 두 개념이 어떻게 상이한 체계를 형성하는지, 그것이 어떻게 다른 종류의 사유인지, 그렇지만 그 둘이 또 어떻게 서로 다른 것이 되는지 등을 살펴봅시다.

1) 수목적 체계와 위계적 체계

책의 유형에 대해 말하면서 리좀과 뿌리, 리좀과 나무가 어떻게 다른가를 간략히 언급했습니다. 가장 중요한 차이는 다양하게 분기하는 선들이 하나의 중심으로 귀착되는가 아닌가 하는 것이었지요. 그리고 이로 인해 중심에 가까운 것과 먼 것 간에 위계가 발생하며, 주변의 잔가지나 곁뿌리들을 중심에 동일화하고 그것과 포개는 메커니즘이 작동합니다. 그 잔가지나 곁뿌리들은 중심과의 관계에서 의미화되고, 그 중심을 통해서 주체화됩니다. "수목적인 체계는 위계적인 체계로서, 의미화와 주체화의 중심을 포함하며, 조직된 기억과 같은 중심적 자동장치를 갖고 있다."(MP, 25 ; I, 21)

이처럼 위계적인 체계에서 하나의 개체는 오직 상위 이웃을 가질 뿐입니다. 분류학에서 호랑이는 고양이라는 상위 이웃(科)을 가질 뿐이고, 고양이는 개라는 상위 이웃(目)을 가질 뿐입니다. 나란히 선 이웃 항과의 직접적인 관계는 존재하지 않습니다. 이웃한 것처럼 보이는 바로 옆의 이웃조차 그 상위의 어떤 이웃을 통해서만 연결될 수 있습니다. 호랑이는 고양이를 통해서만 사자와 연결될 수 있을 뿐이지요.

이런 맥락에서 저자들은 프티토(J. Petitot)와 로장스틸(P. Rosenstiehl)의 '우정의 정리'를 언급하고 있습니다. "만약 한 사회(단체)에서 어떤(임의의) 두 개인이 정확하게 한 사람의 공통된 친구를 갖는다면 다른 모든 사람들의 친구인 한 개인이 존재한다." 이것이 이른바 '우정의 정리'입니다. 어떤 두 사람을 선택하든 공통된 한 친구가 있다면, 이 친구는 그 사회에 속하는 모든 사람의 친구라는 것입니다. 나무의 경우로 번역하자면, 어떤 두 개의 가지를 선택해도,

그것이 연결되는 공통된 하나의 중심이 있다면, 이 중심은 그 나무의 모든 가지의 중심이라는 겁니다. 모든 사람의 친구인 그 공통의 친구가 누구인가? 그것은 바로 나무의 중심이고 뿌리의 중심인 〈일자〉지요.

따라서 이제 우정의 정리는 쉽게 '독재자의 정리'가 됩니다. 모든 사람에게 손을 뻗치고 있는 오직 하나의 인물, 그것은 모든 사람을 자기 휘하에 두고 있는 오직 하나의 군주, 오직 하나의 통치자라는 겁니다. n명이 발포하게 하는 데 오직 한 명의 장군이 필요한 그런 관계(이를 저자들은 '화기火器부대의 문제'라고 부릅니다), 그것이 바로 이런 중심화된 수목적 체계의 특징입니다.

여기서는 잔가지가 아무리 다양하고, 미세하게, 혹은 화려하게 뻗어나가고 펼쳐진다고 해도, 그 모든 잔가지는 하나의 상위 이웃으로만 연결되고, 그를 통해 오직 하나인 중심으로 귀결되고 맙니다. 이 경우 다양하다고 말하는 것은 잔가지 끄트머리의 수를 지칭하는 것일 수는 있어도, 그 모두가 사실은 오직 하나인 중심, 오직 하나인 일자로 소급되는 한, 그 다양성은 모두 그 중심으로 환원된다는 점에서 사이비-다양성에 불과합니다. 이런 점에서 "나무와 뿌리는 우월한 통일성에서, 중심이나 선분에서 출발해 끊임없이 다양한 것을 흉내내는 사유의 슬픈 이미지를 상기시킨다."(MP, 25; I, 21) 이처럼 복수성을 '흉내' 내는 것은 의미화와 주체화, 조직된 기억 등과 같은 중심적 자동장치를 통해 각각의 개체들을 하나의 중심으로, 중심화된 위계체계 안으로 끌어들입니다.

따라서 위계화된 관계를 벗어나기 위해선, 혹은 중심으로 귀결되는 저 엉터리 다양성을 벗어나기 위해선 모든 친구의 공통된 친구,

모든 가지가 결국은 그리로 귀착되는 하나의 공통된 중심을 제거해야 합니다. n명의 사람 가운데 오직 하나의 공통된 친구를 제거하는 것, 독재자를 제거하는 것, 혹은 수목형 체계에서 오직 하나의 중심인 일자를 제거하는 것, 이를 저자들은 $n-1$이라고 표시합니다. 뒤의 1이 일자적 중심이요 '독재자'라는 건 굳이 부연하지 않아도 아시겠지요? n명의 병사가 발포하기 위해 오직 한 명의 장군, 오직 한 명의 대통령의 명령을 기다리는 수목형의 전쟁조직과, 그 한 명을 제거함으로써 집합체를 이끄는 각각의 리더가 그때마다 발포명령을 내리는 게릴라 형의 전쟁 리좀을 대비시키는 것도 이런 이유에서지요.

요컨대 $n-1$, 혹은 중심의 제거, 바로 이것이 수목적 체계와 대비되는 리좀적 체계를 정의하는 명제입니다. 이런 점에서 리좀이란 **비-체계**가 아니라 **비중심화된 체계**요, 각각의 부분들이 중심으로 귀속되는 상위의 이웃을 통하지 않고 직접 이웃과 만나고 접속하는 체계고, 그 자체로 유의미한 다양한 집결지를 가질 수 있는 체계며, 그런 만큼 여러 방향으로 열린 체계고, 접속되는 항들이 늘거나 줄어듦에 따라 성질이 달라지는 가변적 체계라고 할 수 있습니다.

2) 초월성과 내재성

수목적 체계가 초월성이라고 부르는 사유체계와 결부되어 있다는 건 이해하기 어렵지 않습니다. 하나의 중심, 독재자와도 같은 '하나의 친구'는 모든 것을 자신의 휘하에 거느린 '일자' 장군이고, 이 장군은 모든 병사들에 대해 초월적인 위치를 차지하고 있습니다. 어떤 병사들이 어디로 가고 누구와 만나서 교전을 하든, 어떤 가지가 다른 가지와 만나거나 새로운 가지가 뻗어나가든, 이 중심에 자리잡고 있는 '중심' 장군은 아무런 영향을 받지 않습니다. '이데아'라고 부르든, '신'이라고 부르든, 혹은 '근거'라고 부르든, '원리'라고 부르든, 이 일자는 모든 현상, 모든 사실 들에 대해 최초의 원인이면서 그것들 모두에 군림하는 초월적 일자입니다.

이런 점에서 저자들은 이렇게 말합니다. "초월성(transcendance)은 유럽에 고유한 질병이다."(MP, 28; I, 24) 모든 것을 '근거(Grund)'나 '원인(Cause)'을 찾아 거슬러 올라가는 사유, 그리하여 그것을 첫번째 원인이나 원리로 삼아 모든 것을 설명하는 사유가 그것입니다. 이런 사유는 자신이 찾아낸 그 첫째 원리를 모든 것을 설명하는 '보편적인 것'으로 만들게 마련이지요. 보편적인 제1 원리를 찾아내고, 그것을 통해 모든 것을 설명하는 이런 식의 사유를 통상 '형이상학'이라고 합니다. 이에 대해 하이데거는 이렇게 말합니다. "모든 형이상학은 근본적으로 철두철미 근거에 관하여 설명하고 근거를 알려주면서 궁극적으로는 근거의 해명을 추구하는 근거지움(Gründen)이다."[18] 하이데거는, 이런 '근거짓는 근거' 자리에 어떤 존재자가 들어설 때, 그걸 신이라고 부르든, 제1 원인이라고 부르든, 혹은 이데아나 '부동의 동자'라고 부르든, 그것은 본질적으로 초월적 지위를 차지하고 있는 일종의 (기독교적 의미의) '신'이라고 하지요. 이런 점에서 그는 서양 형이상학을 본질적으로 신학적이라고 보아 '존재-신-론(Ontotheologie)'이라고 명명합니다.

혹은 이는 모든 것을 가시적인 것으로 바꾸려 하고, 그 가시적인

---

(18) 하이데거, 신상희 역, 《동일성과 차이(Identität und Differenz)》, 민음사, 2000, 50쪽.

것의 형식 내지 형상을 통해 그것의 이상적 본질에 도달하려고 하는 그리스적 태도에서 연원하는 것일 수도 있습니다. 진리를 형식으로 정의하고, 미조차 비례라는 가시적 형식을 통해 정의했던 서구의 전통적인 태도, 그리고 그 밑에 깔려 있는 기하학적 사유방식이 이런 태도와 나란히 가는 또 다른 징표라고도 할 수 있습니다. 어떻든 간에 이런 태도가 바로 서구에 고유한 초월성이란 '질병'과 긴밀하게 결부되어 있다는 것은 분명합니다.

반면 연기적(緣起的, dependent)인 관계에 따라 모든 것이 달라진다는 생각이나, 어떤 것이 무엇과 관계하는가에 따라 본질이 달라지고 관계의 질(가령 상생相生과 상극相剋)이 달라진다는 생각은, 오직 상호간의 내재적인 관계에 의해 모든 것을 포착한다는 점에서 내재적인 사유라고 할 수 있습니다. 그것은 어떤 초월적인 것도 따로 존재한다고 보지 않는다는 점에서 초월적 사유와는 근본적으로 다른 사유방식입니다. 물론 종종 '도(道)'라고 불리는 하나의 '원리', 궁극의 원리가 있다고 하지만, '도'란 형식화될 수 없고 명명될 수 없는 것이란 점에서, 도나 최초의 원리란 '무(無)' 내지 '공(空)'이며, 어떤 것도 정해진 '자성(自性)'을 갖지 않는다는 점에서 이미 '원리'라는 말이 무의미하지요. 여기서 '최초의 원리'는 초월적 사유가 아니라, 반대로 그에 대한 비판을 수행하는 위치를 차지하고 있을 뿐입니다. 용수의 《중론》은 불변적인 자성이나 본성을 갖는 어떤 것도 존재하지 않음을 보여줌으로써, 이런 비판을 가능한 마지막 극한으로 밀고 나갑니다.

이런 의미에서 초월성을 서구에 고유한 질병이라고 한다면, 반대로 내재성은 동양에 고유한 사고방식을 특징짓는다고 할 수 있습니다(MP, 28; I, 24). 물론 서구에도 스피노자처럼 내재성을 통해 사유한 사람이 있고, 동양에도 주자학처럼 초월적 사유의 요소를 강하게 담고 있는 사상이 있다는 점을 잊지 말아야 합니다(여기서 초월성의 지반에서 내재성의 사유가 가능하게 되는 지점이 어디인가를 확인하는 것이 중요하며, 그 반대의 경우에는 내재성의 사유가 초월성의 사유에 자리를 내주는 게 어디에서 어떻게 가능했던가를 확인하는 게 매우 중요합니다). 이런 점에서 보자면 내재성으로서 '동양'은 서양 안에도 존재했던 셈이고, 초월성으로서 '서양' 또한 동양 안에 존재했던 셈입니다. 요컨대 초월성과 서구, 내재성과 동양을 대응시키는 것은 다만 대체적이고 전반적인 경향에 관한 명제로 읽을 때만 유의미합니다.

저자들은 여기서 어떻게 "기초, 뿌리, 근거, 정초" 등의 관념으로 집약되는 수목적 사유, 수목적 모델이 서구의 사유에서 지배적인 것이 되었는지를 다시 묻습니다. "어떻게 나무가 식물학에서 생물학, 해부학에 이르기까지, 나아가 인지학, 신학, 존재론은 물론, 모든 철학에 이르기까지 서양의 현실과 모든 서양적 사유를 지배하게 되었는가?" 그리고 이렇게 대답합니다. "서양은 숲과 벌채에 대해 특권적인 관계를 맺고 있다. 숲을 정복한 밭에는 종자식물이 심어졌다. 종자를 갖는 수목적 유형의 혈통적 문화의 대상이 말이다. 또한 사육이 휴한지에서 행해지면서, 오직 동물적인 수목성을 형성할 뿐인 혈통을 선별했다. 동양은 다른 모습을 보여준다. 숲과 밭보다는 스텝 및 초원(때로는 사막과 오아시스)과 관계를 맺었으며, 개체의 분열에 의해 진행되는 덩이줄기의 문화를 이루었다."(MP, 28; I, 23)

여기서 유념할 것은 저자들이 말하는 동양이란 유목적인 세계를 뜻한다는 겁니다. 아마도 저자들은 뒤에 유목론에서 언급하듯이 몽골을 떠올리고 있는지도 모릅니다. 동양이란 말에서 일단 중국을 떠올리는 우리와는 크게 다르지요. 하지만 몽골의 유산에서 "내재적인 도덕 내지 철학"을 따로 찾아보기 힘들며, 그들이 말하는 도덕이나 철학이 뒤에 보듯이 도가(道家)나 선가(禪家)와 결부된 것임을 안다면, 그 연원을 초원에서 찾는 것은 아마 별도의 노력을 필요로 하는 상상처럼 보입니다.

저자들은 성과 관련된 상반된 두 가지 태도에서 이러한 대립을 다시 찾아냅니다. 서양에서 성이, 오직 자손의 생산과 결부해서만 성을 허용했던 바울 이래 기독교적 전통이 보여주는 것처럼, 종자식물과 재생산의 모델에 종속된 것이었다면, 동양에서 성은 《소녀경》이나 도교의 양생술이 보여주듯이, 자손의 재생산이나 생식의 문제와 무관한, 일종의 삶의 기술로서 다루어졌다는 점을 지적합니다(6장). 푸코 역시 《성의 역사》 1권에서 비슷한 대비를 한 적이 있지요. '고해'처럼 성이나 성에 관련된 다양한 '증상'들에 대한 서양의 이른바 '성의 과학'과 달리, 동양에서는 성을 '성애의 기술'로서 다루어왔다는 것을 지적한 적이 있어요. 물론 나중에 그것이 너무 단순화된 이분법이었다고 한발 물러서긴 하지만, 서양과 동양에서 성을 대하는 태도 자체에 근본적인 차이가 있다는 점은 사실이라고 할 수 있을 듯합니다.

또 동양의 관료제에 대해서도 '운하의 관료제'라는 이름으로, 우리가 잘 아는 서구의 관료제와 대비하고 있습니다. "서구적인 관료제는 그 농업적이고 토지대장적인 기원, 뿌리와 밭, 나무와 나무의 경계선적 역할, 정복자 윌리엄의 대대적인 조사사업, 프랑스 왕의 정치, 재산에 대한 국가의 세금, 전쟁에 의한 땅의 양도, 소송과 결혼 등으로 특징지어진다. 프랑스의 왕이 백합을 선택한 것은 그것이 경사지에서도 버틸 만큼 깊은 뿌리를 가진 식물이기 때문이다." 반면 동양에서 국가는 "수목화되고 뿌리내린, 이미 자리잡은 계급(classes)에 상응하는 수목성의 도식에 따라 행동하지 않는다. 그것은 운하의 관료제로서, 예컨대 '허약한 재정'을 위한 그 유명한 수력적(水力的) 권력이다. ……여기서 전제군주는 하나의 점, 나무-점이나 뿌리를 이루는 수원(水源)이 아니라 강으로서 행동한다. 그는 나무 아래 앉기보다는 물과 함께 흘러간다. 그리고 부처의 나무는 그 자체로 리좀이 된다."(MP, 30; I, 25) "루이(Louis)의 나무와 마오(Mao)의 강"을 대비하는 것도 이런 이유에서입니다.

하지만 나중에 전쟁기계의 문제를 사유학(noologie)과 관련하여 다루는 곳에서 말하지만, 이렇게 말하는 동양이 또 다른 모방의 대상을 뜻하는 건 아닙니다. 동양이란, 유목민이 그렇듯이 매끄러운 공간을 구성하는 가운데서만 존재하는 질적인 어떤 것이라고 합니다. 초월성에 대비되는 내재성, 홈 패인 것에 대비되는 매끄러운 것을 지칭하는 단어로 '동양'이란 말을 사용하는 거지요(MP, 470; II, 163).

동양과 서양의 이분법이 없다고 말하진 않겠습니다. 그렇지만 "좋은 동양, 나쁜 서양"이라는 소박한 이분법을 제안하려는 건 아닐 겁니다. 왜냐하면 자본주의가 문명과 근대화라는 이름으로 동양에 들어감으로써 그것은 자본주의의 동양적 판본을 만들어내, 그와 무관한 동양은 찾아보기 힘들어졌기 때문입니다. "더욱 나쁜 것은 자본주의가 그것의 동양적 얼굴과 서양적 얼굴을 발명하고 그 둘의 개작까지 만들어낸다는 것이다."(MP, 30; I, 26) 이는 서구의 프로테스탄트적 습속과 자본주의의 친화성을 능가한다고들 하는 이른바 '유교적 자본주의'를 상기하게 됩니다. 자본주의에 봉사하는 동양? 서구의 자본주의보다 더 효율적인 동양의 자본주의?

3) 리좀 속의 수목, 수목 속의 리좀

리좀과 수목이나, 그와 대략적인 상관성 속에서 제시된 서양과 동양 또한 일단 이분법적인 개념임이 분명합니다. 정착민과 유목민, 홈 패인 것과 매끄러운 것, 국가장치와 전쟁기계 등처럼 이후에 사용되는 중요한 개념들 역시 이분법적 대개념입니다. 이는 저자들 역시 알고 있고 인정하고 있습니다. 또 이 이항적 개념 가운데 어느 하나가 '좋은 것'이고 다른 하나가 '나쁜 것'이라는 가치평가를 하고 있음 또한 분명합니다. 수목적인 것은 나쁜 것이고 리좀적인 것은 좋은 것이며, 정착적인 것은 나쁜 것이고 유목적인 것은 좋은 것이라고 생각하는 게 틀림없으니까요.

하지만 단순한 이분법을 사용하고 있다고 저자들을 비난하는 것은 적절하지 않습니다. 왜냐하면 이항적인 개념 각각이 상반되는 개념의 싹을 가지고 있으며, 양자가 서로 겹치거나 포개지기도 한다는 사실을 저자들이 본다는 점에서, 이항적 개념 가운데 어느 하나를 선택함으로써 '좋은 미래'가 보장되지 않는다는 것을 알고 있다는 점에서, 그렇기에 안주하고 안심하는 사이에 어느새 반대편에 포획되어 있을 수 있다는 점에서, 그 이항적 대립선이 고정적이거나 항구적이지 않다는 것을 잘 알고 있기 때문입니다. 또한 그들은 탈주선이 허무주의적 색채를 띠게 될 때, 어떠한 선분성의 선보다도 더 위험하고 끔찍한 사태를 야기할 수 있다는 것을 반복해서 지적하고 있으며, 매끄러운 공간 또한 핵폭탄을 탑재한 전략잠수함이나 '현존함대(fleet in being)'에 의해 더욱더 끔찍한 것이 될 수도 있다는 것을 끊임없이 상기시키고 있기 때문입니다. "매끄러운 공간이 우리를 구하는 데 충분하다고 믿어선 안 된다."(MP, 625; II, 292)

리좀과 수목의 상호적 발생계기를 다루는 것도 이런 이유에섭니다. "리좀 안에는 수목적인 마디들이 있으며, 뿌리 안에는 리좀적인 압력이 있다."(MP, 30; I, 26) 즉 리좀 역시 수목적인 가지들이 뻗어 나갈 마디들을 갖고 있으며, 그것을 통해 수목적인 체계로 변형될 가능성이 얼마든지 있다는 겁니다. 반대로 수목적인 체계 또한 뻗어 나간 가지들 사이에 몇 개의 선을 새로 긋는 것만으로도 하나의 중심으로 결집되는 양상을 전혀 다른 것으로 바꾸어놓을 수 있다는 것입니다. 중요한 것은 나무-뿌리와 리좀-운하라는 두 모델의 대립이 아니라, "끊임없이 세워지고 부숴지는 모델에 관한 것이며, 끊임없이 연장되고 파괴되며 다시 세워지는 과정"(MP, 31; I, 26)이라는 거예요. 레닌의 말을 빌면 "어떠한 조건에서도 대립물로 전화되지 않는 것은 없다"는 것이고, 용수의 말을 빌면 "모든 것이 연기적인 조건에 따라 다른 것으로 바뀔 수 있다"는 것이며, 그런 점에서 리좀도 나무도 어떤 자성(自性)을 갖지 않는다는 것입니다.

여기서 저자들이 새로이 도입한 이분법적 개념 자체가 해체되고 맙니다. 그런 점에서 그들은 이원론을 파괴하기 위해 이원론적 개념을 이용하는 것이라고 말합니다. 그러나 그것만은 아닐 겁니다. 가치평가를 할 수 없는 위치에, 그저 기존의 가치척도를 해체하고 새로운 가치의 '산종(散種)'(데리다!)을 찬양하는 데 만족할 수 없다는 사실[19]이, '좋음/나쁨'이라는 윤리학적 이분 범주의 불충분성을 알면서도, 사용하고선 버리고 다시 사용하는 식으로 사용하게 하는 것일 겁니다. 이러한 가치평가가 단순한 상대주의가 아니라, 반대로 '절대주의'라고 할 만한 것이라는 점에 유념해야 합니다.

그러나 그렇다고 그것이 어떤 초월적인 절대적 척도를 도입하는 초월론을 뜻하는 건 아닙니다. "표현과 행동을 그 자체의 가치에 따라 내재성의 구도 위에서 평가하는 게 아니라, 외적 내지 초월적 목적들과 연관시키는 것이 서구 정신의 불행한 특징이다."(MP, 32; I, 27) 이는 뒤에 가서 일관성의 구도와 절대적 탈영토화에 관한 개념을 통해서 이해할 수 있는데, 특히 10장에서 구체적으로 말할 기회가 있을 겁니다. 이로써 그들은 자신들이 찾고 있는 마술적 공식인 '다원론=일원론'에 이르고자 합니다. 만약 그것이 성공한다면, 그들은 내재성의 장 안에서 펼쳐지는 장대한 일의성(univocité)의 철학에 이를 수 있을 것입니다.

리좀은 출발 내지 기원이나 종말 내지 목적에 결부된 사유입니다. "리좀은 출발점이나 끝이 아니다. 그것은 언제나 중간에 있으며, 사물들 사이에 있는 간(間)존재요 간주곡이다."(MP, 36; I, 31) "사물을 위에서 아래로, 혹은 그 반대로, 또는 왼쪽에서 오른쪽으로, 혹은 그 반대로 지각하지 않고 그 중간을 통해 지각하는 것은 쉽지 않다. 하지만 그렇게 해보라, 그러면 당신은 모든 것이 변한다는 것을 알게 될 것이다."(MP, 34; I, 29) "중간은 결코 평균이 아니라, 반대로 사물들이 속도를 취할 수 있는 표면이다. 사물들 사이란, 하나에서 다

---

(19) 들뢰즈, 〈욕망과 쾌락〉, 《탈주의 공간을 위하여》, 푸른숲, 1998, 102쪽.

른 하나로, 또 상호 이동하는 국지화될 수 있는[장소를 정할 수 있는] 관계를 지시하지 않는다. 그것은 오히려 수직적인 방향이며, 하나와 다른 하나를 포함하는 횡단적인 운동이고, 시작도 끝도 없는, 두 둑을 무너뜨리고 중간에서 속도를 취하는 개울이다."(MP, 37; I, 31)

리좀, 그것은 일자적 중심을 제거함으로써 내재성으로 나아가는 방법입니다. 초월성이란 질병을 치유하는 방법이지요. 이 경우 내재성이란 관계에 따라 어떤 것의 본질이 달라진다고 보는 사유방식을 의미합니다. 이는 모든 것을 하나의 근거, 하나의 초월적 원리로 환원하는 초월성과 대립되며, 그러한 초월자를 제거하거나(n-1), 그것을 무(無)나 공(空)으로 전복시킴으로써 이루어집니다. 따라서 내재성 속에서 본다는 것은 어떤 것의 고정된 본질, 내적인 본질이 없으며, 다만 다른 것(외부!)과의 관계에 따라, 접속한 이웃과의 관계에 따라 그 본질이 달라진다고 본다는 것을 뜻합니다. 이런 이유에서 내재성은 '외부'라는 개념과 대립하는 게 아니라 정확하게 외부의 사유고 외부에 의한 사유라고 말할 수 있습니다. 기계와 배치, 되기 등의 개념이 바로 이런 관점에서 정의되고 있다는 것을 이제 이후 고원에서 반복하여 보게 될 겁니다.

반대로 내적인 본성을 가정하거나, 외부로 환원할 수 없는 내부를 가정하는 순간, 내재적 사유에서 벗어나 초월적 개념으로 올라갑니다. 리좀은 초월자를 제거함으로써 나무나 뿌리의 초월성을 내재성으로 바꾸는 것이며, 외부와의 접속이란 원리를 통해 '외부'를 통해 사유한다는 점에서 내재성의 구도를 형성하지요. 내재성의 원리에 따라 접속 가능한 양태들 전체의 장을 '내재성의 장'이라고 합니다.

2장 | 무의식과 욕망: 욕망하는 기계에서 욕망의 다양체로

2

무의식과 욕망: 욕망하는
기계에서 욕망의 다양체로

1. 분열분석의 대상

들뢰즈와 가타리 자신들이 말하듯이 《천의 고원》은 어느 고원이든 독립적으로 읽을 수 있으며, 그래서 어느 고원을 먼저 읽든 상관이 없습니다. 이는 이미 리좀에 대한 고원에서 밝히고 있듯이, '서론'에서 시작하여 결론으로 끝나며, 각각의 장들이 유기적인 체계를 이루며 하나의 통일체를 이루는 유기적인 책의 관념에 대한 비판 속에서 나름대로 찾아낸 '리좀적 책'의 관념에 따른 것입니다. 어디서 시작해도 좋고, 이리저리 자유롭게 연결되다가 다양한 방향으로 열린 출구로 나오는 것.

그럼에도 불구하고 그 책의 첫째 고원은 '서론'이었음이 분명하고, 실제로 '서론'이란 제목을 달고 있었지요. 물론 마지막의 '결론'이 유기적인 책의 결론이라기보다는 다양한 고원들에서 찾아내고 창안해낸 개념들의 지도였다는 점에서 통상적인 책의 결론과 다르며, 중간의 다른 고원들은 각각의 색채와 리듬을 갖고 씌어지고 있으며, 연관성의 정도가 고원 간에 차이가 있지만, 대개는 맘 내키는 대로 넘나들 수 있다는 점에서 통상적인 책과 분명히 다릅니다.

각각의 고원은 나름대로 명시적인 주제가 있고, 그것을 다루는 이유가 어느 정도 명시되어 있습니다. 비록 그것이 하나의 주제나 하나의 대상으로 제한되는 것이 아니라는 말을 첨부해야 하지만 말입니다. 그런데 지금 다루려고 하는 이 두 번째 고원은 사실 무엇을 말하려고 하는지가 그다지 명확하지 않으며, 다루는 개념 또한 대부분 다른 고원에서 좀더 상세하고 치밀하게 다루어지는 것이어서, 정말 별도의 고원으로 따로 쓸 필요가 있었는지 하는 의구심마저 일으킵니다.

표면적인 주제는 제목에 있다시피 '늑대인간'에 관한 것이고, 내용도 일단은 늑대인간에 관한 프로이트의 분석을 비판하고 있는 것입니다. 그리고 이를 통해 정신분석학에 대한 비판을 하고 있는 것이라고 말할 수 있겠지요. 그러나 프로이트의 수많은 분석사례 가운데 '늑대인간'만을 이처럼 따로 다룬 이유는 대체 무엇일까요? 사실 법원장 쉬레버에 대한 것이나 한스 소년에 대한 분석, 혹은 다른 많은 것들이 등장하긴 하지만, 이는 관련된 부분에서 필요한 사례로 언급되는 정도로 다루어집니다. 다른 한편 정신분석학에 대한 비판이라고는 하지만, 사실 비판의 내용은 그다지 포괄적이지 않으며, 비판이라고 부를 내용은 매우 간략하기 때문에, 이 고원의 주제를 정신분석학 비판이라고 하기도 어렵습니다. 분량도 책 전체 가운데 가장 적습니다.

이런 점에서 늑대인간에 대한 서술로 본다면 이 고원을 따로 쓴 이유를 이해하기는 쉽지 않습니다. 늑대인간에 대한 분석을 비판하는 것이라고 하기에는, 늑대인간에 대해 저자들이 갖고 있는 생각조차 그다지 열심히 펼쳐 보이지 않고 있습니다. 제10 고원 등에서의 한스 소년의 말-되기에 대한 서술과 비교하면, 늑대-되기에 대한 서술은 매우 미흡하며, 기관 없는 신체를 만드는 문제로서 항문-기계에 대한 서술은 차라리 제6 고원에서 서술되고 있는 게 더 상세하고, 오이디푸스 장치와 반오이디푸스 장치에 대한 서술은 실제로는 몇 마디 단어만이 등장할 뿐입니다.

이런저런 고심 끝에 제가 도달한 생각은, 책에 관한 전통적인 단어들을 다시 끌어들여 말하자면, 이 고원의 주제는 '분열분석(Schizoanalyse)의 대상'이라는 것입니다. 알다시피 분열분석이란 프로이트가 말하는 정신분석과 대비되는 의미에서 들뢰즈와 가타리가 자신들의 연구작업 전체를 명명하는 이름입니다. 그것은, 역시 전통적 단어를 다시 사용해서 말하면, 분석·서술할 대상을 갖습니다. 그 대상이란 한마디로 말해 '무의식'이지요. 물론 그 대상이 모든 다양한 대상들을 포괄하는 하나의 전체라는 점에서 '하나=다수'라는 "마술적 공식"을 함축하고 있는 대상임을 부연해야 하겠지만 말입니다.

그런데 이들이 '무의식'이란 말을 사용하려는 순간, 우리는, 아니 이들은 프로이트가 사용했던 무의식 개념에서 자유로울 수 없습니다. 즉 분열분석이 대상으로 설정한 무의식은 정신분석에서 대상으로 설정하는 무의식과 외연과 내포가 다르며, 그 범위와 성질 또한 다릅니다. 따라서 분열분석을 긍정적인 양상으로 서술하고자 하는 이 책에서, 저자들의 무의식 개념의 외연이 프로이트의 그것과 어떻게 다른지, 무의식이란 개념에 포괄되는 구체적인 영역은 또 어떻게 다른지, 무의식의 구성체를 이루는 성분들 간의 관계는 또 어떻게 다른지 등에 대해 최소한이나마 명시적으로 정의할 필요를 느꼈던 겁니다.

이런 점에서 이 고원의 '주제'는 분열분석의 대상인 무의식입니다. 여기서 주의할 것은 이 무의식이란 개념이 프로이트를 통해 상식이 되어버린 무의식 개념과 다르다는 점이고, 따라서 주목할 것은 그것이 어떻게 다른가 하는 점입니다. 그런데 이러한 차이는 사실 '정신분석학 비판'을 중심적인 주제로 삼고 있던 책《안티 오이디푸스》에서 '비판'의 형식으로 자세히 다루어졌습니다. 그런 점에서 이 고원은 이전에 자신들이 썼던 책의 '요약'이라고 해도 좋을 듯합니다. 아니, 요약이란 말은 또 다른 문법의 환상을 포함하기에 그다지 적절치 않군요. 그보다는 동일한 부제('자본주의와 정신분열')를 달고 있던 그 책에서 했던 것과, 이 책에서 하고자 하는 것을 연결함으로써 두 책 사이에 일정한 연속성을 제공하는 지점이라고 하는 것이 더 좋을 듯합니다. 혹은 이 책에서 《안티 오이디푸스》로 이어지는 연결지점을 표시함으로써 그 책을 수많은 고원 가운데 하나로 만드는 다리라고 해도 좋을 듯합니다.

하지만 이 말은 들뢰즈와 가타리가 말하는 분열분석이 무언지, 그들이 말하는 무의식이 무언지를 알기 위해선 약간의 우회가 필요하다는 것을 뜻하는 것이기도 합니다. 그래서 우리는 늑대인간에 대한 프로이트의 서술을 소개하고 그에 대한 저자의 비판을 요약하는 식으로 이 고원에 접근하는 것보다는 차라리《안티 오이디푸스》에서 저자들이 무의식에 대해 제시하고 있는 새로운 명제들을 통해서 '무의식' 개념에 접근하고자 하며, 나아가 거기서 그들이 제시하는 분열분석의 기본적인 명제들과, 그들이 분열분석의 과제로 설정하고 있는 것을 통해서 분열분석이 무엇인지 보기로 하겠습니다. 그 위에서 이 고원에서 제시하는 무의식에 관한 몇 가지 명제를 간략하게 본다면, 이 고원에서 다루려고 하는 것을 정확하게 이해할 수 있지 않을까 생각합니다.

2. 《안티 오이디푸스》: 욕망으로서의 무의식

1) 정신분석학에서 욕망의 개념

매우 거칠게 말하는 게 되겠지만, 프로이트는 모든 욕망의 근저에서 성욕을 봅니다. 명제의 형식으로 요약한다면, "모든 욕망은 본질적으로 성욕이다"라고 할 수 있습니다. 물론 예술가들의 창조적 욕망이나 정치가들의 권력에 대한 욕망, 희생조차 마다하지 않는 종교인들의 욕망 등과 같은 다양한 욕망이, 성욕이나 성과 전혀 무관한 것으로 보이는 욕망이 있으며, 이를 성욕의 한 형태라고 말하는 것은 잘못이겠지요. 그렇지만 프로이트가 보기에 이 모든 다양한 비-성적 욕망은 성욕이 승화된 것이고, 리비도가 여러 가지 이유로 인해 그 대상을 바꾸어버린 욕망이라고 하지요.

다음으로 프로이트가 집요하게 우리에게 보여주고자 하는 것은 모든 성욕은 본질적으로 어머니에 대한 성욕이고, 어머니와 자려는 욕망이며, 어머니의 남근이 되려는 욕망이라는 것입니다. 이를 다시 명제화해서 표현한다면, "모든 욕망은 본질적으로 어머니에 대한 욕망이다"라고 할 수 있겠지요. 처음의 명제가 욕망을 성욕으로 환원하는 것이었다면, 이 명제는 모든 성욕, 아니 모든 욕망을 어머니에 대한 욕망으로, 그리하여 남근으로 귀착되는 욕망으로 환원하는 것이라고 할 수 있습니다.

이 명제는 필연적으로 욕망의 억압을 말하는 세 번째 명제를 요구합니다. 왜냐하면 이런 욕망을 그대로 방치한다면, 인간은 아버지를 죽이고 엄마와 자려는 '동물적인 욕망'(정말 '동물적인' 욕망이 그런지는 큰 의문입니다만)으로 인해 '야수'가 될 것이고, 인간이 문화나 문명이라는 이름으로 찬양하는 모든 질서가 불가능하게 될 것이기 때문입니다. 그러한 욕망을 그대로 방치한다면 가족적 질서는 물론, 심지어 언어적·상징적인 질서조차 불가능하게 될 겁니다. 어머니가 아내가 되면, 아들은 형제와 구별되지 않을 것이기 때문에, 가족관계를 표시하는 호칭의 체계가 일의적으로 수립되는 것도, 좀더 일반적으로 말해 명사가 일의적으로 구별되고 체계화되는 것도 불가능하게 될 테니 말입니다.

따라서 이 불경스럽고 끔찍한 욕망을 거세로 위협하며 아버지가 등장합니다. 이런 점에서 아버지는 법과 질서, 문화, 문명을 대변하는 심급(審級)이고, 아버지에 의한 일차적인 욕망의 억압은 문명화된 모든 인간적 질서의 출발점이 된다고 합니다. 이를 세 번째 명제라고 부릅시다. 이에 따라 어머니에 대한 욕망은 억압되거나 승화되어 다른 대상을 찾게 되지요. 쾌락원칙에 따라 움직이는 거시기(das Es, Id)는 아버지로 상징되는 내면화된 문명(초자아!)과 충돌하여 '현실원칙'에 따라 움직이는 '자아(Ego)'에게 자리를 내주게 되지요.

그러나 이렇게 억압된다고 해도 욕망 자체가 사라지거나 해소되는 것은 아닙니다. 억압된 채 무의식 깊숙한 곳에 남아서 꿈이나 환상 등과 같은 변형된 형태로 다시-나타나거나(re-present), 문학이나 예술에서처럼 암묵적 형태로 다시-나타나거나, 법적인 금지에서처럼 부정적 형태로 다시-나타납니다. 오이디푸스 콤플렉스로 인해 직접적으로 나타날 수 없게 된 욕망은 이제 말할 수 있는 것과 말할 수 없는 것, 드러낼 수 있는 것과 드러낼 수 없는 것 사이에서 다양한 표상(representation)들로 다시-나타나게 된다는 겁니다. 오이디푸스나 햄릿에서 초현실주의자에 이르는 다양한 예술, 혹은 마치 발기한 남근처럼 우뚝 솟은 높은 건물들, 아니면 말실수나 농담 같은 다양한 언어적 상징들, 그리고 꿈이나 환상 같은 수많은 표상들이 바로 그런 무의식이 드러나고 표상되는 영역이 됩니다. 이제 삶은 무의식이 펼쳐지는 극장이 되지요.

2) 《안티 오이디푸스》에서 욕망의 개념

반면 들뢰즈와 가타리는 《안티 오이디푸스》에서 이와 다른 방식으로 무의식을 정의합니다. 욕망을 성욕화하는 것도, 그것을 엄마-아빠-나의 오이디푸스적 가족삼각형 안에 가두는 것도, 그리고 무의식을 표상들을 산출할 뿐인 극장으로 만들어버리는 것도 무의식에 대한 올바른 개념이 되지 못한다는 겁니다.

프로이트보다는 니체에 훨씬 더 근접해 있는 입장에서 이들은 욕망을 성욕에서 구해내고자 할 뿐만 아니라, 인격화되고 인간화된 욕망 개념에서도 구해내고자 합니다. 욕망이란 '하고자 함'이고, 따라서 그것은 굳이 어떤 대상과 성교하고 싶다는 것에 제한될 이유가 없습니다. 놀고자 함, 사유하고자 함, 말하고자 함, 무언가를 새로운 방식으로 하고자 함, 살고자 함 등등 모든 '하고자 함'이 바로 욕망이란 것입니다.

그러나 그것만이 아닙니다. 가령 '나는'이란 단어 없이 '생각한다'라는 단어를 사용할 수 없기에 데카르트는 '나는 생각한다'라고 하려면 '나'가 존재하지 않으면 안 된다고 했지요. 이는 문법이 그렇게 사유하게 했던 것이고, 굳이 생소한 표현을 쓰자면, 문법이 그렇게 하고자 한 것을 데카르트가 말한 것입니다. 따라서 모든 동사에, 모든 활동에 주어 내지 주체가 전제된다고 하는 주체철학적 사유란 문법에 내재하는 욕망, 문법에 내재하는 '권력의지'에 따라 사유하는 것입니다. 이런 점에서 주체나 자아가 실재하는 실체라는 생각은 문법에 내재한 권력의지의 표현이고, 문법의 욕망인 셈이지요. 비록 내가 '욕망'하고 내가 '사유'하는 것처럼 표현되지만, 내가 아는 다른 사람들이 동일하게 욕망하고 사유한다면, 그것이 진정 어디에 속한 욕망인지 잘 생각해보아야 합니다. 노예가 하는 행동이 노예의 의지, 노예의 욕망이라고 생각하는 것이 부당하다는 것은 잘 아시겠지요?

침대를 보면 눕고 싶어지고, 키보드를 보면 두들기고 싶어지는 것도 이와 다르지 않습니다. 펜으로 쓸 때는 도식을 그리며 사유하지만 워드 프로세서를 쓸 때는 그렇게 하지 못하고 기표들의 선형적 배열에 따라 사유하는 것은, '나'의 욕망이라기보다는 펜이나 워드 프로세서에 속한 욕망이지요. 책상 앞에 앉으면 집중하여 책을 보게 되고, 침대에 누우면 책을 들고 있어도 금세 잠이 오는 것은, 나의 의지라기보다는 책상이나 침대에 속하는 의지지요. 아니, 정확하게 말하면 펜과 내 손이 만나서 형성되는 욕망, 워드 프로세서와 내 손이 접속하여 형성되는 욕망이며, 책상과 내 신체가, 침대와 내 신체가 만나고 접속하여 작동하는 욕망이지요.

이런 관점에서 본다면, 욕망이란 오직 인간이나 생물체의 전유물이라고 하는 생각은 아주 편협한 자기중심주의에 불과합니다. 그것은 어떤 활동을 하기 위해 만나고 접속하는 신체들에 속하는 것이고, 그 신체들을 접속하여 작동하게 만드는 요인이며, 그러한 작동을 통해 무언가를 생산하는(산출하는) 그런 결정적 요인입니다. 그것은 성욕도 아니고, 인간이나 생물의 욕망도 아닙니다. 그것은 어떤 신체들이 접속하여 에너지나 힘의 흐름을 절단하고 채취하게 하는 생산적 능력입니다.

성이나 생식과 관련된 욕망은 리비도의 흐름을 절단하고 채취하는 방식으로 작동합니다. 먹고 마시는 것과 관련된 욕망은 영양소의 흐름을 절단하고 채취하는 방식으로 작동합니다. 문과 수위는 사람들의 동선의 흐름을 절단하고 채취하는 방식으로 작동합니다. 창문이나 커튼은 시선의 흐름을 절단하고 채취하는 방식으로 작동합니다. 이처럼 절단하고 채취하는 방식으로 작동하는 모든 것을 들뢰즈와 가타리는 '기계'라고 정의합니다.

기계란 스스로 움직이지 못하며 물리적인 법칙에 따라 항상 동일하게 움직이는, 그래서 생명이나 유기체와 대립되는 그런 것이 아닙니다. 그것은 다른 것과 접속하여 어떤 흐름을 절단하고 채취하는 방식으로 작동하는 모든 것을 지칭합니다. 모노나 자콥이 연구한 '세포'라는 화학적 기계도, 접속하는 항에 따라 먹는 기계가 되기도 하고 말하는 기계, 키스-기계가 되기도 하는 입-기계도 여기에 속합니다. 여기서 기관들을 하나로 통일하고 통합하는 생물학적 유기체론이나, 기계들을 오직 구조가 할당한 기능만을 수행하는 것으로 보는 구조 개념에서 벗어나야 합니다.

일단 기계의 구조적 통일성이 파괴되면, 혹은 생물의 종적 내지 개체적 통일성이 한옆으로 젖혀지면, 기계와 욕망 사이에 직접적인 연결이 나타나고, 기계는 욕망의 심장부로 이행한다. 기계는 욕망하는 것이 되고, 욕망은 기계화된다.[1]

따라서 욕망은 기계와 대립되는 것이라기보다는 차라리 하나의 동일한 것을 이룬다고 해야 합니다. 즉 욕망은 기계로서 존재한다고 할 수 있으며, 이런 의미에서 욕망과 기계는 따로 존재하지 않는다고 말해야 합니다. 접속한 항이 달라지면 다른 기계가 되는데, 다른 기계가 된다는 것은 다른 욕망, 다른 의지가 작동한다는 것을 뜻합니다. 그래서 그들은 욕망과 기계를 하나로 연결하여 '욕망하는 기계(machine désirante)'라는 개념을 창안했습니다. "욕망은 기계고, 기계들의 종합이며, 기계적 배치다. 즉 욕망하는 기계다."(AO, 352)

이런 의미에서 이들이 말하는 '욕망'은 기계와 대립되는 생명에 고유한 어떤 것이 아니며, 흔히들 비난하는 '생기론(vitalism)'적 실체와 아무런 상관이 없습니다.[2] 차라리 그와 반대로 기계의 욕망, 기계적인 욕망이란 점에서 생기론과 반대되는 욕망의 개념이라고

---

(1) G. Deleuze/F. Guattari, *Anti-OEdipe: Capitalisme et schizophrénie*, Minuit, 1972, 339쪽. 이 장에서 이 책의 인용은 (AO, 339)와 같은 식으로 표시합니다.
(2) "생기론은 살아 있는 것의 개체적이고 종적인 통일성을 상기시키는데, 이 경우 모든 기계는, 그것이 유기체의 존속에 종속되는 것만큼이나, 그리고 유기체의 자생적 형성을 그것의 외부로까지 확장하는 것만큼이나, **생명체의 그런 통일성을 전제하고 있다. 그러나 잊지 말아야 할 것은, 기계와 욕망이 이런저런 방식으로 외생적인 관계 속에 있다는 점이다.** 욕망이 기계적 원인의 체계에 의해 결정된 결과로 나타나는 경우든, 아니면 기계 그 자체가 욕망이라는 목적을 위한 수단의 체계로 존재하는 경우든 간에 말이다."(AO, 337. 강조는 인용자)

해야 합니다. 동시에 그것은 외부적 원인에 의해 동일한 형태로 반복하여 운동하는 18세기적 기계 개념이나, 이런 이유에서 목적론과 대비되는 18세기식 기계론(mécanisme)과는 아무런 상관이 없습니다. 기계가 욕망하며, 욕망이 기계화되는 역설적인 개념을 통해서 들뢰즈와 가타리는 한편으론 생기론이나 유기체론·목적론, 다른 한편으론 기계론 모두와 단절한 새로운 기계와 욕망 개념을 제창하고 있는 것입니다. 그들은 이를 '일반화된 기계주의'라고 부르지만, 이는 스피노자적인 의미에서 모든 것을, 기계마저도 자연의 일부로 간주하는 '일반화된 자연주의'와 전적으로 동일하며, 이런 점에서 기계주의적인 권역(기계권)과 자연주의적 권역(자연권)은 동일한 외연을 갖습니다.

이런 의미에서 욕망은 표상이나 환상을, 다시 말해 현실적이지 않은 어떤 대상을 생산하는 게 아니라 직접적으로 현실적인 '기계'를, 실재적인 것을 생산합니다. "욕망하는 기계들은 아무것도 표상하지 않고, 아무것도 기호화하지 않으며, 아무것도 의미하지 않는다. 욕망하는 기계란 바로 우리가 그것으로 만들어내는 것이고, 우리가 무언가를 만들 때 사용하는 수단이며, 그것들 스스로 만들어내는 것이다."(AO, 342)

욕망하는 기계는 현실적인 것을, 기계를 생산하고 작동시킵니다. 따라서 이런 활동을 '생산'이란 단어로 표시하는 것은 지극히 적절합니다. 그런데 그것은 욕망의 활동이며 욕망을 정의하는 활동이기에 욕망과 동일한 외연을 갖습니다. 그래서 들뢰즈와 가타리는 욕망하는 기계의 활동을, 두 가지 개념을 다시 하나로 연결하여 '욕망하는 생산(production désirante)'이라고 명명합니다. "욕망은 생산의 질서에 속한다. 즉 모든 욕망은 욕망하는 생산인 동시에 사회적 생산이다."(AO, 352) 이런 의미에서 저자들은 욕망의 경제를 다루는 리비도 경제학은 생산의 경제를 다루는 정치경제학과 근본적으로 다르지 않다고 말합니다. '욕망하는 생산'이란 리비도 경제학과 정치경제학이 공통으로 갖고 있는 하나의 동일한 대상이라고 말입니다. "분열분석은 라이히와 반대로 정치경제학과 리비도 경제학 간의 어떠한 본성적 구별을 만들지 않는다."(AO, 457)

요컨대 욕망은 기계를 통해 작동하는 의지로서, 기계로서 존재하며 기계를 통해 어떤 흐름을 절단하고 채취하여 현실적인 무언가를 생산합니다. 그렇지만 앞서 말했듯이, 접속하는 항이 달라지면 다른 기계가 되고 다른 욕망이 작동합니다. 입이 성대와 접속하여 소리의 흐름을 절단하고 채취하는 경우, 분절된 목소리를 생산하는 '말하는-기계'가 되지만, 그것이 식도와 접속하여 영양소의 흐름을 절단하고 채취하는 경우, 신체적 에너지를 생산하는 '먹는-기계'가 됩니다. 혹은 생식기와 접속하여 성적 리비도의 흐름을 절단하고 채취하는 '섹스-기계'가 되기도 합니다. 이처럼 입은 유기체의 생명을 유지하기 위해 먹는 기능을 하는 어떤 하나의 고정된 '기관'이 아니라, 접속하는 항이 달라지면 다른 욕망에 따라 작동하는 다른 기계가 됩니다. 입이나 항문, 손이나 눈 등에 대해 '기관(organe)'이 아니라 '기계(machine)'라는 개념을 사용한 것은, 그것들을 이런 유기체의 일부에 항상-이미 귀속시켜버리는 유기체적 관념과 절연하기 위해서입니다.

이처럼 어떤 하나의 기계에서 다른 기계로 변환된다는 것은 기존의 욕망, 기존의 생산을 중단하고 다른 욕망에 따라 다른 것을 생산하는 다른 기계가 된다는 것을 뜻합니다. 기존의 욕망을 철회하고 기존의 생산을 중단하는 것은 다른 기계로 변환되기 위한 전제조건입니다. 그것을 수행할 수 없다면, 어떤 유기체나 어떤 구조에 복속된 채 오직 하나의 기능을 반복하여 수행하는 '기관'이 되고 맙니다. 이처럼 기존의 생산을 철회 내지 중단하는 것을 《안티 오이디푸스》에서는 '반(反)생산'이라고 말합니다. 이 경우 반생산이란 어떤 기계가 하나의 정해진 기관이기를 중단하는 것이란 점에서 '기관 없는 신체'에 속한다고 봅니다. 기관 없는 신체가 반생산이라고 하는 것은 바로 이런 의미에서지요. "기관 없는 신체는 대상-기관들을 밀어젖히는 것만큼이나 그것들을 끌어당기며, 그것들을 자기 자신을 위해 영유한다."(AO, 389)

요컨대 기관 없는 신체란 특정한 기계가 다른 기계로, 특정한 욕망이 다른 욕망으로 변환되는 내재적 장이라고 할 수 있습니다. 기관 없는 신체란 흐름의 연속체고, 흐름이 집중되고 분산되는 장이며, 그 집중과 분산의 양상, 그 집중의 강밀도에 따라 그때그때 다른 '기관', 다른 기계가 만들어지기도 하고 사라지기도 하는 장이고, 욕망하는 기계들이 만들어지고 변형되는 터전이며, 욕망하는 기계들의 생산에 사용되는 질료요, 질료의 흐름입니다. "부분대상들은 기관 없는 신체의 직접적인 힘이요, 기관 없는 신체는 부분대상들의 가공되지 않은 질료다."(AO, 390)

여기서 '부분대상(partial object)'이란 개념은, 프로이트가 묵시적으로 사용한 적이 있지만, 클라인(M. Klein)이 '대상관계이론'에서 독자적으로 발전시켰던 개념을 차용한 것입니다. 클라인에 의하면, 유아의 지각이나 감각은 즉각적인 만족을 추구하는데, 이는 몸

전체가 아니라 엄마의 젖가슴과 같은 부분적인 신체를 대상으로 갖는다고 하지요. 가장 일차적인 부분대상은 엄마의 젖가슴이지만, 이것말고도 항문기적 쾌감의 대상인 똥이 부분대상에 속합니다. 여기에 라캉은 목소리와 시선을 추가했지요. 어쨌거나 부분대상이란 신체가 하나의 유기체로 전체화되기 이전인 유아기의 아이들에게서 나타나는 욕망과 대상관계를 설명하기 위한 개념입니다.

들뢰즈와 가타리는 부분대상이란 개념을 유기체적인 기관과 달리 부분적인 신체 간의 접속에 의해 작동하는 '기계' 개념과 연결하여 사용합니다. 가령 아이의 입은 오직 엄마의 젖가슴만을 욕망의 대상으로 하여 접속하며, 이 두 항이 접속하여 유선의 흐름을 절단하고 채취하는 방식으로 작동하는 기계가 된다는 것입니다. 이 경우 욕망은 오이디푸스기를 거친 아이의 성욕처럼 전체화되지 않은 것이란 점에서 유기체화되기 이전의 욕망이라고 할 수 있겠지요. 입과 젖가슴은 유기체화되지 않은 욕망에 의해 접속되고 작동하는 것이란 점에서 유기체의 '기관'과 달리 비유기적인 신체를, 말 그대로 '기계', '기계적(machinque)' 신체 개념에 부합하는 실례라고 보는 거지요. 물론 이 개념이 《천의 고원》에서는 '신체 없는 기관'을 표상한다는 점에서, 다시 말해 접속하는 항과의 관계와 무관하게 선결정된 고정기관을 상정한다는 점에서 부적절하다고 보아 더 이상 사용하지 않습니다만, 《안티 오이디푸스》에서는 유기체와 기계의 경계를 부수는 개념으로 사용되었지요.

욕망, 아니 '욕망하는 기계'나 '욕망하는 생산'과, 그것의 질료가 되며 기존의 기계를 탈형식화하여 가공되기 이전의 흐름 그 자체로 되돌리려는 '반생산'으로서의 기관 없는 신체가 바로 《안티 오이디푸스》에서 무의식의 동력학을 구성하는 두 가지 요인입니다. 무의식이란 기관 없는 신체 상에서 욕망하는 기계의 생산이고, 그것의 변형이며, 그러한 생산과 반생산, 변형을 야기하는 리비도의 투여(investement)고, 그러한 투여의 양상을 규정하는 욕망의 배치라고 할 수 있습니다. 즉 무의식은 기관 없는 신체 위에서 리비도의 투여를 규정하는 욕망의 배치라는 겁니다.

따라서 무의식을 다루는 것은 치환되고 응축되어 표상의 형태로 만들어지는 징후들의 기호학이 아니라, 현실적이고 실재적인 것을 만들어내는 물리적인 강밀도의 생산, 기계들의 생산, 기계적 배치, 그리고 그와 상관적인 언표행위의 배치를 다루는 '물리학'이어야 하며, 그러한 물리적 현실로 존재하고 작동하는 권력을 다루는 정치학이어야 합니다. 나아가 그것은 기관 없는 신체 상에서 벌어지는 모든 사건을 대상으로 합니다. "무의식은 실제로 물리학의 영역에 속한다. 즉 기관 없는 신체와 그 강밀도란 은유가 아니며, 물질 자체인 것이다."(AO, 336) 이런 의미에서 무의식이란 기관 없는 신체라고 할 수 있고, 또한 욕망하는 기계라고 할 수 있으며, 욕망하는 기계와 결부된 모든 생산과 활동을 포괄한다고 할 수 있습니다.

욕망하는 기계가 그것이 무엇과 접속하는가에 따라 얼마든지 달라질 수 있는 것이라고 할 때, 그 기계화된 욕망의 본성은 이웃항에 따라 달라지는 것이고, 어떤 기계를 둘러싼 관계가 달라짐에 따라 달라지는 것이지요. 다른 식으로 말한다면, 욕망은 고정된 어떤 본성도 갖지 않는다고 할 수 있습니다. 다만 관계에 따라, 접속되는 이웃항에 따라, 차라리 '외부'에 포함시켜 마땅한 그 이웃항과의 관계에 의해 다른 본성을 갖게 되는 것이란 점에서 말입니다. 따라서 욕망에 가족적 본성이나 성적 본성을 부여하는 것은 물론, 다른 어떤 본성을 부여하는 것도 불가능하며 부적절합니다. 이러한 관점에서 볼 때, 욕망이란 프로이트가 말하는 것처럼 가족적이고 성적인 것이 아니라, 그 자체로 사회적인 것입니다. 이미 그 자체로 사회적인 수많은 욕망들을 굳이 가족적이고 성적인 욕망의 승화라고 볼 이유가 없기 때문입니다.

그래서 들뢰즈와 가타리는 단언합니다. 무의식에게는 부모가 없으며, 무의식은 고아라고 말입니다. "무의식은 고아다. 그것은 자연과 인간의 동일성 안에서 [인간과 자연에 대해 동일한 양상으로] 자신을 생산한다."(AO, 57) 따라서 '승화'라는 개념이 따로 존재할 이유도 없습니다. 욕망을 성욕화하는 것이나, 오이디푸스라는 가족적 삼각형 안에 가두는 것은 어떤 하나의 불변적 본성으로 모든 것을 설명하고자 하는, 일자(一者)로 모든 것을 포획하려는 서구 형이상학의 오래된 시도를 반복하는 것입니다. "정신분석의 둘째 과오는 그것이 성욕과 재생산의 분리를 완성했을 때조차 여전히 완고한 가족주의에 사로잡혀 있다는 것이다."(AO, 328)

그렇다면 오이디푸스는 어떠한가? 이미 프로이트는 오이디푸스라는 이름을 이용하여 욕망을 그리스라는 '기원적인' 세계로 소급시킴으로써, 인류의 태생부터 존재해온 어떤 것으로 만들어버렸습니다. 레비-스트로스는 《친족관계의 기본구조》에서 다양한 '원시사회'에 존재하는 근친상간 금기를 보편성의 형태로 찾아냄으로써 이런 소급을 '인간의 조건' 자체에 결부된 것으로 밀고나간 바 있습니다. 오이디푸스가 이렇게 원시사회부터, 혹은 고대사회부터 존재해온 것이라면, 오이디푸스적인 욕망의 존재와 그것의 좌절, 그리고 어머니에 대한 욕망과 부친살해의 욕망에서 기인하는 죄책감 또한 인간의 조건이라는 것을 부정할 수 없지 않은가 하는 질문을 피할 수 없습니다. 하지만 신화에 대한 연구를 통해서 레비-스트로스는 이제 오이디푸스 문제를 근본적으로 다른 방향에서 포착하고 있습니다.

> 문제가 되고 있는 신화의 최초의 테마는 영웅에 의한 어머니와의 근친상간이다. 그러나 그가 '죄가 있다'는 관념은 주로 아버지의 마음속에 있는 것이며, 이 경우 아버지는 아들의 죽음을 욕망하며 어떻게 죽일까를 고심하고 있다. ……결국 죄가 있는 유일한 인물은 아버지인데, 이는 그가 [아들에게] 복수하고자 하기 때문이다. 그리고 죽는 것도 또한 그다. ……근친상간에 직면해도 기이하게 무관심한 것은 다른 신화들에서도 나타난다.[3]

이를 인용하면서 들뢰즈와 가타리는 이렇게 말합니다. "오이디푸스는 신경증 환자의 어린 시절의 감정이기 이전에 무엇보다 먼저 편집증적 어른의 관념이다."(AO, 325) 좀더 부연하면 "아들을 오이디푸스화하는 것은 편집증적인 아버지다. 죄책감은 아들이 체험하는 내면적 감정이기 이전에 아버지에 의해 투사된 관념이다. 정신분석의 첫째 과오는 마치 사태가 아이와 더불어 시작된 듯이 일을 처리하는 것이다."(AO, 327)

여기에 덧붙이자면, 《안티 오이디푸스》에서 저자들은 욕망하는

---

(3) C. Lévi-Strauss, *Le Cru et le cuit*, AO, 325쪽에서 재인용.

기계와 그것이 거대한 규모의 집합체를 이루는 사회적 욕망을 구별하며, 이와 상응하여 욕망하는 기계와 사회적 기계라는 개념을 구별하여 사용합니다. 전자가 미시적인 것이라면 후자는 거시적인 것이라고 하는데, 이는 나중에 보게 될 분자적인(moléculaire) 것과 몰적인(molaire) 것의 구별에 대응하는 것이기도 합니다. 그러나 이러한 이원적 개념은 단순히 이항적인 대립에 머물지 않습니다.

> 우리는 몰적 구성체와 분자적 구성체의 이원성에 만족할 수 없는데, 왜냐하면 그 자체로 몰적 구성체의 투여와 무관한 분자적 구성체는 없기 때문이다. 사회적 기계란 욕망하는 기계들이 큰 규모로 모여 형성하는 것이란 점에서, 사회적 기계 외부에 존재하는 욕망하는 기계란 없다. 또한 욕망하는 기계들은 사회적 기계 안에 작은 규모로 거주하는 것이란 점에서, 욕망하는 기계 없는 사회적 기계도 없다. ……욕망하는 미시-다양체들은 거대한 사회적 집합체만큼이나 집합적이다. 양자는 결코 분리할 수 없고, 하나의 동일한 생산 과정을 구성한다.(AO, 406~407)

이에 대해선 미시정치학을 주제로 하는 제8 고원이나 제9 고원에서 자세하게 다루어질 것이니 여기선 이 정도로 넘어가기로 합니다.

3) 분열분석의 네 가지 명제

지금까지 《안티 오이디푸스》에서 저자들이 제시한 욕망의 개념과 무의식 개념에 대해 말했습니다. 이러한 개념 위에서 저자들은 자신들이 제창하는 분열분석의 가장 기본적인 명제를 네 가지로 요약해서 말하고 있습니다.

분열분석의 출발점이 되는 첫째 명제는, 욕망 내지 리비도의 "모든 투여는 몰적이고 사회적이고, 어떤 경우든 사회역사적 장 위에 새겨진다"는 것입니다(AO, 409). 가령 화폐에 대한 욕망은 종종 어떤 개인을 극한으로 몰고가서 '수전노'라는 형상에 도달하게 만들지만, 이러한 욕망은 심지어 개인에 의해 추구되는 경우에조차 결코 개인적인 것이 아니며, 분자적인 욕망처럼 보이는 경우에도 사실은 항상-이미 몰적이고 사회적인 것이란 점은 따로 설명하지 않아도 잘 알 것입니다.

일이나 노동에 대한 욕망이나 휴식에 대한 욕망조차 이와 다르지 않습니다. 도자기나 칼을 만드는 장인들이 자신의 일에 대해 갖는 욕망은 자신의 '작품'을 만드는 작업의 기술적 측면에 집중되어 있고, 이는 필경 '명품'을 만드는 숙련과 '비전(秘傳)'이라는 형태로 코드화된 활동을 생산합니다. 이는 어떤 장인의 개인적인 욕망이 아니라, 기술적 세련됨이 자신의 능력과 가치에 대한 평가로 이어지는 사회적 관계 속에서 형성되는 **사회적** 욕망이지요. 반면 자본주의에서 노동에 대한 욕망은 이런 기술적 측면보다는 화폐로 환산되는 '가치'에 의해 지배되며, 화폐화되는 양의 크기에 따라 활동이나 능력의 집중과 분산, 이동이 나타납니다. 반면 기술적 숙련이나 비전은 기계들의 역학적인 부분동작들로 분해되어 재결합되기에, 장인들의 기술적 관심보다는 테일러로 상징되는 관리자들의 관심이 되지요. 그리고 그 관심의 내용은 장인적 기술을 탈코드화하고 해체하며 최대한 단순화하는 것이지요. 작업이나 노동에 관한 이 두 가지 욕망은 다른 사회적 관계, 상이한 욕망의 배치에서 기인하는 상이한 욕망, 상이한 사회적 욕망이라고 할 수 있습니다.

성욕도 이와 다르지 않습니다. 가령 18세기 이전에 서양에서 가족과 사랑은 분리되어 있었고, 그래서 "아내를 정부처럼 대하는 것"은 아내에 대한 무례함으로 간주되었습니다. 아내와는 결혼하여 가정생활을 영위하는 것이라면 사랑이나 섹스는 정부와 나누는 것이라는 것이고, 그것이 성적인 욕망의 양상을 규정하는 사회적 조건이었던 겁니다. 서양의 경우 기독교적 도덕에도 불구하고 오랫동안 시에서 '공창'을 운영했던 것은 이러한 욕망의 배치와 결코 무관하지 않을 겁니다.

반면 18세기 후반에 들어오면서 사랑의 배치와 결혼이란 배치가 하나로 포개지면서, 사랑이나 섹스는 가족 안에서, 다시 말해 부부간에 하는 것으로 규정하는 새로운 도덕이 나타났습니다. 플랑드랭(J.-L. Flandrin)의 연구에 따르면, 1770년 이전에는 '결혼(mariage)'이라는 단어와 '사랑(amour)'이란 단어는 함께 쓰인 적이 없었으며, '연애결혼(mariage d' inclination)'이란 단어가 사전에 처음 등장하는 것은 1770~89년 이후라고 합니다.[4] 이제 매춘부는 이전과 달리 이러한 가족적인 욕망의 배치를 위협하는 가장 중대한 적으로 나타나게 되어, 범죄 및 프롤레타리아트라는 단어와 하나로 묶여 모든 죄악의 원천으로 비난받게 됩니다. "18세기 이래 가정은 의무적인 정서, 감정, 애정의 처소가 되었고, 가정은 성적 욕망의 특권적인 개화의 지점이 되었으리라"는[5] 푸코의 말은 이와 밀접하게 결부된

---

[4] 플랑드랭, 편집부 역, 《성의 역사(Le Sexe et l' occident)》, 동문선, 1994, 103~107쪽.
[5] 푸코, 이규현 역, 《성의 역사(La Volonté du savoir)》 1권, 나남, 1990, 122쪽.

것입니다. 이는 성적인 욕망의 투여조차 역사적이고 사회적인 조건에 따라 상이한 양상으로 이루어지고 있었다는 것을 보여줍니다.

이런 점에서 욕망과 결부된 힘이나 능력, 혹은 리비도의 투여는 사회적이고 몰적인 조건에 따라 이루어지며, 사회·역사적 장 위에 각이하게 새겨진다는 말을 쉽게 이해할 수 있을 겁니다. 프로이트는 무의식에서 나타나는 표상들에는 시간적인 질서가 없다는 점에서 "무의식에는 역사가 없다"고 한 적이 있지만, 이와는 조금 다른 의미에서 들뢰즈와 가타리는 욕망은 사회·역사적 조건에 따라 상이하게 투여된다는 의미에서 "무의식은 사회·역사적이다"라고 말하는 셈입니다. 무의식의 역사이론이 가능하게 되는 것은, 그리하여 리비도 경제학과 정치경제학이 결합되고 그것이 역사유물론의 새로운 영역을 구성하게 되는 것은 바로 이런 이유에서일 겁니다.

다음으로, 분열분석의 두 번째 명제로 제시되는 것은 "사회적 투여에서 계급 내지 이해의 선의식적 투여는 욕망 내지 집단의 무의식적 리비도 투여와 구별된다"는 것입니다(AO, 411). 이러한 구별은 앞서 몰적인 것과 분자적인 것, 사회적 기계와 욕망하는 기계를 나누었던 구별과 상응하는 것인데, 계급이란 이해관계에 따라 그에 속한 사람들로 하여금 힘과 능력, 욕망을 동일한 양상으로 투여하게 한다는 점에서 몰적인 집합이고 따라서 노동조합이나 당과 같은 사회적 기계를 구성한다면, 미시적 욕망의 분자적 흐름이 모여서 만들어지는 '집단'—《천의 고원》의 개념을 사용하면 '무리(meute)'—은 분자적 상호작용에 의해 상이한 방향으로 나아가는 양상으로 리비도의 투여를 야기한다는 점에서 앞의 것과 다르다는 것입니다.

앞의 것을 선의식적 투여라고 하고, 뒤의 것을 무의식적 투여라고 구별하는 것은, 비록 그 뒤에는 사라지는 개념이지만, 계급적 이해관계에 따른 투여가 이론적 개념들에 의해 의식될 수 있다는 점에서, 프로이트 개념을 빌면 '무의식'이라기보다는 '선의식'에 속한다면, 리비도의 투여는 의식되지 않은 채 이루어진다는 점에서 '무의식'이라고 쓰고 있는 것입니다. 이 명제는 이후 선의식과 무의식이라는 개념이 사라지면서 함께 사라지게 됩니다.

다음으로, 분열분석의 세 번째 명제는 "사회적 장의 리비도적 투여는 가족적 투여와의 관계에서 일차적이다"는 것입니다(AO, 427). 이 명제는 첫째 명제와 연관된 것이지만, 여기에는 가족적 투여에 일차적인 위상을 부여했던 프로이트의 이론을 비판하는 의미가 특별하게 포함되어 있습니다. 이는 프로이트가 특별히 집착하고 있는 명제, 즉 "리비도가 사회적 장에 투여되는 것은 그것이 탈성욕화되고 승화되는 조건 아래서만 가능하다"(AO, 421)고 하는 명제에 대한 반박입니다.

프로이트의 이 명제에 대해 저자들은 이렇게 질문합니다. "리비도의 이 모든 사회적–성적 투여와 대상 선택은 단지 가족적인 오이디푸스에만 의존하고 있다고 해야 하는가?"(AO, 424) 그에 대한 대답은 보다시피 그렇지 않다는 것입니다. 이미 본 것처럼, 욕망의 투여는 그 자체로 사회적입니다. 그것이 가족적 장 안에 오이디푸스적 욕망의 형태로 이루어지는 것은 그러한 사회적 투여에 특별한 조건이 주어지는 한에서만 가능하다는 것이고, 따라서 리비도의 가족적 투여에 대해 사회적 투여가 일차적이라는 명제를 제시하고 있는 것입니다.

앞서 서양에서 가족이라는 개념과 성욕이라는 개념이 포개지게 된 것은 18세기 말이나 19세기에 이르러서라고 했지요. 그 이전에, 가령 17~18세기 프랑스의 궁정 귀족들에게 저택(hôtel)이란 단순히 가족적 주거공간이 아니라 '사교'라는 이름으로 통칭되는 다양한 사회적 활동의 공간이었습니다.[6] 잘 알려져 있듯이, 살롱이란 출세를 꿈꾸는 청년들이 권력에 가까이 있는 후원자를 찾아서 모이는 곳이었고, 지적인 토론이나 사회적 쟁점들을 둘러싼 토론이 벌어지는 곳이었으며, 더불어 남자와 여자 들의 사랑이 이루어지는 곳이기도 했지요.

이러한 조건에서 사랑이 배우자라는 가족적 관계 안에 제한되리라고 기대하는 것은, 사랑과 결혼을 동일시하지 않았던 그들의 도덕적 습속을 모른다고 해도, 별로 현실성이 없을 겁니다. 그래서 《적과 흑》의 레날 부인처럼 정숙하고 조신한 여인조차 미친 듯한 사랑의 광기에 끌려 들어가게 되지요. 아이들은 유모의 집에서 양육되었고, 가끔씩 부모의 집을 '방문'하는 식으로 키워졌기에 그들의 삶 또한 오직 가족 안에 욕망을 투여하기는 매우 곤란한 조건이었습니다. 여기서 사랑은 18세기 후반에 이른바 '정치적 · 철학적 문헌'으로 분류되었던 포르노그라피들이 보여주듯이,[7] 문란할 정도로 다양한 선택대상들 사이를 넘나들었지요.

반면 18세기 후반에 이르면, 특히 부르주아지의 가정에서는 사랑이 가족 안에 제한되게 되고, 부부 간의 사랑이 강조되며, 가정은 타인의 동선이나 시선에서 차단된 사적이고 내밀한 공간이 되지요. 또

---

(6) 이에 대해서는 이진경, 《근대적 주거공간의 탄생》, 소명출판, 2000, 제4장 참조.
(7) 린 헌트 외, 조한욱 역, 《포르노그라피의 발명(The Invention of Pornography)》, 책세상, 1996, 42쪽 이하.

한 18세기 후반 이래 어린이들은 "여성과 마찬가지로 눈을 즐겁게 하는 것, 입맞추고 싶은 대상이 되었다"고[8] 하지요. 나아가 가정이 창문 밖의 저 거칠고 무정한 세계 안에 존재하는 유일한 안식처로 간주되고, 가장들에게는 가족의 부양과 행복이라는 책임이 지워지며, 그 결과 "모든 것을 내 가족을 위해 바치라"는 가족주의적 욕망이 탄생하게 됩니다.

이렇듯 가족이 모든 사랑과 정열을 집중해야 할 배타적 장소가 됨에 따라, 더불어 가족 외부의 모든 공동체적 관계나 사회적 관계에 대해 대립적인 세계가 됨에 따라, 가정성에 대비되는 사회성은 급격히 축소된다. 가족적 생활의 안정성을 위해 모든 것을 바칠 수 있으며, 그것을 위해서는 어떠한 것도 기꺼이 희생하고자 하는 태도, 달콤한 가정생활의 꿈을 방해하는 모든 것을 죄악으로 간주하여 비난하고 파괴하려는 태도는 이러한 새로운 욕망의 배치의 산물이며, 그 배치를 적절하게 보여주는 단면(斷面)이다. 이런 의미에서 모든 욕망이 가족을 위해, 부부관계와 어린이에 대한 사랑으로 귀착되며, 모든 활동이나 노동, 행동이 결국은 가족을 위한 것으로 귀착되는 이러한 욕망의 배치, 더불어 그러한 생활의 안정성을 보호하기 위하여 가정의 경계에 두터운 벽을 쌓고 타인의 침입에 대해 배타적 방어막을 치고, 거칠고 험한 외부세계와 반대로 '젖과 꿀이 흐르는' 편안하고 행복한 안식처로 가정을 만들려는 욕망의 배치가 탄생한 것이다. 18세기 후반, 혹

---

[8] 플랑드랭, 앞의 책, 178쪽.

은 19세기에 부르주아지의 가정에서 가장 먼저 발생한 이러한 새로운 욕망의 배치에 우리는 '가족주의'라는 이름을 붙일 수 있을 것이다.[9]

"홈, 홈, 스위트 홈"이란 슬로건은, 모든 욕망을 가족으로 유인하는 바로 이런 상황을 단적으로 보여주지요. 모든 욕망이 본질적으로 가족적인 욕망이 되고, 모든 성욕이 가족적인 공간 안에서 오이디푸스적 욕망이 되는 것이, 가족 안에서의 사랑과 성을 선동하면서 동시에 그 내밀한 공간 안에서 무슨 짓들을 하는 걸까 하는 호기심으로 성적 행동 전체를 시선의 대상으로 만들어버린 이러한 상황과 무관하다고 할 순 없을 겁니다.[10] 그렇다면 확실히 욕망이 가족적 욕망이 되는 것은 이러한 특정한 사회적 조건, 특정한 역사적 상황에 의해 야기되었다고 할 수 있지 않을까요?

여기서 들뢰즈와 가타리는 가족적 욕망, 아니 성적 욕망에 끼어드는 성적이지 않은 요인들, 가족적이지 않은 요인들에 관한 것으로 늑대인간과 '하녀'의 경우를 언급하며, 이에 관한 프로이트의 해석을 비판하고 있습니다. '늑대인간'이란 프로이트의 환자였고 나중에 브룬스빅의 환자가 되었던 러시아인을 지칭하는 이름(고유명사!)인데, 그가 꾼 꿈 때문에 붙은 이름입니다. 먼저 꿈 얘기를 들어볼까요?

---

[9] 이진경,《근대적 주거공간의 탄생》, 213~14쪽.
[10] 같은 책, 244쪽 참조.

꿈에 나는 침대에 누워 있었는데, 그때는 밤이었다. ……갑자기 창문이 저절로 열렸다. 그리고 나는 창문 앞에 있는 큰 호두나무에 하얀 늑대들이 앉아 있는 것을 보았다. 늑대는 예닐곱 마리가 있다. 그 늑대들은 아주 하얬다. 그리고 그들은 마치 여우나 양치기 개처럼 보였다. 왜냐하면 여우같이 큰 꼬리가 있었고, 개들이 어디에 주의를 집중할 때처럼 귀를 바짝 세우고 있었기 때문이다. 나는 매우 무서웠다. 분명히 늑대들에게 먹힐까 봐 그랬을 것이다. ……꿈에서의 움직임은 창문이 열리는 것뿐이었다. 늑대들은 나뭇가지에 조금도 움직이지 않고 아주 가만히 앉아 있었다.[11]

늑대들의 꿈 얘기는 《천의 고원》에 관한 부분에서 다시 말하기로 하지요. 그런데 늑대인간에게는 나중에 음독자살한 누나가 하나 있었는데, 늑대인간이 세 살 남짓 되었을 때 동생을 유혹하여 성적인 놀이를 했다고 합니다. 이 누이는 똑똑하고 재주가 많아서 늑대인간이 아버지의 사랑을 차지하는 데 방해가 되는 경쟁적 존재였다고 해요. 시샘하는 어린 시절이 지나고 늑대인간이 열네 살 정도가 되면서 둘은 사이가 좋아졌고, 사춘기 때는 성적 흥분 상태에서 신체적으로 접근했지만 누나가 결연하고 기민하게 거부했다고 합니다. 이후 그는 어느 시골 여자를 사랑했는데, 누나와 이름이 같은 하녀였다고 하지요. 그 후에도 그가 사랑에 빠진 여자들은 항상 하녀거나 신분이 낮은 여자들이었습니다.[12] 프로이트는 이 여자들이 모두 그

---

[11] 프로이트, 〈늑대인간〉, 김명희 역, 《늑대인간》, 열린책들, 1997, 167~68쪽. 여기서 '나'는 늑대인간입니다. 프로이트가 그의 발언을 인용한 것이지요.
[12] 같은 책, 156~59쪽.

가 포기해야 했던 누나를 대신하는 인물이라고 하면서, 그 대상이 유독 신분이 낮은 여자들이었던 것은 아버지의 사랑을 독차지하는 데 방해가 되었던 누나의 지적 능력을, 누나를 대신하는 그 사랑의 대상에게서 제거하려는 의도에서 기인한다고 말합니다. 즉 늑대인간이 사랑한 천한 여자란 지적 능력이 상실된 누나의 대체물이었다는 겁니다.

그러나 들뢰즈와 가타리는 하녀나 천한 신분의 여자를 선택함으로써 누나의 능력을 없애려 한 것이라는 해석에 동의하지 않습니다. 그런 식의 해석은 여자들, 상이한 신분의 여자들을 유일한 성적인 동기들로 여겨지는 누이나 엄마로 환원하는 것이지요. "어린이들은 사회적 차이에 사로잡히지 않으며, 이 차이란 대수롭지 않은 것이고, 어린이가 하층민의 사랑을 받을 땐 이를 부모의 계열로 분류한다"는 식의 생각이 부모 이외의 모든 차이를 무시하여 결국은 부모로, 오이디푸스로 귀결시킨다는 것입니다.

들뢰즈와 가타리는 오히려 성욕이나 사랑에 끼어드는 이 차이들을 주목합니다. 손을 바닥에 짚은 채 빨래를 하거나 마루를 닦고 있는 하녀처럼 가난한 자나 신분이 천한 자만을 사랑한다는 것은, 사랑에 말 그대로 계급적 차이라는 요인이 끼어든 것을 뜻하는 것이란 겁니다. 어머니, 아버지가 아닌 낯선 사람들, 아니 인간 아닌 낯선 요인들조차 사랑에 끼어든다는 것이고, 이런 점에서 가족적인 사랑이나 가족적인 성욕조차 가족적이지 않은 요인들에 의해 절단되고 뒤섞인다는 것입니다.

리비도가 다른 계급을 포착할 때, 그것은 어머니의 과대포장된 이미지나 빈약화된 이미지로서 포착하는 것이 아니라 이방인, 어머니가 아닌 것, 아버지가 아닌 것, 가족이 아닌 것으로 포착하는 것이고, 성 속에 인간적이지 않은 것이 존재한다는 사실의 지표로 포착하는 것이다. 이것이 없이는 리비도는 욕망하는 기계들을 조립하지 않는다. 계급투쟁이 욕망의 시련 한가운데로 들어가는 것이다.(AO, 425)

발생학자들의 지적을 빌려 이들은 발생기에 주어지는 자극으로서 부모란 다른 것과 특별히 구별되지 않는 평범한(qelconque) 자극에 지나지 않는다고 말합니다(AO, 426). 무의식은 고아고, 무의식엔 부모가 없다는 말은 바로 이런 의미라고 하겠지요. 물론 부유함이나 빈곤함이 사회적 차이의 경험적 형태로 자리잡게 되는 것은 부모와 더불어서지만, 이는 부모의 일종이나 부모의 일부가 아니라, 부모와 다른 종류의 자극, 다른 종류의 경험이라는 겁니다. 가족이나 부모가 이미 특정한 사회적 계급이나 사회적 관계에 의해 직조되는 사회적 장 안에서 살고 아이를 낳고 기르며 아이의 삶에 끼어들기에, 다시 말해 가족적 삶은 이미 사회적인 삶 안에서 그것의 양상에 의해 항상-이미 관통되고 있기에, 가족적 욕망이나 리비도의 투여와 분배 또한 그런 비-가족적인, 부모 외적인 것에 의해 이루어진다는 것입니다.

마지막으로, 분열분석의 네 번째 명제는 리비도의 투여 양상에 관한 것입니다. 즉 "리비도의 사회적 투여에는 두 극이 있다: 파시즘적이고 편집증적 투여와 혁명적이고 분열적인 투여가 그것이다." (AO, 439) 편집증적 투여는 다양한 방향으로 흘러가려는 욕망의 흐름을 오직 하나의 방향으로 제한하고 그것으로만 쏠리게 하는 것이며, 분열적인 투여는 그 다양한 방향을 긍정하고, 심지어 새로운 방향으로 나아가도록 촉발하는 것입니다. 사회적인 기계를 구성하는 모든 리비도의 투여는 이 두 개의 극 사이에서 이루어집니다. 물론 여기서 저자들이 어떤 방향으로 가라고 제시하고 있는지는 말하지 않아도 다 아시겠지요?

4) 분열분석의 과제

이러한 명제 위에서 저자들은 분열분석의 임무를 한마디로 이렇게 요약합니다. "사회적 장의 무의식적 욕망의 투여에 도달하는 것."(AO, 419) 이는 두 개의 과제로 구별하여 설정됩니다. 첫째는 오이디푸스적 관념 안에 모든 것을 쑤셔넣는 정신분석의 '해석'과 반대로, "모든 해석을 떠나 주체 속에서 그의 욕망하는 기계들의 본성, 구성물 및 기능을 발견하는 것"입니다(AO, 385). 이는 단지 욕망이나 욕망하는 기계 개념에 대한 앞서의 명제들을 소급적으로 상기시키는 것이라기보다는, 다양한 욕망하는 기계들에 대한 탐색이 이루어져야 한다는 것을 시사하는 것입니다. 그러한 탐색이 바로 이 책 《천의 고원》에서 이루어지고 있다는 것은 이미 '무의식의 역사유물론'에 대해 말하면서 이야기한 바 있지요?

다음으로 두 번째 과제는 이렇습니다. "사회적 장의 리비도 투여의 본성, 이러한 투여에서 발생할 수 있는 내적 갈등, 이러한 투여와 선의식적 투여의 관계, 이 두 가지 투여의 가능한 갈등들, 요컨대 욕망하는 기계들과 욕망의 억압 간의 상호작용 전체를 발견하는 것." (AO, 453) 특히 요약적으로 제시한 욕망의 억압에 관한 문제는 지난번에 이미 말했듯이 《안티 오이디푸스》에서 '정치학의 근본문제'라고 했던 것이라는 점을 쉽게 알 수 있을 겁니다. 이 역시 《천의 고원》에서, 특히 미시정치학을 다루는 부분에서 중요하게 다루어지는 문제입니다.

3. 《천의 고원》: 다양체로서 무의식
1) 변화의 요소들

《안티 오이디푸스》는 1972년에 출간되었고, 《천의 고원》은 1980년에 출간되었습니다. 8년의 시간이 그 사이에 있지요. 무언가에 미쳐 지내는 사람에게 8년이란 결코 짧은 시간이 아닙니다. 그 시간 동안 들뢰즈는, 거의 매년 책을 한 권 가량 출판하던 이전과 달리 오직 《천의 고원》에만 매달립니다. 물론 1975년에 가타리와 함께 카프카에 대한 책을 출간하지만, 이때부터 계산해도 5년을 전적으로 이 책에만 매달린 것입니다. 그것은 분명 《안티 오이디푸스》에서 제시한 명제를 따라, 거기서 예고했던 과제를 수행한 책이지만, 새로이 책을 읽고 연구하여 글을 쓰면서 이전의 생각에 그대로 멈추어 있기란, 바보스런 고집을 '통일성'이나 '지조'로 간주하는 사람 아니면 결코 쉬운 일이 아닙니다. 더구나 변이와 생성을 모토로 삼고 있는 철학자에게 그건 거의 불가능한 일인지도 모릅니다.

물론 《안티 오이디푸스》에서 제시된 욕망과 무의식의 새로운 개념들은 대체적으로 《천의 고원》에서도 그대로 이어집니다. 《안티 오이디푸스》에 이어서 《천의 고원》의 부제를 '자본주의와 정신분열 2'라고 한 것은 저자들 자신이 이러한 연속성을 명확하게 의식하고 있으며, 명시하고 있다는 것을 보여줍니다. 욕망이 현실을 생산한다는 명제도, 욕망은 가족적이기 이전에 그 자체로 사회적이라는 명제도, 심지어 욕망은 기계화되고 기계는 욕망한다는 명제도, 명시적이든 묵시적이든, 이 책에서 제시되는 모든 개념들의 밑바탕이 되고 있습니다. 유기체론이나 기계론에 반하여 사용되는 '기계'라는 개념은 더욱더 광범위하게 사용되며, 생물권과 인간권 등을 구별없이 모두 하나로 포괄하는 단일한 '기계권'을 설정하여 '일반화된 기계주의'라는, 처음보면 적잖이 당혹스런 사유를 제창하는 것은 사실 '욕망하는 기계'나 '욕망'에 관한 《안티 오이디푸스》의 명제와 긴밀히 연결되어 있습니다.

그렇지만 적지 않은 변화가 있었음 또한 분명한 사실입니다. 《천의 고원》에 이르면, '욕망하는 기계'라는 개념이나 '욕망하는 생산'이란 개념은 사라지고, 그 대신 욕망과 배치, 기계라는 개념이 독립적으로 사용되고 있으며, 특히 혁명적 욕망과 억압적 욕망, 혹은 억압에 대한 욕망의 구분이 사라집니다.[13] 오이디푸스에 대한 관심이나 정신분석학에 대한 관심 자체가 거의 사라져, 부분적인 비판 말고는 찾아보기 어렵게 되었습니다. 대신에 어떤 욕망도 배치로서만 존재한다는 명제가 중요하게 되면서 '욕망의 배치'라는 개념이, 다시 말해 욕망에 비해 '배치'라는 개념이 상대적으로 부각됩니다. 그래서 이 책의 모든 고원은 다양한 종류의 배치들과 그 배치를 형성하는 성분들, 그리고 그것이 변형되는 '탈영토화의 첨점'들을 다루

---

[13] 특히 이 이항적인 욕망 개념의 난점에 대해서는 카프카에 대한 책에서 비판적으로 다루어지는데, 이는 욕망과 권력의 이항성마저 넘어서는 계기를 마련합니다. "권력에 대한 욕망은 없다. 권력이 욕망인 것이다."(들뢰즈·가타리, 이진경 역, 《카프카: 소수적인 문학을 위하여 (Kafka: Pour une littérature mineure)》, 동문선, 2001, 135쪽)

고 있지요. 이는 욕망을 사회적 관계로서, 사회·역사적 장 속에서 다루어야 한다는 명제와 연속적이긴 하지만, 욕망의 흐름 자체가 갖는 혁명성을 강조했던 《안티 오이디푸스》와는 사뭇 다른 것이 분명합니다. 그리고 욕망의 흐름 자체는 형식화되지 않은 질료적 흐름으로서 '기관 없는 신체' 개념으로 대체되지요.

기관 없는 신체 개념이 사용되는 양상에도 적지 않은 변화가 있습니다. 기관 없는 신체를 유기체에 반하는 것으로 정의하는 점은 동일하지만, 그것을 '반생산'이나 '죽음'의 개념으로 정의하기보다는 기관화되지 않은, 지층화되지 않은 질료적 흐름으로 정의할 뿐이며, 유기체에 반하는 기관 없는 신체의 투쟁을 강조하지만 그러한 투쟁이 자칫하면 '텅 빈 기관 없는 신체'나 '암적인 기관 없는 신체'로 귀결되어 죽음의 선을 그릴 수 있다는 점에서, 변이와 탈지층화를 인도하는 별도의 방향을 설정할 필요를 느끼게 됩니다. 절대적 탈영토화에 긍정성을 부여하는 '일관성의 구도'라는 개념이 새로이 등장하는 것은 이 때문입니다.

이 책의 거의 모든 고원은 추상기계와 '일관성의 구도'로 끝나고 있는데, 이는 분열분석에서 이 개념이 갖는 중요성을 잘 보여준다고 하겠습니다. 이는 욕망의 사회적 투여의 '분열적인 극'만으로는 올바른 정치학 내지 실천철학을 구성하는 데 불충분하다는 생각과 무관하지 않습니다. 파시즘을 욕망 투여의 '편집증적인 극'으로 설정한 것과 달리, 몰적인 선분들의 공명을 통해 작동하는 국가장치와 구별하며 분자적인 상호작용의 선 위에서 정의함으로써, 국가장치와 구별되는 파시즘의 위상을 분명하게 했고, 그 결과 파시즘 및 편집증 개념과 독립적으로 국가장치의 문제를 다룰 수 있게 되었다는 점 또한 중요한 차이 중의 하나라고 할 수 있습니다.

2) 무의식, 혹은 늑대의 무리

여기서 나열하시 않은 것들을 포함하여, 이런 차이들은 사실 많은 경우 이전의 연구에서 진전된 것, 혹은 이전의 것에 비해 훨씬 훌륭하게 펼쳐진 것이라고 해도 좋을 겁니다. 따라서 여기서 두 저작 사이에 있는 차이를 강조하는 것은, 이들의 사유가 얼마나 급속하게 진전되었고, 얼마나 치밀하게 확장되었는지를 강조하는 것으로 보아도 좋을 겁니다. 이제 우리는 이와 관련하여 분열분석이 대상으로 하는 '무의식' 개념이 어떻게 '변환' 되었는지를 간단히 살펴봄으로써 이 고원에서 이들이 말하고자 하는 것을 요약할 수 있으리라고 생각합니다.

이전에 무의식은 욕망하는 기계들의 집합이었고, 리비도의 투여에 의해 현실을 생산하는 욕망들의 집합이었다고 할 수 있습니다. 거기서 강조되었던 것은 욕망의 직접적인 사회적 성격, 다시 말해 욕망의 비가족적인 본성이었습니다. 정신분석학과의 사이에 대립적인 논점이 형성되었던 것은 바로 이를 통해서였지요. 반면 이 책에서 강조되는 것은 무의식의 '무리' 적인 특징이고, 다양한 욕망이나 기계들이 증식되며 서식하는 서식처로서 무의식이란 개념입니다. 이를 저자들은 '다양체' 개념을 통해서 설명하고자 하고 있습니다. 정신분석학과의 논점 역시 이를 통해서 그어지고 있지요.

프로이트는 무의식의 관점에서 군속적(群屬的) 현상들에 접근하고자 했다. 그러나 그는 **무의식 자체가 우선적으로 하나의 무리**

라는 것을 잘 보지 못했다. 그는 근시였고 귀머거리였다: 그는 무리들을 한 사람으로 간주했다. 반면 분열자들은 예리한 눈과 귀를 가지고 있다. 그들은 무리의 웅성거림을 아버지의 목소리로 오인하지 않는다. 예전에 융은 뼈와 두개골에 관한 꿈을 꾸었다. 뼈나 두개골은 결코 홀로 있지 않다. 뼈들은 복수적이다. 그러나 프로이트는 그 꿈이 누군가의 죽음을 의미하기를 바란다.(MP, 42; I, 36)

늑대인간의 꿈에 등장한 예닐곱 마리의 늑대, 그것은 바로 늑대인간-기계를 움직이는 무의식이, 실제 늑대들처럼 그 자체로 하나의 무리를 이루고 있음을 보여주는 것이라는 거지요. 늑대인간의 꿈, 그것은 "늑대가 되려는 외침"(MP, 41; I, 35)인데, 그 외침조차 복수의 목소리, 무리를 이룬 늑대들의 웅성거림으로 가득 차 있다는 것이고, 늑대로 감지되었던 리비도의 흐름 또한 그 자체 안에서 복수의 흐름들로 분열되어 있다는 것입니다(MP, 44; I, 37).

물론 늑대들의 무리가 그렇듯이 리비도의 복수적인 흐름들 역시, 그것을 이끄는 리더에 의해 하나로 묶이며, 그래서 '늑대인간'이라는 하나의 개체적 형식을 취하지만, 그것은 그 중심을 통해 하나의 유기체로 통합되는 그런 방식의 '하나'가 아니란 점에서 웅성거림을, 분자적인 동요나 이탈을 포함하는 '하나'인 것입니다. 리비도의 복수적인 흐름들이 투여되고 분배되는 신체 또한 동일하게 복수의 목소리로 웅성거리고 삐걱대고 있습니다.

늑대인간의 꿈 얘기는 무의식이 복수적이고 무리라는 것을 보여주긴 하지만, 이 말을 이해하는 것은 그리 쉽지 않습니다. 프로이트가 '늑대인간'에 대해 쓴 글을 다 읽어도 그 복수적인 목소리가 무엇을 욕망하는지 알기는 쉽지 않습니다. 이 경우 우리 자신의 신체로, 우리 자신의 욕망으로 눈을 돌려 관찰하고 생각해보는 것이 좋은 출구가 되지요. 가령 어떤 강의를 듣고자 하는 욕망이 일어난 경우를 생각해볼까요? 여기 오신 분들은 모두 그런 지적 욕망에 의해 오신 분들이니 말입니다. 이 중에는 책을 읽어보았는데 대체 무슨 소린지 알 수 없어서 오신 분도 있을 것이고, 읽진 않았지만 들뢰즈가 어떠니 하는 얘기를 자주 들어서 대체 무슨 소릴 하는지 궁금해서 오신 분들도 있을 것이며, 반대로 그가 말하는 '포스트주의'에 대한 반감을 갖고 비판하기 위해 오신 분도 있을 것입니다. 적극적 관심을 갖고 있는 분들 가운데에는 문학평론을 하는 데 써먹을 생각으로 오신 분도 있을 것이고, 철학적 관심에서 오신 분도, 정치학이나 실천의 문제를 고심하며 오신 분도 있겠지요. 이처럼 하나의 강의에 대한 욕망은 다양하고 복수적입니다. 그 상이한 욕망들이 하나의 강의실 안에서 무리지어 공존하고 있는 것이지요.

그런데 이것을 단지 사람들에 따라 다른 문제라고 할 수 있을까요? 이 중에 혹시 오직 하나의 욕망만을 갖고 강의를 듣는 분이 과연 얼마나 있을까요? 잘 모르는 철학에 대한 궁금증이나 호기심, 혹은 "잘 나가는" 철학자에 대해 알고 싶은 욕망, 그러면서도 진지한 분들이 흔히들 퍼붓는 포스트주의에 대한 비난이나 논점에 대한 관심, 혹은 철학적 관심과 문학적 관심, 정신분석학에 대한 관심과 유목주의에 대한 관심 등등이 혼합되어 공존한다고 느끼진 않으시는지요? 물론 사람에 따라 그 중 특히 중요하거나 일차적인 관심이나 욕망이 있겠지만, 그 경우에도 그것만 있다고 하긴 어렵지요.

이는 심지어 '진리탐구'를 한다면서 실험실에서 밤새 실험을 하는 사람의 경우에도 마찬가질 겁니다. 새로운 현상에 대한 지적 호기심이나 이론적 타당성에 대한 관심이야 기본이겠지만, 어디 그런 욕망만 있는 사람이 얼마나 되겠습니까? 이 연구를 통해 멋들어진 글을 써서 좋은 잡지에 실어 신문에도 나고 잘 하면 무슨 상이라도 탈 수 있지 않을까 하는 욕망, 혹은 그렇게 쓴 글로 '업적'을 만들어 교수가 되거나 아니면 교수직 유지에 필요한 실적을 만들려는 욕망, 아니면 주변 사람들에게 유능한 사람으로 인정받고자 하는 욕망 등등의 다양한 복수적 욕망이 공존한다고 해야 정확한 것 아닐까요?

누군가를 사랑하는 사람이 갖는 욕망에도, 음식을 향해 이미 리비도가 투여되기 시작한 욕망에도, 이런 복수적인 목소리들은 마찬가지로 무리지어 공존합니다. 늑대인간의 꿈에 등장한 늑대들은 이런 욕망의 복수성을 보여주는 형상이었던 겁니다. 늑대인간의 신체란 그런 복수의 욕망들이 자리잡고 앉아 있는 서식처고, 복수의 욕망들이 서로 촉발하면서 새로운 욕망을 증식하게 하거나, 새로운 욕망을 끌어들여 하나의 무리로 만들어 함께 서식하게 되는 장입니다. 늑대인간의 꿈에서 늑대들이 앉아 있는 나무가 바로 그것의 형상이었다고 하지요. 다양한 욕망들이 무리지어 서식하는 곳, 그 욕망에 따라 신체와 힘의 분포를 움직여 필요한 기관을 만들어내는 곳, 그것을 저자들은 '기관 없는 신체'라고 부릅니다. "기관 없는 신체는 기관들이 제거된 텅 빈 신체가 아니다. 오히려 그것은 기관으로서 봉사하는 것(늑대들, 늑대의 눈, 늑대의 발톱)이 브라운 운동을 하면서, 분자적 복수성의 형태로 무리적 현상에 따라 분배되는 신체다." (MP, 43: I, 36)

기관 없는 신체는 이처럼 다양한 욕망들이 무리지어 서식하는 곳이고, 그 욕망에 따라 '기계'들이 만들어지는 곳이며, 욕망과 기계, 혹은 '욕망하는 기계'가 되는 가공되지 않는 질료며, 그 다양한 욕망들에 따라 다양한 기관들이 생산되는 지대며, 그런 만큼 다양한 신체적 규정의 가능성으로 가득 찬 신체입니다. "기관 없는 충만한 신체는 복수성으로 가득 찬(peuplé) 신체다. 무의식의 문제는 확실히 생식과 무관하며, 오히려 증식(peuplement), 서식(population)과 관계가 있다. 그것은 유기적이고 가족적인 생식의 문제가 아니라, 대지의 충만한 신체 위에서 이루어지는 세계적인 서식의 문제다."(MP, 43; I, 36)

무의식이란 결국 욕망들이 무리지어 서식하는 기관 없는 신체고, 또한 그 위에서 만들어지는 다양한 '기계'들의 집합이며, 동시에 그러한 '기계'들을 만들어내며 그런 기계로 '기계화되어' 존재하는 욕망들의 집합입니다. 기관 없는 신체가, 욕망하는 기계들이 만들어지고 작동하는 질료요 터전이라면, 욕망하는 기계, 혹은 욕망 내지 기계는 특정한 배치 안에서 그런 질료로 만들어지는 무의식적 구성체(formation)라고 할 수 있습니다. 그러나 그런 구성체는 기관 없는 신체 상에서, 기관 없는 신체를 질료로 하여 만들어진다는 점에서 항상-이미 기관 없는 신체를 포함하고 있다고 해야 합니다.

그런데 여기서 다시 한번 강조해야 할 것은 이러한 욕망의 무리들이 어떤 하나의 중심, 하나의 일자로 환원할 수 없는 다양성을 갖는다는 점입니다. 실험하고 연구하게 하는 지적 욕망과, 좋은 논문을 써서 명예를 얻고 싶다는 욕망, 그것으로 좋은 직업을 구하겠다는 욕망, 아니면 그것을 이용해 돈을 벌겠다는 욕망이나 어떤 직위를 유지하고 싶다는 욕망은 하나의 행동, 하나의 연구-기계를 생산하는 데 관여하지만 사실은 결코 하나로 환원할 수 없는 욕망들이지요. 엎드려 청소하는 여자 뒤에서 오줌을 싸고, 엎드려 빨래하는 여자나 천한 신분의 여자만을 사랑하는 늑대인간의 욕망은, 프로이트 말대로 따라간다고 해도 누나에 대한 성적 욕망, 누나보다 더 나은 능력으로 아버지의 사랑을 독차지하고 싶다는 욕망, 그리고 어렸을 때 보았던, 무릎을 꿇은 채 뒤에서 아버지에게 공격당하는 어머니의 원풍경(Urszene)에서 기인하는 어머니에 대한 욕망, 그리고 들뢰즈·가타리 말을 덧붙이면, 가난한 자와 부유한 자를 가르는 계급적 차이와 결부된 욕망 등이 혼합되어 있는 복수적인 욕망입니다. 늑대인간 안에 여러 마리의 늑대들이 이렇게 다른 소리를 내며 공존하고 있는 것입니다.

물론 프로이트는 하녀에 대한 욕망을 누나에 대한 욕망으로 치환하고, 누나에 대한 욕망을 아버지에 대한 욕망으로 치환하며, 아버지에 대한 욕망은 동성애적 욕망으로 치환하고, 이를 결국 어머니에 대한 욕망으로 치환함으로써, 다양한 욕망들을 오직 하나의 욕망, 어머니/아버지로 귀착되는 오이디푸스적 욕망으로 환원합니다. 이유는 오이디푸스적인 욕망이 모든 욕망의 근저에 자리잡고 있는 본질적 욕망이라는 것이지요.

이렇게 보는 한 우리도 얼마든지 정신분석가가 될 수 있습니다. 어떤 사람이 자유연상하는 '고백'을 들어주면서, 그것이 결국은 아버지와 어머니, 남근과 거세, 오이디푸스적인 욕망으로 귀결된다는 것을 설명해주면 되기 때문입니다. 심지어 우리는 처음 만나는 사람이 나에게 호감을 보일 때 그가 욕망하는 것이 무언지도 알 수 있으며, 심지어 아직 만나보지 못한 사람의 욕망의 비밀에 대해서도 다 알 수 있습니다. 답은 항상-이미 정해져 있기 때문입니다.

프로이트가 늑대인간의 꿈을 해석하는 절차는 정확하게 이런 방식으로 이루어집니다. 일곱 내지 여섯 마리의 늑대는 환자가 어렸을 때 보았던 《늑대와 일곱 마리 작은 염소》에 나오는 일곱 마리의 염소로 환원됩니다. 그리고 늑대인간의 꿈에 등장하는 늑대들의 숫자는 결국 하나로 귀착되며, 그것은 결국 아버지로 귀착됩니다. 이런 식으로 프로이트는 늑대들의 복수성을 오직 하나인 일자, 오직 하나인 무엇으로 환원합니다. 이에 대해 저자들은 이렇게 요약하고 있습니다.

> 이러한 조작은 그 꿈에서 늑대와 일곱 마리의 아기 염소(이 중 여섯 마리만 잡아먹힌다)라는 이야기를 연상함으로써 이루어진다. 우리는 프로이트의 환원적인 환희를 목격한다: 우리는 그 이야기와는 전적으로 무관한 염소의 형상을 취하면서 문자 그대로 복수성이 그 늑대들로부터 사라지는 것을 본다. 단지 아기 염소일 뿐인 일곱 마리의 늑대. 여섯 마리의 늑대라면, 일곱 번째 늑대(늑대인간 자신)가 시계 속에 숨어 있기 때문이다. 다섯 마리의 늑대라면, 늑대인간이 그의 부모가 사랑을 나누는 것을 본 것은 다섯 시였을지도 모르며, 로마자 숫자 V는 쭉 뻗어 있는 에로틱한 여자의 다리와 결부되어 있기 때문이다. 세 마리의 늑대라면, 부모가 세 번 사랑을 나누었을지도 모르기 때문이다. 두 마리의 늑대라면, 아이가 맨처음 사랑을 나누는 것을 본 것은 계간(鷄姦)하는 양친이었거나 혹은 두 마리의 개였을 수 있기 때문이다. 그리하

여 한 마리의 늑대가 되는데, 우리가 처음부터 이미 알고 있었듯이, 그 늑대는 아버지기 때문이다. 마침내 영(零, zero) 마리의 늑대가 되는데, 그는 꼬리를 잃어버렸기 때문이며, 거세하는 자일 뿐 아니라 거세당하는 자기도 하다.(MP, 40~41; I, 34)

여기에 언급한 얘기들은 들뢰즈와 가타리가 농반진반으로 써붙인 게 아니라 프로이트가 늑대인간에 대한 글에서, 늑대인간의 얘기를 들으면서 실제로 말했던 것의 요약입니다. 고지식하게 받아들이면 웃음거리가 될 수 있을 수도 있을 이 기막힌 환원과 조작을 통해 무의식의 무리적 복수성/다양성은 오직 하나의 비밀로 귀착됩니다. 이 비밀을 알기에 우리도 용기만 낸다면 충분히 정신분석가가 될 수 있습니다. 다만 우리가 프로이트보다 탁월한 정신분석가가 되기 어려운 것은, 이처럼 종횡무진으로 넘나들면서 복수적인 욕망들을 오직 하나인 일자, 오직 하나의 비밀인 아버지와 거세, 혹은 어머니로 환원하는 '용기'와 상상력이 부족해서일 겁니다.

3) 무의식, 리좀적 다양체

여기서 우리는 지난번에 보았던 '리좀'이란 개념으로 다시 돌아가게 됩니다. 여기서 프로이트가 하고 있는 것, 그것은 바로 다양한 것들을 오직 하나의 중심, 오직 하나인 본질로, '일자'로 환원하고 귀착시키는 것입니다. 이와 반대로 저자들은 무리를 이루고 있는 저 다양한 욕망들, 무의식의 무리들을 일자로 환원하지 말고 그대로 두라고 말합니다. 이들이 자신의 연구를 정신분석과 대비하여 '분열분석'이라고 명명했을 때, 분열이라는 단어를 통해 말하고자 했던 것은 바로 이겁니다. 분열적인 흐름, 복수적인 흐름으로서의 무의식, 그래서 어떤 대상을 향해 집중하는 경우에조차 무리처럼 복수의 목소리를 내면서 하나로 움직이는 무의식을 지칭하기 위해 분열분석이라고 했던 거지요.

이처럼 하나의 중심, 하나의 비밀로 환원될 수 없는 다양한 흐름의 공존을 저자들은 '리좀'이라고 부릅니다. 무의식 자체가 '무리'를 이룬다고 하는 것은 이런 의미에서 "무의식은 리좀적이다", "무의식은 리좀적 다양체다"라는 명제를 함축하는 겁니다. 그래서 복수인 욕망들이 서로 간의 거리를 변경시킨다면, 혹은 어떤 것이 이전에 지배적이던 것을 제치고 전면에 나서게 될 경우 다른 욕망들의 관계 전체가 변화되는 그런 종류의 다양체, 그게 바로 무의식이란 겁니다.

좀 미안하긴 하지만, 소설을 쓰는 사람의 마음을 유심히 지켜본다고 합시다. 처음에는 새로운 아이디어와 새로운 스타일을 창안하고 그것을 좀더 치밀하게 밀고가고 싶다는 욕망이 앞서지만, 그게 어느 정도 이루어지면 이젠 이런 글로 사람들의 관심을 끌고 그들에게 훌륭한 작가, 예술가로 인정받고 싶다는 욕망이 어느새 앞으로 나서지요. 이 경우 다른 욕망들의 분포는, 지적 욕망이 앞에 서 있을 때와 다른 양상으로 펼쳐집니다. 표현의 방식을 만들어내는 표현욕도 이전과 다른 스타일을 찾게 되지요. 그런데 또 "이것으로 돈을 벌고 싶다"는 욕망이 앞으로 나서게 되면, 사태는 전혀 다른 양상으로 변화되게 될 겁니다. 이 모든 변화를 하나로 묶고, 이 모든 욕망이 환원될 수 있는 하나의 욕망 같은 것은 없기 때문에, 그 변화의 양상 또한 1번 자리에 지적 욕망 대신 인정욕망을 올려놓고 몇 개의 자리를 바꾸는 식으로 이루어질 수는 없는 겁니다.

> 복수성/다양성에 관한 꿈에서 본질적 특징 중의 하나는, 각 요소가 끊임없이 변이되면서 다른 요소들과의 관계에서 그 거리를 변경한다는 점이다. 늑대인간의 코 위에서 그 요소들은 끊임없이 춤추고 커지고 작아지며, 피부에 있는 구멍으로, 구멍에 있는 작은 상처로, 상처조직에 있는 작은 자국으로 고정된다. 이 가변적인 거리들은 서로에 대해 분할되는 외연적인 양들이 아니다. 차라리 그것은 매번 분할 불가능하며, '상대적으로 분할 불가능'한 것이다. 다시 말해 그것은 어떤 문턱의 이편과 저편으로 분할될 수 없으며, 증가하거나 감소하는 경우라면 언제나 그 요소의 본성의 변화를 수반한다.(MP, 43; I, 37)

무의식에서 진행되는 욕망들의 이 리좀적인 양상을 포착하기 위해서 저자들은 복수성/다양체와 그 요소들 간의 관계를 '강도/강밀도(intensité)'로 포착해야 한다고 말합니다. 가령 실험을 하거나 글을 쓰려는 욕망, 혹은 운동을 하거나 음식을 먹으려는 욕망은 상이한 강밀도를 갖는 욕망들의 복합체고, 늑대인간의 욕망조차 사실은 항상-이미 그 상이하며 가변적인 강밀도를 갖는 욕망들의 복합체/다양체라는 것입니다. 즉 늑대들이 아니라 단수로 표시되는 보통명사 〈늑대〉도, 아니 심지어 한 마리의 늑대조차 항상-이미 다양한 강밀도의 욕망들이 복합되어 구성되는 다양체라고 해야 합니다. 하나의 욕망조차 상이한 강밀도의 욕망들로 구성된 다양체라고 해야 합니다.

"고유한 이름(nom propre), 혹은 고유명사(nom propre)가 개인을 지칭하는 게 아니"(MP, 51; I, 44)라는 말은 바로 이런 맥락에서 이해될 수 있습니다. 개인들이 복수성 속에서 펼쳐질 때, 강밀도의 특정한 분포를 형성하며 펼쳐질 때, 그 분포가 바로 고유한 이름을 정의하는 것이란 말이지요. 기관 없는 신체 상에서 특이점(point singulièr)들의 분포로 정의되는 강밀도의 분배, 바로 이것을 특이성(singularité)이라고 말할 수 있습니다. 그래서 그들은 이렇게 말합니다.

> 반대로 했어야 하며, 강밀도 속에서 포착했어야 한다. 〈늑대(le Loup)〉는 무리다. 즉 그것은 순간으로서 포착된 복수성이며, 영(zero)으로 접근하거나 영으로부터 멀어지는, 분할할 수 없는 각각의 거리에 의해 포착되는 복수성이다. 영(zero)은 늑대인간의 기관 없는 신체다. ······늑대들은 늑대인간의 기관 없는 신체 위의 어떤 강밀도를, 강밀도의 어떤 무리를, 강밀도의 어떤 문턱을 보여준다. 어떤 치과의사는 늑대인간에게, 그가 "[깨무는] 턱질 때문에, 그 턱질이 너무 강하기 때문에 그의 이빨이 망가질 것이다"라고 말했다. 그리고 그의 잇몸은 돌기들, 작은 구멍들과 함께 곰보가 될 것이라고 말했다. 높은 강밀도로서의 턱, 낮은 강밀도로서의 이빨, 그리고 영(zero)에 접근해가는 것으로서의 곰보가 된 잇몸.(MP, 44~45; I, 37~38)

자신의 신체를 구성하는 강밀도를, 강밀도의 분포를 변화시킨다면(물론 이는 먹이를 쫓을 때, 먹이를 먹을 때, 휴식을 취할 때, 사랑을 할 때 등으로 구별되는 상이한 욕망, 상이한 욕망의 배치와 결부된 것입니다), 한 마리 늑대조차 다른 신체가 되는 것이고, 다른 기계가 되는 것이며, 다른 늑대가 되는 것입니다. 이는 한 개체의 신체 전체에 대해서뿐만 아니라 부분적인 신체에 대해서도 마찬가지로 말할 수 있습니다. 강밀도의 분배와 집중이 어떤 하나의 문턱을 넘어가는 경우, 입이라는 신체는 먹는-기계에서 말하는-기계로, 혹은 섹스-기계로 변환되는 것처럼 말입니다.

이러한 강도, 강밀도는 오직 양수(陽數)만을 갖습니다. 기관 없는 신체가 취하는 값인 제로가 최소값이며, 결여를 표시하는 음수(陰數)는 없습니다. 심지어 구멍마저도, 항문이나 질(膣)마저도, 강밀도의 집중을 통해 만들어진 "늑대고" 기계며, 결여나 거세의 기표가 아니라 강밀도의 집중을 통해 만들어진 신체며, 따라서 음수가 아니라 양수의 집중도를 갖습니다.

> 만약 무의식이 음(陰, négation)에 관해 전혀 모른다면, 그것은 무의식 내에 음수적인 것이 없고, 단지 영점으로 향하거나 영점으로부터 멀어지는 무한한 움직임만이 있기 때문이다. 영(zéro)은 결코 결핍을 표현하지 않으며, 후원자이자 앞잡이로서 충만한 신체의 긍정성/양성(陽性, la positivité)을 표현한다.(MP, 44; I, 38)

기관 없는 신체란 이런 강밀도들의 연속체고, 어떤 신체도 구성할 수 있는 잠재적 상태로 강밀도의 분배가 이루어진 신체입니다. 또한 그것은 특정한 분배와 집중을 통해 생산된 기관 내지 기계의 강밀도가 0으로 되돌아간 상태(그래서 '반생산'이라고 했지요)를 의미합니다. 이런 의미에서 기관 없는 신체도, 욕망이나 '욕망하는 기계'도, 그리고 무의식도, 이제 모두 강밀도를 통해 포착되는 리좀적 다양체라고 말할 수 있습니다.

기관 없는 신체도, 욕망하는 기계도, 환상이나 표상을 만들어내는 게 아니라 현실적인 것을, 신체적이고 물리적인 실재를 생산한다는 말은 바로 이러한 강밀도의 연속체라는 개념을 통해 좀더 구체적으로 이해할 수 있을 겁니다. 무의식의 문제란 우리가 이해할 수 없는 어떤 증상이나 비현실적인 공상 내지 환상을 해석하여 이해하는 문제가 아니라, 우리의 삶을 구성하는 현실을 생산하고 변혁하는 문제고, 또한 그러한 현실 속에서 우리의 삶을 생산하고 변환하는 문제입니다. 늑대인간에게서 늑대란 아버지를 의미하는 표상이나 아버지의 대체물이 아니라, 무엇보다 우선 신체적인 강밀도의 복합체고 기관 없는 신체 상에서 어떤 강밀도의 발생이고 집중이며, 따라서 그것은 해석할 대상이 아니라 신체적으로 느끼고 그 느낌으로 스스로 변용되는 감응(affect)입니다. "〔강밀도의 연속체에서〕 복수성의 동시적 포착으로서 늑대는 표상하는 것(représentant)이나 대체물이 아니라 나는 느낀다(je sens)다. 나는 나 자신이 늑대가 되는 것을 느낀다. 즉 늑대들의 가장자리에서, 다른 늑대들 사이에서 한 마리의 늑대가 되는 것을 느낀다."(MP, 45; I, 38)

4. 분열분석이란 무엇인가?

프로이트의 경우에도 무의식은 사실 '모든 것'이었습니다. 그것이 비록 의식의 저편에 감추어진 채 존재하며, 의식되는 것에 저항하며 존재한다고 하더라도, 그것은 의식적인 것이든 그렇지 않은 것이든 모든 활동, 모든 사유, 모든 감정과 모든 표상의 근저에 자리잡고 그 모든 것을 규정하고 움직이는 동력이었습니다. 그렇지만 프로이트에게 무의식을 분석한다는 것은 의식되지 않은 채 만들어지는 것, 의식의 틈새로 비집고 나오는 것, 아니면 의식의 저항에도 불구하고 반복되는 증상의 의미를 찾아내는 것이었고, 그것을 무의식의 본령인 성욕으로, 아버지와 어머니로, 오이디푸스적 욕망으로 환원하여 '해석'하는 것이었습니다.

따라서 통상적인 의미에서 현실적인 것은 무의식이 숨겨진 채 드러나는 기호/징표(sign)였고, 무의식적 욕망의 대체물이었으며, 무의식이 다시-나타나는 것(re-presentation)이었습니다. 이 경우 진정한 실재, 진정한 현실이란 우리가 말하고 행하는 것이 아니라, 그런 말과 행동으로 대체되어 나타나는 무의식이고, 그런 말과 행동을 반복하여 행하게 하는 숨겨진 '원인'입니다. 말해진 것(상징적인 것 le Symbole), 혹은 상상된 것(l' Imaginaire)들을 통해서 그 숨겨진 '실재계(le Réel)'를 찾아내는 것이 바로 정신분석가가 하는 일이며, 정신분석학의 과제지요. 정신분석학이 기호학 이전에조차 기호학적이었다면, 그리하여 라캉이 잘 보여주듯이 언어학이나 기호학과 특별한 친화성을 갖는 것이었다면, 아마도 이런 이유 때문일 겁니다.

물론 정신분석가가 찾아낸 것 역시 무의식에 속해 있는 것인 한, 그러면서도 환자의 말이나 기억을 통해 드러난 것인 한, 그것이 진정한 원인, 진정한 실재인지는 알 수 없습니다. 실재계는 말해질 수 없고, 기억될 수 없는 것이기 때문입니다. "실재계는 불가능하다"는 라캉의 말은 이를 뜻하는 말일 겁니다.

그러나 들뢰즈와 가타리에게 무의식이란 상징이나 환상, 기호를 만들어내며 통상적인 현실을 통해 숨겨진 채 다시-나타나는 그런 실재가 아니라, 우리의 신체를 통해 작동하는 우리 자신의 욕망이고, 그런 욕망에 의해 생산되는 기계와 실천 들의 집합이며, 그런 것을 변이시키고 변환시키는 변혁의 장이고, 그 모든 것의 질료로서 그 모든 욕망이 자리잡고 작동하며 물러서고 전진하는 기관 없는 신체를 뜻합니다. 욕망의 배치, 욕망에 의해 만들어지고 작동하며 동시에 욕망이 기계화된 것인 수많은 기계들, 그것들의 집적들, 그 모두가 바로 무의식에 속하는 것이지요. 《안티 오이디푸스》의 개념으로 말하면 욕망하는 기계들의 집합, 혹은 기계화된 욕망들의 집합, 그리고 기관 없는 신체가 바로 무의식의 외연을 구성합니다. 이를 가타리는 '기계적 무의식(inconscient machinque)'이라고 명명한 바 있습니다.[14] 다시 《천의 고원》으로 돌아와, "한 마리의 늑대인가, 여러 마리의 늑대인가"를 묻고 있는 이 고원의 말로 표현하면, 늑대인간의 꿈에서 늑대들의 무리와 그 늑대들이 앉아 있는 호두나무, 바로 그것이 무의식이라는 다양체를 구성하는 기본적인 요소라고 말할 수 있겠습니다.

따라서 분열분석은 욕망의 배치와 그것을 구성하는 기계들을, 그리고 그것들이 자리잡고 있으며 그것들을 구성하는 질료기도 한 기관 없는 신체를 대상으로 합니다. 무의식이 때론 욕망 내지 욕망의 배치로 정의되기도 하고, 때론 기관 없는 신체로 정의되기도 하는

---

(14) F. Guattari, *L'inconscient machinique*, Recherche, 1979.

것은 바로 이런 이유에섭니다. 이 말은 신체적인 모든 것, 신체적인 변용을 야기하는 모든 것, 그리고 그러한 신체와 결부된 언표행위 모두가 바로 무의식에 포함되며, 그 모두가 바로 분열분석이 연구하고자 하는 대상이란 것을 뜻합니다.

요컨대 무의식이란 '기관 없는 신체'와 그것 위에서 '지층화된 것'(이는 기관 없는 신체의 변형이란 점에서 기관 없는 신체와 별개가 아닙니다)의 합으로 표시할 수 있을 것이며, 이런 점에서 분열분석은 《천의 고원》 3장에서 말하는 지질학(Géologie), 다시 말해 지층들에 대한 분석('지층분석')과 동일한 외연을 갖습니다. 또한 그것은 생식으로, 성욕으로, 가족적 욕망으로 환원될 수 없는 모든 욕망과 그 욕망의 배치, 그리고 그러한 욕망이 작동하는 활동 전체를 포함한다고 말해도 좋을 것입니다.

이는 아마도 우리들의 **삶 전체**를 대상으로 한다는 말과 다르지 않을 겁니다. 따라서 분열분석은 스피노자적인 의미에서 삶을 다루는 '윤리학(Ethica)'이라고 해도 좋을 것이며, 삶을 구성하는 모든 실천, 그리고 그와 결부된 언어활동을 포괄하는 모든 활동을 대상으로 한다는 점에서 '화용론(Pragmatique)'이라고 해도 좋을 겁니다. 그것은 삶을 둘러싼 욕망이 변이선, 탈주선을 만들고, 그러한 욕망에 대해 통제하고 제어하려는 권력이 작동하며 충돌하고 대립하는, 그리고 어느새 반대편의 것으로 변환되는 상호적인 관계를 다루는 미시정치학(Micro-politique)이라고 할 수 있으며, 그런 방식으로 사람들의 삶을, 민중들의 삶을 분석하는 민중분석(Pop' analyse)이라고도 할 수 있습니다.

또한 이미 말했듯이, 무의식은 하나의 중심으로 환원할 수 없는,

무리지어 움직이는 다양한 욕망의 집합이란 점에서 리좀적 다양체를 이루며, 따라서 분열분석은 이런 다양체에 대한 분석으로서 '리좀학(Rhizomatique)'이라고 할 수 있을 겁니다. 그것은 또한 리좀적 다양체, 연속적 다양체를 끊임없이 침범하여 거기에 홈을 파고 무리적인 움직임을 하나의 일자로 귀속시키려는 수목적 다양체, 이산적 다양체, 홈 패인 다양체의 상호관계를 포함한다고 할 수 있겠지요. 리좀에 대한 장의 마지막 부분에 등장하는 "리좀학＝분열분석＝지층분석＝화용론＝미시정치학"이라는 등식은(MP, 33; I, 28), 그리고 곧이어 등장하는 "리좀학＝민중분석"이라는 등식(MP, 35; I, 30)은 바로 이러한 사실을 요약해서 보여준다고 하겠습니다.

3장

이중분절, 혹은 지질학적 역사유물론

3

이중분절,
혹은 지질학적 역사유물론

앞에서부터 차례대로 책을 읽어가시는 분이라면, 그리고 다행히 끝까지 읽으신 분이라면 아마도 '도덕의 지질학'이라는 기이한 제목을 달고 있는 세 번째 '고원'이 《천의 고원》 전체에서 제일 어려운 부분이었다고 기억하게 될 겁니다. 사실 1장이야 서론이고, 2장은 저자들이 분열분석이라고 명명한 자신들의 연구에서 다루려는 대상인 '무의식'이 정신분석학의 그것과 어떻게 다른지, 그리고 그것을 어떻게 다룰 것인지 등에 대한 예비적 서술이라고 할 수 있습니다. 이 두 장은 고원지대의 초입에 있는 그런 입구였던 셈이지요. 그런 점에서 이 장이 어쩌면 본격적으로 고원지대로 들어가기 위해 오르는 첫번째 '동산'이라고 할 수 있을 겁니다. 산에 많이 다니신 분들은 잘 아시겠지만, 일단 능선을 타고 오른 다음이면 내려갔다가 다시 올라가는 것이 처음보다 훨씬 수월하지요. 이 장이 유난히 어려운 건 첫번째 오르는 길이 가장 힘든 것과 비슷한 이유일 겁니다.

그러나 그저 그것만은 아닙니다. 이 장은 다른 장들에 비해 확실히 읽기 힘듭니다. 그건 다른 장부터 읽어보신 분이라도 그렇게 느낄 겁니다. 이유는 저자들이 뒤에서 구체적으로 설명할 개념들을 최대한 간결하게 나열하면서 설명하는 방식으로 씌어져서 그렇습니다. 사실 이 책은 각각의 고원이 다른 고원으로서 상이한 내용을 갖고 있지만, 어느 고원이든 몇 가지 중요한 개념에 대한 일종의 '예증' 들이라고도 말할 수 있습니다. 지층, 배치, 재영토화와 탈영토화, 추상기계, 다이어그램 등등이 고원마다 반복하여 출현하기 때문입니다. 《차이와 반복》에서 들뢰즈가 사용한 말을 빌리면, 상이한 양상으로 진행되는 반복, 차이화되는 반복 내지 차이로서의 반복의 양상으로 펼쳐지고 있는 거지요.

프랑스어에서 설명한다(expliquer)는 주름(pli)을 펼치는(ex) 것입니다. 개념은 펼쳐지면서 설명되고 이해되게 마련이지요. 심지어 명확하게 정의되지 않은 경우에도 충분히 펼쳐진 것이 있다면 거기서 개념의 의미를 이해할 수 있습니다. 비트겐슈타인 식으로 말하면, 개념의 의미는 그것의 용법이기 때문이지요. 그렇지만 새로운 개념은 통상 그것을 펼치기 위해 그것과 관련된 새로운 개념을 요구하게 마련입니다. 통상적인 개념만으로 충분히(!) 정의될 수 있다면 사실 그것은 새로운 개념이라고 하기 힘듭니다. 새로운 개념은 이전에 사용하던 단어조차 새로운 의미로 사용할 것을 요구하게 마련이지요. 새로운 개념을 창안하는 새로운 사유가 '난해한' 것은 바로 이 때문입니다. 새로운 개념을 설명하기 위해 또 다른 새로운 개념이 사용되고 만다는 겁니다.

이 난점으로 인해 저자들은 스피노자처럼 새로운 개념의 정의를 간결하게 제시하고 그 개념 간의 관계를 밝히는 것으로 시작하려고 합니다. 그래서 마치 스피노자가 자신의 《에티카》란 책의 각 부마다 개념의 정의와 공리를 제시하고 시작하듯이, 이들도 자신이 사용할 개념들과 그에 내포된 '원리'를 제시하고 시작하려는 겁니다. "가능한 한 빨리 요약을 해야 하고, 공연한 짓이긴 하지만 용어법을 고착시켜야 한다"(MP, 92; I, 77)고 말하는 것은 바로 이런 이유에서지요. "가능한 한 빨리" 〈신〉의 개념에 도달하는 것, 가능한 한 빨리 '원리'에 도달하는 것, 혹은 가능한 한 빨리 목표나 결론에 도달하는 것. 이를 스피노자는 제3종의 지식인 직관지(直觀知)라고 하지요. 그런 점에서 이 고원이 특별히 어려운 것은 이처럼 정연하게 제시되는 개념들에 대한 일종의 '직관적' 이해를, 아니 직관적 감응(affect)을 요구한다는 점에서지요. 그나마 다행인 것은 선가(禪家)와 달리 스피노자나 이 책의 저자들은 2종 지식(지성적 이해)을 통해서도 3종 지식에 도달할 수 있다고 보기 때문에, 명시적인 설명을 산문적인(이해 가능한!) 문장을 통해 설명하고 있다는 점입니다. 한쪽으로 밀어 빼곡이 주름 집힌 커튼, 이게 바로 3장의 빽빽한 행간에 상응하는 이미지일 겁니다.

또 하나 다행인 것은 이들이 '정의'나 '공리', 혹은 '명제'를 제시하는 방식이 스피노자의 《에티카》처럼 기하학의 위계적인 체계에 따른 것이 아니라, 저자들이 이후에 반복적으로 사용할 중요 개념들의 대략적인 연결관계들을 마치 지도를 그리듯이 보여주는, 일종의 다이어그램을 그리는 방식으로 제시된다는 점입니다. 그리고 다음에 이어지는 고원들에서 재차 설명된다는 점 또한 다행스런 일입니다. 그래서 기하학적 스타일로 씌어진 스피노자의 《에티카》와 달리 처음부터 읽지 않아도, 저자들 말대로 "어느 고원을 먼저 읽든" 크게 상관이 없습니다. 매번 다시 설명되고 다시 정의되니 말입니다.

저자들은 《철학이란 무엇인가》에서 "철학이란 개념을 창조하는 작업이다"라고 정의한 바 있습니다. 이 책은 자신들이 창조한 개념을 다양한 방식으로 펼쳐 보여주는데, 그런 식으로 다른 주름들을 함축(im-pli-cation)하면서 개념들은 또 다른 방식의 의미를 얻어갑니다. 이번 고원이 그렇게 개념들이 펼쳐지기 시작하는 지점이라면, 이리저리 펼쳐진 것을 다시 함축하고 함입하여 그려낸 최종적인 지도가 이 책의 결론인 15고원이지요. 그 고원은 마치 개념들의 용어해설(glossary) 같은 형태를 취하고 있습니다만, 저자들 스스로 강조하듯이 그 고원이야말로 가장 나중에 읽어야 이해할 수 있는 유일한 고원입니다.

어쨌든 개념의 정의는 이렇게 3장과 15장에 걸쳐 두 번 제시되는 셈인데, 그것들 역시 그대로 반복되지는 않으며 일정한 차이를 포함하고 있습니다. 가령 이번 고원에서는 "지층화는 코드화와 영토화를 동시에 작동시킨다"(MP, 54; I, 47)고 하지만, 11고원을 통하면서 코드화 및 영토화는 각각 환경 및 영토와 짝지어져 분명하게 구별되며, 그리하여 결론인 15고원에서는 지층 내지 분절이 일차적으로 코드화와 결부된 것이라면, "모든 배치는 일차적으로 영토적이다" (MP, 629; II, 294, 295)고 함으로써 양자를 구별합니다. 물론 "배치들은 지층 속에서 생산되지만 환경이 탈코드화된 지대에서 작동한다"는 점에서 두 가지 상이한 명제가 상충된다고 할 순 없습니다만, 펼쳐지고 전개되는 과정이 있었기 때문에 처음에는 명료하게 구별하여 말하기 힘들었던 것을 나중엔 충분히 구별하여 말할 수 있게 된 것이고, 그런 만큼 상이한 내용이 펼쳐지고 접혀지는 과정에서 새로 추가된 거라고 할 수 있습니다.

이 정도면 이 고원이 어려운 이유에 대해서는 충분히 설명한 셈이지요? 저자들도 이를 잘 알고 있었던 듯, '고통-기계'로 지구를 울부짖게 했던 챌린저 교수(코난 도일 소설의 주인공)의 강연 형식을 빌려 말하고 있습니다. 이런 얘기를 저자나 저나 길게 하는 것은, 어렵다는 것이 절망의 이유가 아니라 반대로 희망의 이유가 된다는 것을 알려주기 위해섭니다. 즉 누가 읽어도 어려울 수밖에 없으니, 어렵다고 스스로 자책하거나 포기하지 말고 "다 그려려니" 하며 희망을 가지란 겁니다.

1. 지층화와 이중분절

1) 지층과 지층화

이 장에 붙은 '지질학'이란 명칭은 지층에 대한 분석이라는 것을 지칭하기 위해서 사용된 것입니다. 수많은 개념이 지층이란 개념과 결부되어 정의되고 있지요. 지층이란 땅이 일정한 층상(層狀)을 이루면서 분절(articulation)된 것입니다. 그래서 지층은 분절 내지 '이중분절'이란 개념과 직접 결부되어 있습니다. 하지만 지구의 지각이 어떤 식으로든 지층화되어 있다고 해도, 지층화되기 이전의 상태, 지층화가 발생하지 않은 상태를 상정할 수 있습니다. 마치 기관들로 분화되고 분절되기 이전의 수정란의 상태처럼 말입니다. 수정란의 표면에 어떤 자극이 주어지는가에 따라, 혹은 그 표면 상에서 생명의 흐름이 어떻게 모이고 분배되는가에 따라서 각각의 표면은 특정한 기관이 되지요. 이런 의미에서 수정란과 같은 것을 저자들은 아르토(A. Artaud)의 개념을 빌려 '기관 없는 신체'라고 부릅니다. 아직 어떤 기관도 고착되지 않은 순수한 잠재성의 상태, 잠재적 에너지의 순수한 흐름 그 자체가 바로 기관 없는 신체지요. 저자들의 교사(敎唆)에 따라 챌린저 교수가 대뜸 "지구는 기관 없는 신체"라고 말하는 것은 바로 이런 의미에서입니다. 지층화된 것, 분절된 것을 다루기 전에, 지층화되지 않고 분절되지 않은 것을 먼저 언급하려는 뜻도 있었겠지요.

지구라는 기관 없는 신체 위에서 지층화와 분절이 발생합니다. 지층이란 무엇인가? "지층은 진리의 형식을 부여하고, 공명과 잉여성의 체계 속에 강밀도를 가두거나 특이성을 고정시키며, 지구의 신체 위에 크고 작은 분자들을 생산하고, 그것들을 몰적 전체(ensemble)로 조직하는 것으로 이루어져 있다."(MP, 54; I, 47) 많이 낯설지요? 정의가 필요한 단어들로 이루어진 정의지요? 조금 더 봅시다. "지층은 포획이다. ……지층은 지구 위에 코드화와 영토화를 동시에 작동시킨다. 그것들은 코드와 영토성에 의해 동시에 진행된다. 지층은 신의 심판이다. 지층화 일반은 신의 심판의 체계 전체다(그러나 지구 또는 기관 없는 신체는 항상 이 심판을 벗어나 탈주하여, 탈지층화·탈코드화·탈영토화된다)."(MP, 54; I, 47)

지구와 지층의 관계를 이해하는 데 흐름과 분절의 예를 든다면 크게 도움이 될 겁니다. 기관 없는 신체(지구)란 흐름 그 자체라고 말할 수 있다고 했지요? 그런데 흘러가는 곳마다 흐름은 상이한 힘, 상이한 강밀도, 상이한 밀도를 갖습니다. 소리의 흐름이든 빛의 흐름이든, 아니면 기(氣)의 흐름이든 말입니다. 반면 지층화나 분절은 그것을 일정한 형태로 고정하거나 일정한 코드에 따라 분할하여 포착합니다.

예를 들어 우리는 다양한 소리에 대해 알고 있고 듣고 있습니다. 그런데 그 '소리의 흐름'은 특정한 양상으로 분절되는 한에서만 포착될 수 있습니다. 언어는 언어대로 소리를 분절하는 특별한 형식이 있으며, 그 형식에 따라 상이한 음운들로 구별할 수 있게 분절되어야만 언어로서 포착되고 채취될 수 있습니다. 그렇지 않은 경우 알아들을 수 없는 '외국어'가 되거나, 아니면 '동물의 소리'나 '바람 소리', 혹은 (언어학적 의미에서) '소음'이 되고 말지요.

음악은 이와는 전혀 다른 방식으로 소리의 흐름을 분절하고 지층화합니다. 여기선 ㄱ과 ㅋ, ㄲ을 구별하는 음운론적 변별자질이 중요한 게 아니라 일정한 음고와 길이, 음색을 갖는 소리가 되어야 합니다. 바이올린으로 '미'와 '파' 사이에 있는 어중간한 소리를 내면, 그건 고전적인 음악의 지층 안에서는 포착할 수 없는 소리가 되거나(그래서 미나 파 중 하나로 들리겠지요), 아니면 예민한 음감을 가진 사람의 귀에는 부적절한 소리가 될 겁니다.

가수가 노래하는 경우, 언어학적 지층에서 그것은 발음의 정확성이란 기준에 따라 언어적 소리로 채취되는데, 이 경우 음고나 길이는 전혀 문제가 되지 않습니다. 다시 말해 채취되지 않고 포착되지 않는 거지요. 반면 동일한 소리가 음악적 지층에서는 음고의 정확성이란 관점에서 "피치(pitch)가 불안정하다"는 식으로 포착·채취되고 평가됩니다. 발음의 정확성이나 의미의 정확성은 그다지 문제가 되지 않지요.

이처럼 동일한 소리의 흐름이 분절의 방식, 혹은 지층화 방식이 달라짐에 따라 전혀 다른 방식으로 포착되고 채취됩니다. 동일한 소리의 흐름이 어떤 분절방식 아래서는 '음악적인 소리'가 되고, 다른 분절방식을 통해선 '언어적 소리'가 되는 것이지요. 다른 분절방식을 통한다면, 동일한 소리도 전혀 다른 것으로 포착될 겁니다. 동일한 소리도 이처럼 분절방식에 따라 얼마든지 달라질 수 있는 것입니다. 이처럼 소리의 흐름이란 그 자체로 아주 다양한 잠재성을 품고 있는 것이지요.

분절한다는 것은 그것을 특정한 하나의 소리로 포착하는 것입니다. 따라서 유감스럽게도 그것은 어떤 소리의 흐름이 갖는 다양한 잠재성을 하나의 형식으로 제한하고 가두는 것이지요. 그렇지만 그런 식의 분절이 이루어지지 않는다면 소리의 흐름은 어떤 유의미한 것으로 포착되지 않을 것이고, 대개는 그저 '소음' 같은 것이 되고 맙니다. 따라서 분절하고 지층화하는 것은 소리의 흐름을 채취하여 사용하기 위한 전제고, 따라서 유감스런 면을 갖지만 동시에 불가피하고 필요하며 충분히 유익한 것입니다.

빛의 흐름에 대해서도 마찬가지로 말할 수 있습니다. 서양에서는 일반적으로 무지개를 구별하는 단어가 일곱 가지 있는데, 독일어에서는 원래 다섯 개의 단어만이 있었다고 하지요. 이 경우 독일인들은 다양한 색깔의 빛이 섞인 무지개를 다섯 가지 색깔로만 보게 됩니다. 하지만 그것마저 없었다면 색깔은 포착할 수 없는 무언가가 되고 말았겠지요. 그나마 다행인 줄 알아야 하는 거지요. 우리도 마찬가지지요. 무지개에서 7개의 색깔만을, 단 7개의 층으로 이루어진 지층을 보지요. 반면 아프리카의 어느 부족은 무지개 색깔을 12가지로 구분한다고 합니다. 사실 무지개의 색깔은 무한히 많다고 해야 할 겁니다. 몇 개가 되었든 간에, '이건 무슨 색, 저건 무슨 색'이라고 분별하는 것이 바로 빛의 흐름을 색깔이란 지층 안에서 지층화하는 것입니다. 일단, 가령 7개의 '층'으로 '분절'하여 보기 시작하면 (지층과 분절이란 말이 쉽게 연결되지요!), 그걸 12개의 색으로, 혹은 그 이상으로 보기란 거의 불가능합니다.

이처럼 다양한 강밀도들의 무상(無常)한 흐름을 채취하는 것은 어떤 식으로든 '지층화'하고 고정하는 방식으로만 가능합니다. 구별할 수 있는 어떤 형식을 통해서만 우리는 그 무상한 흐름을 '안정적인' 어떤 것으로 채취하고 포착할 수 있기 때문입니다. 물론 그것은 무상한 것을 하나로 고정하고, 다양한 것을 하나로 제한한다는 점에서 매우 유감스러운 일임이 분명합니다. 그래서 저자들은 지층화에 대해 이렇게 말합니다. "지구에선 매우 중요하면서도 불가피한 어떤 현상이 일어나는데, 이는 여러 면에서 유익한 동시에, 다른 면에서는 유감스런 것이다."(MP, 54; I, 47)

따라서 어떤 유익함을 얻기 위해선, 혹은 어떤 흐름을 자신이 원하는 바에 따라 채취하기 위해선 지층화가 갖는 유익함을 이용해야겠지만, 동시에 그것이 갖는 유감스런 제한성, 일면성, 인위적인 고정성을 잊어선 안 되며, 그런 만큼 그것이 다른 것으로 포착될 수 있으며 다른 것으로 흘러가고 있음을 놓쳐선 안 됩니다. 바로 이런 점 때문에 어떤 분절방식으로 포착하는 동시에 그 분절방식에서 벗어날 가능성을 열어놓아야 합니다.

분절하고 지층화하는 것은 일정한 규칙이나 코드에 따라 이루어집니다. 평균율이라는 음악적 코드는 소리의 흐름을 12개의 일정한 간격에 따라 분할하여 채취하기 위한 코드고, ㄱ/ㄲ/ㅋ 등을 구별하는 한국어의 음운론적 규칙은 다른 언어와 구별되는 언어적 코드지요. 이런 의미에서 지층화가 코드화와 결부되어 있다는 것은 쉽게 알 수 있습니다. 이런 코드를 모르면 평균율이나 한국어에 속한 소리로 알아들을 수 없습니다. 코드에 익숙해질 때, 분절과 지층화의 유익함을 획득할 수 있지요. 그러나 이러한 코드에 고정되고 매여 있는 한, 다른 종류의 소리를 알아들을 수 없습니다. 이 경우 유익함은 그 반대가 되고 말지요. 지층화라는 불가피한 현상의 유감스러운 일면성을 안다는 것은 이런 코드에서 벗어날 가능성, 다시 말해 탈코드화(décodage)의 가능성을 이해하고 실행하는 것입니다.

제게는, 아마 저만은 아닐 텐데, 이와 연관된 경험이 있었습니다. 예전에 저는 중모리가 12박자라고 하는데 왜 그런지 이해하지 못했어요. 그건 3박자를 4마디 연결해놓은 게 아닌가 생각했지요. 하지만 그것은 음가로 길이를 재는 서양 음악의 박자 개념에 길들어 있었기 때문이었습니다. 부지중에 서양 음악의 코드로 한국 음악의 중모리 장단을 포착하고 채취하려 했던 거지요. 물론 좀더 정확하게 이야기하면, 사실 중모리 장단을 12박자라고 하는 것이 바로 서양 음악의 코드로 한국 음악을 포착하는 방식입니다. 서양 음악에서 박자란 길이와 더불어 박(拍, pulse)의 강약의 배열을 포함하는데, 가령 서양의 3박자가 '강-약-약' 이라는 박을 갖는다면, 중모리는 동일한 음가를 갖는 3박자 마디에 강약의 배열을 달리하여 4마디를 하나의 단위로 하기 때문에 12박자라고 했던 겁니다.

그러나 좀더 치밀하게 따져보자면, 서양 음악의 박자가 심장의 박동(pulse)과 결부된 개념임에 반해, 한국 음악의 장단(長短)은 호흡의 흐름과 결부된 개념이고, 박자적 동일성보다는 차라리 리듬에 가까운 변주를 자체 내에 포함하는 개념이란 점에서 근본적으로 다릅니다. 하지만 이미 우리는 상이한 종류의 음악을 비교하기 위해 서양 음악의 형식들을 일반적인 척도로서 사용하고 있고, 이는 바로 서양의 음악적 코드에 따라 이질적인 소리를 코드화하는 것이며, 서양 음악의 지층 안으로 끌어들이고 있는 것입니다. 중, 임, 무, 황, 태의 소리를 도, 레, 미, 솔, 라로 포착하는 것도 마찬가지지요. 이 경우 한국 음악에 고유한 요소들은 서양 음악의 일부, 대개는 거칠고 조잡한 일부분이 되고 말지요.

지층이 '포획'이라는 말은 여기서 좀더 명확하게 드러납니다. 지층화하는 것은 소리를 특정한 형태로 포착하고 포획하는 것입니다. 그런데 그것은 다른 양상의 잠재성을 억압하고 오직 하나의 형태로만 포착하고 포획하는 것입니다. 서양 음악이란 지층에서 그것의 분절방식을 척도로 삼아 한국 음악을 포착하려는 순간, 그것은 서양 음악의 지층에 한국 음악이 포획되는 결과를 야기합니다. 이로써 한국 음악의 특이성과 이질성은 망실(忘失)되고, 오직 서양화되는 방식으로만 살아남게 됩니다. 이는 이후 연주에서는 물론, 훈련 과정 자체를 서양화할 뿐만 아니라 음악적 관념이나 음악적 소리 자체를 서양화하게 될 겁니다. 서양 음악의 지층에 한국 음악이 포획되는 것이지요.

2) 이중분절

하나의 지층은 나름의 층들로 분할되고 분절됩니다. '분절(articulation)'이란 분할하는 것과 분할되는 것을 결합한다는 것을 동시에 뜻합니다. 언어학에서는 분절이라고 번역하지만, 알튀세르(L.

Althusser)의 개념을 번역하는 경우에는 '접합'이라고 하는 경우가 많았습니다. 그러나 그 경우에도 독일어 Gliederung을 번역한 것으로, 절지들로 나누고 그것을 접합한다는 의미여서, 어떤 분은 이 두 가지 의미를 모두 포괄하기 위해 '절합(節合)'이라고 번역하기도 합니다. 어쨌든 그것은 대장장이의 팔을 부러뜨려 관절을 만든다는 아프리카의 도공족 신화[1])에서처럼 무엇인가를 둘로, 혹은 그 이상의 부분으로 분할하고, 그것을 결합하는 것입니다. 지층화하는 것은 이처럼 여러 층으로 나누곤 그것을 이어 붙이는 것입니다. "각 지층은 이중분절이라는 구성적 현상을 나타낸다."(MP, 54; I, 47)

저자들은 분절을 '이중분절'이라고 말합니다. 분절은 어떤 질료의 흐름을 기본적인 구성단위로 분할하고 그것을 일정한 형식으로 결합하는 것입니다. 기본적인 구성단위를 '실체'라 하고, 그 실체들을 결합하는 규칙을 '형식'이라고 합니다. 그런데 이중분절이란 말은, 이런 분절이 두 가지 층위에서 진행된다는 것을 의미합니다. 이중분절의 두 가지 층위를 구별하기 위해서 저자들은 두 가지 방식의 정의를 제시합니다. 하나는 마르티네(Martinet)의 용어를 빌려서 '1차 분절', '2차 분절'이라 말하고, 다른 하나는 옐름슬레브(Hjelmslev)의 용어를 빌려 '내용'과 '표현'이라고 말합니다. 본질적인 구별이 실체와 형식보다는 내용과 표현 사이에 있다는 점은 조금 뒤에 다시

---

(1) "……그 충격으로 인해 망치와 모루는 팔꿈치와 무릎 높이에서 대장장이의 다리와 팔을 부러뜨렸다. 팔꿈치와 무릎은 그때까지만 해도 존재하지 않았던 것이다. 이렇게 해서 고유한 관절이 있는 새로운 형태의 인간이 되었다. 이 새로운 형태의 인간은 땅 위에 퍼져나가 노동을 하게 되었다. 〔도공족의 현자 오고트멜리는 말했다.〕'노동을 하기 위해 팔이 부러진 것이지요.'"(마르셀 그리올, 변지현 역,《물의 신(Dieu d' eau)》, 영림카디널, 2000, 65쪽)

말하기로 하고, 우선 1차 분절과 2차 분절부터 봅시다.

(1) 1차 분절과 2차 분절

야콥슨(R. Jacobson)이나 트루베츠코이(Troubetzkoi) 같은 초기의 음운론에서는 음소라는 언어학적 최소단위에 의한 분할과 그것의 결합으로 '분절'을 정의했습니다. 그런데 음운론적 단위들이 결합된다고 해서 의미를 전달할 수는 없습니다. 하나, 혹은 그 이상의 음절로 결합되어야 비로소 의미 있는 최소한의 단어들이 만들어지지요. 이러한 의미론적 최소단위를 통상 '형태소'라고 하지요. 단어들을 결합하는 통사적(統辭的)인 결합관계(syntagme)나, 그 안에서 단어들이 선택되고 대체되는 계열관계(paradigme)를 통해 문장이 만들어지고 변형되는데, 그 경우 실제로 사용되거나 대체되는 것은 모두 형태소 이상의 단어들이지요.

그래서 언어학자 마르티네는 음운론적 분절과 구별되는 의미론적 분절이 언어형식에 필수적이란 점을 지적하면서 분절의 이중성을 강조합니다. 그는 의미를 갖는 최소단위(형태소)로 분절되는 걸 '1차 분절'이라고 말합니다. 그리고 그것을 이루는 음운론적 최소단위(음소)로 분절되는 것을 '2차 분절'이라고 하지요. 두 개의 분절에 이런 순서로 숫자를 붙인 것은 아마도 자신이 새로 도입한 구별의 중요성을 강조하고 싶은 욕망에서 기인한 게 아닌가 싶은데, 이 책의 저자들은 이러한 분절의 이중성을 말하면서 마르티네를 끌어들이지만, 사실 1차, 2차의 구별은 마르티네와 역순으로 말하고 있습니다.

첫번째 분절은 불안정한 입자-흐름들, 준안정적인 분자적 내지 유사-분자적 단위들(실체)로 선별하거나 채취한다. 분절은 거기에 연결과 계속의 통계적 질서(형식)를 부과한다. 두 번째 분절은 기능적·밀집적·안정적 구조(형식)를 수립하며, 이 구조들이 동시에 현재화되는 몰적 화합물(실체)을 구성한다.(MP, 55; I, 47~48)

언어에 이 개념을 적용시켜본다면, 소리의 흐름을 절단하는 최소 단위인 음소가 다른 소리와의 대립적인 변별자질을 통해서만 사실은 구별될 수 있을 뿐인, 그래서 많은 경우 잘못 발음되고 잘못 인지되기도 하는 그런 불안정한 분자적 단위들일 겁니다. 그것이 1차 분절의 구성단위(실체)를 이루고, 그것이 연결과 결합의 형식을 통해서 음절이 됩니다. 한편 이렇게 분절된 소리는 주어·목적어·보어·체언·용언 등과 같은 기능적이고 안정적인 통사구조(형식)를 통해서 유의미한 문장을 만들게 되고, 그렇게 구성된 문장 안에서 각각의 의미론적 최소단위는 어떤 하나의 의미를 획득하게 됩니다. 즉 2차 분절 안에서 통사구조와 같은 형식에 따라 형태소는 음소라는 분자들로 구성된 일종의 화합물과 같은 단위가 된다는 겁니다.

음운론적 분절과 의미론적 분절, 그것이 바로 이중분절이라고 말하는 것의 언어학적 대응물인 셈입니다. 여기서 어떤 게 1차인지는 사실 별로 중요하지 않습니다. 어쨌든 덕분에 "제일 먼저 마르티네주의자들이 떠났다"고 하지요? 그걸 보면 저자들은 자신들이 마르티네의 정의를 그대로 쓰지 않았다는 걸 잘 알고 있었던 듯합니다.

그런데 음운론적 차원의 분절에서나 의미론적 차원의 분절에서

나, 아니 일반적으로 말해서 1차 분절에서나 2차 분절에서나 분절은 기본적인 구성단위(unité de composition)[2]로의 분할과 그것의 결합의 형식을 통해서 진행됩니다. 분절이 이루어지는 기본적인 구성단위(음소·형대소 등)를 저자들은 옐름슬레브(L. Hjelmslev)를 따라 '실체'라고 부르고(흐름을 절단하는, 시작과 끝을 명확하게 갖는 단위란 점에서 하나의 '선분'입니다), 그것들이 결합되고 조직되는 규칙을 '형식'이라고 부릅니다. 따라서 "각각의 분절은 그 나름대로 형식과 실체를 모두 갖고 있다"고 할 수 있겠지요(MP, 55; I, 48).

하지만 여기서 실체와 형식의 구별은 1차, 2차의 이중적인 차원에서 분절이 행해지는 방식을 이루지만, 그 자체가 두 가지 분절을 구별하는 것은 아닙니다. 앞서 본 것처럼, 이중분절은 언어학의 경우 분절이 음운론적 층위에서의 분절과 의미론적 층위에서의 분절로 중층화되어 있음을 뜻하는 것이었지요. 반면 실체와 형식이란 개념은 어떤 층위에서든 분절이 진행되는 일반적 양상을 규정합니다.

저자들은 "실체란 형식화된 질료 이외의 어떤 것도 아니다"(MP, 55; I, 48)라고 합니다. 여기서 실체(substance)가 철학자들이 말하는 실체, 다시 말해 무언가의 근저에 있는(sub-stance) 불변적인 어떤 것이 아니란 점은 다시 말하지 않아도 아시겠지요? 이들이 말하는 실체란 차라리 특정한 지층의 기본적인 구성단위라고 할 수 있습니다. 가령 소리의 흐름이라는 질료(matière)를 절단하고 분절하는 최소형식이 바로 음소인데, 이게 음운적인 언어현상의 '실체'가 된

---

[2] 번역문에는 '성분의 통일성' 내지 '조성의 통일성'으로 되어 있는데(I, 52 이하), '구성단위'가 더 적합한 번역일 듯합니다.

다는 거지요. 구조언어학에서 음소(phonème)라는 개념을 사용한 이래, 그리고 그것을 레비-스트로스가 신화소(mythème) 등과 같은 개념으로 변형시켜 사용한 이래, 소(素, ~ème)라는 말을 붙여서 어떤 지층의 기본적인 구성단위를 명명하는 것이 한때 유행처럼 확산된 적이 있었지요.[3] 이처럼 '~소'라는 말을 붙여 사용할 수 있는 어떤 지층의 최소한의 구성단위를 실체라는 말로 표현하고 있는 게 아닌가 싶습니다.

형식이란 그런 단위로 절단된 것들이 결합되는 규칙을 말합니다. 언어적인 소리의 경우, 음소단위로 구별되고 절단된 소리들이 결합되어 사용되는 규칙이 있을 겁니다. 자음과 모음을 구별해야 하고, 자음만으로는 언어적인 소리를 만들어낼 수 없으니 최소한 하나의 모음이 결합되어야 한다든가 하는 등의 규칙이 바로 음소라는 실체들을 결합하여 사용하기 위한 형식이라고 할 수 있겠지요. 이런 의미에서 형식은 코드, 다시 말해 사용규칙을 내포하며, 그런 만큼 그런 규칙의 변형과 새로운 규칙의 형성 또한 포함한다고 할 수 있습니다. 가령 guest라는 영어 단어는 한 음절을 이루지만, 이를 한국어로 표시하는 경우 '게스트'라는 세 음절의 단어가 됩니다. 이는 자음과 모음을 사용하는 코드가 달라서 그런 것이지요. 즉 guest를 외래어로 표시하는 과정은 원래 guest라는 단어를 만드는 데 사용된

---

[3] 더구나 한국에서는 이런 현상을 아시는 분들이 가령 푸코가 말하는 에피스테메(épistèmé)라는 말조차 '인식소'라고 번역한 적도 있었지요. 에메(~èmé)와 엠(~ème)이 다르다는 점에서 이는 오해에서 비롯된 것일 뿐만 아니라, 에피스테메는 기본단위가 아니라 인식의 요소들이 특정한 양상으로 배치되는 무의식적 지반이란 점에서 '인식소'라는 번역은 더 큰 오해를 야기할 수 있는 것이기도 합니다.

사용규칙(코드)이 탈코드화되고 한국어 식의 코드로 재코드화되는 것을 보여줍니다. "형식은 코드, 코드화 및 탈코드화를 내포한다"(MP, 55; I, 48)고 하는 것은 이런 의미에서지요.

빈면 "실체는 영토성, 영토화 및 탈영토화의 정도를 나타낸다"고 합니다(MP, 55; I, 48). 실체는 분절의 기본적인 단위고, 그 단위는 분절방식 자체와 처음부터 결부되어 있기 때문에 다른 지층으로 옮겨가는 순간 실체 또한 바뀌어야 하기 때문입니다. 예를 들어 영어에서는 구별되는 b/v가 한국어에서 외래어로 사용하는 경우 변별능력을 상실하여 동일한 ㅂ으로 표시되는 것이나, 반대로 한국어의 ㅋ/ㄲ이 영어에선 구별되지 않는 것은 음운적인 실체 자체가 다르기 때문인데, 이는 그런 분절이 이루어지는 지층의 영토성 및 탈영토화와 결부되어 있습니다.

언어학적 지층과 음악적 지층의 차이 또한 실체와 영토성의 관련을 보여주는 예라 하겠습니다. 언어학적 지층에선 '오'와 '어'의 차이가 중요해서 '송'인지 '성'인지를 구별하여 알아듣는 것이 중요하지만, 음악적 지층에선 그보다는 그게 어떤 음고인가가 중요하며, '오'인지 '어'인지는 불명료해도 큰 상관이 없습니다. 즉 언어와 음악은 다른 실체를 가지며, 역으로 이 다른 실체는 그것이 어느 지층에 속해 있는가를 표시하는 영토성을 갖는다는 겁니다.

(2) 내용과 표현 차원에서의 분절

저자들은 다음으로 옐름슬레브의 개념을 빌려 내용과 표현이라는 이중적 층위에서 이중분절을 정의합니다. 즉 흐름 내지 질료를 내용의 층위 및 표현의 층위에서 실체/형식에 따라 분절하는 것이 그것입니다. 따라서 이중분절은 내용의 실체와 내용의 형식, 표현의 실체와 표현의 형식이라는 네 개의 개념으로 분화됩니다. 일단 챌린저 교수의 강의를 잠깐 들어보지요.

> 그〔옐름슬레브〕는 일관성의 구도 혹은 기관 없는 신체, 다시 말해 형식화되지 않고 비유기적이며, 비지층화되거나 탈지층화된 신체와 그 신체를 흐르는 모든 흐름, 〔즉〕 원자 이하의, 분자 이하의 입자들, 순수한 강밀도, 전(前)생명적이고 전물리적인 자유로운 특이성들을 **질료**라고 불렀다. 그는 형식화된 질료를 **내용**이라고 불렀다. 이것은 두 관점에서 고려되어야 한다. 하나는 그러한 질료들이 '선별된다'는 점에서 **실체**의 관점이고, 다른 하나는 그것이 특정한 질서에 따라 선별된다는 점에서 **형식**이다(**내용의 실체와 내용의 형식**). 그는 기능적 구조를 **표현**이라고 불렀는데, 이 역시 두 가지 관점에서 고려되어야 한다. 그 고유한 **형식**의 조직이란 관점과, 그 화합물을 형성하는 것으로서 **실체**의 관점이다(**표현의 형식과 표현의 실체**).(MP, 58 ; I, 50)

앞서의 개념과 비교한다면, 질료를 분절하는 두 개의 층위를 1차, 2차 대신 내용과 표현으로 대체하고, 그 각각의 층위에서 발생하는 분절을 실체와 형식이란 개념으로 정의하고 있음을 알 수 있습니다. 이들은 거의 동일한 개념이란 것을 알 수 있습니다. 그런데 질료의 선별과 형식화라는 내용적인 분절이 전과 거의 동일하다면, 표현의 분절을 기능적 구조라고 정의하고 있다는 점이 좀 달라 보입니다. 사실 이는 그리 다른 것이 아닌데, 이런 용어로 정의함으로써 표현의 고유한 영역이 좀더 분명하게 정의될 수 있습니다. 이를 잘 보여주는 것이 서양 근대음악의 이중분절이라고 할 수 있습니다. 질료를 특정한 형식에 따라 선별하는 코드로서의 평균율이 내용의 분절에 속한다면, 특정한 기능적인 구조에 따라 음들의 관계를 조직하고 이를 위해 필요한 음들을 선별하는 체계로서의 '조성'은 표현의 분절에 속한다고 할 수 있습니다.

서양 음악에서 평균율이라고 불리는 분절방식은 실체와 형식, 탈영토화와 탈코드화의 차이를 보여줍니다. 도레미파솔라시도의 8개 음이 한 옥타브를 이루고, 미/파, 시/도 사이는 반음, 다른 음들 사이는 온음이라고 한다는 걸 기억하시나요? 온음은 두 개의 반음으로 나누어지지요. 그렇게 보면 한 옥타브는 반음단위로 분절된 12개의 음으로 이루어져 있지요. 이 규칙(코드)에 따르면 도/레, 레/미 등은 모두 같은 간격으로 이루어져 있다고 할 수 있지요. 그러나 이는 17세기 이후의 일이고, 그 이전에는 같은 온음이어도 간격이 모두 같지는 않았어요. 모든 온음/반음을 같은 간격으로 평균화하여 분절한 것이 바로 평균율이지요. 이는 평균화된 간격에 따라 음악적인 소리를 정의하고 선택하는 규칙이 바로 평균율이란 것을 의미합니다. 평균율의 각각의 소리들, 그것은 서양 근대음악의 최소 구성단위요 '내용의 실체'지요.

그런데 이 규칙은 하나의 음이 아니라 8개의 음을 선별하여 음계(音階)로 배열하는 규칙을 포함하고 있습니다. 장조라면 3번째 음과 4번째 음, 7번째 음과 8번째 음 사이는 반음으로 하고, 다른 음들 사이는 온음으로 한다는 규칙에 따라 '도레미파솔라시도'의 음계가 정해집니다. 단조는 2/3, 5/6이 반음, 나머지는 온음으로 하여 '라시

'도레미파솔라'의 음계를 만들지요. 이렇게 구성된 음들의 집합이 '일정한 질서에 따른 선별'인 내용의 형식에 해당된다고 할 수 있습니다. 이것은 그레고리안 성가에서 사용되던 중세의 선법(旋法, mode)의 코드를 탈코드화하여 만들어진 새로운 규칙(코드)이지요.

그런데 각각의 음계는 어떤 음을 으뜸음으로 하여, 그것에 온음/반음의 음들을 일정한 형식으로 나열하여 만들어지는데, 어떤 조의 음계든 간에 (장조/단조의 구별은 있지만) 으뜸음의 자리 하나만 정해지면 다른 음들의 자리는 자동으로 정해집니다. 이런 점에서 기본 단위 각각은 '도'라는 으뜸음으로 환원 가능한 실체라고 할 수 있습니다. 그런데 음들 사이의 간격을 평균화했기 때문에, 으뜸음만 하나 바꾸면 다른 모든 음들도 자동으로 평행이동합니다. C를 으뜸음으로 했던 것을 D로 옮기면 높이만 한 음 높아진 조가 자동으로 만들어집니다. 중세 선법에선 도와 레, 레와 미 사이가 달랐기에, 그리고 시작하는 음이 달라지면 끝나는 음이 평행하지 않은 다른 음이 되기에 이런 평행이동이 불가능했지요. 요컨대 평균율에서는 다른 음들의 관계에 아무런 변화가 없이 으뜸음을 바꾸면서 이동하는 것이, 다시 말해 탈영토화하는 것이 얼마든지 가능해진 것입니다. 바흐(J. S. Bach)의 〈평균율 피아노 곡집〉은 이를 구체적으로 실증했다는 의미를 갖고 있지요. 즉 그것은 평균율에서 음악적 소리의 '실체'가 탈영토화가 가능한 양상을 실험적으로 보여줍니다.

실체와 형식에 관한 얘기가 좀 길어졌지요? 다시 내용과 표현의 분절로 돌아갑시다. 방금 말한 평균율은 음악적인 소리의 기본적인 구성단위(8개, 혹은 12개의 음)와 그것의 형식화된 배열(음계)은 서양 음악의 '분자'들에 해당되는 것과 그것의 기본적인 배열형식을 구성하는 분절입니다. 이 책의 용어로는 내용의 분절에 해당되겠지요. 반면 음소의 결합규칙만으로 유의미한 단어들을 만들어낼 수 없듯이, 음계를 이루는 소리만으로 음악을 만들 순 없습니다. 언어학에서 형태소라는 유의미한 구성단위처럼, 음악 또한 구체적으로 곡을 만들 때 사용할 수 있는 소리들의 단위가 있지요. '음정'이라는 개념은 바로 그런 기본단위를 표시하고 있습니다.

음정은 두 개의 음의 관계를 표시하기에 두 개의 음만 있으면 얼마든지 정의될 수 있어요. 이것이 적절하게 사용되기 위해선 장조 내지 단조라는 음계마다에 '어울리는 음정'을 골라서 사용해야 하며, 그런 음정들을 일정한 규칙에 따라 배열해야 합니다. 나아가 곡 전체의 구성은 으뜸화음(I)에서 딸림화음(V)을 거쳐 다시 으뜸화음(I)으로 돌아가 끝나는 '기능적인 구조'를 갖고 있습니다. 이를 '기능화성'이라고 하는데, 이것이 '조성'이라는 음악적 형식을 구성하는 규칙(코드)인 셈입니다. 즉 중심점으로서 으뜸화음(I)이 있고, 그에 따라 딸림화음(V)이나 버금딸림화음(IV)이 있으며, 이를 기초로 증화음, 감화음 등등의 다양한 화음들을 사용할 수 있습니다. 이런 식으로 기능화성이라는 표현의 형식에 따라 사용 가능한 음들의 집합(표현의 실체)이 규정되고 있는 겁니다.

결국 '조성'이라는 기능적이고 안정적인 구조(형식) 안에서, '음정' 내지 '화음'이라고 불리는 일정한 단위(실체)가 그 구조를 짜는 '몰적 화합물'로 정의되는 것입니다. 그런데 이러한 표현의 실체들은 철저하게 으뜸화음이라는 중심에 종속되어 있으며, 으뜸화음은 으뜸음에 종속되어 있습니다. 다시 말해 모든 음들은 으뜸음과의 관계에 의해서 자신의 위상이 정해지고, 들어설 수 있는 자리와 들어설 수 없는 자리가 정해집니다. 이런 예를 통해서 2차 분절이 "중심화·일원화·총체화·통합·위계화·목적화 현상을 생산한다"(MP, 55, I, 48)고 하는 것을 쉽게 이해할 수 있을 겁니다.

하나의 예를 더 들어봅시다. 이 자리에 있는 사람에게 모두 '1'이라고 부여하는 것, 즉 어떤 개체도 '1'로 환원할 수 있을 때, 하나의 개체는 전부 '1'이라고 부를 수 있을 때, 산수의 기본적인 구성단위가 설정된다고 할 수 있습니다. 그런 점에서 단위수 '1'이 대수학의 가장 기본적인 실체, '내용의 실체'라고 할 수 있습니다. 그리고 이 단위를 통해서 (그것의 배수로서) 다른 수들이 정의될 수 있고 배열될 수 있습니다. 자연수, 정수, 유리수 등과 같은 수열이 만들어집니다. 이러한 수의 배열이 '내용의 형식'이라는 개념에 대응된다고 할 수 있겠지요.

그러나 이것만 가지고서는 계산도, 산수도 할 수 없습니다. 계산을 하려면 각각의 수들을 계산하기 위한 기능적인 구조나 규칙(형식)이 필요합니다. 덧셈, 뺄셈, 곱셈, 나눗셈의 사칙연산이든, 아니면 잉여류 같은 특별한 연산이 정의되어야 합니다(코드화). 그리고 이러한 연산이 정의되면, 연산을 위해 사용되는 유의미한 수의 집합이 형성되고, 20, -32, 48 등과 같은 각각의 숫자(기수基數)가 연산을 위한 원소(표현의 실체)가 됩니다.

보다시피 내용과 표현의 구별에 따른 이중분절은 앞서 1차 분절과 2차 분절이란 개념으로 설명한 것과 거의 비슷한 정의지요. 그런데 여기서 내용과 표현이란 개념을 통해서 저자들이나 옐름슬레브가 강조하려고 하는 것은 내용과 표현이 환원 불가능한 자율성을 갖고 있다는 점입니다. 옐름슬레브의 말을 봅시다.

오늘날까지 우리는 기호가 무엇보다도 **어떤 것**의 기호라고 말하는 오랜 전통에 만족하였다. …… 전통이론에 따르면, 기호는 기호의 외부에 있는 어떤 내용의 표현이다. 반대로 현대이론……은 기호를 표현과 내용으로 형성된 합체(合體)로 이해한다.[4]

여기서 옐름슬레브는 소쉬르처럼 '나무'는 저 창문 밖에 있는 어떤 것을 가리키고, '강아지'는 그 밑에 가고 있는 어떤 동물을 가리킨다는 식의 생각을 비판하고 있습니다. 이 경우 기호는 지시대상 내지 지시체(referent)로 환원되고, 표현은 내용으로 환원되고 맙니다. 사실 이는 '내용과 형식'이란 개념에 여전히 남아 있는 관념이기도 합니다. 형식은 내용을 표현하는 형식이고, 따라서 내용으로 환원 가능하다는 생각이 그것입니다.

반면 옐름슬레브는 동일한 내용을 표현하는 문장의 독자성이 각각의 언어를 고유한 것으로 만들며, 그런 고유한 표현형식을 통해서 내용 또한 상이한 것으로 형식화된다고 말합니다. 예를 들어 영어 I don't know와 덴마크어 jeg véd det ikke, 불어 je ne sais pas, 이누이트어 naluvara 등은 공통된 어떤 것을 표현하는데, 이 공통된 것이 내용이라는 겁니다.[5] 물론 그걸 표현하기 위해서 선택된 저 상이한 음성적 형식들(문장들)이 표현이지요.

그런데 상이한 기호로 공통된 어떤 색깔을 표현하는 경우에도, 가령 웨일즈어의 gwyrdd는 프랑스어의 초록색의 일부를 가리키고,

---

(4) 루이 옐름슬레브, 김용숙 외 역, 《랑가쥬 이론 서설(*Prolégomènes à une théorie du langage*)》, 동문선, 2000, 65쪽.
(5) 같은 책, 68~69쪽.

glas는 프랑스어의 파란색과 회색(일부)을, llwyd는 회색(일부)과 갈색을 가리킨다고 하면서, 내용의 형식 자체가 지층마다 달라져가는 것을 지적하고 있습니다.[6] 요컨대 내용은 내용대로 나름의 실체와 형식을 가지며, 표현은 표현대로 고유한 실체와 형식을 갖는다는 것이고, 어느 하나를 다른 하나로 환원하는 것은 불가능하다는 것을 지적하고 있습니다.

앞서 음악의 예에서 '평균율'이라는 내용의 형식과 '조성'이라는 표현의 형식에 대해 말했지만, 평균율이 반드시 조성에 상응하는 것은 아니며, 조성이 평균율을 표현하는 것도 아닙니다. 조성은 조성대로 고유한 기능적 구조를 가질 뿐이며, 평균율은 평균율대로 고유한 실체와 형식을 가질 뿐입니다. 그래서 평균율의 실체와 형식 위에서 조성의 기능적 구조에서 벗어난 '무조성의 음악'이 씌어질 수도 있고, 심지어 12음기법과 같은 전혀 다른 종류의 음악도 만들어질 수 있습니다. 물론 이런 변화는 장조와 단조의 음계를 해체하기에, 평균율 안에서 형식화된 음계의 변화를 야기할 수밖에 없다는 점을 추가해두어야 합니다만, 12음기법의 경우에조차도 평균율화된 음악적 소리의 '실체'를 바꾸지는 않습니다. 이처럼 표현의 형식과 실체의 변화는 내용의 형식 및 실체의 변화를 따라가거나 반영하지 않습니다.

이처럼 분절의 이중성을 규정하는 내용과 표현의 두 층위는, 비교하자면 스피노자의 '실재적(réelle) 구별'에 해당합니다. 사유와 연장이라는 두 가지 속성의 구별이 바로 스피노자가 말하는 '실재

---

[6] 같은 책, 71~72쪽.

적 구별'입니다. 양자는 하나의 '실체(이는 앞서 말한 '실체'가 아니라 스피노자의 용어입니다)'를 표현하는 속성이지만, 속성 간에는 환원 불가능한 이질성과 구별이 존재한다는 것입니다. "개라는 개념은 짖지 않는다"는 말에서, 개와 '개'라는 개념이 다른 것처럼 실재적으로 구별된다는 말이지요. 반면 내용과 표현 각각의 층위에서 행해지는 실체와 형식 간의 구별은 '양태적(modale) 구별'에 해당합니다(MP, 59; I, 51).

전자가 상이한 질 간의 구별이란 점에서 질적 구별이라면, 후자는 양태와 양상의 차이에 의한 구별이란 점에서 양적 구별이라고 할 수 있습니다. 여기서 결정적인 것은 질적 구별, 실재적 구별인 내용/표현 간 구별이지, 양적 구별이자 양태적 구별인 실체와 형식 간 구별이 아닙니다. 실체와 형식은 본질적 차이를 갖지 않는다는 말이지요. 실체 자체가 이미 '형식화된 질료'로서 소재/재료(matériel)기 때문이고, 대개 그 자체로 이미 특정한 형식화를 내포하기 때문입니다.

실재적 구별, 내용과 표현의 구별은 뒤(가령 제4 고원)에 가면 '신체적인 것'과 '비신체적인 것'의 구별로, 혹은 기계적인 것과 언표적인 것의 구별로 이어지지만(신체적인 것과 그것의 표면효과[비신체적인 것]를 구별하는 것은 《의미의 논리》의 중요한 주제였습니다), 내용과 표현의 관계가 이와 동일한 것은 아닙니다. 내용과 표현은 상대적인 것이며, 따라서 우리는 각 분절의 이중성에 좀더 주의를 해야 합니다.

저자들은 이미 《카프카: 소수적인 문학을 위하여》에서 내용과 표현이 서로 환원 불가능하다는 점을 카프카의 소설을 들어 설명한 적이 있습니다. 가령 카프카의 소설에 늘상 등장하는, 숙인 고개와 처든 고개는 내용의 차원에서 나타나는 대립적 형식(내용의 형식)이지만, 숙인 고개가 언제나 그림이나 사진의 형식으로 표현되는 반면, 처든 고개는 음악적인 소리로 표현됩니다. 즉 내용의 층위에서는 숙인 고개와 처든 고개가 대립되지만, 표현의 층위에서는 그림이나 사진과 음악적 소리가 대립적이지 않다는 점에서, 내용의 형식과 표현의 형식은 서로 환원 불가능하다는 것을 보여줍니다.[7]

우리는 그림 안에서도 마찬가지로 내용의 형식과 표현의 형식이 구별될 수 있으며, 또한 양자는 서로 환원 불가능하다는 것을 지적할 수 있습니다. 내용의 형식이란 점에서 보자면 죽은 예수를 십자가에서 내리는 동일한 장면이지만, 르네상스의 고전적 양식으로 그려진 그림과 바로크 스타일로 그려진 그림은 양식적으로, 다시 말해 표현의 형식이란 면에서 아주 다른 형식을 취할 수 있습니다. 가령 르네상스의 그림이라면 선명한 윤곽선을 강조한 선적이고 평면적인 표현형식을 사용한다면, 바로크의 그림이라면 윤곽선은 끊어지고 대신 빛과 어둠의 대조를 통해 형태와 깊이감을 강조하는 스타일 등이 표현형식으로 사용되지요.[8]

대조해서 말하자면, 무엇을 그린 것인가에 관심을 갖는 도상학(Iconography)이 내용의 형식이란 관점에서 그림을 연구한다면, 어떻게 그린 것인가에 관심을 갖는 양식론은 표현의 형식이란 층위에

---

(7) 들뢰즈 · 가타리, 이진경 역, 《카프카 : 소수적인 문학을 위하여(*Kafka-Pour une littérature mineure*)》, 동문선, 2001, 16~23쪽.
(8) 뵐플린, 박지형 역, 《미술사의 기초개념(*Grundbegriff der Kunstgeschichte*)》, 시공사, 1994 참조.

서 그림을 보고 분석합니다. 양식론에서는 양식적 특징이 중요하다면, 도상학에서는 주제 내지 모티프를 파악하는 것이 중요합니다.

그렇지만 도상학 또한 두 개의 층위로 다시 분할됩니다. 어떤 그림을 작가의 정신세계나, 아니면 어떤 시대의 문화나 종교적 특징을 보여주는 기록이라고 간주하여 그것을 찾아내고자 한다면, 이는 그림에 표현된 일차적인 내용과는 다른 차원에서 이차적인 내용을, 이른바 '상징적 가치'를 찾고자 하는 것입니다. 뒤집어 말하면, 화가는 나름의 정신세계(이차적 내용)를 표현하기 위해 다양한 모티프(일차적 내용)를 표현형식으로 선택할 수 있다는 것이지요. 파노프스키(E. Panofsky)는 이처럼 일차적 내용을 대상으로 하여, 이미지(그림)를 분류하고 서술하는 작업을 도상학(Ikonograhie)이라고 한다면, 이차적 내용(상징적 가치)을 추적하는 작업을 도상해석학(Ikonologie)이라고 부릅니다.[9] 이는 양식론과 관련해서 내용의 층위를 이루는 영역 안에서 다시 표현적인 층위와 내용적인 층위로 분할되면서 또 다른 매개 지층들이 파생되는 양상을 보여줍니다.

따라서 이렇게 말할 수 있습니다. "모든 분절은 이중적이므로, 내용의 분절과 표현의 분절이 [따로따로] 존재하지 않는다. ……내용의 분절은 그 자체로 이중적이며 내용 안에서 상대적 표현을 구성한다. 표현의 분절 역시 이중적이며 표현 안에서 상대적 내용을 구성한다. 이런 이유로 해서 내용과 표현, 표현과 내용 간에는 **매개적 상태들이 존재하는데, 그것은 지층화된 체계가 통과하는 수준·평**

---

(9) 파노프스키, 〈도상학과 도상해석학〉, 케멀링 편, 《도상학과 도상해석학》, 사계절, 1997, 142~48쪽.

형·교환이다. 간단히 말하면, 다른 것들과의 관계 속에서 표현의 역할을 하는 내용의 형식 및 실체를 발견하며, 반대로 내용의 역할을 하는 표현의 형식 및 실체를 발견한다."(MP, 59; I, 51) 이제 여기서 우리는 지층의 다양한 양상에 대한 설명으로 나아가게 됩니다.

2. 지층과 추상기계

이처럼 지층은 이중분절되고, 그 이중분절된 각각의 부분 또한 하나의 지층으로서 또다시 이중분절되곤 합니다. 이러한 매개적인 상태들은 지층들을 어떤 체계로 통합하지만, 동시에 거기서 벗어나는 지점을 형성하기도 합니다. 여기서 저자들은 이렇게 질문합니다. "우리가 던져야 할 질문은 주어진 지층 위에서 무엇이 변하고 무엇이 변하지 않는가 하는 것이다. 무엇이 지층의 통일성 및 다양성을 설명해주는가?"(MP, 60; I, 52) 답은 지층의 통일성을 설명해주는 것이 추상기계라면, 그것의 다양성을 설명해주는 것은 지층의 탈코드화와 탈영토화라는 것입니다. 먼저 추상기계에 대해서 살펴보지요.

1) 추상기계
(1) 형식의 추상과 탈형식적 추상

추상기계 내지 추상적 기계(machine abstraite)나 추상이란 개념은 앞으로 고원을 바꾸어 오를 때마다 만나게 될 중요한 개념입니다. 먼저 두 가지 상이한 '추상(abstraction)'의 개념을 구별해야 합니다. 우리에게 익숙한 추상의 개념은 다양한 것들에 **공통된 어떤 형식적 통일성을 추출하는 것**입니다. 달리 말하면 그런 형식적 통일성을 제외한 다른 것을 추상 내지 사상(捨象)하는 것이지요. 여기 앉아 계신 분들을 보세요. 얼굴, 아니 머리라고 해야 하나요? 이분을 보아도 둥글, 저분을 보아도 둥글, 또 저 남자분을 보아도 둥글, 이 여자분을 보아도 둥글, 모두 둥근 모양입니다. 이런 방식으로 우리는 모든 사람의 얼굴이나 머리를 원 내지 구의 모습으로 떠올립니다. 이를 이상적 형태로 추상하면 기하학적인 원 내지 구가 됩니다. 이게 바로 공통된 형식(형상)을 찾아내는 방법입니다. 원뿐만 아니라 점이니 직선이니 삼각형이니 하는, 유클리드 기하학에서 다루는 모든 개념이 바로 이런 추상을 통해서 성립된 것이지요. 아리스토텔레스의 형상(Form)이란 개념이 정확하게 이런 의미고, 플라톤의 이데아 역시 이러한 기하학적 추상에 의해 만들어진 추상물이지요.

　이런 추상의 개념은 서양의 주류적인 철학이나 과학, 예술에서 쉽게 발견되는 것입니다. 여기 계신 여러분은 아마도 동양적인 사유나 예술보다는 서양적인 사유와 예술에 익숙하고 결코 동양적이라고 할 수 없는 방식으로 산다는 점에서, 이런 식의 추상 개념에 매우 익숙할 겁니다. 물론 저 또한 그다지 다르지 않습니다만. 이런 점에서 동양과 서양은 이제 지리적인 개념이 아니라 문화적인 개념이고, 생물학적 개념이 아니라 사회적 개념이라고 할 수 있습니다. 따라서 저나 여러분은 이미 근대인인 것 못지 않게 충분히 서양인이라고 할 수 있어요. 여러분은 자신의 얼굴이나 피부색을 보고, 혹은 자신의 출생지를 보면서 스스로를 동양인이라고 생각하는 착각에서 벗어나야 합니다. 검은 피부만큼이나 어두운 운명을 저주하며 자신의 피부를 수세미로 밀어대는 흑인은 이미 백인의 척도에 따라 사유하고 살아가는 사람이란 점에서 백인으로 살고 있는 것입니다.

　잠시 옆길로 샜지요? 다시 추상 개념으로 돌아가지요. 반면 공통된 형식을 추출하는 게 아니라 형식이나 형상을 변형시키는 것, 그리하여 모든 형식 자체로부터 탈형식화되는 것을 의미하는 추상의 개념이 있습니다. 가령 동양 철학에서 사용하는 '기(氣)'라는 개념이 그렇습니다. 기는 원이나 곡선 같은 어떤 형식적 공통성과도 무관하며, 원자나 소립자 같은 기본적인 '구성단위'도 아닙니다. 게다가 그것은 얼굴을 가로질러 흐르기도 하고, 산의 능선이나 계곡을 따라 흐르기도 하며, 붓으로 그린 난초의 이파리를 따라, 혹은 절묘하게 튕긴 거문고 현을 따라 흘러다닙니다. 자연의 지층과 인공물의 지층을 넘나들고, 회화의 지층과 음악의 지층을 넘나들며 흘러다니지요. 여기서 기는 모든 종류의 형식을 벗어난 개념이고, 상이한 형식을 가로지르며 그것들을 하나로 연결해주는 탈형식적 통일성(이를 저자들은 '일관성consistance'이라고 합니다)을 형성합니다.

  이처럼 상이한 방식의 추상을 통해 지층들의 통일성을 형성하는 요소를 저자들은 '추상적 기계'라고 부릅니다. 짧게 '추상기계'라고 해도 좋겠지요. 가령 서양 예술에서 '비례'는 다양한 지층에서 '미'를 정의해주는 형식적 통일성을 형성하는 추상기계입니다. 현의 길이를 반으로 자르면 음이 한 옥타브 올라가지요? 즉 1:2의 비례는 '8도'라고 불리는 화음을 만들어냅니다. 또 2:3의 길이를 갖는 두 현은 5도의 화음을 만들어냅니다. 가령 도와 솔의 관계가 그렇습니다. 피타고라스를 따라 서양 음악은 음악에서 미란 현의 비례관계를 통해 발생하는 상이한 소리들의 조화라고 정의했지요. 음악은 이로써 수학, 특히 기하학의 일종이 됩니다. 뿐만 아니라 화가나 건축가들은 귀에 쾌감을 주는 그런 비례관계가 눈에도 쾌감을 주리라고 믿어 의심치 않았습니다. 그래서 1:2, 2:3을 기초로 한 기하학적 형태를 회화나 건축의 기본적인 구성단위로 삼았습니다. 이는 르네상스 건축의 경우에 더욱 분명해서, 알베르티(L. B. Alberti)부터 레오나르도(Leonardo da vinci), 그리고 팔라디오(Palladio)에 이르기까지 비례가 건축의 기본원리가 되었습니다.[10] 그래서 혹자는 이렇게 선언한 적도 있지요. "예술의 비밀은 비례다."[11]

사실 공통된 형식의 추상으로서 추상기계는 관련된 지층의 유기적 통일성을 만들기는 하지만, 이처럼 상이한 지층을 쉽게 넘어다니는 그런 통일성을 만들진 못합니다. 그것은 형식을 추상하고, 형식 자체를 넘어서는 그런 추상 개념을 통해서만 가능합니다. 여기서 음악과 미술·건축·수학을 넘나드는 통일성은 현과 선의 형식적 유사성을 동일한 것으로 간주하는 **유비적 사고를 통해서**, 그리고 시각적 쾌감과 청각적 쾌감을 동일시하는 유비적 사고에 의해 만들어진 관념일 뿐입니다. 왜냐하면 현을 반으로 자르면 한 옥타브가 올라가지만, 쇠막대를 반으로 자른다고 한 옥타브 올라가는 건 아니며, 2:3의 현이 아름다운 소리를 낸다고 해서 가로 세로의 변을 2:3으로 하는 사각형이 아름다운 건 결코 아니기 때문입니다.

푸코 식으로 말하면, '유사성'에 입각하여 사유하는 르네상스 고유의 에피스테메 덕분에 이토록 상이한 지층을 쉽사리 넘나들 수 있었던 것이지, '비례'라는 추상기계 때문이 아니란 겁니다. 그건 마

---

(10) 이에 대해서는 R. Witkower, 이대암 역, 《르네상스 건축의 원리(*Architectural Principles in the Age of Humanism*)》, 대우출판사, 1997, 26~27, 43, 143쪽 등 참조.
(11) 이는 16세기 아리스토텔레스 학파의 일원이며, 건축가 팔라디오의 '후원자'였고, 팔라디오의 책에 대한 주석서를 남기기도 했던 바르바로(D. Barbaro)가 로마의 건축이론가인 비트루비우스(Vitruvius)의 《건축》 제3권 서문 뒤에 붙인 주석에 쓴 것입니다(R. Wittkower, 앞의 책, 247쪽).

치 붉다는 이유로 피와 포도주를 동일시하는 돈키호테 식의 사유 덕분이란 거지요. 물론 르네상스인들의 이런 사유는 비례를 모든 영역에서 고수되어야 할 규범과 척도로 만들었다는 점에서 돈키호테 풍의 유머보다는 숫자를 성전으로 삼는 칼 든 재판관의 엄숙주의적 정조(情調)를 수반하기에 웃음조차 주지 못한다는 단점이 있다는 점에서 돈키호테에게 좀 미안한 말이긴 합니다만.

이 책에서 저자들이 '유기적 지층의 구성단위'와 관련해, 즉 그런 구성단위에 의해 만들어지는 지층의 통일성과 관련해 말하는 추상기계란 바로 이런 것입니다. "유기적 지층은 특수한 구성단위를 갖고 있다. 단일한 추상동물, 단일한 [추상]기계가 지층에 자리잡고 있으며, 동일한 분자적 물질, 동일한 원소들, 혹은 기관의 해부학적 구성요소들, 동일한 형식적 접속들을 드러내 보인다."(MP, 61 ; I, 52)

(2) 탈형식화의 추상기계

반면 "동일한 분자, 동일한 실체, 동일한 형식도 아닌" 그런 통일성은, 각각의 지층에 고유한 어떤 구성단위를 넘어서 질료 내지 질료적 흐름 자체로까지 추상을 밀고나갈 때 가능합니다. 이미 우리는 '실체'란 "형식화된 질료"라는 정의를 본 적이 있지요? 그렇다면 역으로 모든 형식을 넘어선 질료로 나아가는 것 또한 상상할 수 있을 겁니다. '기관 없는 신체'란 개념이 거기에 있었던 것도 기억하시지요? 기관 없는 신체, 혹은 질료적 흐름 자체는 분자나 원자, 실체, 형식 등의 모든 형식을 넘어서, 가장 기본적인 구성단위조차 탈형식화해서 추상된 개념이고, 그런 점에서 **탈형식화**하는 방식으로 추상하는 추상기계가 도달하는 지점입니다. 모든 것을 오직 강밀도의 정도(degree)만으로 추상하는 기가, 다시 말해 오직 강밀도의 차이만 가질 뿐인('세다', '약하다', '뻗친다' 등등) 흐름으로서의 기가 이런 의미의 추상기계라면, 강밀도의 분포가 완전히 평평한 상태, 디그리 제로(degree=0)인 상태가 기관 없는 신체요, '일관성의 구도'에 해당합니다. '공(空)'이라는 개념은 디그리 제로인 이 상태, 하지만 멈추어 있는 게 아니라 흐르고 생성하는 잠재성 자체, 그리하여 무(無)나 부재(不在)가 아니라, 모든 지층(색色)을 형성하지만 절대적으로 탈지층화된 상태를 매우 적절하게 표현해주는 말이라고 할 수 있습니다.

확실히 이런 관점에서 보자면, 형식으로 추상하는 것은 기껏해야 기본적인 구성단위에, 실체에 이를 뿐이라는 점에서 "불충분한 추상"(MP, 115; I, 96)입니다. 공통된 형식으로의 추상과, 형식 자체를 추상하는 추상은 상이한 추상의 두 가지 방식이지만, 전자는 형식 자체를 추상하지 못했다는 점에서 후자보다 덜 추상적이고 불충분합니다. 하지만 양자의 차이는 단지 도달점의 차이만으로 구별되는, 다시 말해 누가 더 멀리 나갔나 하는 양적인 것이 아닙니다. 그것은 극한으로 나아가기 이전에, 아니 추상이 작용하는 첫 순간부터 다른 방식으로 작동하는 추상입니다. 하나가 유사한 것 사이에서 공통성을 발견하고 그런 공통성을 보편성으로 일반화하는 추상이라면, 다른 하나는 인접한 것 사이에서 형식 내지 형상적 특성을 변형시키면서 하나에서 다른 하나로 넘어가는 추상입니다.[12]

---

(12) 이런 관점에서 '추상적 선'의 개념에도 전혀 다른 두 가지가 있음을, 기하학적 선과 유목적 선이 다르다는 점을 14장에서 볼 것입니다.

챌린저 교수가 조프루아(Geoffroy Saint-Hilaire)와 퀴비에(Cuvier) 같은 죽은 자들을 불러내 보여주는 인형극은 바로 이런 두 가지 추상기계의 차이를 설명하기 위한 것입니다. 조프루아는 "척추동물의 등뼈의 양 옆을 한데 모으고, 머리를 발까지, 그리고 골반을 목덜미까지 구부리면"(MP, 61 ; I, 53) 척추동물을 문어 같은 두족류로 변형시킬 수 있다고 말합니다. 이는 지층을 넘나드는 추상기계를 작동시키는 조프루아 식의 방법이지요. 반면 "경직된 전문가"이자 "권력과 장소의 인간"인 퀴비에는 "언제나 전공을 바꿀 태세가 되어 있는" 이런 조프루아의 유머를 이해하지 못하며 그에 대해 분노합니다. 그가 보기에 각각의 유기체에는 "환원 불가능한 축, 유형, 지절"이 있기 때문입니다. 따라서 그가 사용하는 추상기계는 기관들간의 "기관들의 유사성"이나 "형태들의 상사성"에 의해 상이한 유기체들의 기관을 비교하고 분류하며 유형화하는 것입니다(MP, 61~63 ; I, 53~54). 사람의 손과 새의 날개처럼 형태나 기능은 다르지만 동일한 기원과 구조를 갖는 것은 '상동기관'으로 한데 묶이고, 새의 날개와 곤충의 날개처럼 기능은 유사하지만 기원이나 구조가 다른 것은 '상사기관'으로 한데 묶입니다.

이런 추상기계의 차이는 음악의 지층에서도 상이한 경로를 그리며 작동합니다. 가령 형식적 공통성을 추상하는 추상기계는 모차르트의 소나타나 베토벤의 소나타 등에서 '소나타 형식'이라는 공통형식을 주목하여 포착합니다. 그 기계는 바흐의 푸가와 베토벤의 푸가, 슈만의 푸가에서 푸가라는 공통형식을 찾으며, 그 안에서 양식적 차이를 유형화하는 방식으로 작동합니다. 반면 형식적 공통성에 무심한 변이의 추상기계는 가령 베토벤이 소나타 형식으로 쓴 것이나 푸가 형식으로 쓴 것을 가로지르면서, 형식적 차이에도 불구하고 그가 만들어내는 고유한 음향과 음색을, 소리의 흐름을 주목합니다. 따라서 그는 소나타 형식, 푸가 형식이 아니라 베토벤-기계, 바흐-기계, 베베른-기계 등을 발견합니다. 다양한 형식을 넘나들며 일관된 소리의 흐름이 만들어지는 양상에 주목합니다.

사실 서양 음악을 연구하는 직업적 전문가가 아니라면, 어떤 음악을 들으면서 이게 소나타 형식으로 씌어진 건지 아니면 푸가 형식으로 씌어진 건지, 아니면 교향시 형식으로 씌어진 건지 등에 관심을 갖고 음악을 듣진 않지요. 사실 들어도 잘 모르고요. 그렇지만 가령 서양 음악을 듣는 데 좀 익숙해진 사람이라면 처음 듣거나 잘 모르는 곡조차도 "아, 이건 베토벤의 음악이군", "아, 이건 보나마나 말러야" 하고 알아듣게 됩니다. 그건 그들 각각이 만들어내는 소리의 고유한 질이 있기 때문이지요. 그런 점에서 우리는 이미 탈형식화하는 방식으로 작동하는 추상기계를 귀에 꽂고 다니는 셈입니다.

좀더 '낮은' 곳으로 내려온다면, 심지어 외국어로(다른 음성적 실체, 형식으로) 말하는 경우에도 "아, 이건 누구 목소리군" 하며 알아듣는 것도 이같은 사례라고 하겠습니다. "상대적 진보는 복잡화에 의해서보다는 형식적·양적 단순화에 의해서, 구성요소와 종합의 획득에 의해서보다는 차라리 그것의 상실에 의해서 만들어진다" (MP, 64; I, 55)는 말은 이런 맥락에서 이해할 수 있을 겁니다.[13]

---

[13] 이런 의미에서 저자들이 말하는 추상기계는 '구조'와 구별됩니다. 구조적 동형성은 관계의 형식적 동형성입니다. 즉 그것은 내용이든 표현이든, 분절의 실체/형식이 보여주는 동형성을 보편성의 차원에서 추상합니다. 이런 점에서 이것 역시 공통성 추상의 일종이라고 할 수 있지요. 따라서 그것은 불변성과 상응성을 내포하게 마련입니다.

요컨대 형식적 공통성을 추상하는 추상기계가 지층의 구성단위에 의한 통일성을 형성하는 추상기계라면, 탈형식화하는 방식으로 작동하는 추상기계는 지층을 넘나들고 어떤 지층의 최소한의 구성단위에 대해서조차 변이의 선을 그리며 탈지층화하는, 그리하여 결국 극한에서는 순수한 질료적 흐름 자체에 도달하는 그런 추상기계라고 할 수 있습니다. 전자가 지층 안에서 불변성과 보편성을 찾아냄으로써 통일성을 구성하는 추상기계라면, 후자는 불변성이 아니라 변이와 변환의 성분으로서 추상화의 선, 플라노메논(Planomène)에 근접하는 추상기계라고 합니다. 이런 맥락에서 저자들은 전자에 대해 이렇게 요약하고 있습니다. "우리는 한 지층의 중심층 내지 중심 고리가 구성단위에 따른 집합이라고 말할 수 있다. 그것은 외적인 분자적 소재, 내적인 실체적 원소, 그리고 형식적 관계를 실어나르는 경계 또는 막이다. 지층에 의해 감싸여 있으며 그것의 통일성을 구성하는 단일한 추상기계가 있다. 이것이 에쿠메논(Œcumène)이며, 일관성의 구도의 플라노메논에 대립한다."(MP, 66; I, 57)[14]

  2) 지층과 그 외부
  이젠 반대로 지층들이 다양화되는 양상에 대해 보기로 합시다. 이미 여기에는 탈코드화와 탈영토화라는 개념이 관련되어 있다고 했는데, 사실 그것은 변화와 변이가 발생하는 모든 곳에서 사용되는 개념이기에 이 책에서는 늘상 사용되는 개념이지요. 지층의 문제를

---

(14) 여기서 플라노메논(Planomène)은 일관성의 구도(plan)로 인도하는(mener) 것이란 의미로, 에쿠메논(Œcumène)이란 세계적인 수준에서의 통합성 내지 보편성(oecuménicité)으로 인도하는 것이란 의미로 만들어낸 개념으로 보입니다.

다루는 여기서 문제가 제기되는 지점은 지층과 그것의 토양이 되는 환경(milieu)의 관계가 설정되는 곳입니다. 다시 말해 지층과 그 외부의 관계를 통해서 지층의 다양성이 야기된다는 겁니다.

그런데 그 외부 역시 나름대로 분절되어 있는 지층을 이루고 있을 겁니다. 가령 우리는 영양소의 흐름 그 자체를 먹지 않습니다. 특정한 양상으로 형식화된 무엇을 먹지요. 인간의 생물학적 지층은 그런 지층화된 먹거리를 통해서만 존속할 수 있습니다. 그리고 그것이 달라지면 신체의 지층 역시 달라져야 합니다. 육식이 시작되면 소화기관이나 운동기관이 달라지고, 더불어 순환기관도 달라져야 하니 말입니다. 따라서 지층에 대한 연구로서의 '지질학'은 지층들에 대한 연구, 다시 말해 지층들 간에 만나고 섞이고 그 결과 변화하는 양상에 대한 연구가 되어야 합니다. 아니, 지층이란 개념 자체가 그 외부로서 그것과 접촉하는 다른 지층과의 관계 속에서 정의되어야 하지요. 그래서 저자들은 이렇게 말하고 있습니다.

> 하나의 지층은 애초부터 필연적으로 이 지층에서 저 지층으로 옮겨다닌다. 그것은 이미 다수의 층을 갖고 있다. 그것이 중심에서 주변으로 옮겨가는 동시에 주변은 중심에 반작용해서 새로운 주변과의 관계 속에서 새로운 중심을 형성한다. 흐름들은 끊임없이 외부로 방사되고 되돌아온다.(MP, 66; I, 57)

여기서 저자들은 또다시 두 개의 개념의 계열을 만들어내고 있습니다. 하나는 매개적인 상태를 형성하는 지층으로, 어떤 지층에 대해 '내부환경'을 형성하는 지층입니다. '매개적 환경'이라고도 부르는 이 지층을 저자들은 '바깥지층(épistarate)'이라고 정의하고 있습니다.[15] 반면 하나의 지층이 성립되기 위해 필수적인 '외부환경'이 있습니다. 이는 하나의 지층에 '병합된 환경' 내지 '결합된 환경'이라고 할 수 있는데, 이 지층에는 병렬지층(parastrate)이라는 이름을 붙이고 있습니다.

사실 이 특별한 지층들의 개념은 중요개념들이 연결되어 다시 나열되는 결론을 제외하곤 다른 어떤 고원에서도 나타나지 않습니다. 그럼에도 이 개념들이 필요했던 것은 하나의 지층이 그것의 외부를 이루는 다른 지층과의 관계 속에서만 존재할 수 있다는 점을 특별히 강조하기 위한 게 아닌가 싶습니다. 즉 "하나의 지층은 오직 수직지층과 병렬지층 들 속에서만 존재한다"(MP, 68; I, 59)는 겁니다.

예를 들어볼까요? 먹고 말하는 얘기가 쉬우니 일단 그걸 보지요. 앞서 말했듯이 인간이라는 분절된 유기적 지층을 보지요. 먹는 기계로서 입은 손과 결부되어 있고, 말하는 기계로서의 입은 얼굴(표정!)과 결부되어 있지요. 이 경우 손은 입이 먹는 기계로서 작동하기 위한 조건이고, 이런 의미에서 일종의 '내부환경'입니다. 반면 얼굴은 입이 말하는 기계로서 작동하기 위한 조건이고 따라서 그것의 '내부환경'입니다.

그건 혀도 마찬가질 겁니다. 혀는 두 경우 모두 입의 '내부환경'이지만, 각각의 경우마다 다른 방식으로 작동하지요. 즉 먹는 기계

---

(15) 우리의 번역본에는 '수직지층'이라고 되어 있는데, 이는 나중에 나올 '병렬지층 (parastrate)'이란 개념과 대비하여 번역된 것입니다. 이것이 '수직'이란 말을 함축하는 것은 서로에 대해 내부환경을 이루는 지층들의 '수직적' 계열이 만들어지기 때문이긴 하지만, 어원에 좀더 충실하게 번역하자면 épi~가 '바깥'을 뜻하는 말이므로 바깥지층이라고 해야겠지요.

로서의 입과 접속되어선 맛을 지각하는 기계가 되는데, 이 경우 혀에 있는 맛을 감지하는 '센서'들이 중요한 기능을 합니다. 반면 말하는 기계로서 입과 접속되어선 기호의 흐름을 절단하고 채취하는 능력이 중요해집니다. 이 경우 맛을 감지하는 '센서'들은 무의미하고, 대신 혀의 근육이 중요한 역할을 하지요. 즉 두 경우에 혀는 사실 다른 지층들이 이루는 것입니다.

이처럼 '손-입-혀'라는 지층들의 계열은 하나가 다른 하나에 내부환경으로 작용하며 그것의 내적인 일부가 됩니다. 여기에 식도와 위장이라는 소화기관에까지 이어지는 '바깥지층들'의 계열이 만들어집니다. 어때요, 여기선 '수직지층'이란 번역어가 더 적절해 보이기도 하지요? 반면 '얼굴-입-혀'는 성대(聲帶)와 기도(氣道)로부터 이어지면서 하나가 다른 하나에 대해 내부환경의 역할을 하는 바깥지층들의 계열을 형성합니다. 이런 내부환경을 많이 가질수록 유기체는 더 많은 자율성을 갖게 되고, 이런 유기체일수록 하나의 정해진 환경에서 탈영토화되어 이동하고 움직일 가능성이 커집니다.

> 바깥지층은 점증하는 탈영토화의 방향으로 조직된다. …… 〔이러한〕 탈영토화는 정도와 문턱(바깥지층)을 가지며, 항상 상대적인 것으로, 재영토화를 자신의 이면 내지 보충물로 갖는 완전히 긍정적인 능력(puissance positive)으로 사고되어야 한다. 외부와의 관계에서 탈영토화된 하나의 유기체는 그 내부환경에서 필연적으로 재영토화된다.(MP, 71; I, 60~61)

손-입-혀 등의 계열은 음식과 맛이라는 외부환경을 갖습니다. 음식이 없다면 영양소의 흐름을 절단하고 채취하는 '먹는 기계'는 존재할 수 없지요. "유기적 형식은 단순한 구조가 아니라 결합된 환경의 구조화요 구성이다."(MP, 68; I, 58) 또한 먹는 기계가 맛이라는 요소를 통해서 작동한다는 것은 여러분도 잘 아시겠지요. 음식과 입, 혹은 맛과 혀는 입과 혀라는 바깥지층의 계열과는 다른 지층의 계열을 형성합니다. 즉 음식이나 맛은 입 내지 혀라는 지층에 대한 병렬지층의 계열을 형성합니다.

말하는 기계로서의 입과 혀도 공기와 기표(signifiant)들이라는 외부환경을 갖습니다. 가령 기표들이 한글에서 알파벳이란 지층으로 달라지면, 혹은 한국어에서 영어로 달라지면, 그에 적당한 발음을 내기 위해 공기의 흐름을 절단하고 채취하는 혀와 입의 움직임이 달라져야 합니다. 다른 분절방식에 따라 입과 혀를 사용할 수 있어야 합니다. 다시 말해 다른 지층으로 들어가야 하며, 다른 발음규칙, 다른 코드에 따라 근육의 운동이 코드화되어야 한다는 겁니다. "결합된 환경은 단일한 외부적 환경을 상이한 형식들의 기능에 따라 스스로에게 분배한다. 그러나 이 분배가 이루어지는 방식은 동일하지 않다. ……중심벨트가 측면과 '변방'으로, 환원 불가능한 형식들과 환경들 속으로 파편화되어 흩어지는 이 또 다른 방식을 우리는 '병렬지층'이라고 부를 것이다."(MP, 68; I, 58~59)

따라서 입이나 혀라는 지층은 바깥지층 및 병렬지층과의 관련 속에서만 존재할 뿐 아니라, 그 지층들이 달라짐에 따라 입과 혀라는 지층 자체도 변화해야 합니다. 더불어 하나의 지층은 이 두 계열의 지층과 다른 방식으로 관련을 맺습니다. "형식은 코드에, 병렬지층에서의 코드화 및 탈코드화 과정에 관련되며, 형식화된 질료인 실체

는 영토성 및 바깥지층에서의 탈영토화 및 재영토화 과정에 관련된다."(MP, 70; I, 60)

입이 무언가를 먹는다는 것은 고기나 곡물을 탈지층화하여 소화하기 용이한 형태로 변형시키는 것이고, 그럼으로써 이어지는 다른 기계가 그것의 '영양소'(실체!)를 흡수(재영토화!)하기 쉽게 하는 것입니다. 바깥지층이 탈영토화와 재영토화 과정에 관련된다는 말은 이런 경우를 염두에 둔다면 쉽게 이해할 수 있을 겁니다.

한편 음식을 먹기 위해선 손으로 음식이나 도구를 다루는 적절한 코드를 익혀야 하고(이른바 '식탁 매너'는 이런 코드화의 가장 복잡한 경우일 겁니다), 입이나 혀를 사용하는 방법(코드)을 익혀야 합니다. 즉 병렬지층을 이루는 외부환경과의 관계에서 손이나 입, 혀를 사용하는 방법을 배운다는 것은 적절하게 코드화한다는 것을 뜻합니다. 입과 혀는, 바깥지층에서는 영토화/탈영토화와 관련되지만, 병렬지층에서는 코드화와 탈코드화와 관련된다는 것은 이런 의미에서지요.

마찬가지로 입과 혀는 말하는 기계가 되는데, 여기서도 성대와 기도에서 탈영토화되는 공기를 입 안에서 재영토화하였다가 입 밖으로 탈영토화하는 방식으로 공기의 흐름을 절단하고 채취합니다. 이와 나란히 혀와 입술, 혀와 기도 또한 탈영토화와 재영토화 과정을 통과합니다. 이처럼 바깥지층의 연결에 따라서 영토화와 탈영토화 과정이 발생합니다. 하지만 병렬지층의 차원에서 공기의 흐름을 특정한 기호적인 소리(가령 한국어)로 발음하기 위해선 입과 혀를 적절하게 움직이도록 코드화해야 하고, 다른 언어, 다른 기호(가령 영어나 중국어)를 사용하려면 재빨리 그로부터 탈코드화해서 새로운 기호의 발음에 맞도록 재코드화해야 합니다.

음악의 예를 더 볼까요? 앞서 조성과 화성에 대해 간단히 말한 적이 있지요. 그것은 서양의 근대음악에서 음악적 소리의 흐름을 분절하는 표현의 형식과 표현의 실체를 이루는 것이었습니다. 그런데 그것만 갖고 실제 곡을 쓰긴 힘들지요. 적절한 테마가 있어야 하고, 그 테마를 조직하는 표현형식이 있어야 합니다. 모티프와 그것으로 짜여지는 테마가 내용의 실체와 형식을 구성한다면, 그런 테마를 푸가 형식이니 소나타 형식이니 하는 표현형식으로 조직함으로써 또 다른 표현의 매개적인 지층이 만들어집니다. 이처럼 푸가나 소나타 형식 등은 조성이란 지층의 바깥지층이 되는 셈이지요.

반면 실제 음악을 연주하기 위해선 음악적 형식의 외부환경이, 다시 말해 병렬지층이 필요합니다. 연주란 목소리로 하든, 현으로 하든, 건반으로 하든, 악보에 있는 것을 그저 소리로 번역하는 것만은 아닙니다. 물론 그런 '번역'에도 악기와 연주자, 공기 등과 같은 외부환경이 필요합니다. 피아노를 연주한다는 것도 피아노라는 악기와 사람의 손, 악보, 이 모든 것이 결합된 환경을 구성하는 것입니다. 좋은 연주란 바로 이 외부환경을, 병렬지층을 적절하게 조절하는 능력과 관련되어 있습니다. 악보에 기보(記譜)된 것을 정확한 피치로 소리나게 하고, 거기에다 적절한 음량과 음색을 부여해서 소리로 하여금 어떤 표현적인 능력, 표현적인 자질을 갖게 하는 것입니다. 역으로 좋은 음악적 표현형식이란, 가령 악기의 음색과 특성, 연주법 등에 대한 지식을 필요로 하며, 그것을 훌륭하게 살려내는 곡을 뜻합니다. 따라서 피아노 협주곡을 만들 때와 바이올린 협주곡을 만들 때, 악기의 음색이나 연주법이 다르기 때문에 주제를 이루는 선율부터 달라지게 됩니다. 관현악부의 선율과 음색, 강도 또한 다르게 작곡되어야 하지요.

요약하면 모든 지층은 내용과 표현으로 이중분절되는데, 내용의 층위에서든 표현의 층위에서든, 바깥지층과 병렬지층이라는 '환경'과 결합하여 존재합니다. 병렬지층이 코드화/탈코드화의 방식으로 작동하는 '형식'과 관련되어 있다면, 바깥지층은 영토화/탈영토화 방식으로 작동하는 '실체'와 관련되어 있습니다. 여기서 이중분절이 지층의 이중적 관련과 직접 연관되어 있음을 볼 수 있습니다.

3) 지층화와 탈지층화

(1) 탈코드화/재코드화, 탈영토화/재영토화

여기서 잠깐 코드와 영토성의 관계에 대해 말해두고 가야 합니다. 코드화와 탈코드화, 탈영토화와 재영토화는 지층의 변화를 설명하는 운동의 양상들입니다. 저자들은 이렇게 말합니다. "코드와 영토성 간에, 탈코드화와 탈영토화 간에 단순한 상응관계가 있는 것이 아니다. 오히려 코드는 탈영토화로부터 존재할 수 있으며, 재영토화는 탈코드화로부터 존재할 수 있다."(MP, 71; I, 61) 이는 코드화와 영토화를 권력과 결부된 무언가에 길들거나 익숙해진다는 점에서 비슷한 것으로 간주하는 통념에 정면으로 반하는 것이지요. 코드화와 영토화를 상반되는 것으로 서술하고 있으니 말입니다.

간단하게 말해 코드화란 코드(기호의 사용규칙이나 법조문이 그 예가 되겠지요)를 익히고 그 코드에 길드는 것이고, 영토화란 어딘가에 끌어들이거나 귀속시키는 것입니다. 반면 탈코드화는 그 규칙에서 벗어나는 것이고, 재코드화는 다른 종류의 규칙에 길드는 것이며, 탈영토화란 귀속되거나 머물렀던 영토에서 벗어나는 것이고, 재영토화란 다른 영토에 다시 머물거나 귀속되는 것입니다. 여기 계신 분들이 대개 대학에서 공부하시는 분들이니 그에 걸맞는 예를 들자면, 가령 사회학과에서는 학생들의 지적 활동을 분과(discipline)적 규칙으로 코드화한다면 직업으로 영토화한다고 할 수 있을 겁니다. 주제를 설정하고 그것을 조사하기 위해 통계적 방법을 사용하는 등등이 분과적 규칙으로 코드화하는 겁니다. 논문 심사장에서 자주 듣게 되는, "이게 대체 사회학인가?"라는 교수들의 질문이 코드화와 결부된 질문이지요. 하지만 그렇게 코드화되었다고 해서 사회학이란 영토에 머무는 것은 아니며, 취직이 되는 것도 아닙니다. 반면 대학에서 교수가 되려면 사회학과라는 영토 주변을 맴돌아야 합니다. 거기서 '돈 안 되는' 강의도 해야 하고, 좋든 싫든 정해진 과목을 강의해야 합니다. 학생 땐 안 하던 '전공과목' 공부를 새로 해야 하기도 하지요. 그러나 아시겠지만 그렇다고 그 과에 영토화(취직!)가 되는 건 아닙니다. 여기선 사회학의 코드를 얼마나 능숙하게 익혔는가 보다는 차라리 통상 '정치'라고들 부르는 사교에 능란해야 합니다.

여기서 어떤 연구자가 자신만의 고유한 영토를 만들어내려면 기존의 코드에서 벗어나야 합니다. 그것 없이는 자신만의 고유한 이론이나 입론을 제안하는 게 불가능하지요. 이른바 '대가'들이란 기존의 코드 안에 없는 것을 이용해 자신만의 고유한 영토를 만들어낸 사람들입니다. 탈코드화가 (재)영토화로 이어진 경우지요. 한편 그렇게 만들어진 것이 어떤 한 사람의 스타일이 아니라 사회학이 일반적으로 받아들이는 이론이 될 때, 다시 말해 그 사람의 고유한 영토에서 탈영토화될 때, 그것은 사회학의 분과 안에서 일반적인 코드로 재코드화됩니다. 통상적인 사회학의 일부가 되는 거지요.

좀더 고상한 예를 들까요? 음악 얘기를 아까 했으니 그걸 좀더 보지요. 가령 연주자는 악보를 보고 연주하지만 악보에 있는 대로 손가락이나 목청을 움직인다고 좋은 연주가 되지는 않지요. 훌륭한 연주자는 악보에 없는 무언가를 악보의 음표들 사이에서 '읽어냅니다'. 그래서 자기만의 고유한 스타일을 만들어내지요. "아, 이건 누구 연주군" 하게 하는 것은 이미 음악적 소리의 흐름을 자신의 것으로 재영토화한 것입니다. 그렇지만 이런 재영토화는 악보에 없는 것을 읽어내는 것, 악보로부터 탈코드화되는 것 없이는 불가능합니다. "재영토화는 탈코드화로부터 존재할 수 있다"는 것은 이런 의미에서지요. 가령 굴드(G.Gould)의 바흐 연주는 약간 익숙한 사람이라면 조금만 들어도 금방 알아챌 수 있을 만큼 개성이 강합니다. 거기서 굴드는 바흐를 자신의 것으로 재영토화한 겁니다. 그런데 이는 악보의 충실한 해석과는 아주 거리가 멉니다. 그는 악보로부터의 탈코드화에서 하나의 '경지'를 보여주는 사람이지요.

"탈코드화는 탈영토화로부터 존재할 수 있다"는 것은 조성의 해체를 예로 들 수 있습니다. 조성은 으뜸화음(I도)에서 시작해 딸림화음(V도)으로 갔다가(탈영토화) 다시 I도로 되돌아오는 '기능화성'이란 구조를 포함한다고 했지요. 말 그대로 I도로, 으뜸음으로 재영토화되어야 완결이 이루어진다는 겁니다. 그러나 바그너 이후 I도에서 탈영토화된 소리는 다시 I도로 돌아오지 않게 됩니다. 즉 계속해서 탈영토화의 선을 타는 겁니다. 그럼으로써 조성이 해체되고 이른바 '무조' 음악들이 나타나게 됩니다. 그런데 조성의 해체를 가속했던 쇤베르크(A. Schöberg)는 조성에서 벗어난 음들에 새로운 질서(!)를 부여하려 합니다. 12음기법이라는 새로운 코드화가 발생합니다. 여기서 12음기법이라는 재코드화는 조성에서 벗어나는 탈영토화가 없었더라면 있을 수 없었을 겁니다. 탈영토화-재코드화. 아, 물론 쇤베르크 자신 또한 거의 수학적 조작에 가까운 12음기법만으로 음악을 쓰진 않습니다. 자신의 표현적 스타일을 만들기 위해서 자신이 제창한 코드에서 벗어난다(탈코드화)는 겁니다. 조금 앞에서 말한 탈코드화-재영토화의 사례지요.

(2) 상대적 운동과 절대적 탈영토화

이상에서 우리는 탈코드화와 재코드화, 탈영토화와 재영토화에 대해서 보았고, 재코드화가 탈영토화와, 탈코드화가 재영토화와 교차하며 이어지는 것에 대해서 보았습니다. 이런 수준에서 탈코드화나 탈영토화는 사실 어떤 식으로든 재영토화되거나 재코드화됩니다. 그렇기 때문이 이런 운동의 양상은 모두 절대적 운동이 아닌 상대적 운동을 보여줄 뿐입니다. 따라서 앞서 말한 것은 상대적 운동의 양상에 관한 것에 그치고 있는 셈입니다. 저자들은 "이런 상대적 운동들을 절대적인 탈영토화, 절대적인 탈주선, 절대적인 표류의 가능성과 결코 혼동해서는 안 된다"고 말합니다. 그렇다면 절대적 운동이란 무엇인가? "상대적 운동은 지층 내적이거나 지층들 사이에서 일어나는 것인 반면, 절대적 운동은 일관성의 구도와 그 탈지층화(조프루아라면 '연소'라고 했을 것)에 관련된 것이다."(MP, 73; I, 62)

상대적 운동이 하나의 지층에서 다른 지층으로 변환되는 것이라면, 절대적 운동은 절대적 탈지층화 운동이고, 탈형식화하는 추상기계, 변이의 추상기계가 지층화되지 않은 상태에 도달하는 운동이며, 어떤 것도 될 수 있지만 아직 아무것도 아닌 상태(空!)에 도달하는 운동입니다. '일관성의 구도'가 바로 그것입니다. 추상기계가 변이의 선을 절대적인 지점으로 밀고나가 일관성의 구도에 도달하는 것, 그것이 바로 절대적 운동이고, "절대적 탈영토화, 절대적 탈주선"입니다(MP, 73; I, 62).

탈코드화든 탈영토화든, 상대적 수준의 운동이나 변화는 재코드화와 재영토화로 이어지며, 하나의 지층에서 다른 하나의 지층으로, 하나의 형상(형식)에서 다른 하나의 형상(형식)으로 옮겨가는 것입니다. 물론 이것은 모든 것이 끊임없이 생성 · 변화한다는 것, 모든 것이 무상(無常)하다고 보는 하나의 방식입니다. 그러나 이는 다만 상대적인 수준에서, 다시 말해 멈추고 고정되는 한에서만 생성 · 변화를, 무상을 보는 방식입니다.

이와 달리 앞서 두 가지 추상기계를 구별하면서 말했듯이, 모든 형식화된 것에서 탈형식화된 절대적 흐름 그 자체로 나아가는 것, 형상을 갖는 모든 것에서 어떠한 형상도 갖지 않는 절대적 흐름 그 자체를 보는 것, 바로 이것이 절대적 수준에서 생성 · 변화를 보는 것이고, 절대적 수준에서 무상 자체를 보는 것입니다. "모든 상(相) 있는 것에서 상 없는 것을 본다면 여래를 보리라(若見諸相非相 卽見如來)"라는 《금강경》의 유명한 문장은 이처럼 절대적 수준에서 무상을 보는 것, 절대적 운동을 보는 것을 의미하는 것이 아닌가 싶습니다. 모든 지층적 형식에서 탈지층화하는 운동을 통해 공(空)이라고 불리는 디그리 제로(degree=0)인 상태에 도달하는 것, 혹은 모든 지층에 내재하는 공성(空性)을 보는 것 말입니다.

여기서 절대적 탈영토화는 상대적 탈영토화를 극한으로 밀어붙인다고 이루어지는 것이 아니며, 상대적 탈영토화의 속도나 강도를 강화한다고 해서 도달할 수 있는 것도 아닙니다.

> 상대적인 것에서 절대적인 것으로의 이행은 단순히 가속화를 통해 이루어지는 않는다. ……탈영토화에 질을 부여하는 것은 속도가 아니라 그 본성(nature)이다. 즉 그것이 수직지층과 병렬지층을 구성하는 분절된 선분에 의해 진행하는가, 아니면 반대로 일관성의 구도라는 메타지층을 그려내는, 분해 불가능하고 비선분적인 선을 따라 하나의 특이성으로부터 다른 특이성으로 도약하는가에 의한 것이다.(MP, 73~74; I, 63)

그렇다면 어떻게 거기에 도달할 수 있는가? 절대적 탈영토화의 선을 어떻게 그릴 수 있는가? 답은, 이미 우리는 항상 거기에 도달해 있으며, 애초에 거기서 시작했다는 것입니다. "절대적 탈영토화는 애초부터 존재하며, 지층들은 일관성의 구도 위에서 [그것의] 부산물, 그 농밀화다. 그리고 일관성의 구도는 도처에 존재하고, 항상 근원적이고, 항상 내재적이다."(MP, 90; I, 76) 즉 그것은 결코 도달할 수 없는 탈영토화의 극한, 다만 상상이나 이론을 통해서만 도달할 수 있는 어떤 극한이 아니라, 애초에 거기서 시작했고 항상-이미 모든 지층 안에 내재하는 것입니다. 상대적 탈영토화 운동을 통해 절대적 탈영토화에 도달하는 게 아니라, 절대적 탈영토화가 항상-이미 존재하기에 상대적 탈영토화 또한 가능하다는 겁니다. 유기체는 기관 없는 신체 위에서 만들어지는 것이고, 지층화 이전에 지구가 있었다는 것은 바로 이런 의미지요. "상대적 탈영토화 안에는 절대적 탈영토화의 영원한 내재성이 있다."(MP, 74; I, 63)

"모든 중생(모든 지층)이 본래 부처"라는 말도 이와 다르지 않을 겁니다. 혹은 육조 혜능의 말처럼 "부모도 태어나기 이전부터 존재하는 내 자신의 본래면목"이 바로 그것일 겁니다. 이는 절대적 탈영토화의 선이 모든 지층화에 선행하는 일차적인 것임을 의미합니다. "일차적인 것은 절대적 탈영토화, 절대적 탈주선이다. ……이 절대적 탈영토화는 일관성의 구도, 혹은 기관 없는 신체 위에 지층화가 일어난 이후에야 상대적인 것으로 된다."(MP, 74; I, 63)

니체는 이것을 차라투스트라와 디오니소스의 관계로 설명했습니다. 차라투스트라는 부정하는 자고, 디오니소스는 긍정하는 자입니다. 하지만 니체는 "차라투스트라가 부정의 손을 뻗칠 때 그 안에 이미 디오니소스가 있다"고 하면서, 부정과 긍정의 관계를 설명합니다. 절대적 긍정을 의미하는 디오니소스가 부정이나 변환 같은 활동 안에 항상-이미 있다는 것입니다.[16]

그것은 절대적 탈영토화, 일관성의 구도가 어떤 운동을 통해 비로소 도달해야 할 가능성의 세계가 아니라, 다양한 지층들을 만나며 통과하는 우리의 삶 자체에 항상-이미 내재하는 현실성의 세계라는 것을 뜻합니다. 물론 그것은 현재화된 형상, 현재적인 지층이 아니라, 비형상적인 잠재성이라는 점을 잊지 않아야 하지만 말입니다.

3. 내용과 표현: 구별의 유형들
1) 구별의 세 가지 유형

앞서 우리는 이중분절이란 관점에서 지층들에 대해 살펴본 바 있

---

[16] 들뢰즈, 신범순 외 역, 《니체, 철학의 주사위(Nietzsche et la philosophie)》, 인간사랑, 1993, 319~22쪽.

습니다. 그러면서 마르티네 스타일로 분자적인 것과 몰적인 것의 구별로 이중분절을 정의하기도 했고, 옐름슬레브 스타일로 내용과 표현이란 개념으로 그것을 정의하기도 했습니다. 거기서 두 가지 정의는 사실상 다르지 않은 것이라고 했지요. 기억나세요?

하지만 이젠 다시 말을 바꿀 차례입니다. 아무런 차이가 없는데 다른 개념을 사용하는 건 수사학적 호사에 지나지 않을 겁니다. 간결함의 미덕을 좋아하는 저자들이 그렇게 할 리가 없지요. 그러나 그것은 분자적인 것/몰적인 것과 내용/표현의 차이라기보다는, 내용과 표현의 관계에서 나타나는 상이한 유형 간의 차이입니다. 내용과 표현은 실재적(현실적)으로 구별되지만, 그 구별의 양상에는 세 가지 다른 유형이 있다는 겁니다.

> 내용과 표현의 관점에서 볼 때 하나의 지층에서 다른 하나의 지층으로 〔옮겨갈 때〕 변하는 것이 무엇인가 하는 것이다. 이중분절을 구성하는 현실적 구별—내용과 표현의 상호전제—이 항상 존재한다는 것이 사실이라면, 한 지층에서 다른 지층으로 이행할 때 변하는 것은 이 실재적 구별의 본성, 그리고 구별된 항들 각각의 위치다.(MP, 74~75; I, 64)

구별의 세 가지 유형에 대해 미리 말하자면, 첫째, 분자적인 것과 몰적인 것이라는, 크기 내지 질서 사이의 실재적이지만 형식적인 구별(실재적-형식적 구별), 둘째, 표현이 독자적인 지층으로 자립성을 획득하는 경우 나타나는 명실상부하게 실재적인 구별(실재적-실재적 구별), 마지막으로, 두 개의 층위가 본질적으로 다른 지층을 형성하는 경우 나타나는 실재적이고 본질적인 구별(실재적-본질적 구별)이 그것입니다. 이미 말했듯이 내용과 표현의 구별은 실재적(현실적)인 구별입니다. 그렇지만 그러한 구별이 어떤 하나의 동일한 지층에 겹쳐서 나타나는 경우는 그 각각이 독자적인 지층을 형성하는 경우와 비교하면 '형식적 구별'이라고 할 수 있지요.

하지만 형식적 구별이 실재적 구별과 대립된다고 생각하면 곤란합니다. 여기서 구별이란 개념은, 물론 나름대로 변형된 것이지만, 스피노자가 속성 간의 구별에 대해 사용했던 '실재적 구별'이란 개념과 관련되는데, 이는 좀더 거슬러 올라가면 둔스 스코투스(Duns Scotus)가 신의 다양한 속성을 구별하기 위해 사용했던 '형식〔형상〕적 구별'이란 개념과 연관됩니다.

스피노자나 둔스 스코투스나 모두, 신은 오직 하나 존재할 뿐이라는 점에서 신의 '일의성'을 강조합니다. 그런데 그렇게 하려고 하자마자 난감한 질문이 하나 발생합니다. 즉 신은 오직 하나인데 동시에 신이 자신을 표현하는 상이한 표현들이 존재한다는 점을 어떻게 설명할 수 있을까 하는 것이 그것입니다. 무한히 다양한 속성들이 동일한 하나의 신의 표현이라고 할 때, "어떻게 상이한 표현들이 〔신이라는〕 하나의 동일한 것을 지칭할 수 있는가? 어떻게 다른 이름들이 하나의 동일한 지시체를 지칭할 수 있는가?" 하는 질문이 그것입니다.[17]

예를 들어 '흑인'과 '깜둥이'는 동일한 지시체를 갖지만 사실은 전혀 다른 의미를 갖습니다. 다른 방식으로 그를 표현하지요. 이 경

---

(17) G. Deleuze, *Spinoza et le problème de l' expression*, Minuit, 1968, 52쪽.

우 두 개의 상이한 표현은 하나의 동일한 인물을 다른 방식으로 표현합니다. 그 두 개의 표현이 갖는 차이를 구별하지 못하면, 뜻하지 않게 남을 모욕하게 되거나(한국에서라면), 아니면 뜻하지 않은 봉변을 당하게 될 겁니다(미국에서라면). 이 차이를 둔스 스코투스는 '형식적 구별'이라고 불렀고, 스피노자는 '실재적 구별'이라고 불렀습니다.

물론 둔스 스코투스가 구별하고자 했던 것은 성질(property)이었고, 스피노자는 성질과 속성(attribute)의 차이를 강조하면서 속성 간의 구별을 '실재적 구별'이라고 했다는 점에서 적지 않은 차이가 있습니다. 특히 스피노자는 속성의 구별이 본성상의 차이를 갖는다는 것을 함축하는 의미에서 '실재적 구별'이란 개념을 사용합니다.[18] 이 책에서 저자들이 세 가지 유형의 구별이 모두 실재적이라고 하면서도, 그 안에서 다시 형식적·실재적·본질적이라는 말로 세 가지 유형을 구별하는 것은 이러한 의미의 차이를 고려하여 두 사람의 '구별' 개념을 재활용하려는 것이라고 하겠습니다.

2) 실재적-형식적 구별

먼저 첫번째 유형은, '크기/질서 사이의 실재적-형식적 구별'이라고 했습니다. 분자적인 것과 몰적인 것의 구별이 그것이지요. 앞서 언어학적 지층에서 음소와 형태소의 구별이 이런 경우에 해당될 겁니다. 분자적인 최소단위에서 이루어지는 분절과, 그것의 몰적인 집합에서 이루어지는 분절은, 음소와 형태소의 경우처럼 '크기'에

---

[18] 이에 대해서는 G. Deleuze, *Spinoza et le problème de l' expression*, 56~58쪽 참조.

서 구별되거나, 선별과 배열의 '질서'에서 구별되지만, 사실은 하나의 동일한 지층 안에서 발생한 구별입니다. 하나의 동일한 말에서 중첩되어 이루어지는 구별이고, 그런 점에서 둔스 스코투스가 말하는 '형식적 구별'과 유사한 뉘앙스를 풍긴다고 할 수 있겠지요. 그래서 저자들은 이를 '실재적-형식적 구별'이라고 부르는 겁니다. 저자들이 "지층은 신의 심판이므로, 중세 스콜라주의와 신학의 모든 미묘함을 [지층에] 이용하는 것을 주저할 필요가 없다"고 하면서 이 구별을 설명하는 것도 이런 이유에서지요. 직접 그들의 말을 들어보겠습니다.

> 내용과 표현 간에는 실재적 구별이 있다. 왜냐하면 [이들 각자에] 상응하는 형식들이 관찰자의 정신 속에서뿐만 아니라 '사물' 그 자체 속에서 실제로 구별되기 때문이다. 그러나 이 현실적 구별은 매우 특별하다. 그것은 다만 **형식적**일 뿐인데, 왜냐하면 두 형식은 지층화된 하나의 동일한 사물, 하나의 동일한 주체를 구성하고 형성하기[conformaient, 합치하다와 '형성하다'를 동시에 뜻하지요] 때문이다. (MP, 76 ; I, 65)

여기서 잠시 분자적인 것과 몰적인 것이란 말에 대해 간단히 설명하지요. 알다시피 분자란 질적인 성질을 갖고 있는 물질의 최소단위지요. 저자들은 이 개념을 어떤 질적인 성질을 갖고 있는 모든 최소단위로 확장하여 사용하고 있습니다. 그런데 이 개념에서 중요한 것은 몰적인 것과 대비되는 측면이지요. 고등학교 시절에 화학을 배운 적이 있다면 아시겠지만, 몰(mole)이란 원래 기체역학이나 화학에서 기체의 성질이나 변화를 연구하기 위해 사용하는 단위를 뜻합니다. 좀더 자세히 말하면, 표준적인 온도와 압력 아래서 1몰의 기체는 모두 6×10^{23}개라는 동일한 수의 기체분자를 포함하고 있습니다. 이를 아보가드로 법칙이라고 부르고, 6×10^{23}을 '아보가드로 수'라고 합니다. 이때 6×10^{23}개를 하나로 묶는 기체분자의 단위를 '몰'이라고 하지요. 기체의 성질이나 움직임, 변화를 분자 단위로 관찰하거나 서술하는 건 불가능하지 않겠어요? 그래서 몰 단위로 하나로 묶어 기체의 움직임을 관찰하고 서술하려는 겁니다. 통계적으로 숫자가 충분히 큰 경우 그 분자들의 움직임이나 분포는 하나의 움직임에 따른다고 하지요(통계학에선 '큰 수의 법칙'이라고 해요). 그래서 기체역학은 기체분자의 움직임을, 충분히 큰 수를 하나의 단위로 하여 통계적으로 서술하는 방법을 사용합니다. 따라서 분자적인 것과 몰적인 것이 크기의 차이에 따른 구별이라는 말은 따로 설명할 필요가 없겠지요?

하지만 개개의 기체분자의 움직임과 몰 단위의 기체들의 통계적인 움직임이 동일할 순 없겠지요. 몰 단위로 포착되는 기체분자들의 움직임에서는 분자적인 움직임이, 각각의 분자적인 고유함이 몰적인 단위, 몰적인 집합체의 움직임으로 환원되고 맙니다. 혹은 개개의 분자들을 몰적인 움직임과 양상에 '공명(résonance)'하도록 '유도(induction)'합니다. "이는 표현의 공명을 수립한다(유도)."(MP, 92: I, 78) 그래서 저자들이 '몰적인 것'이라고 말할 때는 분자적 움직임의 다양성을 환원하고 제거하여 하나의 거대하고 단일한 통일체로 귀속시키는 경우를 말하고, '분자적인 것'이라고 말할 때는 그런 몰적인 단일성으로 환원되지 않는 고유한 움직임과 흐름, 욕망

등을 지칭하는 경우를 말합니다. 8장이나 9장에 가면 이러한 단어들이 정치적인 차원에서 중요한 개념으로 사용되니, 그때 자세하게 보기로 하지요.

3) 실재적-실재적 구별

두 번째 유형은 내용과 표현 간의 실재적-실재적 구별입니다. "실재적 구별은 형식들 간에, 그런데 이제는 단일한 집합의 형식 사이에, 혹은 단일한 사물이나 주체의 형식 사이에 있다."(MP, 76~77; I, 65) 이 말만으론 무슨 의미인지 알기가 어렵지요? 핵심은 분자적인 것과 몰적인 것의 차이가 증폭되어, 표현과 내용의 층위가 독립적인 지층을 형성하게 될 때, 두 번째 유형의 구별이 성립한다는 것입니다. "이제 표현은 그 자체로 독립적인 것으로, 다시 말해 자율적인 것으로 된다."(MP, 76~77; I, 65) 이런 경우로 핵심적인 사례는 핵산과 단백질의 관계라고 할 수 있습니다.

핵산과 단백질은 실재적으로 구별되는 지층을 형성합니다. 잘 알다시피, RNA와 DNA는 리보핵산, 디옥시리보핵산이란 말의 약자지요. 모두 핵산이란 말로 끝나지요? 핵산이란 바로 그런 것을 지칭하는데, 대개 세포의 핵 안에 있는 염색체에 자리잡고 있으며, 유전정보를 갖고 단백질을 합성하는 기능을 합니다. 따라서 핵산에 포함된 정보는 그것에 의해 만들어진 단백질의 형질을 표시하는 표현형식이라고 할 수 있습니다. 즉 핵산과 단백질은 내용과 표현의 관계에 있다고 할 수 있지요.

그런데 이 경우 핵산은 단백질이라는 거대한 몰적 구성물의 분자적 구성요소가 아닙니다. 단백질은 아미노산이라고 부르는 '분자적' 구성단위가 겹겹이 쌓여 만들어진 복합체입니다. 따라서 단백질이라는 '내용의 형식' 안에서 '내용의 실체'를 이루는 것은 아미노산이지 핵산이 아닙니다. 반면 핵산(Nucleic-Acid)은 뉴클레오티드(Nucleotide)라고 부르는 요소들을 단위로 하여 만들어진 중합체입니다.[19] 즉 핵산이라는 '표현의 형식' 안에서 '표현의 실체'를 이루는 것은 뉴클레오티드입니다. 뉴클레오티드에는 아데닌(A), 구아닌(G), 티민(T), 시토신(C), 우라실(U)이 있는데, 이들은 세 개씩 뭉쳐서 '코돈(codon)'이라는 단위로 움직입니다. 그것은 가령 CGA, ATC 등과 같은 선형적인(linear) 형식으로 배열되어 있으며, 그것의 복합체인 핵산은 그런 '기호'들의 선형적인 연쇄체를 이룹니다. DNA나 RNA는 그런 기호들의 선형적인 연쇄체지요.

이처럼 핵산과 단백질은 표현과 내용의 관계를 이루지만, 앞서의 음소/형태소와 달리 하나의 동일한 지층 안에서 동일한 대상에 중첩되어 '형식적'으로만 구별되는 것이 아니라, 각각 별개의 지층을 이루고 있으며, 표현은 내용에서 독립성을 획득하고 있습니다. 이 경우 표현의 실체와 표현의 형식이 각각 뉴클레오티드(혹은 그것의 코돈)와 핵산이라면, 내용의 실체와 내용의 형식은 각각 아미노산과 단백질이라고 할 수 있습니다. 핵산과 단백질은 이처럼 하나의 동일한 지층 안에서 만들어지는 형식적 구별이 아니라, 별개의 실재적 지층을 이루는 것이란 점에서, 양자를 '실재적-실재적 구별'이라고 불렀던 겁니다.

---

[19] 반응하는 유기화합물들의 수소 및 산소 원자가 물분자가 되어 빠져나오면서 새로운 결합체가 만들어지는 것을 '중합반응'이라고 하지요. 이는 다수의 분자들을 결합하여 하나의 선형적인 복합체로 만드는데, 이를 중합체라고 합니다.

참고로 좀더 말해두면, DNA에 있는 정보를 메신저-RNA(mRNA)가 복사하면, 운반-RNA(tRNA)가 적절한 아미노산을 찾아다 리보솜(Rivosome)으로 가져가고, 그렇게 배열된 아미노산이 펩티드 결합을 해서 단백질의 거대분자를 형성합니다. DNA 정보를 mRNA가 복사하는 것을 '전사(轉寫)'라고 하고, 이를 단백질로 바꾸는 것을 '번역'이라고 합니다. 전사와 번역을 통해 유전자 정보에 따른 단백질이 만들어지는 것이지요.[20] DNA에서 A는 RNA로 전사되면서 G가 되고, 이는 다시 번역되면서 A가 됩니다. 즉 A는 G와, C는 T(U)와 상응하여 전사되고 번역되지요. 그런데 이 전사와 번역의 과정은 유전정보의 코드를 RNA가 DNA로부터 탈영토화하고 그렇게 탈영토화된 정보를 통해 단백질을 재코드화하는 과정이라고 할 수 있습니다. 이런 점에서 유기적 지층은 "재코드화되기 위해선 탈영토화되어야 한다"는 것을 보여준다고 할 수 있겠지요.

하지만 주의할 것은 여기서 '전사'와 '번역'이라는 말을 글자 그대로 이해해선 곤란하다는 점입니다. DNA의 아데닌(A)이 mRNA에서 구아닌(G)으로 바뀌는 것은 기호로 된 메시지를 보내고 번역하는 언어적(기호적) 과정이 아니라, 핵산의 염기들 사이에 일정한 화학반응이 발생하는 과정이며, '번역' 역시 마찬가지입니다. AGC든 GTA든, 거기에는 번역되거나 전달되어야 할 어떤 '의미'가 없습니다. 번역이란 가령 AGC라는 기호열(記號列)과 동일한 의미를 갖는

---

[20] 그런데 mRNA가 DNA의 유전정보를 전사하는 과정에서 DNA가 접히면서 안에 들어간 부분(인트론intron이라고 해요.)이 빠진 채 바깥에 잇닿은 부분(엑손exon이라고 하지요.)만 전사하는 경우가 발생합니다. 이렇게 해서 돌연변이가 만들어지지요. 이는 전사조차 변환을 배제하지 않는다는 것을 보여줍니다.

다른 종류의 기호열도 바꾸는 것입니다. DNA의 AGC를 mRNA가 '전사' 하면 GAU가 만들어지고, 이는 다시 '번역' 되어 AGC가 됩니다. 그렇지만 GAU는 AGC와 동일한 '의미'를 갖는 게 아니라, AGC에 이미 내포되어 있던 잉여적인(redundant) 기호들이 대응되어 나타난 것일 뿐입니다. 즉 A는 상보적인 염기인 G를 '잉여성'으로 함축하고 있을 뿐이고, C는 T 내지 U를 잉여성으로 함축하고 있을 뿐입니다. "유전코드는 발신자, 수신자, 파악, 번역 따위를 갖지 않으며, 오직 잉여성과 [코드의] 잉여가치만을 갖는다."(MP, 81; I, 68)

요컨대 '전사'나 '번역'은 잉여성을 이루는 상보적인 염기가 만들어지는 과정일 뿐입니다. 그래서 이를 저자들은 '변환(traduction)'이라는 말로 부르고 있습니다. 아마도 어떤 염기와 상보적인 염기로 바꾸고 그것을 단백질 합성에 필요한 아미노산으로 변환시키는 과정이라고 보기 때문이겠지요. 표현의 선형성은 일대일 대응을 통한 이러한 변환의 조건인 셈입니다. "이는 표현의 선형성을 수립한다(변환)."(MP, 93; I, 78)

4) 실재적-본질적 구별

세 번째 유형은 서로 다른 '속성'들 내지 범주들 간의 실재적-본질적 구별이에요. 이는 본질적으로 다른 두 가지 지층의 구별로, 스피노자 식으로 말하면 신체적인 것과 비신체적인 것의 구별이고, 저자들이 사용한 개념을 빌면 기계적인 것과 언표적인 것의 구별입니다. 저자들은 "기술과 언어, 도구와 상징, 자유로운 손과 유연한 성대, 몸짓과 말하기처럼 사람들이 인류의 특징이라고 부르는 것"(MP, 79; I, 67)이 이에 해당한다고 말합니다. 물론 인류의 출현이 이러한 내용과 표현의 새로운 분배에 절대적 기원을 이룬다고 하기는 어렵다는 단서를 잊지 않는다는 점도 잊지 마세요.

좀더 자세히 말하자면, 저자들은 르루아-그랑(A. Leroi-Gourhan)을 빌려 손-도구의 짝이 내용과 관련된다면 얼굴-언어는 표현과 관련된다고 말합니다. 이는 앞서 입이 두 가지 다른 종류의 기계가 되는 경우를 통해 좀더 쉽게 설명할 수 있습니다. 먹는 기계로서의 입이 신체적인 것 내지 '기계적인 것'의 층위, 다시 말해 내용의 층위가 자립적인 지층을 형성한 것이라면, 말하는 기계로서의 입은 비신체적인 것 내지 '언표적인 것'의 층위, 다시 말해 표현의 층위가 자립적인 지층을 형성한 경우라고 할 수 있습니다. 이는 나중에 '안면성'을 다루는 장에서 다시 보겠지만, 머리와 얼굴의 구별을 통해서도 마찬가지로 말할 수 있습니다. 머리는 신체의 일부분이지만, 얼굴(표정)은 신체로부터 탈영토화된 표면입니다. 우리의 경우에는 얼굴과 표정이 구별되는 단어로 사용되지만, 불어에서 visage는 얼굴/표정을 동시에 의미합니다. '표정'을 갖는 표면이 머리에서 독립될 때 '얼굴'이 되는 거지요. 표정이란 어떤 신체적인 상태나 감정, 혹은 신체와 무관한 생각이나 감정을 '표현'합니다. 이런 점에서 그것은 신체의 표면에서 만들어지지만 일종의 언어 내지 기호적인 것으로 사용되며, 이런 의미에서 신체적인 것이 아니라 신체의 '표면효과'고 비신체적인 것입니다.

여기서 내용과 표현의 상응성은 사라지거나, 최소한 일반적인 것이 되기를 그칩니다. 사실 두 번째 유형인 핵산과 단백질의 경우에는 일정한 상응성이 있었습니다. 핵산에 상응하는 아미노산이 모이고 그것이 결합되어 단백질의 형질이 만들어지기 때문에 그랬지요.

반면 먹는 동안 입은 말하기를 그치며, 말하면서 무언가를 먹기는, 지금 여러분이 보다시피 매우 곤란합니다. 물론 그 와중에도 말하는, 탁월한 수다능력을 가진 분들도 있지만, 이에 대해 자세히 부연한다면 너무 진지해서 썰렁한 강의가 되고 말겠지요? 《이상한 나라의 앨리스》에서 나오지만, 젖은 신체를 건조한 얘기로 말릴 순 없다는 사실은 내용과 표현의 비상응성의 적절한 사례라고 할 수 있습니다. 물론 얼굴이 신체의 고통을 표현한다면("나, 아파!") 여기선 일정한 상응성을 찾아낼 수도 있겠지만, 사랑을 표현하는 얼굴이 신체 상태를 표현하는 것은 아니며, 심지어 감정과 무관하게 그런 표정을 지어야 하는 경우가 많다는 것은 여러분이 더 잘 아시겠지요?

이 세 번째 유형에서 표현의 형식은 "유전학적인 것이라기보다는 언어적인 것"이 됩니다. "즉 그것은 이해 가능하고 전달 가능하며 변용 가능한 상징들을 외부로부터 작동"시킵니다(MP, 79; I, 67). 이로 인해 유전학적 코드의 선형성과 구별되는 '초선형성(sur-linéarité)'이 나타납니다(MP, 68; I, 68). 유전자 코드는 선형성을 갖지만, 그것은 공간적인 선형성이었습니다. 반면 음성적인 기호들은 시간적인 선형성을 갖는 것처럼 보입니다. 즉 시간적으로 순차적으로 하나씩 말해지며, 한번에 단 하나만 말할 수 있다는 겁니다. 그래서 소쉬르는 이를 일러 '기호의 선형성'이라고 말했지요.

그러나 다음 고원에서 다시 자세하게 보겠습니다만, 들뢰즈/가타리는 기호나 언어는 선형적이지 않다고 합니다. '명령어'라는 잉여성이 추가된다는 점에서, 혹은 그것을 표현하는 음고와 음색, 음조가 한꺼번에 동시에 발화된다는 점에서, 더구나 거기에 오해의 여지가 없도록 말하는 사람의 표정(얼굴)까지 추가된다는 점에서, 선형적인 것이 아니라 초선형적이라는 것입니다. 가령 "물!"이란 말을 오직 기표라는 측면에서 본다면 하나의 시점에 하나의 기호가 발화된다는 점에서 선형적이라고 하겠지만, 그 말을 어떤 음고, 어떤 음색으로, 그리고 어떤 표정으로 하는가에 따라 "물이야, 조심해!"를 의미할 수도 있고, 하인 부리듯이 부인에게 "물 가져와!"라고 명령하는 말이 되기도 하며, "목말라요, 물 좀 주소!", "엄마, 매워! 물 좀 줘!" 등의 말을 의미하기도 합니다. 언어가 유전자 코드와 달리 초선형적이라는 말은 이처럼 음고·음색·표정 등이, 혹은 명령어가 기표와 더불어 하나의 동일한 시점에 발화된다는 것을 의미합니다.

이 초선형적인 요소들, 잉여성이 사용된 기호의 의미를 규정하며, 이 의미로 인해 하나의 기호는 다른 기호로 번역될 수 있게 됩니다. 이 경우 번역은 앞서 핵산의 코드에서 보이는 문자 대 문자 간 대응과는 다른 양상의 대응을 함축하게 됩니다. '명령어'에서 연원하는 '의미'라는 개념을 통해 이제 음성적인 기호뿐만 아니라 문자적인 기호에 대해서도, 심지어 아이콘이나 지표 같은 기호에 대해서도 번역가능성이 정의됩니다. "이는 표현의 초선형성을 수립한다(번역)."(MP, 93; I, 78)

4. 내용과 표현의 관계

지금까지 내용과 표현의 구별에서 나타나는 상이한 양상들에 대해서 보았습니다. 이제 다음에 던져야 할 질문은 내용과 표현의 관계에 대해서입니다. 구별이 관계의 양상인 한, 사실 이는 구별의 양상들을 다루면서 이미 어느 정도 이야기한 것입니다만, 여기서 다시 부연하는 것은 양자의 관계가 무엇인가보다는 무엇이 아닌가라는 것을 보여줌으로써 내용과 표현 개념의 외연을 좀더 뚜렷이 하려는 것입니다.

1) 내용/표현은 기의/기표 관계로 환원되지 않는다

첫번째로, 내용과 표현의 관계는 기의와 기표의 관계로 환원되지 않는다는 것입니다. "우리는 언제 기호에 대해서 말할 수 있는가? 우리는 기호가 모든 지층의 어느 곳에서든 존재하며 표현의 형식이 있는 곳이라면 어디든 기호가 있다고 말해야만 하는가? ······우리는 모든 지층들이 영토성, 그리고 탈영토화 및 재영토화 운동을 포함한다는 것을 구실로 삼아 모든 지층에는 기호가 존재한다고 말해야만 하는가?"(MP, 84; I, 71)

이미 '정답'을 알고 계시지요? 내용과 표현의 구별에 대해 다시 '구별'하면서 우리는 언어적인 의미를 포함하는 기호에 대해 말할 수 있는 것은 세 번째 지층에서뿐이란 것을 보았습니다. 첫번째 구별에서는 심지어 언어학적 사례의 경우조차 내용과 표현은 오직 크기와 질서에서만 달라질 뿐이었고, 두 번째 구별에서 내용과 표현은 유전자 코드의 '전사'와 '번역'이라는 개념이 실제로 사용되고 있음에도 불구하고 결코 언어적인 기호로 간주할 순 없다는 것을 보았습니다. 언어 내지 기호가 내용과 본질적인 차이를 갖는 지층으로 독립되는 것은 실재적-본질적 구별이라는 세 번째 유형에서였지요. "표현의 형식과 내용의 형식 간에 실재적일 뿐만 아니라 범주적인 구별이 있을 때에만 우리는 기호에 관해 정확히 말할 수 있을 것으로 보인다. ······따라서 '기호'란 말은 엄밀히 말해 제일 마지막의

지층 집단에 보존하는 것이 합리적으로 보인다."(MP, 84; I, 71)

따라서 표현의 형식이 존재하는 모든 곳에 기호가 존재한다고는 말할 수 없으며, 표현의 형식과 기호를 동일시해서도 안 됩니다. 다시 말해 언어나 기호를 표현형식의 공통된 모델로 삼아선 안 되며, 모든 지층에 공통된 표현형식으로 기호를 상정해서도 안 된다는 겁니다. "이런 유의 팽창적 방법은 매우 위험하다. 왜냐하면 그것은 보편적 번역자 혹은 해석자라는 기능에 의존하여 언어의 제국주의를 강화하기 위한 정지작업을 하는 것이기 때문이다. 모든 지층에 공통적인 기호체계가 없다는 것은 명백하다. 〔라캉의〕 상징화에 이론적으로 선행하는 기호계적 '코라(chora)'〔이는 크리스테바(J. Kristeva)를 염두에 두고 말하는 것인데, 몰라도 이 책 읽는 덴 별 상관이 없습니다〕 형식에서도 마찬가지다."(MP, 84; I, 71)

여기서 비판하는 '언어의 제국주의'를 가장 잘 보여주는 사람은 바르트(R. Barthe)일 겁니다. 하지만 먼저 소쉬르(F. de Saussure)를 언급해야 합니다. 소쉬르는 《일반언어학 강의》에서 언어학을 확장하여 비언어적 기호를 포함하여 모든 기호를 다루는 일반적 이론으로서 '기호학(sémiologie)'을 제창한 바 있습니다. 하지만 이는 언어적인 기호를 기호 일반의 모델로 삼아 확장해가는 '언어적 제국주의'의 위험을 내포하고 있었습니다. 즉 소쉬르는 자의적인 기호인 언어를 모델로 하여, 기표(signifiant)와 기의(signifié)라는 개념으로 기호를 정의합니다. 그리고 이를 기호 일반을 다루는 '기호학'의 모델로 삼습니다. 그런데 이를 모델로 하는 순간 모든 기호는 이미 '자의적인 기호'가 되며, 모든 기호적 현상은 기표와 기의의 개념에 사로잡히게 됩니다. 이것이 '언어적 제국주의'의 위험에 관해 말하게 되는 이유지요.

바르트는 이런 입장을 적극 수용하여 구조주의적인 관점에서 기호학을 문학이나 유행, 혹은 그가 '신화'라고 불렀던 사회적인 현상에까지 적용해갑니다. 그리곤 "언어학은 일반기호학의 일부"라고 보았던 소쉬르의 명제를 뒤집어 "기호학은 언어학의 일부"라고 말합니다. 왜냐하면 모든 기호적 현상은 의미작용을 독해하는 그의 분석 안에서 결국은 모든 현상을 기표화하는데, 그것이 다른 '기표'(현상)들과 갖는 관계 속에서 의미작용을 분석하는 것으로 귀착되며, 그 의미작용이란 결국 언어적인 어떤 것으로 '번역'되기 때문입니다. 즉 언어가 없다면 기의도, 기호도 말할 수 없다는 점에서 기호학은 언어학의 일부가 된다는 겁니다.

따라서 여기서 말하는 '언어의 제국주의'란 본질적으로 기표의 제국주의를 의미합니다. 다시 말해 기호로 일반화되는 제국주의적 사유의 요체는 '기표의 제국주의' 혹은 '기표의 전제주의(autocracy)'[21]라는 겁니다.

---

(21) 푸코, 이정우 역, 《담론의 질서(L' Ordre du discours)》, 새길, 1993.
(22) 앞서 말했듯이 소쉬르는 《일반언어학 강의》에서 자의적인 기호로서의 언어에 대한 연구에서 기호 일반에 대한 연구로 확장해나갈 것을 제안하며, 이를 기호학(sémiologie)이라고 불렀습니다. 이것은 기표적인 기호, 자의적인 기호로서의 언어의 특징을 기호 일반으로 확장하는 것을 뜻합니다. 한편 퍼스(C. S. Peirce)는 지표(index)와 아이콘, 상징, 다이어그램 등을 본질적으로 상이한 기호로 보았고, 이 상이한 기호에 대한 이론을 제안했으며, 이를 기호이론(semiotics)이라고 불렀습니다. 여기서는 상이한 성격을 갖는 기호들이 각각 다르게 다루어집니다. 이처럼 기호들이 갖는 특징은 언어적 기호로 환원되지 않으며, 기호들의 작용이 '의미작용(signification)'으로 환원되지 않는다는 점에서 저자들은 퍼스의 기호이론을 소쉬르의 기호학에 대비시키고 있습니다. 그리고 좀더 나아가 같이한 기호들의 집합을 기호체제(Régime de signes) 내지 기호계(une/la sémiotique)라는 개념으로 발전시키지요. 이에 대해서는 제5 고원에서 다시 볼 것입니다.

위험이란 모든 지층에 작용하는 언어(language)의 제국주의라기보다는 언어 그 자체에 작용하는 기표의 제국주의다. 이것은 모든 기호체제 및 그것을 포함하고 있는 지층들의 전 범위에 작용한다. 여기서는 기호가 모든 지층에 대해 적용되는지가 문제가 아니라 기표가 모든 기호에 대해 적용되는지가, 모든 기호는 의미화(signifiance)로부터 주어지는지가, 기호들의 기호이론(la sémiotique)이 기표들의 기호학(sémiologie)으로 필연적으로 귀결되는지가 문제다.[22] 이런 경로를 따르는 자들은 심지어 기호 개념의 경제를 만들기까지 하는데, 왜냐하면 언어에 대한 기표의 우위는 모든 방향으로의 기호의 확장보다는 모든 지층에 대한 언어의 우위를 보증해주기 때문이다.(MP, 84~85; I, 71~72)

이는 앞서 바르트의 경우에 정확하게 해당된다고 하겠습니다. 그런데 모든 것을 오직 기표와 기의로 환원하는 기호학적 모델은 모든 상황을 기호와 그것의 지시체(대상), 말과 사물로 구분하는 단순화된 이항성에서 기인하는 것입니다. "기표의 애호가는 말과 사물이라는 과잉 단순화된 상황을 암묵적 모델로 삼는다. 그들은 말로부터 기표를 추출하고, 말과 일치하는 기의를 사물로부터 추출한다"(MP, 86; I, 72)고 했지요.

표현과 내용을 기표와 기의, 혹은 기호와 대상, 말과 사물이라는 기호학적 관계로 환원해선 안 된다는 것은 표현/내용 개념이 바로 이런 종류의 모델에 대한 비판을 함축하고 있다는 것을 의미합니다. 가령 감옥에 대한 푸코의 분석이 보여주듯이, 내용의 형식은 하나의 사물 내지 지시체로 환원되지 않으며, 표현 역시 기표나 기호로 환원되지 않는다는 겁니다.

> 감옥은 하나의 형식, '감옥-형식'이다. 그것은 하나의 지층 위의 내용의 형식이며, 다른 내용의 형식들과 관련되어 있다(학교·병영·병원·공장). 〔감옥이라는〕 이 사물 혹은 형식은 '감옥'이란 말이 아니라 '비행자', '비행(délinquance)'과 같이 완전히 다른 말과 개념에 준거한다. 이 말은 분류하고, 언표(言表)하며, 번역하는 새로운 방식을, 심지어 범법행위를 저지르는 새로운 방식을 표현한다. '비행'은 '감옥'이라는 내용의 형식과 상호전제되는 표현의 형식이다. 비행은 결코 기표가 아니다. 그것은 심지어 사법적 기표도, 감옥의 기의도 아니다. 내용의 형식은 하나의 사물로 환원되는 것이 아니라 권력구성체로서 사물들의 복합적 상태(건축, 편성 등)로 환원된다.(MP, 86; I, 72~73)

감옥은 하나의 '형식'이지만 내용과 표현이 독립되어 별개의 지층을 이루는 그런 유형의 이중분절을 포함하고 있습니다. 감옥이 내용의 형식이라면 이와 상관적인 표현의 형식은 비행(非行)이지만, 감옥은 비행이란 '기표'의 '기의'가 아니며 그것이 지시하는 대상도 아닙니다. 또한 비행 역시 감옥을 지시하는 기표가 아니지요. 법 내지 '정상성'에서 벗어난 행동들의 집합을 그런 말로 표현하지요. 비행 자체는 또한 그런 행동들을 범죄로 간주하고 평가하는, 그래서 강도, 강간, 절도, 경제범죄, 수뢰 등의 말로 표현되는 표현의 형식을 갖지만, 동시에 그런 범죄를 저지르는 신체적이고 물리적인 양상을 내용의 형식으로 갖습니다. 한편 감옥은 특정한 형식의 건축물을, 수형자를 다루고 감시하는 간수(看守)들을 내용의 형식으로 갖지만, 또한 '독방', '혼거방', '절도방', '폭력방', '징벌방', 혹은 '면회', '운동', '배식', '식구통' 등등과 같은 감옥에 고유한 언표들을 표현의 형식으로 갖습니다. 약간 덧붙이면, 감옥은 소년원, 검찰청, 교정국 등과 같은 바깥지층을 갖고, 범죄자, 수인(囚人), 교도관 등과 같은 병렬지층을 갖습니다.

이처럼 감옥과 관련된 내용과 표현의 형식은 결코 기표와 기의에 대응하지 않을 뿐만 아니라, 그 각각의 지층 또한 내용과 표현의 형식으로 또다시 분할되며 그것들이 복합적으로 혼합된 일종의 '다양체'를 형성합니다. 물론 감옥은 '언표적인 것'의 다양체인 비행과 비교해서 '기계적인 것'의 다양체라고 하겠지만, 그렇다고 물리적이고 건축적인 요소들만으로 구성된 어떤 집합체가 아니라, 그 자체에 고유한 언표적인 것 또한 포함하는 '다양체'라는 것입니다. "우리는 표현이라는 '담론적 다양체'와 내용이라는 '비담론적 다양체'라는, 항상적으로 교차하는 두 개의 다양체가 있다고 말할 수 있다."(MP, 86; I, 73)

2) 내용/표현은 내용/형식 관계로 환원되지 않는다

두 번째로 내용과 표현은 내용과 형식이라는 잘 알려진 관계로 환원되지 않는다는 것입니다. 내용과 형식이 서로 '자율성'을 갖지만, 내용이 형식을 규정한다는 점에서 형식에 대해 우위성을 가지며, 내용과 형식은 일정한 상응성을 갖는다는 식의 명제는 문학이나 예술을 다루는 맑스주의적 이론 안에서 항상 발견되는 것입니다. 하지만 이는 문학이나 예술이론만의 문제는 아닙니다. 여기서 저자들이 직접 겨냥하고 있는 것은 하부구조/상부구조의 관계, 혹은 경제적 토대와 그 상부구조의 관계입니다. 통상 경제적 토대를 내용이라고 보고 그것의 상부구조를 형식이라고 본다면, 헤겔 식의 변증법적 도식을 빌려 '변증법적으로' 라는 말을 덧붙이긴 하지만, 내용이 형식을 규정하며 따라서 양자는 서로 조응하고 상응한다고 말하지요. 이것이 도식화된 역사유물론의 가장 중요한 공리적 명제라는 것은 잘 아시지요?

사실 이는 대부분의 맑스주의자들의 공통된 '신념'이기도 하지만, 동시에 많은 맑스주의자들의 속을 썩였던 문제기도 하지요. 이런 도식에 따르면, 상부구조에 속하는 모든 것은 경제적 관계로 환원된다고 보는 경제결정론으로, 혹은 모든 관계는 경제적 이해관계로 환원된다고 보는 경제주의로 귀착되고 말지요. 그래서 이미 엥겔스는 쿠겔만(kugelmann)이라는 동료와 나눈 편지에서 '상부구조의 자율성'에 대해 강조한 바 있지요. 또한 알튀세르는 이를 좀더 밀고 나가 정치나 이데올로기 등 각각의 심급은 상대적 자율성을 가질 뿐만 아니라, 각각의 사회구성체마다 지배적인 심급은 달라질 수 있으며 경제는 단지 최종심급에서만 결정적이라고 말합니다. 여기에다 알튀세르는 "최종심급의 고독한 순간은 결코 오지 않는다"는 카프카 풍의 명제를 덧붙임으로써 역사유물론을 경제결정론에서 끄집어 내려고 했지요.

이런 도식은 스탈린 시대에 벌어진 언어학에 관한 논쟁에서 이미 그 난점이 충분히 드러난 바 있습니다. 언어가 상부구조인가 토대인가가 그 논쟁의 핵심적인 논점이었는데, 언어가 '경제'가 아니란 점에서 경제와 동일시되는 토대가 아니란 건 분명합니다. 그러나 그렇다고 토대가, 즉 경제적 관계 내지 생산관계가 변하면 그에 따라 언어가 변한다고 할 수 있는가? 여기서 "그렇다"고 대답하려면 많은 용기가 필요하고 또한 많은 걸 무시해야 합니다. 물론 단어나 어법이 일정 부분 바뀌기야 하겠지만, 언어가 바뀐다고 하기는 결코 쉽지 않지요. 따라서 가능한 선택은 두 가지가 남습니다. 언어는 상부구조가 아니라고 하는 것이 하나고, 토대가 상부구조를 규정한다는 명제를 포기하는 것이 다른 하나지요. 하지만 후자는 역사유물론의 근본적인 공리처럼 생각했기 때문에, 그걸 포기한다는 건 역사유물론을, 결국은 맑스주의를 포기한다는 걸 의미한다고 생각했을 겁니다. 그래서인지는 모르지만, 격한 논쟁의 와중에 스탈린이 개입하여 언어는 상부구조가 아니라 토대에 속한다고 말함으로써 결론을 '내려주었' 지요(《언어학의 제문제》).

반면 이 책의 저자들은 스스로 맑스주의자임을 자처하지만, 토대가 상부구조를 결정하고 내용이 형식을 규정한다는 식의 단순한 도식엔 아무런 미련이 없어 보입니다. 반대로 그런 식의 관념이 맑스주의 안에 많은 오류를 낳았다고 보는 듯합니다. 이들이 내용과 표현이라는 개념에 집요함을 보이는 것은 이런 사정과도 결코 무관하지 않아 보입니다. 이는 다음 장에서 언표행위의 문제를 다루면서 레닌의 '슬로건'을 중요한 예로 들 뿐만 아니라, 슬로건에 해당하는 프랑스어(불어로는 mot d'ordre인데, 직역하면 '명령어'가 됩니다)를 핵심적인 개념으로 사용하고 있다는 점에서 간접적으로 드러나는 듯합니다.

어쨌거나 저자들이 내용과 형식의 관계를 비판하는 것은 두 가지 이유에서지요. 첫째는 어떤 내용도 형식이 없을 수 없다는 점에서,

내용과 형식의 관계는 사실상 오직 내용의 형식에 대한 것만을, 결국 내용에 대한 것만을 일방적으로 다루게 된다는 점입니다. 형식이란 말이 내용과 구별되는 것으로 사용되는 한, 그것은 내용과 하나인 (내용의) 형식이 아니라 별도의 형식을 갖는 별도의 개념이 있어야 한다는 겁니다. 표현이란 말이 바로 그것입니다. 이런 의미에서 내용이 형식 없이 존재할 수 없듯이, 표현 또한 자신의 형식 없이는 존재할 수 없고, 따라서 내용과 형식이 아니라, 그 자체로 각각의 형식을 포함하는 내용과 표현이 구별되어 사용되어야 한다는 겁니다.

다음으로 두 번째는 이렇게 구별했을 때, 내용이 형식을 규정한다는 명제에서 귀결되는 내용의 우위성이나 내용-형식 간 상응성을 내용과 표현 사이에는 설정할 수 없다는 겁니다. 그런 우위성과 상응성은 사실 어떤 내용도 형식 없이는 있을 수 없다는 것을 말하는데, 내용과 표현을 내용과 형식이란 말로 쓰자마자 구별되어야 할 두 개의 층위에 그런 관계가 있는 것처럼 보이는 착각이 발생하는 거지요. 이러한 사실을 저자들은 이렇게 쓰고 있습니다.

> 의미화[기표화]하는 것이란 점에서 표현의 우위성을 설정할 수 없는 것과 마찬가지로, 결정하는 요인이란 점에서 내용의 우위성을 설정하는 것도 불가능하다. 표현은 결코 내용을 반영하는 형식으로 만들어질 수 없다. 심지어 그것에 '일정한' 독립성과 일정한 반작용의 가능성을 부여한다고 해도 그렇다. 왜냐하면 경제적 내용은 이미 형식을, 고유한 표현형식을 갖고 있기 때문이다. 내용의 형식과 표현의 형식은 상호전제하는 두 개의 병행적 형식화와 관련된다. 그것들의 선분들이 항상적으로 교차하며, 한 선

분은 다른 하나의 내부에 놓인다는 것은 명백하지만, 또한 이 두 형식이 파생되어 나오는 것은 추상기계에 의해서고, 그것들의 관계를 조절하는 것은 기계적 배치에 의해서라는 것이 분명하다.(MP, 88 ; I, 74)

보르헤스의 소설 〈피에르 메나르, 돈 키호테의 저자〉는 내용과 표현이 내용과 형식의 관계가 아니란 것은 물론, 앞서 말했던 명제, 즉 내용/표현은 기의/기표의 관계로 환원되지 않는다는 것을 동시에 보여주는 사례가 아닐까 싶어요. "17세기의 평범한 천재 세르반테스"와 19세기 말~20세기 초에 살았던 "윌리엄 제임스와 동시대인 피에르 메나르"는 글자 하나, 부호 하나 다르지 않은 똑같은 문장으로 소설을 쓰지만, 보르헤스가 보기에 이는 아주 다른 작품이란 겁니다. 우선, 하나가 자기가 살았던 시대의 평범한 스페인어를 구사한 작품이라면, 다른 하나는 3백 년 전의 고풍스런 외국어(메나르는 프랑스인이라고 하지요)로 쓴 작품이란 점에서 양자는 똑같은 글자로 된 것이지만 사실은 전혀 다른 표현형식으로 씌어진 글이란 겁니다. 제가 만약 3백 년 전의 조선시대의 왕궁에서 사용하던 고풍스런 문체로 왕조실록의 어떤 기록을 소설로 쓴다면 이와 유사한 사태가 벌어지겠지요. 또한 가령 역사를 '과거에 일어난 사건'으로 보았던 시대에 세르반테스처럼 "역사란 진리의 어머니다"라고 말하는 것과, 역사를 '어떤 목적을 실현하기 위해 일어났을 사건'이라고 보던 시대에 메나르처럼 "역사란 진리의 어머니다"라고 말하는 건 전혀 다른 의미를 갖게 된다는 점에서, 완전히 똑같은 문장이지만 그 내용이나 의미 또한 아주 달라진다고 할 수 있지요.

하나의 동일한 문구조차 이렇게 달라지는 것은 그것과 결합되어 있는 바깥지층이나 병렬지층이 달라지기 때문입니다. 어떤 조건에서, 그리고 어떤 맥락에서 어떻게 씌어지는가에 따라 동일한 표현조차 전혀 다른 의미를 갖게 된다는 겁니다. 요컨대 내용과 표현 간에 일방적인 규정성도, 일정한 상응성도 설정할 수 없으며, 씌어진 글자의 '의미'가 그 문장의 내용이 아니라는 것을 이 작품은 잘 보여준다고 하겠습니다.

3) 내용과 표현의 상이한 형식에 진화적 단계를 설정하는 것은 불가능하다

세 번째로 저자들은 "내용과 표현, 혹은 지층 간에 완성의 정도에 따라 단계적으로 배열되는 진화적 도식을 설정하는 것은 불가능하다"(MP, 89; I, 75)고 말합니다. 내용과 표현의 세 가지 유형 사이에서도 그렇고, 통상 우리가 접하는 다른 모든 이중분절된 지층들 사이에서도 또한 그렇습니다. 이유인즉 이렇습니다. "어떤 지층이 다른 어떤 지층과 소통할 것인지, 혹은 어떤 방향으로 나아갈 것인지를 사전에 알 수는 없다. 무엇보다도, 좀더 낮거나 좀더 높은 수준의 조직체란 없다. 하부지층은 지층의 통합적 부분이고, 변화가 일어나는 환경으로서 지층과 밀접한 관계에 있는 것이지, 조직화의 증가가 발생하는 것은 아니다."(MP, 89; I, 75)

하지만 우리는 너무도 쉽사리 여러 지층들 간에 '발전단계'를 설정하고, 진화적인 도식에 따라 상승하는 하나의 선 위에 그것들을 나열합니다. 무생물보단 생물이 더 진화된 지층이고, 생물에서도 식물보단 동물이, 동물에서도 어류보다는 포유류가, 포유류에서도 코끼리보다는 원숭이가 더 진화된 것이다 하는 식으로 말입니다. 이유는 나중에 언급된 것들이 분류자인 인간 자신의 모습에 좀더 가깝기 때문이지요. 다시 말해 인간 자신이 서 있는 지점을 발전의 최고단계로 놓고(이게 바로 인간중심주의Humanism이지요!), 자신과 비슷한 정도가 크면 클수록 그 진화의 종착지에 가깝다고 평가하는 것, 이게 바로 생물학적 진화론의 기본발상이지요.

어디 생물학뿐인가요? 흑인보단 황인종이, 유색인종보단 색이 없는 백인이 더 발달된 지층이라는 관념도 이런 발상의 한 변종이지요. 르네상스 시대에 휴머니스트들이 벌였던 거창한 '인간' 논쟁에서, 그들은 노예상인이나 자본가에 대항해서 얼굴이 벌건 아메리카 '인디언'이 인간이라고 주장했지만, 휴머니스트를 포함해서 그 어느 누구도 흑인이 인간이라고는 생각하지 않았습니다. 또 다양한 지역에서 다양한 문화를 이루고 살았던 다양한 사회들을, 보편적인 이성이 실현된 유럽이라는 문명사회에 비하여 미개하고 야만적인 사회라는 개념으로 진화적인 서열 안에 나열하는 헤겔 식의 역사철학에서도, 혹은 생산력의 발전 정도에 따라서 사회구성체를 일렬로 줄을 세워 인류사의 발전단계로 나열하는 맑스주의적 역사법칙에서도, 진화론적 발전의 도식에 따라 줄을 세우는 발상은 정확하게 동일하게 반복되고 있습니다.

그래서 이 책은 무생물, 생물, 인간, 정신 식의, 이미 진화적인 서열을 내포하고 있는 구별 자체를 부정합니다. 세포 내부의 핵산이나 단백질이 모노(J. Monod) 말처럼 "화학적으로 작동하는 기계"인 것처럼, 그리고 입이나 손 등이 이웃한 항들에 따라 다른 기계가 되는 '기계'인 것처럼, 그리고 문과 함께 수위가 건물 안으로 드나드는 동선의 흐름을 절단하고 채취하는 기계인 것처럼, 동물이나 사람 또한 질료의 흐름을 특정한 양상으로 절단하고 채취하는 기계며, 그러한 절단과 채취의 양상에 적합한 방식으로 분절된 지층을 형성하지요. 똥과 오줌은 영토를 표시하는 동물의 일부고, 부러진 나뭇가지들은 까치의 집-기계의 일부지요. 이런 식으로 모든 것은 서로의 관계에 의해 상이한 기계를 형성하는 기계라는 겁니다.

내용과 표현의 서로 다른 형상들은 단계가 아니다. 생물권(biosphère) 혹은 인지권(人智圈, noosphère) 따위란 없다. 어느 곳에나 동일한 기계권(Mécanosphère)만이 있을 뿐이다. 만일 지층들 그 자체를 고려하는 것에서 시작한다면, 한 지층이 다른 것에 비해 덜 조직화되었다고 말할 수는 없다. 이는 하부지층으로 봉사하는 지층에조차도 적용된다.(MP, 89; I, 75)

5. 지층과 배치, 추상기계
마지막으로 지층과 배치 그리고 추상기계에 관한 얘기입니다.

1) 지층과 배치
저자들의 어법으로 말하면, 지구는 어디든 지층화되어 있고 이중분절의 집게발에 의해 분절되어 있습니다. 하지만 모든 지층은 또한 나름대로 변이의 성분을 포함하고 있습니다. 추상기계에 의한 것이든, 아니면 지층의 내적 조건을 이루는 외부(내부환경, 외부환경)에 의한 것이든, 모든 지층은 변이의 선을 포함하고 있습니다. 그렇지만 지층은 상대적으로 안정성을 갖는 편입니다. 많은 경우 우리는 어떤 지층을 오직 하나의 동일성(identity)에 의해 포착합니다. 손은 손일 뿐이고 입은 입일 뿐이라는 거지요. 더구나 지층에 붙여놓은 이름은 그런 동일성을 더욱 강화합니다. 그 동일성의 표상 아래 우리는 그 모든 것이 사실은 끊임없이 변화하고 있다는 것을 보지 못합니다.

하지만 하나의 지층이 다른 지층과의 관계 속에서만 존재한다는 것은, 그리고 접속된 지층이 무엇인가에 따라 그 지층이 다른 것이 될 수 있다는 것은, 분절방식과는 다른 차원에서 그 지층의 변이능력에 대해 좀더 접근하기 쉬운 통로를 제공합니다. 숟가락을 든 손, 시청을 가리키는 손, 다른 유기체를 때리는 손, 애인의 몸을 더듬는 손. 이처럼 두 지층이 만나는 양상이 달라지면 동일한 손이 다른 기계가 됩니다.

이처럼 상이한 지층들의 계열화를 통해 정의되는 사물의 상태를 '배치(agencement)'라고 합니다. 숟가락-손-입의 계열, 대상-손-눈의 계열, 신체-손-입의 계열 등등. 이런 점에서 배치는 지층들 사이에서 상이한 지층들을 하나로 연결하며, 그러한 연결에 필요한 상응성 내지 대응을 만들어냅니다. "아마존(Amazon)족이 저 무시무시한 여자-활-스텝 배치의 명령에 따라서 자신들의 유기적 지층을 호전적인 기술적 지층에 적응시키기 위해 젖가슴을 잘라내서는 안 된단 말인가?"(MP, 91; I, 77) 배치란 지층들 사이에서 정의된다는 의미에서 '간-지층(interstrate)'이라고 하는 것은 바로 이런 의미에서예요. "기계적 배치가 위에서 진행된 분할에 따라 지층들 간의 관계들을 조절하고, 또 각 지층에서 내용과 표현 간의 관계를 조절하는 한, 그것은 간-지층이다."(MP, 93; I, 78)

여기서 배치의 개념에 대해, 혹은 배치의 기능에 대해 좀더 자세하게 말해둘 필요가 있습니다. "첫째, 기계적 배치는 한 지층 위에서 내용과 표현의 상호적응을 수행하고, 내용의 선분들과 표현의 선분들 간에 일대일 대응관계를 보장하며, 지층이 수직지층들과 병렬지층들로 분할되도록 유도한다. 다음으로, 지층들 사이에서 그것은 하부지층으로 복무하는 것들과의 관계를 보장하며, 이에 상응하는 조직상의 변화들을 유발한다. 마지막으로, 그것은 일관성의 구도로 나아가는데, 왜냐하면 그것은 특정한 지층 위에서, 지층들 사이에서, 그리고 지층들과 구도 간의 관계에서 필연적으로 추상기계를 실행시키기 때문이다."(MP, 91; I, 77)

앞의 두 가지가 지층들 사이에서 그것을 연결하는 것이란 점에서, 배치 개념에 결부된 것이란 점에서 '간-지층'으로서 배치의 기능이라면, 세 번째 것은 지층을 탈지층화된 것과 연결하여 일관성의 구도로 이어지게 하는 것이란 점에서 지층을 넘어선 것, 메타지층(métastrate)으로서 배치의 기능에 관한 것입니다. 후자는 추상기계와 결부된 것이니 다음에 보기로 하고 앞의 것을 봅시다.

가령 연주라는 이름으로 불리는 배치를 봅시다. 이는 악보와 악기와 연주자라는 세 항의 계열화에 의해 정의되는 배치예요. 여기서 악기, 손, 악보는 각각 나름대로 이중분절된 지층입니다. 물론 피아노는 건반-망치-현(-페달)의 계열화로 정의되는 배치지만, 그것은 건반에 의해 분절된 소리(내용의 형식)와 강약과 속도, 페달 사용의 여부 등을 표시하는 고유한 기호(표현형식)를 동반하는 이중분절된 지층입니다. 손이나 악보도 마찬가지지요. 그렇지만 이 각각의 지층만으로 아무런 소리도 만들어지지 않습니다. 세 개의 지층을 연결하는 선이 그어져야 합니다. 그런데 제대로 된 연주가 이루어지려면 이 세 지층 간에 일정한 일대일 대응관계가 수립되어야 합니다. 악보의 음표와 손가락, 그리고 건반이 정확하게 일대일 대응이 이루어져야 하지요. 아니면 '삑 소리'가 나게 되고, 제대로 된 연주를 할 수 없습니다. 제가 눈앞에 피아노가 있어도, 그리고 악보가 있어도 피아노를 칠 수 없는 것은, 건반을 두드릴 힘이 없어서가 아니지요. 연주에 요구되는 '일대일 대응'을 만들 능력이 없는 거지요. 연주의 배치가 요구하는 이러한 대응성을 수립하기 위해 피아니스트가 되려는 사람은 부지런히 손가락을 건반에, 악보에 대응시키는 훈련을 해야 합니다. 그것은 손의 하부지층으로 복무하는 손가락의 근육을 변화시키는 것이며, 연주-기계인 손의 하부지층이 되게 하는 데 필요한 조직상의 변화를 만드는 것이지요.

2) 배치와 추상기계의 관계

다음으로 배치와 추상기계를 구별해야 합니다. 앞서 배치의 기능을 설명하는 곳에서 배치는 지층을 탈지층화되는 지점으로, 다시 말해 일관성의 구도로 이어지게 하며, 지층과 일관성의 구도 사이에서 추상기계를 실행시킨다고 했습니다. 추상기계와 일관성의 구도에 대해서는 앞에서 이미 설명한 바 있습니다. 물론 우리가 일관성의 구도를 설명하기 위해 예로 들었던 '공(空)'이란 개념을 그 유일한 경우로 이해해선 안 됩니다. 뒤에서 자주 보겠지만, 저자들은 알(기관 없는 신체)이나 양자적인 흐름처럼 질료적인 입자의 탈영토화된 흐름을 모두 일관성의 구도라고 말합니다. 그것은 저자들이 일관성의 구도 옆에 괄호치고 추상기계라고 써놓은 것에서 알 수 있듯이,

일관성의 구도가 그것에 이르는 추상기계들과 동일시되는 경우도 있기 때문입니다. 이는, 일관성의 구도란 추상기계의 작동을 통해 도달하게 되는 탈지층화를 의미하는데, 이로 인해 탈지층화하는 추상기계가 일관성의 구도에 잇닿아 있기 때문에 발생하는 겹침에서 기인하는 것이 아닐까 싶습니다.

> 일관성의 구도(또는 추상기계)는 지층들의 형식과 실체 저변에서 강밀도의 연속체(continuums d'intensité)를 구축한다. 그것은 구별되는 형식과 실체로부터 강밀도를 추출하고, 이 강밀도의 연속성을 창조한다. 내용과 표현의 저변에서 일관성의 구도(또는 추상기계)는 가장 비의미작용적인 기호들을 가장 탈영토화된 입자들 속에서 기능하게 하는 입자-기호들을 방출하고 결합한다. 상대적 운동들의 저변에서 일관성의 구도(또는 추상기계)는 탈영토화 흐름들의 통접(統接 conjonctions)을 수행한다.(MP, 90; I, 76)

이런 의미에서 "강밀도의 연속체, 입자 혹은 기호-입자들의 결합된 방사(放射), 탈영토화된 흐름들의 통접, 이는 일관성의 구도에 고유한 세 요인으로서, 추상기계에 의해 작용하며 탈지층화를 구성한다"고 합니다(MP, 90; I, 76). 추상기계란 이처럼 추상하고 탈지층화하는 방식으로 작동한다는 점에서 지층과 일관성의 구도 사이에 있다고 할 수 있습니다.

배치가 지층 사이에 있다는 점에서 간-지층이었다면, 추상기계는 지층과 탈지층화 사이에 있다는 점에서, 즉 지층들 뒤에 있다는 점에서 메타지층의 위치에 있는 셈입니다. 그러나 엄밀하게 말하면 추상기계는 이미 지층이 아니라 탈지층화된 것이란 점에서 메타지층이란 말은 부적당합니다. 지층들 사이에 있지만, 하나의 지층을 다른 지층과 연결하면서 특정한 지층화의 양상을 변하게 하는 배치라는 개념이 바로 그것에 적당합니다. 그럼에도 불구하고 추상기계 애기를 했던 것은 그렇게 함으로써 메타지층이라는 개념의 자리가 어디인가를 좀더 분명하게 하려는 생각에서였습니다.

배치는 간-지층일 뿐만 아니라 메타지층이란 점에서 이미 변이의 선, 추상화의 선을 그리고 있습니다. 이런 의미에서 구체적인 배치는 항상 추상기계를 작동시키고 있으며, 역으로 추상기계는 항상 구체적인 배치를 통해서만 존재하고 작동합니다. "배치는 구성단위가 지층 속에, 한 지층과 다른 지층의 관계 속에, 그리고 이 지층들과 일관성의 구도 간의 관계 속에 감싸이는 데 필수적이다. 일관성의 구도 위에서 전개되거나 지층에 감싸이는 한, 모든 면에서 기계적 배치들은 추상기계를 실행시킨다."(MP, 91 ; I, 77)

그렇지만 저자들은 "추상기계를 우리가 구체적인 기계적 배치라고 부르는 것과 혼동해서는 안 된다"고 말합니다(MP, 91 ; I, 76~77). 왜냐하면 배치는 항상 탈영토화의 첨점을 갖고 있지만 동시에 영토화하는 성분 또한 항상 갖고 있기 때문입니다. 따라서 배치가 작동시키는 탈영토화는 그 자체로는 항상 상대적 탈영토화에 머물 뿐입니다. 반면 추상기계의 탈영토화는 모든 지층에서 탈분절화하고 탈지층화하는 것이고, 본질적으로 절대적 탈영토화를 향해 나아가기 때문입니다.

배치와 추상기계의 구별을 통해서 저자들은 다음과 같은 문제를 제시합니다. "가장 중요한 문제는 다음과 같은 것이다. 특정한 기계적 배치가 주어져 있을 때, 추상기계와 실행의 관계는 무엇인가? 배치는 어떻게 추상기계를 실행시키며, 어떻게 적절성을 만들어내는가?"(MP, 91 ; I, 77) 다양한 배치들을 분류하는 것, 그것을 통해 작동하는 추상기계를 찾아내는 것, 그리하여 그것이 일관성의 구도로 이어지는 선을 그리는 것(추상기계를 '다이어그램'으로 정의하는 데는 이런 이유도 있겠지요), 이것이 바로 이후 모든 고원에서 저자들이 하려고 하는 것입니다.

4장

언어학의 외부: 반음계주의적 언어학을 위하여

4

언어학의 외부:
반음계주의적 언어학을 위하여

《천의 고원》의 네 번째 고원에서는 언어학 내지 언어철학의 문제를 다룹니다. 오늘 다룰 주제는 내용과 표현이라는 층위에서 이루어지는 이중분절의 세 가지 유형 가운데 세 번째 것에 관한 것입니다. 세 가지 유형을 다시 정리해볼까요?

첫번째, 규모와 크기에 의해서 나뉘는, 분자적인 것과 몰적인 것들의 차원에서의 이중분절이 있었지요(실재적-형식적 구별). 두 번째는 유기체와 같은 지층에서 발생하는 이중분절로서, 표현이 내용으로부터 독립적인 지층을 획득할 때 성립합니다. 단백질과 핵산의 경우를 예로 보았지요(실재적-실재적 구별). 세 번째는 범주적 구별 내지는 속성 간의 구별로서, 양자가 본성을 달리하는 독립적인 실존을 갖게 될 때 성립합니다(실재적-본질적 구별). 이런 구별의 예로서 손-도구와 얼굴-기호의 짝을 보았고, 관련된 차이를 설명하기 위해 먹는 기계로서의 입과 말하는 기계로서의 입, 혹은 머리(내용)와 얼굴(표현)이 어떻게 다른가를 보았습니다. 기호 내지 언어라는 개념이 적용되는 것은 바로 이 지점이라고 했지요.

세 번째 유형의 구별을 달리 표현하면 '신체적인 것'과 '비신체적인 것'의 실재적 구별이라고 할 수 있습니다. 본래 내용과 표현은 하나의 지층 안에서 발생하는 이중분절이었지만, 이 경우엔 본성을 달리하는 두 개의 지층으로 명확하게 분리됩니다. 여기서, 그리고 다음 장에서 다룰 언어와 기호의 문제는 신체적인 것의 지층에서 독립한 표현의 지층에 관련된 것입니다. 저자들은 이를 '언표행위의 배치'라는 개념으로 지칭하면서, 내용의 지층에 해당되는 '기계적 배치'와 구별하고 있습니다. 각각 비신체적인 것과 신체적인 것에 해당하는 것이지요.

지금 우리가 오르려는 고원은 '언어학의 공준들(Postlats de la linguistique)'이란 제목을 달고 있습니다. 언어학에서 공준의 역할을 하는 4개의 명제를 제시하고, 그것에 대해 비판적으로 검토하면서 자신들의 '공준'을, 혹은 새로운 언어학적 관념들을 제시하려고 하고 있습니다. '공준'이란 '공리'와 비슷한 의미로 사용되는 말인데, 알다시피 기하학에서 나온 것입니다. 가령, 유클리드 기하학에서 '임의의 점에서 다른 임의의 점으로 직선을 그을 수 있다'라든지, '한 점을 지나면서 어떤 직선에 평행한 직선은 오직 하나밖에 없다'와 같은 것이 그것입니다. 유클리드 기하학은 위의 두 개를 포함해 모두 5개의 공리를 출발점으로 삼고 있습니다. 이는 모든 유클리드 기하학의 명제(정리)가 도출되는 데 필요한 전제인데, 증명하긴 어렵지만 워낙 자명해서 의심할 여지가 없는 것으로 간주되었습니다.

17세기 후반 이탈리아의 예수회 신부인 사케리(G. Saccheri)가 다섯 번째 공준인 '평행선 공리'를 다른 4개의 공리로부터 증명하려고 시도한 이래 19세기까지 그런 시도가 계속 이어졌습니다. 많은 실패 끝에 드디어 그 공리가 정말 자명한 것인가 하는 의심을 하기 시작했고, 급기야 평행선이 많다는 가정이나, 하나도 없다는 가정으로 유클리드의 평행선 공리를 대체해서 새로운 기하학을 창안한 사람들이 나타났고, 유클리드 기하학이 무모순이라면 그런 비유클리드 기하학도 무모순이라는 것이 증명되었습니다. 이 와중에 평행선이 하나도 존재하지 않는다는 공리를 채택하여 새로운 기하학을 만들었던 리만(G.F.B. Riemann)은 괴팅겐 대학 교수로 취임하면서 '기하학의 기초를 이루는 가설에 관하여'(1854)라는 제목의 취임강연을 했어요. 이 강연의 제목은 이전까지 자명하다는 의미에서 '공리'라고 믿어왔던 것을 '가설'로 간주함으로써 공리 내지 공준의 성격이 근본적으로 바뀌었음을 명확하게 선언하는 것이었습니다.

이 장에 저자들이 '언어학의 공준들'이라는 제목을 붙인 것은 이와 유사한 맥락을 가지고 있는 것으로 보입니다. 책에서 네 개의 절의 제목으로 붙여놓은 명제는 기존의 언어학에서 기본적인 출발점을 이루는 자명한 공준들이었습니다. 하지만 저자들은 자명한 것으로 당연시되던 이런 명제들 또한, 수학에서 그랬듯이 사실은 특정한 종류의 언어학을 구성하는 가설에 불과하다는 것, 근본적으로 의심해 마땅한, 그래서 다른 것으로 대체할 수 있는 그런 가설에 불과하다는 것을 보여주고 있습니다.

사실은 이보다 좀더 강한 의미의 비판을 하고 있다고 해야 하는

데, 왜냐하면 그런 확고해보이는 공준들이 실제로는 언어가 가진 중요한 면모들을 파악하는 데 부적절한 가설임을 말하고 있기 때문입니다. 나아가 이전의 공준들이 다수성과 표준적인 형태 아래서만 언어활동을 연구하게 만드는 것이었으며, 그에 따라 척도로서 작용하는 어떤 특정한 '권력'을 가정하거나 작동시키는 것이었음을 보여줍니다. 그에 대한 비판을 통해서 저자들은 그와는 다른 관점에서 언어활동을 파악하기 위한 개념들을 제시하고 있습니다. 바둑 두는 사람들의 어법을 빈다면, 이전의 공준들을 따라가면서 공격하고, 그것을 통해 자신의 '집'을 만들어가고 있는 겁니다. 아니, 반대가 더 정확하겠군요. 자신들의 집을 짓기 위해 적이 만들어놓은 집 안에 들어가 공격하고 있는 겁니다.

 이들이 공격하고 있는 '언어학의 공준들'은 다음과 같은 네 가지입니다.

1. 언어활동(langage)은 정보적이고 소통적이다.
2. '외생적(外生的)인' 어떤 요인에도 호소하지 않는 언어(langue)라는 추상기계가 존재한다.
3. 언어를 항상 하나의 동질적 체계로 정의할 수 있게 해주는 항상성 내지 보편성이 존재한다.
4. 다수적인 내지 표준적인 언어라는 조건 아래서만 언어는 과학적으로 연구될 수 있다.

 여기서 우리는 랑그(langue)와 랑가주(langage)를 각각 '언어'와 '언어활동'이라고 번역했습니다. 랭귀지(language)를 언어로 번역하기에, 통상 둘 다 '언어'로 번역되지만, 여기서는 이 두 단어를 분명히 구별할 필요가 있습니다(번역본에서 간혹 랑가주를 언어로 번역한 것은 통상적인 용례 때문입니다. 즉 우리가 통상적으로 갖고 있는 '공준'을 드러내기 위한 것으로 이해해주시기 바랍니다). 소쉬르는 랑가주를 랑그와 파롤의 합이라고 정의한 적이 있습니다. 랑그가 어휘나 문법을 비롯하여 언어 사용에 관련된 일반적인 사회적 규약이라면, 파롤은 개별적으로 그때마다 입으로 발음하는 것을 지칭합니다.

이 정의에 반드시 따르는 것은 아니라 해도, 랑가주에는 랑그에 발음, 파롤같이 현실적인 언어를 사용하는 게 포함되는 것은 분명하지요. 나아가 이 책에서 주장하듯이 어떤 '명령어(mot d'ordre)'를 포함하고 있기에, 화용론(pragmatics)이 주장하듯이 랑가주는 일차적으로 실천 내지 활동과 결부되어 있다는 점을 고려해서 '언어활동'이라고 번역하고, 이와 대비해 언어적 규약들의 집합으로서 랑그를 '언어'라고 번역하면 좋을 듯합니다.

이제 우리도 이 책을 따라가며 위의 명제들을 하나씩 검토해보기로 하지요.

1. 언어는 정보적이고 소통적이리라

저자들이 보기에 언어학의 첫째 공준은 "언어는 정보적이고 소통적이다"는 것입니다. 그런데 이 문장을 저자들은 조건법을 써서 표현하고 있습니다. 그 뒤의 다른 명제들도 마찬가지지요. 우리 말에는 조건법이니 접속법이니 하는 것이 없어서, 말하려는(vouloir-dire) 것을 추측하여(후설의 Sinn을 vouloir-dire로 번역하여 '박살'을 낸 데리다나 데리디엥/엔Derridien/ne에게 걸리지 않길!) 추측

보조어미를 써서 번역했어요. 조건법은 대개 가능성이 희박한 경우나 가상의 사실, 혹은 확인되지 않았거나 의심스러운 사실을 표현하는 데 쓰지요. 이런 걸 보면 저자들은 조건법을 써서 공준 자체가 사실은 확인되지 않았거나 의심스러운 것임을, 가능성이 적은 것임을 표현하려고 한 듯합니다.

1) 언어활동: 명령과 훈육

언어활동의 본질은 무언가를 알려주는 것(정보적인 것)이나 의사를 전달하고 소통하는 데 있는 것이 아니라, 무언가를 하도록 시키고 명령하는 것이라는 게 첫번째 공준을 대신하는 저자들의 공준입니다. 이 장의 첫 부분은 이를 잘 보여주는 예를 포함하고 있습니다.

> 학교에서 여선생이 학생들에게 문법규칙이나 산수를 가르칠 때, 그것을 알려주는(imforme) 것이 아니듯이, 그녀가 질문할 때에도 알려달라고 하지 않는다. 그녀는 가르치며 명령(ordres)하고 지시한다(commande). 선생의 지시는 그녀가 가르치는 것에 대해 외적인 것도, 부가적인 것도 아니다. 그것은 최초의 의미작용에서 흘러나오는 어떤 것이 아니며, 정보(알림, information)로부터 결과하는 것도 아니다.(MP, 95; I, 80)

가령 교사가 아이들에게 '1+1=2'를 알려주거나 구구단을 가르칠 때, 그것은 단순히 정보를 전달하려는 것이 아니며 학생과 소통을 시도하고 있는 게 아닙니다. 물론 그것이 정보를 포함하며 소통 또한 안 되고 있다고야 할 수 없겠지요. 하지만 그러한 셈법을 가르치는 데서 핵심적인 것은 '1 + 1 = '을 보면 2라고 쓰라는 명령하는 것이고, '9×9 = '을 보면 81이라고 쓰라고 명령하고 있다는 것입니다. '산수시험'은 그런 명령을 잘 알아듣고 잘 따르는지를 시험하는 거지요. 그렇게 하지 않으면? 그건 틀린 답을 적는 것이고, 시험에서 낮은 점수를 받는 것이며, 반복하면 '낙제'하여 익힐 때까지 다시 훈육을 받거나 학교를 포기하거나 해야 합니다. 미분함수를 구하는 계산도 마찬가지지요. 교사가 가르치는 것만이 아니라 책 자체도 사실은 그러합니다. 수학책의 단원마다 붙어 있는 연습문제들은 그런 명령에 따르는 훈련을 위한 것이지요. 어디 수학뿐이겠어요? 다른 모든 과목이 다 그렇고, 언어를 배우는 것이 다 그렇지요.

따라서 언어활동의 본질은 정보의 전달이나 의사소통이라는 통상적인 '공준'을 비판하면서 이 책의 저자들이 제시하려는 명제는 바로 이런 것입니다. "언어활동의 본질은 명령이다. 언어는 의미작용이나 정보의 전달, 의사소통에 관계된 것이 아니라 명령에 관계된 것이다."

혹시 여기서 모든 걸 권력으로 환원하려는 삐딱한 니체주의적 '반항'을 발견하시는 분이 있을지도 모르겠군요. 권력이니 명령이니 하는 말만 하면, "모든 걸 삐딱하게 보는 반계몽주의자 내지 포스트주의자"라고 비난하는 일이 아주 흔해서 말입니다. 그런 분들은 이런 문구만으로도 새삼 긴장하면서, 그 긴장을 사유로 연결하기보다는 '포스트주의자'(사실 들뢰즈/가타리는 이런 칭호에 대해 아주 강한 거부감을 표시합니다)라는 상투적인 비난을 통해 상대화함으로써 자신의 신념을 보호하려 하지요. 그러나 비트겐슈타인(L. Wittgenstein)

은 이런 '해괴한' 발상이 '계몽에 대한 무정부주의적(철없는!) 비판'이 아니라는 것을 잘 보여줍니다(부디 '비트겐슈타인'으로 인하여 니체나 푸코, 들뢰즈란 이름만으로도 불안을 느끼시는 분들에게 평온이 깃들길!). 그는 《철학적 탐구》를 시작하는 부분에서 이렇게 쓰고 있습니다.

〔건축가〕 A는 건축용 석재들을 가지고 어떤 하나의 건물을 짓는다. 벽돌, 기둥, 석판, 들보 등이 있다. 〔조수〕 B는 그에게 그 석재들을 건네주어야 한다. 더구나 A가 그것을 필요로 하는 순서에 따라. 그 목적을 위해서 그들은 '벽돌', '기둥', '석판', '들보'란 낱말들로 이루어져 있는 어떤 하나의 언어를 사용한다. A가 그 낱말들을 외친다. 이렇게 외치면 B는 가져오도록 배운 석재를 가져간다. ─이것을 완전히 원초적인 언어라고 생각하자.[1]

'벽돌' 등과 같은 말의 "목적이 그 단어와 결부된 어떤 표상을 일으키는 것이 아니란"[2] 점은 이 예만으로도 분명합니다. 이는 단어의 의미는 그것의 용법이라는 비트겐슈타인의 유명한 명제와 결부되어 있음을 충분히 짐작할 수 있는 예지요. 조금 후에 언어를 배우는 문제를 다루면서 그는 이렇게 말합니다.

어린 아이가 말하는 법을 배울 때, 어린 아이는 그러한 원초적

---

(1) 비트겐슈타인, 이영철 역, 《철학적 탐구(*Philosophische Untersuchungen*)》, 서광사, 1994, 20쪽(§2).
(2) 같은 책, 22쪽.

형식의 언어를 사용한다. 여기에서 언어를 가르치는 것은 **설명이 아니라 훈육이다.** ……어린 아이들은 이러한 활동들을 하고 그와 동시에 이러한 낱말들을 [이렇게] 사용하도록, 그리고 다른 사람의 낱말들에 이렇게 반응하도록 교육받는다.[3]

여기서 그는 언어를 가르치는 것은 알려주거나 설명하는 게 아니라, 그 말을 사용하거나 그 말에 반응하는 활동을 훈육하고 훈련하는 것임을 명확하게 말합니다. 이는 비트겐슈타인이 언어를 명령과 결부된 것으로 정의하고 있다는 것을 보여줍니다. 덧붙여 그는 언어가 소통을 목적으로 하는 게 아니라는 점 또한 명확하게 말하고 있습니다.

"언어가 없으면 우리는 서로 의사소통할 수 없을 것이다"가 아니라—언어가 없다면 우리는 다른 사람에게 이러이러하게 영향을 줄 수 없다, 도로와 기계 들을 건설할 수 없다 등등이다.[4]

이는 언어[활동]를 본질적으로 삶의 형식(Lebensform)이나 활동, 실천의 문제로 보는[5] 이른바 '화용론'의 문제의식을 이해한다면 사실 쉽게 이해할 수 있는 말입니다. 그래서 비트겐슈타인은 심

---

[3] 같은 책, 21쪽(§ 3~4).
[4] 같은 책, 208쪽(§ 491).
[5] 비트겐슈타인은 언어게임이란 개념을 사용하는데, 그런 개념을 사용한 의도를 이렇게 말합니다. "여기서 '언어게임'이란 낱말은, 언어를 말한다는 것은 어떤 활동의 일부 또는 삶의 형태(Lebensform)의 일부임을 부각시키고자 의도된 것이다."(앞의 책, 32쪽[§ 23])

지어 수사의문문 형식과 어조를 가지는 경우에조차 "'그가 말하는 것은 물음의 형식을 가지고 있지만 실제로는 하나의 명령이다' — 즉 그 언어의 실천 속에서 명령의 기능을 가지고 있다"[6]고 말합니다.

2) 언표와 언표행위

이런 관점을 들뢰즈와 가타리는 더욱더 명확하게 말합니다. "언어활동의 기초단위인 언표는 명령어다."(MP, 95; I, 80) 여기서 '언표'는 '에농세(énoncé)'라는 말을 번역한 것인데, '진술하다', '서술하다', '선고하다' 등을 의미하는 동사 'énoncer'의 과거분사로서, 말해진 것, 진술된 것을 뜻하지요. 영어로는 보통 utterance라고 번역됩니다. 역시 enoncer라는 동사에서 나온 '에농시아시옹(énonciation)'이란 말이 이 개념과 짝을 이루어 자주 사용되는데, 언표행위라고 번역했습니다. 이것은 말을 하는 행위를 뜻하지만, 단지 음성적인 언어를 사용하는 경우만이 아니라 글을 쓰는 것까지 포함하며, 좀더 정확하게 말하면 언표를 수반하는 행위 일반을 지칭합니다. 이로 인해 종종 사용되는 '발화(주체)'라는 번역어는 부적절한 면이 있습니다. 영어로는 보통 enunciation으로 번역됩니다.

언표와 언표행위란 개념은 '언표 주체'와 '언표행위의 주체'라는 개념으로 이어지지요. 언표 주체가 진술된 문장의 주어라면, 언표행위의 주체는 말 그대로 진술하는 주체(주어)를 의미합니다. 예를 들어 "레니는 모든 피고가 아름답다고 생각합니다"라고 K의 변호사가 말을 했을 때, 따옴표 안에 든 문장이 변호사가 말한 것(언표)이고

---

[6] 같은 책, 30쪽(§ 21).

그 언표에서 주어(주체)는 레닌이지요. 그런 언표를 말한 것(언표행위)은 K의 변호사고, 따라서 언표행위의 주체(주어)는 K의 변호사에요.

통상 이렇게 언표 주체와 언표행위의 주체는 구별되지만, 뒤에 기호체체에 대한 부분에서 언급하듯이, 언표 주체와 언표행위의 주체가 동일시되고 겹치며 포개지는 일이 많습니다. "사람은 노동하는 동물이다"라는 일반적 주어의 언표를 말하면서 언표행위의 주체는 언표 주체와 포개지게 되고("그럼, 나도 사람인걸!"), 그것을 통해 언표행위의 주체와 언표 주체 사이에 동일시가 발생합니다. 그럼으로써 언표행위의 주체는 "그러므로 나 또한 노동해야 마땅하지"라고 하면서 언표된 내용 전체를 자신에 해당되는 것으로 받아들이지요.

저자들은 말이든 글이든, 혹은 심지어 일정한 침묵조차도 모두 '언표행위의 배치' 안에 있으며, 그러한 배치 안에서 나름의 의미를 획득한다고 봅니다. "우리는 하나의 혈통을 가진 위대한 민족으로서……" 하는 식의 언표는 가령 식민지 조선처럼 제국주의 지배를 받은 곳에서라면 민족주의적 배치 안에서 '민족 해방'의 꿈과 희망을 말하는 문장이 되지만, 제국주의국가에서라면 다른 민족을 지배하는 것을 정당화하기 위한 문장이 되고, 대동아 공영권을 꿈꾸던 1930년대의 일본에서라면 상이한 민족들을 하나로 통합하려는 새로운 지배전략의 언표가 되며, 1930년대 독일에서라면 인종주의적 배치 안에서 열등한 인종청소마저 마다하지 않는 나치의 우생학적 언표가 됩니다.

그런데 조금 전에 이 책을 인용하면서 '언어활동의 기본단위인 언표는 명령어'라고 했지요. 먼저 언어활동(langage)의 기본단위를 언표라고 한 것을 보지요. 사실 이 말은 이전에 푸코가 《지식의 고고학》에서 제시한 것인데, 기표나 기의, 랑그나 파롤, 혹은 음소나 형태소를 언어(활동)의 기본단위라고 보는 것과 구별되는 입장을 표명하고 있습니다. 언표는 기표나 언어(langue) 등과 다릅니다. 예를 들면 "I am cold"와 "추위"라는 말은 전혀 다른 기표, 음소와 형태소로 이루어져 있으며, 전혀 다른 두 개의 랑그를 따라 진술되었지만, 하나의 동일한 언표입니다. 의미가 동일하다는 점에서 기의처럼 보이지만 기의가 기표와 짝을 이루는 개념이란 점에서, 그리고 이 말들은 상황에 따라 다른 의미를 가질 수 있다는 점에서 기의 또한 아닙니다.

이 말들은 언어게임에 따라, 혹은 언표행위의 배치에 따라, 때론 "옷을 줘"나 "문 닫아"를 의미할 수도 있고, "썰렁해"를 의미할 수도 있으며, "방의 온도가 낮다" 내지 "체온이 낮다"를 의미할 수도 있습니다. 그것은 모두 특정한 행동이나 활동과 결부된 문장이지요. 언표가 기본단위라고 할 때, 그것이 언어보다는 언어활동에 속하는 것이란 점은 이로써 쉽게 이해할 수 있을 겁니다. 이런 점에서 언표는 "효과를 겨냥한 기호들의 집합"이라고 해야 할 듯합니다. 《지식의 고고학》에서 푸코가 담론을 "담론적 사건들의 집합"이라고 하면서 동시에 "언표들의 집합"이라고 정의했던 것은 바로 이런 의미에서였을 겁니다.[7] 들뢰즈가 푸코의 언표 개념을 화용론적인 것이라

---

(7) 푸코, 이정우 역, 《담론의 질서(*L' Ordre du discours*)》, 새길, 1993, 45쪽; 이진경, 〈미셸 푸코의 담론이론〉, 《철학의 외부》, 그린비, 2002, 107쪽 이하.

고 보는 것[8])도 정확하게 이런 의미에서지요.

이렇게 언표라는 단위를 부각시키는 것은 기표를 부각시켰던 기존의 언어학이나 기호학적 경향을 겨냥한 것으로 보여요. 레비-스트로스 이래 라캉이나 바르트, 보드리야르(J. Baudrillard) 등에 의해 여러 영역으로 확장되었던 기호학은 언어 이외의 것들을 기표로 환원하고, 그것이 기의를 갖도록 조직되는 방식을, 언어(langue)를 모델로 하여 '기표의 물질성'과 같은 개념으로 표시하려고 했지요. '기표의 제국주의'나 '기표의 전제주의'라는 말이 나오게 된 것은 이런 이유에서였습니다. 푸코나 들뢰즈/가타리가 언표라는 말로 비판하고자 했던 것은 바로 이 '기표의 제국주의'였습니다.[9])

소쉬르 이후의 언어학에서 '기표'는 '의미'를 표시하는 것, 의미와 관계된 것이었고, 그렇기 때문에 '기의'와 짝을 이루어서만 성립할 수 있는 것이었어요. 하지만 들뢰즈/가타리는 '언표'란 우리의 언어활동에서 말하는 사람이 듣는 사람에게 무엇을 어떻게 해달라고 하는 일종의 명령(ordre)이 언제나 실려 있는 것이라고 보았습니다. "석판"이라는 말에는 "이것이 석판이다"가 아니라, "석판을 줘"나 "석판을 치워", 혹은 "이걸 달라고 할 땐 석판이라고 말해" 등등과 같은 명령이 담겨 있으며, 그것이 바로 그 말의 실질적 '의미'라는 거지요. 이런 점에서 이 책에서 저자들의 생각은, 단어 내지 문장의 의미란 기표들로 이루어지는 차이와 동일성의 놀이에 의해 만들어지는 것이라는 소쉬르나 라캉, 데리다의 생각보다는, 특정한 상황

---

(8) 들뢰즈, 권영숙 외 역, 《들뢰즈의 푸코(Foucault)》, 새길, 1995, 30쪽.
(9) 푸코, 《담론의 질서》, 새길, 1993, 41쪽; MP, 84~85(I, 71~72).

에서 그것을 사용하는 '용법(use/usage)'이라고 하는 비트겐슈타인의 생각에 훨씬 더 가깝습니다.

3) 명령어

언어활동의 기본단위인 언표는 '명령어'라는 명제는 바로 이런 맥락에서 제시되고 있는 겁니다. 명령어란 'mot d'ordre'란 말을 번역한 것인데, 이 말은 프랑스어에서 암호나 슬로건을 뜻하지만, 직역하면 명령-어(word of order)란 뜻을 갖고 있습니다. 뒤에 사용하는 예로 보아 아마도 레닌의 글 〈슬로건(mot d'ordre)에 관하여〉에서 따온 것으로 보이는데, 슬로건이 "이렇게 하라"라는 명령을 담고 있다는 점에서 '명령어'라는 직접적인 의미로 변형시켜 사용하고 있는 것 같습니다.

이런 명령어는 사실 직접 언표되기보다는 다른 언표에 실려서(부가되어) 간접적으로 전달되기에, '암호'라는 의미를 함축한다고도 할 수 있지요. 그래서 저자들은 명령어란 "암묵적 전제에 대해 모든 말이나 언표가 갖는 관계, 다시 말해서 언표를 통해 이루어지거나 그것을 통해서만 이루어질 수 있는 화행(話行)에 대해 말이나 언표가 갖는 관계"(MP, 100; I, 84)라고 정의합니다. 직접적인 단어들에 실려 간접적인 방식으로 언표되고 전달되는 명령이 바로 명령어라는 거지요. 그것은 "사회적 강제에 의해 언표에 연계되는 모든 행위에 관련된 것"입니다(MP, 100; I, 84). 앞서 본 것처럼 언어활동이 정보의 전달이나 의사의 소통보다는 차라리 특정한 행동을 요구하거나 명령하는 것이란 점에서 "명령이야말로 바로 낱말 그 자체를 언표행위로 만드는 변수"(MP, 105; I, 88)라고 할 수 있습니다.

저자들이 명령어라는 개념을 사용하면서 언어활동에서 '잉여성(redondance)'이란 개념을 사용하는 것도, 그리고 간접화법(discours indirect, 간접담론)에 일차성을 부여하는 것도 모두 이런 의미에서지요. 앞서 예로 든 것을 보면, "추위"라는 말은 언표행위의 배치에 따라 "문 닫아"라는 명령어를, 혹은 "썰렁하니 그만해"라는 명령어를, 혹은 "안아줘"라는 명령어를 (암호처럼) 포함하고 있으며, 그 경우 하고 싶은 실질적인 말은 "추위"라는 말을 통해 간접적으로만 말해진다는 점에서 '간접화법'이라는 겁니다. "'최초의' 언어, 혹은 언어의 자리를 차지하는 최초의 규정은 수사(修辭)나 은유가 아니라 간접화법이다."(MP, 97 ; I, 82)

간접적인 담론은 보고하는 언표 안에서 보고되는 언표가 나타나는 것이고, 말 안에서 명령어가 나타나는 것이다. 전체로서의 언어활동은 간접적인 담론이다. 간접적인 담론은 결코 직접적인 담론을 전제하지 않는다.(MP, 106 ; I, 89)

이는 모든 말에는 명령어가 '잉여적으로' 부가되어 있다는 것을 의미하고, 이런 의미에서 모든 언어활동은 '잉여성'을 갖는다고 할 수 있습니다. "언표와 행동의 관계는 동일성이 아니라 잉여성의 관계다."(MP, 100 ; I, 84) 즉 학교에서 교사가 학생들에게 '1+2=3'을 가르칠 때조차 그것은 "이렇게 답을 쓰라" 내지 "이렇게 계산하라"는 명령어를 전달하는 것이란 점에서 간접화법으로 말하고 있다는 겁니다. 그렇기 때문에 저자들은 이렇게 말합니다. "모든 명령어에는, 심지어 아들에게 내리는 아버지의 그것에도 어느 정도는 ('안하면 죽어'라는 의미에서] 사형선고(sentence de mort)가, 즉 카프카가 말했듯이 선고[10]가 있다."(MP, 96; I, 81)

원래 '잉여성'이라는 개념은 정보이론에서 나온 것입니다. 정보이론에서는 발신자가 수신자에게 최소한의 노력으로 최대량의 정보를 보내려 한다고 가정합니다. 행동의 합리성에 관한 가정이지만, 사실은 일종의 공리주의적 가정이지요. 한 마디면 알아들을 것을 여러 마디로 말하는 것은 '잉여적이고' 비합리적이란 겁니다. 그런데 정보의 전달 과정에서 소음이나 잡음이 끼어들 수 있는데(엔트로피의 증가), 이는 정보의 손실을 야기하며, 심할 경우 정보의 전달 자체를 불가능하게 합니다. 이를 방지하기 위해, 다시 말해 정보의 혼란도(엔트로피)를 감소시키기 위해 겹치는 정보를 중복하여 전송하는데, 이러한 중복성을 잉여성이라고 합니다.

가령 영문으로 받은 메일에서 모음이 '소음'으로 인해 망실되어 "mst ppl hv lttl"로 전달되었다고 합시다. 만약 각각의 단어가 별개라면 이게 무슨 말인지 알기란 쉽지 않을 겁니다. 그러나 여기에 직접 전송되진 않았지만, 영어로 된 문장이란 사실 자체가 처음에 오는 것은 주어가 될 수 있는 '명사구'임을 이미 내포하고 있고, 그 뒤에 오는 것은 '동사구'임 또한 내포하고 있습니다. 그래서 hv는 have일 거라고 짐작할 수 있고, 그 앞의 주어는 poeple임을 알 수 있지요. people 앞에 온 것은 '어떤 peolpe'인지를 표시하는 것일 텐데, 그에 합당한 수식어 가운데 mst가 들어가는 것은 most일 거라

---

(10) 여기서 뒤의 문구는 마지막에 아버지가 아들에게 사형을 선고하고 아들은 선고대로 강에 가 빠져죽는 카프카의 단편소설 〈선고〉를 염두에 두고 있습니다(카프카, 〈선고〉, 이주동 역, 《단편전집》, 솔, 1998).

고 추측할 수 있고, 이는 마지막의 단어가 대비되는 양을 표시하는 little이리라고 짐작하게 해줍니다.

이처럼 전송된 것들에 직접 표시되진 않았지만, 그것들에 관한 추가의 중복된 정보가 있게 마련인데, 이를 '잉여적인(남아도는)' 정보라고 합니다. 다들 많이 해보셨겠지만 괄호넣기 식의 시험문제에 답을 쓸 수 있는 것은 잉여적인 정보들 때문이지요. 이런 점에서 정보이론에서 잉여성이란 원래는 없어도 상관없는 것인데, 소음이나 잡음으로 인해 혹시나 정보를 해독할 수 없을까 싶어 추가한 것을 지칭하는 말입니다. 따라서 이는 메시지나 정보를 전달하는 데서 부차적인 위치를 차지하고 있다고 할 수 있지요.

반면 저자들은 잉여성 자체를 다르게 정의하고 있습니다. 이들이 말하는 잉여성은 엔트로피를 증가시키는 소음에 대항하기 위해서 추가되는 중복된 정보가 아니라, 특정한 행동을 요구하는 명령이나 요구, 요컨대 명령어예요. 즉 명령어는 직접적인 언표나 '정보'에 추가되는 것이란 점에서 '잉여적인' 것이지만, 망실에 대비해 덧붙이는 추가적 정보가 아니라, 반대로 잉여적인 것(명령어)을 전달하기 위해 직접적인 언표를 사용한다고 이들은 말합니다. 잉여성인 명령어를 전달하는 것이 언어활동에서 가장 중요하다는 거지요. 문장이나 기호는 명령을 전달하는 데 필요한 최소조건에 불과할 뿐이라는 거예요. 따라서 언어활동이란 "잉여성에 의해 진행되는 것"이라고 할 수 있습니다. "각각의 언표가 행위를 이루고 행위가 언표 안에서 이루어지는 한, 언어활동은 한 언표에서 다른 언표로든, 하나의 언표 안에서든, 명령어의 전달이다."(MP, 100; I, 84) 그렇기에 "우리는 명령어의 잉여성이 오히려 일차적이며, 정보란 단지 명령어의 전달을 위한 최소조건이라고 생각한다"고 쓰고 있습니다(MP, 100; I, 85).

4) 주파수와 공명

저자들은 잉여성에 대한 얘기를 좀더 밀고나갑니다. 거기서 '주파수(fréquence)'와 '공명(résonance)'이라는 개념이 등장합니다. "잉여성은 주파수와 공명이라는 두 형식을 갖는데, 전자는 정보의 의미화에 관련되고, 후자(나(JE)=나(JE))는 소통의 주체화에 관련된다."(MP, 100~101; I, 85) fréquence라는 말은 빈도(頻度)를 뜻하며, 음향학에서는 진동의 빈도(진동수)를 지칭할 때 사용하는데, 여기서 주파수란 진동수와 같은 말입니다. 보통 헤르츠(Hz)라는 단위로 표시하지요. 주파수가 크면 높은 음의 소리가 나고, 주파수가 작으면 낮은 음의 소리가 납니다. 가령 A(라)음은 220Hz고, 그보다 한 옥타브 위에 있는 A음은 440Hz입니다. 즉 주파수가 두 배가 되면 한 옥타브 위의 A음이 됩니다. 덧붙이면 주파수의 소리에는 그 주파수의 정수배의 진동수(주파수)를 갖는 일련의 배음(倍音)들이 함께 울리며, 이 배음들의 구조에 따라 고유한 음색이 만들어집니다.

주파수가 '정보의 의미화'와 관련된다는 것은, 가령 같은 "석판"이라는 말도 어떤 음고, 어떤 어조로 말하는가에 따라, 다시 말해 어떤 주파수의 소리로 말하는가에 따라 다른 의미를 갖게 된다는 것이지요. 크고 높은 목소리로 "(야!) 석판!"이라고 하는 것과, 낮은 소리로 "(아!) 석판"이라고 말하는 것은 전혀 다른 의미를 갖지 않습니까? 언어활동에 필경 수반되게 마련인 정보란 바로 이런 의미화의 성분이란 점에서 주파수 현상으로 환원될 수 있다고 보는 겁니다.

공명이란 '함께 울린다'란 뜻인데, 어떤 소리의 파동에 다른 것이 동조하여 소리를 내는 경우를 지칭합니다. 어린 시절에 소리굽쇠 실험을 해보신 분이 있을 텐데, 소리굽쇠 두 개를 마주놓고 그 중 하나를 망치로 치면 맞은편에 있는 다른 소리굽쇠가 같이 울리면서 소리를 내지요. 헬리콥터가 날면 한참 떨어져 있는 창문의 유리가 떨며 소리를 내는 것도 공명현상이지요. '나=나'라는 도식으로 공명을 표시한 것은 어떤 주파수의 소리에 그것을 듣는(혹은 읽는 경우도) 내가 동조하여 공명하는 경우를 도식화한 것인데, 저자들은 이런 식으로 공명은 누군가의 발언을 나에 관한 것으로 동일시하는 현상을 지칭하는 것으로 재정의하고 있습니다. 공명이 주체화와 관련된다는 것은 바로 이런 뜻이지요. '소통'이란 이런 주체화와 결부되어 있다는 점에서 공명현상으로 환원될 수 있다고 보는 겁니다.

하지만 정보와 소통도, 혹은 주파수와 공명도 모두 특정한 사회적 질서 안에서 명령어의 전달과 그에 대한 동조를 야기하려는 것이란 점에서 "잉여성에 종속"됩니다. "지배적 의미작용에서 독립적인 의미화는 존재하지 않으며, 기존의 예속화(assujettissement)의 질서로부터 독립적인 주체화(subjectivation)는 존재하지 않는다. 양자는 모두 주어진 사회적 장에서 명령어의 본성과 전달에 의존한다." (MP, 101; I, 85)

'잉여적인'이란 말을 염두에 둔다면, 언어활동에서 잉여적인 것과 경제활동에서 잉여적인 것의 관계에 대해서도 상상해볼 수 있을 듯싶습니다. 예전에 엥겔스는 〈공상에서 과학으로〉란 글에서 자본가계급이 잉여적(redondant)이라고 말한 적이 있지요. 혁명을 통해 사람에 대한 지배가 사물에 대한 생산과 통제로 바뀌면, 명령하고 지배하는 자본가계급은 '남아도는' 계급, 다시 말해 '쓸모없는' 계급이 되리라는 말이었지요. 이는 나중에 소련에서 사회주의혁명을 통해서 구체적으로 실험된 적이 있습니다. 명령하고 통제하는 기능을 하던 경영자 내지 자본가 계급을 몰아내고 나니까 생산성이 급격히 떨어지고 공장이 제대로 움직이지 않게 되는 사태가 발생하지요. 그러자 예전의 경영자나 전문가들, 다시 말해 잉여적이라고 제거해버렸던 전문가들을 다시 고용하고 그들에게 경영에 따른 일정한 이익을 분배해주게 되며, 그들에게 명령하고 통제할 수 있는 권한을 다시 주게 됩니다. 그 당시 소련의 사회주의자들은 이를 '신경제정책' 또는 줄여서 '네프(NEP)'라고 불렀지요. 많은 반발에도 불구하고 네프맨이라고 불리는 새로운 종류의 '권력계급'이 등장하게 된 거지요.

물론 레닌도, 다른 누구도 네프맨들에게 권력을 주려고 하진 않았을 겁니다. 다만 그들의 활동은 생산에서 잉여적인 활동이며 그들은 생산에서 잉여적인 계급이기 때문에 일시적인 난국에서 잠시 그들을 '잉여적인' 위치로 다시 불러들이는 타협 내지 후퇴를 했을 뿐이라고 생각했지요. 당시 소련의 경제상황에서 그러한 후퇴는 불가피했다고도 할 수 있습니다. '전시공산주의'가 필요한 물자와 생산조건을 만들어주진 못했기 때문이지요. 하지만 그 경우에도 잉여성이, 명령하고 통제하는 지위 자체가 일차적이고 중요하다는 점을 분명히 인식했어야 하지 않았을까 싶습니다. '잉여적인'이란 말대로 그들의 위치를 너무 쉽게 생각했던 것이, 비록 불가피한 후퇴에 의해 도입되긴 했지만, 그러한 후퇴와 도입이 내포하는 중요한 함축을 '잉여적인' 현상, 따라서 쉽게 제거할 수 있는 부차적 현상이라고 보았던 안이함으로 인해 거꾸로 그들이 실제로 장악해간 것을 보지 못하고 그에 적절하게 대처하지 못하는 결과를 빚었다고 할 수 있지 않을까요? 그 '잉여성'이 중요하며 본질적이기까지 하다는 것을 염두에 두었다면, 네프처럼 일시적인 후퇴에도 불구하고 프롤레타리아 대중 자신이 그것을 장악하려는 시도를 하거나 그런 계획을 세우거나 했을 텐데 말입니다.

여하튼 여기서도 잉여적인 계급은 사실 자본주의에서 명령을 발하고 그에 따라 통제하고 지배하는 계급이었다는 점에서, 그리고 그러한 종류의 잉여성을 생산에서 제거하기가 생각처럼 수월하지 않았다는 점에서, 앞서 언어활동에서 말한 잉여성의 개념과 일정한 유사성을 보여주는 것처럼 보입니다. 물론 이는 엄밀한 애기라기보다는 개념적 유사성에 입각한 '상상'이니까 한 귀로 듣고 한 귀로 흘려도 좋습니다.

5) 비신체적 변환

명령어로 다시 돌아갑시다. 명령어를 내포하는 언표나 언표행위는 그 자체로 비신체적인 것이고 표현의 층위를 형성하지요. 따라서 새로운 언표나 언표행위를 발하는 것은 그 자체로는 비신체적인 변환입니다. "추워"라는 말이 신체의 직접적인 상태를 표현하는 경우에조차, 그것은 그 자체로 비신체적인 것입니다. 물론 이 경우 신체적인 것의 상태와 일정한 상응성을 갖긴 하지만 말입니다. 이 말에 대해 "나도 추워"라고 답하거나, 아니면 "이 옷 입어"라고 답하거나 이 또한 모두 비신체적인 것이고 비신체적 변환에 해당됩니다. 그렇지만 이 두 가지 대답에서 전자는 별다른 신체적 변화를 야기하지 않겠지만("그냥 참아"라는 명령어를 내포하지요), 후자는 신체적 변화를 야기합니다. 즉 후자의 경우, 대답하는 언표행위는 그 자체로는 비신체적 변환이지만, 신체적 변환을 야기합니다. 여기서 비신체적 변환으로서 언표나 언표행위는 신체적 변환을 야기하고 그것과 교차합니다. 명령어가 겨냥하고 있는 행동이 그 교차점에 있습니다. 예를 들어,

> ……누군가를 기소하게 한 범죄와, 그 뒤에 일어나는 일, 즉 선고된 형의 집행은 신체(소유의 신체, 속죄의 신체, 죄수의 신체, 감옥의 신체)를 변용시키는 능동-수동이다. 그러나 피고를 죄수로 변환시키는 것은 순수한 순간적 행위거나 판사의 선고를 표현하는 비신체적 속성이다. 전쟁과 평화는 매우 다른 신체들의 상태거나 섞임이다. 하지만 총동원의 선포는 신체의 순간적이고 비신체적인 변환을 표현한다. 신체는 나이를 가지며 성숙하며 늙는다. 그러나 성년이나 퇴직과 같은 그러한 나이 범주는 이러저러한 사회 안에서 직접적으로 신체에 속하는 비신체적 변환이다.(MP, 102; I, 86)

그 자체론 비신체적 변환이지만 신체적 변환을 야기하는 것은 언표에 실려 전달되는 잉여성입니다. 이러한 "명령어는 순간적이다"라고 합니다. "비신체적 변환은 그 순간성에 의해, 그 직접성에 의해, 변환을 표현하는 언표와, 변환이 야기하는 효과의 동시성에 의해 확

인된다."(MP, 102; I, 86) 재판에서 "징역 20년!" 하고 선고(sentence)할 때, 그 문장(sentence)이 발화된 순간 피고의 신체를 죄수의 신체로 변환시킵니다. 거기에는 몇 년 몇 월 몇 일이라는 선고된 날짜가 붙어 기록됩니다.

여기서 슬로건(mot d'ordre)은 신체적 변환과 비신체적 변환의 교차점에서 특정한 '순간' 작동하는 이런 명령어의 기능을 잘 보여줍니다. 저자들은 〈공산당 선언〉의 마지막에 등장하는 유명한 슬로건(명령어)인 "만국의 노동자여, 단결하라!"를 예로 들고 있습니다. "이는 프롤레타리아적 조건이 신체로 주어지기 **이전에** 대중으로부터 프롤레타리아 계급을 추출하는 비신체적 변환으로 구성되어 있다."(MP, 105; I, 88) 즉 그 슬로건(명령어) 하나로 맑스는 이전에 없던 계급을 창안했을 뿐만 아니라, 불특정한 대중을 그 새로운 계급으로 묶어내어 하나의 새로운 계급을 구성했다는 말입니다.

이는 레닌이 사회민주주의자와 구별되는 새로운 신체를 발명해내는 것에서도 마찬가지로 확인할 수 있습니다. 당규약을 둘러싼 1903년의 논쟁에서 멘셰비키와 구별되는 고유한 언표행위를 통해 그들과 구별되는 당적 신체를 새로이 창안합니다. "사회민주주의자와의 단절을 위하여 레닌은 또 하나의 비신체적 변환을 발명 내지 선포하는데, 이는 프롤레타리아 계급으로부터 전위라는 언표행위의 배치를 끄집어내, 말 그대로 잉여성의 관료적 체계로 전락할 위험을 무릅쓰면서, 뚜렷한 구분을 갖는 신체인 새로운 유형의 '당'으로 귀속시키는 것이었다."(MP, 105; I, 88~89)

'명령어의 순간성'은 '슬로건의 순간성'으로 치환하여 말하는 순간 슬로건(명령어) 자체에 매우 결정적인 요소임이 드러납니다. 모든 슬로건에는 시의적절한 순간이 있고, 그 순간이 지나면 부적절한 것이 됩니다. 저자들은 1917년 상황의 변화에 따라 슬로건의 순간성에 매우 민감하고 예리했던 레닌의 사례를 들고 있습니다. "레닌은 선언한다. '모든 권력을 소비에트로'라는 명령어〔슬로건〕는 혁명이 평화적으로 전개되던 2월 27일부터 7월 4일까지만 타당했으며, 전쟁 상태에는 적절하지 않다고. 평화에서 전쟁으로의 이행은 이러한 변환을 내포하고 있으며, 이는 대중으로부터 지도적 계급으로서 프롤레타리아트로의 변환에 만족하지 않고 프롤레타리아트로부터 그들을 지휘하는 전위로까지 나아가는 것을 뜻한다. 7월 4일에 바로 소비에트 권력은 종결된다."(MP, 105; I, 88~89)

6) 화용론

이처럼 언어활동에 대한 연구에서 중요한 것은 다양한 방식으로 정보를 알려주거나 의사소통을 하는 방법을 포착하는 것이 아니라, "명령어를 방출하고 받아들이고 변환시키는 이 끔찍스런 능력을 정의"(MP, 95; I, 80)하고 분석하는 것이라고 저자들은 말합니다. "언어활동은 삶이 아니다. 그러나 그것은 삶에 명령/질서(ordre)를 제공한다."(MP, 96; I, 81) 그리고 그런 식으로 명령을 통해서 질서를 만들어낸다는 점에서, "문법의 규칙이라고 하는 것은 통사적(統辭的 syntaxique) 표지기 이전에 권력의 표지"라고 할 수 있지요(MP, 96; I, 81). 따라서 이러한 방식으로 언어활동을 다루는 화용론은 권력의 문제를 다루는 것이란 점에서 "언어의 정치학"(MP, 105; I, 88)이라고 말할 수 있습니다.

화용론은 행동과의 관계 속에서 언어활동을 다룹니다. 때문에 그것은 말과 행위의 내적 관계를 보여줍니다. "단어의 의미는 용법이다"라는 비트겐슈타인의 명제는 언어 자체를 바로 화용론적 지반위로 옮겨놓는 결정적인 정의라고 할 수 있습니다. 언어와 행동이 각각 있고, 그들이 서로 결합한다는 게 아니라, 언어 자체가 그것을 사용하는 활동에 의해 의미를 갖게 되며, 활동 역시 그에 결부된 언어와 긴밀하게 결부되어 있다는 겁니다. 슬로건에 대한 레닌의 입론은 언어와 행동, 언어와 정치가 이처럼 상호내재적인 관계 속에서 하나로 연결되어 있다는 것을 잘 보여주는 사례라고 하겠지요.

언어활동을 행동이나 활동과 결부하여 파악하는 이런 관점을 통해서 저자들은 세 가지 결과가 나온다고 말합니다. 첫째, 동일한 단어와 동일한 문법적 규칙, 요컨대 동일한 코드를 통해서 만들어진 완전히 동일한 문장이 그와 결부된 외부, 즉 행동이나 활동, 혹은 조건이나 맥락 등에 따라 전혀 다른 의미를 갖게 되기 때문에, "그것은 언어를 코드로 간주하는 것을 불가능하게 만든다"는 것입니다. 또한 언어활동은 암묵적인 행동을 수행하게 하는 것이란 점에서 "말을 정보의 소통으로 생각하는 것을 불가능하게 만든다"고 합니다(MP, 98; I, 83).

따라서 둘째로, "화용론과 분리해서는 의미론이나 통사론, 심지어 음운론조차도 언어에 대한 과학적 지대(地帶)로 정의할 수 없다"고 합니다. 이제 화용론은 음운론, 통사론, 의미론에서 해결할 수 없는 것을 처리하는 언어학의 쓰레기통이 아니라, 언어학의 "다른 모든 차원의 배후에 있는 전제조건이 되며, 자신을 모든 것에 은근히 심어놓는다"는 거지요. 셋째, "랑그와 파롤의 구별을 유지하는 것이 불가능하게 된다"고 합니다(MP, 98; I, 83). 주파수의 차이, 혹은 음고와 음색, 음량의 차이 등과 같은 파롤의 요소들이 말의 의미를 결정하는 요인이 되기 때문에, 파롤은 랑그에 추가되는 개별적인 편차들이 아니라, 랑그 자체의 수준에서 의미를 결정하는 요인이 됩니다. 이러한 결과들은 저자들이 언어학의 다른 공준들을 비판적으로 검토하는 데서 중요한 자원이 됩니다.

2. '외생적인' 어떤 요소에 호소하지 않는, 언어라는 추상적 기계가 존재하리라

다음으로 저자들은 언어학의 두 번째 공준인 "'외생적인(extrinsique)' 어떤 요소에 호소하지 않는, 언어(langue)라는 추상적 기계가 존재한다"는 명제를 비판합니다. 이는 언어를 오직 언어구조 자체로 환원하려는 입장이나, 비언어적인 어떤 것조차 언어구조로 환원하려는 입장을 직접 겨냥한 것입니다. 하지만 이에 관한 논지는 뒤에서 간략하게 다룰 뿐이고, 그보다는 '배치'의 4가성에 대해서 많은 부분을 할당하여 설명하고 있습니다. 배치의 4가성은, 모든 배치는 내용과 표현의 층위를 갖는 동시에 영토성(재영토화)과 탈영토화를 갖는다는 것을 뜻하는데, 앞서 3장에서는 배치의 4가성에 대해 주로 이중분절이란 차원에서 다루었다면 여기서는 양자가 만나고 교차하는 양상을 중심으로 다룹니다.

1) 내용과 표현

3장에서 우리는 내용과 표현이 서로 구별되며, 하나를 다른 하나로 환원할 수 없다는 것을 보았습니다. 얼굴(표정)이 달라진다고 그 사람의 머리가 바뀌는 것은 아니며, 머리를 자른다고 얼굴(표정)을 자를 순 없는 것처럼 머리(신체적인 것)와 얼굴(표면, 비신체적인 것)은 서로 다른 것입니다. 내용과 표현의 관계에서는 세 가지 유형의 구별이 있었지만, 특히 표현이 언어적인 것이 됨에 따라 내용과 표현은 본성을 달리하는 구별(실재적-본성적 구별)을 획득하게 된다고 했습니다.

알다시피 이런 구별이 바로 언어학적 문제를 다루는 지금 이 고원에서 문제가 되는 것입니다. 언어적인 것, 그것은 비-신체적인 것입니다. 신체적인 것이 내용의 층위에 해당한다면, 비-신체적인 것, 언어적인 것은 표현의 층위에 해당합니다. 이러한 구별은 들뢰즈가 《의미의 논리》에서 스토아주의자의 구별을 환기시키면서 '신체적인 것'과 '그 표면효과'로 구별했던 것에 그대로 상응합니다.[11]

> 표현의 형식은 표현자의 연쇄로 구성되며, 내용의 형식은 신체라는 씨줄에 의해 구성된다. 칼이 고기를 자를 때, 음식이나 독이 신체에 퍼져갈 때, 한 방울의 포도주가 물에 떨어질 때, 거기에는 **신체의 혼합**(mélange de corps)이 존재한다. 하지만 "칼이 고기를 자른다", "나는 먹고 있는 중이다", "물이 빨갛게 된다"와 같은 언표는 전혀 다른 성질(사건)의 **비신체적 변환**을 표현한다(exprime). (MP, 109; I, 92)

칼로 고기를 자르는 것은 하나의 신체를 둘로 분할하는 것이고, 물에 잉크가 퍼져가는 것은 상이한 신체의 혼합이 발생하는 것입니

---

[11] 들뢰즈, 이정우 역, 《의미의 논리(*Logique du sens*)》, 한길사, 1999, 48쪽 이하.

다. 어느 경우든 신체적 변환이 발생하며, 신체들의 새로운 혼합이 발생합니다. 반면 "고기를 잘라"라는 말만으론 고기를 자를 수 없습니다. 그것은 그 자체론 비신체적 변환이기 때문입니다.

이처럼 분리되어 있을 뿐이라면, 내용과 표현은 그저 독립적인 것으로, 서로 무관한 것에 그치고 말 겁니다. 사실은 그렇지가 않지요. "고기를 잘라"라는 말은 이미 그 자체로 특정한 **신체에 속하는** 것입니다. "고기를 따"라든지, "고기에게 옷을 입혀" 하는 말은 문법상 아무런 문제가 없지만 무의미한 문장이지요. 마치 "장미에겐 이빨이 없다"는 비트겐슈타인의 용례처럼, 명확하게 '참'이지만 사실은 무의미한 문장이 많습니다. 이는 언표가 표현하는 어떤 신체 상태와 무관하지 않기 때문이고, 신체 상태에 귀속되기 때문입니다.

> 비신체적 변환과 비신체적 속성은 신체 그 자체에 대해, 오직 그것에 대해서만 해당될 뿐이다. 그것은 언표라는 표현자지만 신체에 속하는(s'attribuent) 것이다. 그것은 신체를 표상하거나 기술하기 위한 것이 아니다. 왜냐하면 신체는 이미 고유한 질을, 능동과 수동을, 그 영혼을, 한마디로 말해 그 자체로 이미 신체인 것을 갖고 있다. 표상 또한 신체의 일부다!(MP, 110 ; I, 92)

그렇기 때문에 언표 내지 언표행위는 그 자체론 비신체적이지만 신체적 상태에 '개입'하여 신체적 변환을 야기합니다. "모두 손을 머리에 얹어"라는 비행기 납치범의 언표행위는 비행기-기계를 졸지에 감옥-기계로 변환시키고, 그윽한 눈빛으로 말하는 "사랑해"라는 언표행위는 긴장된 서로의 신체를 상대방에게 열어놓게 합니다. 비신체적 변환인 언표행위가 신체에 귀속된다고 말하는 것은 기호나 언어를 지시체의 형태로 신체와 대응시키는 것이 아니라, 이처럼 신체적인 것에 관여하고 개입하여 그것의 상태를 변환시키는 것을 뜻합니다. 언어가 행동의 문제고, 실천의 문제며, 따라서 언어적 활동인 화행(話行)의 문제라는 것은 바로 이런 의미지요.

> 신체나 사물의 상태가 기호의 '지시체(référent)'라고 말하려는 것이 아니다. 비신체적 속성을 표현할 때, 동시에 그것을 신체에 귀속시킬 때, 우리는 표상하거나 지시하는 것이 아니라 일종의 개입을 하는 것(intervient)이고, 그것이 바로 화행이다.(MP, 110; I, 92)

물론 "표현이나 표현자가 내용에 끼어들며 내용에 개입하는 것은 내용을 표상하기 위해서가 아니라 그것을 예견하기 위해서, 철회하기 위해서, 지연시키거나 촉진시키기 위해서, 분리하거나 결합하기 위해서, 혹은 다른 방식으로 재단하기 위해서란 사실이, 표현의 형식이 내용의 형식이라는 두 형식의 독립성을 반박하는 것은 아"닙니다(MP, 110; I, 92). 서로가 독립적이기에 하나가 다른 하나에 능동적으로 개입할 수 있는 것이지요. 그렇지만 여기서 다시 한번 확인할 것은 "두 형식 간의 기능적 독립성은 그들 간의 상호전제의 형식일 뿐이며, **하나로부터 다른 하나로의 끊임없는 이행일 뿐**"이란 점입니다(MP, 110; I, 93).

여기서 언어적인 것(표현)은 그 자신으로부터 탈영토화되어 신체적인 것(내용)의 층위로 이행하고 신체적 상태로 재영토화됩니다. 반대의 경우도 마찬가지지요. 내용이 표현에 대해, 혹은 그 반대로 표현이 내용에 대해 우위를 점한다고 하는 것도 불가능합니다. 언어는 어떤 신체 상태에 귀속되어 있지만(영토화), 그로부터 벗어나 그 신체 상태의 변환(탈영토화)을 야기하는 언표가 됩니다. 요컨대 내용과 표현은, 혹은 신체와 언어는 서로 (상응한다기보다는) 상관적이지만, 각각 자신의 어떤 상태로부터 탈영토화하는 방식으로 상대방과 소통한다고 할 수 있습니다. "표현의 형식과 내용의 형식이 소통하는 것은, 서로에 대해 개입하고, 하나가 다른 하나를 잇따르는 상대적인 탈영토화의 양자적(量子的)인 결합에 의한 것이다."(MP, 112; I, 94)

이런 점에서 이들이 말하는 신체적인 것과 비신체적인 것의 '자율성'은, 스피노자의 속성 개념과 두 속성의 '평행론'에 입각한 것이지만, 유사하게 스피노자주의를 자처하면서 개념과 물질의 근본적인 이원성을 강조하는 알튀세르의 그것과는 다릅니다. 가령 알튀세르는 이론적 생산은 가공대상('일반성 1'이라고 부릅니다)을 갖지만 그것은 개념이고, 그 가공의 결과('일반성 3'이라고 부릅니다) 또한 개념이라는 점에서 물질과 개념을 섞는 실증주의에 대해 비판합니다.[12] 그는 스피노자의 말이라고 하면서 "개라는 개념은 짖지 않는다"고 자주 말하는데, 이것과 연결해서 제 식으로 말하자면 "개를 가공하면 요리가 되지만 개라는 개념을 가공하면 욕이 된다"는 말로 요약할 수 있습니다. 여기서 알튀세르는 개와 개 개념의 환원 불

---

(12) 알튀세르, 김진엽 역, 《자본론을 읽는다(*Lire le Capital*)》, 두레, 1991, 240쪽 이하.

가능성을 강조하지만, 양자의 소통 가능성 내지 개입 가능성에 대해서는 별다르게 언급하지 않습니다.

미리 얘기해두자면 여기서 내용과 표현은 이처럼 서로 소통하고 개입하며 서로의 상태에 변화의 요인으로 작용합니다. 이 때문에 언어를 단지 언어적인 기호 안에 가두는 것이 불가능한 것처럼 그 반대의 경우도 불가능하며, 그런 만큼 언어를 순수하게 언어 내적인 구조로 다루는 것도 불가능합니다. 하지만 그 얘기로 넘어가기 전에, 두 가지 층위의 소통을 야기하는 탈영토화 및 재영토화를 먼저 보아야 합니다.

2) 배치의 4가성

일단 내용과 표현이라는 두 개의 층위, 두 개의 '선분'이 있고, 그 각각마다 탈영토화가 시작되는 첨점 및 재영토화가 이루어지는 지대가 있습니다. 모든 배치는 이러한 4가지 성분을 포함하고 있습니다. 이를 들뢰즈/가타리는 배치의 4가성(tétravalance)이라고 부릅니다. 내용과 표현은 배치의 개념 안에서는 사물들의 계열화를 통해 신체적인 상태를 표시하는 '기계적 배치' 개념과, 그와 상관적인 언표 내지 행위들의 집합인 '언표행위의 배치'라는 개념으로 변환됩니다.

> 우리는 〈배치(Agencement)〉의 성질에 대해서 일반적 결론을 끄집어낼 수 있다. 우선 수평적인 첫째 축에서 본다면, 배치는 내용과 표현이라는 두 개의 선분(ségment)을 포함한다. 한편에서 그것은 신체의, 능동과 수동의 기계적 배치(agencement machinique)며,

서로 간에 반응하는 신체의 혼합이다. 다른 한편 그것은 행위와 언표의, 언표행위의 집합적 배치고, 신체에 귀속되는 비신체적 변환이다. 그런데 수직적인 방향의 축에서 본다면, 한편에선 그것은 영토적 측면의 배치 내지 그것을 안정화시키는 재영토화된 배치며, 다른 한편에선 그것을 제거하는 탈영토화의 첨점(pointes)이다.(MP, 112; I, 94)

예를 들어 비행기-기계는 하나의 고유한 배치를 통해 정의됩니다. 제트엔진과 날개, 유선형의 몸체, 그리고 조종사와 승무원 등의 요소가 하나로 계열화되면서 비행기-기계를 형성합니다. 이는 비행기-기계라는 하나의 신체를 이루는 '기계적 배치'라고 할 수 있지요. 또 그것은 비행과 관련된 고유한 언표행위의 배치를 갖습니다. 관제탑과 조종사, 승무원이 사용하는 고유한 언표 및 언표행위가 있지요. 그런데 관제탑의 언표를 비행기의 제트엔진이나 날개에 대한 기호라고 하긴 어렵지요. 그것을 언급하는 경우에도 그것은 무언가를 지칭하기 위해서가 아니라 특정한 행동을 요구하기 위해서지요. 그리고 이러한 언표행위는 그 자체로 하나의 집합적인 성격을 갖습니다. 언표하고 행동하는 특정한 방식이 규정되어 있고, 그것에 따라 말할 수 있는 사람과 말할 수 없는 사람이 구별됩니다. 조종사나 승무원 개인이 발화하는 경우에도 그것은 특정한 집합적 배치 안에서 이루어지지요. 이런 의미에서 보자면 "모든 언표행위는 집합적이다"는 말도, '언표행위의 집합적 배치'라는 개념도 쉽게 이해할 수 있겠지요.

반면 비행기의 납치는 그러한 언표행위의 집합적 배치에서 벗어난 언표행위들로 인해 시작됩니다. 총을 빼들곤 "모두 꼼짝 마, 머리에 손을 올려!"라고 얘기하는 순간, 비행기-기계는 감옥-기계가 되고 맙니다. "모두 꼼짝 마……"라는 언표행위가 탈영토화의 첨점을 이룬다고 할 수 있지요. 이로써 문은 벽이 되고, 벽은 보호하는 요소에서 감금하는 요소가 됩니다. 즉 감옥-기계로 재영토화됩니다. 신체적 변환을 야기하는 비신체적 변환은 이처럼 "몇 월 몇 일 몇 시"라는 한순간에 이루어지고, 그 문턱을 넘자마자 신체는 다른 신체로 변용됩니다. 이것이 저자들이 앞에서 얘기했던 '개입'입니다.

여기서 저자들은 봉건적 배치를 통해 배치의 4가성을 설명하고 있습니다. 이 부분은 이해하기 어렵지 않으니 직접 읽어보지요.

> 예를 들어 봉건적 배치의 경우, 봉건성을 정의하는 신체의 혼합에 대해 생각해보자. 토지라는 신체, 사회적 신체, 영주와 가신과 농노의 신체, 기사와 말의 신체 및 등자와의 새로운 관계, 신체의 공생성을 확보해주는 손과 팔―이 모두가 **기계적 배치**다. 언표, 표현, 문장(紋章)의 법적 체제, 비신체적 변환의 총체, 특히 변인(變人)을 갖는 맹세들과 복종의 맹세, 뿐만 아니라 사랑의 맹세 등―이 모두가 언표행위의 **집합적 배치**다. 다른 하나의 축에 따라, 기사와 그가 타는 짐승, 언표와 행위를 포함하는 **탈영토화의 선**과 동시에 봉건적 **영토성과 재영토화**를 고려해야 한다.(MP, 112~13; I, 94~95)

봉건적 영토성과 재영토화는 봉토(封土)와 충성서약이라는 상관물을 통해서 현실적으로 실행됩니다. 봉건제는 토지를 통해서 기사나 신민의 삶을 영주의 휘하에 영토화하는 방식으로 작동되고 유지되지요. 반면 전쟁은 기사와 말이 탈영토화의 선을 그리기 시작하며 그 선이 영주의 영토에서 멀어짐에 따라, 혹은 영주의 영토를 빼앗아감에 따라 이전의 봉건적 관계에서 벗어나는 선으로 이어지게 됩니다. 그런데 십자군처럼 영주와 교회의 담합 내지 의기투합을 통해 영주에 대한 영토성이 영주의 영토로부터 그려지는 탈영토화의 선으로 이어지는 경우에, 탈영토화의 선은 봉건적 배치와 무관한 어떤 것이 아니라 그 배치 안에서 만들어지고 작동하는 성분임을 알 수 있지요. 하지만 그것은 봉건적 배치의 분해를 야기하는 성분이란 점에서 봉건적 배치의 '외부'임이 분명합니다. 이런 점에서 모든 탈영토화의 첨점은 어떤 배치 안에 존재하는 외부라고 할 수 있습니다.

3) 언어학의 외부

이어서 저자들은 내용과 표현의 관계에 대한 두 가지 잘못된 관념을 비판합니다. 하나는 내용과 표현의 '평행론'을 상응 내지 반영의 관계로 보는 것이고, 다른 하나는 양자의 평행론을 양자가 독립적임을 뜻한다고, 다시 말해 표현형식은 그 자체로 충분하다고 생각하는 것입니다. 첫번째 것은 맑스주의에서 토대와 상부구조의 관계를 염두에 두고 있는 것이고, 두 번째 것은 언어구조를 독립적인 것으로 사유하는 것으로, 소쉬르나 촘스키(N.Chomsky)의 언어학과 연관된 것입니다. "외생적인 어떤 것에도 호소하지 않는 언어라는 추상기계가 존재한다"는 식의 명제는 바로 이 두 번째 것과 관련된 것이지요.

먼저 맑스주의에서처럼 내용과 표현(대개는 내용과 형식이란 용어를 사용하지만)을 대응이나 반영으로 보는 것은 앞서 3장에서 말한 바 있으니, 간략하게 요지만 말하지요. 핵심은 "표현이 내용을 '반영하는' 힘에 따를 뿐만 아니라 적극적으로 그것에 반작용하는 경우에조차도, 내용은 표현을 인과적인 작용에 의해 결정하지 않는다"(MP, 113; I, 95)는 것입니다. 예를 들어 시장에선 신분이 높다고 높은 대우를 받진 못합니다. 그저 상품 소유자 내지 화폐 소유자로서, 신분에서 벗어난(탈코드화된) 등가적인 관계가 만들어집니다. 계약이란 그런 등가적인 개인 간의 관계를 뜻하지요. 이런 관계는 가령 홉스나 계약론자들이 보여주듯이 정치적인 민주주의와 일정한 '동형성'을 갖습니다. 이런 의미에서 근대 정치에서 민주주의적 제도의 발전은 시장경제의 발전이라는 내용을 '반영'한다고도 말할 수 있습니다.

그렇지만 그것이 시장경제가 인과적으로 민주주의적 정치를 만들어냈다고 말할 수는 없다는 겁니다. 만약 그랬다면 14~15세기를 전후해서 시장경제가 발달했던 유럽의 자치도시들이 민주주의적인 정치제도를 만들어내야 했겠지만, 사실은 그렇지 않았지요. 반대로 길드와 도시동맹체들의 특권적인 조합만을 만들어냈고, 상업적 거래를 일종의 '특권'으로 만듦으로써, 그것을 통해 스스로 귀족의 지위나 고위성직자의 지위에 접근하는 경우가 훨씬 일반적이었지요.

더구나 내용과 내용의 형식은 동일하지 않으며, 마찬가지로 표현과 표현의 형식 또한 동일하지 않습니다. 다시 말해 내용이 경제적이라면 내용의 형식은 경제적이지 않으며, 표현이 이데올로기적이라면 표현의 형식은 이데올로기적이지 않습니다. 예를 들어 감금과 강제에 의해 생산하는 경우를 봅시다. 그것이 재화의 생산인 한 그것은 분명 '경제적인' 것이지만, 감금과 강제라는 생산의 '형식'은 결코 경제적인 것이 아닙니다. 차라리 정치적인 것이라고 해야 할 겁니다. 또 법을 준수해야 한다는 주장은 이데올로기적인 것이지만, 그것을 표현하는 형식은 항상 보편적인 형식을 취합니다. 이건 이데올로기적인 것이야라고 말하는 이데올로기가 대체 어디 있겠습니까? 이데올로기적인 것일수록 이데올로기적이지 않은 형식으로 표현되게 마련이지요. 따라서 저자들은 이렇게 말합니다.

> 내용이 경제적이라고 해도 내용의 형식이 경제적이라고는 할 수 없으며, 〔내용의 형식은〕단순한 추상으로, 재화의 생산 및 생산수단을 그 자체로 고찰할 수 있게 해주는 단순한 추상으로 환원된다. 마찬가지로 표현이 이데올로기적이라고 해도 표현의 형식이 이데올로기적인 것은 아니며, 〔표현형식은〕추상인 언어활동, 공동선(共同善)의 처리수단(disposition)인 언어활동으로 환원된다.(MP, 113; I, 95)

또 하나의 오류는 "언어학적 체계로서 표현형식의 충분성을 믿는 것"입니다. 이는 모든 언어에 공통된 어떤 보편적인 언어구조를 찾아내려는 시도와 결부되어 있습니다. 가령 소쉬르는 기호의 의미를 지시체(그것이 지시하는 대상)로 간주하는 생각에 반대하여 '기호의 자의성'을 주장했습니다. 저 밖에 있는 어떤 것을 지칭하기 위해 반드시 '나무'라는 기호를 사용할 이유가 없으며, '노무'라고 해도, '칠풀'이라고 해도 상관이 없다는 겁니다. 나아가 기표들의 가치(의미)는 다른 기표들과의 '차이의 놀이'에 의해 형성된다고 하지요. 그래서 양을 표시하기 위해 양을 뜻하는 mouton이라는 불어가 영어의 기표들 속으로 들어가 사용될 경우, 이미 영어에는 양을 뜻하는 sheep라는 기호가 있기에 불어와 달리 mutton은 죽은 양을, 즉 양고기를 뜻하는 말로 사용되고, 이로 인해 sheep는 살아 있는 양을 뜻하는 말로 사용된다고 합니다.[13]

이런 기표들은 통사법에 따라 문장을 구성하는 결합축(x축!)과 그 안에서 대체하여 사용할 수 있는 기표들의 집합을 뜻하는 계열축(y축!)에 의해 조직되는 하나의 체계를 이루며, 이것이 언어(langue)의 근간을 이루게 됩니다. 이런 식으로 기호들은 항상-이미 서로를 전제하며 하나의 구조 내지 체계를 이루고 있다고 하며, 이를 '언어의 공시적 체계' 내지 '언어의 공시성'이라고 부릅니다. 의미는 이러한 체계 안에서 기표들 간의 놀이(game)에 의해 만들어지는 것입니다. 이렇게 만들어지는 기호들의 체계와 그 의미망은 그 자체로 독립적이어서, 기호나 언어를 사용하려는 사람은 항상-이미 거기에 존재하는 것을 사용해야 하며, 그러한 기호체계에 내장된 의미망에 의해 제한되고 규정된다고 합니다. 이를 라캉은 기표가 그걸 사용하려는 사람에게 물질적인 힘을 행사한다는 의미에서 '기표의 물질성'이라고 불렀습니다. 이에 대해 저자들은 이렇게 말합니다.

> 이 체계는 아마도 의미화하는 음운적 구조로서, 혹은 심층적인

---

[13] 소쉬르, 최승언 역, 《일반언어학 강의(*Cours de linguistique générale*)》, 민음사, 1990, 138쪽 이하.

통사구조로서 인식되고 있는 것 같다. 어떤 경우든 그 체계는 의미론을 발생시키며 표현을 충족시키는 미덕을 가질 것으로 간주되며, 내용은 단순한 '지시(référence)'의 자의성에 자리를 넘겨주고, 화용론은 비언어적 요소로서 언어에 외적인 것으로 간주된다. 이 모든 시도에 공통적인 것은 언어라는 추상기계를 정립하는 것이지만, 동시에 그 기계를 항상적인 것의 공시적(synchronique) 집합으로 만드는 것이다.(MP, 114~15; I, 96)

언어의 보편적이고 구조적인 성격을 강조하는 구조언어학에서는 언어나 기호의 이러한 공시적 체계를 모든 언어 내지 언어활동에 공통된 '추상적 구조'로 간주합니다. 이는 비록 다른 양상으로긴 하지만, 결합축과 계열축 대신에 명사구와 동사구로 모든 문장을 분할하는 촘스키의 언어학에서도 근본적으로 다르지 않습니다. 언어를 그 자체로 독립적인 하나의 공시적 체계로, 하나의 구조로 간주하며, 그것이 바로 모든 언어활동에 공통된 것이라고 본다는 의미에서 말입니다. 그래서 모든 언어에 공통된 이런 구조를, 저자들은 자신의 개념을 써서 일종의 언어적인 '추상기계'라고 말합니다.

이것이 언어학자들의 통상적인 관념에 대한 비판이라는 것을 모르긴 힘들지요? 맞습니다. 저자들은 여기서 바로 이런 생각을 비판하려는 겁니다. 그렇지만 그것이 추상적인 언어구조를 가정한다는 사실을 겨냥한 것은 결코 아닙니다. 너무 추상적인 발상이라고 비판하는 것도 아닙니다. 차라리 반대로 말합니다. 그것은 충분히 추상적이지 못하다는 것이 논점입니다. "우리는 그런 식으로 인식된 기계가 너무 추상적이라는 데 반대하는 것이 아니다. 반대로 충분히 추상적이지 못하며 '선형적인' 것으로 남아 있다는 것이 문제다. 그것은 추상의 직접적 수준에 머물 뿐이어서, 언어학적 요인을 비언어학적 요인에서 떼내어 그 자체만으로 다루게 하며, 그 언어학적 요인을 상수(常數)로 다루게 한다."(MP, 115; I, 96)

이는 언어의 추상기계, 다시 말해 언어를 다루는 추상적인 기계를 포착하는 데서 언어학 내부적인, 혹은 언어 내부적인 것에 머무는 것을 겨냥하고 있습니다. 앞서 보았듯이 언어는 명령어를 항상 잉여성으로 포함하고 있으며, 그것은 언어 외적인 어떤 것이 언어적인 것 내부에 항상 따라다니고 있음을 의미하지요. 그렇기 때문에 제대로 추상을 한다면 이 언어 외적인 것조차 포함하는 추상기계로까지 나아가야 한다는 겁니다. 언어들에 공통된 어떤 형식을 추상하는 데서 멈출 것이 아니라, 차라리 탈형식화하는 방식으로 추상함으로써 언어적인 활동의 입자적이고 양자적인 수단으로까지 나아가는 것을 요구하는 것입니다.

추상이 좀더 진전된다면, 우리는 언어의 유사-상수적(常數的)인 요인들이 언표행위 그 자체에 내재적인 표현의 변수(變數)들에게 자리를 내주는 그런 수준에 필연적으로 이르게 된다. 이 표현의 변수들은 내용의 변수들과 분리될 수 없으며, 그것들과 끊임없는 상호작용 속에 존재한다. 비언어적 요인이라는 외적인 화용론이 고려되어야 한다면, 이는 언어학 자체가 그 고유한 요소들에 관련된 내적인 화용론과 분리될 수 없는 것이기 때문이다. 기의를, 심지어 지시체를 고려하는 것만으로는 불충분하다. 왜냐하면 의미작용-(signi-fication)과 지시의 관념 자체가 이미 가정된

자동적이고 항상적인 구조와 긴밀히 결부되어 있기 때문이다.(MP, 115; I, 96)

그리하여 여기서 저자들은 화용론적 성분을 포함하는 진정한 언어학적 추상기계는 언어적인 것이 아니라 다이어그램적인 것이며, 선형적인 것이 아니라 초선형적인 것이라고 합니다.

> 진정한 추상기계는 배치 전체와 연관된 것이기 때문이고, 그 배치의 다이어그램(diagrame)으로서 정의되기 때문이다. 그것은 언어적인 것이 아니라 다이어그램적인 것이고 초선형적인 (surlinéaire) 것이다. 내용은 기의가 아니며 표현은 기표가 아니다. 양자 모두는 배치의 변수들이다.(MP, 115; I, 96)

저자들이 말하는 언어학의 추상기계는 나중에 '반음계주의적 언어학'이란 말로 다시 만나게 될 겁니다. 다만 언어학의 추상기계가 비언어학적인 요인들을 포함하며 초선형적이라는 것을 간단한 예를 통해 보기로 합시다. 사회주의 리얼리즘 연극의 '대표자'였던 연출가 스타니슬라브스키는 배우들을 뽑기 위한 오디션에서 '오늘밤'이라는 하나의 단어로 30가지의 상이한 상황을 표현해보라고 주문했다고 해요. 그 경우 30가지 모두 '오늘밤'이라는 동일한 기표만을 사용하게 될 겁니다. 하지만 '오늘밤'이란 말은 음고나 음색, 어조, 표정 등에 의해 전혀 다른 방식으로 발화되겠지요. 그리고 바로 그러한 요인들 때문에 같은 기표의 단순한 문장을 사람들은 크게 틀리는 일 없이 다른 문장, 다른 의미로 알아듣고 이해합니다.

이러한 사실은 언어의 두 가지 축이나 기표들의 놀이, 명사구와 동사구 같은 개념만으로는 전혀 분석되지 않습니다. 즉 소쉬르나 촘스키의 언어학적 추상기계로는 담을 수 없는 30개의 상이한 사태, 상이한 의미가 발생한다는 겁니다. 언어를 다루기 위한 진정한 추상기계는 바로 이러한 언어 외적인 요인들, 비언어적인 요인들을 이미 그 자체에 포함하고 있어야 합니다.

이 예에서 기표들은 선형적으로 배열됩니다. 하나의 순간에 두 개의 발음을 동시에 할 순 없기 때문이지요. 그래서 이를 소쉬르는 기호의 선형성(선조성)이라는 말로 요약합니다. 이는 기호의 자의성과 더불어 그의 중요한 명제지요. 하지만 하나의 동일한 단어가 만드는 30개의 다른 '문장'은, 기표의 발음에 사용되는 음조와 음색, 음고, 표정 등의 성분이 하나의 동일한 시간에 동시에 발음되기 때문에 만들어질 수 있었던 것입니다. 이런 점에서 기표는 선형적일지 모르지만, 언어는 동시에 여러 가지 성분이 한꺼번에 발화된다는 점에서 초선형적이라고 할 수 있습니다.

3. 언어를 동질적인 체계로 정의할 수 있게 해줄 보편성과 항상성이 존재하리라

다음으로 저자들이 비판하려는 언어학의 세 번째 공준은 "언어에는 보편성과 항상성이 존재하며, 이것이 언어를 동질적인 체계로 정의하게 해준다"는 것입니다.

1) 상수들의 체계와 변수들의 체계

언어에서 보편성과 항상성을 찾으려는 시도는 언어에서 구조적 불변성을 찾으려는 시도와 나란히 갑니다. "구조적 불변성의 문제, 그리고 구조는 불변적인 것―그것이 원자적인 것이든, 관계적인 것이든―으로부터 분리할 수 없다는 관념은 언어학에 본질적인 것이다."(MP, 116; I, 97) 그리고 이러한 구조적 불변성을 확보함으로써 언어학은 보편성을 확보하게 되고, 이로써 순수한 과학성을 내세울 수 있게 됩니다.

레비-스트로스가 확언했듯이, 언어학이 인문과학에서 '유일한 과학'으로 인정받을 수 있었던 것은 이런 이유에서였지요. 레비-스트로스가 언어학적 방법을 사용했던 것도 그런 맥락에서였습니다. 과학으로서 지위가 확고한 언어학적 방법론을 사용함으로써 다른 인문과학이 과학성을 획득할 수 있으리라는 생각인 겁니다. 그래서 그는 야콥슨과 트루베츠코이(N.S. Troubetzkoy)가 음운론 연구에서 사용했던 이항대립적인 변별자질 개념을 가족관계나 신화의 분석에 사용했고, 나아가 그러한 관계의 양상을 '과학적으로' 포착하기 위해 다양한 관계의 양상 안에서 불변적인 관계를 찾아내는 부르바키 학파의 군(群) 이론을 이용했습니다.

하지만 어디 레비-스트로스뿐이겠습니까? 파롤의 가변성과 개별성에 대립되는 랑그(언어)의 구조적 불변성과 보편성을 언어학의 진정한 대상이라고 보았던 소쉬르에서부터, 언어활동의 개별적인 수행성(performance)과 대립되는 인간의 공통된 보편적인 언어능력(compétence)을 가정하고 그로부터 언어구조의 이항적인 수형도(樹型圖)를 그리는 촘스키에 이르기까지 이런 태도는 변함없이 발견됩니다.

불변성의 형태로 보편성을 찾아내려는 이러한 시도들은 언어학에서 다음과 같은 요인들과 연결되어 있다고 합니다.

(1) 언어의 상수들(소통성에서 음운적인 것, 변환성에서 통사적인 것, 발생성에서 의미론적인 것). (2) 언어에 보편적인 것(음소로부터 변별자질로의, 통사법에서 기본적 구성요소로의, 의미작용에서 최소한의 의미론적 요소로의 해체). (3) 상수들을 서로 연결해주는 수목과 수목 전체에 해당되는 이항적 관계들(촘스키의 선형적이고 수목적인 방법을 보라). (4) 원칙적으로는 언어와 공존하지만 문법성의 판단에 의해 한정되는 언어능력. (5) 직관적 판단뿐만 아니라 요소와 관계를 담지하고 있는 동질성. (6) 객관적 체계로부터 원칙을 파악하는 주관적 의식(언어학자 자신이 그러한데)으로 계속하여 이동하는, 언어의 '즉자(en-soi)'와 '대자(pour-soi)'를 정립하는 공시성.(MP, 116~17; I, 97~98)

이런 점에서 불변성과 보편성을 추구하는 언어학자들은 모든 언어에 공통된 상수(常數)들을 찾아내려고 합니다. 그들에게 언어란 그런 상수들의 체계며, 그런 상수들에 의해 짜여지는 구조입니다. 반면 들뢰즈/가타리는 언어활동을 '일반적인' 방식으로 다룰 수 있는 추상기계란 변수(變數) 내지 변인(變因)들의 체계라고 봅니다. 이런 관점에서 저자들은 언어를 상수의 체계로 다루는 촘스키와는 반대로 변인의 체계로 다루는 라보프(W. Labov)를 주목합니다.

촘스키는 영어뿐만 아니라 수많은 언어들을 다루고 있고, 영어 안에서도 흑인영어와 게토의 영어를 다루고 있지만, 그것을 언제나 그 안에 존재하는 상수들을 찾아내고 그 상수들로 언어활동을 환원하는 방식으로 다룹니다. 즉 촘스키는 다수적인 언어는 물론 흑인영어나 게토의 영어처럼 소수적인 언어를 연구할 때조차 그것을 다루는 방식은 언제나 "연구대상의 상수와 동질성을 보상해줄 표준적인 체계를 그 안에서 추출해내고 보편성만을 추출해내는"(MP, 118; I, 98) 방식이었다는 겁니다. 그래서 촘스키는 모든 언어에 공통된 '보편문법'을 찾아내려고 했던 17세기의 '포르루아얄(Port-Royal)' 언어학에 공명하면서, 자신의 언어학을 표상의 보편적인 공통형식을 추구하는 '데카르트적 언어학'이라고 자처합니다. "촘스키는 사람들이 이 [이질적인] 전체 안에서 원칙상 과학적인 연구를 가능하게 해줄 동질적이거나 표준적인 체계를, 추상화나 이념화의 조건으로서 마름질해낸다고 주장한다."(MP, 118; I, 98)

반면 라보프는 "자신의 관심은 언어의 가변적 특징"이라고 말하며, 그런 관심 속에서 언어활동에 내재하는 변이를 주목하고 그것을 통해 언어활동 자체를 포착하려고 합니다. "그가 내적 변이(variation inhérent)를 부각시켜낼 때, 그는 그것을 단지 발음이나 문체상의 '임의적인 변인'으로 간주하거나, 체계외부에 있어서 체계의 동질성을 유지하게 해주는 비지속적인 특징으로 간주하지 않는다. 또한 그것이 각각이라면 그 자체로 동질적일 두 체계가 사실상 혼합된 것으로 간주하지 않으며, 그래서 마치 화자가 하나의 체계에서 다른 하나로 옮겨다니는 혼합으로 간주하지도 않는다. 그는 언어학이 자리잡고 앉으려는 대안을, 변인들에게 상이한 체계를 부여하거나 구조 외부의 자리를 배정하는 것을 거부한다. 음악가들이 '주제, 그것은 변주(variation)다'라고 말하는 것과 같은 의미에서 변이(variation) 자체는 체계[내]적인 것이다. 이 변이에서 라보프가 찾아낸 것은,

체계 내부로부터 영향을 미치며 체계가 스스로를 봉쇄하고 원리적으로 동질화되는 것을 막으면서 그 고유한 힘으로 체계로 하여금 풀려나가게 하거나 비약하게 해주는 원칙적 구성요소다."(MP, 118; I, 99)

라보프는 매우 짧은 일련의 문장을 사용하면서 표준적인 영어로부터 흑인영어로, 흑인영어에서 표준적인 영어로 18번이나 넘나드는 흑인청년의 예를 들고 있다고 하지요. 물론 촘스키라면 이를 '동일한 언어체계가 다른 방식으로 수행 또는 발화되는 것'이라고 보았을 겁니다. 하지만 라보프는 흑인청년의 예에서 표준적인 영어와 흑인영어라는 두 개의 체계를 구별하고, 그가 사용하는 말을 그 두 개의 언어로 분할해놓는 것이 부적절하거나 불충분하다고 봅니다. 차라리 언어활동이란 언제나 그처럼 상이한 언어들을 넘나드는 끊임없는 변이라고 보아야 한다는 거지요.

사실 유심히 살펴보면 우리도 마찬가지지요. 하루에도 수십 번씩 하나의 언어에서 다른 언어로 끊임없이 넘어가죠. 이렇게 강의할 때 쓰던 언어를 애인한테 가서 쓴다면 연애는 틀림없이 실패할 겁니다. 애인과 연애하며 쓰던 언어를 사무실에서 그대로 쓰면 "자네, 돌았나?"는 말을 듣게 되겠지요. 또 어릴 적 친구를 만나면 그 시절의 어법과 욕 들이 튀어나오게 되죠. 채팅에선 또 채팅의 언어가 있죠. 그리고 많은 경우 그 상이한 언어들이 뒤섞이고 혼용되면서 새로운 종류의 언어들이 만들어지지요. 최근 채팅에서 사용되는 언어들이 학생들의 일상어 전체로 확산되면서 저같이 둔한 사람이나 나이 든 기성세대는 알아들을 수 없는 일종의 '외국어'가 만들어지고 있다는 점은 매우 시사적인 예라고 하겠습니다.

그래서 저자들은 '그렇다면 모든 체계는 변이 속에 있으며, 그 상수와 동질성에 의해서가 아니라, 반대로 내재적이고 계속적이며 매우 특정한 방식(가변적인 혹은 임의의 규칙)으로 규제되는 가변성에 의해서 정의되어야 하는 게 아닐까?' 하고 생각합니다. 이 경우 남는 문제는 "하나의 언어 안에서 작용하는 이 계속적 변이를 어떻게 파악할 것인가?" 하는 것입니다(MP, 118; I, 99). 이는 언어학의 추상기계가 불변적 상수가 아니라 가변적인 변인들과 변화 주위에서 구성되는 것은 불가능한가를 묻는 것이기도 합니다.

그에 대한 대답은 "언표로 하여금 음운론적이고 통사론적이며, 의미론적이고 운율론적인 것 등의 변인들"(MP, 119; I, 100)의 연속체로 언어활동을 정의하는 것입니다. 다시 말해 언어적 변화를 연속적인 변이 속에서 포착하는 것입니다. 이는 언어적 변화를, 어떤 보편적이고 항상적인 체계가 상이한 상황에 따라 변화되며 적용되는 것으로 보는 게 아니라, 언어활동을 상황과 조건(비트겐슈타인이라면 생활형태라고 했겠지요)에 따라 음색과 음조, 음고, 표정 등의 연속적인 변이에 의해 만들어지는 활동으로 정의하는 것입니다. 즉 언어적인 변화나 언어 외적인 변수들이 "체계적 단절보다는 오히려 주파수의 점진적 변용에 의해, 상이한 용법의 공존과 연속성에 의해"(MP, 119; I, 100) 하나의 화행적인 복합체를 구성하는 것이 바로 언어활동이란 겁니다. 이것이 앞서 강조했던 화용론적 관점에서 언어활동이라는 것은 쉽게 알 수 있겠지요.

2) 일반화된 반음계주의

연속적인 변이로서 언어활동을 포착하는 것, 언어를 기표와 음고, 음색, 어조 등등의 연속체로 정의하는 것, 언어활동을 다양한 변수들의 복합체로 정의하는 것, 이 모두는 저자들이 '일반화된 반음계주의(chromatisme généralisé)'라고 부르는 언어적인 추상기계로 귀착됩니다. 저자들은 이런 방식으로 언어활동을 포착하려는 자신들의 입장을 '반음계주의적 언어학'이라고 표현하기도 합니다. 하지만 이는 반음계주의가 무언지를 안다고 해도, 아니 안다면 더 황당한 정의처럼 보입니다. '일반화된 반음계주의'란 대체 무엇인가? 음악에서 사용되는 반음계주의가 대체 언어를 일반적인 차원에서 정의하는 것과 무슨 상관이 있단 말인가?

먼저 반음계주의부터 설명하지요. 반음계주의란 온음계에 없는 반음들을 온음계에 넣어서 사용하는 것을 지칭합니다. 온음계에는 장조와 단조가 있는데, 모두 도레미파솔라시(도)의 7개의 음으로 이루어져 있지요. 장조든 단조든 미와 파, 시와 도 사이만 반음이고, 나머지는 모두 온음이지요. 그런데 이런 음만으로는 표현력에 제한이 커서, 선율에 색채감을 주기 위해, 혹은 화성에 표현력을 더해주기 위해 원래 음계에 없는 반음들을 사용하는 것이 반음계주의예요. 그래서 가장 흔히 접할 수 있는 것은 '도'를 근음(根音)으로 하는 조에서 솔 샾(#솔)이나 파 샾(#파)을 사용하는 것이지요. 기타를 예로 들면 키가 C인 경우 통상 C와 F, G7이 사용되지만, 솔 샾(#솔)이 끼어들면 E7으로, 파 샾이 끼어들면 D7으로 화성적인 코드가 달라지면서 원래의 키와 다른 색채적 느낌을 주지요. 이런 식으로 원래 음계에 없는 반음들을 사용하는 것이 반음계주의예요.

그런데 반음계주의를 사용하면, 기능화성을 축으로 하는 조성적인 음악에 부분적인 색채감이나 화성감의 변화를 줄 수 있을 뿐만 아니라, 중간에서 조바꿈(modulation)을 할 수 있어요. 가령 소나타 형식에서 주제의 '발전'은 항상 이런 조바꿈을 통해서 이루어집니다. "이〔반음계주의〕는 가장 멀리 떨어진 음(tons)에까지 중심의 작용을 확장하며, 중심음 원리(principe central)의 해체를 준비하기도 하고, 중심화된 형식을 끊임없이 해소되고 변환되는 어떤 형식의 연속적 발전으로 대체하기도 한다. 베토벤에게서처럼 발전이 형식을 복속시키고 전체로 확장될 때, 변주(variation)는 해방되기 시작하며 창조와 동일한 것이 된다."(MP, 120; I, 101)

그런데 19세기 말에 이르면 반음계주의의 사용이 과다해지면서 기능화성이 깨지고 그에 따라 조성 자체가 해체되기에 이릅니다. 바그너가 거기에 결정적인 역할을 했지요. 이후 조성 자체가 사라진 음악인 무조음악이 시작되었다는 등의 얘기는 지난번에 했지요? 사실 이것은 서양 음악사에서는 상식적인 이야기인데, 어쨌거나 여기서 반음계주의가 선율적인 색채감의 변화를 주거나 화성적인 다양성을 표현하기 위해 사용되었으며, 나아가 조를 바꾸는 방식으로 곡의 텍스처를 훨씬 더 다양하고 복합적으로 구성하는 방법으로 사용되었다는 점이 중요합니다.

이처럼 반음계주의란 어떤 의미를 표현할 때 필요하다면 원래 음계에는 없는 반음들을 사용하는 방법입니다. 그런데 사용 가능한 반음들이 옥타브 안에 있는 12개의 모든 반음으로 확장될 수 있습니다(이를 저자들은 '평균율화된 반음계주의'라고 부르지요). 이런 의미에서 반음계주의는 사용 가능한 모든 음을 사용하는 방법이라 할 수 있고, 그것이 반음 단위로 분절된 소리를 넘어서는 지점으로까지 나아가는 경우 '일반화된 반음계주의'라 할 수 있습니다.

여기서 또 하나의 새로운 문턱을 형성하는 것이 '일반화된 글리산도'(MP, 122; I, 102)와 전자음악입니다. 글리산도(glissando)란 가령 첼로나 바이올린으로 미(mi)부터 라(ra)까지 쭉 이어서 소리를 내는 경우처럼, 두 음 사이에 있는 모든 주파수의 소리를 연속해서 내는 것입니다. 이는 온음 내지 반음 단위로 분절된 음 사이에 있는 모든 소리를 사용하게 되지요. 이런 발상을 좀더 일반화하면, 음악적인 소리를 단지 12개의 반음들로 제한할 이유가 없다는 생각으로 이어집니다.

그리하여 모든 주파수의 소리를 음악적인 소리로 사용하려는 시도가 나타나고, 이는 전자음악을 통해서 다양하고 실질적인 표현력을 얻습니다. '종합하는 자'를 뜻하는 신디사이저(synthesizer)는 각이한 주파수의 소리들을 섞어서(종합해서!) 새로운 소리를 만들어내는 것을 가능하게 했습니다. 이는 이전에 없던 소리까지도 만들어내게 되어 음악적 소리의 표현영역이 원리상으로는 무한히 확장되는 결과를 함축합니다. 이리하여 화성학을 음향학이 대신하게 되고, '주파수 변조(frequency modulation)'가 작곡의 일반적인 방법이 됩니다. 이는 전자음악만이 아니라 어쿠스틱(acoustique)한 음악 자체에까지 결정적인 영향을 미칩니다. "신디사이저가 낡은 선험적 종합판단의 자리를 차지하며 그에 따라 모든 기능이 변화한다." (MP, 121; I, 101)

그렇다면 '일반화된 반음계주의'란 이런 반음계주의적 방법을 모든 주파수의 소리로 연장하여 포괄적이고 일반화된 방식으로 사용하는 것을 의미한다고 할 수 있겠지요. 다시 말해 소리의 색깔이나 느낌, 어조 등을 바꾸기 위해, 혹은 다양한 종류의 음색과 어조 등을 만들기 위해 모든 주파수의 소리를 사용해 그에 필요한 음성적 뉘앙스를 만들어내는 방법이란 말입니다. "일반화된 반음계주의가 만들어지려면 반음계주의가 자신의 사슬을 풀어버릴 때를 기다려야 하며, 그때 그것은 평균율에 반하여 방향을 바꾸게 되며, 음고(hauteur)뿐만 아니라 지속, 강밀도, 음색, 발성 등 모든 〔소리의〕 구성요소에 대해 영향을 미치게 된다. 그리하여 질료를 조직해내는 하나의 음향적 형식에 대해 말하는 것은 불가능하게 되며, 형식의 연속적 발전에 대해 말하는 것조차 불가능해진다."(MP, 121 ; I, 101)

앞서 '오늘밤'이란 말로 30가지 상황 내지 '의미'를 표현해보라고 했을 때, 거기서 사용할 수 있는 방법은 '오늘밤'이란 말의 음고나 음색, 속도, 강도, 강세, 억양, 볼륨을 바꾸고 변환시키는 것밖에 없습니다. 그 요구는 말 그대로 '오늘밤'이란 단어의 음성적인 변이의 연속체를 만들어내라는 겁니다. 바로 이런 방법으로 우리는 상이한 의미를 표현하는 데 '오늘밤!'을 사용할 수 있습니다. 비슷하게 타인에게 명령어를 전달할 때 우리는 적절한 음색과 음고를 선택하고 계속 변질시키게 됩니다. 이것이 바로 주파수 변조로서의 반음계주의입니다.

여기서 음악과 언어의 경계는 무너지고, 양자는 단지 유비적이고 은유적인 유사성이 아니라, 실제로 상호이행하는 점이지대를 통해 하나의 음향적 연속체를 이루게 됩니다. 물론 그것은 음악의 경우 음성이 갖는 특권적인 위상이 제거되고 음성이 음색적인 것이 됨으로써만 그렇습니다. "음악에서 음성은 언어와 소리에 동시에 작용하면서 실험의 특권적 축이 되어왔다. 음악은 극히 다양한 방식으로 음성과 악기를 연결하였다. 하지만 음성이 노래하는 한, 그것은 소리를 '드잡는' 중요한 역할을 하는 것이고, 악기에 의해 반주되는 것과 동시에 악보 위에 씌어진 항상적인 것의 기능을 하는 것이다. 음성이 음색과 결부되는 경우에만, 음성은 자신에 대해 이질적인 것으로 간주되고 연속적인 변이능력을 보여주는 음역(音域, tessiture)에서 자신을 발견한다. 그것은 더 이상 반주되지 않으며, 실제로 '기계화된다.'"(MP, 122; I, 102)

여기에 베리오(L. Berio)의 작품은 아주 적절한 사례를 제공합니다. 그는 사람들의 음성을 변조하고 변환시켜서 비음성적인 소리로 만들어버립니다. 음성의 특권을 뒷받침하는 가사가 있지만, 가사는 끊어지고 뭉개져서 들리지 않거나 무의미한 소리로 변형됩니다. 베리오의 작품 〈얼굴(Visage)〉은 한 마디의 단어조차 나오다 끊기고 이어지다 끊어지면서 독특한 음향적 내지 음악적 '표정'을 만들어냅니다.

언어가 비의미화되면서 특정한 음색의 소리로 되는 것은 기표와 무관하고 언어 외적인 것이 언어활동에서 핵심적인 위치를 차지하는 것과 나란히 간다고 할 수 있습니다. 저자들이 반음계적 언어학을 통해서 강조하고 있는 것은 이처럼 비기표적인 소리의 표현능력이고, 그것이 언어활동에서 일차적이라는 점입니다. "이 비밀스런 중성적 언어활동에 상수 없이 이르는 것이 문제요, 음성 못지 않게 신디사이저와 악기가 말하며 악기만큼이나 목소리가 연주하는—이 모두는 간접화법 안에 존재한다—그러한 언어활동에 이르는 것이 문제다. 기계화되고 원자화된 이 세계 안에서 더 이상 음악이 노래할 줄 모르게 되었다고 생각하지 않을 것이며, 오히려 변이의 거대한 계수(係數)가 동일한 음향적 배치의 사교적·비사교적·언어학

적·시적·기악적·음악적 부품 모두를 변용시키고 연계시킨다고 생각할 것이다."(MP, 122; I, 102)

결국 가장 추상적이고 일반적인 수준에서 언어란, 다시 말해 언어학적 추상기계란 음고, 음색, 볼륨, 강세, 억양, 속도 등의 복합체인 소리 자체를 변이시킴으로써 뜻하는 바를 표현하는 방법이라는 것을 의미합니다. 이처럼 반음계주의적인 방법을 일반적으로 사용하여 언어활동을 파악하는 자신들의 방법을 저자들은 '반음계주의적 언어학'이라고 불렀던 겁니다. "우리가 말하려고 하는 것, 그것은 일반화된 반음계주의다. 어떤 요소들의 연속적인 변이화는 새로운 구별을 야기하는 조작이지만, 그렇다고 어떤 것도 궁극적인 것으로서 보존하거나 진보적인 것으로서 제공하지는 않을 것이다. 반대로 이 조작은 원리적으로 음성, 발화, 언어 및 음악을 포함하고 있다. 거기에는 사전적인 구별이나 원리의 구별이 있을 어떠한 이유도 없다."(MP, 123; I, 103)

3) 언어 속의 언어들

이처럼 저자들은 언어활동 내지 언어를 보편성과 항상성, 불변성을 갖는 언어 내적인 구조로 환원할 게 아니라, 비언어적인 성분들을 포함하는 변이의 연속체로서 다루어야 한다고 주장합니다. 일반화된 반음계주의라는 개념은 이런 발상을 요약해서 보여주고 있습니다. 이런 관점에 서게 되면, 법칙과 보편성이라는 관념을 포함하는 언어(langue)와, 생활형식 내지 상황에 따라 그 언어를 사용해 말하고 글을 쓰는 것 사이에 어떤 근본적인 단절도 없다는 것을 이해하는 것은 어려운 일이 아닙니다.

이는 언어와 문체(style) 간에 어떤 단절이나 간극이 없다는 것을 뜻합니다. 다시 말해 언어의 일반적 법칙 내지 보편적 규칙을 다루는 언어학과, 특정한 양상의 언어(활동)를 다루는 문체론을 이원적으로 분리할 수 없다는 것입니다. "사람들이 문체라고 부르는 것, 아마도 세상에서 가장 자연적인 이것은 바로 연속적인 변이의 과정이다. 그런데 언어학에 의해서 세워진 모든 이원론 가운데 언어학과 문체론을 가르는 것보다 근거가 박약한 것은 별로 없다. 문체는 개인적인 심리학적 창조물이 아니라 언표행위의 배치기 때문에, 언어 안에서 언어를 만들어내는 것은 피할 수 없는 일이다."(MP, 123; I, 103)

물론 문체가 개인적 활동과 전혀 무관하다고 하기는 힘들 겁니다. 그것은 개인적 활동 이전에 특정한 언표행위의 배치 안에서 만들어집니다. 가령 선언문이나 삐라는 누가 써도 비슷해지지요. 이는 언표행위의 배치가 행사하는 효과가 너무 강해서 작가적인 스타일이 표현되기 어려운 지형 때문입니다. 물론 맑스처럼 탁월한 문장가는 선언문에서조차 고유한 문체를 창조했지만, 그 경우에도 〈공산당 선언〉에서 볼 수 있듯이, 선언문의 형식으로 요구되는 특정한 언표행위의 배치 안에서 만들어졌던 것이지요.

이에 비해 소설은 작가에 의해 크게 규정되지만, 이 역시 특정한 언표행위의 배치 안에 있습니다. 가령 19세기 프랑스 소설은 리얼리즘이라고 불리는 고유한 서사형식을 공유하고 있었고, 작가와 서술자, 인물 및 사건을 관련짓는 특정한 표현형식 안에 있었습니다. 그리고 작가 개인이 발딛고 서 있는 계급적 내지 신분적인 조건 등에 따라 그가 선택할 수 있는 서사의 스타일은 다시 제한되게 됩니다. 혹은 카프카처럼 아주 특이한 문체를 창안한 경우에도 그것은 합스 부르크 제국의 붕괴 이후 프라하에서 활동한 유대인이라는 복합적인 상황, 그리고 체코의 공식적인 언어였던 독일어의 건조하고 '어눌한' 스타일 등이 포함된 언표행위의 배치의 산물이었다고 할 수 있습니다.[14]

요컨대 문체란 어떤 '언어' 안에서 언어를 만들어내는 것입니다. 하나의 '언어' 안이 이처럼 수많은 언어들로 가득 차 있다는 것은 다시 설명하지 않아도 좋을 겁니다. 사실 '언어' 란 그렇게 만들어지는 다양한 언어 내지 문체들 가운데 널리 확산되고 영향력을 미치는 것들이 '일반화' 되고 '보편화' 되어 만들어진다고 할 수 있습니다. 지금은 사극에서나 들을 수 있는 어투의 말들은 그 시대라면 지배적이고 보편적인, 혹은 '규범적인' 언어였겠지만, 지금 그런 어투로 말하는 것은 TV나 역사소설에서나 볼 수 있습니다. 다시 말해 그것은 특정한 소설이나 극, 언어활동에서나 볼 수 있는 '문체' 일 뿐이란 거지요.

이것을 단순화해서 말하면 '언어' 가 문체가 되는 경우라고 하겠지만, 이를 뒤집어 생각하면 문체가 '언어' 가 되었던 것은 사실 하나의 특별한 어법이나 문체가 지배적인 위치에 서게 됨으로써 가능했던 것임을 추측할 수 있습니다. 하지만 문체가 언어가 되는 경우로 좀더 극명한 예들이 있습니다. 가령 프랑스어에서 '단순과거' 라는 '문법' 은 19세기 프랑스 소설에서 만들어낸 것이며, 그래서 지금은 특별히 문체상의 이유가 없다면 거의 사용하지 않는 '문법' 이지요.

---

(14) 이에 대해서는 바겐바흐, 전영애 역, 《카프카(Kafka)》, 기린원, 1989, 65~69쪽; 들뢰즈·가타리, 이진경 역, 《카프카: 소수적인 문학을 위하여(Kafka: pour une litterature mineure)》, 동문선, 2001, 48~67쪽 참조.

한국어의 예를 들 수도 있습니다. 한국어에서 가장 일반적인 종결어미인 '~이다', '~하다'라는 말은, 물론 조선시대에도 쓰인 적이 없진 않지만, 그것이 확산되어 지금 우리가 쓰는 표준적인 어미로 정착한 게 아닙니다. 19세기 말~20세기 초의 신문은 물론 1920년대까지도 그런 종결어미는 발견하기 어렵습니다. 최초의 한글신문인 〈독립신문〉은 대부분 '~도다', '~지라', '~노라' 등의 어미를 사용하고 있고, 〈미일신문〉 또한 비슷하게 '~더라' '~너니다', '~사니다', '~이라' 등을 사용하고 있으며, 신채호가 초기에 정력적으로 활동했던 〈대한매일신보〉 역시 크게 다르지 않았습니다.

'~이다', '~하다' 등과 같이 객관적인 어투의 종결어미를 본격적으로 사용했던 것은 소설가 김동인이었지요. 김동인은 심지어 이광수조차 '이러라', '이더라', '하도다', '이로다' 등을 그대로 사용하였는데, 자신이 주도한 《창조》 동인들은 이를 모두 '이다', '이었다', '한다' 등으로 대체해버렸으며, '했다'나 '이었다' 등과 같은 과거사 또한 만들어 사용했다고 하면서,[15] 생각만 해도 통쾌한 일이었다고 자평합니다. 또한 "조선말에는 없었던 he, she 등의 대명사를 몰아 '그'라 하여서 지금 조선어 소설을 쓰는 사람에게 편리케 한 것도 《창조》의 공"이라고 말합니다.[16] 이처럼 새로운 문체의 일환으로 도입된 종결어미나 과거사, 대명사 등이 소설가 등을 통해 확산되었고, 그것이 1930년대에 이르면 신문이나 다른 글에 영향을 미치게 되었으며, 그 결과 지금은 한국어 문법의 가장 기본적인 '법

---

(15) 김동인, 〈춘원연구〉, 《김동인 전집》, 16, 조선일보사, 1988, 64~65쪽.
(16) 같은 책, 65쪽.

칙'이 되었습니다.

  약간 옆으로 새서, 추측을 곁들인 얘기를 덧붙이자면, 여기서 김동인이 사용했다는 '이다', '한다' 등은 오래 전부터 있었던 종결어미를 되살린 것이라기보다는 일본 소설에서 사용된 종결어미 '〜だ(다: ~다)'나 '〜です(데쓰: ~입니다)', '〜する(쓰루: ~하다)'를 번역 내지 변형시켜 사용한 것으로 보입니다. 여기서 'だ'는 메이지 시대 초기 소설가 중의 한 사람인 후타바테이 시메이(二葉亭四郎)가 사용한 새로운 문체의 요소였고, 'です'는 비슷한 시기의 소설가 야마다 비묘(山田美妙)의 '트레이드마크'였다고 합니다.[17] 이는 크게 유행해서 이후 일본어의 근대 문법 안에 들어가게 되었지요. 여기서도 우리는 문법이 문체와 구별되지 않으며, 차라리 문체로부터 성립되고 그것에 의해 변화한다는 것을 다시 확인할 수 있습니다.

  어쨌거나 김동인이나 《창조》 동인들이 사용한 새로운 대명사나 어미들은 이미 지배적인 '어법'이 되어버린 이러한 일본 소설의 영향 아래 수용된 것이 아닌가 싶습니다. 실제로 다른 많은 문인들처럼 김동인 또한 초기에 일본에 유학하면서 근대 문학을 접했고, 일본어로 소설을 쓰기도 했다는 점에서 이와 무관하지 않을 듯합니다. 1900년대에 친일 성향의 인사들이 발행했던 〈대한민보〉에 개제된 단편소설들에서는 동시대의 다른 신문들과 달리 '하다', '이다' 등의 어미가 빈번하게 사용되고 있는데, 그 또한 이러한 영향관계를 '방증'하는 요소처럼 보입니다.

---

(17) 이연숙, 《「國語」という思想: 近代日本の言語認識》, 岩波書店, 1996, 59〜61쪽.

4) 언어를 더듬거리게 하기

문체와 언어의 관계가 이러하다면, 문체는 보편적이고 불변적인 형식을 취하는 언어 자체를 변형시키고 변이시키는 데 매우 중요한 '공격' 지점이라고 말할 수 있습니다. 물론 여기서 문체를 통해 특정한 어법을 새로운 문법의 층위로 승격시키고 그럼으로써 또 다른 표준 내지 보편성의 자리를 장악하자는 식의 말을 하는 건 아닙니다. 그보다는 차라리 보편적 형식의 언어 안에서, 문체라는 형식의 변이선(變異線)을 가동시킴으로써 새로운 표현형식, 새로운 '언어들'을 창안해내는 것, 그리고 그것으로써 문법적인 언어의 보편성을 상대화시키고 약화시키며, 그러한 보편성과 충돌하지만 그것과 나란히 '정당한' 지위를 갖는 언어들이 생동하고 생성할 수 있는 공간을 창출하는 것이 여기서 언어를 다루면서 이들이 실천적으로 제시하는 '침로(針路)'라고 하겠습니다.

이를 저자들은 '언어를 더듬거리게 하기'라고 부릅니다. 사실 특이한 문체나 심지어 문법의 규칙을 깨고 종종 비의미화되는 언어들은 그 자체로 언어 안에서 더듬거리는 것임이 분명합니다. 하지만 그러한 더듬거림이 문법에 비추어 '틀린 것'이라고 말할 수 없는 고유한 표현능력을 획득할 때, 다시 말해 고유한 문체를 형성하는 어떤 나름의 일관성을 획득할 때, 그것은 단순히 스스로 더듬거리기를 넘어서 문법적인 언어 자체를 더듬거리게 한다고 할 수 있습니다. 프루스트 말대로 "걸작은 일종의 외국어로 씌어진다"는 것은 바로 이런 의미에서일 겁니다(MP, 124; I, 104).

언어 자체를 더듬거리게 하면서 새로운 종류의 문체를 만들고 새로운 종류의 언어적인 규칙으로까지 밀고나가거나, 혹은 낡은 언어적 규칙들을 희석시키고 웅웅거리게 하는 것, 알다시피 이건 사실 매우 어려운 일입니다. "더듬거리기는 쉽지만, 언어활동 그 자체를 더듬대게 하는 것은 이와 전혀 다른 일로서, 모든 언어학적 요소를 변이시키는 것이고, 비언어학적 요소나 표현의 변인들, 내용의 변인들조차 변이시키는 것이다. 이는 새로운 잉여성의 형식이다."(MP, 124; I, 104) "자신의 언어 안에서 이방인이 되는 것. 사투리나 은어조차 없이 하나의 동일한 언어 안에서 2개 국어나 수개 국어를 쓸 수 있는 것. 순수한 인종 안에서 혼혈 내지 서출이 되는 것. 바로 거기서 문체는 언어가 된다. 바로 거기서 언어는 강밀해(intensif)지고, 가치와 강밀도의 순수한 연속체가 된다. 바로 거기서 모든 언어는 언어 내에 비밀스런 하위체계를 만드는 대신 아무것도 숨기지 않으면서도 비밀스러워진다."(MP, 124; I, 104)

그래서 저자들은 카프카의 언어를 '소수어'라고 해요. 카프카의 글('언어')은 전통적인 독일어와 전혀 다르다고 하지요. 카프카가 썼던 독일어는 체코에 사는 유태인이 사용하는 독일어였기 때문에 독일어 정통문법에서와는 전혀 다른 글을 만들었던 것입니다. 그런데 카프카의 스타일이나 작품이 강력한 힘을 갖고 영향을 미치게 되면서, 원래의 독일어 자체를 더듬거리게 했던 거지요. 결국 사람들은 그 영향을 받아서 작품을 쓰게 되었고, 독일어 자체가 변이되는 지점도 만들어졌습니다. 이런 사례를 보았을 때, 자국어 안에서 이방인이 되고 언어를 더듬거리게 하는 것은, 많은 경우 두 개 이상의 언어가 겹칠 때라고 합니다. 카프카의 경우는 세 개였지요.

다른 예도 있습니다. 김삿갓의 시들은 한문과 한글 사이에서 양자가 교차하고 뒤섞이는 기이한 서출적이고 혼혈적인 언어를 만들어냅니다.

 二十樹下三十客(이십수하삼십객)
 四十家中五十食(사십가중오십식)
 人間豈有七十事(인간개유칠십사)
 不如歸家三十食(불여귀가삼십식)

 뭐, 한문을 잘 모르니 무슨 뜻인지, 뭐가 어떻게 다른 건지가 일단 감이 안 잡히지요? 하지만 한문을 좀 알아도 해석 내지 번역하기 힘든 이상한 문장입니다. '三十'은 한글로 설흔이고, 이는 '설운'이라는 말과 음성적으로 비슷하지요. 그래서 三十客은 '서러운 나그네'가 됩니다. 그럼 첫 행은 "스무 나무 아래 서러운 나그네"란 문장이 됩니다. '四十'은 비슷한 절차를 거치면, '마흔'이 되었다가 '망할'이 되고, '五十'은 '쉬흔'이 되었다가 '쉰'이 됩니다. 그럼 둘째 행은 "망할놈의 집에서 쉰 밥을 먹는구나"가 되지요. '七十'은 비슷하게 '일흔'을 거쳐 '이런'이 되고, 셋째 행은 "인간 세상에 어찌 이런 일이 있는가?"가 되며, 넷째 행의 '三十'은 다시 '설흔'을 거쳐 '밥이 설었다'고 할 때의 '설은'이 되어 "차라리 돌아가 설은 밥을 먹으리"가 되지요.
 여기서 김삿갓은 한자의 음과 훈, 한문과 한글, 그리고 구어와 문어를 넘나들고 뒤섞어서, 한문도 아니고 한글도 아닌 기이한 '외국어'를 만들어냅니다. 이는 한문과 한시의 형식에 아주 능수능란하기에 가능했지, 그것을 제대로 다루지 못해서 쓸 수 있었던 게 아닙니다. 여기서 더듬거리는 것은 김삿갓이 아니라 한문이요 한

시입니다. 김삿갓은 아주 여유작작하며 자신이 하고 싶은 말을 직설적으로 하고 있습니다. 이 시만이 아니라 김삿갓의 작품으로 알려진 대부분의 작품들이 한시의 가장 정형화된, 과거시험의 주된 형식이었던 과시(科詩) 형식을 이처럼 가장 비정형적이고 비한문적인, 심지어 시라고 하기 힘든 문장조차 구사하는 기이한 시로 비틀어버린 것입니다.

이게 과연 시냐 하는 반문도 있을 수 있고, 단지 버림받은 지식인의 비틀린 정서를 표현하는 자위적인 장난에 불과하다고 말할지도 모르겠습니다. 하지만 이는 당시 민중들 사이에서 엄청난 인기를 얻었고, 그들에 의해 암송되고 구전되었으며, 그래서 시집을 낸 적이 없음에도 불구하고 많은 시가 전해져 내려오고 있으며, 비슷한 아류작들을 만들어냈습니다.[18] 그건 그 안에 표현된 직설적인 내용의 독설들이 재미있었기 때문이기도 했겠지만, 그런 독설을 한문과 한글, 구어와 문어를 마구 섞은 새로운 표현형식 자체가 주는 강한 매력과 흥미가 없었다면 그런 인기를 누리고 영향력을 행사하기가 어려웠을 겁니다. 단순한 욕이나 독설이 그렇게 인기를 얻고 구전되는 일은 없는 법이니 말입니다.

4. 다수적인, 혹은 표준적인 언어 아래서만 언어는 과학적으로 연구될 수 있으리라

마지막으로 저자들이 비판하는 네 번째 공준은 "과학적인 언어학은 다수적인(majeur), 혹은 표준적인 언어만을 대상으로 한다"는 명

---

[18] 임형택, 《실사구시의 한국학》, 창작과비평사, 2000, 258쪽 이하.

제입니다.

1) 표준어, 혹은 언어의 권력

음운론이나 통사론, 의미론 등의 차원에서 작용하는 언어적인 규칙 내지 법칙의 집합으로서 언어와 그것의 변형으로서 문체의 '이원성'이 무너지는 양상을 보았지요. 이를 약간 단순화해서 말하면, 이른바 문법적인 언어와 문체적인 언어를 나누고 대립시켜선 안 된다는 것을 함축하고 있었습니다. 나아가 문법조차 문체, 그것도 특정한 어법과 문체가 '일반화'하거나 '보편화' 함으로써 성립된다는 것도 보았습니다. 이는 문법이 사실은 다양한 양상으로 존재하는 하나의 언어 안에서 어떤 특정한 언어를, 대개는 정치적 내지 경제적 권력의 중심에 근접한 지역의 언어를 이른바 '표준어'라고 불리는 특권적인 모델로 설정한다는 점에서도 입증됩니다. 역으로 문법성은 표준어를 통해서 사람들의 구체적인 언어활동에 개입하고 관여하지요.

여러 가지 지방적 언어 가운데서 하나의 표준어를 정하는 것은 근대 국가와 결부되어 나타난 근대적인 현상입니다. 국민국가라는 하나의 통합된 영토적 단위로 여러 지역들을 통합하고 그것을 하나로 묶어 내부적인 동질성을 만들어내는 것은 근대 국가의 형성에서 가장 중요한 과제였습니다. 근대 국가는 봉건제나 도시, 도시국가나 도시동맹체처럼 분할되어 각각의 독립성을 갖고 있던 여러 지역들을 하나로 통합하여 영토국가를 형성하고자 했습니다. 영국이나 프랑스에서 보이듯이, 이러한 통합에서 전국적인 시장이나 절대주의 국가권력이 결정적인 역할을 했으며, 도시 내지 도시동맹체가 발전했던 지역에선 이런 국민적 통일이 매우 지체되었지요. 근대의 민족운동 내지 민족주의는 이러한 통일운동과 긴밀하게 결부되어 있었습니다.

어쨌거나 이러한 지리적·경제적·정치적 통합은, 통합된 사람들을 하나의 '국민'으로 만들어낼 것을 요구했습니다. 예를 들어 이탈리아가 비로소 통일된 국민국가를 이루었던 1860년, 민족운동의 지도자 중 하나였던 다젤리오(d'Agelio)는 이렇게 말했다고 합니다. "우리는 이탈리아를 만들었다. 이제 우리는 이탈리아인을 만들지 않으면 안 된다."[19] 하나의 민족, 하나의 국민으로서 통일성 내지 동질성을 형성하는 데 필수적인 것 가운데 하나가 바로 언어지요. 다양한 지역의 다양한 언어를 하나의 국민적인 언어로 통합하고 통일해야 한다는 요구는 바로 이런 맥락에서 나온 겁니다.

여러 지역적 언어 가운데 하나의 언어를 표준으로 정하고, 그것을 통해 언어활동을 동질화하는 것, 이것이 바로 표준어 제정이라는 근대적 현상의 요체라고 할 수 있지요. 그리고 잘 아시겠지만 한국에선 서울 인근에서 사용하는 언어가 표준어가 되고, 일본에선 도쿄(東京)의 언어가 표준어가 되지요. 모두 정치적인 중심지의 언어가 표준어가 됩니다. 물론 약간의 '교정'이 수반되긴 합니다만, 이는 모델이 되려는 사람은 누구나, 아니 그러려는 언어는 모두가 겪어야 하는 일이지요.

다음과 같은 저자들의 말은 이런 사태와 긴밀하게 연관되어 있습니다. "언어의 통일성은 무엇보다 우선 정치적이다. 모국어는 없으

---

[19] 홉스봄, 정도영 역, 《자본의 시대(*The Age of the Capital*)》, 한길사, 1983, 137쪽.

며, 때로는 넓은 전면에 나섰다가 때로는 다양한 중심으로 동시에 달려드는, 지배적 언어를 통한 권력의 장악이 있다."(MP, 128; I, 107) 그렇지만 언어의 통일성이 정치적이라는 말이 언어적 통일성을 형성하는 데 정치적 권력이 개입되어 있다는 것을 뜻하는 것만은 아닙니다. 역으로 지배적 언어를 통한 다른 언어의 통합 내지 지방화(방언화), 그에 따른 위계화가 발생하며, 그 결과 표준어 자리를 차지한 지배적 언어는 문법과 연계되어 언어활동의 상수(항상적인 것), 언어활동의 모델이 됩니다. 그것은 말을 듣는 사람은 물론 말을 하려는 사람에게도 특정한 양상으로만 말하도록 요구합니다. "항상적인 것과 항상적인 관계를 추출하려는 과학적 시도는 언제나 [항상적인 것 간의 관계를] 말하려는 사람에게 부과하고 명령어를 전달하려는 정치적 시도와 겹쳐져 있다."(MP, 128; I, 107) 덧붙이자면 "규범적인 개인으로선 문법적으로 올바른 문장을 만들어내는 것이 사회적 법에 종속되기 위한 전제"라고 할 수 있습니다(MP, 128; I, 107). 따라서 문법에 따르라는 요구, 통사론적 규칙, 표준적인 어휘, 표준적인 발음규칙에 따르라는 요구는 통사적 내지 문법적인 지표기 이전에 권력의 지표라고 할 수 있습니다.

2) 다수적 언어와 소수적 언어

여기서 다수성(majorité)과 소수성(minorité)에 대한 구별, 혹은 다수적(majeur) 언어(다수어)와 소수적(mineur) 언어(소수어)의 개념이 등장합니다. 방금 본 것처럼 표준어는 원래 그것을 사용하던 사람이 누구고, 얼마나 많았는지에 상관없이 표준어가 되었다는 사실에 의해 '다수'에 의해 사용됩니다. 이에 반해 다른 지역적 언어들은 표준어가 아닌 언어, '방언'이 되지요. 이로써 표준어와 방언의 구별이 다수적 언어와 소수적 언어의 구별에 대응되는 것처럼 보입니다.

그러나 표준어가 보여주듯이 다수적 언어는 결코 다수가 사용하는 언어가 아닙니다. 표준어는 그것이 다수에 의해 사용된다는 이유에 의해서 다수어가 되는 게 아니라, 권력의 중심에 가까이 있다는 이유에 의해서, 혹은 정치적·지리적 중심인 수도 근방의 언어라는 이유에서 표준어가 되지요. 그런데 정작 중요한 것은 그 다음 과정입니다. 권력에 의해 표준어가 된 언어는 교육에 의해서든, 매체에 의해서든, 원래 그 언어를 사용하지 않던 사람들에 의해서 사용되며, 다른 지역이나 지방의 언어활동이 맞추어져야 할 모델이나 표준이 됩니다.

아무리 많은 사람이 사용하더라도 방언은 매체에 등장하기 곤란하고(모든 신문기사는 표준어로 씌어지고, 문학적 이유가 없는 한 모든 책은 표준어로 씌어지며, 방송국의 기자나 아나운서는 표준말로 말해야 합니다), 학교에서 가르치지도 않습니다. 표준어는 다른 국지적인 곳에서 언어활동의 척도요 규범이 되고, 그런 만큼 다양한 언어활동을 통합하고 통일하는 권력을 행사합니다. 방언이 소수적인 언어인 것은 이러한 다수적 언어가 아니라는 이유에서지, 소수가 사용하기 때문이 아닙니다.

따라서 다수적 언어와 소수적 언어를 대립시키는 것은 "다수적 언어의 단일성과 방언의 복수성을 단순히 대립시키려는 것이 아니다. 각각의 방언은 변천과 변이의 지대(zones)를 갖고 있으며, 다행히도 소수적인 언어는 변이의 고유한 방언적 지대를 가지고 있다"

(MP, 128; I, 108)고 저자들은 말합니다. 그러나 방언이 그 자체로 소수적인 언어는 아니며, 방언에 의해 소수적인 언어가 정의되는 것도 아닙니다. 소수적인 언어란 다수적인 언어를 변형시키고 변이시키는 성분이며, 새로운 종류의 언어를 생성하는 언어라고 저자들은 정의합니다. 다시 말해 다수적인 언어를 변이시켜 새로운 종류의 언어(활동)를 만들어내는 것은 모두 '소수적인 언어'라고 할 수 있습니다.

그렇기 때문에 방언 아닌 소수적 언어가 얼마든지 있을 수 있습니다. 아까 문체에 대해 말하면서 하나의 (다수적!) 언어 안에서 다양한 (소수적인!) 언어들을 생산하는 것을 강조했으며, 자국어 안에서 이방인이 되는 것, 일종의 '외국어'로 쓰는 것에 대해 말한 바 있지요. 이 모두가 소수적인 언어인 겁니다. 방언이 이러한 변환과 변이에 관여하고 그 변환 가능성의 지대를 형성하는 한에서, 그것은 틀림없이 소수적인 언어라고 할 수 있습니다. 그렇지만 그것은 단순히 "내 고향의 언어를 지킨다"는 식의 소극적이고 방어적인 태도와는 무관하며, 반대로 새로운 언어활동을 창조하고 생성하는 데 적극적으로 관여하는 한에서 소수적인 언어가 된다는 겁니다. 즉 소수적인 언어라는 개념에 의해 방언에 고유한 변이능력과 변이 가능성의 지대가 나타나는 것입니다.

더불어 방언이 소수적인 언어인가 여부는 그것이 어떤 다수적인 언어와 대립하고 대결하고 있는지, 혹은 어떤 다수적 언어를 변형시키고 있는지에 따라 달라집니다. 가령 남아프리카 공화국의 다수적 언어는 네덜란드계 국민언어인 아프리칸스어(Africans)인데, 여기서 흑인들은 (국제적인 차원에서는 다수어인) 영어를 이 다수적 언어에 반하는 언어로 선택하여 사용합니다. 이 경우 영어는 아프리칸스어라는 다수적 언어에 대립하는 소수적 언어가 되는 것입니다.

그래서 저자들은 이렇게 말합니다. "방언의 개념이 소수적 언어의 개념을 분명하게 해주는 것이 아니라, 반대로 소수적 언어가 그 나름의 변이 가능성에 의해 방언을 정의해주는 것이다."(MP, 129; I, 108) 따라서 다수적 언어와 소수적 언어는 "언어의 두 가지 종류가 아니라 언어의 두 가지 용법 내지 기능"(MP, 131; I, 110)이라고 할 수 있습니다.

이상에서 알 수 있듯이, 다수성은 단지 수가 많다는 것을 뜻하지 않으며 소수성 역시 수가 적다는 것을 뜻하지 않습니다. "다수성은 항상적인 것의 권력(pouvoir)에 의해 정의되며, 소수성은 변이의 능력(puissance)에 의해 정의된다."(MP, 131; I, 110) 오랫동안 남아프리카 공화국에서 백인은 수적으로 소수였지만 그들의 언어, 그들의 피부, 그들의 활동은 다수였으며, 흑인은 그 수가 훨씬 많은 다수였지만 그들의 언어는 물론 어떤 것도 다수적인 것이 되지 못했습니다. 수가 많은 것이 표준이나 척도가 되는 게 아니라 반대로 표준 내지 척도가 된 것이 다수성을 획득하는 것이지요. "다수가 권력과 지배의 상태를 전제하는 것이지, 그 반대는 아니다. ……다수자가 척도를 전제하는 것이지, 그 반대는 아니다."(MP, 133; I, 112)

이런 점에서 다수성과 소수성의 문제는 수의 문제가 아닙니다. 근대 사회에서 남성은 분명 다수자고 여성은 분명 소수자지만, 그것은 남성이 여성보다 수가 많아서 그런 것은 아니며, 미국에서 백인은 다수자고 흑인은 소수자지만, 그것 역시 백인이 수가 많아서 그런 것은 아니지요. 굳이 다수성을 수와 연결시키려 한다면, 다수적인 것은 항상적인 것, 척도의 위치를 차지한 것이고, 권력을 장악한 것이며, 그렇기에 권력을 확장할 통로를 다수 확보하여 다수성의 위치를 확보할 수 있다는 것을 의미할 뿐입니다. 표준어가 많은 사람에 의해 사용되는 것은 그것이 표준어로 정해졌기 때문이고, 언어활동의 척도라는 지위를 차지했기 때문이지, 다수가 사용하기 때문이 아니었듯이 말입니다.

다수성이 척도와 규범, 혹은 모델의 형식으로 현재적인 상태를 유지하는 권력이라면, 소수성은 새로운 변이와 생성을 통해 그 척도와 규범을 변형시키는 잠재적 변이능력이라고 할 수 있습니다. 그런데 모델이나 규범은 모든 사람에게 척도나 표준으로 주어지는 것이지만 실제로는 누구도 곧이곧대로 그런 양상, 그런 형태를 취하진 않습니다.

다수자는, 그것이 추상적 척도 안에서 분석적으로 포착되는 한에서, 결코 어떤 누구도 아니며, 언제나 아무도 아니다(Personne). 반면에 소수자는 만인이 되는 것(devenir de tout le monde)이며, 그들이 모델로부터 벗어나는 만큼 잠재적으로 [만인이] 되는 것이다. 다수적 '사실'이 존재하지만, 이는 해당자가 아무도 없는(Personne) 분석적 사실이며, 이는 모든 사람의 소수화되기(devenir-minoritaire)에 대립된다. 이것이 다음의 두 가지를 구별해야 할 이유다. 즉 동질적이고 항상적인 체계로서 다수적인 것(le majoritaire)과, 창조적이고 잠재적 생성(devenir)이자 창조되는 생성으로 소수적인 것을. 문제는 다수성을 획득하는 것이 아니며, 새로운 상수를 세우는 것도 아니다. 다수적 생성은 없으며

다수성은 생성이 아니다. 모든 생성은 소수적이다.(MP, 133~34; I, 112)

이처럼 소수적인 것을 '보편적 의식'의 형상을 빌려 말할 때, 그것은 '자율주의'라고 불린다고 합니다. "수많은 소수성의 요소를 이용하고, 그것을 결합하고 접속시킴으로써 특수한, 유례없는 자율적 생성을 창안하는 것"(MP, 134; I, 113)이 바로 그것입니다.

이상에서 본 것처럼 표준어나 다수적인 언어는 그 자체로 권력을 포함하고 있으며, 다양한 사람들의 언어활동을 하나의 통일된 형식 아래 통합하고 동질화하려는 '권력의지'를 포함하고 있습니다. 그런데 언어학이 표준어 내지 다수적인 언어만을 연구대상으로 정의한다면, 이는 언어적 형식으로 작동하는 권력을 유일한 연구의 대상, 유일한 사유의 대상으로 삼는 것이 됩니다. 더구나 그것이 문법의 규칙성과 항상성, 보편성을 주장하게 되는 한, 그것은 그런 규칙에 다양한 언어활동을 종속시키는 결과를 야기할 것이 분명합니다.

보편성과 항상성에 대한 언어학의 통상적 공준을 비판했음에도 불구하고, 여기서 다수적이고 표준적인 형식에 언어활동을 가두는 네 번째 공준을 따로 설정하여 비판하는 것은 바로 이런 이유 때문입니다. 그런 비판의 지점을 통해서 저자들은 소수적인 언어, 혹은 언어활동의 소수화라는 전략적 거점을 찾아내 제시하고 있는 것입니다. 연속적인 변이, 혹은 변이적인 연속체로서의 언어활동에 대한 가정(반음계주의적 언어학)은 이제 여기서 생성과 변이를 만들어내고 그것으로써 다수적 언어 자체를 더듬거리게 하는 실천적인 전략으로 이어지고 있는 것입니다.

3) 명령어와 탈주선

다수적 언어와 소수적 언어에 대해 저자들은 두 가지 종류의 언어가 아니라 언어의 두 가지 용법 내지 기능이라고 했지요. 언어를 다루는 그 두 가지 방식을 저자들은 음악에서 사용되는 개념을 끌어다 '다수적 양식(mode majeur, 장조)'과 '소수적 양식(mode mineur, 단조)'이라고 말합니다(MP, 135; I, 113). 지금까지 비판했던 언어학의 4가지 공준은 바로 언어를 다루는 다수적 양식의 공준이었던 셈이며, 그에 대한 비판을 통해서 저자들이 제시하고자 했던 명제들은 언어를 다루는 소수적인 양식의 공준이라고 말할 수 있을 겁니다. 그 차이의 요체는 "전자는 항상적인 것을 추출하는 것을 통해 성립되며, 후자는 연속적인 변이화를 통해 성립된다"(MP, 135; I, 113)는 것입니다.

그렇지만 다수적 양식에서든 소수적 양식에서든, 언어활동의 본질이 잉여성이라고 했던 '명령어'라는 점에는 다름이 없습니다. 따라서 두 가지 양식의 문제는 바로 이 명령어가 어떤 '양식'으로 언어활동의 요소들을 정의하고 실행시키는가에 관한 것이라고도 할 수 있습니다. "이때 명령어는 가변적인 것의 이중적 처리방식 내지 이중적 방향을 고려할 수 있는 유일한 '메타언어(métalangage)'다."(MP, 135; I, 113)

소수적인 방식으로 언어를 다룬다고 해서 언어활동에 본질적인 명령의 기능이, 다시 말해 명령어가 소수적인 언어나 언어학의 소수적인 양식에 없다는 식으로 다수적인 언어와 대립시킬 순 없다는 것은 분명합니다. 차라리 언어를 다루는 두 가지 방식의 차이는 명령어가 작동하는 두 가지 양식에 있다고 할 수 있습니다. 다수적인 양식에서 명령어는, 결국에는 "하지 않으면 죽어!"로 귀착되는 '선고/문장(sentence)'이었습니다. 사실 이건 어쩌면 명령어의 본질인지도 모릅니다. 그러나 저자들은 명령어와 분리될 수 없도록 연결된 또 다른 어떤 것을 찾아내고자 합니다. 그것은 "경고하는 외침이나 탈주의 메시지 같은 것"(MP, 135; I, 113)입니다.

명령어에 함축된 사형선고, 혹은 죽음의 문제와 더불어 언어라는 표현의 층위는 신체적인 것의 층위, 다시 말해 내용의 층위와 만나고 하나로 연결됩니다. "하나의 신체가 다른 신체와 나누어지고 구별되는 것은 언제나 비신체적인 어떤 것에 의해서였다. 형상이 신체의 극단인 한, 형상은 신체를 제한하고 완성하는 비신체적 속성이다. 죽음은 형상(Figure)이다. 신체가 시간적으로뿐만 아니라 공간적으로도 완성되는 것은, 그리고 그 선이 형태를 짓고 윤곽을 그리는 것은 죽음을 통해서다."(MP, 136; I, 114)

이로 인해 이제 저자들은 "표현 못지 않게 내용에 대해서도 고려해줄 것을 요구"합니다. 그것은 신체의 극한이면서 신체를 제한하고 완성하는 '죽음'의 형상과 다른 이행을 생각하는 것일 겁니다. "끊임없이 신체로 귀속되는 비신체적 변환"으로서의 언어활동, 그것은 탈주선을 그리는 방향으로 나아가면서 죽음과 반대방향의 선을 그리기 시작합니다. 그것은 "죽음을 제거하는 것이 아니라 그것을 축소시키고 그 자체를 변이로 만드는 유일한 방법"(MP, 137; I, 115)이라고 말합니다. 그것은 대체 무엇인가? 대체 이런 기이하고 추상적인 말로 저자들은 무얼 말하려는 것일까?

여기서 우리는 보르헤스의 소설 〈죽지 않는 사람〉을 떠올려보는 게 좋을 듯합니다.[20] 그 소설에서 주인공은 불사(不死)의 강물을 마신 뒤 "불락에서《천일야화》를 필사하기도 하고, 사마르칸트의 감옥에서 장기를 두기도 하고, 보헤미아에서 점성학을 연구하기도 하고, 라이프치히에서도 살고" 하는 등 다양한 삶을 살게 됩니다. 그런데 우리가 여기에 무의식적으로 첨가하게 마련인 연대표를 떼기만 한다면, 다시 말해 길지 않은 시간 동안 이 많은 삶을 통과한다는 것을 안다면, 이런 불사의 삶은 불사의 강물을 굳이 마시지 않은 우리 또한 이미 충분히 그런 삶을 살고 있다는 걸 알 수 있습니다.

요컨대 불사의 존재란 끊임없이 다른 종류의 삶을 사는 사람이고, 다른 사람이 되는 존재며, 다른 것이 되는 삶 그 자체인 것입니다. 그래서 보르헤스는 이렇게 말합니다. "불사의 존재가 되는 것은 흔한 일이다."[21] 다른 삶으로 변환되는 그 문턱을 긍정할 수 있다면, 변이 자체를 긍정할 수 있다면, 우리는 매순간 불사의 존재로 살게 된다는 것이지요.

그러나 죽음에 대한 공포가, 다른 삶으로 넘어가는 것에 대한 공포가, 변이에 대한 공포가 '나'를 그 앞에서 멈추게 하고, 문턱이 요구하는 것을 '나'의 종말인 치명적 죽음으로 받아들이게 합니다. 이 경우 죽음이란 그 앞에서 도망쳐야 할 어떤 극한, 다시 말해 그것을 면하기 위해 현재 요구되는 명령어를 싫어도 받아들이게 되는 그런 극한이 됩니다. 우리는 "죽음으로 미리 달려가보는" 방식으로 나에게 주어지는 수많은 명령어들을 받아들이고 실행합니다. 그것이 바로 명령어가 죽음에 잇닿아 있다는 말의 의미일 겁니다. 반면 그런

---

(20) 이진경, 〈허구의 정원과 시간의 철학: 보르헤스-되기의 요소들〉,《들뢰즈와 문학-기계》, 소명출판, 2002 참조.
(21) 보르헤스, 〈죽지 않는 사람〉, 황병하 역,《알렙》, 민음사, 1996, 26쪽.

'죽음'에 대한 관념이 없다면, 다시 말해 변이의 문턱, 다른 삶의 문턱에서 죽음의 공포를 느끼지 않는다면 우리는 수많은 '죽음'을 통과하지만 결코 죽지 않는 삶을 살게 됩니다. "인간을 제외하고는 모든 피조물들은 죽음에 대해 무지하기 때문에 불사의 존재다."[22]

그것은 '나'에 대한 집착, 현존하는 나의 삶, 현존하는 삶의 방식에 대한 집착을 던져버림으로써 무한한 변이의 과정 속에 들어가는 것이고, 수없이 많은 이질적인 삶의 형태를 긍정하는 것입니다. 이를 보르헤스는 '만인이 되는 것'이라고 표현합니다. "나는 모든 사람이 될 것이다. 즉 나는 죽을 것이다."[23] 만인-되기, 이는 앞서 저자들의 문장에서 읽은 것이지요? 이로써 여기서 죽음은 죽음이 아닌 변이의 문턱이 되고, 명령어에 포함된 죽음은 그 의미나 무게가 현저히 축소됩니다. "명령어 안에서 삶은, 죽음이란 대답에 대답해야 한다. 도피하지 말고, 탈주하면서, 창조하면서."(MP, 139; I, 116~17)

따라서 우리는 다음과 같은 저자들의 글이 이 다수적 권력에 의해 항상-이미 장악되어 있는 언어의 지층에서 빠져나가기 위한 '패스워드(mots du passe)'란 것을 알 수 있습니다. "문제는 명령어에서 어떻게 탈출할 것인가가 아니라, 그것이 함축하고 있는 사형선고에서 어떻게 탈출할 것인가고, 탈주의 능력을 어떻게 발전시킬 것인가며, 탈주로 하여금 상상적인 것이 되는 것을 어떻게 막을 것인가 내지 검은 구멍에 빠지지 않게 할 것인가고, 명령어의 혁명적 잠재

---

[22] 같은 책, 26쪽.
[23] 같은 책, 36쪽.

력을 어떻게 유지하거나 살려낼 것인가"다(MP, 139; I, 116). 명령/질서를 이행의 성분으로 변환시키는 것.

이런 의미에서 명령어의 잠재력을 탈주의 능력으로 전환시킨 훌륭한 사례를 우리는 사파티스타인 마르코스의 '아름다운(!)' 책에서[24] 발견할 수 있습니다. 마야인 원주민들의 시적 언어, 혹은 딱정벌레 두리토를 앞세운 유머러스한 언어는, 반란군이나 게릴라, 혹은 세계화된 자본주의와의 전쟁이라는, 자칫 무겁고 어두운 죽음의 그림자에 뒤덮이기 십상인 삶의 지대를 밝고 유쾌한 웃음으로 채색하면서, 산아래 있는 사람들, 바다 저편에 있는 사람들에게 새로운 삶을 제안합니다. 이 유쾌한 제안의 말 속에서 '명령어'는 "이렇게 하지 않으면 죽어!"라는 사형선고를 "이렇게 하지 않으면 죽을지도 몰라"라는 패스워드로, 이렇게 하지 않으면 저 국가장치의 억압에 의해, 자본의 착취에 의해, 경직되고 고착된 몰적인 삶에 의해 압살되고 죽을지도 모른다는 패스워드로 바꾸어놓고 있습니다. 이렇게 명령어는 새로운 종류의 삶을 꿈꾸는 혁명, 새로운 종류의 혁명을 꿈꾸는 전사(戰士)들의 '무기'가 됩니다. 너무도 가벼운 무기, 너무도 유쾌하고 경쾌한 무기, 그러나 눈물을 흘리지 않을 수 없게 만드는 무기, 사파티스타 마르코스의 이 무기야말로 새로운 삶을 위해 낡은 삶을, 죽음을 가볍게 웃어넘기게 하는 무엇보다도 강밀한 무기임에 틀림없습니다.

---

[24] 마르코스(Marcos) 저, 하아나 폰세 데 레온 편, 윤길순 역, 《우리의 말이 우리의 무기입니다(Our Word is Our Weapon)》, 해냄, 2002.

5장 | 기호체제들: 기호계는 어떻게 작동하는가?

5

기호체제들:
기호계는 어떻게 작동하는가?

1. 기호체제의 개념

1) 기호체제와 미시정치학

지난번 강의에서 우리는 기존의 언어학적 통념을 비판하며 화용론적 관점에서 언어학적 추상기계를 제시하려고 하는 들뢰즈/가타리의 주장을 살펴보았습니다. 그들은 그것을 '일반화된 반음계주의' 내지 '반음계주의적 언어학'이라는 말로 명명한 바 있습니다(몰라도 이 고원을 읽는 데 큰 상관은 없습니다). 그것은 언어를 통상적인 언어학의 외부, 즉 음고와 음색, 볼륨, 억양과 강세, 어조 등의 외부를 통해서 정의하려는 시도였지요. 그런 외부적 요소가 언어 자체를 정의하는 내적 성분이라는 것을 보여줌으로써, 언어 자체의 고유한 내적 본질, 보편적이고 항상적인 본질은 없으며 다양한 외부적 요인에 따라 그때마다 달라지는 것이 언어의 본질이라는 것을, 따라서 언어란 그런 변이의 연속체라는 것을 보여주었습니다.

나아가 그러한 언어학적 비판을 통해, 표준 내지 척도의 자리를 차지한 언어에 의해 작동되는 권력의 양상 또한 보았습니다. 이는, 언어에 대한 올바른 이론은 그 언어적 권력을 피해가선 안 되며, 반대로 그것을 전적으로 다루어야 한다는 것을 내포하고 있었습니다. 저자들이 이런 자신들의 입론을 '화용론적 언어학'이라고 보면서 "화용론은 언어학의 정치학"이라고 말할 때, 이상에서 말한 것들은 아주 적절하게 연결됩니다.

이제 여기서는 이런 관점에서 다양한 언어학적 배치들을, 다시 말해 다양한 기호들의 '체제'를 다루려고 합니다. 그것은 화용론의 관점에서, 다시 말해 언어적 '권력'을 다루는 정치학적 언어학의 입장에서 기호나 언어를 다루는 새로운 이론을 시도하려는 것이지요. 이런 맥락을 염두에 둔다면, 이들이 모든 것을 기호로, 기호를 기표로, 그리고 기표를 다시 (의미화하는 체제인) 언어(langue)로 환원하는 소쉬르나 바르트(라캉, 보드리야르 등도 포함되지요) 등의 기호학(sémiologie) 대신, 화용론이라는 철학적 입장에서 기호에 대한 이론을 독자적으로 발전시켰던 퍼스의 기호이론(semiotics)에 손을 내미는 것은 자연스럽게 보입니다.

어쨌거나 이 장에서 제시되는 '기호체제'의 개념들은 이러한 기호이론을 긍정적으로 구성하기 위한 하나의 실험적 개념이라고도 할 수 있습니다. 그것은 언어학을 체제(régime)로서, 언어를 정치로서 다룬다는 점에서 화용론이 미시정치학과 겹쳐지는 지대를 표시하는 개념이라고 할 수 있겠지요. 하지만 이런 기호체제의 형태들을 통해서 저자들이 단순히 기호체제의 유형학을, 유형학적 모델들을 제시하려는 것은 아닙니다. 다만 그것은 우리가 쉽게 접하는 가장 흔한 기호체제들을 구별하려는 것이며, 그것을 통해 실제로는 언제나 혼성적인 채로 존재하는 다양한 언표행위의 배치를, 혼성적인 기호체제들을 분석하기 위한 참조점을 구성하려는 것이지요. 그리하여 상이한 기호체제들 간의 변환과 교차가 그런 혼성적 복합체의 어디서 발생하는지, 그것이 복합되어 존재하는 양상은 어떠한지 등을 찾아내려고 하는 것입니다.

그런 점에서 이는 기호체제들 내지 언어학적 배치의 연구에 필요한 '지도 그리기'라고도 할 수 있을 듯합니다. 현행 언어적인 권력 주변에 소수적인 변이와 변환의 선을 범람하게 할 수 있는 전략적 침로(針路)를 찾아내는 것, 이를 위해 전투의 조건이 되는 권력의 지형을 포착하는 것이 그것입니다. 그리하여 몇 가지 형태로 유형화된 기호체제들의 개념을 통해 우리가 전투를 벌여야 할 지형을 이해하고 거기서 필요한 전략적 침로를 우리 스스로 찾아내기를 바라고 있지 않나 싶습니다.

2) 기호체제의 개념

먼저 기호체제에 대해 들뢰즈와 가타리는 이렇게 정의하고 있습니다. "우리는 특정한 표현의 모든 [종류의] 형식화(formalisation)를, 최소한 그 표현이 언어적인(linguistique) 한에서 기호체제(régime de signes)라고 부른다. 하나의 기호체제는 하나의 기호계(une sémiotique)를 이룬다."(MP, 140; I, 118) 표현형식이 언어적 형식을 취할 때 그것을 기호체제라고 정의한다는 겁니다. 뒤에 덧붙인 것은 기호체제와 기호계가 동일한 외연을 갖는다는 말입니다.

여기서 잠시 번역어에 대해 말하자면, '기호계'라고 번역한 sémiotique는 아마도 퍼스의 기호이론 semiotics에 해당되는 프랑스어일 겁니다. 하지만 하나의 기호체제가 하나의 기호이론을 이룬다고 하는 건 말이 되지 않습니다. 더구나 부정관사 une을 덧붙여놓았지요. 이것은 직접적으로는 '기호들의 집합'을 의미하는데, 이런 종류의 집합이란 대개 특정한 '질서'를 이루게 마련이지요. une sémiotique는 이런 의미에서 특정한 질서를 이루는 기호들의 집합을 의미하는 것이라고 할 수 있습니다. 그래서 이를 '기호계'라고 번역했습니다. 하나의 기호체제가 하나의 기호계를 이룬다는 것은 바로 이런 의미에서겠지요.

이런 식의 개념은 사실 라캉이 말하는 '상징계(le symbole)'란 개념과 무관하지 않을 겁니다. 라캉은 "무의식은 언어처럼 구조화되어 있다"고 하면서 구조화된 언어들이 갖는 힘을 '기표의 물질성'이라고 말한 바 있지요. 다시 말해 기표 내지 언어를 의미하는 '상징'들은 구조화된 어떤 질서를, 그 나름의 세계를 이룬다는 거지요. 우리가 말하고 사유하기 위해선, 혹은 무의식이 작동하기 위해선 그 '상징적인 것의 구조화된 질서' 속으로 들어가야 하며, 그 질서와 구조에 따라야만 합니다. 이처럼 '상징적인 것의 구조화된 질서'를 라캉은 '상징계'라고 합니다. 물론 거기에는 '상상계'나 '실재계'와 같은 다른 개념이 연관되어 있습니다만, 여기서는 이 정도로 해두지요.

기호들의 집합이 하나의 질서, 하나의 계(界)를 이루고 있다는 들뢰즈/가타리의 말은 이와 무관하다고 할 수 없지요. 그렇지만 다른 점은 라캉이 정관사(le)를 써서 상징계의 '단일성'과 '보편성'을 설정하고 있다면, 저자들은 부정관사(une)를 써서 다른 종류의 기호계들이 얼마든지 있을 수 있다는 것을 표현하고 있으며, 이런 방식으로 하나의 보편성 및 단일성을 갖는 기호계란 없다는 것을 드러내고 있는 것입니다. 더구나 저자들이 '구조'라는 개념에 대해 비판적이며, 영토성 이상으로 탈영토화의 첨점을 강조하고 있다는 사실은 상징계와 달리 기호계는 인간이 정상적인 삶을 살기 위해 선택할 수밖에 없는 '인간조건'이 아니란 것을 보여줍니다. 실제로 저자들이 여기서 기호계의 몇 가지 상이한 양상을 보여주려 한다는 점을 생각하면, 이런 대비가 그저 임의적인 것만은 아니라고 할 수 있습니다.

나아가 이는 통상 언어학적 모델을 따르는 기호학(sémiologie)에서 상징계라는 개념으로 기표적인 기호를 유일하고 특권적인 기호 형태로 간주하는 것 또한 겨냥하고 있음이 분명합니다. "표현형식에는 그 나름의 다양성이 있으며, 이 형식들에는 그 나름의 혼합이 있으므로, '기표'의 형태〔형식〕나 체제에 유난스런 특권을 부여하는 것은 불가능하다. 사람들은 기표적인(signifiante, 의미화하는) 기호이론(la sémiotique)을 기호학(sémiologie)이라고 부르는데, 이 기호학은 많은 다른 기호이론 가운데 유일한 것도, 가장 중요한 것도 아니다."(MP, 140; I, 118~19)

덧붙이자면 기호계를 '기호체제'로 보는 것은 기호들의 집합이 하나의 '질서' 내지 '세계'일 뿐만 아니라, 그것을 하나의 세계로 질서지우고 유지하는 권력의 배치라는 것을 표현하기 위한 것입니다. 체제(régime)란 말은 정치학 영역에선 흔히 '정권'이라고 번역되던 단어지요. 기호체제란 기호계적인 권력이 작동하는 '정권'임을 뜻하는 것이지요. 이는 화용론적 문제설정을 도입함으로써 언어학을 일종의 정치학으로 다루고자 하는 저자들의 문제의식을 다른 방식으로 표현한 셈입니다. "이로부터 화용론으로 돌아갈 필요성이 나오는데, 화용론에서는 언어활동이 그 자체만으로는 보편성을 갖지 않으며, 기표적인 형식화도, 기호학이나 일반적 메타언어도 갖지 않는다. 따라서 기표적 체제에 대한 연구는 일차적으로 기호체제라는 이름으로 언어학적 전제의 부적절성을 증언해줄 것이다."(MP, 140~41; I, 119)

2. 네 가지 기호체제

이러한 기호계 내지 기호체제의 개념을 통해서 저자들은 '일단' 네 가지 상이한 기호체제에 대해 서술하고 있습니다. 기표적 내지 의미적(signifiante) 기호체제, 전기표적 내지 전-의미적(pré-signifiante) 기호체제, 반(反)기표적 내지 반-의미적(contre-signifiante) 기호체제, 탈기표적 내지 탈-의미적(post-signifiante) 기호체제가 그것입니다. 네 가지 모두 기표적인 내지 의미적인 체제와 관련되어 명명되어 있습니다. 이는 기존의 기호학이 기표적인 내지 의미적인 기호체제를 유일한 상징계로 특권화했던 사실을 염두에 두고, 그와 다른 종류의 기호체제들이 다양하게 있음을 보여주려는 것처럼 보입니다.

그렇지만 저자들이 이 네 개의 기호체제가, 있을 수 있는 기호체제의 모든 유형이라고 보는 것은 아닐 거예요. 다만 언표행위 중 가장 빈번하게 등장한다는 점에서 여기서 자세히 거론하는 것이겠지요. 그리고 이 책에서의 서술은 실제로는 기표적인 체제와 탈기표적인 체제에 집중되어 있고, 다른 두 가지는 그다지 자세하게 취급되지 않고 있습니다.

참고로 다시 signifiant(e)이라는 단어를 '기표적인'이라고 번역했던 것에 대해 잠시 말해둘 필요가 있겠네요. signifiant은 원래 signifier(의미하다)라는 동사의 현재분사인데, 이를 소쉬르는 과거분사인 signifié와 더불어 명사로 만들었습니다. 보통 signifiant은 '기표', signifié는 '기의'라고 번역되는데, 가령 '나무'라는 글자나 소리가 기표라면, 그것을 통해 만들어지는 개념 내지 '청각영상'을 기의라고 하지요. 그렇지만 이 책에서의 signifiant은 형용사로 사용된 거지요. signifier에서 나온 현재분사가 형용사로 그대로 사용된 겁니다. 아시겠지만 끝에 e가 붙어 '시니피앙트'가 된 것은 그것이 수식하는 régime이 여성명사라서 그렇지요. 이는 일차적으로는 '의미하는'이라는 뜻이지요.

그러나 signifiant이 '기표'라는 의미로 사용되는 단어임을 고려한다면, 그것의 형용사적 용법으로 이해해도 좋지 않을까 싶습니다. 사실 '의미하는'이라는 말로 번역하면 뒤에 오는 단어와 연결했을 때 '의미하는 기호체제', '탈의미하는 기호체제' 등이 되어 개념으로 사용하기에 부적절한 어감을 줍니다. 이를 피하기 위해서 이 경우에 '의미적(인)'이라고 번역을 한 건데, 좀더 정확하게 하려면 '의미화하는'이라고 해야 적당할 듯합니다. 이는 '기표적인'이란 말과 동일한 외연을 갖게 됩니다. 왜냐하면 의미화 내지 의미작용이란 기표와 기의의 상호연관을 표시하는 말로, 기표들의 상호작용 내지 놀이를 통해 기표에 어떤 기의가 할당되는 것을 말하기 때문입니다.

1) 기표적 기호체제

먼저 기표적인 기호체제 혹은 의미화하는(의미작용적) 기호체제를 봅시다. 어떤 기호가 연관된 다른 기호들의 관계 속에서 그것에 고유한 의미를 획득하는 것을 의미작용(signification) 내지 의미화(signifiance)라고 하며, 그런 방식으로 작용하는 기호체제를 기표적 기호체제라고 합니다.

그런데 알다시피 이 경우 기표는 그 자체로는 아무런 의미를 갖지 않는 기호지요. 그래서 기표적인 체제에서 "세계는 기표가 무엇을 뜻하는지도 모르는 채 기표에 의해 시작되었고, 기의는 알려지지 않은 채 주어져 있다"(MP, 141; I, 119)고 합니다. 태초에 기표들이 있었고, 기호가 일단 존재하며, 존재하는 기표들 간의 상호관계 내지 상호작용이 존재할 뿐이지요. 기표는 그 자체로 정해진 어떤 의미를 갖고 있지 않지만, 그것과 연관된 다른 기표들과의 관계 속에서 기의를 획득하게 됩니다. 치즈는 버터, 우유, 썩히다 등과 같은 기표들과 관련해서 두 개의 축으로 짜여지는 언어구조 안에서 자신의 자리를 발견하며, 그 안에서 기의를 획득합니다.

좀더 상식적인 어법으로 말한다면, '치즈'는 '발효된 우유의 응결물' 같은 식으로 말할 수도 있겠지요. 우리는 이를 치즈의 본성에 대한 설명이라고 보겠지만, 언어학자나 기호학자들은 그렇게 보지 않습니다. 그들은 주로 기호나 언어에만 관심이 있어서인지, 그건 치즈라는 기표를 다른 기표들로 설명한 것이라고 봅니다. 이 말을 알아들으려면 이미 '응결', '발효', '우유' 등의 기표가 무언지 알고 있어야 합니다. 모른다면 다시 설명해야지요. 그렇지만 그 설명 역시 다른 기표들로 이루어진 문장으로 주어질 거고, 거기에 사용된 기표들에 대해 무식한 그들로선 다시 설명을 요구할 것이고, 그 설명은…….

여기서 보듯이 존재하는 것은 기호나 사물이나 기표들의 상호관계뿐이고, 그 관계 속에서 그 자체론 무의미한 기표가 기의(다른 기호에 의해 '의미화된 것signifié')를 얻게 된다는 겁니다. 이게 바로 의미를 갖지 못한 기표가 '의미화' 되는 것이고, 의미 없는 기표들이 '의미작용'을 만들어내는 방식이지요. 그러나 좀더 치밀하게 생각해 본다면, 이런 방식으로 기의를 얻을 수 있으리란 생각이 매우 소박하다는 걸 알 수 있습니다. 왜냐하면 여기에서 발견할 수 있는 것은 하나의 기표가 다른 기표들로 소급되는 것뿐이고, 이런 소급은 기표 아닌 어떤 의미가 어디선가 등장하지 않는 한 무한히 계속될 수밖에 없기 때문입니다. 그래서 많은 사람들이 기표의 무한소급에 대해 지적했고, 저자들 또한 기표적인 체제에서 "기호는 기호로 무한히 소급된다"(MP, 141; I, 119)고 말합니다. "기표는 기호로 넘쳐흐르는 기호다"(MP, 141; I, 119)라는 말은 이런 맥락에서 나온 거지요.

요컨대 기표적인 기호체제는 기표들의 의미화 내지 의미작용을 요체로 하는 기호체제입니다. '의미(화)하는'이라는 말을 통상 우리가 '의미가 있다'라는 말로 사용하는 의미 개념과 혼동해선 안 되는 것은 바로 이 때문입니다. 의미작용 내지 의미화란 기표들의 소급적인 상호작용을 통해 의미를 만들어내는 특정한 방식을 내포한다는 겁니다. 즉 여기서 각각의 기호가 "무엇을 의미하는지는 중요하지 않으며, 이는 언제나 기표일 뿐이다. 기호로 소급되는 기호는 이상한 무능력, 불확실함에 사로잡히지만, 능력을 갖는 것은 〔기호의〕 연쇄를 만들어내는 기표다."(MP, 141~42; I, 119)

그런데 이렇게 기표들의 의미작용을 통해 만들어진 기표와 기의의 그물망은 그 자체로 독립적인 구조를 형성하며, 그런 만큼 기호를 써서 자신이 말하려는 바(vouloir-dire)를 말하려하는 한 그 안에 들어가야 하며, 이미 기표적인 의미화를 통해 형성된 기의를 선택해서 말할 수밖에 없다는 난점이 있습니다. 기표적인 체제에서 기의란 개인의 의지의 외부에 독립적으로 존재하는, 그 자체로 물질적인 힘을 갖고 있는 '실재' 내지 '세계'라는 것이지요. 그래서 라캉은 기표들이 만드는 이런 세계(질서)를 '상징계'라고 불렀고, 기표들의 질서가 갖는 독립적인 힘을 '기표의 물질성'이라고 불렀지요. 따라서 기표적인 기호의 세계 안에서 우리는 자신의 욕망을 표현하기 위해, 이미 그 자체로 질서화된 기표들의 힘을 빌 수밖에 없고, 이로 인해 의미와 기호 사이에 근본적인 분열(Spaltung)이 발생한다고 말합니다. 이를 라캉은 '소외'라고 하지요.

데리다가 후설을 '음성중심주의(Phonocentrisme)'라고 비판하면서 부각시켰던 두 가지 '의미' 개념의 딜레마 또한 이와 관련되어 있지요. 즉 무언가 말하고자 하는 바(vouloir-dire), 그래서 말하기 전에 이미 '음성'으로 갖고 있다고 생각되는 '의미'를 후설은 독일어로 Sinn(진)이라고 불렀는데, 이를 실제로 말하기 위해선 기호적인 관계 속에서 규정되는 의미(Bedeutung)를 통해서만 표현될 수밖에 없습니다. 하지만 데리다는 후설이 음성 내지 로고스 형태로 상정하는 '의미(Sinn)'—이를 데리다는 일부러 voiloir-dire('의미'를 뜻하는 합성어인데, 직역하면 '말하고자-함'이란 뜻)로 번역하지요—또한 기호적인 형식 없이 떠올릴 수 없다는 점에서 항상-이미 기호적인 의미(Bedeutung)에 의해 침윤되어 있음을 지적합니다.

다시 말해 말하고자 하는 것이란 점에서 '의미'는 사전에 존재하는 어떤 순수한 것이 아니며, 그 자체로 항상-이미 기표적인 관계 안에 있을 수밖에 없다는 것이지요.[1]

기표적인 기호체제의 질서는 단순히 기호들의 질서만을 뜻하는 건 아닙니다. 그것은 기호와 지시체 간의 일대일 대응을 상정하진 않지만, 기표들의 구조화된 질서를 통해 사람들의 관계가 조직되고 그것에 따라 무의식이 형성된다는 점을 함축합니다. 가령 레비-스트로스의 경우 친족관계란 '호칭의 체계'라고 정의한 바 있지요. 다시 말해 호칭이라는 기표들의 체계가 바로 친족관계를 정의하지요. 그것은 내가 태어나기 이전부터 존재하는 체계고, 그 속에서 나는 태어나, 좋든 싫든 거기에 배열되어 있는 호칭의 체계, 기호들의 체계로 표현되는 관계들의 체계 속으로 들어가게 됩니다. 나를 지시하는 성과 이름 들은 내가 짓는 게 아니며, 내 부모의 자의에 따라 지어지는 것도 아닙니다. 내가 사용하는 '이모'와 '엄마', '고모'와 '누나' 같은 호칭들 또한 마찬가집니다. 그리고 그런 호칭 하나면 '나'와 '이모'라고 불리는 여자가 어떤 관계에 있는지, 그 둘레에 어떤 사람들이 어떻게 관여되어 있는지가 즉각 드러납니다.

근친상간이 거의 모든 문화에서 금기가 되는 것은 열등한 종의 생산을 피하려는 우생학적 내지 생물학적 이유 때문이 아니라, 그것이 이런 호칭의 체계를 근본적으로 와해시킨다는 점 때문이라고 하지요. 한 여자가 내게 '엄마'인 동시에 '아내'가 된다면, 그 여자의

---

[1] 이에 대해서는 J. Derrida, *Voix et Phénomène*, D. B. Allison tr., *Speech and phenomena*, Northwestern University Press, 1973, 32쪽 이하.

여동생은 내게 '이모'인 동시에 '처제'가 됩니다. 그렇게 되면 단일한 호칭 체계가 성립될 수 없게 됩니다. 이는 가족관계 내지 친족관계가 하나의 질서화된 체계로 존재할 수 없음을 의미하며, 인간의 삶이 하나의 문화적 질서로 성립할 수 없음을 의미합니다. 반드시 이런 의미에서만은 아니지만, 레비-스트로스가 근친상간 금기를 '자연'과 '문화'의 접경지대로, 다시 말해 문화가 발생하는 지점으로 설정했던 것도 이와 무관하지 않습니다. 이런 점에서 그 금기는 호칭의 체계, 기표들의 체계가 발생하는 지점인 셈이며, 기표들의 의미화가 발생하는 지점인 셈입니다.

사실 앞서 말했듯이, 기표들이 다른 기표로만 무한히 소급될 뿐이라면, 그래서 기표들이 기의 위로 미끄러질 뿐이라면, 기표들이 기의(의미)를 갖는 것은 어떻게 가능할까 하는 의문이 제기됩니다. 정신분석은 그런 기표를 어머니 혹은 남근에서 찾습니다. 정신분석은 모든 것에서 성욕을 발견하고, 어머니와 남근, 오이디푸스적 욕망을 찾아내지요. 이는 모든 것을 성욕이나 오이디푸스적 욕망의 '징후(symptom)'로 본다는 것을 뜻합니다. 가령 어떤 것이 오이디푸스적 욕망의 '징후'라는 말은, 그것이 오이디푸스적 욕망을 표현하는 '기호'라는 것을 의미합니다. 이런 점에서 정신분석학은 모든 것을 성욕과 결부된 기호로, 그 자체만으론 무의미한 기표로 간주하는 셈입니다. 이것이 아마도 정신분석학이 기호학과 쉽게 결합할 수 있었던 이유기도 할 겁니다.

이런 관점에서 프로이트는 한 살 반 된 꼬마가 실패를 던졌다가 끌어당겼다가 하는 놀이를 보고 이와 동일한 분석을 한 바 있지요. '포르트-다(Fort-Da) 게임'이라고 하지요. 저 멀리(fort) 실패를 던지고선 실패가 "사라졌다(Fort!)"―실제로는 "오-오-오-오"라고 발음합니다―하곤, 다시 그걸 이리로(da) 끌어당겨 "아, 여기 있네(Da!)" 하면서 노는 어린 아이를 보면서, 프로이트는 그 실패가 바로 어머니를 대신하는 기호라는 걸 발견합니다.[2] 실패가 멀리 사라지는 것이 어머니의 부재라는 고통스런 상황을 표시한다면, 그걸 당겨서 나타나는 상황은 어머니가 다시 나타나는 상황을 표시한다는 거지요. 그런 식으로 아이는 어머니의 부재라는 상황을 넘어서고 있었다는 겁니다.

비슷하게 라캉은 최초의 기의, 아니 사실은 항상 밑바닥에 자리 잡고 있는 근본적인 기의를 어머니나 남근과 결부시킵니다. 물론 그것은 기의지만, 기의와 기표는 바(bar)로 나누어진 별도의 계열을 형성한다는 점에서 그 자체론 기표를 갖지 않기에 '말할 수 없는 무엇'이며, 다만 그에 상응하여 어떤 기표가 들어설 수 있는 '빈자리'요 '결핍'일 뿐입니다. 대상 a(objet petit a)는 일차적으로 이 근원적인 결핍 내지 빈자리를 표시하는 개념이지요. 때론 소문자 파이(ϕ)라고도 부르는 이 실재계의 빈자리는 그에 상응하는 기표를 만들어냅니다. 이를 그는 대문자 파이(Φ)라고 부르지요. 이는 남근(Phallus)이라는 기표지요.

그런데 여기서 주목할 점은 남근이라는 기표가 다른 기표들이 잠정적이나마 기의를 갖고 고정되게 만드는 특권적인 기표, 특권적인 중심의 역할을 한다는 것입니다. 저자들이 기표적인 기호체제에 대해 말하면서 그 중심에 전제군주의 기표, 전제군주처럼 모든 기표들

---

[2] 프로이트, 《쾌락원칙을 넘어서》, 열린책들, 1997, 19~25쪽.

의 자리를 할당하고 그것의 의미를 여탈㉲(與奪)할 수 있는 그런 기표가 자리잡고 있다고 하는 것은 바로 이런 의미에서예요.

다른 기표들은 이 기표 주위를 떠돌며 '남근의 의미작용(signification)'을 통해 그때마다의 어떤 기의에 '정박(停泊)'하게 된다고 하지요. 그렇지만 사실 기표인 남근의 근저에는 채워질 수 없는 빈자리만 있기 때문에, 이러한 의미의 할당은 잠정적인 것에 불과하고 일시적으로 '봉합'된 것에 불과합니다. 이로 인해 욕망의 기표들은 끊임없이 다른 기표들로 치환됩니다. 이를 '욕망의 환유연쇄'라고 하지요.

이는 남근적인 기표, 혹은 전제군주의 기표 주위를 도는 기표의 연쇄들이 단일하지 않다는 것을 의미합니다. 여러 겹의 기표연쇄들이 남근을 중심으로 여러 겹으로 둘러싸고 공전(公轉)하고 있는 것이지요. "중요한 것은 기호의 이러한 원환성보다는 차라리 그 원환(圓環)이나 연쇄의 복수성이다. 기호는 단지 동일한 원환 상의 다른 기호로 소급될 뿐만 아니라, 오히려 다른 원환이나 다른 나선환(螺旋環)의 기호로 소급된다."(MP, 142; I, 120)

그리고 그 여러 겹의 기표연쇄들은 모두가 남근 내지 전제군주의 기표로 환원 가능하다는 점으로 인해 서로 간에 일정한 대응이나 연관을 확보할 수 있습니다. 이런 식으로 기표가 다른 기표로 소급되는 양상은 사실 본질적으로 하나의 중심적인 기표, 특권적인 기표로 환원되는 것으로 귀착됩니다. 그래서 저자들은 이러한 환원 가능성으로 인해 기표적인 기호체제를 '편집증적인 체제'라고 부릅니다(MP, 142; I, 120).

이러한 환원 가능성과 대응관계 때문에, 하나의 원환에서 다른 원환으로 건너뛰는 것이 가능합니다. 그러나 이러한 비약이나 건너 뜀은 다른 종류의 기표로, 다른 연쇄로 넘나들지만, 본질적으로는 전제군주적 기표의 편집증에 기대어 장면의 전환을 시도할 뿐이란 점에서 '속임수'의 체제기도 합니다. "체계 내에는 하나의 근본적인 속임수가 있다. 하나의 원환에서 다른 것으로 건너뛰는 것, 언제나 장면을 바꾸는 것, 다른 식으로 행하는 것은 그 의미화의 중심에 자리잡은 전제군주의 편집증적 작동에 화답하면서 주체로서 사기꾼이 히스테릭하게 작동하는 것이다."(MP, 143 ; I, 121)

여기서 저자들은 사냥꾼인 크로우 족과 달리 정착민인 호피 족의 경우를 예로 들어 그러한 속임수를 동반하는 편집증적인 체제가 어떤 태도로 이어지는지를 보여줍니다.

> "부인이 배신했을 때 크로우 인디언은 그녀의 얼굴에 깊은 칼자국을 만들어버리는 반면, 동일한 불행의 희생자가 된 호피 족은 침착함을 잃지 않은 채 은거하여, 가뭄과 기근이 그 마을을 덮치길 기도한다." 어느 쪽이 편집증이며, 전제주의적 요소 내지 기표적 체제인지, 또 레비-스트로스가 말했던 '광신(la bigoterie)' 인지 알 수 있다. "사실 호피 족에게는 〔기표의 연쇄처럼〕 모든 것이 연결되어 있다. 사회적 재앙, 집 안에서의 사건 하나가 우주의 체계와 관련되어 있으며, 거기서 각각의 수위(水位)는 다양한 상응성에 의해 결합되어 있다. 평면 위의 격동은 다른 수위에 영향을 미치는 또 다른 격동의 투영으로서만 이해될 수 있고, 도덕적으로 견딜 수 있는 것이 된다."(MP, 142~43 ; I, 120)

편집증적인 체제의 다른 짝인 속임수는 이처럼 다른 원환으로 비약하면서 등가물을 찾아내고 그런 방식으로 상이한 기표연쇄의 원환 사이를 넘나듭니다. 뿐만 아니라, "끊임없이 원환이나 나선의 확장을 보장해야 하며, 체제에 고유한 엔트로피를 정복하기 위해, 그리고 새로운 원환이 펼쳐지고 낡은 원환이 다시 만들어질 수 있도록 기표를 재공급해야" 합니다(MP, 143; I, 121). 다시 말해 "의미화에 복무하는 이차적인 메커니즘이 필요하다"는 것입니다. "주석(interprétence) 내지 해석(interprétation)이 바로 그것이다."(MP, 143; I, 121)

물론 이건 아무나 할 수 있는 게 아닙니다. 아니, 아무나 하게 해선 안 되지요. 새로운 해석의 원환을 펼치고 새로운 기표를 공급하지만, 중심에 있는 전제군주의 기표에서 벗어나지 않는 '신중함'과 '책임감'을 갖춘 사람만이 해야 합니다. 사제나 예언자, 혹은 그에 준하는 전문가들이 바로 그들입니다. 서양에서는 그런 사람들을 훈련시키고 양성하기 위해 '해석학(Hermeneutics)'이라는 분과(discipline)까지 만들어냈지요. "해석해주는 사제, 예언자는 〔기표 연쇄라는〕 전제적-신의 관료의 일종이다. 이리하여 사제의 속임수라는 새로운 양상의 속임수가 나타난다."(MP, 143; I, 121)

하지만 주석이나 해석은 그 자체로 다시 해석과 주석의 대상이 되고, 이런 식으로 중심의 기표를 전하는 다양한 원환들이 증식됩니다. "해석은 무한히 계속되고, 그 자체로 이미 〔하나의〕 해석이 아닌 어떤 해석자도 만나지 못한다. 기의는 기표를 끊임없이 다시 제공하며, 기표를 계속하여 보충하고 생산한다."(MP, 143; I, 121) 특히 기존의 해석으로 담을 수 있는 한계를 넘어선 지식이나 담론들이 나타날 때, 그것을 다시 담고 전제군주의 기표 아래 추스릴 수 있는 새로운 해석이 출현합니다. "해석은 의미화에 종속되며 그 점에서 기의가 그 나름대로 기표를 재부여하지 않는다면 기표는 어떠한 기의도 제공하지 않는다는 것은 정신분석적 사제들의 발견이었다(이는 모든 다른 사제나 예언자들이 자신의 시대에 행했던 것이지만 말이다)." (MP, 143; I, 121~22)

이런 점에서 원환들의 중심에 있는 전제군주의 기표, 혹은 그것에 상응하는 어떤 '종국적 기의'는 그 모든 기표들의 연쇄를 통해 전달되는 '잉여성'이며, '잉여적인' 기표 그 자체라고 할 수 있습니다. "기호가 다른 기호로 무한히 소급된다고 말하는 것이나, 기호의 무한한 전체(ensemble)가 지고한(majeur) 기표로 소급된다고 말하는 것은 동일하다."(MP, 144; I, 122)

저자들은 이러한 기표적인 기호체제를 안면성과 연결합니다. 앞서 3장에서 손-도구의 계열과 얼굴-기호의 계열이 각각 내용과 표현이라는 상이한 층위에 속한다는 것을 언급한 바 있지요? 특히 언어적인 기호는 얼굴과 긴밀하게 결부되어 있습니다. 추락 위험을 표시하는 교통표지판이나 컴퓨터의 아이콘처럼 유사성 연관을 갖는 기호인 아이콘(icon)이나, 아니면 연기를 보면 그 밑에 불이 있음을 안다고 할 때처럼 인접성 연관을 갖는 지표(index)와 달리, 언어적인 기호, 혹은 기표적인 기호는 탈영토화되어 있는 기호지요(아이콘이나 지표는 대응물로 영토화되어 있지요). 기표란 그 자체론 아무 의미도 없다는 것은 그것이 탈영토화된 기호임을 보여주는 말이지요.

그런데 저자들은 탈영토화된 기호인 언어나 "기표는 얼굴(표정)로 재영토화된다"고 말합니다(MP, 144; I, 122). "목소리가 나오는 곳은 얼굴이다"라는 말도 이런 이유에서지요. "기표에 실체를 부여하는 것은 표정[얼굴]이며, 해석할 것을 제공하는 것도 표정이고, 해석이 그 실체에 기표를 다시 부여할 때에도 변하는 것은, 그리고 그 특징을 변화시키는 것은 바로 표정이다. 저 봐, 그의 표정이 달라졌다. 기표는 언제나 안면화된다."(MP, 144; I, 122) 이는 우리도 잘 알고 있는 사실입니다. 다만 우리는 이를 '눈치'라는 '통속적' 단어로 표현하지요. 눈치를 본다는 것은 표정을 본다는 것입니다. 말을 하면서 우리는 상대방의 얼굴을 보지요. 특히 상관이나 곤란한 상대라면 더욱더 그렇지요. 아마도 이렇게 속으로 말하고 있는지도 몰라요. '어, 미간에 주름이 갔네. 이 얘기가 마음에 안 드나 보군', '아, 입의 양끝이 살짝 올라간 걸 보니 좋은 패가 들었나 보군' 등등.

그래서 저자들은 이렇게 말합니다. "언어활동은 언제나 안면성이란 특질을 수반할 뿐만 아니라 얼굴은 잉여성 전체를 응결시킨다. ……목소리가 나오는 곳은 얼굴이다. 바로 이런 이유 때문에 제국적 글쓰기 기계의 근본적 중요성에도 불구하고 글이 책과 같은 특징이 아니라 구두적인(oral) 특징을 갖는 것이다. ……기표는 언제나 안면화된다. 안면성은 이 모든 의미화 및 해석의 총체 위에 물질적으로 군림한다."(MP, 144; I, 122)

전제군주의 얼굴, 그것은 "하지 않으면 죽어"라는 명령어를 발화하는 입이고, 전제군주의 기표, 그것은 전제군주의 얼굴로 재영토화되는 수많은 기표들의 실질적인 '의미'입니다. "전제군주나 신은 그의 신체 전체기도 한 자신의 태양얼굴을 기표의 신체로서 휘두른다."(MP, 145; I, 123) 따라서 수많은 기표들은 사실 그런 전제군주의 기표의 변형이고, 조건에 따라 달라지는 전제군주의 얼굴들입니다. 이는 조건에 따라 전제군주가 쓰는 가면이라고 해도 좋겠습니다. 따라서 그런 기표들의 증식을 관리하는 해석의 사제들은 전제군주의 얼굴을 관리하는 사람이라고 해도 좋을 겁니다. "가면은 얼굴이다. 사제는 신의 얼굴을 관리한다."(MP, 145; I, 122)

반면 "얼굴〔표정〕이 지워질 때, 얼굴의 특질이 사라질 때, 우리는 분명히 다른 체제에 들어선 것"입니다(MP, 144; I, 122). 이런 의미에서 저자들은 "사형수는 무엇보다 우선 그의 얼굴〔표정〕을 잃은 사람"이라고 합니다(MP, 145; I, 123). 그리고 바로 그런 의미에서 사형수 내지 사형당한 자의 신체는 전제군주나 신의 얼굴 내지 신체와 반대되는 극에 있다고 할 수 있습니다. 그러나 여기서 얼굴 없는 신체로서 사형수의 신체는 실패로 귀착된 어떤 종착점이 아니라 차라리 기표연쇄들의 한계를 넘어서는 첫걸음입니다. "사형수는 종국적인 말이 결코 아니며, 반대로 배제를 향해 내딛는 첫걸음이라고 할 수 있다. 최소한 오이디푸스는 이것을 알고 있었다. 그는 자신의 눈을 찔러 스스로 사형선고를 하고는 떠나버린다."(MP, 145; I, 123) 딸 안티고네와 함께 떠나는 오이디푸스의 여행이, 그 이야기의 '제2부'가 이렇게 시작됩니다.

삿갓으로 얼굴을 가리고, 자신의 이전 행적을 지우며 떠나는 김삿갓, 이 또한 얼굴 없는 인물의 다른 형상일 겁니다. 그가 삿갓을 쓰는 순간 그는 일종의 죽음으로 끝나는 게 아니라, 비로소 자신의 인생을 시작하는 첫걸음을 내딛는 거지요. 아니면 얼굴을 지우며 잠행하는 레닌이나 볼셰비키를 떠올린다면, 얼굴 없는 신체로서 '사형수'라는 말을 이해하기가 훨씬 쉬울 듯합니다. 그들의 얼굴이 드러난다는 것은, 차르 경찰이나 헌병의 눈에 얼굴이 포착된다는 것은 아마도 '사형'에 준하는 배제의 선분 안에 갇히게 될 것임을 의미할 겁니다. 그렇지만 바로 거기서 낡은 체제를 전복하려는 혁명적이고 잠행적인 삶은 비로소 시작되는 거지요.

기표적인 기호체제에서 사형수란 단지 범죄자의 한 형상이 아니라, "기호에서 기호로 소급되는 과정을 벗어나는 모든 것을 대표"(MP, 145; I, 123)하는 존재며, 전제군주의 기표 주위를 떠도는 기표연쇄에서 이탈한 것들의 형상이며, 신의 얼굴을 살피기를 중단한 자의 형상입니다. 기표적 연쇄의 증식이, 넘어선 안 될 한계를 벗어나는 경우, 그런 탈주자들에게 신과 전제군주가 퍼붓는 저주와 증오, 그것이 바로 사형의 문장/선고(sentence)지요. 사형수, 그것은 한마디로 말해 신이 부과하는 탈주자의 부정적 형상입니다.

여기서 유의할 점은 탈주자 자체가 부정적인 것이 아니라, 탈주자에게 내리는 전제군주의 사형선고가 그에게 부정적 형상을 덮어씌운다는 것입니다. 탈주선은 새로운 여행의 선, 새로운 창조적 선을 그리며 시작되지만, 기존의 체제는 그들이 자신이 설정한 금지와 부정의 벽을 넘는 순간 사형을 선고하고 범죄자의 형상을 부여합니다. 실제적인 사형으로까지 이어지는 한국적인 '빨갱이'의 형상이야말로 탈주자들에게 부여되는 사형수의 이미지를 잘 보여주는 게 아닌가 싶습니다. 혁명을 꿈꾼다는 것, 체제의 전복을 꿈꾼다는 것은 언제나 스스로 죽음을 무릅쓰고 탈주하는 것이고 스스로 사형수가 되길 선택하는 것이지요.

레비-스트로스나 라캉은 언어를 일종의 '인간의 조건'으로 간주했는데, 그 정도는 아니더라도 대개의 경우 기표적인 기호체제가 우리의 삶을 항상-이미 사로잡고 제한하며 규정하는 체제라는 점은 부인하기 어려울 듯합니다. 적어도 그것은 우리가 가장 빈번하게 만나고 부딪치는 체제임이 분명합니다. 이러한 기표적인 기호체제의 특징을 저자들은 이렇게 요약하고 있습니다.

> 기호의 기표적 체제는 여덟 개의 측면 내지 원리에 의해 정의된다. 1) 기호는 [다른] 기호로 무한히 소급된다(기호를 탈영토화하는 의미화의 무제한성). 2) 기호는 기호로 환원되고 끊임없이 되돌아온다(탈영토화된 기호의 순환성). 3) 기호는 하나의 원환에서 다른 원환으로 비약하며, 끊임없이 중심을 바꾸는 동시에 그 중심에 일치시킨다(기호의 메타포 내지 히스테리). 4) 원환의 확장은 기의를 제공하고 기표를 남아돌게 하는 해석에 의해 항상 보장된다(사제의 해석). 5) 기호의 무한한 전체는 결핍만큼이나 과잉으로 나타나는 지고의 기표로 소급된다(전제군주적 기표, 체계의 탈영토화의 극한). 6) 기표의 형식이 실체를 갖거나, 기표가 얼굴(Visage)이라는 신체를 갖는다(재영토화를 구성하는 안면성이라는 특질의 원리). 7) 체계의 탈주선은 부정적 가치를 할당받으며, 기표적 체제의 탈영토화 능력을 넘어선 것으로 단죄된다(속죄양의 원리). 8) 비약과 규제된 원환, 예언자적 해석의 규칙, 안면화된 중심의 공공성(publicité), 탈주선의 취급, 모두에서 그것은 보편적인 속임수(tricherie)의 체제다.(MP, 147; I, 124)

이를 저자들은 다음과 같은 다이어그램으로 다시 요약해서 보여주고 있습니다.

〈그림 5.1〉

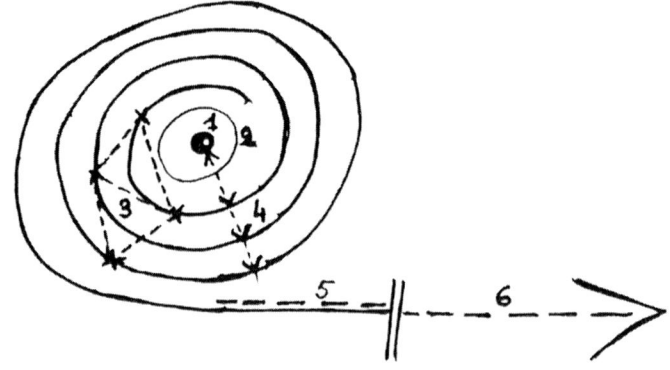

1. 중심 혹은 대문자 기표(le Signifiant), 신의 얼굴, 전제군주의 얼굴.
2. 사원 혹은 궁전, 사제와 관료를 갖고 있다.
3. 원환적인 조직화, 동일한 원환 위에서 내지 한 원환에서 다른 원환으로 옮아가며 〔다른〕 기호로 소급되는 기호.
4. 기의를 향한 기표의 해석적 전개〔발전〕, 이는 다른 기표를 재공급한다.
5. 숨을 다한 양, 탈주선을 막는 방책(防柵).
6. 속죄양, 탈주선의 부정적 기호.

가운데 있는 (1)은 중심 혹은 대문자 기표, 신의 얼굴, 전제군주의 얼굴 혹은 남근의 기표입니다. 그리고 그 주위에 있는 원환 (2)는 전제군주의 사원 내지 궁전으로, 사제, 관료를 갖고 있다고 합니다. 전제군주의 기표가 유효하게 작동하는 데 필요한 일차적인 기표들이겠지요. 선민의식을 부여하는 예언, 10개의 계율, 신의 말씀을 적은 성스러운 책, 그리고 신의 뜻을 듣고 전하는 예언자 등이 그 선을 그린다고 할 수 있습니다. 그 '일차' 원환의 주위에 새로이 공급된 기표들의 연쇄가 나선환을 그리고 있으며, 그 나선환의 상이한 지점들 사이를, 그 원환들 사이를 옮겨다니면서 하나의 기호를 다른 기호로 소급하거나 등가적인 양상으로 치환하는 '속임수'가 발생합니다. 3번은 이처럼 원환적 조직화, 동일한 원환 위에서, 또는 한 원환에서 다른 원환으로 옮겨가면서 기호에서 기호로 소급되는 기호들을 표시하고 있습니다. 4번은 전제군주의 기표를 둘러싼 상이한 기표들의 원환이 새로운 해석 내지 주석의 형태로 발전하고 전개되며 새로운 기표를 재공급하는 양상을 표시합니다.

다음으로 5번은 탈주선을 막는 울타리 앞에 선 '양'을, 기표의 증식을 따라 그 한계지점까지 달려간 '양'을 표시합니다. 그것은 "넘어서면 죽어!"라는 명령어가 발해지는 지대로, 그런 죽음을 눈앞에 두고 있는 지대지요. 그 죽음의 방책(防柵) 앞에서 많은 양들이 좌절하고 되돌아가지요. 아버지에게 돌아오는 탕자, 혹은 길을 잃었던 한 마리 양이 특별히 중요한 것은 그것이 바로 한계지대임을 표시하는 명령어를 담고 있기 때문이지요. 그리고 그 너머, 그 방책의 바깥은 사막이고 버림받은 땅이에요. 발을 딛는 순간 사형수가 되는 지대, 얼굴 없는 신체, 사형수가 되기를 각오해야 하는 지대지요(6). 하지만 이곳은 또한 얼굴을 잃은 오이디푸스가 여행을 시작하는 지대, 신의 저주받은 운명에서 벗어나 새로운 삶을 시작하는 지대기도 합니다. 하지만 이는 기표적인 기호체제에 속해 있다고 할 순 없습니다. 이미 5번 지대부터 점선으로 표시되어 있는 부분은 기표적인 기호체제와 이어져 있지만 그로부터 벗어나는 탈기표적인 체제에 속합니다.

2) 전기표적 기호체제

기표적인 기호체제가 가장 흔하고 가장 빈번하게 우리 삶을 에워

싸긴 하지만, 그렇다고 해도 "그같은 기호계는 [기호체제 가운데] 결코 일차적이지 않을 뿐만 아니라, 추상적 진화론의 관점에서 보아도 거기에 특정한 특권을 부여할 어떤 이유도 없다"고 저자들은 말합니다(MP, 147; I, 124). 그러면서 기표적 체제와 다른 두 가지 기호체제의 특징을 간략히 지적하겠다고 하면서 전(前)기표적인(pré-signifiante) 기호계와 반(反)기표적인(contre-signifiante) 기호계를 설명하고 있습니다. 먼저 전기표적인 기호계에 대해 이들이 말하는 것을 봅시다.

첫번째는 원시적이라고 간주되는 전(前)기표적 기호계로서, 이는 기호 없이 작동하는 '자연적' 코드화에 훨씬 가깝다. 여기서는 어떤 것도 표현의 유일한 실체로서의 안면성으로 환원되지 않는다. 또 기의의 추상에 의해 내용의 형식을 제거하는 경우도 전혀 없다. 심지어 좁은 의미의 기호적 전망 속에서 내용을 추상하는 경우에조차도, 그것은 기표에 의한 권력장악을 피하고 내용 그 자체에 고유한 표현형태를 보존하는 표현형식의 다원성과 다의성(polivocité)을 위한 것이다. 그리하여 신체성, 몸짓성, 리듬, 춤, 제전의 형태가 이질성 안에서 음성적 형태와 공존한다. 표현의 다양한 형식과 실체 들이 교차되고 잇닿는다. 그것은 선분적인 기호계지만 기표적인 순환성과 싸우는 다선적(多線的)이며 다차원적인 기호계다.(MP, 147; I, 124)

이러한 기호계는 원시인들의 제의나 삶에서 흔히 발견됩니다. 예를 들어 북미 원주민인 '인디언'들은 대개 사냥을 하기 전에 먼저 사냥하려는 동물에게 경의를 표하고 사냥의 이유를 설명하고 양해를 구합니다. 《동물기》로 유명한 시튼(E. T. Seton)은 인디언의 삶과 사유를 기록한 작은 책을 썼는데, 거기에서 인디언들이 사냥에 앞서 사슴에게 바치는 노래를 하나 본 적이 있습니다.

> 작은 형제여, 너를 죽여야만 해서 미안하다.
> 그러나 네 고기가 필요하단다.
> 내 아이들은 배가 고파 먹을 것을 달라고 울고 있단다.
> 작은 형제여, 용서해다오.
> 너의 용기와 힘 그리고 아름다움에 경의를 표하마.
> 자, 이 나무 위에 너의 뿔을 달아줄게.
> 그리고 그것들을 붉은 리본으로 장식해주마.
> 내가 여기를 지나갈 때마다 너를 기억하며 너의 영혼에 경의를 표하마.
> 너를 죽여야만 해서 미안하다.
> 작은 형제여, 나를 용서해다오.
> 보라, 너를 기억하며 담배를 피운다.
> 담배를 태운다.[3]

어쩌면 우습다고 생각할지도 모르겠습니다. 들을 수도 없고 알아들을 수도 없는 죽은 동물 앞에서, 혹은 죽이려는 동물에게 바치는 이런 노래는 그만큼 허구적이고 위선적인 것으로 들릴 수 있기 때문

---

[3] 시튼, 김원중 역, 《인디언의 복음(*The Gospel of the Redman*)》, 두레, 2000, 169~70쪽.

입니다. 그러나 인디언들이 사냥의 원칙으로 삼고 있는 것을 안다면 이는 충분히 이유가 있는 행동임을 알 수 있습니다.

절대로 화가 나서 동물을 죽이지 말라. 얼마나 많이 죽일 수 있는지 알기 위해 재미로 죽이지도 말라. 살기 위해 필요한 만큼만 취하고, 늘 동물에게 존경심을 보여라. 꼭 죽여야 하는 경우에는 양해를 구하고, 그 동물에게 이렇게 말하라. "가족들을 위해서 네가 필요하단다."[4]

즉 앞서와 같은 노래를 수반하는 제의는 사냥을 시작할 때마다 사냥의 원칙을 환기하고 그에 부합하는 방식으로 하도록 하는 기능을 합니다. 그 제의를 통해 사냥꾼들은 사냥할 때마다 동물과 자연에 대한 공동의 원칙을 몸으로 익히는 것이지요. 단지 노래만이 아닙니다. 인디언 사냥꾼들은 무기를 잘 다룰 수 있을 때까지 사냥하지 못합니다. 어설픈 사냥이 동물에게 큰 고통을 줄 수 있기 때문이지요. 그래서 사냥꾼이 되려면 동물의 해부학적 구조까지 배워 "정확하게 어디를 맞추어야 고통을 최소화할 수 있는지를 배웠"다고 해요. 또한 인디언 주술사 베어하트(Bear Heart)에 따르면, 아이들은 자신이 사냥한 첫번째 사냥감을 먹어선 안 되었고 다른 누군가에게 주어야 했습니다. 그것은 "사냥을 한 동기가 [다른 사람에 대한] 호의와 존경심"을 갖도록 하는 것이었다고 합니다. 말난 김에 좀더

---

[4] 베어하트, 형선호 역, 《인생과 자연을 바라보는 인디언의 지혜(The Wind is My Mother)》, 황금가지, 1999, 34~35쪽.

볼까요? 베어하트는 자신이 여덟 살 때 처음 사냥을 했던 이야기를 해줍니다. 그것은 전기표적 기호계의 중요한 요소들을 모두 포함하고 있습니다. 우선 다람쥐에게 경의를 표하는 말을 한 뒤에,

> 나는 단 한 방에 그 다람쥐를 죽였다. 나는 그것을 집기 전에 그 머리 위에 손을 얹고 한 바퀴 원을 그렸다. 그리고 이렇게 얘기했다. "마-도(고맙다)." 손을 얹고 원을 그리는 것은 생명의 순환을 상징했다. 즉 인간이 동물을 먹고 다시 인간이 땅으로 돌아간 후에 동물이 식물을 먹는 것이다. 이것은 하나의 영원한 교환이다. 다음에 나는 다람쥐의 앞발에서 털을 몇 개 뽑아 다람쥐를 발견한 그 나무에 묻었다. 그곳에서 더 많은 다람쥐가 태어나 내가 죽인 다람쥐를 대신하라는 기원이었다. 집으로 가면서 나는 다람쥐를 조심스레 운반했다. 우리는 사냥감을 잡은 후에 그것이 땅에 닿지 않도록 애를 쓴다. 그것을 땅에 질질 끄는 것은 〔그 동물에 대한〕 불경을 의미하기 때문이다. ……그 다람쥐를 여자 사촌에게 주어 숙모님께 요리해주도록 했다. 나는 다시 밖으로 나가 세수를 하기 위해 대야 위로 몸을 굽혔다. 그때 갑자기 뒤에서 '철썩!' 하고 내 사촌이 그 다람쥐로 내 등짝을 때렸다. ……여자 사촌이 다람쥐를 대신해서 나를 때렸다. 마치 다람쥐가 자기를 죽였다고 나를 때린 것 같았다. 우리는 이제 공평하게 되었다. 나는 다람쥐를 죽였지만 다람쥐는 나를 때렸다. 그것은 모든 것을 공평하게 해서 내가 죄의식을 느끼지 않도록 한 것이었다.[5]

---

(5) 같은 책, 36~37쪽.

기호 내지 기표들의 인위적인 코드화 대신에 '기호 없이 작동하는 자연적 코드화'를 하나하나의 동작이나 행동에서 발견할 수 있겠지요? 여기에는 기호적 추상을 위해 신체적인 것을 제거하는 추상도 없고, 기호나 표현을 얼굴로 재영토화하는 일도 없습니다. 다람쥐의 몸을 대신하여 그의 털들을 묻어주는 행위는 베어하트가 말하는 것 이상으로 다의성을 갖습니다. 그것은 다람쥐의 신체를 대신해서 묻어주는 매장의 행위처럼 보이기도 하고, 새로운 다람쥐가 많이 나오도록 씨를 뿌리는 행위처럼 보이기도 합니다. 죽음을 상징화하는 행위와 새로운 생명의 씨를 뿌리는 행위가 결합되기에 털-기호는 죽음이라는 하나의 중심적인 기호로 귀속되지 않습니다. 따라서 그것은 단선적인 기호계가 아니라 다선적이고 다차원적인 기호계라고 할 수 있습니다.

애기를 좀 돌려서, 원시인이나 '미개인'의 가장 끔찍하고 야만적인 징표로 간주되는 '식인' 풍습 또한 '문명인'들의 자기중심적 사유가 낳은 오해의 대표적인 경우입니다. 많은 경우 식인 풍습이란 전기표적인 기호계에 속하는 '상징적' 행위지, 죽은 사람으로 식사하는 그런 풍습이 아닙니다. 가령 레비-스트로스는 식인 내지 죽은 이의 고기를 먹는 풍습이 "죽은 자의 장점과 능력을 자신에게 첨부하려고 하는 소원에 기반한 경우"를 들어 산 자들을 위해 죽은 자를 불러내는 것으로 보아, 조상을 들먹이거나 족보를 이용해 자신의 특권을 정당화하려는 경우와 본질적으로 다르지 않다고 말합니다.[6]

이는 족보를 들먹이고 조상의 이름을 들먹이는 '문명인'의 행위

---

[6] 레비-스트로스, 박옥줄 역, 《슬픈 열대(*Triste tropique*)》, 한길사, 1998, 431쪽.

가 기표적인 기호체제에서 죽은 자의 힘을 빌려는 것이라면, '미개인'의 식인은 전기표적인 기호체제에서 그에 상응하는 행위임을 보여줍니다. 마찬가지로 추방이나 처형이 전기표적 기호체제 안에서 어떤 사람에게 '죽음'을 선고하는 방식이라면, 파문이나 제명 등은 기표적 기호체제 안에서 이름을 지우는 방식으로 어떤 사람에게 죽음을 선고하는 것이라고 할 수 있습니다. 신체에 직접 손을 대는 것을 끔찍하고 미개한 짓으로 여기는 특정한 관념이 아니라면, 이 상응하는 행위들 사이에 우열을 설정하는 것은 불가능하지 않을까요?

3) 반기표적 기호체제

세 번째로 반기표적·반-의미적 기호체제를 봅시다. 이것은 기표적인 의미작용에 반하는 기호들로 구성되는 체제입니다. 가장 대표적인 예로 암호를 들 수 있겠지요. 암호란 남이 알아볼 수 없게 만드는 기호고, 일반화된 의미작용을 피하는 방식으로 만들어지는 기호지요. 그것은 특정한 의미를 갖는 기호들을 그 자체로는 무의미한 숫자로 치환하는 방식으로 만들어집니다. 치환의 결과 남는 숫자들은 그 자체론 아무런 의미도 없을 뿐만 아니라, 숨겨진 의미를 알아볼 수 없게 만드는 기호들입니다. 이처럼 의미작용이나 기표적인 기호에 대한 대항의 의미를 표시하기 위해 이들은 contre(counter)라는 말을 signifiant(e) 앞에 붙여 사용하고 있는 거지요.

하지만 암호만이 아닙니다. 번호적 조직처럼 수나 번호를 사용한 기호체제는 대개 이런 반기표적 체제를 구성합니다. 가령 축구선수나 야구선수의 등번호가 그렇습니다. 이런 것을 보통 '명목수'라고 부릅니다. 여기서 숫자는 단지 이름(명목)을 뜻할 뿐이며, 숫자들 사이에는 어떤 체계화된 관계도 없습니다. 따라서 기호들 간의 관계에 의해 만들어지는 의미작용이 없으므로 이 기호들은 '기표'가 아닙니다. 등번호 20이 5보다 4배 더 큰 건 아니며, 10번이 둘 모이면 20번이 되는 식의 최소한의 대수관계도 없습니다. 그저 이름일 뿐이지요. 따라서 여기에도 숫자라는 '기호'가 사용되긴 하지만, 이 기호들은 기호들의 구조화된 관계를 통해 의미작용을 만들어내는 그런 기표가 아니며, 기표의 형태를 취하면서도 사실은 기표적 기능을 깨거나 벗어나 있다는 점에서 차라리 그런 기표에 반하는 기호, 반기표적 기호라고 할 수 있으며, 의미작용에 반하는 기호라는 의미에서 반-의미작용적인 기호라고도 할 수 있습니다.

저자들은 좀더 중요한 예로 유목민의 번호적 조직을 들고 있습니다. 이들은 유목을 하기 때문에, 정착민처럼 '종로구', '서울시' 등과 같은 영토적 단위로 주민들을 조직하지 않았습니다. 칭기스칸 시대의 몽골인들은 주민들을 10호별로 묶어서 10호대로 조직하고, 그걸 다시 10개 묶어서 100호대, 그걸 다시 10개 묶어서 1000호대로 조직했습니다. 주민들이 이동하거나 활동하는 것은 10호대, 100호대 등과 같은 단위로 이루어졌으며, 그렇기 때문에 이동은 물론 빠른 속도의 이동성을 요구하는 전투 내지 전쟁에서조차 이 조직은 그대로 유효하게 가동했습니다. 전쟁기계(la machine de guerre)에 기원을 둔 조직 형태라고 부르는 것은 이런 이유에서지요.

이런 조직 형태는 현대의 국가장치 안에서는 군대에 의해 사용됩니다. 위의 사실을 포함하여 나중에 유목론에 대한 고원에서 자세하게 다루겠지만, 군대는 사실 국가장치에 의해 장악되고 포획된 전쟁기계라고 할 수 있지요. 알다시피 군대는 번호로 조직되어 있습니다. 8사단, 6사단, 24사단, 혹은 524사단이 있어도 좋습니다. 이렇게 사단들이 있고, 20연대, 14대대, 3중대, 5소대, 1분대 등과 같이 번호로 조직되어 있지요. 군대의 이름도 육군 1234부대 등과 같이 번호로 되어 있습니다. 반면, 같은 무장조직임에도 불구하고 경찰은 그렇지 않습니다. 서울시 경찰청, 남대문 경찰서, 동숭파출소 등과 같이 지역별로 되어 있지요. 다시 말해 경찰조직은 영토적 형태로 이루어져 있습니다. 관할 구역(영토)이 있고 소관 업무 또한 관할 영토별로 구별되어 있습니다.

그런데 이처럼 영토적으로 구성되어 있는 조직으로는 전쟁이나 전투를 할 수 없습니다. 물론 적의 공격에 대해 방어적인 전투는 수행할 수 있겠지요. 그러나 공격은 불가능합니다. 영토를 벗어나는 순간, 그 조직은 작동할 수 있는 형식을 잃어버리기 때문입니다. 반면 군대는 그렇지 않습니다. 물론 각각의 부대들도 평상시에는 할당된 영토를 가지며 그곳에 머물지요. 그러나 영토적으로 업무를 할당하고 활동하는 조직이 아니기 때문에 굳이 거기에만 있어야 할 특별한 이유는 없습니다. 얼마든지 그곳에서 벗어나(탈영토화) 자유롭게 이동할 수 있습니다. 군대가 공격을 할 수 있는 것은 바로 이런 이유 때문입니다. '공격'이라는 행동은 자기가 있던 곳에서 탈영토화될 수 있어야 가능하기 때문이지요. 자기 땅에서 대체 어디를 공격하겠습니까? 군대가 쿠데타를 할 수 있음에 반해, 경찰이 쿠데타를 할 수 없는 것은 바로 이런 이유 때문입니다.

번호적 조직이 그처럼 영토에서 자유로울 수 있는 것은 번호라는 기호가 기표적 특성을 갖지 않기 때문입니다. 기표적 기호는 그와 관련된 다른 기호들의 연쇄에 매여 있으며, 거기서 이탈하는 순간 무의미해지거나 다른 의미를 갖게 됩니다. 기표들의 이탈이나 비약은, 어떤 모종의 등가성에 의해 동일한 전제군주의 기표로 환원 가능한 다른 기표연쇄로 넘어가는 경우뿐입니다. 해석과 주석을 통해 애초의 의미에 연결될 수 있어야 한다는 거지요. 반면 번호적 기호는 그 자체로는 아무런 의미도 없기 때문에 어디로든 움직일 수 있고, 어디로든 넘나들 수 있습니다. 따라서 유목민적인 이동능력은 기호의 의미를 제한하는 기표적 연쇄에서 자유롭다는 사실에서 기인한다고 해도 좋을 겁니다.

이런 의미에서 저자들은 반기표적 기호의 특징에 대해 이렇게 요약하고 있습니다.

> 번호적 기호는 그것을 만들어내는 표시 외에는 어떤 것도 생산하지 않고, 다양하고 유동적인 재분할을 표시하며, 그 자체로 기능들과 관계들을 수립하고, 총체를 이루기보다는 배열(arrangement)을 이루며, 수집보다는 분배를 행하고, 단위의 조합보다는 절단과 이행, 이동과 축적에 의해 작동한다. 이러한 기호는 국가장치에 반하여(contre) 그 나름대로 지휘되는 유목적 전쟁기계의 기호계에 속한다. ……10, 50, 100, 1000……등의 번호적 조직과 그에 연관된 공간적 조직은 분명히 국가의 군대에 의해 재장악되지만, 힉소스(Hyksos)에서 몽골에 이르는 스텝의 거대한 유목에 적합한 군사적 체계를 우선 보여주며, 혈통의 원리에 포개진다. 비밀과 정탐은 전쟁기계의 이 번호적 기호계에서 중요한 요소다.(MP, 148~49; I, 125)

4) 탈기표적 기호체제

네 번째로 탈기표적 기호체제에 대해서 살펴보지요. 탈기표적 체제는 말 그대로 기표적인 의미화의 중심에서 벗어나는 체제로서, 앞서 보았던 나선환에서 벗어나는 탈주선이 시작되는 지점에서 출발합니다. 이는 익숙하게 길들어 주어진 기표적인 권력에 복종하던 것을 그치고 그로부터 얼굴을 돌리는 데서 시작됩니다. 탈기표적 체제가 '얼굴 돌리기' 내지 '배신'의 체제라는 말은 바로 이런 의미에서지요. 이러한 이탈은 통상 '이성'이나 '이유', '합리' 등과 같은 개념으로 설명되고 정당화되는, 기존의 지배적인 의미(화)를 배신하는 정염(情炎, passion)의 정열(passion)에 이끌리며 시작된다는 점에서, 그리고 그에 따른 수난(Passion)을 동반한다는 점에서 정염적 체제라고 할 수 있습니다.

참고로, passion은 감정과 결부된 것으로, 보통 정열이나 정욕을 뜻하고, 철학적으론 정념(情念)이라고 번역되며, 기독교에서는 수난(그리스도의 수난, 마태의 수난 등)을 의미하는 것으로 사용됩니다. 이는 감정과 정열이 기존 체제와 다른 선을 그리게 인도하고 그것이 수난으로 이어지는 경우가 많다는 사실을 함축하는 게 아닌가 싶습니다. 그래서 철학자들은 passion을 이성의 빛 저편에 있는 어둡고 모호한, 그래서 어디로 튈지 모르는 불안과 항상 결부되어 있는 어떤 것으로 보았던 듯합니다. 이런 의미에서 이 모두는 정염(情炎)이라는 말로 포괄할 수 있지 않을까 싶습니다. 이를 생각의 일종으로 간주하여 정념(情念)이라고 하는 건 그다지 적절한 게 아니지 않나 하는 생각에서지요.

다시 탈기표적 체제로 돌아가지요. 탈기표적 체제는 이처럼 탈주선에 의해 시작되는 체제고, 전제군주의 기표에서 벗어나는 '주체화(subjectivation)의 점'에서 시작되는 체제예요. 그래서 저자들은 탈기표적 체제를 주체화의 체제라고도 부릅니다. 그러나 나중에 보겠지만, 그러한 주체화는 그 자체로 언표행위의 주체로서 서는 것인데("나는 자본주의가 싫어!"라고 말하는 '나'), 이는 또 다른 언표 주체와 포개지는 방식으로 새로운 의미화 체제로 들어갑니다. 탈주로 시작한 방랑 내지 유목이 다시 정착의 체제로 들어가게 되는 겁니다. 이 경우 주체화는 신민(臣民)과 복종이란 의미를 내포하는 주체(sujet), 주체화(subjectification)로 전환됩니다.

이에 대해서는 다시 자세하게 말할 것입니다. 여하튼 이상의 사항으로 볼 때, 기표적 체제가 전제적이고 편집증적이라면, 탈기표적 체제는 권위적이고 주체적 내지 정염적 체제라고 할 수 있습니다(MP, 152; I, 128~29). 이러한 구별을 위해서 저자들은 편집증적이고 해석적인 망상과, 주체적이고 정염적인 망상에 대한 정신의학의 구별을 끌어들입니다. 이는 계급적인 구별과도 상응한다는 점에서 시사적이라는 지적까지 덧붙이지요.

가령 프로이트의 분석으로 더 유명해진 법원장 슈레버(Schreber)는 자신과 신의 관계를 중심으로 방사상의 편집증을 발전시켰지만, 동시에 자신의 재산을 현명하게 관리할 수 있었고 그런 만큼 환상의 기표와 경제적 기표(돈!) 같은 상이한 원환들을 구별할 수 있었다는 점에서 미친 얼굴을 갖지만 결코 미쳤다고 할 순 없었다고 해요. 반면 끊임없이 트집거리를 찾아내서 불평하는 불평망상(quérulance)이나 요구망상(délire de Revendication), 혹은 정욕망상(délire passionel) 등은 미친 얼굴을 갖고 있진 않지만 언제 싸움이나 방화,

살인 등과 같은 급작스런 행동을 할지 모른다는 점에서 미친 것이라고 분류한다고 하지요(MP, 150~52; I, 126~28).

"감금될 필요가 없는 편집증 환자는 주로 부르주아인 반면, 모노마니(monomanie) 환자, 정욕적인 요구광은 농민이나 노동자계급 내지 정치적 암살자처럼 주변적인 경우에서 가장 빈번하게 발견된다고 한다."(MP, 152; I, 128) 이런 구별에 주목하면서 정신의(精神醫)들은 미친 와중에도 돈을 벌고 재산을 관리하며 계급적인 사회질서를 유지하는 사람과, 무질서를 야기하고 걷잡을 수 없는 사랑과 공격성을 가진 사람을 구별하는 책무를 지고 있는 셈이라고 덧붙입니다(MP, 152; I, 128).

여기서 들뢰즈와 가타리는 전자가 전제적이고 편집증적 체제의 사례라면, 후자는 주체적이고 정염적인 체제의 사례라고 봅니다. 망상 내지 무의식적인 차원에서도 구별되는 것이란 점에서 이 둘은 본성상 구별되어야 합니다. 저자들은 이 두 체제를 편집증적 파라오와 정염적 히브리의 예를 들어 대비하고 있습니다. 모든 것을 자신의 빛 아래, 파라오의 기표 아래 의미화하는 체제와, 그로부터 얼굴을 돌려 탈주선을 타는 히브리 노예들이 대비되고 있는 거지요.

여기서 저자들은 파라오의 체제, 이집트의 제국적 영토를 벗어나는 히브리인들의 탈주선(〈출애굽기〉)을 탈기표적인 주체화 체제의 범례적인 사례로 삼고 있습니다. 이집트 왕 바로 아래서 노예로 살아가는 히브리인들. 히브리인 남자아이들을 죽이라는 바로의 명령에도 불구하고 살아남은 모세는 바로의 딸의 양자가 됩니다. 다시 말해 파라오의 전제적이고 기표적인 체제 안에서 살게 됩니다. 그렇지만 거기서 자신이 히브리인임을 자각한 모세는 노예로 사는 동족을 괴롭히는 이집트인을 얼떨결에 죽입니다. 정염에 이끌려 '사고'를 친 거지요. 아마도 바로 거기가 모세의 '주체화의 점'이라고 할 수 있을 겁니다. 그것은 분명 자신의 왕이자 부모였던 파라오를 배신하고 얼굴을 돌리는 것이었습니다.

그러나 얼굴 돌리기는 언제나 이중으로 이루어집니다. 얼굴을 돌린 제국의 신민에게 전제군주는 죽음을 선고하면서 다시 얼굴을 돌리게 마련이지요. 바로 그곳이 의미화 체제, 기표적 체제가 끝나는 곳이고, 새로운 체제로 넘어가는 곳입니다. 이집트 왕 바로는 모세를 체포하라고 명령합니다. 모세의 수난(Passion)이 시작된 것이지요. 모세의 탈주선, 그것은 곧 수난의 선이기도 하지요.

바로 왕의 체포령 때문에 도망치던 모세는 미디안 땅으로 가 유목민인 이드로의 딸 십보라와 결혼하여 양을 치며 살게 되지요. 그러다 호렙 산에서 신의 부름을 받게 됩니다.

"모세야, 모세야."

"예, 제가 여기 있습니다."

"……이제 나는 너를 바로에게 보내 나의 백성 이스라엘 자손을 이집트에서 이끌어내게 하겠다."

이로써 이집트를 벗어나는 히브리 노예들의 거대한 탈주선이 그려지기 시작합니다. 모세의 탈주선이 히브리인들을 탈주하게 함으로써 새로운 집단적 탈주선으로 이어지는 거지요. 이집트의 전제체제에서 설치해놓은 방책을 넘어서, 죽음의 빛으로 채색된 사막으로, 죽음에 쫓기면서 사막으로 갑니다. 히브리인들의 수난(Passion)이 시작됩니다.

유태민족의 경우, 기호들의 한 그룹은 자신이 포괄되어 있던 이집트의 제국적 그물망에서 이탈하여 사막을 향해 뻗은 탈주의 선을 따라간다. 가장 권위적인 주체성을 전제적 의미화에 대립시키면서, 가장 정염적이고 가장 덜 해석적인 망상을 편집증적이고 해석적인 망상에 대립시키면서, 요컨대 선형적인 '소송(procès) 내지 요구'를 방사적인 순환적 그물망에 대립시키면서. ……소송(Procès, 절차)은 수난(Passion, 정염)의 선을 따라 진행된다.(MP, 153; I, 129)

모세는 장인 이드로에게 배운 대로 주민들을 번호적인 방식으로 조직함으로써 제국적 국가장치에 반하는 유목적 배치를 만들어냅니다. 여기서 히브리의 탈기표적 체제는 유목민의 반기표적 체제와 혼합되어 제국적 파라오에서 벗어나는 새로운 혼성적 체제를 이루게 됩니다. 탈주선은 가나안 땅에 이르고, 그 새로운 영토에 정착하게 됩니다. 신은 새로운 계율을 내리고, 히브리인들의 복종을 요구하지요. 주체화 체제란 이처럼 새로운 주인, '새로운' 신에 대한 복종의 요구를 포함합니다.

이는 사실 모세가 신의 부름에 "예, 제가 여기 있습니다"라고 대답하는 데에 이미 포함된 것이기도 합니다. 그것은 파라오에 반하는 주체화의 점이지만, 동시에 신이라는 '큰 주체(Sujet)'에 모세 자신이 신민화(subjectification)되는 것을 의미합니다. 모세를 부르는 신의 '호명'과 그에 대한 대답, 바로 이것을 알튀세르는 주체와 신민이 동일한 것이란 의미에서 '주체화(subjectification)'라고 정의하지요. 큰 주체(Sujet)인 신에 작은 주체(sujet)인 모세가 포개지는 것, 혹은 언표행위의 주체(신)가 발화한 언표 주체("모세야")에 모세가 포개지는 이런 과정/절차(procès)는 다시 모세라는 언표행위의 주체가 히브리인을 부르고, 그 언표 안의 언표 주체에 히브리인들이 포개지는 과정으로 이어지며 계속됩니다.

그러나 주체화 체제를 특징짓는 이 선형적인 과정에서 이러한 호명과 대답의 반복적인 과정, 언표행위의 주체와 언표 주체가 포개지는 과정은 항상 어긋나고 이탈할 가능성을 남겨두고 있습니다. 모세가 십계명을 새긴 돌판을 들고 산에 올라갔다 오는 사이에도 이미 그들은 신의 뜻에서 벗어나 우상을 만들고 신이 명한 길에서 벗어나지요. 모세는 다시 복종을 맹세하고 신은 '서약'을 의미하는 계명을 다시 새겨 나무상자(언약궤)에 담아 들고다니게 하지만, 그럼에도 불구하고 신의 요구는 걸핏하면 망각되거나 무시되고, 불복종이 발생합니다.

이에 대해 신은 거듭하여 '멸망'과 '축출', 패망과 고난을 통해 경고합니다. 여기서도 탈주선은 부정적이고 어두운 색깔로 채색된 채 신의 방책 저편에 남아 있습니다. 하지만 좋은 것이든 나쁜 것이든, 탈주는 발생하고, 신의 명령에서 벗어나는 흐름이 발생합니다. 다시 신은 저주와 형벌을 내리지만, 그럼에도 불구하고 최종적 심판, 최후의 말/선고(sentence)는 여러 가지 이유로 인해 거듭해서 연기됩니다. 유대의 신이 발명했다는 '무한한 연기(延期)', '무한한 집행유예'(MP, 154; I, 131)란 바로 이를 의미하지요.

그런데 저자들은, 히브리인들의 행로에서 가장 근본적인 사건은 언약궤(계약궤)를 안치한 '성전'의 두 차례의 파괴라고 말합니다. 제목에 표시한 B.C. 587년과 A.D. 70년은 바로 그 파괴가 행해진 시점을 가리킨다고 하지요. 전자는 바빌로니아의 왕 느부갓네살에 의해, 후자는 로마 황제 티투스에 의해 이루어집니다. 그러나 성전의 파괴가 갖는 의미를 알려면 성전의 건설이 갖는 의미를, 적어도 저자들이 주목하는 의미를 먼저 이해해야 할 듯합니다.

앞서의 이집트 탈출기(출애굽기) 얘기로 다시 가면, 모세와 히브리인들은 유목적인 조직을 구성해, 그것으로 탈주선을 그렸습니다. 그리고 숱한 곡절 끝에 가나안 땅에 자리잡고 살게 됩니다. 그런데 정착은 단순히 영토적 정착 이상으로 나아가게 마련이지요. 이제 히브리인들은 "왕이 필요하고, 왕이 통치하는 국가가 필요하다"는 요구를 하게 됩니다. 《구약》의 〈사무엘기〉는 바로 그런 왕과 국가의 탄생 과정을 보여주며, 왕들의 이야기를 쓴 역사(〈열왕기〉)가 그 뒤에 이어집니다.

사무엘은 왕을 세우고 국가장치를 수립함으로써 어떤 '대가'를 치러야 하는지를 전합니다. "왕을 둔다는 것은 너희들이 가지고 있는 곡물 중 가장 좋은 것이 그의 것이 되는 것이며, 너희들이 가지고 있는 말과 양 중 가장 좋은 것이 그의 것이 되는 것이다. 그래도 왕을 갖고 싶으냐?" 사무엘은 나중에 후회한들 취소할 수도 없고 제거할 수도 없는 비가역성을 상기시킵니다. "그때에야 너희가 스스로 택한 왕 때문에 울부짖을 터지만, 그때 주께서는 너희의 기도에 응답하지 않을 것이다."[7] 그러나 백성들은 계속해서 왕을 요구했고, 그리하여 사울을 왕으로 세우게 되지요. 그리고 다윗이 그 뒤를 잇고 그 아들 솔로몬이 그 뒤를 잇지요. 이런 과정을 거쳐 국가장치는 정비되고, 백성들의 삶 또한 정착적인 양상으로 확고하게 굳어집니

---

(7) 〈사무엘상〉, 8장.

다. 즉 국가장치의 수립을 통해 히브리인은 유목민에서 정착민으로 변환되는데, 이를 상징하는 사건이 바로 성전의 설치였습니다.

왕이 된 다윗은 예언자에게 "나는 백향목 왕궁에 사는데 하나님의 궤는 아직도 휘장 안에 있습니다"라고 말합니다. 그래서 다윗은 신을 위한 성전을 지으려고 했지요. 그것에 대해 야훼는 나중에 나타나서 말합니다. "나, 주가 말한다. 내가 살 집을 네가 지으려고 하느냐? 그러나 나는 이스라엘 자손을 이집트에서 데리고 올라온 날부터 오늘에 이르기까지 어떤 집에서도 살지 않고, 오직 장막이나 성밖에 있으면서 옮겨 다니며 지냈다." 이는 히브리인들의 삶이 그동안 유목적이었음을 명확하게 보여주는 것입니다. 신조차, 언약궤조차 유목적인 삶 속에 있었던 거지요. 사무엘 같은 선지자나 지도자는 있었지만 왕은 없었다는 것은 이와 무관하지 않습니다.

반면 왕을 세우는 것만큼이나 성전을 짓는 것도 근본적인 변화를 의미합니다. 이는 신의 불평이나 불만 때문이 아니라 백성들 자신이 원해서 이루어진 것입니다. 신의 응답은 사실 이런 백성들의 욕망을 승인하는 것입니다. "……이제 내가 한 곳을 정하여 거기에 내 백성 이스라엘을 심어, 그들이 자기의 땅에서 자리잡고 살면서 다시는 옮겨 다닐 필요가 없도록 하겠다."[8] 이 신의 말씀처럼 성전을 세운다는 것은, 이동하는 '불안정한' 삶이 중단되는 것을 뜻하고, 그것은 곧 신의 계율을 의미하는 언약궤를 안정적인 장치로 체제화하는 것을 뜻합니다. 이는 다른 말로 하면, 신의 계율이 의무와 처벌이 수반되는 국가적 규율이 됨을 의미하는 것이라고도 할 수 있겠지요. 이

---

[8] 〈사무엘하〉, 7장 2~10절.

로써 정착민의 체제가 수립되고, 그것을 보장하는 국가장치가 확립됩니다. "제국적 사회를 재건하고, 그것을 통합하며, 모든 사람들이 그러하듯 왕이 되는 것(사무엘), 결국 견고한 사원을 재건하는 것(다윗과 솔로몬, 즈가리야), 나선형의 바벨탑을 만들어 신의 얼굴을 다시 찾아내는 것."(MP, 154; I, 130)

성전의 파괴가 뜻하는 것은 무엇인가? 그것은 이런 국가장치화한 체제의 파괴고, 국가적인 방식으로 조직된 삶의 파괴며, 새로이 유동하고 부동하는 삶의 재시작을 의미하는 것입니다. 성전으로 상징되는 국가장치가 파괴됨으로써 언약궤는 단지 한 무더기의 기호가 되며, 그 물질적이고 신체적인 실행조건을 상실한 기호들의 집합에 불과한 것이 됩니다. "언약궤는 이제 사람들이 갖고 다니는 조그만 기호상자에 불과하게 된다."(MP, 153; I, 130) 성전 내지 물질적 장치의 파괴는 탈주자들을 속죄양 내지 '사형수'로 처벌하는 것이 불가능하게 되었음을 뜻합니다. 계율의 실행을 위한 물질적 조건이 사라졌기 때문이지요. 그 결과 계율을 위협하는 행위들이 다시 만연하게 되고, 이로 인해 "악이 다시 덮치리라" 하는 저주와 위협, 혹은 자책만이 남게 됩니다.

그것은 계율로부터 탈영토화되는 선이 범람하게 되었음을 뜻합니다. 속죄양이 되는 것을 두려워하지 않는 것, 그것을 따라가면서 새로운 주체화의 선을 그리는 것, 아마도 이것이 성전의 파괴로 인해 가능해진 것인지도 모릅니다. 그래서 저자들은 이렇게 말합니다. "그러므로 우리는 가장 탈영토화된 선을, 속죄양의 선을 따라 가야 하리라. 그 선을 기호로 바꾸면서, 그리고 그 선을 우리의 주체성, 우리의 정욕, 우리의 소송 내지 요청의 긍정적 선으로 만들면서 말

이다. 우리는 우리 자신의 속죄양이 되리라."(MP, 153; I, 130)

〈출애굽기〉에서도 그랬지만, 왕을 세우는 〈사무엘기〉에서도 얼굴 돌리기 혹은 배신은 계속해서 나타납니다. 히브리 백성들은 사무엘에게서 얼굴을 돌려 왕을 요청하고 사울을 왕으로 삼지만, 사울은 다윗으로 인해 다윗을 총애하는 신에게서 얼굴을 돌리고, 신 또한 사울에게서 얼굴을 돌리고, 나중에는 성전을 세웠음에도 불구하고 다시 배신하는 자신의 백성에게서 다시 얼굴을 돌려 성전의 파괴에 이르게 되지요.

이런 식으로 《성서》에서는 얼굴 돌리기와 배신이라는 테마가 끊임없이 반복되어 나타난다고 저자들은 이야기합니다. 이는 〈창세기〉의 시작부터 확연합니다. 신의 말씀(기표)에서 벗어나는 바람에 낙원에서 추방당한 아담과 하와는 접어두더라도, 그의 아들 카인은 신이 아끼는 자신의 아우 아벨을 살해함으로써 신에게서 얼굴을 돌리며, 신은 그런 카인에게 평생을 떠돌며 살라는 저주를 내리며 얼굴을 돌리지요. "카인은 죽음을 모면하게 해준 기호〔징표〕의 보호를 받으면서, 자신에게서 얼굴을 돌린 신으로부터 얼굴을 돌려 탈영토화된 선을 따라간다. 카인의 징표〔기호〕. 그것은 제국적인 죽음보다 더한 형벌이 아닐까?" 사형수인 카인, 그 징표로 인해 죽지도 못한 채 떠돌아다니는 탈영토화의 선. "유태의 신은 집행유예를, 유예 속의 실존을, 무한한 연기(延期)를 발명한다."(MP, 154; I, 131) 그러나 사실 아벨은 아무것도 아닌 존재일 뿐이고, 반대로 카인은 도시를 건설하고, 노아로 이어지는 신의 자식들을 낳지요. '진정한 인간' 내지 '진정한 주체'는 사실은 배신자인 카인이었던 겁니다.

요나 또한 신에게서 얼굴을 돌린 것으로 유명합니다. 요나는 니느웨로 가서 사람들의 죄악을 경고하라는 신의 명령을 받았지만, "요나는 신의 얼굴을 피하여 다르싯으로 도망가려고" 요빠로 가지요. 〈요나서〉에는 이처럼 '신의 얼굴을 피하여'라는 구절이 자주 반복되어 나옵니다. 그 요나가 배를 타자, 배가 곧 풍랑을 만났고, 사람들은 "신을 분노하게 한 자가 있다"면서 '배신자'를 찾았으며, 결국 요나는 바다 속으로 내던져지지요. 그 요나를 큰 물고기가 삼켜 살리곤 뭍에다 뱉어놓습니다. 결국 요나는 니느웨로 가서 신의 뜻을 전하지요. 카인의 경우처럼 요나의 예도 배신자가 바로 신이 바랐던 '진정한 주체'였음을 보여줍니다.

예수 또한 마찬가지였습니다. "예수는 배신의 체계를 보편화한다. 그는 유태인의 신을 배신하며, 유태인을 배신하며, 신으로부터 배신당한다(주여, 왜 저를 버리시나이까?). 또 그는 진정한 인간인 유다로부터 배신당한다. 그는 스스로 악을 짊지지만, 그를 죽였던 유태인 역시 스스로 그것을 짊지게 된다. 예수는 신의 아들임을 입증할 기호[징표]를 요구받자 바로 요나의 징표를 내보인다. 카인, 요나, 예수는 세 개의 거대한 선형적 소송(절차)을 이루며, 거기에서는 기호들이 밀려들고 연잇는다. 그밖에 다른 것도 많이 있다. 모든 곳에서 탈주선을 향한 이중적 얼굴 돌리기가 나타난다."(MP, 155; I, 131~32)[9]

---

[9] 그런데 히브리인들에게 신의 말씀은 모든 불복종을 허용하지 않는 편집증적이고 전제적인 기표였고, 신의 얼굴은 그들의 운명을 장악한 의미화의 중심이었다는 점에서 기표적이고 전제적인 체제이기도 합니다. "기독교는, 그 제국적이고 기표적인 결합이란 점에서뿐만 아니라 그 탈-기표적이고 유태적인 주체성이라는 점에서도, 혼성적 기호계의 특별히 중요한 사례다. ……정통이 의미화의 일부듯이, 이단 또한 속임수의 일부다. 그러나 이미 이단 이상인 이단이 있으며, 순수한 배신을 선언하는 이단이 있다."(MP, 157; I, 133)

이런 의미에서 배신 내지 얼굴 돌리기는 주체화 체제의 중요한 특징이라고 할 수 있습니다. "기표의 얼굴과 선지자의 해석에, 또 주체의 치환에 생기를 불어넣는 것은 더 이상 날조와 속임수(tricherie)의 체제가 아니다. 그것은 배신(trahison)의 체제, 보편적 배반의 체제로서, 거기서는 신이 인간을 배신하는 한, 새로운 긍정성을 정의하는 신의 분노 안에서 진정한 인간 역시 끊임없이 신을 배신한다." (MP, 155; I, 131)

요컨대 기표적인 체제가 '속임수의 체제'였다면, 주체화의 체제는 '배신의 체제'였다고 할 수 있습니다. 이런 관점에서 볼 때 오이디푸스 이야기는 근본적으로 상이한 두 부분으로 나누어져 있다고 할 수 있습니다. 아버지를 죽이고 어머니와 결혼할 것이라는 예언이 실현되고 그 자신이 범죄자라는 것이 드러나기까지가 전반부입니다. 신탁 내지 신의 얼굴에서 방사되는 예언과 그 운명을 피하기 위한 노력("왕자를 죽여라!")마저 비웃듯이 속여버리는 운명, 아니 마치 왕자를 죽이려던 시도마저 그런 결과를 위한 절차의 하나로 만들어버리는 신의 속임수, 그것이 오이디푸스의 잘 알려진 비극의 1부를 구성합니다. "전반부 전체는 제국적이고 전제적이며, 편집증적이고 해석적이며 예언적이다."(MP, 156; I, 132)

그러나 그러한 전말이 다 드러난 뒤 오이디푸스는 "빛이여, 더 이상 나로 하여금 너를 보지 못하게 하라"고 하면서 두 눈을 찔러 얼굴을 지우고 딸 안티고네와 함께 방랑을 떠나지요. 마치 저주의 징표를 얼굴에 새긴 카인의 방랑처럼 말입니다. 오이디푸스가 눈을 찔러 얼굴을 지우는 것은 속죄양의 운명을 긍정하는 것이 되고, 부정적인 색깔로 칠해진 탈주선을 기꺼이 타는 것이며, 운명이란 이름으로 자신을 속이고 자신의 부친을 속인 신에게서 얼굴을 돌리는 것입니다. 여기서부터 그 이전의 오이디푸스와는 다른 종류의 이야기가 새로 시작되는 것이지요. 오이디푸스의 이 후반부 이야기는 "오이디푸스의 방황에 관한 것으로, 그 자신의 얼굴과 신의 얼굴로부터 이중적인 얼굴 돌리기(détourment)의 탈주선을 보여준다."(MP, 156; I, 132)

따라서 속임수와 배신은 본질적으로 다른 체제에 속하는 것이며, 이 양자를 혼동해선 안 된다고 해요. 이런 점에서 들뢰즈와 가타리는 보르헤스(J. Borges)가 이 양자를 구별하지 못했다고 비판합니다. 보르헤스의 소설 〈배신자와 영웅에 대한 논고〉(《픽션들》)는 아일랜드의 영웅 컬 패트릭이란 사람에 대한 이야기지요. 봉기를 준비하는 데 무언가 정보가 새고 있다는 징표들이 계속해서 나타납니다. 패트릭은 배신자를 찾아 처단하라고 명령하는데, 나중에 조사한 바에 따르면 패트릭 자신이 바로 그 배신자였다는 것이 드러납니다. 즉 그는 동료를 배신했으며 동시에 동료들을 속인 것입니다. 그러나 이미 이전에 행해진 동료의 배신은 동시에 동료를 속인 것이기도 합니다. 이 경우 배신과 속임수는 구별되지 않습니다. 하지만 이미 아일랜드인의 영웅인 패트릭이 배신자임을 밝힌다면 봉기 내지 독립운동에서 치명적인 동요가 발생하리라는 생각에, 그를 영웅으로 죽게 하는 방식의 처단(적에 의한 암살)을 구상해냅니다. 처형은 그가 사는 도시 전체를 극장으로 하는 하나의 연극으로 진행됩니다. 그것은 지배자들에 대한 배신(봉기)을 위해 자기 스스로를 속이는 거대한 속임수였던 거지요.

편집증적이고 기표적인 체제는 '해석'이나 '주석'의 형태로 다른 기표들을 공급하고 다른 기표들의 원환을 만들어냅니다. 그것이 중앙에 있는 신의 기표, 전제군주의 기표를 벗어나지 않는 한, 그런 기표의 재공급과 증식은 그 체제를 풍부하고 유연하게 해주지요. 따라서 서기나 사제처럼 확실하게 통제 가능한 관료들의 관리가 전제되지만, "거기에는 또한 하나의 영토에서 다른 영토로 진행되는, 기호에서 기호로의 운동이 있으며, 순환하면서 탈영토화의 어떤 속도를 보장하는 기호의 운동이 있다"고 합니다(MP, 158; I, 134). 여기서 대문자로 쓰는 〈책(livre)〉은 탈영토화된 기표들을 자신의 주위에 재영토화하며, 그렇기에 해석의 '다양성'을 배제하지 않습니다. 이는 이 체제가 속임수의 체제고, 그 다양성과 해석이 속임수의 기술이기 때문입니다.

반면 정염적이고 탈기표적인 체제에는 속임수가 없으며, 다만 배신이 있을 뿐입니다. 어떠한 새로운 해석도 배신을 의미하며, 얼굴을 돌리는 것이 될 뿐입니다. 따라서 새로운 해석은 제한되거나 금지됩니다. 〈책〉에는 모든 것이 담겨 있으며, 〈책〉을 사용하는 방법은 그것을 따르고 암송하며 복종하는 것이지, 그것을 '다양화'하는 어떤 새로운 해석의 기표를 제공하는 게 아닙니다.

사람들은 정욕적 체제에서는 책이 내재화되며 모든 것을 내재화한다고 말한다. 즉 그것은 성스러운 것이 새겨진 대문자 〈책(Livre)〉이다. 이것이 얼굴을 대신하며, 자신의 얼굴을 가리운 신은 모세에게 〔자신의 계명이〕 새겨진 돌판을 준다. 신은 나팔과 음성(la Voix)으로 나타난다. 하지만 그 소리는, 마치 책에서 말을 보듯이, 얼굴 없는 것으로 들린다. 책은 정염의 신체가 된다. 마치 얼굴이 기표의 신체가 되었듯이. 이제 가장 탈영토화된 책이 영토와 계보를 고정한다. ……이제 해석은 그 기능이 완전히 달라진다. 그것은 최소한의 변화나 첨가, 논평조차 금지하는 순수한 문자 암송 덕택에 완전히 자취를 감춘다.(MP, 159; I, 134~35)

이미 본 기독교의 경우에 이런 암송과 복종은 오랜 역사를 갖고 있으며, 《쿠란》은 이 방향에서도 가장 멀리 가 있다"고 합니다. 그러나 그것만은 아니며, 그것만을 지적하려는 것도 아닙니다. "바그너(Wagner), 말라르메(Mallarmé), 조이스(Joyce), 맑스 그리고 프로이트는 또다시 성서가 되었다."(MP, 160; I, 135) 음악에서, 문학에서, 정신분석에서, 그리고 혁명운동에서 새로운 주체화의 점을 표시하는, 새로운 탈주선의 시작을 표시하는 저 '징표'들은 또 다른 방식으로 암송되는 경전이 되고 말았다고 저자들은 보는 겁니다. 정염적 망상의 일종인 모노마니처럼, 탈기표적인 주체화의 기호체제에서 '책'은 일신교에서의 그것처럼 오직 하나에 대한 "더없이 기묘한 숭배"를 내포하고 있는 것이라는 거지요. "유일한 책, 완전한 저작, 책에 내재적인 모든 가능한 조합, 책-수목, 책-우주, 다시 말해 아방가르드들에게 더없이 소중한 이 모든 지겨운 상투구들은 책과 외부 간의 모든 관계를 절연해버리는 것으로, 기표의 노래보다도 더 나쁜 것이다."(MP, 160; I, 135)

3. 주체화 체제와 이중체
1) 주체화 체제의 얼굴
탈기표적 체제 내지 주체화 체제가, 탈주선을 그리기 시작하는 주체화의 점에서 시작된다고 했지요. 배신 내지 얼굴 돌리기란 바로 그 점에서 발생하는 일종의 '사건'인 셈입니다. 그렇지만 그렇게 시작된 탈주선 내지 탈영토화의 선은 모든 종류의 지층을 벗어나는 절대적 탈지층화로 나아가기보다는 다른 영토를 찾아 재영토화되게 마련이지요. 즉 여기서의 탈영토화는 상대적 탈영토화에 머물 뿐입니다. 이런 점에서 주체화(subjectivation)는 다시 새로운 신, 새로운 '큰 주체'에 예속되는 '예속화(assujettissement)'로 귀착됩니다. 모세는 이집트의 파라오를 배신하지만 그것은 히브리 신의 '부름(호명)'에 대답하고 그의 신민이 되는 새로운 예속화로 이어졌지요. 주체화는 지층에서 벗어난 어떤 독립적인 '주체'가 되는 것이 아니라, 지층을 달리하면서 주체가 될 뿐이지요.

탈기표적인 주체화 체제가 기표적인 체제와 다른 얼굴을 갖는 것은 이런 이유에서예요. 기표적인 체제는 전제군주의 얼굴, 정면에서 똑바로 나를 쳐다보며 자신의 기표를 방사하는 얼굴을 포함하고 있었습니다. 그걸 보면서 '나'는 '아, 이렇게 하라는 말이구나', '아, 더 이상 게겼다간 사고나겠구나' 등을 판단합니다. 그러나 주체화 체제는 거기서 얼굴을 돌리는 것으로 시작한다고 하지 않았습니까? 따라서 주체화 체제에 고유한 얼굴은 정면에서 보는 얼굴이 아니라 옆으로 돌린 얼굴입니다. 그런데 그것은 배신을 촉발하거나, 아니면 돌린 얼굴을 사로잡는 또 다른 얼굴과 짝이 됩니다. 그 얼굴은 돌린 얼굴을 바라보는 얼굴이기에, 그 역시 돌린 얼굴이 되어야 합니다.

결국 서로 마주보는 한 쌍의 돌린 얼굴이 (예속화로 귀착되는) 주체화 체제의 얼굴이라고 할 수 있지요. "모세야"하고 부르는 신, "예, 여기 있습니다"하고 대답하는 모세, 이 두 개의 옆얼굴이 서로 마주보는 것입니다. 거기서 마주본다는 것은 부르는 주체(대문자 주체)와 대답하는 주체(소문자 주체)가 호응하고 공명하며 서로 하나로 포개진다는 것입니다. 모세는 가서 신의 말을 전하고, 신은 모세의 명령에서 벗어나는 자들을 자신을 저버린 자로 간주합니다. 이처럼 둘이지만 사실은 하나인 주체를 우리는 '분신' 내지 '이중체'(le Double)라고 부를 수 있습니다. 둘이지만 하나인 이런 두 주체가 구성되는 것을 '이중화'라고 합니다.

그런데 이중체가 만들어지는 방식이, 두 주체를 만들어내고 그것을 포개는 점이라는 점에서 동일하다고 해도, 이중화가 발생하는 양상에는 두 가지 상이한 방식이 있습니다. 하나는 독신자적인 의식 안에서 진행되는 방식이고, 다른 하나는 정염적인 커플의 이중체가 작동하는 방식입니다. 데카르트의 코기토가 의식에서 발생하는 독신자적 이중체와 이중화를 보여준다면, 분석가와 피분석자가 존재하는 정신분석이나 트리스탄-이졸데와 같은 정염적 사랑은 커플적인 형태의 이중화를 보여줍니다.

2) 코기토의 의식적 이중체

코기토에 대해서 길게 말할 필요는 없겠지요? "나는 생각한다, 고로 나는 존재한다(Cogito ergo sum)." 근대 철학의 문을 연 데카르트의 유명한 문구지요. 이렇게 하여 시작된 철학의 지반을, '나'라는 주체가 신에게서 독립하여 만들어진 것이란 점에서 '주체철학'이라고도 하지요. 요컨대 코기토는 '나'를 속이려는 신에게서, 신의 기표에게서 얼굴을 돌려 '나' 자신을 사유의 새로운 지반으로 삼았다는 점에서 주체화 체제를 특징짓는 '주체화의 점'이라고 말할 수 있습니다. 데카르트를 속이려는 신과 그에게서 교묘하게 얼굴을 돌리는 교활한 천재(MP, 160; I, 136).

그런데 여기서 이중체 내지 분신이란 대체 무엇일까 하고 의아해하실지도 모르겠습니다. 있는 것은 '나'라는 하나의 주체뿐이기 때문입니다. 맞습니다. 그래서 이것은 배신의 독신자적(獨身者的) 양상을 보여주는 것이라고 할 수 있습니다. 그런데 그 독신자 '나'는 의식 안에서 이중화됩니다. 앞의 문구에서 '나는 생각한다'고 할 때 '나'는 '내가 생각하고 있는 거 맞나?' 하고 의심하기까지 하는 주체고, 그런 의심의 결과를 말하는 언표행위의 주체예요. "나는 내가 하는 모든 생각을 의심해봤다. 그랬더니 그렇게 의심하는 '나'라는 사람이 존재한다는 건 분명하더라" 하고 말하는 겁니다. 결국 의심을 통해서 그렇게 의심을 하는 '나'라는 주체가 존재한다는 것은 분명하고 확실하다고 주장하는 거지요.

그런데 여기서 '존재하는 나'란 단지 생각하는 '나'가 아닙니다. 반대로 생각속에 있는 나고, 그렇기에 생각을 포함해서 다른 많은 활동을 할 수 있는 영혼과 신체를 가진 사람인 '나'지요. 따라서 그것은 생각하는 나와 다른, 영혼과 신체, 감정을 갖고 존재하는 나입니다. 생각한다고 할 때의 '나'가 언표행위의 주체였다면, 존재한다고 할 때의 '나'는, 생각과 의심의 결과 존재한다고 믿어도 좋은 것으로 언표되는(énoncé) 주체, 언표 주체지요.

하지만 데카르트는 그처럼 생각하는 나(언표행위의 주체)와 존재하는 나(언표 주체)를 하나의 동일한 '나'로 만듦으로써, 즉 두 개의 주체, 두 개의 '나'를 하나로 포갬으로써 '나'라는 존재의 확실성을 끄집어냅니다. 이로써 신에게서 얼굴을 돌렸던 탈영토화된 주체(생각하는 나)는 '존재하는 나'라는 언표 주체로 재영토화됩니다. "'나는 생각한다'는 언표행위의 주체로서, 그 고유한 용법을 반추하고 방법적 회의로 대표되는 탈영토화의 선을 따라서만 사고한다. 언표 주체는 영혼과 육체 내지 감정의 통일로서, 코기토에 의해 복합적인 측면을 보존하고 필요한 재영토화를 수행한다."(MP, 160; I, 135~36) 이처럼 데카르트는 '나'라는 주체를, 생각하는 나와 존재하는 나, 언표행위의 주체와 언표 주체로 이중화하고는, 그 양자를 동일시하는 방식으로 포갬으로써 이중화된 주체(이중체)를 만들어내고 있는 겁니다.

그런데 데카르트가 확실한 출발점이 된다고 확신했던 이 의식적 이중체인 주체는 끊임없는 '소송'에 휘말리게 됩니다. 그것이 과연 확실한가, 그것이 과연 동일성을 갖는가, '나'는 과연 내가 하는 사유와 '명료하고 뚜렷하게' 구별될 수 있는가 등등의 의문과 논란이 벌어지게 되지요. 확실해야 하는 나, 나의 의식인 나, 내가 갖고 있는 생각으로서의 나가 확실한 나(생각하는 나)를 끊임없이 배신하기 때문입니다. 그 결과 데카르트는 코기토의 주체를 철학의 확고한 출발점으로 삼고자 했지만, 사실은 그것이 확실하다는 것을 증명하려는, 혹은 부정하려는 과정이 이후 20세기까지 이어지게 되지요. "코기토는 언제나 과정/소송으로서 다시 시작하고, 거기에는 배신의 가능성이 언제나 따라다닌다."(MP, 160; I, 136)

그런데 언표행위의 주체와 언표 주체를 포개는 일은 단지 코기토를 사유하는 철학자의 의식 속에서만 발생하는 것은 아닙니다. "남자라면 작은 일에 눈물을 흘려선 안 된다" 같은 언표를 접하면서 우리는 어느새 의식 안에서 두 개의 주체가 포개지는 경험을 하게 됩니다. '남자'라는 말은 이 문장의 언표 주체(주어)지요. 그런데 그 말을 들으면서 나는 생각합니다. '맞아, 나는 남자인데, 이런 일로 울어선 안 되지.' 의식 안에서 행해지는 이 언표행위의 주체는 그 말을 듣는 '나'입니다. 이런 생각을 하면서 나는 '남자=나'라는 등식에 이끌려 위의 문장의 주어에 나를 일치시키고, 그것을 통해 그 문장을 나에 관한 얘기로, 내가 의당 해야 할 바라고 생각합니다. 이로써 언표행위의 주체인 '나'는 언표 주체인 '남자'와 포개지게 되고, 그것을 통해 그 언표에서 요구하는 '주체'가 되며, 그런 방식으로 그 언표에 예속화되는 겁니다. 역으로 언표 주체(남자)는 일대일 대응관계 속에서 언표행위의 주체의 보증자 역할을 합니다. 이런 식으로 두 개의 주체를 포개는 의식적 이중화 과정은 "정신적 현실을 지배적 현실과 포개는"(MP, 162; I, 137) 기능을 합니다.

    다음과 같은 저자들의 말은 이러한 과정을 잘 설명하고 있습니다. "한 개인에게 부과되는 다양한 교육 형태나 '규범화(normalisation)' 형태는 그로 하여금 주체화의 점을 변경하도록 하며, 이 점은 언제나 좀더 고상하고 고귀하며, 상정된 이상에 좀더 적합한 것이 된다. 그리하여 이 주체화의 점에서, 이 점에 의해 규정된 정신적 현실의 기능으로서 언표행위의 주체[그 말을 듣고 생각하는 나]가 발원한다. 그리고 언표행위의 주체로부터 이번에는 언표 주체['남자']가, 다시 말해 지배적인 현실……에 부합하는 언표 안에 포착된 주체['남자'로서의 나]가 발원한다."(MP, 162; I, 137) 이처럼 주체화 체제에서 "중요한 것은 탈-기표적인 정염적 선을 주체화 내지 예속화의 선으로 만드는 것이며, 두 주체의 구성 내지 이중화고, 하나를 다른 하나로, 언표행위의 주체를 언표 주체와 포개는 것"(MP,

162; I, 137)이라고 합니다.

두 개의 주체를 포개는 이런 코기토 식의 의식적 이중체는 어떤 지배적인 질서가 요구하는 규범이나 규칙에 나 자신을 동일시하는 메커니즘을 형성합니다. 내가 남자인 한, 저 문장이 언표하는 사실을 수긍하고 받아들이게 됩니다. 그것도 누구의 강요에 의해서가 아니라 나 스스로 옳다고 생각해서 선택한 결과로 말입니다. 이는 법적인 규칙 전반에 대한 '나'의 복종에서도 마찬가지로 확인됩니다. 특히 근대적 법들은 원리상 모두 '내'가 입법자로서 제정한 것이라고 함으로써, 그에 따르는 것은 바로 나 자신이 입법한 것을 스스로 따르는 것이 됩니다. 입법자-노예라는 역설, 혹은 "순수한 '이성', 코기토라는 새로운 노예제도가 발명된 것이다."(MP, 162; I, 137)

3) 커플의 정염적 이중체

코기토의 '나'와 달리 커플은 두 명의 주체로 구성됩니다. 트리스탄과 이졸데, 정신분석가와 환자 등이 그렇습니다. 여기서 두 개의 주체는 하나의 주체를 이중화한 것이 아니라 마주보는 두 명의 주체고, 정염에 의해 서로에게 끌려가면서 결합되고 포개지는 이중체입니다. 앞서의 경우 '나'와 다른 '나'가 포개지고 동일화되는 방식으로 이중화되었다면, 여기서는 남자와 여자, 의사와 환자처럼 상이한 주체가 공명하여 서로에게 이끌리고 빠져드는 방식으로 동일화가 발생한다고 할 수 있겠지요. 이런 점에서 "이중화된 의식에는 독신자적 측면이 있고, 의식이나 이성이 더 이상 필요없는 정염적 사랑에는 커플이 있다"고 하지요(MP, 164; I, 139).

따라서 이 경우 주체화의 점은 하나가 먼저 얼굴을 돌리고, 나중에 다른 하나가 그것을 호명하는 식으로 정의된다기보다는, 차라리 커플의 이름을 부르고 그에 응답하는 식으로 정의된다고 보아야 합니다. 트리스탄은 처음부터 이졸데에게 빠져버렸지만, 사랑의 형식으로 진행되는 커플의 이중체가 구성되는 것은 그가 자신의 주군을 배신하여 이졸데의 이름을 부를 때고 그의 부름에 이졸데가 화답할 때지요. 그리고 무의식에서 발생하는 이중체처럼 사랑의 이중체 역시 의식이 아니라 정염에 의해 이끌립니다.

모르시는 분도 있을 테니, 트리스탄과 이졸데의 이야기를 잠시 할까요? 콘월의 왕 마크의 조카 트리스탄은 용을 퇴치하는 모험을 끝내고 돌아오던 중 이졸데의 어머니가 자기 딸과 마크 왕을 위해 마련해놓은 사랑의 묘약을 이졸데와 함께 먹게 됩니다. 그 약은 그것을 먹은 후 처음 본 사람을 사랑하게 만드는 약이었습니다. 이렇게 트리스탄과 이졸데의 비극적 사랑이 시작됩니다. 트리스탄은 왕비가 될 사람에게 이끌리는 자신을 억누르려 합니다. 그러나 사랑의 정염 앞에서 의식이 얼마나 무력한지는 동서고금의 숱한 문학작품이 충분히 보여준 바 있지요. 데카르트의 배신이 의식의 코기토에 의한 것이었고, 언표행위의 주체와 언표 주체를 포개는 이중화가 의식 안에서 진행된다면, 사랑은 정염을 통해 서로를 분신(이중체)으로 만들지요. 정염과 의식을 대비할 수 있다면 이런 의미에서일 겁니다.

결국 트리스탄을 부르는 이졸데의 목소리에 트리스탄이 끌려가고, 그 다음엔 다시 트리스탄이 이졸데를 부르며 서로 검은 구멍과 같은 운명을 향해, 죽음을 향해 끌려갑니다. "'트리스탄……이졸데……이졸데……트리스탄…….' 이처럼 두 주체의 외침은 질식

할 것 같은 의식의 정상에 이를 때까지 강밀도의 모든 사다리를 타고 오른다. 반면 배는 물과 죽음과 무의식과 배신의 선을, 연속되는 선율의 선을 따라간다. 코기토가 그 자신에게만 몰두하는 정염이듯, 정염적 사랑은 두 사람의 코기토다."(MP, 164; I, 139)

정신분석가와 환자 간의 이중화 역시 정염적인 커플을 구성하는 방식으로 진행되지요. "정신분석가는 자신을 관념적인 주체화의 점으로 나타내며, 이는 환자들로 하여금 이른바 신경증적인 낡은 점들을 포기하도록 할 것이다."(MP, 163; I, 138) 분석이 시작되면 특정한 인위적인 조건 아래서 환자는 정신분석가에게 자신의 과거와 꿈 등 연상되는 모든 것을 말해야 합니다. 부분적으로 언표행위의 주체가 되는 것이지요. 그렇지만 그는 그렇게 말함으로써 정신분석가에 의해 분석되는 대상이 되지요. 거기서 그는 정신분석가에 의해 언표되는 주체, 언표 주체가 됩니다.

그러나 사실 이러한 '연상'은 정신분석가가 요구하는 것, 그가 말하길 바라는 것에 따라 연상내용을 찾아내야 하는데, 여기서 '전이(transfer)'라는 현상이 발생하지요. 환자가 의사와 동일시하거나 의사에게 자기 감정을 투사하는 방식으로 두 사람이 포개지는 일이 발생합니다. 일종의 커플링인 셈이지요. 이로써 언표행위의 주체와 언표 주체의 전이가 발생하고, 결국은 의사를 대신해서 환자가 자기 자신에 대해 해석하고 그에 필요한 것을 연상하게 됩니다. 늑대인간의 경우처럼 부모가 섹스하는 이른바 '원풍경(Urszene)'을 연상해내기도 하지만, 그 연상이 사실인지, 정신분석가의 욕망에 자신이 동일화되어 '찾아낸' 환상인지는 확인할 수 없습니다.

결국 정염적 이중화란 상이한 두 명의 주체가 공명하여 서로에게 이끌리며 하나의 이중체로, 분신으로 되는 것입니다. 트리스탄(S_1)과 이졸데(S_2), 정신분석가(S_1)와 환자(S_2)가 동일시되는 과정입니다(언표행위의 주체를 대문자 S로 표시하고, 언표 주체를 소문자 s로 표시합니다). 이를 '$S_1=S_2$'라고 표시할 수 있겠지요. 물론 "트리스탄"을 부르는 이졸데의 언표에 트리스탄이 포개지는 과정이 뒤에 다시 발생하며, 정신분석가가 말하는 '당신'이란 말에 환자가 포개지는 일이 동시에 발생하기에, $S_1=s_1$나 $S_2=s_2$가 앞서의 포개짐에 연이어 표시될 수 있습니다. 반면 앞서 코기토의 의식적 이중체는 하나의 주체가 의식 안에서 두 개의 주체로, S_1과 s_1으로 분열된 뒤 다시 언표행위의 주체(S_1)와 언표 주체(s_1)가 포개지고 동일시되는 과정이라고 할 수 있습니다. 이는 '$S_1=s_1$'이라고 표시할 수 있겠지요.

예속화를 내포하는 주체화란 결국 이 두 가지 방식으로 이중체가 형성되고 포개지는 과정이라고 할 수 있습니다. 저자들은 언표행위의 주체(S_1)와 언표 주체(s_1)가 포개지는 것을 주체화의 결합적인 축(syntagme)이라고 하고, 두 주체(S_1과 S_2 혹은 s_1과 s_2)가 이중체를 이루는 것을 주체화의 계열적인 축(paradigme)이라고 봅니다.

> 주체화의 선은 이중체/분신에 의해 완전히 점유되어 있지만, 두 종류의 이중체가 있듯이, 주체화의 선 역시 두 개의 형상을 갖는다. 의식의 결합축적 형상, 혹은 형식에 관한 의식적인 이중체(나=나; Moi=Moi)와 커플의 계열축적 형상, 혹은 실체에 관한 정염적인 이중체(남성=여성, 직접적인 성차[性差]인 이중체)가 그것이다.(MP, 164~65; I, 139)

정염적 이중화가 의식과 언표를 수반할 때, 그럼으로써 이중으로 이중화될 때, 이 두 차원의 이중화는 하나로 결합되어 작동하게 됩니다. 다시 트리스탄과 이졸데 이야기로 돌아가 볼까요? 많은 이본이 있지만, 사형선고를 받은 트리스탄은 기적적으로 탈출하여 나병환자의 무리 속에 있던 이졸데를 구하여 도망칩니다. 숲에서 살던 그들은 나중에 마크 왕과 만나 결국 화해를 하고, 트리스탄은 이졸데를 왕에게 넘겨주고 그 나라를 떠나 브르타뉴로 가지요. 거기서 그는 브르타뉴의 공주인 '흰 손의 이졸데'와 결혼합니다. 물론 미모도 아름다웠지만, 무엇보다 이졸데와 이름이 같다는 이유에서였습니다. 상이한 두 여인이 이름(언표)이 같다는 이유로 동일시되고, 거기서 사랑의 정염은 의식상의 대체물을 발견한 겁니다.

그러나 둘 사이에 정염적인 간극이 있기에 의식의 차원에서 이루어진 이 이중화는 실패할 운명을 이미 포함하고 있다고 하겠지요. 나중에 치명상을 입고 누운 트리스탄은 연인 이졸데에게 치유를 부탁합니다. 배에 달고 오라는 흰 돛은 치유라는 말로 치환된 사랑의 언표고, 검은 돛은 다시 마음을 얻을 수 없음을 뜻하는 죽음의 언표였습니다. 트리스탄은 사랑의 언표를 던져 이졸데를 부르고, 이졸데는 이에 공명하여 그가 발화한 언표 주체와 자신을 포개지요. 그러나 이 비밀을 안 아내 '흰 손의 이졸데'가 그것을 검은 돛으로 읽어줌으로써 공명의 언표를 제거해, 이로써 새로운 이중화는 실패하고, 절망한 트리스탄은 죽고 말지요. 물론 이졸데도 마찬가지로 죽습니다. 여기서 살아서 실패한 커플의 이중화는 이처럼 죽음을 통해 진행됩니다. 커플의 이중체는 결국 이렇게 죽음으로 이어지는 검은 구멍으로 끌려들어가고 맙니다. 커플의 검은 구멍.

〈그림 5.2〉

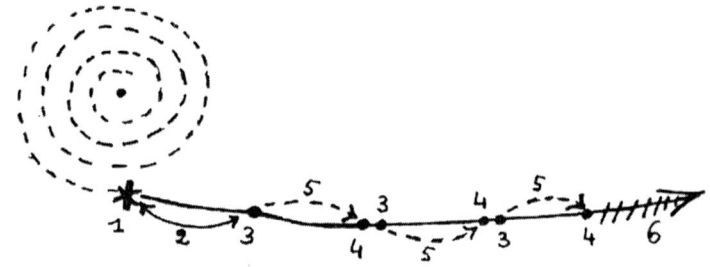

1. 의미화의 중심을 대체하는 주체화의 점.
2. 서로 돌리는 두 얼굴.
3. 얼굴을 돌리는 주체화의 점에서 기인하는 언표행위의 주체.
4. 언표 주체로서, 이 위로 언표행위의 주체가 포개진다.
5. 유한한 선형적 과정의 계속으로, 새로운 사제와 새로운 관료의 형태를 갖는다.
6. 해방되었으나 여전히 선분적인, 부정적이고 가로막힌 채 남아 있는 탈주선.

여기서 잠시 탈기표적인 주체화의 체제를 앞서의 기표적인 의미화 체제와 비교해서 도식으로 표시하면 위와 같습니다.

여기서 (1)은 의미화의 중심을 대체하는 주체화의 점입니다. 이는 모세가 탈주선을 타기 시작하는 지점이고, 트리스탄이 사랑의 정염에 이끌려 마크 왕에게서 벗어나기 시작하는 지점입니다. 배신의 점이지요. 하지만 이 도식에서는 (1)과 (3)의 두 점 사이에 얼굴을 돌리는 것을 표시하고 있습니다(2). 트리스탄은 마크 왕에게서 얼굴을 돌리고, 마크 왕 또한 트리스탄에게서 얼굴을 돌렸지요. (3)과 (4)는 각각 언표행위의 주체와 언표 주체예요. 모세가 "모세야" 하는 부름에 대답하고, 트리스탄은 그를 부르는 이졸데의 언표에 자신을 포개지요. 물론 이 언표행위의 주체와 언표 주체의 쌍은 난관을 사이에 두고 다시 부르고 대답하기도 하지요. 혹은 다른 커플로 치환될 수도 있습니다. (5)는 부르고 대답하며 포개지는 이런 과정의 선형적인 반복을 표시하고 있습니다. 물론 여기서는 새로운 중심이 된 주체가 하나의 중심이 되면서 새로운 사제와 새로운 관료를 가질 수 있습니다. (6)은 이 과정 전체를 이끄는 탈주선인데, 가령 호명에 대답하지 않거나 신의 계율을 어기는 방식으로 얼굴을 돌리는, 새로운 주체화의 지대들이지요. 그렇지만 그것은 호명하는 신이 그러하듯이, 언제나 죄와 저주의 형태로 금지되고 가로막힌 부정적인 양상을 취하고 있습니다.

4) 두 가지 잉여성

지금까지 우리는 의식과 사랑이라는 두 형태의 주체화 체제를 구별하였습니다. 의식적 이중체를 통해서든 사랑의 이중체를 통해서든, 주체화 체제는 특정한 잉여성을 갖고 있습니다. 그것은 '주관적 공명'으로서, 의미화하는 기표적 체제의 잉여성인 '객관적 주파수'와는 다른 종류의 잉여성입니다.

먼저 "기표적 체제에서 잉여성은 기호나 기호의 요소들……에 영향을 미치는(affectant) 객관적인 주파수(fréquence) 현상이다. 각각의 기호와 관련된 기표의 최대주파수가 있으며, 동시에 다른 기호와 관련된 기호의 비교주파수가 있다. 어떤 경우든 우리가 말할 수 있는 것은 이러한 체제가 일종의 '벽'을 발전시킨다는 것이고, 이 벽 위에는, 기표와의 관계에서만큼이나 기호들의 상호관계 속에서 기호들이 새겨진다는 것이다."(MP, 166; I, 140)

fréquence는 '빈도'라는 의미도 갖지만, 저자들이 말하는 '일반화된 반음계주의'에 따르면 음고와 음색, 볼륨, 톤 등으로 나타나는 음향학적 주파수 현상을 지칭하는 것으로 보는 것이 적절합니다. 기호의 잉여성이란 다양한 명령어를 전달하는 음향학적 특성을 통해 이루어지기 때문이지요. 또한 이와 다른 방식으로 짝을 이루어 사용되는 '공명(résonance)'이란 개념 역시 음향학적 개념을 변형시켜 사용하는 것임을 안다면, 굳이 '주파수'라고 번역해야 하는 이유를 이해할 수 있을 겁니다.[10]

앞서 명령어란 '죽음'의 선고/문장이라고 말했지만, 동일한 기표로 발화하는 경우에도 "이렇게 하지 않으면 죽어!"라는 명령어를 가장 강조할 때 큰 소리, 강밀한 소리로 말하게 마련이지요. 다급해서 설득하거나 설명할 시간이 없을 때, 혹은 정말 생사를 다투는 사건이 결부되었을 때, 우리는 소리를 지릅니다. '비명'이나 '절규'가 그것이지요. 이는 주파수로 표시할 경우 가장 높은 값을 갖습니다(음고가 높을수록 주파수는 커집니다). 이것을 저자들은 '각각의 기호와 관련된 최대주파수'라고 말합니다.

여러분도 잘 아시는 뭉크(E. Munk)의 그림 〈절규〉는, 보는 것만으로도 충분히 그 소리를 들을 수 있을 정도의 높은 주파수를 사용하고 있다고 할 수 있습니다. 이는 다른 식으로 말하면 최대주파수에 상응하는 '얼굴'을 보여주는 것인데, 더불어 정면에서 묘사한 '얼굴'이 기표를 방사하고 있다는 것을 보여주는 사례라고도 할 수 있습니다.

---

(10) 예를 들어 'fréquence de signe'를 '기호의 빈도'라고 번역하면 마치 그 기호의 사용빈도를 지칭하는 것처럼 읽힙니다. 그러나 여기서 그 말은 그 기호의 음고와 음색 등을 표시하는 '주파수'란 뜻입니다.

〈그림 5.3〉 뭉크, 〈절규〉

하지만 통상적인 기호의 사용은 상이한 주파수들의 변조를 통해 이루어지지요. 강조할 것은 높은 주파수로, 덜 중요한 것은 낮은 주파수로, 급한 것은 높은 주파수로, 그렇지 않은 것은 낮은 주파수로 등등 말입니다. '다른 기호와 관련된 비교주파수'란 이를 지칭하는 것이지요. 높은 주파수의 소리와 대비되는 낮은 주파수의 소리는 높은 주파수의 소리가 부각되고 의미화되기 위한 '배경'이 됩니다. 그래서 무언가를 강조하려면 그 주변의 기호들을 '배경'으로 만들기 위해 약화시켜야 합니다. 모든 기호를 강조하면 정작 중요한 것을 강조할 수 없게 되기 때문이지요. 이처럼 다른 기호들과의 관계에서 '배경'으로 작용하는 것들(여기에는 다른 기호, 침묵, 휴지나 끊기 등 다양한 요소가 사용되지요)의 주파수를 최소화했을 때 이는 이제 기호가 새겨지는 '벽' 내지 '흰 벽'이 됩니다.

이는 그림에서도 비슷해서, 전면에 부각되는 정면의 얼굴을 강조하기 위해서 배경을 이루는 요소들을 약하게(작게, 흐리게 등) 그리지요. 뭉크는 〈절규〉에서 절규하는 얼굴을 최대주파수로 끌어올리기 위해 주변의 요소들을 '흰 벽'으로 만들고 있지요. 그렇지만 의미화 체제에서 요구하는 흰 벽을 특별히 발전시켰던 이들은 바로크의 화가들입니다. 특히 "손으로 만질 수 있을 듯한 어둠"으로 중심 인물의 신체나 얼굴 주변을 에워쌈으로써 그 모두를 흰 벽으로 만들어버렸던 렘브란트는 흰 벽을 만드는 극한적인 방식을 실험했던 인물이라고 할 수 있습니다. 더욱이 그는 그러한 흰 벽을 짙은 어둠으로 채색함으로써 흰 벽을 색깔에서 탈영토화하여 색깔과 무관한 일반성을 갖도록 만들었지요.(〈그림 5.4〉)

이는 물론 렘브란트뿐만 아니라 루벤스나 벨라스케스, 라 투르 등과 같은 대부분의 바로크 화가들이 공유하고 있었던 것입니다. 〈그림 5.5〉는 후기 르네상스의 화가였던 라파엘로의 유명한 〈성모자상〉이고, 〈그림 5.6〉은 바로크 시대 스페인 화가였던 무리요(B. Murillo)의 〈성모자상〉입니다. 둘 다 아이를 안고 있는 성모를 부각시키기 위해, 그 얼굴을 기표화하기 위해 주변을 배경으로 만들고

〈그림 5.4〉 렘브란트, 〈마르가레타 드 게르〉, 1661년경.

〈그림 5.5〉 라파엘로, 〈성모자상〉

있습니다만, 특히 무리요의 경우에는 주변을 모두 어둠 속에 묻어버림으로써 '흰 벽'으로 만들었고, 이로써 성모의 얼굴을 좀더 강하게 부각시킬 수 있었습니다.

반면 주체화 체제에서 잉여성은 주관적 공명이라고 했지요? "거기서 우리는 또 자기의식(Moi=Moi)에 대한 최대공명과, 이름들(트리스탄……이졸데……)에 대한 비교공명을 구분할 것이다. 하지만 이번에는 주파수가 기재되는 벽은 더 이상 존재하지 않으며, 의식과

⟨그림 5.6⟩ 무리요, ⟨성모자상⟩

정염을 끌어당기며 그것들을 공명시키는 검은 구멍(trou noir)이 존재한다. 트리스탄은 이졸데를 부르고 이졸데는 트리스탄을 부르며, 둘 다 그들을 죽음으로 싣고 가는 물결을 따라 자기의식의 검은 구멍을 향해간다."(MP, 166; I, 140)

이렇게 말하는 이유를 이해하긴 어렵지 않을 겁니다. 공명의 최대값은 두 개의 주체가 완전하게 일치하는 것이지요. 하지만 이는 코기토 같은 의식적 이중체에서만 가능합니다. 아무리 트리스탄과 이졸데처럼 병적인 정염으로 사랑하는 사이라고 해도 그 사이에는 채울 수 없는 간극이 있습니다. 남성과 여성, 주군의 왕비와 그 신하 등과 같은 간극뿐만 아니라 상이한 개체 사이의 간극도 있지요. "정염적 사랑의 이중체, 사랑-정욕의 커플은 부부관계 내지 '부부싸움'으로 추락한다. 즉 누가 언표행위의 주체이고, 누가 언표 주체인가를 둘러싼 싸움이, 성 간의 투쟁이 있다. 너는 내게서 내 사고를 훔치고 있어. 부부싸움은 언제나 두 사람의 코기토고, 전쟁의 코기토다."(MP, 165; I, 139)

따라서 코기토의 의식적 이중체에서 언표행위의 주체인 나와 언표 주체인 나가 일치하는 경우는 공명의 최대치라고 할 수 있지요. 상이한 이름을 갖는 커플 간에는 이름의 차이, 신체의 차이에 상응하는 간극을 두고 만들어지는 비교공명이 있습니다. 앞서 트리스탄이 '흰 손의 이졸데'라는 이름의 동일성에 이끌려 결혼하게 되었을 때, 그것은 분명 하나의 공명이라고 할 수 있지만, 죽음을 앞두고 이졸데라는 인물을 떠올리게 되자마자 그 힘을 상실합니다. 공명의 정도에 큰 차이가 있었던 거지요. 이로 인해 흰 손의 이졸데는 자신과 남편 사이에 있는 간극을 알게 되고, 이는 트리스탄에 대한 공명을 낮춥니다. 비교공명이란 이런 간극과 차이를 두고 만들어지는 공명이지요.

한편 기표적인 체제와 달리 이 주체화 체제에는 주파수가 기재되는 벽이 없습니다. 왜냐하면 그것은 다양한 기표들을 향해 방사되는 중심의 기표나 다양한 의식들을 동일화하는 의식이 아니라 오직 코기토적인 이중체 안에서 진행되는 독신자의 '자기의식'일 뿐이거나, 서로 마주보며 공명하는 커플의 코기토일 뿐이기 때문입니다.

정면으로 그려진 얼굴은 그걸 보는 우리를 보며 무언가를 말하지만, 서로 마주보고 있는 이중체 간에는 다만 분신 간의 끌어당김과 끌려감만이 있을 뿐이기 때문입니다. 따라서 거기에는 기표가 기록되는 흰 벽 대신에 의식과 정염을 끌어당기며 그것을 공명시키는 '검은 구멍'이 존재할 뿐입니다. "이런 공명의 잉여성 안에서 의식의 절대성은" 정염의 이끌림에 대해 무력하다는 점에서 "무능력의 절대성이고, 정염의 강밀도는" 눈이 먼 채 이중체에 공명하며 급기야 검은 구멍으로 끌려간다는 점에서 "텅 빈 열기다"(MP, 167; I, 141)라고 말하는 것은 이런 맥락에서지요.

이처럼 기표적 체제는 주파수를 잉여성으로 하며, 탈기표적 체제는 공명을 잉여성으로 한다는 점에서 다시 명확하게 구별됩니다. 여기서 공명에 대해 파생적인 지위를 부여하거나 하는 식으로 하나를 다른 하나에, 즉 탈기표적-주체적 체제를 기표적 체제에 종속시키거나 그 일부로 만들어버리는 것은 잘못이라고 할 수 있겠지요. 또한 전기표적 기호체제나 반기표적 기호체제에 대해서도 다른 잉여성을 정의할 수 있다고 덧붙입니다. 가령 리드미컬한 것 내지 제스처적인 것이 전기표적 기호계의 잉여성을 정의한다면, 번호적인 것이 반기표적 기호계의 잉여성을 정의한다는 것입니다(MP, 166~67; I, 141).

5) 탈지층화의 선

마지막으로, 기표적인 체제와 주체적 체제를 구별하는 데서 잉여성만큼이나 중요한 것이 바로 탈영토화라고 합니다. "기표적 기호는 기호로 소급될 뿐이기에, 기호들의 집합은 기표 그 자체로 소급될 뿐이기에, 그에 상응하는 기호계는 탈영토화의 높은 수준은 누리지만, 그것은 주파수로 표시되는 여전히 상대적인 탈영토화다. 이러한 체계에서 탈주선은 부정적인 것으로 머물러 있으며, 부정적인 기호를 할당받는다. 우리는 주체적 체제가 이와는 전혀 다르게 진행된다는 것을 이미 보았다. 이는 바로 기호가 의미화와의 관계를 끊고 긍정적 탈주의 선을 따라 풀려가기 때문이며, 여기서 기호는 절대적 탈영토화에 도달하는데, 이는 의식과 정염의 검은 구멍 안에 표현된다. 코기토의 절대적 탈영토화."(MP, 166~67; I, 141)

그러나 주체화 체제가 긍정적 탈주선을 그리며 탈영토화를 절대적인 것으로 가져간다고 해서, 그것이 모든 지층에서 탈주하는 탈지층화의 절대적 탈영토화를 뜻하는 것이라고는 할 수 없습니다. 언표행위의 주체는 언표 주체 위로 포개지며 재영토화되거나, 불리는 주체는 부르는 주체에게 재영토화되기 때문이고, 정염적 탈영토화가 그리는 사랑의 긍정적 탈주선은 절대적 탈영토화의 선을 그리면서도 결국은 죽음과도 같은 검은 구멍으로 이어지기 때문이지요.

주체화는, 다른 하나의 과정이 다시 시작하기 전에 이미 하나의 과정이 끝나버리는 식의, 본질적으로 완료된 선형적 과정을 이룬다. 이처럼 코기토는 항상 다시 시작하고, 정염과 요구(revendication)도 언제나 다시 반복된다. 검은 구멍에 이끌려 각각의 의식은 자신에 고유한 죽음을 추구하고, 각각의 사랑-정욕은 자신의 고유한 목적을 추구하며, 모든 검은 구멍이 함께 공명한다. 거기서 주체화는 탈주선에 끊임없이 그것을 재부정하는 선분성을 부과하며, 끊임없이 차단하고 방향을 돌리게 하는 폐지(abolition)의 점을 절대적 탈영토화에 부과한다.(MP, 166~67; I, 141)

그 이유는 주체화 또한 지층 안에 있고, 다른 지층을 형성하며, 그 자체가 의미화만큼이나 지층적이기 때문입니다. 주체화되는 것들은 다시 지층 안으로 끌려들어가거나 스스로 다른 종류의 지층을 만들고, 주체화의 점은 예속화의 점으로 전환됩니다. 그것이 호명하는 주체의 새로운 기표든, 아니면 빠져나올 수 없는 인력으로 서로를 당기는 커플의 검은 구멍이든, 아니면 독신적인 상황을 통해 스스로 절대화되는 자기의식의 내부에서든 말입니다.

따라서 기표화하는 의미화 체제는 나쁘고, 탈기표화하는 주체화 체제는 좋은 것이라고 생각한다면 이는 명백한 오해거나 착각입니다. 다른 모든 것에서 탈영토화되어 둘만의 세계로 함몰되어가는 커플의 검은 구멍은 오히려 더욱 위험하고, 심지어 더 나쁜 것일 수도 있습니다. 주체화 체제에서 탈영토화의 양상이 의미화 체제와는 달리 긍정적이고 절대적이라고 하더라도, 그것이 거꾸로 커플의 자폐증이라는 커플의 검은 구멍을 만들 위험이 있고, 그런 식으로 탈주선이 죽음의 선을 그리게 될 위험이 있기 때문입니다.

의식이 '나는 나야'라는 자기동일성의 확신에서 벗어나지 못할 때, 그리하여 "나는 생각한다, 고로 나는 존재한다"라는 자기확신을 벗어나지 못할 때, 우리는 자기만의 세계에 갇혀버리고 맙니다. 이로써 독신자-기계는 자폐증-기계가 되고 말지요. 반면 '나'라고 하는 존재는 내가 만나는 다양한 외부에 따라, '내'가 기대고 있는 연기적(緣起的, dependent) 조건들에 따라 얼마든지 달라진다는 것을 알고 실행할 수 있을 때, '나'라는 주체화의 점에서 시작한 탈주선은 모든 세계를 향해 확장되며, 모든 세계를 담을 수 있는 것이 됩니다. 혹은 '나'를 정해진 언표 주체와 포개기보다는 차라리 부재하는 언표 주체를 창안하는 것, 그리하여 부재하는 언표 주체로서 '나'의 잠재성 전체를 향해 스스로를 개방하는 것, 결국은 '나'라고 말할 것도 없는 잠재성의 장 전체가 되는 것('만인-되기'), 아마도 이것이 주체화 체제에서 탈주선이 절대적 긍정성을 획득하는 지점일 겁니다. 무아(無我)!

    정염도 마찬가지죠. 커플만을 바라보며 오직 자신의 커플에 사로잡힌 정염, 그런 만큼 그 커플을 사로잡고 잡아당기는 정염, 그것은 탈주선을 커플 안에 가두는 것이고, 빠져나갈 수 없는 구멍을 파는 것입니다. 그렇다고 커플인 상대방을 그때그때 바꾸어가는 것이 타개책은 아닙니다. 그것은 정염의 검은 구멍에서 빠져나왔다가 다시 새로운 검은 구멍에 빠지기를 반복하는 선형적 과정에 지나지 않습니다. 카프카 식으로 말하면, '외관상의 무죄방면'[11] 같은 거지요. 무죄방면되지만 다시 체포되고, 재판을 거쳐 다시 방면되었다가 다시 또 체포되고 하는 과정 말입니다. 예? 한꺼번에 여러 사람을 사랑하는 것이요? 글쎄요, 과연 정염적인 사랑이 그럴 수 있을까요? 대개 여러 사람을 사랑하는 것은 계산에 의한 것이거나, 아니면 상대방을 쾌락의 수단으로 생각하는 가벼운 의식에 기인하지 않나요? 탈주선을 그리는 정염적 사랑은 그런 식으로 일어나지 않습니다. 트리스탄의 경우를 보십시오. 그래서 저자들은 주체화의 선은 선형적이라고 말하지요. 이것에서 저것으로 상대방을 대체할 순 있겠지만, 동시에 여럿일 순 없는 것이란 의미에서 말입니다. 혹시 모르지요.

---

[11] 카프카, 박환덕 역, 《심판(*Der Prozeß*)》, 범우사, 1998, 182~86쪽.

만약 그럴 수 있다면, 그건 어쩌면 여러 개의 검은 구멍에 자신의 신체를 맡기는 것 같은 거 아닐까요? 죽음의 선으로 귀착되는 구멍의 수를 늘린다고 문제가 해결된다면 얼마나 좋겠습니까?

저자들이 슬로건처럼 들고 외치는 저 소리는 바로 이런 맥락에서 이해될 수 있지 않을까요? "의식을 삶의 실험으로 만들고, 정염을 연속적 강밀도의 장으로, 기호-입자의 방사로 만들자. 의식과 사랑을 기관 없는 신체로 만들자. 주체화를 폐기하기 위해 의식과 사랑을 이용하자. ……동물-되기를 위하여 '나는 생각한다'를 이용하고, 남성의 여성되기를 위해 사랑을 이용하자. 의식과 사랑을 탈주체화하자."(MP, 167~68; I, 141~42)

요컨대 중요한 것은 탈영토화의 선을 탈지층화로, 모든 지층을 넘나드는 추상적 다이어그램으로 변환하는 것입니다. "이 모든 지층의 집합을 우리는 일관성의 구도와 추상기계로부터 분리한다. 그 일관성의 구도와 추상기계에는 어떤 기호체제도 없으며, 거기서 탈주선은 자신의 잠재적 긍정성을 실행하고, 탈영토화는 절대적 능력(puissance)을 실행한다. 그런데 이러한 관점에서 볼 때 문제는 가장 유리한(favorable) 배치를 뒤엎는 것이다. 즉 지층들을 향해 돌려진 얼굴로부터 일관성의 구도 내지 기관 없는 신체를 향해 돌려진 다른 얼굴로 이행하도록 하는 것이다."(MP, 167; I, 141) 이는 의미화 체제에 속하는 상대적 탈영토화와도 다르고, 주체화 체제에 속하는 절대적이지만 부정적이고 지층적인 탈영토화와도 다릅니다. 이를 저자들은 "일관성의 구도 내지 기관 없는 신체 상의 긍정적이고 절대적인 탈영토화의 가능성"이라고 말합니다(MP, 168; I, 142).

아마도 스피노자를 좋아하는 사람이라면 여기서 '신의 사랑

(Amor Dei)'이란 개념을 떠올릴지도 모릅니다. 혹은 달라이 라마 같은 불자(佛子)라면 대상에 대한 모든 차별을 떠난 사랑으로서 '자비'라는 개념이 그렇다고 말할지도 모릅니다.[12] 정확한 의미의 절대자라면, 그는 누구 한 사람을 특별히 사랑하지도 않을 것이고 누구를 특별히 미워하지도 않을 겁니다. 오면 오는 대로 받아들이고 가면 가는 대로 보내주는 것, 애증의 감정에 끄달리지 않으며 모두를 사랑하는 것, 이게 스피노자가 말하는 신의 사랑이지요. 사랑한다는 생각도 없이 사랑하는 것. 대상의 차별을 떠나 사랑하는 것. 따라서 이는 이미 미움의 짝인 사랑—정염적 사랑은 불같은 사랑만큼이나 불같은 미움이 수반되게 마련이지요—이란 개념을 벗어난 사랑입니다.

저는 이런 사랑을 "주체도 대상도 없는 사랑"이라고 부르고 싶습니다. 누가 사랑한다고 할 것도 없고 누구를 사랑한다고 할 것도 없이 그저 인연이 닿은 모든 것을 사랑하는 것, 아니 만남 자체가 사랑이 되는 것 말입니다. 이는 모든 것을 평등하게 사랑하는 것, 모든 타자들에 대해 평등하게 마음을 여는 것을 뜻할 겁니다. 아마도 '나'라는 생각이 사라진 경지에 이른다면, 세계와 우주 전체가 나임을 깨닫는 경지에 이른다면 그때 비로소 가능하게 되는 그런 사랑이겠지요. 이는 애증과 같은 감정을 떠난 사랑이란 의미에서 '무심한 사랑'이라고 해도 좋고, 사랑의 정염이 긍정적인 방식으로 절대적 탈영토화의 선을 그리는 것이란 의미에서 '절대적 사랑'이라고 해도 좋습니다. 그것은 모든 존재가 서로 사랑하게 되는 세계, 일종의

---

(12) 달라이 라마, 주민황 역, 《삶의 네 가지 진리(*Four Noble Truths*)》, 숨, 2000, 144쪽 이하.

절대적 상생을 꿈꾸는 것인지도 모릅니다. 저는 바로 여기서 절대적 상생으로 정의되는 코뮨적 세계의 다이어그램을 발견할 수 있다고 생각합니다. 저는 이를 '절대적 코뮨주의'라고 부르고 싶습니다.[13]

4. 기호체제의 혼성과 변환

네 가지 기호체제에 대한 이야기는 이것으로 마치겠습니다. 하지만 대부분의 기호체제는 사실 순수하고 단일하지 않으며, 대개는 둘 이상이 섞여서 이루어진 혼성적 체제예요. 몇 가지 기호체제에 대해 설명한 것은 이러한 혼성의 양상을 포착하기 위한 것이지요. 또한 이러한 혼성의 과정에서, 혹은 다른 배치 속에 어떤 기호체제가 도입될 때, 하나의 기호체제는 다른 기호체제로 변환되기도 합니다. 이제 마지막으로 기호체제의 이같은 혼성과 변환에 대해 살펴보기로 하지요.

1) 기호체제의 혼성성

다시 말하지만, 기호체제는 혼성적입니다. "모든 기호계는 혼성적이며, 오직 그렇게만 기능한다. 각각의 기호계는 하나, 또는 다른 많은 파편들을 강제로 포획한다(코드의 잉여가치)."(MP, 169; I, 143) 가령 앞에서 다루었던 히브리인들의 기호체제가 그렇지요. 먼저 그것은 모세가 사고를 치고 탈주선을 타는 데서 시작되었고, 신이 그를 호명함으로써 고유한 주체화의 점이 만들어지면서 주체화 체제를 형성했지요. 그러나 그것은 신의 계율이라는 새로운 기표들을 수

---

[13] 이에 대해서는 이 책의 15장 〈무아의 철학과 코뮨주의〉 참조.

반하며, 그 기표를 중심으로 하는 새로운 의미화 체제를 동반합니다. 그런데 모세는 이집트를 벗어나기 위해 유목민인 장인에게서 배운 대로 히브리인들을 번호적인 방식으로 조직했지요. 즉 거기에 반기표적 체제가 다시 추가되어 섞였지요. 이런 식으로 히브리인들의 체제는 주체화 체제와 기표적 체제, 반기표적 체제가 섞인 혼성적 기호계를 이루고 있습니다. 물론 조건에 따라, 그리고 배치에 따라 지배적 내지 일차적인 위상을 차지하는 것이 있겠지만, 조건이나 배치가 달라지면 이 또한 달라지겠지요.

이런 이유로 저자들은 기표적 기호계에 '일반성' 내지 보편성이라는 형태로 특권을 부여할 수는 없다고 말합니다. "기표적인 기호계는 일반 기호학을 만들 어떠한 특권도 갖지 않는다. 기표적 기호계가 주체화의 정염적 기호계와 결합되는 특별한 방식('주체를 위한 기표')은 다른 결합과 관련해, 예컨대 정염적 기호계와 반-기표적 기호계의 결합, 혹은 반-기표적인 것과 기표적인 것의 결합(유목민이 제국적으로 될 때 그렇다) 등등과 관련해 어떠한 우선권도 포함하지 않는다."(MP, 169; I, 143)

그런데 앞서 인용문에서 사용된 '코드의 잉여가치'라는 개념이 걸리지요? 가령 모세의 장인이 사용하던 유목적인 기호 내지 반기표적 코드들은 히브리인들에 의해 다른 목적을 갖는 다른 종류의 체제와 결합하여 사용되고 있습니다. 즉 그 기호체제의 코드는 탈코드화의 여백을 갖는다, 다시 말해 코드의 잉여가치를 갖는다고 할 수 있습니다. 코드의 잉여가치로 인해 모세는 애초에 유목민의 조직에 사용되던 기호를 히브리인들의 체제에 섞어서 사용할 수 있었던 겁니다.

2) 기호계의 변환/번역 가능성, 혹은 변환의 유형들

기호계의 성질상 하나의 기호계는 다른 기호계로 번역되거나 변환될 수 있습니다. 반기표적 기호계인 암호는 기표적 기호계로 변환(번역)될 수 있고, 그 반대도 마찬가지지요. 이는 3장에서 설명한 것이지만, 설명 없이도 잘 아시겠지요? 설명이 없어야 더 이해하기 쉬울 거라구요?

어쨌든 저자들은 기호계의 변환을 다섯 가지로 나누어 설명하고 있습니다. "어떤 기호계를 전-기표적 체제로 옮겨놓는 모든 것을 유비적 변환이라고 부를 것이고, 기표적 체제로 옮겨놓는 것을 상징적 변환, 반-기호적 체제로 옮겨놓는 것을 논쟁적 내지 전략적 변환, 탈-기표적 체제로 옮겨놓는 것을 의식적 내지 의태적 변환이라고 부를 것이다. 마지막으로 기호계나 기호체제를 절대적이고 긍정적인 탈영토화가 이루어지는 일관성의 구도 위로 폭발시키는 것을 다이어그램적 변환이라고 부를 것이다."(MP, 170; I, 144)

하나씩 예를 들어 살펴봅시다. 먼저 유비적 변환. 어떤 기호계를 전-기표적 체제로 옮겨놓는 거지요. 예를 들어 차이코프스키의 무용극〈호두까기 인형〉에서 발레를 지휘하는 연출자는 동화라는 문학적이고 기표적인 기호들을 신체의 동작이라는 전기표적 기호들로 변환시키고 있습니다. 여기서 하나의 동작이나 포즈는 기표들과 유비적이라는 점을 상기한다면 유비적 변환이라는 말을 쉽게 이해할 수 있을 겁니다. 혹은《주자가례(朱子家禮)》에서 우리는 유교의 교리를 구성하는 기표적 기호계가 '예(禮)'라고 총칭되는 특정하게 코드화된 신체적 동작으로, 전기표적 기호계로 변환되는 경우를 볼 수 있습니다.

이런 식으로 기표적인 것들이 전기표적인 것으로 변환되는 예는 얼마든지 찾을 수 있습니다. 그렇지만 이것이 유비적이라고 해서 항상 동형적인 대응관계가 유지되는 것은 아닙니다. 들뢰즈와 가타리는 백인들이 뉴기니의 시안 족이 사는 지역에 들어가서 화폐를 도입했다는 예를 들지요. 화폐란 상품의 가치를 표시하는 기호라는 점에서 일종의 기표적인 기호계를 구성한다고 할 수 있어요. 그런데 시안 족들은 이 백인들의 화폐를 받아들였지만, 지폐하고 동전을 서로 교환할 수 없는 것으로 만들어버렸다고 해요. 이런 변이로 인해 지폐와 동전은 기표적인 동질성을 상실한 채 전기표적인 기호가 되어버립니다. 이런 점에서 변환은 단순한 일대일 대응의 번역이 아니라 하나의 기호계를 다른 기호계로 변형시키는 일이고, 따라서 그것은 창조의 선을 포함하고 있다고 저자들은 말합니다.

그 다음 두 번째로, 상징적 변환은 어떤 기호계를 기표적 체제로 변환시키는 것입니다. 가장 쉽게 떠올릴 수 있는 예는 정신분석학에서 어떤 행동이나 동작, 꿈 등을 성적인 상징이나 징표로 '해석'하고 의미화하는 것입니다. 여기서 전기표적인 기호들은 남근이란 기표 주위를 맴도는 하나의 기표적인 체계를 이루게 되지요.

다른 경우로, 서양에서의 '매너'의 발전을 이러한 변환의 예로 생각할 수 있을 듯합니다. 엘리아스(N. Elias)는 《문명화 과정》의 전반부에서 중세 이후 매너를 다룬 책들을 뒤져서 매너가 '문명(civilisation)'이 되어가는 과정을 보여주고 있습니다. 절대왕정기 프랑스에서 그 절정에 달했던 이 매너의 문명화 과정은 식사를 하거나 코를 풀거나 하는 것과 관련된, 지극히 치밀하고 정교하게 발전된 코드를 만들어가는 과정이었습니다. 그렇지만 역사적으로 보면 그런 행동의 기원은 사실은 지극히 우연적이고 의례적인 행동이 궁정귀족이 발전함에 따라 세련된 예절의 기호들로 되어가는 과정이었으며, 이전의 매너나 예절을 야만적인 것, 천한 것으로 만들면서 새로운 코드로 대체해가는 과정이었습니다.

엘리아스는 하나의 행동이 다른 행동으로 대체되는 것이 흔히 생각하듯 위생이나 다른 어떤 '명백히 합리적인 이유'를 갖지 않으며, 단지 타인이 거북스러워하리라는 느낌 때문이었음을 설득력 있게 보여줍니다.[14] 자신의 세련됨을 과시함으로써 자신의 '타고난' 귀족적 천품을 과시하던 이 의례적인 예절(civilité)은 부르주아지의 시대로 넘어오면서 모든 사람이 습득하고 지켜야 할 '문명'이 됩니다. 이처럼 서양에서 식탁 매너가 '문명'이 되어가는 과정은 일종의 의례적인 행동이 문명의 기호가 되어가는 과정이었던 셈이고, 그래서 그와 다른 행동을 하는 것을 야만적인 것으로 '의미화'하여 비난하는 새로운 종류의 기표가 되어가는 과정이었던 것입니다. 덕분에 지금도 서양의 식당에 가서 손으로 음식을 들고 먹거나 후루룩대며 국수를 먹으면 천하고 야만적인 사람으로 간주하는 눈총을 받게 되지요.

좀더 추가하면, 부르주아에게 매너란 모두가 동일하게 하지 않으면 안 되는 '문명'이었지만, 그 이전인 궁정귀족 시절 귀족의 매너에서 중요한 것은 남다르게 세련된 것을 과시하는 것이었습니다. 그

---

(14) 엘리아스, 박미애 역, 《문명화 과정(*Über den Prozeß der Zivilization*)》, 한길사, 1996, 257~61쪽.

렇다면 이전의 매너를 낡은 것으로 만드는 새로운 세련된 매너는 어떻게 만들어지고 행해지는가? 그건 바로 왕이 하는 행동을 따라함으로써 만들어졌습니다. 왕이 다른 식으로 움직이면 그것을 재빨리 배워서 실행하는 것이 남보다 더 세련된 행동을 하는 길이었지요.[15] 그것이 세련됨을 통해 표현되는 타고난 귀족적 '혈통'으로 '해석'되었던 겁니다. 여기서 왕 주변에 가까이 있는 귀족들이 남들보다 세련될 기회가 빨리 오리라는 것은 말 안 해도 아시겠지요?

요컨대 기표화된 매너의 동작들의 중심에는 정확하게 전제군주인 왕이 자리잡고 있었고, 그 주변에서 그것을 매너화하는 사제와 관료 들이 있었던 겁니다. 기표적인 체제의 중요한 특징을 정확하게 포함하고 있었다는 거지요. 이런 전제군주의 기표가 왕이 사라진 부르주아의 매너에 이르면 '문명'이라는 이름의 척도로서 자리잡고 의미화의 중심으로 기능하고 있는 것입니다.

이런 점에서 서양에서 매너나 예절이 전기표적인 기호체제를 기표적인 체제로 바꾼 것이라면, 앞서 말했던 《주자가례》의 '예절'은 반대로 기표적인 기호체제를 전기표적인 것으로 바꾼 것이었다는 점에서 많이 다르다는 것을 상기할 필요가 있습니다. '예' 내지 '예절'이란 동일한 이름으로 불리지만, 이 둘은 크게 다른 성격의 기호체제를 이룬다는 것이지요.

세 번째는 논쟁적 내지 전략적 변환으로서, 어떤 기호계를 반기표적 체제로 옮겨놓는 것이라고 정의됩니다. 대표적인 것이 암호겠

---

[15] J-M. Apostolidès, *Le Roi-machine: Spectacle et politique au temps de Lois 14*, 水森章 譯, 《機械としての王》, みすず書房, 1996, 167, 193쪽 등.

지요. 정보원들이 사용하는 암호나 인터넷에서 사용하는 암호들은 기표적인 기호체제를 반기표적인 기호체제로 변환시키는 것입니다. 다른 경우로, 가령 예전에 이른바 '운동권'에서 여러 가지 이유로 인해 자신들이 사용하는 용어들을 최대한 약호나 외국어 등을 섞어 알아듣기 힘든 단어로 바꾸어버리는 것도 이런 변환의 사례에 속할 듯합니다. 그래서 '숙련된' 사람들이 아니면 알아들을 수 없는 토론이 종종 벌어지기도 했지요.

네 번째는 의식적 내지 의태적 변환이라고 부르는 것입니다. 이것은 어떤 기호계를 탈기표적 기호계로 변환하는 것을 말합니다. 아프리카에서 끌려와 노예가 되었던 흑인들은, 고달픈 삶을 달래기 위해 백인들에게서 배운 노래를 자기들끼리 모여 부르면서 전혀 다른 스타일로 만들게 되지요. 여기에서 그들 고유의 리듬이나 음계, 화성이 들어가 고유한 색조를 형성하게 되는 건 어쩌면 자연스러워 보입니다. 이렇게 되면 찬송가를 불러도 백인들의 것과는 전혀 다른 찬송가들이 되고 말지요. 블루스나 재즈, 혹은 이른바 흑인영가라고 부르는 것 등이 이런 식으로 만들어졌지요. 이는 백인들의 기호를 탈기표적인 체제로 변환시키고, 주체화 체제를 구성하는 것이라고 할 수 있지요.

기성의 물건에 다른 이름을 붙여 다른 공간에 갖다 놓음으로써 다른 오브제로 바꾸어버리는 다다이스트의 실험도 이런 변환의 또 다른 예일 겁니다. 아시다시피 뒤샹(M. Duchamps)은 기성의 소변기에다 '샘'이라고 새로 명명하여 전시장에 갖다 놓음으로써 새로운 종류의 오브제로 만들었지요. 비슷하게 사진에다가 엉뚱한 이름을 붙임으로써 사진에 등장하는 것을 다른 것으로 만드는 작업 또한 이런 변환과 같은 것처럼 보입니다.

마지막으로, 다이어그램적 변환이 있습니다. 이상의 것들은 어떤 기호체제에서 다른 기호체제로, 하나의 지층에서 다른 지층으로 바꾼 것들이었습니다. 그런데 다이그램적 변환은 그런 것이 아니라, 어떤 기호계를 절대적이고 긍정적인 탈영토화가 이루어지는 일관성의 구도 위로 나아가게 하는 것입니다. 중국의 선사들이 동문서답 식의 기이한 문답을 통해 만든 화두나, 도를 묻는 질문에 몽둥이질〔棒〕을 하거나 고함〔喝〕을 지르는 '방할(棒喝)' 같은 것이 이런 경우가 아닐까 싶습니다. 그것은 도(道)나 깨달음에 관한 불교의 기표적인 기호계를 기호들이 통하지 않는 영역으로 옮겨놓습니다. 불립문자(不立文字), 언어도단(言語道斷) 같은 말은 이러한 새로운 기호계가 언어적인 기호계와 무관하다는 것을 명시적으로 보여줍니다.

또 몽둥이질을 하거나 뺨을 때리는 일이 빈번하지만, 이는 전기표적 기호와는 아무 상관이 없으며, 알음알이로 헤아리는 것을 막고 몸으로 깨치게 하려 하지만, 그렇다고 암호 같은 반기표적 기호계를 만드는 것도 아니지요. 자연스럽게 하는 것인데, 동작이나 단어에 매여버리면 전혀 핵심을 보지 못하는 그런 새로운 종류의 '기호계'가 나타나는 거지요. 하지만 그것은 이미 기호이길 그친, 차라리 도나 깨달음으로 나아가는 방향을 알려주는 비기호적인 기호인 셈입니다.

여기서는 표현형식 자체가 소멸되고, 화두나 방할은 도를 깨우쳐주기 위한 순수기능을 갖게 됩니다. 따라서 화두를 들고 참선하는 사람에게는 화두에 대한 의문이 중요하지만, 그 의미를 언어적인 방식이나 사유나 추론에 의한 방식('알음알이')으로 알아내려는 시도는 화두를 드는 것의 의미를 모르는 것이라고 비판하지요. 다만 의문 자체가 중요한 것이고 화두는 그 의문을 통해 몸으로 도를 깨치는 길로 인도하는 기능을 하는 것입니다. 어떤 표현형식의 지층으로부터도 탈영토화된, 절대적이고 긍정적인 일관성의 구도로 '폭발'시키는 기능 말입니다.

하지만 여기서 주의할 것은, 이러한 변환은 대개의 경우 복합적인 양상으로 진행되기 때문에, 지금까지 든 사례들을 오직 그에 해당하는 것이라고만 하기 어렵다는 점입니다. 가령 성리학의 원리를 예로 변환시키는 《주자가례》의 경우는 일차적으로 유비적 변환임이 분명하지만, 거기에는 전기표적 체제에 고유한 다의성보다는 일의성이 여전히 지배적이란 점에서, 또 군주나 '아버지(조상)' 등의 기표적 상징이 여전히 중심에 있다는 점에서 의미화 체제와 혼성되어 있습니다. 자신만의 고유한 약어나 용어를 만들어내는 이른바 '운동권'의 전략적 변환에는 기존의 의미화 체제에서 벗어나는 탈주선을 그리면서 고유한 주체화 체제를 구성하는 양상이 섞여 있지요. 노예로 살아가는 아메리카 흑인들의 노래는 단지 백인들의 노래를 자신의 리듬 등과 섞어 탈기표적 체제로 변형시켰지만, 백인들이 교회에서 부르던 노래를 고된 노동의 장에서 부름으로써 애초의 기표적 의미를 탈각시켜 다의성을 부여했고, 신체적 동작과 짝하는 요소로 바꾸어버렸다는 점에서 유비적 변환의 성격을 갖지요. 다다이스트나 사진가들의 변형된 오브제들은 주체화 체제로 변환된 것이지만, 동시에 새로운 기표적 의미화를 시도한다는 점에서 기표적 체제의 성격 또한 포함합니다. 다이어그램적 변환이라고 불렀던 화두의 경우도, 알음알이를 피하려는 선사들의 시도에도 불구하고 그것을 다시 해석하여 의미화하는 경우가 있습니다. 이 경우 이는 다시 의미화 체제로 변환되게 되지요.

이처럼 변환의 복합성을 다시 추가하는 것은, 애초의 기호체제에 대한 일종의 '유형학적' 개념들이나 그것의 변환에 관한 개념들은 어떤 기호계나 변환의 혼성과 변이의 선을 포착하기 위한 것이었음을 잊어선 안 된다는 이야기를 덧붙이기 위해서입니다.

3) 기호계의 성분들

지금까지 우리는 이 책을 따라가면서 몇 가지 기호체제의 개념을 살펴보았고, 또 그것의 혼성과 변환의 양상을 살펴보았습니다. 그런데 모든 기호계가 혼성적인 체제라고 한다면, 앞서 보았던 네 가지 기호체제의 개념은 그러한 혼성적 체제를 구성하는 일종의 발생적 요소들이라고 해도 좋을 겁니다. 실제적인 기호계란 그러한 발생적 요소들의 복합체로 존재한다는 의미에서 말입니다. 이를 저자들은 기호계를 구성하는 '발생적 성분'이라고 말합니다. 저자들의 말을 빌면, "이는 다양한 추상적 체제들이 어떻게 구체적이고 혼성적인 기호계를 이루는지, 또 그것은 어떤 변수와 더불어 그러하며 그것들은 어떻게 결합되는지, 거기서 지배적인 것은 또 무엇인지를 보여준다는 점에서" 발생적 성분이라고 말할 수 있다고 해요(MP, 173; I, 146~47).

다음으로 기호계의 변환에 대해서 본 것처럼, 하나의 기호계가 어떻게 다른 기호계로 변하는지, 그 와중에 어떻게 해서 변이가 발생하는지를 설명하는 요소를 '변환적 성분'이라고 할 수 있겠지요.

"이는 기호체제들이 어떻게 하나에서 다른 것으로 변하는지, 더욱이 새로운 것을 창출하면서 그러는지를 보여준다는 점에서 그러하다. ……혼성적 기호계가 반드시 적극적인 창조성을 의미하는 것은 아니며, 진정한 변환 없이 결합의 가능성에 만족함에도 불구하고, 그 기호계가 어떤 순간 어떤 영역에 끼어들때, 그 체제의 독창성만큼이나 혼성의 새로움을 고려해주는 것은 바로 변환적 성분이다." (MP, 173; I, 147)

바로 이 변환적 성분이 어떤 기호계에 독창성을 부여하거나 독창적 기호계를 새로이 창조합니다. 저자들은 레닌주의를 예로 들고 있는데, 레닌주의의 고유함은 통상적인 사회민주주의의 언표들과 구별되는 탈주선을 통해, 주체화의 점을 통해 새로운 종류의 독창적인 기호계를 만드는 것을 통해서 가능했다고 합니다. 물론 그것이 나중에 다시 스탈린적 조직의 혼성적 기호계로 전락했다는 단서를 잊지 않지만 말입니다.

이제 마지막으로 저자들은 기호계의 이 두 가지 성분에 다른 두 가지 성분을 추가합니다. 하나는 다이어그램적 성분이고, 다른 하나는 기계적 성분입니다. 다이어그램적 성분이란, "더 이상 형식화되지 않는, 하나를 다른 하나에 결합할 수 있는 비형식적 특질을 갖는 기호-입자를 추출하기 위해 기호체제나 표현형식을 포착하는 것이다. 이는 추상의 절정으로서, 추상이 실재화하는 계기기도 하다. 거기서는 실제로 모든 것이 (이름과 날짜가 기록된) 현실적-추상적 기계를 거쳐간다."(MP, 181; I, 153)

아마 쉽게 이해되진 않겠지만, 앞서 다이어그램적 변환에서 말했던 것을 상기한다면 그래도 조금 감이 잡힐지 모르겠습니다. 다이어그램이란 그 자체로 하나의 기호지만 이미 기호적 형식화에서 벗어난 '기호'란 점에서 그 자체로는 표현도 아니지만, 또한 그것이 물리적 내지 신체적 내용을 갖지 않는다는 점에서 내용도 아니지만, 표현의 층위는 물론 내용의 층위에서도 작동하는 힘과 변화의 양상을 표시하는 표현입니다.

가령 어떤 동작을 하는 손의 동선을 표시하는 다이어그램(〈그림 5.7〉)은 가장 경제적이고 효율적인 동작이라는 목적에 따라 손이라는 물리적 신체의 움직임을 표시하는데, 이는 얼굴-기호라는 표현의 층위만이 아니라 이미 손-도구라는 내용의 층위에서까지 소재와 기능을 표시하는 '기호'지요. 그러나 그 자체로는 표현도, 내용도 갖지 않습니다. 벤담(J. Bentham)이 구상했고 푸코로 인해 더욱 유명해진 원형감옥의 도식 역시 그렇습니다. 그것은 수인들을 다루는 가장 경제적이고 효율적인 메커니즘의 다이어그램입니다. 그것은 어떤 형태로 만들고 어떻게 기능하는가를 표시하는 다이어그램으로서, 교도소의 도식이지만 교도소는 아니며, 행형(行刑)의 방법을 보여주지만 행형의 언표는 아니란 점에서 그 자체로는 어떤 내용도, 표현도 갖지 않습니다. 하지만 그것은 내용과 표현 모두에서 형식과 실체를 조직하고 구성하는 '원리' 내지 도식으로 작용합니다. 감옥의 작동양상과 기능을 보여주는 감옥의 추상기계지요.

물론 다이어그램이나 추상기계가 이런 것만 있는 것은 아닙니다. 일반화된 반음계주의를 표시하는 음악적 다이어그램(글리산도의 다이어그램)도 있고, 바흐-추상기계도 있으며, 기(氣)라고 하는 흐름의 추상기계도 있고, '경락'이나 '혈도'처럼 신체 상에서 기의 흐름을 표시하는 다이어그램도 있습니다. 전에 말한 바 있지만, 어떤 공

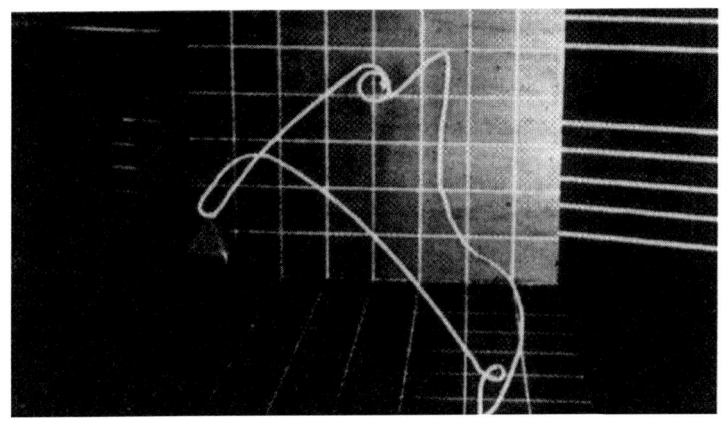

〈그림 5.7〉 길브레스, 〈운동의 궤적〉

통형식을 찾는 추상이 있고, 반대로 모든 형식을 변형시키는 탈형식화, 변형으로서의 추상이 있습니다. 앞서 동작의 다이어그램이, 손수건을 접는 모든 사람에게 적용 가능한 공통형식이고, 감옥의 다이어그램이 모든 감옥을 만드는 어떤 공통된 형식이라는 점에서 전자에 속한다면, 어떤 형식으로, 가령 푸가 형식이든 소나타 형식이든 론도 형식이든, 듣고선 "아, 이건 베토벤", "아, 이건 모차르트" 하게 하는 추상기계는 후자에 속합니다.

저자들은 다이어그램화하는 것과 공리계화하는 것을 구별하고자 합니다(MP, 179; I, 151). 공리계화한다는 것은 다양한 명제들을 그 근거가 되는 어떤 공리들로 환원할 수 있는 체계를 세우는 것이고, 최소한의 조건으로 명제들 전체를 형식화하는 것입니다. 19세기 말 수학에서 대두된 공리주의란 어떤 분야의 수학적 명제들을 '형식적 공리계'로 만들려는 기획이라고 할 수 있습니다. 힐버트(D. Hilbert)

가 명확하게 제시한 것처럼, 공리주의는 가령 기하학에서 점, 선, 면 등과 같은 직관적 내용을 모두 제거하여 A, B, C 등의 기호로 대체하고, 기하학을 그 기호들의 형식적 관계로 치환하려는 시도였지요. 이는 공리계가 공통형식으로 추상하는 방법이라는 것을 잘 보여줍니다. 이 책에서 힐베르트를 학자인 만큼이나 정치인이라고 했던 것은, 그가 국회의원에 출마했다거나 정치인이 되었다는 의미나, 아니면 수학계에서 권력을 좌우했다는 의미(실제로 그러기도 했지요)보다는, 바로 형식적 추상을 수학적 진리의 요건으로 만듦으로써 그 공리적 형식을 척도적 권력으로 만들었다는 의미에서지요.

반면 다이어그램화한다는 것은 그런 형식적 특성을 넘어서 만들어지는 소리의 양상이나 흐름의 양상을 추상하여 포착하는 것입니다. 베토벤-기계니 바흐-기계니 하는 말은 이런 의미에서 나온 것이지요. 이와 대비하여 음악에서 유비적인 예—좋은 예는 아니지만—를 든다면, 이 사람 저 사람의 음악을 오직 '소나타 형식' 내지 '푸가 형식'과 같은 양식적(형식적) 특성에 의해 분류하고, 거기서 공통된 최소한의 형식적 특성을 추출한다면, 이 역시 공통형식을 찾는 추상으로서 일종의 '공리계화'하는 것이라고 할 수 있습니다.

그렇지만 저자들은 한편으로는 "일관성의 구도와 그 다이어그램 내지 그 추상기계와, 다른 한편으로는 지층들과 그 프로그램 및 그 구체적 배치를 나누는 이원론"에 만족할 수 없다고 말합니다. 왜냐하면 "추상기계들은 단지 그것이 다이어그램을 전개하는 일관성의 구도 위에서만 존재하는 것이 아니다. 그것은 이미 일반적인 지층들 속에 감싸여지고 '꽂힌' 채 존재하거나, 표현의 형식과 내용의 형식을 동시에 조직하는 특수한 지층 위에 설치되어 있"기 때문입니다

(MP, 180; I, 152).

앞서도 말했지만, 이런 점에서 추상기계는 양쪽에 '양다리 걸치고' 있는 셈입니다. 한쪽은 일관성의 구도에, 다른 한쪽은 지층에 말입니다. 이를 저자들은 이중의 운동이라고 표현합니다. "따라서 이중의 운동이 있다. 하나는 추상기계가 지층들을 가공하고 끊임없이 어떤 것을 그로부터 탈주시키는 것이고, 다른 하나는 추상기계가 지층에 의해 실질적으로 지층화되고 포획되는 것이다. 한편으로 지층들은 다이어그램의 소재와 기능을 포획하지 않고서는 조직되지 않으며, 이것을 표현과 내용이라는 이중의 관점에서 형식화한다. ……다른 한편 추상기계들은, 이미 지층 안에 있는 경우도 포함하여, 탈지층화된 기호-입자들을 추출하거나 가속할 수 있는 권력이나 잠재력을 갖지 않고는 나타나지 않는다."(MP, 180; I, 152)

지층에 발을 담근 추상기계는 기계적 배치라고 부르는 것과 긴밀하게 결부되어 있습니다. 이 경우 추상기계란 구체적 배치를 통해서만 존재한다고 말해야 합니다. 추상기계와 결부된 기계적 배치를 저자들은 기호계의 네 번째 성분인 '기계적 성분'이라고 말합니다. 그것은 "추상기계들이 구체적 배치들 안에서 어떻게 작동하는지를 보여주는 것으로, 정확하게 표현의 특질에 뚜렷한 형식을 제공하지만 또한 내용의 특질에 뚜렷한 형식을 제공하기도 한다"고 합니다(MP, 182; I, 153). 이는 언표행위의 배치인 기호계와 짝을 이루는 내용의 층위를, 언어학적 기호들의 외부인 신체적이고 물리적인 요소들의 배치를, 표현적인 기호체제가 내적인 성분으로 포함하고 있다는 것을 말합니다. 궁정의 매너는 궁정사회의 물리적 공간을 제공하는 저택(Hôtel)을 포함하고, 범죄와 행형에 관한 언표행위는 감옥 같은 물리적 건물을 내적인 성분으로 포함한다는 것입니다.

기호계를 이루는 이상의 네 가지 성분이 바로 저자들이 주장하는 화용론 내지 분열분석의 대상이지요. 이 각각은 발아하여 리좀적인 방식으로 뻗어나가지만, 어쨌든 그것은 하나의 원을 그리는 순환적 성분으로 표시할 수 있다고 해요. 이를 요약해주는 다이어그램을 보는 것으로 기호체제에 대한 강의를 마치기로 합시다.

〈그림 5.8〉

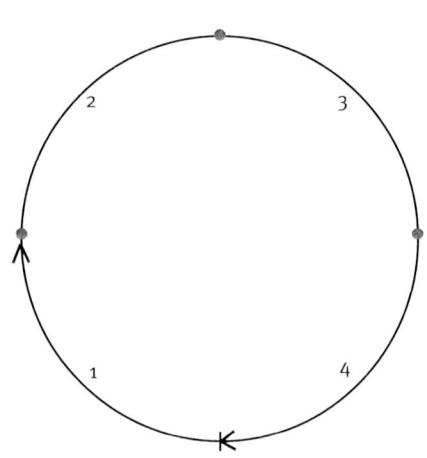

1. 발생적 성분: 혼성적 기호체제나 그 혼합, 변이에 대한 연구
2. 변환적 성분: 순수한 기호계와 그 번역·변환 및 새로운 기호계의 창조에 대한 연구
3. 다이어그램적 성분: 기호적으로 형식화되지 않은 소재와, 물리적으로 형식화되지 않은 소재의 관계라는 관점에서 추상기계 연구
4. 기계적 성분: 추상기계를 실행시키고 표현의 소재를 기호화하며 동시에 내용의 소재를 물리화하는 배치에 대한 연구

6장

기관 없는 신체에 관하여:
"인간은 자신이 본래 무엇이라고 생각하는가?"

6

기관 없는 신체에 관하여:
"인간은 자신이 본래 무엇이라고
생각하는가?"

 《천의 고원》의 여섯 번째 고원에서는 '기관 없는 신체'라는 개념을 다룹니다. 앞의 장들에서 저자들은 다양한 종류의 지층들에 대해 언급했으며, 특히 언어나 기호의 체제와 결부된 지층들을 다루었습니다. 여기서는 주로 유기체 내지 유기화라는 지층을 다루며, 거기에 덧붙여 의미화와 주체화라는 지층에 대해서도 다루게 될 겁니다. 하지만 사실 이 고원의 일차적인 주제는 지층과 반대되는 것인 기관 없는 신체지요. 그래서 기관 없는 신체를 자세하게 다룰 텐데, 그것이 세 가지 유형으로 구분된다는 것을 보게 될 겁니다.

 이미 본 것처럼, 지구가 없다면 지층이 있을 수 없는 것과 마찬가지로, '기관 없는 신체'가 없다면 '기관화된 신체', 다시 말해 유기체라는 지층은 있을 수 없습니다. 따라서 저자들은 지층을 다루는 포괄적인 '연구'를 개설적으로 소개했던 '도덕의 지질학'에서 "지구는 기관 없는 신체다"라는 명제로 시작한 바 있습니다. 그렇지만 어디서도 기관 없는 신체 자체를 따로 다루지는 않았습니다. 그런 낯설고 이상한 개념을 사용하는 이유도 명확하게 설명한 적이 없으며, 이 고원의 제목처럼 '기관 없는 신체'를 이룬다는 것이 무엇인지, 그건 어떻게 하는 것인지를 명시적으로 제시한 적도 없습니다. 기관 없는 신체를 표제로 달고 있으며, 아르토가 기관화된 신체에 대한 전쟁을 시작한 날짜로 표시되어 있는 이 고원에서 저자들은 바로 이런 질문에 대해 대답하려는 것입니다.

그런데 사실 기관 없는 신체의 문제는 이미 앞의 고원들에서 '충분히' 다루어졌고, 또 뒤의 고원들에서도 언제나 '충분히' 다루어질 것입니다. 왜냐하면 짐작하시겠지만, 기관 없는 신체란 지층화되는 질료적 흐름 자체기 때문에 지층을 다루는 순간 항상-이미 다룰 수밖에 없기 때문이고, 나아가 이 책처럼 일관해서 '탈지층화'의 문제를 사유하려는 순간 모든 지층을 항상-이미 기관 없는 신체로 만드는 문제로 밀고나가게 되기 때문입니다. 거의 모든 고원에서 각각의 지층에 대한 서술이 탈지층화 운동에 대한 서술로 종결된 것은, 다시 말해 '추상기계'와 '일관성의 구도'에 관한 논변으로 마무리된 것은 바로 이런 이유에서였습니다.

이런 점에서 기관 없는 신체의 문제는 탈영토화의 문제, 혹은 탈주선의 문제와 직접 결부되어 있는 것임을 쉽게 알 수 있습니다. '탈주선의 일차성'을 주장하는 명제나 욕망의 일차성을 주장하는 명제는 바로 이와 결부된 것이며, 모든 배치를 탈영토화 운동을 통해 포착하고—나중에 9장에서처럼—권력조차 탈주선에 의해, 권력의 무능지대에 의해 정의하는 것 또한 이와 결부된 것입니다. 이는 5

장의 한 주에서 말했듯이, 푸코와 저자들의 차이 가운데 하나지요. 물론 탈영토화의 경우 상대적 탈영토화와 절대적 탈영토화를 구별해야 하며, 기관 없는 신체란 일관성의 구도와 마찬가지로 절대적 탈영토화와 상응하는 개념임을 잊지 않아야 하겠지만, 심지어 그런 상대적 탈영토화, 혹은 상대적 탈지층화조차 지층이나 배치가 항상-이미 질료들의 자유로운 흐름을 지층화 내지 영토화한 것이기에 가능하며, 따라서 상대적 탈영토화/탈지층화 운동은 언제나 절대적 탈영토화/탈지층화로 인해, 기관 없는 신체로 인해 가능한 것이지요.

제가 예전에 들뢰즈와 가타리의 사상을 '탈주의 철학'이라는 말로 요약했던 것은 이런 점에서 충분한 이유가 있습니다. 그것은 탈주만을 이야기하는 철학이란 의미도, 탈주로 모든 것을 귀착시키는 철학이란 의미도 아닙니다. 아니, 어쩌면 그보다 더 강하게 말하는 게 정확한지도 모릅니다. 그것은 모든 지층 밑에서, 아니 모든 지층에서 기관 없는 신체라고 지칭되는 질료적 흐름을 발견하는 철학이고, 모든 지층을 일관성의 구도를 향해 탈지층화하려는 철학이며, 그러한 탈지층화된 흐름을 통해서 새로운 것을 생성하고 창조하기를 촉발하려는 철학이며, 그럼으로써 '통합'된 공통감각을 '나'라는 이름을 변이시켜 수없이 많은 '나'들, 순간마다 조건마다 달라지는 '나'들로 우리의 삶을 변이시키길 촉구하는 철학이기 때문입니다.

'탈주'란 바로 이러한 흐름을 지칭하는 것이고, 이런 흐름을 따라 그려지는 탈영토화의 선을 지칭하는 것이며, 그럼으로써 모든 방향으로 열린 창조와 생성의 흐름을 지칭하는 것입니다. 저자들이 탈주란 파괴하는 것이 아니라 창조하는 것이고, 세상으로부터 도망치는 것이 아니라 세상으로 하여금 탈주케 하는 것이라고 했던 것은 바로 이런 의미에서고, 제가 '탈주'란 개념을 '도주'나 '도피', '도망'과 같은 부정적 단어로 번역하는 것이 부적절하다고 거듭 강조했던 것도 바로 이런 이유에서입니다.

1. 기관 없는 신체란 어떤 것인가?
1) 금이 그어진 알

'기관 없는 신체'가 탈지층화나 탈주선과 결부되어 있다고 하더라도 그것이 무언지를 알기는 쉽지 않습니다. 들뢰즈가 죽었을 때 데리다가 쓴 조사(弔辭)를 보면, 둘 간의 수많은 일치점 내지 유사성에도 불구하고 자기가 결코 이해할 수 없었던 개념으로 기관 없는 신체를 가장 먼저 꼽고 있더군요. 데리다 역시 아르토를 좋아했고 그에 대한 글도 쓴 적이 있기에, 아르토를 인용하며 사용한 '기관 없는 신체'라는 개념을 여러분이 이해한다면, 적어도 데리다가 아르토에게서 보지 못한 것을 여러분은 본 거라고 즐거워해도 좋을 듯합니다. 물론 의심 많은 분이라면 이런 사태에서 즐거움을 느끼기보다는 '그게 정말 아르토가 사용한 개념 맞나?' 하는 의심에 시달릴 가능성이 있겠지만 말입니다.

어쨌든 우리는 지금 아르토 연구를 하고 있는 것도 아니고, 그게 아르토 개념인지 아닌지를 따질 능력도 없습니다. 아마 그가 직접 사용하진 않았지만, 그의 문제의식이나 관념을 밀고 나가 들뢰즈가 만들어낸 개념인지도 모릅니다. 그러나 뒤에 보시면 아르토와 무관한 것이 아니란 점은 어렵지 않게 납득할 수 있을 겁니다. 이 문제는

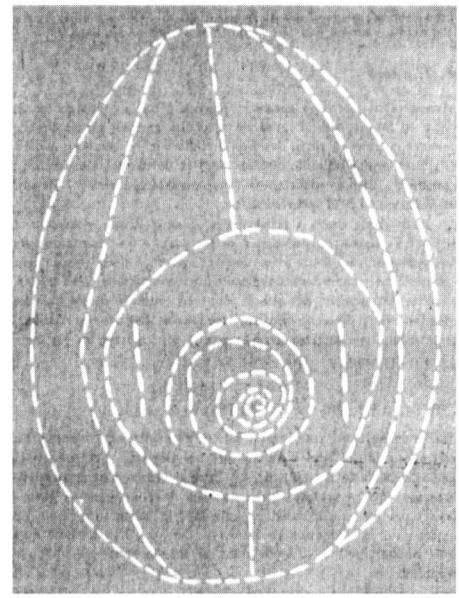

〈그림 6.1〉 도공족의 알

그 정도로 접어두기로 합시다. 저로선 아르토에 관한 문헌학적 사실 보다는 데리다가 모르는 걸 가르쳐줄(?) 수 있는 기회가 더 즐겁게 느껴지니까 말입니다. 어, 안 웃으시나요?

그렇다면 다시 질문합니다. 기관 없는 신체란 무엇인가? 아, 이건 들뢰즈가 니체를 빌려 비난했던 소크라테스 식 질문이군요. 들뢰즈의 뜻을 따라 니체 식으로 질문합시다.[1] 기관 없는 신체란 어떤 것인가? 이 질문이 예를 들라는 질문은 아니지만, 예를 들어 어떤 것이 그 사례를 '기관 없는 신체'라고 부르게 만드는지 보기로 하지요.

---

(1) 들뢰즈, 신순범 외 역, 《니체, 철학의 주사위(Nietzsche et la philosophie)》, 인간사랑, 1993, 135~39쪽.

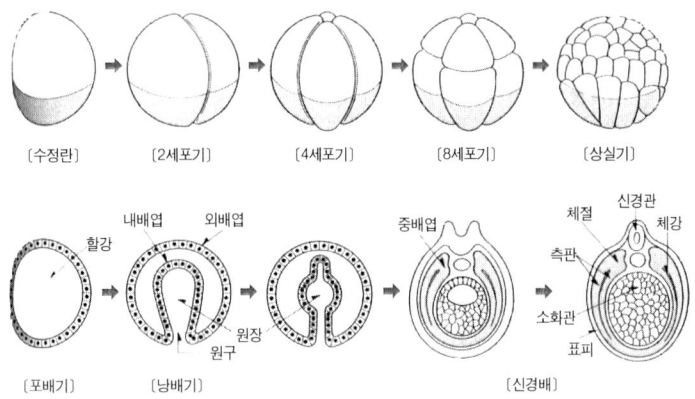

〈그림 6.2〉 개구리의 발생 과정 모식도

첫째 예는 이 고원이 시작하는 곳에 있는 그림입니다. 도공 족의 알(卵)을 그린 그림이지요. 이 그림의 서지적 특징이나 민속지적(民俗誌的) 사항에 대해서는 저도 잘 모르니 그냥 넘어갑시다. 이 그림이 기관 없는 신체의 사례임은 이 고원의 주제와 제목으로 보아 분명합니다. 또한 이 책에 앞서 썼던 책 《안티 오이디푸스》에서도 기관 없는 신체를 '알'이라고 말한 적이 있지요. 좀더 정확하게 말하자면, 알은 기관 없는 신체라고 해야 하지요.

고등학교 생물 교과서나, 임신과 수정에 대해 설명하는 책에서 정자와 난자가 수정되어 만들어지는 수정란을 보신 적이 있지요? 일정한 시간이 지나면 그 수정란의 표면에 역선이 그어지면서 두 개의 반구로 나뉘지요. '이배엽'이라고 부르던가요? 그 다음에는 다시 역선이 그어지면서 표면이 4개의 조각으로 분할되지요. 4배엽이라고 하지요. 그 다음에는 다른 역선들이 생기면서 표면은 계속해서 분할되어가고, 각각의 분할된 표면은 거기에 주어지는 조건이나 자극에 따라 어떤 부분은 발이 되고, 어떤 부분은 머리가 되며, 다른 부분은 배가 됩니다. 말 그대로 '기관'이 발생하는 거지요. 이렇게 해서 알은 발과 머리, 배 등의 기관을 갖는 인간이나 거북, 닭의 신체가 됩니다. 기관 있는 신체, 혹은 기관화된 신체가 발생하는 겁니다. 각각의 기관이 모여서 통합된 하나의 신체를 이루게 되지요. 이를 '유기체'라고 합니다. 그렇다면 알은 하나의 신체지만 아직 어떠한 기관도 갖지 않는, 기관화되지 않는 신체고, 정확하게 '기관 없는 신체'지요. 이 경우 기관 없는 신체가 저자들이 좋아하는 말처럼 '은유가 아니다'라는 것도 이해하기 쉽습니다. 기관 없는 신체가 '유기체'에 반대되는 것이란 점도 그렇지요.

그런데 생물 교과서에서 본 기억에 따르면, 수많은 역선들로 분할된 이 수정란에서 어떤 부분이 어떤 기관이 될 것인지는 결정되어 있지 않다고 하지요. 수정란의 표면에 어떤 조건이 주어지고 어떤 자극이 주어지는지에 따라 알의 '에너지'가 상이한 강밀도(intensité)로 분배되고 분포되며, 그에 따라 신체의 분화가 이루어진다고 하지요. 도공 족의 알 그림이 알의 표면을 점선들로 분할하고 그에 따라 각각의 부분들이 어떤 강밀도로 분포되는가를 표시하는 것이라는 말을 믿는다면, 이 그림은 정확하게 기관 없는 신체를 그린 것이라고 할 수 있습니다. 거기에 강밀도의 분포 양상을 표시하면서 이후 발생하게 될 신체를 잠재성의 차원에서 묘사하고 있는 것이라고 말입니다.

기관 없는 신체가 '잠재성(virtualité)' 차원의 개념이라는 점을 이해해둘 필요가 있습니다. 들뢰즈가 베르그송을 원용하여 자주 말하듯이, 여기서 잠재성은 현실(réalité)의 일부를 이루는 것이란 점에서, 현실과 대립되는 개념인 가능성(possibilité)과 구별됩니다. 가능성이 현실이 아닌 것이라면 잠재성은 현실적인 것이며, 다만 지금 '현재화' 되어 있는 것을 뜻하는 현재성(actuelité)과 대립될 뿐입니다. 가령 제가 대통령이 되는 것은 비현실적이지만 그렇다고 그럴 가능성이 없다고 대체 누가 말할 수 있겠습니까? 그 경우 '가능성' 이란 그저 '없다곤 말할 수 없는' 정도의 추상적인 미래고, 아직 오지 않은 것이기에 부정할 순 없지만, 오지 않은 것이란 사실만이 그것을 부정할 수 없는 유일한 이유지요. 즉 되든 되지 않든, 어떤 결과가 현실에 부재하는 한에서만 '가능성'을 말할 수 있다는 겁니다.

   잠재성은 이런 것이 아닙니다. 예를 들어 많은 사람들이 미래의 어떤 혁명이나 희망의 근거로 삼는 '노동자 대중의 힘'이란 현재 가시화되어 있는 것이 아니란 점에서 분명히 현재적인 것은 아닙니다. 그렇지만 심지어 혁명의 꿈을, 오직 비현실성을 뜻할 뿐인 '꿈' 과 같은 '가능성'이라고 말하는 경우에조차, 노동자 대중의 힘을 그런 추상적 가능성이라고 말할 순 없습니다. 파업이나 시위 같은 현재적 행위가 전혀 없는 경우에도, 회사에는 노동자들의 움직임을 주시하고 그에 대처하는 노무부서가 있으며, 국가에는 노동자들의 힘이 현재적인 어떤 사건으로 가시화되는 것을 방지하기 위해, 혹은 발생할 어떤 사건에 대처하기 위해 노동부가 있습니다. 이는 노동자의 힘이나 대중의 힘이 파업이나 시위, 투쟁으로 현재화되지 않은 상태에서도 현실의 일부로 존재하며, 현재의 어떤 사태나 행동, 정책 등에 일차적인 영향을 미친다는 것을 보여주는 증거입니다. 이런 의미에서 노동자의 힘, 대중의 힘은 단지 언젠가 드러날 가능성이 있다는 의미에서 '가능성'일 뿐만 아니라, 현재 존재하며 현재의 다른 사태들에 영향을 미치고 있으며 현재의 지배적 상태를 뜻밖의 다른 사태로 변환시킬 수 있는 것이란 점에서, 분명히 현실적인(!) '잠재성'이요 잠재력이라고 말할 수 있겠지요.

들뢰즈와 가타리에게 잠재성이 가능성과 달리 현실의 일부란 점은 중요합니다. 왜냐하면 이들은 현재화된 것을 변이시키고, 심지어 현재화되는 것의 바탕이 되는 것이 바로 잠재성이라고 생각하며, 잠재성의 차원을 특정한 현재성으로 가두어놓을 수 없는 한, 변이와 혁명은 항상-이미 현실적이라고 보기 때문입니다. 잠재적인 것은 그것의 형태나 형상이 현재적인 어떤 것으로 미리 결정되어 있지 않기에, 현재의 지배적 상태와는 전혀 다른 방향으로 나아갈 수 있으며, '뜻밖의 사건'으로 튀어올라 생각지도 못했던 강밀도와 양상으로 진행될 수도 있습니다.

잠재성의 차원을 주목한다는 것은 어떤 현실적인 것도 고정될 수 없고 확고부동하지 않으며 끊임없는 변화 상태에 있음을 보는 것이며, 현재적이고 지배적인 것의 확고함 속에서도 끊임없이 변화되고 생성되는 새로운 힘을 보는 것입니다. 욕망이든 권력이든, 아니면 제도든 사물이든, 정해진 배치나 조건이 달라지면 다른 양상, 다른 형태를 취하게 될 것이라고 보는 것입니다. 모든 것을 탈영토화 운동이나 탈지층화 운동 속에서 보려는 것도, 모든 것을 배치를 바꾸면 다른 양상을 취하게 될, 그 자체론 아무런 고정된 본성도 갖지 않는 욕망으로 보려는 것도 모두 이런 이유 때문입니다.

기관 없는 신체가 정확하게 이러한 관념과 직결되어 있다는 것은 쉽게 알 수 있을 겁니다. 기관화되기 이전의 상태인 알을 통해서 가시적인 형태로 설명하긴 했지만, 거기서 중요한 것은 알이라는 형태가 아니라, 신체적인 힘의 강밀도가 끊임없이 그 분포를 달리함에 따라 다른 기관이 된다는 것입니다. 바로 이것이 인간의 수정란이든 거북이의 알이든, 모든 알을 '기관 없는 신체'라고 정의하게 만드는 요인입니다.

그렇지만 기관 없는 신체의 문제는 단지 알의 문제만은 아닙니다. 예를 들어 젓가락질을 하려면 수저를 사용할 때와는 다른 근육을 사용해야 하고 이전과 다른 힘의 분포를 만들어야 하며 그것을 익숙하게 유지할 수 있어야 합니다. 그러다가 글씨를 쓰려면 또다시 손가락이나 손목의 관절은 물론, 필요한 근육을 새로운 운동에 맞추어 사용할 수 있도록 새로운 힘의 분포를 만들어내야 합니다. 그리하여 새로운 강밀도의 분포가 만들어지면 손은 다른 종류의 '기관'이 됩니다.

따라서 기관 없는 신체는 알로 그려졌지만 단지 알이 아니라 손이고 발이며 눈이고 항문이며 입이고 피부며, 이런 탈지층화 운동에서 항상-이미 존재하고 있는 '현실'입니다.

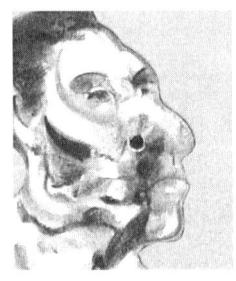

〈그림 6.3〉 베이컨, 〈조지 다이어에 대한 세 연구〉

2) 뭉개진 얼굴

알은 기관 없는 신체지만, 기관 없는 신체가 단지 알만은 아니라고 했지요? 마찬가지로 기관 없는 신체는 지층화 이전에 존재하는 질료적 흐름이지만, 그렇다고 선-존재성란 대가를 받으며 단지 지층에 질료를 대주는 어떤 '존재조건'만은 아닙니다. 그것은 하나의 기관을 다른 기관으로, 혹은 비기관으로 변환시키려는 욕망의 흐름, 그것을 뒷받침해주는 강밀도의 흐름이며, 현재 지배적인 어떤 기관화된 상태를 변이시키는 힘이 지향하는 방향입니다.

〈그림 6.3〉의 베이컨의 그림은 이를 잘 보여줍니다. 베이컨의 그림 모두는 이렇게 사람의 신체를 변형시켜 정육점에 매달린 고깃덩어리로 만들어놓거나, 얼굴을 뭉개어 모양을 짓기 전의 진흙덩어리로 근접시킵니다. 이 그림은 한 사람의 얼굴을 뭉개는 세 가지 방법을 '연구'한 그림입니다. 한 사람의 얼굴이지만 전혀 다른 세 얼굴이 되었습니다. 공통된 것은 표정을 갖고 굳어진 얼굴과 알을 뒤섞어 마치 알의 표면에 얼굴이 새겨지다 뭉개진 모습을 하고 있다는 점입니다.

정형화된 얼굴과 알 사이에 있는 이 모습이, 알에서 얼굴이 발생하는 것을 그린 건지, 반대로 얼굴에서 되돌려 알로 되돌아가는 '회귀'를 그린 것인지를 그림만으로 알 순 없겠지요. 그러나 이것이 조지 다이어라는 이름을 가진 사람의 초상이란 점을 염두에 둔다면, 명확한 표정을 갖던 얼굴을 알로 되돌리는 방식으로 만들어진 것임을 알기 어렵지 않습니다. 다시 말하면 이는 유기적 통일성을 갖는 것으로 간주되는 어떤 형상을 알이라는 기관 없는 신체로 되돌리는 것입니다.

위 그림에서 기관 없는 신체는 유기적 지층에 질료를 대주는 출발점이라기보다는, 그 유기적 지층을 탈지층화하여 되돌아가는 어떤 목적지로 나타나고 있습니다. 그리고 세 개로 변형된 그 상이한 '경로'는 탈지층화를 통해서 새로운 종류의 얼굴, 새로운 종류의 형상을 획득할 수 있음을 보여줍니다. 마치 칼로 바람을 가르던 손이 젓가락으로 콩을 집거나 붓으로 글씨를 쓰듯이 말입니다.

기관 없는 신체를 이룬다는 것은 바로 이런 것입니다. 탈기관화하는 것, 기관으로서 할당된 고정성을 벗어나 알로, 질료적 흐름으로 되돌아가는 것, 그것을 통해 다른 종류의 '기관'이나 형상으로 변형될 잠재적 능력을 획득하는 것. 기관 없는 신체가 '목표'가 되는 것은 이런 이유에서지요. 그렇지만 나중에 보듯이 그것은 그 자체가 목표는 아닙니다. 탈기관화된 신체의 표면에 새로운 흐름이 지나가게 하는 것, 그 표면에서 어떤 새로운 일이 발생하게 하는 것이 중요하기 때문입니다. 따라서 기관 없는 신체는 목표지만 또한 목표가 아니라고 할 수 있습니다.

3) 요가, 혹은 '본래면목(本來面目)'

턱이 땅에 닿아 있고, 등은 거꾸로 휘어져 있으며, 한 쌍의 엉덩이가 뒤통수를 응시하는 가운데 두 다리가 정수리 위에 드리워져 있는 요기의 저 모습은 정상적인 인간의 신체가 기관 없는 신체로 변형되는 양상을 보여주는 것처럼 보입니다. 정말 도공 족의 알처럼 둥그런 윤곽선에 저 멀리 뻗은 손이 몸을 지탱하고 있지요. 무식하게 말하자면, 이것만으로도 이는 기관 없는 신체의 다른 사례라고 말하기 충분한 형상입니다.

〈그림 6.4〉
요가, 혹은 기관 없는 신체를 위한 수행

　단지 형상만이 아닙니다. 평소와 완전히 다른 양상의 신체의 힘의 분포를 이끌어내고, 각각의 기관이 평소에 하던 일을 내려놓고 전혀 다른 지대로 들어가는 것을 가능하게 해주는 자세지요. 안과 밖이 바뀌고, 위와 아래가 바뀌며, 지지하는 것과 지지받는 것이 바뀌고, 구부러지던 것과 버티던 곳이 바뀌는 자세들을 통해 신체의 기관들을 탈기관화하고 신체적 에너지의 흐름을 일상적인 분배와는 다른 분배의 양상으로 흐르게 하기 때문입니다. 여기에 호흡과 명상이 더해지면, 이 역전된 자세의 동작은 동일한 양상의 삶을 반복하여 재생산하던 신체적 습속과 반대 방향으로, 즉 습관적 성향에서 벗어나 새로운 삶을 향해 자유롭게 흘러갈 수 있는 잠재성을 줄 겁니다.
　어떤 상태를 지속하게 하는 힘, 따라서 생존을 비롯한 모든 행동을 가능하게 해주는 것이지만 동시에 그것을 특정한 양태로 제한하여 반복되도록 재생산하는 힘—불자(佛子)라면 '업(業)'이라고 부르고 스피노자라면 '코나투스(conatus)'라고 부를 그 힘—을 벗어나 행동이나 삶의 자유로움을 획득하는 것, 이것이 바로 요기들이 요가를 통해 획득하고자 하는 것이고, 수행자들이 수행을 통해 얻고자 하는 것이지요.[2] 이는 탈기관화하려는 시도를, 얼굴이나 신체를 뭉개는 외연적이고 형태적인 양상과 달리 내포적이고 내공적인(!) 양상으로 보여주기에, 전자가 무릎써야 하는 실패와 파괴의 위험에서 벗어나 긍정적인 양상으로 기관 없는 신체를 이해하게 해줍니다.

선가(禪家)에서라면 좀더 역설적이고 극한적인 질문을 통해 기관 없는 신체를 완전히 탈형식화된 추상 수준에서 이해할 것을 촉구할 듯합니다. 이를 가장 극적으로 표현한 것 중 하나가 혜능(慧能)의 유명한 질문이지요. 혜능이 스승인 홍인(弘忍)의 의발(衣鉢)을 받아선, 그를 쫓는 사람들을 피해서 남쪽으로 '도망' 치는데 어느 산중에선가 그를 따라온 한 사람과 마주치게 되지요. 그래서 스승의 의발을 내던져주며 가져가라고 했지만, 그것은 바위에 찰싹 달라붙어 떨어지지 않았고, 그래서인지 그 사람은 의발이 아니라 가르침을 달라

---

[2] "우리 눈앞에 어떤 대상이 나타나면 그 대상을 받아들여서[受], 무엇인가를 연상시켜 눈앞에 놓게 됩니다[想]."(正和, 《삶의 모습을 있는 그대로: 생활 속의 유식 30송》, 장경각, 1996, 123쪽) 전자가 지각(perception)이라면 후자는 표상(representation)이라고 말하지요. 그런데 표상은 단지 대상이 눈앞에 나타나는(present) 것만은 아닙니다. 그것은 필경 좋다/싫다, 갖고 싶다/멀리하고 싶다, 기쁘다/슬프다 등과 결부된 것으로 다시-나타납니다(re-present). 거기에는 탐심(貪心)이나 진심(瞋心)의 분별이 항상 수반되게 마련이지요. 그런 분별은 표상에 따라 동일한 양상의 행동하려는 의지(行)를 반복하여 발생하게 합니다. 지각(受)과 표상(想)에 응하여 동일한 양상의 행동-의지(行)를 반복하여 일으키는 이 힘을 업(業)이라고 하지요. "수행(修行)을 한다는 말은 의지의 흐름(行)을 닦는다(修)는 의미입니다."(같은 책) 특정한 수상(受想)을 행(行)으로 연결하는 반복적 성향(業)에서 벗어난 자유로운 의지, 자유로운 행동을 닦는 것이란 말이지요.

고 청했다고 하지요. 그래서 혜능은 이렇게 말했다고 하지요. "부모도 태어나기 전에 네 자신의 본래면목은 대체 무엇인가(父母未生前 誰是本來面)?"

　자, 여러분도 한번 생각해보시지요. 여러분의 부모도 태어나기 전에 자신의 본래면목이 무언지 말입니다. 부모도 태어나기 전의 본래면목을 묻는 이 질문은 매우 역설적이며 그런 만큼 매우 강밀합니다. 부모도 태어나기 전인데 내가 어디 있겠으며, 내가 없는데 내 자신이 본래면목이 대체 어디 있겠습니까? 그러나 그 모든 상식적 추론이나 통념을 깨는 질문이기에 질문만으로도 더없이 강밀한 충격과, 벗어나기 힘든 매혹을 주기에 충분합니다. 여기에 질문을 던진 사람에 대한 신뢰가 있다면, 그래서 이 의문의 답을 찾으면 도를 깨칠 수 있다는 확신을 갖는다면, 그래서 자나 깨나 앉으나 서나 이 의문을 놓지 않는다면, 아마 여러분도 '한 소식' 하실 기회를 갖게 될 것이 분명합니다.

　제가 아는 것은 그게 이처럼 매우 탁월하고 강밀한 질문이라는 것까집니다. 답을 안다면 여기서 이러고 있지 않겠지요. 그리고 이 질문은 머리를 굴리거나 이론적인 추론을 통해 답을 찾으라고 던진 것이 아닙니다. 그런 걸 선가에서는 보통 '알음알이'라고 부르며 비난하지요. 질문 자체가 주는 의념(疑念) 내지 의정(疑情)을 몸으로, 아니 '마음'으로 깨칠 때까지 밀고나가야 하기 때문에, 알음알이로 답을 구하거나 말해주는 것은 화두의 기능에 반하는 것입니다. 질문 자체가 도를 깨치는 수단인 겁니다.

　하지만 지금 우리는 어차피 화두를 들고 앉아 있는 것도 아니니, 기관 없는 신체란 개념을 더 멀리 밀고나가기 위해 이 질문을 나름대로 알음알이를 동원해 이용해볼까 합니다. 먼저 선가에서 말하는 본래면목은 원래 '나', '너'가 없고 주체, 대상이 없는 것이지요. 따라서 거기에는 부모도 없고 자식도 없습니다. 하지만 본래면목이 없다면 '나', '너', 부모, 자식도 없습니다. 나, 너, 부모, 자식, 손, 발, 모두 본래면목이 특정한 양상으로 빚어진 것이지요. 이러한 극단적인 비대칭성이 부모도 태어나기 전의 본래면목이라는 극적인 질문으로 선명하게 표현되고 있습니다.

'나'라는 주체 이전에 존재하는 본래면목, 학생이나 선생, 학교라는 지층 이전에 존재하는 본래면목, 그 어느 것도 아니지만 동시에 그 모두기도 한 본래면목, 부모도 태어나기 이전에 존재하는 것이지만 '나'의 본래면목인한 나와 더불어 존재하는 것, 혜능이라면 혹은 선승이라면 어떻게 답할지 모르지만, 이런 기이한 개념에 대해 알았다면 들뢰즈와 가타리는 그게 바로 기관 없는 신체라고 말하지 않았을까 싶습니다. 혹은 스피노자라면 어떤 양태도 아니지만 모든 양태의 본질인 신(실체)을 떠올렸을지도 모릅니다. 저자들 또한 스피노자의 책 《에티카》야말로 기관 없는 신체에 관한 위대한 책이라고 하면서 다음과 같이 쓰고 있습니다.

> 기관 없는 신체에 관한 위대한 책, 그것은 바로 [스피노자의] 《에티카》가 아닐까? 속성이란 기관 없는 신체의 유형 내지 종류고, 실체, 능력(puissances), 강밀도 제로는 생산적 모태다. 양태란 [그 위에서] 일어나는 모든 것이다. 그것은 특정한 모태에서 시작하여 이러저러한 실체적 유형으로 생산되는 파동, 진동, 이전, 문턱, 그래디언트(gradient), 강밀도다.(MP, 190; I, 161)

2. 잔혹연극과 기관 없는 신체

기관 없는 신체가 어떤 것인지 이젠 대충 짐작이 가시지요? 언젠가 데리다를 만날 기회가 있다면, "아, 당신, 기관 없는 신체가 뭔지 모르겠다고 했다지? 내가 한 수 가르쳐줌세" 하고서 얘기해주세요. 그가 고맙다고 할지, 아니면 특유의 현란하고 난삽한 문체로 욕을 할지는 알 수 없지만 말입니다.

그런데 그러려면(아, 이거 농담이 너무 심각해지고 있나요?), 아르토가 어떤 방식으로 그것에 대해 말했는지 대략은 알아야겠지요? 그리고 그가 그걸 통해서 무엇과 대결하고자 했는지도 말입니다. 이젠 잠시 그 얘기를 할까 합니다. 들뢰즈에 따르면 아르토는 이렇게 말한 적이 있다고 해요.

> 입도 없다. 혀도 없다. 이도 없다. 목구멍도 없다. 식도도 없다. 위도 없다. 배도 없다. 항문도 없다. 나는 나라고 하는 인간을 재구성한다. (기관 없는 신체는 오로지 뼈와 피로만 되어 있다.)[3]

입, 혀, 이, 식도, 위, 배, 항문, 모두가 다 인간이라는 유기체를 구성하는 기관들이지요. 아르토는 이것들이 없다고 함으로써, 아니 이것들을 없앰으로써 '나'라고 하는 인간을 변형시키고 다른 것으로 재구성하고자 하는 의지를 이런 식으로 표명하고 있습니다. 괄호 안에 쓴 것은 들뢰즈가 추가한 것으로 보이는데, 이런 생각을 기관 없는 신체라는 개념으로 요약하면서, 기관이 없으니 그것은 뼈와 피로

---

[3] 들뢰즈, 이정우 역, 《의미의 논리(*Logique du sens*)》, 173쪽의 주 7에서 인용.

만 되어 있다고 쓰고 있지요. 이 모두는 나중에 다시 말하겠지만, 기관 없는 신체 개념이 기관들의 형상에서 충분히 추상되지 못한 것을 보여주는 것처럼 보입니다만, 일단 이는 그냥 넘어가기로 합시다.

어쨌든 여기서 명확하게 보이는 것은, 아르토가 기관으로 고착된 신체의 일부분을 다시 기관화되기 이전의 신체로 되돌리려하고 있다는 것입니다. 하지만 그것은 단지 기관 자체에 대한 부정과 거부 그 자체를 목표로 하는 '무정부적'[4] 과정이 아니라 자신을, 새로이 '나'라고 부를 자신의 신체를 재구성하기 위해 자신의 이전의 기관들을 부정하고 있다는 것입니다.

이러한 기이한(!) 부정은 그 개념이 출현하기 이전에 그가 연극에 대한 새로운 개념을 제안하는 글에서 이미 그 단서를 보이고 있습니다. 흔히들 현대 연극에 대해 말하면서 아르토 이후에 하나의 새로운 시대가 시작되었다고 한다지요. 통상 '잔혹극'이라고 불리는 새로운 연극 개념을 통해서 아르토는 연극을 전에 없던 새로운 것으로 만들고자 했습니다. 먼저 그는 연극을 통해 하고자 하는 것을 바꾸어놓음으로써 연극의 새로운 '이념'을 창조했습니다. "우리는 오랫동안 흥미 위주의 공연물에 습관화되어서 연극의 중요한 이념을 망각하고 있다. 중요한 이념은 다른 것이 아니라 연극에서 모든 표현들을 발굴해내는 일이며, 연극적 이미지의 격렬한 마술성을 자극함으로써 궁극적으로 그것이 영혼의 치료법과 같은 방식으로 작용하게 하는 것이다."[5]

---

(4) 아르토는 이 말을 쓴 적이 있습니다. "우리의 정신적 무정부주의와 무질서는 그와는 다른 것의 무정부주의에 의해 결정될 것이다."(아르토, 〈걸작품과 결별하기〉, 박형섭 역, 《잔혹연극론 (Théâtre et le double)》, 현대미학사, 1994, 118쪽)

그는 자신이 새로이 제안하는 연극이 "인간의 습관화된 한계들, 인간적 능력의 한계들을 뛰어넘도록 이끌며, 소위 현실이라고 불리는 것의 경계를 넘어 무한대로 발전하게 만든다"고 쓰고 있습니다.[6] 그것은 습관화된 한계, 현실이라고 불리는 경계, 바꿔 말해 지층화되고 고착된 낡은 삶의 방식을 넘어서기 위한, "열정과 힘에 의해 움직이는"[7] 새로운 문화를 창조하기 위한 것이라고 합니다. 그가 '영혼의 치료'라는 말로 표현하고 싶었던 것은 바로 이것이었겠지요. "우리는 연극에 의해 새로워진 삶의 의미를 믿어야 할 것이다. 우리 인간은 새로운 삶을 믿음으로써 어떤 두려움도 없이 아직 존재하지 않는 것을 지배할 수 있는 자로 되돌아갈 수 있다."[8]

아르토 자신이 극심한 분열증 환자였지만, 환자는 자신이라기보다는 특정한 습관, 특정한 하나의 삶의 방식에 사로잡혀 사는 모든 사람이라고 생각했던 것 같습니다. 연극이란 그런 낡은 습속에 길든 사람들의 감각을 바꾸고, 신체적 리듬을 바꾸고, 삶 자체를 바꾸는 것이어야 한다고 보았던 겁니다. 이는 특정한 사건을 관객에게 보여주는 공연 형식의 연극이 영화의 등장으로 인해 처했던 근본적인 위기에서 연극에 고유한 새로운 영역을 부여한 것이었다고 해도 좋을 듯합니다. "잔혹연극은 연극에 정열적이고 경련하는 듯한 삶의 개념을 주기 위해 창조되었다."[9]

그는 이를 위해 연극은 잔혹하고 난해한 '잔혹연극'이 되지 않으

---

(5) 아르토, 〈연극과 잔혹성〉, 《잔혹연극론》, 126쪽.
(6) 아르토, 〈서문: 연극과 문화〉, 같은 책, 22쪽.
(7) 같은 책, 19쪽.
(8) 같은 책, 22쪽.

면 안 된다고 합니다. 그렇지만 여기서 말하는 잔혹성이란 단지 몸에 상처를 내는 행위나, "잔인하게 칼로 자른 코나 귀를 주머니에 담아 우편으로 부치는 행위를 실행하는"[10] 그런 것이 아니라는 점에서 저나 여러분이 쉽게 떠올리는 그런 통상적인 것은 아닙니다. 아마도 그 단어로 인해 이런 오해와 반복해서 마주쳤던 것 같고, 그래서 잔혹이란 그런 게 아니라는 해명이 그 책의 많은 부분에서 반복되어 나타납니다. 그가 말하는 잔혹성이란 "사물이 우리를 향해 끼칠 수 있는 것보다 훨씬 더 무시무시하며 필연적인 것"이라고 하는데, 이는 "강밀한 엄격함이나 무대적 요소들의 극단적인 응축이라는 뜻으로 이해되어야 한다"고 합니다.[11]

구체적으로 이는 스펙터클, 음향과 음색, 고함, 잡음, 동작, 무대장치 등이 관객의 신체조직 전체에 침투하여 강하게 뒤흔들어놓을 수 있는 강밀도를 만들어내는 것을 뜻하는 것 같습니다. 그렇기 때문에 "소리와 음향과 잡음, 고함 들은 그것들 자체의 진동하는 특질을 발견하기 위해 추구되며, 그 다음에는 그것들이 표현하고자 하는 것을 위해 추구된다"고 하는 것이겠지요.[12] 동작 역시 그렇습니다. "연극을 예술로 만드는 것, 그것은 바로 제스처를 통해서 인체〔신체〕조직 속의 진동을 빼앗아오는 것이다. ……연극은 우리를 인체의 기관으로 직접 인도하는 총체적이면서도 최종적인 수단이다."[13]

여기서 '신체'와 '기관'이란 말에 주목해야 하지만, '인체의 기관으로 인도한다'는 말에 속아선 안 됩니다. 그것은 기관화하는 것과

---

(9) 아르토, 〈잔혹연극: 두 번째 선언문〉, 같은 책, 181쪽.
(10) 같은 책, 119쪽.
(11) 〈잔혹연극: 두 번째 선언문〉, 앞의 책, 181쪽.

는 반대로 습속에 물든 신체를 바꾸어놓기 위해 신체의 기관에 마치 한의사가 침을 놓듯이 진동을 주고 그것에 침투하여 다른 리듬에 따라 움직이게 하는 것입니다. "마치 중국 침술이 우리 몸의 어느 장소에 침을 놓아야 할지 정확히 알고 있으며, 바로 그 지점들이 인체의 가장 섬세한 기능까지도 통제하고 있다는 사실을 파악하고 있는 것처럼 말이다."[14]

잔혹성을 특징으로 하는 잔혹연극이 신체를 겨냥하는 바는, 기관 자체를 털어내고 다른 기관으로, 혹은 다른 신체, 다른 '나'의 신체로 바꾸어놓으려는 아르토의 문제의식으로 이어집니다. 그럼으로써 그는 이미 존재하는 것을 벗어나 아직 존재하지 않는 것을, 새로운 삶의 양상을 '지배'하기를 꿈꿉니다. 이러한 꿈과 발상을 극한으로 밀고간다면 모든 낡은 습속에서 벗어난 신체, 모든 기관화된 사용에서 벗어난 신체라는 절대적 탈지층화로 이어지게 될 겁니다. 이는 잔혹극을 통해 "궁극적으로 정신으로 하여금 절대적인 순수성, 추상적인 순수성을 불러오게"[15] 만들 거라는 생각으로 명확하게 표현됩니다. 이는 탈지층화의 강도를 절대적 순수, 절대성에 이르기까지 밀고가려는 그의 문제의식을 보여주는 것이지요.

요컨대 아르토에게 연극이란 언어적인 텍스트에 따라 움직이는 '실현' 내지 '재현' 행위가 아니라, 그 자체로 신체적인 것이고 물질적인 언어를 통해 작동하는 것임을 이해한다면,[16] 따라서 순수연

(12) 〈걸작품과 결별하기〉, 앞의 책, 122쪽.
(13) 같은 책, 123쪽.
(14) 같은 책, 120~21쪽.
(15) 아르토, 〈연금술적 연극〉, 앞의 책, 78쪽.

극이란 "그 자체로 하나의 이념이 되는 절대적 제스처의 순수물리학"이란 것을 이해한다면,[17] 탈지층화를 무한대의 절대적 경계로까지 밀고가려는 그의 시도가 신체를 절대적으로 탈기관화하려는 지점에 이르는 것은 어쩌면 쉽게 이해할 수도 있는 일입니다.

여기서 들뢰즈와 가타리는 기관 없는 신체가 기관에 반대하는 것이 아니라 그것들을 하나로 통합하여 그 기능과 위치를 고정시키는 유기체에 반대하는 것이란 점을 강조합니다. "우리는 기관 없는 신체가 기관의 대립물이 결코 아니라는 것을 조금씩 깨닫게 된다. 적은 기관이 아니다. 적은 유기체다. 기관 없는 신체는 기관들에 대립하는 것이 아니라 유기체라고 불리는 기관들의 조직에 대립한다. ……신체는 신체다. 그것은 단일하다. 기관은 필요없다. 신체는 결코 유기체가 아니다. 유기체는 신체의 적이다. 기관 없는 신체는 기관에 대립하지 않는다. 오히려 그것은 구성되고 위치지어져야 할 '진정한 기관들'과 더불어 유기체에, 기관들의 유기적 조직에 대립한다."(MP, 196; I, 167)

유기체에 대한 이러한 반대 내지 투쟁을 보통은 이해하기 어렵습니다. 우리의 신체는 하나의 유기체고, 그런 유기적인 통일성이야말로 우리의 생명을 유지하는 데 결정적인 '장점'이 아닌가 하는 게 통상적인 생각이지요. 유기적 통일성은 부분들을 하나의 통일체로 만들어 총체성을 부여하는 그런 방식이고, 부분을 전체화하는 방법이며, 따라서 유기적 통일성이 없다는 것은 아직 충분히 진화하지

---

(16) 아르토, 〈동양연극과 서양연극〉, 앞의 책, 105쪽.
(17) 아르토, 〈발리 연극에 대해서〉, 앞의 책, 93쪽.

못한 것이란 생각도 그렇습니다. 이런 점에서 본다면 우리는 아르토와 반대로 유기체뿐만 아니라 '유기체'라는 관념에서도, 유기체를 당연시하고 그것을 선호하는 관념에서도 벗어나지 못하고 있는 셈입니다.

이러한 유기체적 관념이 지배적인 것이 되었던 것은 19세기 생물학에서 '생명'이라는 개념이 기관들을 하나로 통합된 유기체로 만들면서 나타났던 과정과 연관되어 있습니다. 푸코가 《말과 사물》에서 언급한 바 있듯이, 퀴비에(G. Cuvier) 이후 생물학은 형태적 동일성과 차이에 따른 분류하기(린네)를 그치고, '생명'이라고 하는 하나의 중심 개념을 통해, 그것에 봉사하고 복무하는 기능에 따라 기관들을 정의하고 분류합니다.[18] 입은 먹기 위한 기관이고, 눈은 보기 위한 기관이며, 위장은 소화하기 위한 기관이라는 거지요. 물고기의 아가미와 인간의 허파는 아주 다른 모습을 갖고 있지만, 그래서 표상의 동일성과 차이를 따라 이루어지는 린네 식의 분류를 한다면 완전히 다른 선을 타게 되겠지만, 여기서는 호흡기관이란 이유에서 동일한 기능을 갖는 동일한 기관이 됩니다. 유기체란 생명이라는 '목적'을 각 부분들의 존재이유로 삼는, 아니 각각의 부분들이 그것을 목적으로 하여 하나의 기능을 수행하는 기관이 되게 만드는 그런 종류의 통합된 신체를 뜻합니다.

이처럼 유기화는 하나의 로고스(Logos), '일자(一者)'라고도 불리는 하나의 중심을 통해서 부분들을 통합하고 통일하는 것이고, 그 자리에서 특정한 하나의 기능을 하는 것으로 고정하는 것입니다. 그

---

[18] 푸코, 이광래 역, 《말과 사물(Les mots et les choses)》, 민음사, 1986, 310쪽 이하 참조.

것은 "여기가 너의 자리니, 여기서 네 할 일을 하라"라면서 '소명'을 부여하는 신의 명령처럼 말입니다. 이런 점에서 들뢰즈/가타리는 이를 일자, 로고스의 자리를 차지하고서 부분들을 자신의 지배 아래 복속시키는 '신의 심판'이라고 말합니다.

> 신의 심판, 신의 심판의 체계, 신학적 체계는 바로 유기체를, 유기체라고 불리는 기관들의 조직을 만드는 신의 조작이다. 왜냐하면 신은 기관 없는 신체를 견딜 수 없기 때문이고, 그 자신이 최초가 되기 위해, 유기체가 최초도록 하기 위해 기관 없는 신체를 추격해서 잡아 찢어버리기 때문이다. 유기체는 이미 그것, 신의 심판이다.(MP, 196~97; I, 167)

아르토가 유기체에 반대하여 기관 없는 신체를 만들고자 했던 날이라고 하는 1947년 11월 28일을 저자들이 '신의 심판'에 반대하여 봉기한 날이라고 하는 것은 바로 이런 의미에서지요.

3. 기관 없는 신체가 왜 '문제'인가?

앞서의 사례들을 통해서 기관 없는 신체가 지층화 이전에 이미 존재하는 질료고, 모든 지층 안에 항상 존재하는 것이지만, 동시에 탈지층화를 통해 기관 없는 신체를 만들어야 한다는, 어떻게 보면 상당히 역설적인 주장을 어렵지 않게 이해할 수 있습니다. 이런 점에서 기관 없는 신체는 모든 지층의 질료적 흐름으로 선존재한다는 것과 동시에 탈지층화의 목표로 설정된다는 것도 충분히 이해하셨을 것으로 생각합니다.

'신의 심판'에 반대하는, 유기체에 반대하는 아르토의 '투쟁'을 통해서 기관 없는 신체란 단지 일차적으로 존재한다는 언명으로 끝날 수 없는 것이며, '존재한다'는 사실 자체로 충분한 추상적 전제가 아니라, 우리가 만들어내야 할 '목표'란 점에서 현실적인 문제고 실천의 문제라는 것도 어느 정도는 이해할 수 있었으리라고 생각합니다. 기관 없는 신체란 모든 탈지층화 운동의 극한으로서, 탈지층화 운동 내부에서 작용하는 일차적인 힘이지만, 동시에 그것을 만들어내고 그것을 향해 나아가야 할 목표라는 점이 기관 없는 신체에 관한 장을 이렇게 따로 마련한 이유일 겁니다.

그런데 정작 문제가 되는 것은 기관 없는 신체를 만들려는 시도가 항상 성공할 순 없으며, 오히려 실패로 끝나는 경우가 비일비재하다는 것입니다. 그것은 변이와 신체적 변환을 시도하려는 사람들에게 매우 좋은 참조점이지만, 기관 없는 신체 개념의 특성상 실패조차 성공으로 보이는 경우가 많습니다. **모든 기관을 제거하는 것**이나 **모든 지층을 파괴하는 것**이 기관 없는 신체를 만드는 것으로 오해되기 쉬우며, 그리하여 제거와 파괴라는 부정적 결과조차 실패로 인식하기 어렵다는 점이, 기관 없는 신체가 현실적 목표로 되었을 때 심각한 문제를 야기할 수 있다는 것입니다. 이는 기관 없는 신체가 많은 경우 어둡고 음울한 파괴의 이미지로, 죽음으로 귀착될 실패의 이미지로 채색되는 이유기도 합니다.

왜 기관 없는 신체가 기쁨과 환희, 춤으로 가득할 때 이처럼 꿰매어지고, 유리처럼 되어버린, 긴장증적이며, 〔무언가에〕 흡인된 신체들의 음울한 대열이 나타나는 것일까? 하필이면 왜 이런 사례들이며, 왜 그것을 통과해야 하는 것일까? 충만한 신체 대신에 텅 빈 신체를 말이다.(MP, 187; I, 158)

바로 이것이 저자들이 이 책에서 기관 없는 신체를 별도로 다루는 이유고, 기관 없는 신체를 이루는(만드는) 문제로 질문을 던지는 이유며, 거기서 발생할 위험에 대해 서술하는 이유입니다. 그 자체로 창조적이고 생산적인 욕망이 어떻게 해서 죽음의 선을 타게 되는가, 어떻게 새로운 신체를 생산하려는 욕망이 스스로를 파괴하게 되는가 하는 것이 분열분석 내지 미시정치학의 중요한 질문이기 때문입니다. 따라서 저자들은 이 고원을 다음과 같은 문장으로 시작하고 있습니다.

어쨌든 간에 당신은 하나(혹은 여러 개)를 갖고 있지만, 그것이 선존재한다거나(préexiste) 기성품으로 나타난다거나 할 수는 없다―비록 어떤 점에서 선존재한다고 해도 말이다.―어쨌든 당신은 하나를 만든다. 그러지 않고서는 욕망할 수 없다―그리고 그것은 당신을 기다린다. 그것은 불가피한 실행 내지 실험으로, 당신이 그것에 착수하는 순간에 이루어지고, 그러지 않는 때에는 이루어지지 않는다. 그것은 확고하지 않다. 왜냐하면 당신은 실패할 수도 있기 때문이다. 또는 그것은 가공할 만한 것으로서 당신을 죽음으로 인도할 수도 있다. 그것은 욕망인 만큼이나 비-욕망이다. 그것은 관념이나 개념이 아니라 실천, 실천의 집합이다. 기관 없는 신체(Le Corps sans Organes), 우리는 거기에 결코 도달하지 못하며, 도달할 수도 없지만, 거기에 접근하는 것을 끝내버릴 수

도 없다. 그것은 극한(limite)이다.(MP, 185~86; I, 156~57)

그리곤 곧바로 이어서 텅 빈 신체로 귀착된 기관 없는 신체의 예들을 언급하고 있습니다.

> 히포콘드리아적 신체: "X양은 자신이 더 이상 두뇌, 신경, 가슴, 위장, 또는 창자를 갖고 있지 않다고 단언한다. 탈유기화된(dé-osganisé, 탈기관화된) 신체의 피부와 뼈만이 그녀에게 남아 있을 뿐이다."

> 편집증적 신체: "그는 오랫동안 위장도, 창자도, 폐도, 방광도 없이, 찢어진 식도와 부러진 늑골을 갖고 살았다. 그는 때로는 자신의 성대의 일부를 음식물과 함께 삼키기도 했다. 그러나 신의 기적은 항상 파괴된 것들을 회복시켰다."

> 분열적 신체: 이는 스스로를 기관들에 반대되는 곳으로 이끄는 능동적인 내적 투쟁에 의해 획득된다. 비록 긴장증(catatonia)을 그 대가로 얻게 되지만.

> 약물중독된 신체: "인간의 유기체는 수치스러울 정도로 불충분하다. 고장날 위험이 있는 입과 항문 대신에, 먹는 것과 배설하는 것을 위한 하나의 다목적 구멍을 가지면 왜 안 되는 것일까? 우리는 코와 입을 봉해버리고 위장을 꽉 채우며, 애초에 그래야 했던 것처럼 폐에다 바로 공기 구멍을 뚫을 수 있다."

> 마조히스트의 신체: 그는 자신의 사디스트 내지 자신의 창녀로 하여금 스스로를 꿰매게 하며, 눈, 항문, 요도(尿道), 가슴, 코를 꿰매게 한다. 그것은 기관들의 작동을 멈추기 위해 스스로를 매달게 하며, 마치 피부에 달라붙어 있는 기관들을 〔떼기라도 하려

는 듯이] 껍데기를 벗겨낸다. 모든 것들이 튼튼히 봉해져 있는지 확인하기 위해 비역질당하고, 질식당한다(MP, 186 ; I, 157).

이처럼 기관 없는 신체가, 혹은 탈지층화 운동의 벡터가 죽음으로 이르는 경우에 대한 경고가, 위험한 길들을 지도에 표시하고 위험표지판을 길에다 세우는 것이 여기서 중요한 문제가 됩니다. 이런 점에서 이 장은 기관 없는 신체를 어떻게 이룰 것인가라는 질문을 제목으로 달고 있지만, 사실 그것은 어떻게 하면 죽음을 의미하는 '텅 빈 기관 없는 신체'에 이르지 않을 것인가, 어떻게 하면 죽음을 야기하는 '암적인 기관 없는 신체'에 이르지 않을 것인가 하는 질문을 의미한다고 해도 좋을 겁니다. 그것은 기관 없는 신체와 절대적 탈영토화에 대한 저자들의 제안이 실천적이고 현실적인 긍정성을 확보하는 데 중요한 요건인 셈입니다. 이것이 부정적인 양상의 기관 없는 신체에 대한 서술에서 이 장을 시작했던 이유기도 할 것입니다.

다시 한번 말하면, 기관 없는 신체가 목표로서 설정될 때, 자칫하면 생성과 창조, 순수잠재성의 확장이 아니라, 반대로 죽음과 공허함으로 귀착될 수 있는 어떤 것이 될 수 있다는 사실에 유념해야 합니다. 마치 탈주선이 죽음의 선을 따라 흐를 수 있는 것처럼 말입니다. 저자들은 분명하게 말합니다. "그것은 탈주하지 않은 것만 못하며, 탈지층화되지 않은 것보다도 나쁜 것"이라고.

아마도 프로이트라면 이러한 비극적 결과를 무기적(無機的)인 상태로 되돌아가려는 '죽음본능(타나토스)'으로 설명할지도 모르겠습니다. 사실 프로이트는 죽음의 선을 타는 비극적 사태를, 긴장을 제거하고 안정성을 추구하는 유기체의 본능으로 설명합니다. "자극 때문에 생긴 내적 긴장을 줄이거나 일정한 상태로 유지하는 것, 혹은 그것을 제거하는 것"을 '열반원칙'이라고 부르고, 이를 통해 죽음본능의 존재가 입증된다고 믿습니다.[19] 이는 쾌락원칙을 추구하는 생의 본능과 대립적인 본능이지요. 이로써 '본능'이나 '충동'이란 말로 표현되는 욕망이 생식이나 출산에서 벗어난 차원으로 넘어가게 됩니다.[20]

여기서 '열반'이라는 개념은 평온함을 의미하는 완전한 안정성을 뜻하며, 그것이 본능이란 이름으로 일종의 '본래면목'의 자리를 차지하고 있다는 점은 선가(禪家)나 불가(佛家)와 동일합니다. 그렇지만 그것이 생성과 창조의 힘이 아니라 죽음과 파괴─프로이트가 죽음본능이란 개념을 '발견'한 것은 1차 대전이라는 전쟁 때문이라고 하지요─를 설명하는 본능이라는 점에서는 정반대되는 의미를 갖습니다. 물론 불가에서 죽음을 '열반에 들었다'고 부르기도 하지만, 이 경우에조차 그것은 일차적으로 육체로 인한 번뇌의 소멸을 뜻하고, 나아가 '윤회'라고 불리는 새로운 삶으로 나아가기 위해 기존의 삶이 '지워지고'(니체가 말하는 '망각' 같은 것 아닐까요?) 새로운 신체가 생성되도록 기존의 신체를 탈기관화하고 탈유기체화하는 것을 뜻한다는 점에서 파괴나 전쟁과 결부된 부정적 양상의 죽음과는 아

---

(19) 프로이트, 〈쾌락원칙을 넘어서〉, 박찬부 역, 《쾌락원칙을 넘어서》, 열린책들, 1997, 78쪽.
(20) 프로이트의 텍스트 〈쾌락원칙을 넘어서〉는 죽음본능 내지 열반원칙을 도입함으로써 이를 명확하게 하며, 이는 《문명과 그 불만》을 비롯하여 프로이트 후기 텍스트에 큰 변화를 가져온다고들 하지요. 이 고원에서 나중에 욕망에 대한 사제의 저주를 언급하면서 쓰고 있는 다음의 문장은 이를 염두에 두고 있는 것입니다. "정신분석은 욕망이 출산은 물론 생식에도 종속되어 있지 않다는 것을 보여준다. 이는 정신분석의 새로운 면모(modernisme)다."(MP, 192; I, 162)

무 상관이 없지요.

한편 스피노자는 본능에 의한 죽음은 없으며, 따라서 죽음본능이란 없다고 말합니다. 모든 존재는 자신의 지속을 욕망하며, 따라서 "어느 누구든지 외적 원인과 자기본성에 반하는 것에 정복되지 않는다면, 자기의 이익을 추구하며 끊임없이 자기의 존재를 유지하려고 한다. ……누구든지 음식을 거부하거나 자살하는 것은 자기의 본성의 필요성에 의해서가 아니라 외적인 원인에 강제되어 그렇게 한다."[21]

들뢰즈와 가타리 또한 스피노자처럼 죽음본능은 없으며, 죽음에 대한 욕망 또한 없다고 확고하게 단언합니다.[22] "프로이트가 죽음이 원리로서 필요했다면, 이는 충동들 간의 질적인 대립을 유지하려는 이원론의 요구 때문"이라고 말합니다.[23] 즉 그는 성욕이나 리비도, 혹은 생의 본능으로 설명할 수 없는 것을 설명하기 위해 스피노자처럼 외적인 조건이나 강제가 아니라 아예 반대되는 본능을 하나 새로이 끌어들였다는 겁니다. 반대되는 두 가지 본능이 있다면 이제 설명하지 못할 것은 아무것도 없습니다. 창조와 생성도 본능의 탓이 되고, 파괴와 고착도 본능의 탓이 되지요.

하지만 《안티-오이디푸스》에서 들뢰즈와 가타리는 기관 없는 신체가 '죽음'이라고 불리는 어떤 경험이나 상태와 관련된 것임을 인정하는 것처럼 보입니다. 다만 그것을 죽음본능으로 귀착시키는 것

---

(21) 스피노자, 《에티카》, 227쪽(4부 정리 20의 주석).
(22) Deleuze et Guattari, *Anti-Oedipus*, University of Minnesota Press, 1983, 332쪽.
(23) 같은 책, 332쪽.

을 비판할 뿐입니다. 즉 죽음의 경험이나 강밀도=0인 죽음의 모델은 있을 수 있지만, 그것이 죽음본능이나 열반원칙과는 무관하다는 겁니다. 정신분석이 이처럼 죽음본능을 끌어들이는 것은 금욕의 이상과 양심의 가책을, 그에 따른 숭고한 체념을 끌어들이는 것이라고 하지요.[24]

들뢰즈와 가타리는 이러한 개념이 등장하게 되는 것은, 프로이트 자신은 죽음본능의 '발견'이 제1차 세계대전이라는 전쟁과 관련되어 있다고 했지만, 정신분석이 자본주의와 확고하게 결합되고 혼인하게 된 결과라고 봅니다. 자본주의가, 팔리지 않아 창고에 쌓인 상품이 있음에도 불구하고 실업자와 굶주린 자를 생산—이를 저자들은 '반(反)생산'이라고 말하지요—해야만 존속할 수 있듯이, 그래서 생산과 더불어 반생산을 자신의 '본성'으로 하듯이, 개인들의 삶에 생산적인 힘과 반생산적인 힘을 본성인 양 부과한다는 겁니다.[25] 정신분석가가 찾아낸 죽음본능이란 이처럼 자본주의와 마주치면서 사람들이 갖게 되는 절망과 고통, 전쟁과 파괴를 사람들 자신의 본능으로 귀속시켜주는 개념이란 거지요.

반면 이 책에서 저자들은 기관 없는 신체를 '죽음'이라는 추상적 관념과 동일시하지 않습니다. 그것은 강밀도=0의 무기적이고 안정적인 상태를 지향하는 본능과도 무관하고, 그런 상태를 표시하는 죽음이란 개념과도 동일하지 않다는 겁니다. 그것은 새로운 강밀도의 분포, 새로운 욕망의 배치를 생산하기 위해 스스로 탈기관화하고 탈

---

(24) 같은 책, 331~32쪽.
(25) 같은 책, 335~36쪽.

유기체화하는 것이란 점에서 생산에 반하는 것처럼 보이지만, 그렇다고 '반생산'이라는 부정적인 개념으로 일반화되지도 않습니다. 오히려 극한적인 차원에서 기관 없는 신체란 어떤 것도 될 수 있는 잠재성 자체를 뜻하며, 어떠한 고정점도, 고착화된 것도 갖지 않는 욕망의 흐름 그 자체를 뜻하는 긍정적 개념입니다.

그렇지만 기관 없는 신체가 죽음본능 내지 죽음의 모델로 간주될 위험마저 없다고는 누구도 말할 수 없을 겁니다. 주어진 욕망의 배치에서 벗어난 새로운 욕망의 배치의 긍정적 형태를 갖지 못한다면, 혹은 창조와 생성의 긍정적 선을 발견하지 못한다면, 기관 없는 신체를 만드는 것은 모든 기존의 배치에 대한 파괴, 모든 기관 내지 유기체에 대한 부정과 파괴를 지향하는 것으로 나아가기 십상이기 때문입니다. 이 경우 자기자신의 파멸을 욕망하고 파멸능력을 갖기를 욕망하는 선을 그리게 될 것이며, 급기야 욕망은 죽음의 선을 그리게 될 것입니다.

4. 어떻게 기관 없는 신체를 만들 것인가?

그렇다면 이제 제목의 질문을 다시 던져봅시다. "어떻게 기관 없는 신체를 만들 것인가?" 이와 관련해 저자들은 기관 없는 신체의 문제를 두 가지 국면으로 구별함으로써 좀더 분명하게 하려고 합니다. "하나의 국면은 기관 없는 신체를 만드는 것이고, 다른 한 국면은 이 기관 없는 신체를 무언가가 순환하거나 통과하도록 하는 것이다. 동일한 절차들이 두 국면 모두에서 쓰이고 있지만, 그것들은 되풀이되어야 하고 두 번 이루어져야 한다."(MP, 188; I, 159)

가령 저자들이 들고 있는 마조히스트의 예에서 기관 없는 신체를 만드는 과정은 두 개의 단계로 나뉘어 진행됩니다. 첫째 단계는 자신의 신체를 묶고 꿰매어 기관들을 '알'과 같은 상태로 되돌리는 것입니다. 이 단계에서 핵심은 꿰매기입니다. "귀두(龜頭)의 구멍을 꿰매고, 귀두 주위의 피부를 귀두와 함께 꿰매요. 모자가 찢어지지 않도록 조심하세요. 음낭을 허벅지의 피부와 함께 꿰매요. 가슴을 꿰매되, 젖꼭지마다 구멍 네 개짜리 단추를 단단하게 다세요. 그것들의 단추 구멍을 고무줄로 연결해도 좋아요."(MP, 187; I, 158) 둘째 단계는 탈기관화된 그 신체에 채찍질을 하거나 핀을 꽂는 식으로 고통을 가하는 것입니다. 고통의 흐름이 기관 없는 신체를 순환하거나 통과하는 것이지요. 그럼으로써 이 신체는 마조히스트의 신체가 됩니다. 기관 없는 신체를 통해서 새로운 종류의 신체, 새로운 종류의 주체가 되는 것이지요.

첫째 단계가 탈기관화하여 기관 없는 신체를 만드는 것이라면, 둘째 단계는 그것에 새로운 욕망을 통과하게 하여 새로운 힘의 분포를 만들어내는 것입니다. 첫째 단계가 유기적으로 통합된 이전의 기관들의 분포를 부정하는 것이라면, 둘째 단계는 새로운 종류의 기관들을 형성하고 새로운 주체가, 새로운 '유기체'가 되는 긍정적인 구성 과정입니다.

그런데 신체를 탈기관화하여 기관 없는 신체를 만드는 데서 멈춘다면, 그것은 바로 첫번째 단계에서 멈춘 것에 불과합니다. 기관이 제거된 신체를 만든다는 것은 그 자체가 목적이 아니라 그럼으로써 새로운 신체를 구성하는 것이 목적입니다. 따라서 기관들을 제거하는 것 이상으로 그것을 새로운 흐름으로 채우는 것, 그것을 통해 새로운 신체로, 새로운 '나'로 재구성하는 것입니다. 그것이 없다면 기관 없는 신체란 텅 빈 신체에 불과한 것이 되고 말 것이기 때문입니다.

> 사람들은 두 번 실패할 수 있는데, 〔사실〕 그것은 하나의 동일한 실패요 하나의 동일한 위험이다. 즉 한 번은 기관 없는 신체를 구성하는 수준에서, 또 한 번은 그것을 통과하든가, 그렇지 않든가 하는 수준에서다. 사람들은 스스로 훌륭하게 기관 없는 신체를 이루었다고 믿으며, 〔훌륭한〕 장소, 능력, 집합성……을 선택했다고 믿는다. 그런데 아무 일도 일어나지 않고, 아무것도 순환하지 않거나, 더 이상 거시기(ça)가 통과하지 못하게 하는 어떤 것이 나타난다.(MP, 189; I, 160)

이는 기관 없는 신체가 문제가 되는 이유와 맥락을 명확하게 보여주며, 기관 없는 신체를 만드는 문제가 기관이 제거된 텅 빈 신체를 만드는 게 아니라는 점을 잘 보여줍니다. 그런 만큼 기관 없는 신체를 만든다는 게 무얼 뜻하는지도 잘 보여주며, 그것이 기쁨과 환희에 넘치는 긍정적 과정이어야 한다는 것도 어느 정도 납득할 수 있게 해줍니다. 그러나 마조히스트의 신체가 신체를 텅 비우는 단계를 지나 두 번째 단계에 들어가는 데 성공한다고 해도, 그것이 어떤 쾌락이나 기쁨을 주지 않을 것이란 점은 저자들도 잘 알고 있습니다.

저자들은 마조히스트가 고통에서 쾌락을 느끼는 사람이란 관점에서 오해되어왔다고 하면서, 거기서 중요한 것은 탈기관화하여 기관 없는 신체를 만드는 문제지, 고통을 즐기는 문제가 아니라고 말하고 있으니까요. "마조(Le maso)가 고통을 갈구한다는 말은, 그가 특별히 서스펜스 내지 우회적 방식으로 쾌락을 갈구한다는 말만큼이나 틀린 이야기다. 마조는 오직 고통에 의해서만 채워지거나 관통될 수 있는 유형의 기관 없는 신체를 갈구한다. 이는 그런 기관 없는 신체가 구성되는 조건 그 자체로부터 기인하는 것이다."(MP, 188; I, 159)

따라서 마조히스트가 되는 데 성공한다고 해도, 그것이 기관 없는 신체의 긍정성을 납득하게 하는 데는 근본적인 난점이 있는 것으로 보입니다. 이는 기관 없는 신체의 개념 자체를 다시 부정적이고 절망적인 빛으로 물들이며, 긍정적인 의미에서 그것이 대체 무언지 알 수 없게 만드는 요인입니다. 따라서 다시 질문하지 않을 수 없습니다. 마조히스트처럼 텅 빈 신체, 고통스런 신체를 만들지 않고서 기관 없는 신체를 만든다는 것은 대체 무엇인가?

저는 솔직하게 말해, 여기서 기관 없는 신체를 만드는 것이 기관들을 제거하는 것으로 정의되거나 예시되는 것은, 그리하여 기관 없는 신체에 도달하는 순간 텅 빈 신체가 되는 것은 **신체를, 혹은 기관 없는 신체를 기관으로부터 충분히 추상하지 못해서** 그런 것이 아닌가 하는 의문을 지울 수 없습니다. 그것은 신체를 오직 **가시적인 형상을 통해서만** 이해하는 그런 서구적 전통을 충분히 추상하지 못해서 그런 것이 아닌가 하는 의문이지요. 그렇기에 기관 없는 신체를 만드는 것이 질료적 흐름 그 자체로 추상되지 못한 채, 기관이 제거된 형상으로 꿰매어진 신체, 약물에 중독된 신체, 기관이 떨어져나간 신체 등에 머물고 마는 것은 아닌가 하는 것입니다.

반면 도교(道敎)에서처럼 가령 기(氣)라는 개념을 통해서 신체를 이해한다면, 혹은 불교(佛敎)에서처럼 그 자체로 공(空)인 오온(五蘊)이라는 요소들의 구성물로 세상을 이해한다면, 그것은 어떠한 가시적인 형상이나 형태로부터 벗어나서 신체를 순수한 질료적 흐름으로 이해할 수 있을 겁니다. 그렇다면 기관들의 형상을 굳이 꿰매거나 떼어내는 방식으로 지우지 않고서도, 다시 말해 기관들을 그대로 몸에 붙여둔 채 신체를 순수한 질료적 흐름으로 만드는 것이 얼마든지 가능할 겁니다. 삼매(三昧)에 든다고 하던가요? 밝은 빛으로 넘쳐나고 기쁨과 환희가 넘쳐나는 현상을 수반하기도 하면서, 신체도 잊고 번사도 잊으며 오직 집중하려는 지점에 철두철미 집중할 뿐인 평온하고 안정적인 상태, 혹은 모든 사물의 형상이 사라지고 한없는 공을 체험하는 상태(공무변처정空無邊處定), 심지어 의식마저 사라지는, 그래서 의식이 있다고도 할 수 없고 없다고도 할 수 없는 선정(禪定)의 상태(비상비비상처정非想非非想處定), 더 나아가서 감각도 사라지고 호흡도 사라지며, 그리하여 완전하게 탈기관화되지만 체온은 남아 있고 최소한의 수준에서 기관들의 신체적인 기능도 온전히 유지되는 상태(멸진정滅盡定) 등등이 있다고 합니다. 이런 사례는, 기관을 떼어내거나 꿰매서 제거하는, 다시 말해 신체를 텅 비우는 절차 없이도 기관 없는 신체를 만들 수 있으며, 어떠한 부정적인 긴장이나 음울함 없이도 기관 없는 신체를 만들 수 있다는 것을 보여줍니다.

이는 또한 기관 없는 신체를 만드는 것이 목적은 아니지만, 그 자체에 멈춘다고 해서 죽음에 이르는 그런 텅 빈 신체로 끝난다고 할 수 없는 그런 경로를 보여줍니다. 반대로 기관이나 사물이 그대로 달린 채 '텅 빈' 것으로, 그러나 그것은 단지 모든 형상에서 자유로운 질료적 흐름 그 자체인 공(空)으로 보게 될 수 있는 그런 가능성을 열어줍니다. 형상(色)이 그대로 공(空)이고, 공이 그대로 형상인(色

卽是空 空卽是色) 그런 세계를 본다고 하지요.

그런 상태를 경험함으로써 수행자는 신체란 자신의 것이 아니며 거기에는 '나'라고 부를 것이 없다는 것을 실제로 체험한다고 하지요. 이는 새로운 '나', 새로운 '주체'로 다시 기관 없는 신체를 채우는 게 아니라, 철저하게 무아(無我)인 상태로 살게 되는 계기가 됩니다. 이는 신체의 기관들을 그대로 달고 있으면서도 항상 탈유기체화되고 탈주체화된 삶을 살 수 있는 계기기도 하지요.

이런 점에서 '기관 없는 신체'에 대한 질문은 사실 인도나 중국에서 이미 훨씬 오래 전에 던져진 바 있으며, 죽음에 이르는 음울하고 처참한 길과 전혀 다른 종류의 길을 많은 수행자들이 발견했고 그 길을 갔다고 단언해도 좋을 듯합니다. 심지어 그것을 응용해서 새로운 주체가 되고 새로운 신체를 만드는 방법까지 개발해서 '강호'를 주름잡고 다니던 사람들도 많았지요. 저자들 역시 이를 막연하게나마 알았던 듯한데, 그래서 뒤에 보면 도가의 도(道)나 선가의 개념을 언급하기도 하지만, 충분히 알고 있지는 못했던 것으로 보여 안타깝습니다.

5. 기관 없는 신체 위에선 무슨 일이 벌어지는가?

1) 기관 없는 신체와 강밀도

저자들은 유기화에 반하여, 신의 심판에 반하여 형성되는 극한적 사유를 통해 하나의 기관이 다른 기관으로, 하나의 신체가 다른 종류의 신체로 변환될 수 있는 순수잠재성을 보고자 합니다. 바꿔 말하면 순수잠재성으로서 기관 없는 신체 위에서 일어나는 사태는 하나의 기관이 다른 기관으로 변이되는 것이고, 다른 종류의 기관들로 구성된 다른 신체가 만들어지는 것입니다. 그런데 대체 그러한 변이, 그러한 변환은 어떻게 가능할까 하는 질문이 제기될 수 있습니다. 기관이니 신체니 변이니 하는 것이 '은유'가 아니라 실재적인 것이라면, 실재적인 하나의 기관이 어떻게 다른 기관이 될 수 있느냐는 겁니다.

여기서 우리는 강밀도와 욕망이라는 개념을 만나게 됩니다. 먼저 강밀도(intensité)는 '강도', '강렬도' 등으로 번역할 수 있는데, 말 그대로 힘의 강도, 힘이 집약되거나 응축된 정도를 의미합니다. 앞서 든 예지만, 손으로 망치질을 하려면 그에 필요한 근육에 적당한 정도의 힘을 분배해야 하고 그 분포 상태를 유지하거나 적절한 변화를 만들어야 합니다. 그러다가 그 손으로 글씨를 쓰려면 거기 필요한 상태로 힘의 분포 상태를 변화시켜야 합니다.

분명히 망치질을 하는 손과 글씨를 쓰는 손은 다른 기능을 하는 다른 '기관'(정확하게 말하면 기계)이지만, 그래서 두 '기관' 사이에는 분명히 불연속적으로 보이는 문턱이 있지만, 사실 하나의 상태에서 다른 상태로 넘어가는 것은 힘의 분포나 그 강도의 분포를 연속적으로 변화시켜서 만들어집니다. 물론 어중간해서는 글씨가 뭉개지거나 망치로 못대가리를 '안마' 하는 게 되겠지요. 즉 망치질을 하려면 그에 걸맞는 '문턱(seuil)'을 넘어야 합니다. 문턱이니 역치(閾值)니 하는 단어를 쓰면서 "강밀도의 얇은 축들과 벡터들, 그래디언트와 역치들로 정의된다"(MP, 190; I, 161)고 하는 것은 바로 이런 의미에섭니다.

그런데 주목할 점은 힘의 크기 내지 정도, 강밀도 등과 같은 개념이, 망치질하는 손에서 글씨 쓰는 손이 되고, 하나의 기관이 다른

'기관'이 되는 것이 가능한 실재적 이유를 정확하게 보여준다는 것입니다. 다시 말해 하나의 '기관'이란 각각의 역치에 의해 다른 '기관'과 구별될 뿐이며, 따라서 강밀도의 변화가 어떤 기관이 되는 데 필요한 역치를 넘을 수 있다면 그 기관으로 변화될 수 있다는 겁니다. 이런 의미에서 고유한 역치들이 있음에도 불구하고 상이한 '기관'들은 강밀도의 연속체를 이룬다고 말할 수 있습니다.

기관 없는 신체란 무엇인가? 그것은 강밀도가 제로인 값으로 모든 부분이 고르게 분배되어 있는 극한적 상태를 의미합니다. 알의 최초의 표면이 그렇지요. 기관 없는 신체가 기관을 갖게 되는 것은 그 신체의 일부분에 그 기관이 되는 데 필요한 힘 내지 강밀도의 집중이 이루어질 때입니다. 강한 의미의 기관, 다시 말해 유기체의 기관이 된다는 것은, 그 분포 상태가 주어진 역치 안에 변함없이 유지된다는 것을 뜻합니다. 그 역치를 넘어서 힘의 분포, 강밀도의 분포를 바꾸지 못한다면 그 기관은 다른 기관이 될 수 없으며, 영원히 그 기관으로 머물러 있어야 합니다. 고정된 신체, 굳어버린 기관이 되는 겁니다. 망치나 숟가락을 사용하는 것과 다른 강밀도의 분포를 만들어내지 못한다면, 글씨를 쓰거나 인형극을 하거나 그림을 그리지 못하게 된다는 말이지요.

따라서 강밀도라는 개념은 단순히 힘이나 에너지 등의 집중 '정도'를 뜻할 뿐이지만, 신체와 '기관'의 상대적 안정성과 더불어 그 변화를 이해하는 데 매우 유효하고 중요합니다. 그리고 바로 이런 의미에서 기관 없는 신체란 강밀도의 연속체로서 신체의 바탕이 되는 개념임이 분명해집니다. 저자들은 기관 없는 신체와 강밀도의 관계를 이렇게 설명합니다.

기관 없는 신체는 강밀도들에 의해서만 서식되고 점유되는 그런 방식으로 이루어진다. 오직 강밀도들만이 통과하고 순환한다. 하지만 기관 없는 신체는 어떤 것이 지나다니는 무대나 장소, 받침대가 아니다. ……기관 없는 신체는 강밀도들을 지나가게 하며, 공간(spatium) 안에서 강밀도들을 생산하고 분배하는데, 이 공간은 그 자체가 강밀하며, 연장(延長)을 갖지 않는다. 기관 없는 신체는 공간(espace)이 아니며, 공간 속에 있는 것도 아니다. 그것은 공간을 이러저러한 정도─생산된 강밀도에 상응하는 정도─로 점유하게 될 질료다. 그것은 비지층화되고 미형태화된 내포적인(intense) 질료〔물질이〕요, 강밀한(intensive) 모태(matrix)며, 강밀도=0이다.(MP, 189; I, 160)

여기서 약간 부연하자면 첫째, 기관 없는 신체를 강밀도=0으로 정의했는데, 그렇다고 해서 강밀도가 음(陰)의 값을 갖는 경우는 없다는 것입니다. "음의 강밀도 혹은 반(反)강밀도란 존재하지 않는다. 물질〔질료〕은 에너지와 동등하다."(MP, 189; I, 160) 뒤의 문장이 $E=mc^2$을 연상시키지만, 수학 공식과는 별도로 질료가 집중된 강밀도란 무언가를 할 수 있는 능력을 표현한다는 의미에서 물질(질료)과 에너지의 상호적인 전환 가능성을 함축한다는 것으로 이해하면 될 듯합니다. 이를 기와 에너지, 기와 능력의 문제로 이해한다면 더욱더 명확하지요. 혹은 성철(性徹) 스님이라면 물질을 뜻하는 색(色)과, 형상이 없지만 모든 것을 산출하는 능력(에너지?)을 포함하는 공(空)의 동일성을 뜻한다는 의미에서 "색즉시공(色卽是空) 공즉시색(空卽是色)"이라는 반야심경의 문구를 떠올릴지도 모르겠습니다.

둘째, 기관 없는 신체는 외연을 갖지 않는, 그 자체로 강밀하며 내포적인 질료라는 점입니다. 여기서 intense나 intensif는 '강밀한', '집중적인'이란 의미를 갖는데, 그것은 외연을 갖는 것, 외연적인(extensif) 것과 반대되는이라는 의미를 함축합니다. 이 경우 '내포적인'이란 말은 논리학적 함축이 강해서, 질료적(물질적) 특성인 강밀도나 기관 없는 신체를 표현하는 데 그다지 적절하지는 않지만 '외연적인'이란 말과 대비하기 위해 어쩔 수 없이 쓴 말입니다. 제 생각에는 이 경우 강밀도(intensité)의 한 특징을 표현하는 intense나 intensif는 무협지에서 사용하는 개념인 '내공'이란 개념을 빌려 '내공의', '내공적인'이란 말로 번역하면 좋을 듯싶습니다. 그러면 intensité는 '내공', extensité는 '외공'이라고 번역해도 좋겠지요.

웃는 분도 있고, 어리둥절해하는 분도 있는 듯하니, 간단한 예를 하나 들까요? 가령 검객이 몸을 움직이며 칼을 휘두르는 것은 일정한 형태를 따라, 다시 말해 외연을 갖는 형태들의 연이은 동작을 몸에 배도록 하는 숙련을 통해서 이루어집니다. 이런 동작의 집합을 흔히들 '초식'이라고 하지요? 또 웃으시는군요. 그 초식이 어떤가에 따라 칼을 휘두르는 방법, 들어오는 칼을 막아내는 방법이 달라지지요. 그래서 강호의 고수들은 상대방이 칼을 쓰고 몸을 움직이는 스타일을 보고 '화산검법'이니 '무당검법'이니 하고 알아채지요. 이는 외공에 속하지요? 그런데 동일한 검법이나 권법을 쓰더라도, 한 번의 칼질, 한 번의 발길질에 얼마나 강하게 기를 집중하여 모아낼 수 있는가에 따라 고수가 되기도 하고 하수가 되기도 하지요. 동일한 초식의 동작에 어떠한 강도의 기를 순간적으로 집중하여 모아낼 수 있는가 하는 것은, 외연을 갖지 않는 능력이고 외공에 속하지 않는 능력이지요. 그래서 통상 '내공'이라고들 하지요. 이런 의미에서 강밀도의 분포를 만들어내는 문제는 일차적으로 외공 아닌 내공의 문제고, 그것이 갖는 힘과 능력은 외공적인 것이 아니라 내공적인 것입니다.

요컨대 강밀도가 순환하는 신체로서 기관 없는 신체란 모든 실재적인 것을 생산하는 질료요 바탕입니다. 실재적인 것의 생산이란 0에서 시작되는 강밀도들의 특정한 크기들을 생산하는 것에 의해, 그것을 만드는 에너지의 흐름의 특정한 집중과 분배를 통해 정의된다고 할 수 있습니다.

2) 기관 없는 신체와 욕망

다음은 욕망이란 개념에 대해 말해야 합니다. 일반적인 오해를 피하기 위해 먼저 말해두어야 할 것은 여기서 욕망이라는 말에서 성욕이나 식욕, 혹은 재물욕 등과 같은, 대개는 부정적인 어떤 형태의 욕망을 떠올리면 곤란하다는 겁니다. 여기뿐만 아니라 이 책에서 말하는 욕망이란 '하고자 함'을 뜻하며, 이런 점에서 '의지'나 니체의 '권력의지' 개념에 상응하는 것입니다. 이와 비교해서 말하자면, 강밀도란 그런 의지, 그런 욕망이 하고자 하는 것을 실제로 '할 수 있게' 해주는 바탕입니다.

일전에 들뢰즈는 니체에 대한 책에서 힘과 권력의지 개념을 설명하면서 "힘이란 할 수 있는 것이고, 의지란 하고자 하는 것이다"라고 말한 적이 있어요.[26] 예를 들어 훌륭한 검객은 엔간한 상대는 죽일 수 있는 힘을 갖고 있지만, 잘 그러려고 하지 않지요. 반면 거대한 힘을 갖고 있으면서 자신을 거스르는 모든 것은 '악의 축'에 속한다고 비난하며 파괴하고 죽이려는 국가도 있지요. 이는 힘과 의지가 서로 다른 것임을 잘 보여줍니다. 덧붙이면, 하려고 하는 의지는 대개 힘이 있을 때 생겨나고, 힘이 없을 경우에는 무력하게 도망하거나 산에 들어가 때를 기다리며 힘을 쌓거나 하지요. 몸이 약한 사람이 대개는 도전적인 의지가 약한 것도 그 예지요. 이런 점에서 힘은 의지의 바탕이 되며 의지의 조건이 됩니다.

그런데 여기서 좀더 결정적인 것은 힘보다는 의지처럼 보입니다. 왜냐하면 의지란 힘을 실제로 투여하게 만드는 요인이기 때문입니다. 큰 힘이 있지만, 그것을 어디다 어떻게 쓰는가를 결정하는 것은 의지지요. 힘이 크고 작음으로 구별되는 양적인 것이라면, 의지는 그것을 남을 돕는 데 쓰거나 남을 굴복시키는 데 쓰거나 하는 것을 결정한다는 점에서 질적인 것이라고 할 수 있습니다. 니체는 의지의 질을 긍정적인 것과 부정적인 것으로 구별한 바 있지요.[27]

이 책에서 말하는 강밀도가 위에서 말한 '힘'에 해당된다면, 욕망이란 '의지'에 해당된다고 할 수 있습니다.[28] 강밀도가 욕망이 하고자 하는 것을 할 수 있게 해주는 성분이라면, 욕망은 그러한 강밀도의 힘에 방향과 질을 부여하는 성분입니다. 예를 들어 내공을 쌓아 얻은 강력한 집중력을 환자의 몸에 침을 놓는 데 사용하는 경우도 있고, 남의 목을 베는 칼질에 사용하는 경우도 있으며, 붓을 휘둘러 글씨는 쓰는 데 사용하는 경우도 있습니다. 이 경우마다 힘은 다른

(26) 들뢰즈, 《니체, 철학의 주사위》, 96쪽.
(27) 니체가 사용하는 이러한 개념에 대해서는 《니체, 철학의 주사위》, 100~101쪽 참조.

질을 갖고 다른 속성을 갖는 욕망에 사용되지요. 아니, 좀더 정확하게 말하자면 힘과 의지, 혹은 강밀도와 욕망은 이보다 더 내재적이어서, 침을 놓으려는 욕망이 그에 걸맞는 힘을 쌓고 그에 필요한 강밀도의 분포를 만들어내게 추동하며, 검을 쓰거나 붓을 쓰는 경우도 그에 걸맞는 힘과 강밀도를 만들어내게 추동하지요. 물론 힘이나 강밀도가 뒷받침해주지 않으면 그 욕망은 이루어질 수 없겠지만, 이 경우에조차도 분명한 건 욕망에 따라 힘의 질이, 속성이 다르게 된다는 점입니다.

이런 의미에서 강밀도는 욕망을 통해 속성들의 연속체가 된다고 할 수 있습니다. 다시 말해 욕망은 기관 없는 신체들을 상이한 속성, 상이한 유형으로 구별하고, 각각의 질적인 속성 내지 유형 안에서 강밀도의 고유한 분배가 발생합니다. 이를 들뢰즈/가타리는 스피노자의 실체와 속성이란 개념을 변용시켜 이렇게 표현합니다. "실체적 속성들의 형식적 다양체 그 자체는 실체의 존재론적 단위로 구성된다. 하나의 동일한 실체 아래 강밀도의 모든 속성 내지 종류의 연속체가 있으며, 하나의 동일한 유형 내지 속성 아래 특정한 종류의 강밀도의 연속체가 있다."(MP, 191 ; I, 161~62)

가령 앞서 보았던 마조히스트의 기관 없는 신체나 약물중독자의 기관 없는 신체, 그리고 도를 닦는 '수행자'들의 기관 없는 신체 등

---

(28) 동양에서 쓰는 개념을 거칠게나마 대응시킨다면, 힘이나 강밀도에 해당되는 것이 기(氣)라면, 의지에 해당되는 것은 심(心)이라고 할 수 있습니다. 단, 힘은 크고 작은 것으로만 구별되는 양적인 것이지만 기는 부드러운 기, 날카로운 기, 따뜻한 기, 차가운 기 등과 같은 질적 특성이 포함되어 있다는 점에서 다르고, 심은 개별적인 힘의 이용에 작용하는 것뿐만 아니라 모든 것을 아우르는 '본래면목'이란 의미를 포함한다는 점에서 다르지만 말입니다.

등은 모두 기관 없는 신체라는 점은 분명하지만 서로 '속성'을 달리하는 기관 없는 신체지요. 여기서 욕망을 달리한다는 것은 그에 필요한 강밀도의 분포를 수반한다는 것뿐만 아니라, 기관 없는 신체의 속성 자체를 다른 것으로 만든다는 것, 다른 종류의 신체를 만든다는 것임을 알 수 있습니다. 바꿔 말하면 욕망을 통해서 다른 종류의 신체나 속성을 달리하는 기관 없는 신체가 하나에서 다른 하나로, 또 다른 것으로 변환되고 이행된다는 것입니다. 따라서 성욕에 이끌려 여인을 유혹하다가 출세욕에 이끌려 밤새 일을 할 때, 혹은 복수심에 불타 검법을 연마하다가 마음이 바뀌어 해탈을 위해 가부좌 틀고 앉아 수행을 할 때, 우리는 다른 종류의 신체, 다른 속성의 기관 없는 신체를 욕망하게 된 것이라고 말할 수 있습니다. 즉 "기관 없는 신체는 욕망이다. 사람들은 바로 그것을 욕망하며, 또 바로 그것으로써 욕망한다."(MP, 203; I, 173)

그렇다면 다시 하나의 질문이 제기됩니다. 욕망마다 상이한 종류의 신체, 상이한 속성의 기관 없는 신체가 대응한다면, 하나의 욕망과 신체에서 다른 종류의 욕망과 신체로 변이하기 위해선 또다시 탈기관화하는 과정을 거쳐야 하지 않는가? 즉 욕망의 변화에 수반되는 탈기관화를 위해선 모든 욕망에 대해 하나의 기관 없는 신체를 상정해야 하지 않는가? 그런데 욕망에 따라 상이한 속성을 갖는 기관 없는 신체가 있다고 했는데, 그렇다면 이젠 상이한 기관 없는 신체들의 기관 없는 신체를 상정해야 한다는 말인가? "모든 기관 없는 신체들로 이루어지는 하나의 집합이 존재한단 말인가? 기관 없는 신체가 이미 하나의 극한이라면, 기관 없는 신체의 집합에 대해서는 뭐라고 말해야 하는가?"(MP, 190~91; I, 161)

저자들의 대답은 명확합니다. "그렇다"는 것이지요. 이는 실체와 속성에 대한 스피노자의 주장을 알고 있다면 이해하기 그리 어렵지 않습니다. 즉 하나의 실체를 표현하는 상이한 속성들처럼, 속성을 달리하는 기관 없는 신체들은 하나의 단일한 기관 없는 신체가 속성에 따라 다르게 표현된 것이라는 겁니다. 이런 점에서 속성을 달리하는 모든 기관 없는 신체들의 연속체로서 하나의 단일한 기관 없는 신체란 욕망의 내재적 변환이 취하는 최대영역이고, 욕망의 내재적 극한이며, 욕망의 내재성의 장 전체라고 할 수 있겠지요. "기관 없는 신체는 욕망의 내재성의 장이요, 욕망에 고유한 일관성의 구도다."(MP, 191 ; I, 162)

이제 저자들은 강밀도와 욕망과 결부된 기관 없는 신체의 개념을 다음과 같이 요약하고 있습니다. "베이트슨(G. Bateson)은 절정을 향해 나아가지 않으며, 어떤 외적 종결에 의해 중단되지도 않는 방식으로 구성되는 지속적인 강밀도의 지역을 고원이라고 부른다. ……하나의 고원은 내재성의 한 조각이다. 각각의 기관 없는 신체는 고원들로 이루어진다. 각각의 기관 없는 신체는 그 자체가 하나의 고원으로, 일관성의 구도 위에서 다른 고원들과 소통한다. 기관 없는 신체는 이행(passage)의 구성요소다."(MP, 196 ; I, 166)

요약하면 기관 없는 신체 위에서 욕망은 그에 필요한 강밀도의 분포를 '생산'하고 그에 부합하는 속성과 양상(양태)을 부여합니다. 그렇지만 욕망은 그렇게 만들어진 속성 바깥에 따로 있는 게 아니라 그 속성을 갖는 양태의 본성입니다. 그것은 그렇게 표현되는 한에서만 존재합니다. 그것으로 표현되지 않고 숨어 있는 '욕망'은 따로 없다는 말입니다. 그 표현이 다른 속성을 취하게 되면,

이전의 속성으로 표현되던 욕망은 사라지고 새로운 속성으로 표현되는 욕망이 그 새로운 표현양상으로 존재한다고 할 수 있습니다.[29] 가장 포괄적인 의미에서 대문자로 쓴 〈기관 없는 신체〉는 그러한 욕망 내지 속성들로서, 기관 없는 신체들의 집합이며 그것들이 상호내재적으로 변환되며 표현되는 장입니다. '기관 없는 신체'가 '욕망의 내재성(immanence)의 장'이라는 말은 이런 의미지요.

3) 욕망과 내재성

지금까지 본 것처럼, 기관 없는 신체는 강밀도의 연속체자 욕망의 내재성의 장입니다. 그리고 욕망은 그 위에서 강밀도의 특정한 분포를 생산하고 기관 없는 신체를 특정한 속성으로 표현하게 만드는 능력과 결부되어 있습니다. 따라서 욕망은 무언가가 결여된 상태가 아니라 무언가를 생산하는 능력입니다. 또한 욕망은 나름의 '속성'이라는 표현적 양상을 취하지만 그 자체로 기관 없는 신체가 취하는 상이한 질을 표현하는 요인이며, 그런 점에서 기관 없는 신체에 내재적인 능력이지, 그 질료적 흐름 바깥에 존재하는 초월적인 어떤 원리나 이상(Idea)이 아닙니다.

그러나 욕망을 성욕으로 환원할 수 있다고 믿는 정신분석학은, 욕망이란 본질적으로 쾌락을 추구하는 것이라고 보지요. 쾌락원칙이야말로 모든 욕망의 가장 일차적인 원리라는 것입니다. 이 경우

---

[29] 이러한 '표현' 개념은 스피노자의 내재성의 철학에 중심적인데, 이에 대해서는 G. Deleuze, *Spinoza et le problème de l'expression*, Minuit, 1969, 9~18쪽 참조.

쾌락원칙이란 모든 욕망의 흐름을, 각각의 욕망 바깥에서 항상-이미 선(先)규정하고 있는 초월적인 원리가 됩니다. 욕망이 어떤 양상으로 표현되든, 그 질료적 흐름이 어떤 식의 분포를 만들어내든, 그것은 쾌락이라는 외생적(extrinsèque) 원리에 따라 움직이고 있다는 것입니다.

이는 쾌락원칙이 외부세계와 충돌하거나, 그것을 예상하여 적절한 타협안을 찾는다는 '현실원칙'에도 마찬가지로 적용됩니다. 프로이트에 따르면, "열반원칙이 죽음본능의 추세를 표현한다면, 쾌락원칙은 리비도의 요구를 표현한다. 그리고 쾌락원칙의 변형인 현실원칙은 외부세계의 영향을 표현한다"[30]고 합니다. 그렇지만 이는 가능한 쾌락의 양을 최대화하려는 욕망이 조건과 성향에 따라 다른 방향을 취한 것일 뿐이란 점에서 쾌락원칙에서 근본적으로 벗어나지 않습니다.

정신분석학은 심지어 마조히스트가 고통을 스스로 선택할 때도 거기서 '고통=쾌락'이라는 기묘한 공식을 발견합니다. 하지만 말년의 프로이트는 쾌락원칙이란 긴장의 강도를 낮추는 것을 함축하는 반면, 마조히스트의 고통은 긴장의 강도를 높이는 것이란 점에서 쾌락원칙과 다른 어떤 원칙에 따라 행동하는 것이라고 보지요. 그는 거기서 긴장을 낮추는 데서 오는 쾌감과 달리, 태어나기 이전의 상태, 유기체가 되기 이전의 상태를 추구하려는 본능 내지 충동을 찾

---

(30) 프로이트, 〈마조히즘의 경제적 문제〉, 《쾌락원칙을 넘어서》, 169쪽. 여기서 '쾌락원칙', '열반원칙', '현실원칙'은 다음 인용문에서 지적하는 세 가지에 정확하게 대응합니다. "사제의 가장 최근의 형상은 정신분석가로서, 세 가지 원칙을 갖고 있다. '쾌락', '죽음', '현실'이 그것이다." (MP, 192: I, 162)

아닙니다. 그것은 죽음을 향한 충동이고, 파괴를 향한 충동과 다르지 않다고 생각합니다. 전쟁처럼, 합리적으로는 결코 이해할 수 없는 인간의 행동을 그는 이런 죽음충동에 따른 것이라고 봅니다. 쾌락원칙과 다른 또 하나의 원리가 욕망이나 삶을 추동하는 초월적인 원리로서 새로이 도입되고 있는 겁니다.[31] 이를 프로이트는 '열반원칙'이란 개념으로 부르기도 합니다. 이는 '쾌락원칙'과 더불어 욕망을 선결정하는 또 하나의 초월적이고 외생적인 원리지요.

그런데 죽음충동이란 이처럼 쾌락원칙과 정반대되는 또 하나의 '본능'이란 점에서 '쾌락원칙을 넘어서'는 또 하나의 원리지만, 그것은 무기적(無機的)인 안정성을 추구하는 것이란 점에서, 다시 말해 '긴장도=0'인 상태를 추구하는 것이란 점에서, 긴장도를 낮추려는 충동인 쾌락원칙과 근본적으로 연속성을 갖는 것은 아닌가 싶기도 합니다. '죽음본능'이니 '열반원칙'이니 하는 개념을 '쾌락원칙을 넘어서' 새로 도입하고 있지만, 그것 역시 본질적으로는 쾌락을 추구하는 본능이 고통이나 죽음처럼 흥분과 반대되는 방향을 취하고 있다는 점에서만 구별될 뿐인 것은 아닌가 싶습니다.

쾌락원칙이 어머니에 대한 성욕 내지 어머니와 하나가 되려는 욕망을 지향하고 있다는 점에서, 이는 근본적으로 충족될 수 없고 만족될 수 없습니다. 그것은 언제나 거기서 빗나간 것을 요구할 수밖에 없고, 따라서 욕망이란 항상 '결여'일 수밖에 없다는 게 정신분석학의 중요한 공리지요. 그들은 "결여되지 않았다면 대체 무엇을 욕망하겠느냐"는 통념적 질문이 이 공리의 자명성을 입증한다고 생

---

[31] 프로이트, 〈쾌락원칙을 넘어서〉, 앞의 책.

각합니다. 라캉은 이를 아주 명확하게 말한 바 있지요. "욕망은 결여다." 욕구와 요구의 차, 그 채워질 수 없는 공백이 바로 욕망이고, 그 빈자리를 채우기 위해 이런저런 대상을 선택해보지만, 그리고 그것이 바로 자기의 욕망의 대상이라고 동일시해보지만, 그것은 결코 그 결여를 채울 수 없기에 다른 대상으로 치환되고 또 치환되는 무한한 연쇄가 나타난다고 하지요.

이처럼 쾌락이라는 외생적 규칙은 생산이라는 긍정적 법칙 대신에 '모든 생산은 결여의 산물'이라는 부정적(négative) 법칙과 이어지게 됩니다. 그리고 그 결여를 사이에 두고 있기에, 아니 그 채워질 수 없는 심연을 사이에 두고 있기 때문에 "저게 바로 나의 꿈이고 이상이야"라고 믿고 동일시할 수 있는 '환상'이 작동하게 됩니다. 가 닿을 수 없는 저편의 초월적인(transcendent) 세계, 초월적인 이상 말입니다. 니체의 말대로, 플라톤의 이데아가 철학자의 그것이고, 심판의 날 다가올 '천국'이 기독교도들의 그것이었다면, 저자들의 말대로 사드의 '소돔 120일'이 성욕이 취할 수 있는 표상 내지 환상의 최대값이란 점에서 성욕의 환상, 성욕의 초월적 이상이었다고 할 수 있겠지요.

바로 이런 의미에서 저자들은 결여라는 부정적 법칙, 쾌락이라는 외생적 규칙, 환상이라는 초월적 이상이 가장 최근의 사제의 형상인 정신분석가가 욕망에 내리는 3중의 저주라고 말합니다. 이는 욕망을 내재성의 장에서 뿌리뽑아 부정성과 외재성, 초월성의 형상 아래 포섭하는 세 가지 방법이기도 합니다. 이 책에서 이를 비판하는 저자들의 글은 그리스 고전극의 형식을 이용하여 지극히 유머러스한 장면들을 만들어내고 있습니다. 한번 직접 읽어볼까요?

사제는 북쪽을 향해 돌아서서 말하노니, 욕망은 결여다(결여되지 않은 것을 어떻게 욕망하겠는가?). 사제는 첫번째 제물을 바치는데, 이름하여 거세다. 그리고 북쪽에서, 그의 뒤편에 줄지어 있던 모든 남녀가 운율을 맞춰 외친다. "결여, 결여, 그건 공통의 법칙이라네." 그리고 나서 사제는 남쪽을 향해 돌아서서 말하노니, 욕망은 쾌락에 관련된 것이다. 쾌락을 추구하거나 심지어는 오르가슴을 추구하는 사제들도 있기 때문이다. 욕망은 쾌락에 의해 진정될 것이다. 획득된 쾌락은 욕망을 당분간 침묵시킬 뿐만 아니라, 쾌락의 획득이란 이미 욕망을 정지시키고, 즉각적으로 방전(放電)시키는 방식이며, 당신에게서 욕망을 방전시키는 방식이다. 쾌락-방전: 이제 사제는 두 번째 제물을 바치는데, 이름하여 자위(masturbation)다. 그 다음에 그는 동쪽을 향해 다음과 같이 외친다. 희열(Jouissance)은 불가능하다. 그러나 욕망에는 불가능한 희열이 각인되어 있다. 그 불가능성 자체로 인해 욕망은 이상(Idéal)이고, "삶이란 바로 희열의 결여(manque-à-jouir)라네." 사제는 세 번째 재물을 바친다. 그것은 환상 혹은 〔아라비아의〕 1001일의 밤, 〔소돔의〕 120일이다. 그 동안 동쪽의 사람들은 이렇게 찬송한다. 그래요, 우리는 당신의 환상, 당신의 이상과 불가능성, 당신 것인 동시에 우리 것인 그것이 될 테예요.(MP, 191; I, 162)

여기서 '결여', '쾌락', '희열'은 특히 라캉이 사용했던 중요한 개념들이지요. 이미 저자들은 《안티 오이디푸스》에서 욕망이 결여라는 정신분석학의 견해를 비판한 바 있으며, 욕망이 생산과 동일한 것임을 강조하기 위해 '욕망하는 생산(production désirante)'이란 개념을 사용한 바 있습니다. 한편 그 책에서 사용된 욕망이란 개념에 대해 많은 사람들이 생기론적이니 어쩌니 하며 비판한 바 있었고, 그것과 관련하여 푸코는 '욕망'이란 개념을 받아들이기 힘들며 그보다는 차라리 '쾌락'이 더 낫지 않겠느냐고 말한 바 있었지요. 이에 대해 들뢰즈는 쾌락이란 개념이 욕망을 대신할 수 없을 뿐만 아니라, 그것이 욕망의 내재적 과정을 중단시킨다고 비판한 바 있습니다.[32]

여기서도 저자들은 욕망의 긍정적 과정을 지속시키기 위해서 욕망과 쾌락의 연결을 끊고자 시도합니다. 대신 욕망을 기쁨이라는 스피노자적인 감응(affect)에 연결시킵니다. 즉 이 책에 따르면, 욕망의 내재성은 긍정적 욕망의 지속 과정이며, 내재적인 기쁨을 위해 어떤 활동이나 대상을 생산하는 무한한 생산의 과정입니다. "마치 욕망이 그것 자체와 그것의 명상(ses contemplations)으로 채워져 있듯이, 욕망에 내재하는(immanente) 기쁨(joie)이 존재한다는 것은 사실이다. 기쁨은 결여나 불가능성을 의미하지 않으며, 그렇다고 쾌락에 의해서 측정되지도 않는다. 왜냐하면 바로 이 기쁨이야말로 쾌락의 강밀도들을 분배하고, 그것들이 공포, 수치, 죄책감으로 뒤덮이는 것을 막아주기 때문이다."(MP, 192: I, 163)

거세가 이러한 욕망 자체를 성욕으로, 오이디푸스적 욕망으로 환원시킴으로써 그 자체를 무력화시킨다면("이게 네가 욕망하는 거지."

---

[32] 들뢰즈, 〈욕망과 쾌락〉, 서울사회과학연구소 편, 《탈주의 공간을 위하여》, 푸른숲, 1997, 110~11쪽.

하면서 엄마의 얼굴을 들이미는 방식으로), 그리고 불가능한 희열이 "실재계는 불가능하다"고 함으로써 욕망을 비실재적인 것, 환상으로 몰고간다면, 쾌락은 욕망의 긍정적 지속 과정을 중단시킵니다. 이는 단지 오르가슴이 성욕의 진행을 중단시키는 것만을 뜻하는 것이 아닙니다. 어떤 경우든 결여된 대상의 획득은 언제나 대상을 향해 달려가던 욕망의 흐름을 중단시키지요.

반면 궁정식 사랑처럼 대상의 획득에서 오는 쾌락을 무한히 연기함으로써 사랑의 욕망으로 하여금 사랑하는 이를 위한 끝없는 헌신과 새로운 활동을 낳게 하는 경우, 거기서는 하나의 욕망이 지속되거나 다른 종류의 욕망으로 변환되며, 새로운 활동을 생산하는 내재적 과정이 끊임없이 이어진다는 것입니다. "궁정식 연애를 결여의 법칙이나 초월성의 이상으로 해석하는 것은 잘못이다. 외적인 쾌락의 포기나 지연 혹은 쾌락을 무한히 멀리함은 반대로 욕망이 더 이상 아무것도 결여하지 않고 스스로를 채우고 있으며 자신의 내재성의 장을 건축하는 성취의 상태임을 입증해준다."(MP, 193; I, 164)

저자들이 마조히스트를 중요하게 취급하는 것은 흔히 말하듯이 고통조차 쾌락으로 여긴다는 기이한 공식으로 쾌락의 보편성을 보여주는 것과 반대로, 욕망과 쾌락의 엉터리 결속을 해체한다는 점 때문입니다. "마조히스트의 고통은 쾌락에 이르기 위해서가 아니라 욕망과 그 외재적 척도인 쾌락을 잇는 사이비 결속을 해체하기 위해 그가 치러야만 하는 대가다. 쾌락은 오직 고통이라는 우회로를 통해서만 얻을 수 있는 어떤 것이 결코 아니다. 쾌락은 가능한 한 지연되어야만 하는데, 왜냐하면 그것은 긍정적 욕망의 지속 과정을 중지시키기 때문이다."(MP, 192; I, 163)

저자들은 이와 동일한 양상을 도교의 양생술에서 발견합니다. 음양의 개념으로 표시되는 남성적 에너지와 여성적 에너지 사이에 강밀도의 순환과 배가를 위해, 혹은 그런 능력의 증가를 위해 섹스조차 사정(射精)하지 않고 하도록 요구하는 것은 바로 욕망과 쾌락의 단절을 통해 삶을 욕망의 내재적 장으로, 기관 없는 신체로 만들려는 것이라고 합니다(MP, 194~95; I, 165). 여기서 말하는 '도'란 바로 기관 없는 신체며, "기관 없는 신체들의 집합, 내재성의 순수한 다양체"인 일관성의 구도라고 합니다(MP, 194~95; I, 165). 따라서 중요한 것은 욕망의 긍정적 과정을 지속하는 것이고, "기관 없는 신체를 만드는 것이고, 거기를 강밀도들이 지나가게 하는 것이며, 더 이상 자아도 타자도 없도록 만드는 것"입니다(MP, 194; I, 164).

이런 의미에서 욕망은 쾌락과 다시 대비됩니다. 쾌락은 언제나 누군가의 쾌락이며, 어떤 개체, 어떤 인물의 감정일 뿐입니다. "쾌락은 한 개인(personalité) 내지 주체의 감정이다. 그것은 개인을 넘어서는 욕망의 과정 속에서 개인으로 하여금 '그리〔개인〕로 되돌아오게 하는' 유일한 수단이다. 쾌락은 심지어 가장 인위적인 것조차도 재영토화다."(MP, 193; I, 164) 쾌락이란 항상 '누군가'에 의해, 그리고 그에 의해서만 향유될 수 있는 '결과'인 것이지요.

반면 욕망은 활동의 내재적 과정이고, 끊임없이 사람이나 사물 사이의 관계가 변화되는 과정이며, 그것을 통해 특정한 양상의 사람이나 활동이 만들어지고 변이되는 과정입니다. 따라서 욕망은 어떤 개인이나 주체가 갖는 욕망이 아니며, 욕망의 내재적 과정 또한 자아에 속하지 않습니다. 차라리 반대로 말해야 합니다. 욕망의 내재적 과정이 있고, 그 안에 그때그때 욕망의 특정한 형상이 있으며, 자아나 주체란 그러한 욕망의 형상과 결부된 어떤 양태의 이름에 불과할 뿐이라고 말입니다. "내재성(immanence)의 장은 자아에 내적(intérieur)이진 않지만, 그렇다고 외적(extérieur)인 자아나 비자아로부터 오는 것도 아니다. 차라리 그것은 어떤 〈자아(les Moi)〉도 모르는 절대적 〈외부(le Dehors absolu)〉 같은 것이다. 왜냐하면 내면(l'intérieur)과 외면(l'extérieur)은 똑같이 내재성의 일부로서, 그 속에 융해되어 있기 때문이다."(MP, 194; I, 164)

6. 세 가지 지층, 세 가지 기관 없는 신체

1) 세 가지 지층

지금까지 우리는 기관 없는 신체와 욕망의 내재성 등에 대해 보았습니다. 그런데 그것이 처음부터 항상 존재하고 있었음에도 불구하고 우리가 그것을 만들어야 하고 그것을 만드는 방법에 대해 검토했던 것은 그것이 항상 기관들로 뒤덮이고 지층화되기 때문입니다. 저자들은 우리를 직접적으로 구성하고 있는 지층을 세 가지 들고 있습니다. 유기체(화), 의미화, 주체화가 그것입니다. 기관 없는 신체가 기관과 대립하는 게 아니라 유기체와 대립한다는 말은 앞서 했지요?

> 유기체는 결코 신체나 기관 없는 신체가 아니라 기관 없는 신체 위의 하나의 지층이요, 다른 말로 하면 축적, 응고, 퇴적 현상이다. 그것은 기관 없는 신체로부터 유용노동을 추출하기 위해 형태, 기능, 속박, 지배적이고 위계화된 조직, 조직화된[유기화된] 초월성을 부과한다.(MP, 197; I, 167)

유기체란 하나의 중심화된 목적을 위해 신체의 각 부분이 기관화되고 분절되는 것입니다. 이는 우리가 자신을 하나의 생물학적 개체로 생각하는 한, 혹은 인간이라고 불리는 하나의 유기체로 간주하는 한 피할 수 없다고 보입니다. "너는 유기화되고(organized), 유기체가 될 것이다. 너는 네 신체를 분절하게 될 것이다."(MP, 197; I, 168) 이러한 분절, 지층화를 거부한다면 일종의 처벌과 같은 선고를 받게 됩니다. '기형' 혹은 '병신'이 그것입니다.

하지만 유기체는 운명이 아닙니다. 아르토에게 신의 심판이 운명이 아니었듯이 말입니다. 아르토처럼 저자들도 유기체라는 지층을 벗어나고자 하며 그것을 '해체'하고자 합니다. 그렇지만 "유기체의 해체는 결코 자살을 의미하는 것이 아니며, 오히려 언제나 어떤 배치를 전제로 하는 접속에, 그 회로들에, 통접에, 그 수준과 문턱들에, 이행과 강밀도의 분배에, 측량인의 기량으로 측정되는 영토들과 탈영토화들에 신체를 개방하는 것이다."(MP, 198; I, 168)

이는 앞서 말했듯이, 요가를 하는 인도의 요기처럼 단순히 생명을 보존하는 것과 다른 배치 안에서 그것과는 다른 종류의 활동을 함으로써, 다른 종류의 신체, 다른 종류의 '기관'들을 갖게 되는 겁니다. 이는 기존의 신체적 지층을 탈지층화하여 다른 지층으로 만드는 것이며, 기존의 분절을 탈분절화하여 다른 절지(節枝)들을 만드는 것입니다. "탈분절화한다는 것, 유기체기를 그친다는 것은 무엇을 의미하는가? 어떤 점에서 그것은 쉬운 일이며, 사실은 우리가 매일 행하고 있는 것"입니다(MP, 198; I, 168).

"의미화가 영혼에 붙어 있는 것과 마찬가지로 유기체는 신체에 붙어 있으며, 둘 다 제거하기 쉽지 않다."(MP, 198; I, 168) 익숙하게 글씨를 쓰는 것도, 익숙하게 젓가락을 쓰는 것도, 우리가 지금은 기억하지 못하지만 많은 고통스런 노력을 요구합니다. 칼을 쓰거나 발을 무기로 휘두르는 것은 말할 나위도 없습니다. 일가를 이룬 무인들이나 서예가들은 거의 평생을 그것을 연습하고 훈련합니다. 무용이나 서커스를 하는 사람도 훈련을 중지하는 순간 이미 신체는 평범한 유기체로 급속히 바뀌기 시작합니다. 수행자도 그렇습니다. 더 이상 수행하고 훈련하지 않아도 후퇴가 없다는 '불퇴전(不退轉)'의 단계에 들어서는 것은 이미 성인 중에서도 높은 수준의 단계에 들어섰음을 뜻한다고 하지요.

의미화와 주체화는 기호체제를 다루는 고원에서 자세하게 말한 바 있지요. 유기체에서 지층화를 벗어나려는 시도가 '병신'이나 기형이란 이름으로 처벌되었지만 거기서 벗어나는 탈분절화의 선을 그렸던 것과 대응시켜 두 지층에 대해서도 비슷하게 요약할 수 있습니다. 의미화의 지층은 "너는 기표와 기의, 해석자와 해석대상이 될 것임"을 선언합니다. 기호의 사용이나 정신분석의를 찾아가야 했던 신경증환자의 이해할 수 없는 반복강박행동도 그렇습니다. 그러한 해석과 의미화에서 벗어나면 일탈자가 되리라고들 하지요. 여기서 탈지층화하는 운동은 '실험'입니다. "진정한 생산으로 만들기 위해 무의식을 의미화와 해석으로부터 떼어내는 것."(MP, 197; I, 168)

주체화의 지층은 "너는 주체가 될 것이고, 주체로 고정될 것이며, 언표 주체와 포개진 언표행위의 주체가 될 것임"을 선언합니다. 주체화의 절차가 예속화의 절차로 되는 양상은 앞의 고원에서 본 바 있지요? 거기서 벗어난다면 속죄양이 되거나 돌봐주는 사람 없는 '탕자'나 떠돌이가 되어야 합니다. 여기서 탈지층화하는 운동은

'돌아온 탕자'가 되는 것이 아니라, 혹은 다른 곳에 가서 새로운 주체화 체제에 머무는 것이 아니라, 끊임없이 새로운 땅을 찾아 떠나거나, 버려진 땅에 달라붙어 그것을 다른 종류의 공간으로 변환시키는 유목주의라고 합니다. "탐구의 수단으로 만들기 위해 의식을 주체로부터 떼어내는 것."(MP, 198; I, 168)

그러나 이러한 탈지층화가 결코 쉬운 것만은 아닙니다. 왜냐하면 기관 없는 신체를 만드는 것, 탈지층화하는 것에는 새로운 것으로 재지층화하는 것과는 다른 종류의 위험이, 신체를 비워버리는 부정적인 탈지층화의 위험이 따라다니기 때문입니다.

2) 탈지층화와 위험

어느 지층에서도 탈지층화는 적지 않은 곤란과 위험을 안고 있습니다. 자칫 "유기체의 해체가 죽음을 스쳐지나가리란 것을 안다면, 의미화와 주체화로부터 이탈하는 것은 허위, 망상, 환각, 심리적 죽음을 스쳐지날 수 있을 것이다."(MP, 198; I, 168) 따라서 이 세 가지 탈지층화 운동에는 모두 '조심성(prudence)'이라는 공통된 기술이 요청된다고 하지요. '조심성'이란 급속하고 폭력적인 탈지층화가 아니라 끊임없이 신중하게 지층을 변환시키는 것입니다. 인디언들이 페요틀(payotl) 같은 약을 사용하여 탈지층화된 신체를 만들고, 탈지층화된 경험을 시도할 때 요구되는 것과 같은 '투약의 기술'이 필요하다는 겁니다. 그렇지 못했을 때, 탈지층화는 지층을 파괴하면서 스스로를 파괴하여, 죽음의 선으로 인도합니다. "조심성 없이 지층들을 날려버린다면 당신은 〔일관성의〕 구도를 그려내는 대신 스스로 죽게 되거나, 검은 구멍으로 빨려들어가거나, 파국에 휘말려버

리게 될 것이다."(MP, 199; I, 169)

저자들은 조야한 탈지층화로는 기관 없는 신체와 그 일관성의 구도에 도달하지 못한다고 거듭해서 경고합니다. 그것들은 충만한 신체가 아니라 텅 빈 신체, 황량한 신체를 낳습니다. 처음에 보았던 히포콘드리아의 신체, 약물중독자의 신체 등과 같은 신체들이 바로 그것입니다. "그것들은 우리가 유기체라고 부르는 기관들의 이러한 조직화를 참을성 있게 견디며 순간적으로 해체할 수 있는 지점을 찾는 대신, 자신의 기관들을 비워버린다."(MP, 199; I, 169)

이런 점에서 저자들은 "지층들을 흉내내라"고 말합니다. 즉 "유기체로서는 매일 새벽마다 갱신되기에 충분할 정도로 그것을 유지해야 한다. 그리고 의미화와 주체화에 세세한 비축물을 유지해야 하는데, 이는 자신에 고유한 체계에 반하도록 하기 위해서조차도 그러하며, 주위 사정이 요구할 때, 사물이나 사람, 상황이 당신을 그리로 밀어붙일 때조차도 그러하다. 또 작은 분량의 주체성을 유지해야 한다. 지배적 현실에 대해 응수하기에 충분할 정도로 말이다."(MP, 199; I, 169)

이러한 조심성, 신중함과 절제를 확보하지 못한다면, 그는 자신의 유기체적 지층을 파괴할 뿐만 아니라, 기관 없는 신체에 이르지 못하고 거꾸로 그것을 망쳐버리게 됩니다. "기관 없는 신체를 망치는 몇 가지 방식이 있다. 그것을 생산하는 데 실패하는 경우거나, 그것을 다소나마 생산하는 데 성공해도 그 위에서 아무것도 생산되지 않으며 강밀도들이 지나가지 않거나 차단되는 경우에나 간에 말이다."(MP, 199; I, 169) 이는 탈지층화되기 이전보다 더 나쁜 것입니다. 기관 없는 신체도 만들지 못하고 새로운 지층도 만들지 못했으면서 기존의 지층을 파괴하고 말았고 급기야 텅 빈 신체 내지 죽음으로 이어지기 십상이기 때문입니다. "정작 나쁜 것은 지층화—유기[체]화, 의미화, 예속화—된 채 머물러 있는 것이 아니라, 지층들을 치매 상태나 자살적인 붕괴 속으로 몰아넣는 것이다. 이는 지층들을 그 어느 때보다도 더 무겁게 우리에게 되씌운다."(MP, 199; I, 169)

이처럼 지층과 기관 없는 신체를 대립시키는 것만으로는 충분하지 않습니다. 왜냐하면 욕망의 다이어그램에 따라 다양한 양상을 취하는 기관 없는 신체들의 집합, 다시 말해 일관성의 구도가 아니라 전혀 다른 것과 연결되어 있는 기관 없는 신체가 있기 때문입니다. 그것은 죽음을 의미하는 탈지층화의 구도와 직접적으로 연결되어 있는 기관 없는 신체입니다. 암(癌)조직이 바로 그것입니다. 이는 유기체적 지층을 탈지층화하는 것이란 점에서 기관 없는 신체임이 분명하지만, 욕망의 긍정적이고 내재적인 장을 다양하게 펼쳐가는 생산적인 능력을 갖는 게 아니라, 주어진 유기체적 지층을 파괴하여 죽음으로 인도하는, 부정적이고 파괴적인 능력을 갖는 그런 기관 없는 신체지요.

> 우리가 유기체라 부르는 기관들의 조직에 대립하는 기관 없는 신체가 실제로 존재하지만, 지층에 속해 있는 유기체의 기관 없는 신체 또한 존재한다. 암조직이 그것이다. 매 순간, 매 초, 하나의 세포는 암적인 것이 되고 미친 것이 되고 증식하며 자신의 배열을 상실하며 모든 것을 뒤덮는다.(MP, 201; I, 171)

마찬가지로 의미화의 지층에 대해서도 암적인 조직, 암적인 기관 없는 신체가 있습니다. "이는 전제군주가 발아하는 신체로서, 어떠한 기호의 순환도 봉쇄할 뿐만 아니라 '다른' 기관 없는 신체 상의 비-의미화하는 기호의 탄생을 저지하기도 한다."(MP, 201; I, 171) 주체화의 지층 또한 암적 조직을, 질식시키는 조직을 갖습니다. "이는 주체들 간에 남아 있는 어떤 구별도 금지함으로써 자유로워지는 것을 더욱더 가망 없게 만든다."(MP, 201; I, 171) 가령 평균주의적인 평등주의가 그런 경우일 겁니다. 각각의 주체들이 갖는 특이성이나 고유성이 극대화되면서 그것이 상생하고 조화되는 방식이 아니라, 그들 각각을 동질화하고 평균화하여 모두 동일한 양상으로 말하고 사고하며 그런 방식으로 살 것을 요구하는 방식 말입니다.

이와 연관해서 리좀적 다양체의 다중심성에 대해서도 하나 덧붙일 게 있습니다. 어떤 조직이나 코뮨, 공동체가 하나의 중심을 갖고 그것에 의해 통합되어 있다면, 분명히 그것은 일자적인 중심성과 단일성에서 벗어나지 못한 것입니다. 그런데 그런 중심을 제거함으로써 아무런 중심이 없는, 그래서 어디로 가야 할지도 모르고 갈팡질팡하는 것이 리좀적인 조직을 만드는 것이라고 생각한다면, 그것은 바로 이런 평균주의적 관념에 사로잡힌 것입니다. 그것은 필경 무능한 조직이 되거나 고사(枯死)하고 마는 조직이 될 것입니다. 반대로, 리좀적인 방식으로 다중심화하는 것은 조직의 성격을 다양하게 규정하는 특이점들이 나름의 중심으로 **증식됨으로써** 만들어지며, **새로운 중심들을 더하고 증식하여** 만들어지지, 기존의 것을 '빼서' 중심 없음에 안주하는 것이 아닙니다.

그러나 만약 복수의 중심을 만들 수 없는 사정이 있다면 어떻게 해야 할 것인가? 여기서 그나마 있는 중심을 제거하는 것은 일자적인 조직에서 벗어났다는 위안을 줄진 모르지만, 활력 있고 생기 있는 다양체를 제공하진 못할 겁니다. 그것은 탈지층화하는 것보다 못한 상태를 뜻할 뿐입니다. 따라서 여기서도 중요한 것은 있던 것을 '빼거나 제거하는' 게 아니라, 거기다 새로운 특이적 중심들을 끊임없이 더해가는 것이고, 적어도 그것이 가능한 개방적 조건을 형성하는 것입니다.

다시 이 책으로 돌아갑시다. 암조직이라는 기관 없는 신체를 말하다 옆길로 샜지요? 저자들은 이러한 암적인 기관 없는 신체, 죽음의 선을 그리는 기관 없는 신체가 개인의 신체뿐만 아니라 사회구성체에서도 마찬가지로 존재한다고 말합니다. "심지어 이러저러한 사회구성체를, 혹은 한 구성체 안의 어떤 지층적 장치(appareil)를 고찰하는 경우에조차, 그 모든 것들이 기꺼이 사회적 장 전체를 좀먹어들고, 증식하며, 뒤덮고, 침입하며, 동맹과 공모 관계뿐만 아니라 폭력과 경쟁 관계에 들어가려고 하는 기관 없는 신체를 갖고 있다고 말해야만 한다. 화폐의 기관 없는 신체(인플레이션), 뿐만 아니라 국가, 군대, 공장, 도시, 당의 기관 없는 신체 등등."(MP, 201; I, 171)

이러한 기관 없는 신체는 탈지층화하는 반-지층이지만, 유기화된 지층 안에서 생산되고 유기화된 지층이 전변된 것이란 점에서 그 지층에 속하는 기관 없는 신체며 그 지층이 낳은 기관 없는 신체입니다. "지층은 자기 자신의 기관 없는 신체를 낳는다. 그것은 전체주의적이고 파시즘적인 것으로, 일관성의 구도에 대한 가공스러운 희화(戲畵)다."(MP, 201; I, 171) 지층과 기관 없는 신체를 이항적으로 대립시킬 수 없다는 말은 바로 이런 의미에서지요.

3) 기관 없는 신체의 세 가지 유형

지금까지 기관 없는 신체에 대해 말했습니다만, 여기서 기관 없는 신체에는 그 '본성을 달리하는' 세 가지 상이한 유형이 있다는 것을 알 수 있습니다. "일관성의 구도 상에 있는 **충만한 기관 없는 신체**와, 지나치게 폭력적인 탈지층화에 의해 파괴된 지층의 잔해 상에 있는 **텅 빈 기관 없는 신체**를 구별하는 것으로는 충분하지 않다. 우리는 지층 속에서 증식되는 **암적인 기관 없는 신체**에 대해서도 유념해야 한다."(MP, 201~202; I, 171) 제일 먼저, 도공 족의 알이나 요가하는 요기의 신체, 혹은 가부좌를 틀고 앉아 있는 수행자의 신체가 충만한 기관 없는 신체라면, 저자들이 나열했던 약물중독자·편집광·히포콘드리아 환자 등의 신체는 텅 빈 기관 없는 신체겠고, 암조직이나 파시즘적 조직은 지층 속에서 증식되는 암적인 기관 없는 신체겠지요.

이미 《안티 오이디푸스》에서도 등장했던 개념인 '충만한 신체'나 '충만한 기관 없는 신체'에서 '충만한'이란 '다양한 잠재성을 가진'이란 말입니다. 다시 말해 충만한 기관 없는 신체란 다양한 규정성, 다양한 양상을 가질 수 있는 그런 기관 없는 신체입니다. 욕망의 내재적 과정에 따라 다양한 규정을 가질 수 있는 잠재적 장으로서 기관 없는 신체는 그처럼 다양한 '가능성', 다양한 잠재성을 향해 열려 있는 그런 신체입니다. 그런 능력을 가진 신체기에 그것은 다양한 능력으로 충만한 신체고, 수용하거나 포용할 수 있는 이질성의 폭이 매우 큰 신체며, 스스로 펼쳐지는 과정에서 만나게 될 모든 이웃항들에게 많은 것을 나누어줄 수 있는 신체입니다. 수행자들의 말에 따르면, 수행을 통해 도달한 그런 신체에서 충만함은 고요한 평온함으로 표현되며, 만나는 모든 '이웃항'들에게 따뜻함과 평온함을 나누어줄 수 있는(촉발할 수 있는!) 능력을 갖는다고 합니다.

반면 '텅 빈 신체'는 기존의 지층을 파괴해버렸지만 다양한 양상으로 펼쳐질 수 있는 질료적 흐름, 강밀도를 갖는 힘들, 혹은 다양한 욕망들로 가득 찬 게 아니라, 그 모든 것을 비워버렸기 때문에 어떤 다른 양상으로도 펼쳐질 능력을 갖지 못합니다. 그것은 텅 빈 만큼 빈약하고 빈곤한 신체며, 따라서 다가오는 이웃항들에게 나누어줄 것도 없고, 다가오는 이웃항들의 이질성을 담아내고 수용할 폭이 극소화된 신체입니다. 그렇기에 그것은 함께 존재하는 것들에게 창조와 생성의 계기를 촉발하지 못하며, 역으로 그것들이 제공하는 촉발의 계기를 수용하고 이용하지 못합니다. 안정과 평온이 아니라 파괴와 죽음에 임박한 불안과 공포에 사로잡혀 있기 십상이고, 그런 만큼 이웃항들에게도 불안과 공포를 주기 십상인 그런 신체라고 할 것입니다.

마지막으로, '암적인 기관 없는 신체'는 텅 빈 신체와 달리 지층을 파괴하면서도 지층 안에 존재하며, 모든 기관을 유기체의 기관이 아니라 오직 자신만을 위한 기관으로 대체하는 신체입니다. 때론 그것은 지층화된 기관 안에서 스스로를 잡아먹게 된 신체고, 지층을 내부로부터 비워가는 신체지요. 하지만 그것은 텅 빈 신체와 달리, 무능력한 신체가 아니라 강력한 파괴능력을 갖고 있는 부정적인 신체며, 이웃항들을 끌어들여 자신의 일부로 만들면서 서로의 파괴능력을 키워가는 신체입니다.

세 가지 유형의 기관 없는 신체 가운데, 텅 빈 기관 없는 신체, 암적인 기관 없는 신체는 바로 파멸이나 죽음으로 이어지는 욕망이 작용하는 신체입니다. "그것이 지나치게 급작스런 탈지층화에 의해 공허 속으로 떨어지거나, 혹은 암적인 지층의 증식에 빠져들 때조차도 그것은 여전히 욕망이다. 욕망은 그토록 멀리까지 뻗어나가, 자기 자신의 파멸을 욕망하거나, 파멸의 능력을 갖기를 욕망하기에 이른다. 화폐의〔화폐에 대한〕욕망, 군대의 욕망, 경찰의 욕망, 국가의 욕망, 파시스트적 욕망, 심지어 파시즘도 욕망이다."(MP, 203~204; I, 173)

앞서 이번 강의를 시작하면서, 이 고원은 어떻게 기관 없는 신체를 만들 것인가를 묻고 있지만, 그것만큼이나 어떻게 기관 없는 신체와 연관된 위험을 피할 수 있을 것인가, 어떻게 하면 텅 빈 기관 없는 신체나 암적인 기관 없는 신체에 이르지 않을 것인가를 묻고 있다고 했던 것은 바로 이런 이유 때문이었습니다. 파멸과 죽음의 위험, 그 선을 타게 된다는 것은 차라리 탈지층화하지 않은 것만도 못한 결과로 빠져드는 것이기 때문입니다. "바로 이런 이유로 인해 분열분석의 물질적(matériel) 문제는 바로 우리가 기관 없는 신체를 그 이중체〔분신〕—텅 비고 유리처럼 투명한 신체들, 전체주의적이고 파시즘적인 암적 신체들—로부터 분리할 수 있는 수단을 갖고 있는지, 그 선택지를 택할 수단을 갖고 있는지 여부를 아는 것이다."(MP, 203; I, 173)

7. 기관 없는 신체와 일관성의 구도

지금 본 것처럼, 기관 없는 신체를 만드는 것이 중요한 문제임에도 불구하고 그것을 만드는 게 차라리 그것을 시도하지 않은 것보다 못한 경우들이 있습니다. 애초에 아르토를 인용하면서 말했던 것처럼 유기체라는 지층화와 기관 없는 신체를 대립시키는 것으로는 이 위험을 포착할 수 없으며, 이 위험을 넘어서 기관 없는 신체를 이루는 방법을 찾을 수 없다는 난점이 드러난 셈입니다. 어쩌면 저자들은 이 난점을 찾아내고 그것과 관련해 기관 없는 신체의 상이한 유형을 구별한 것이, 아르토가 찾아낸 것에다가 자신들이 새로이 추가한 것이었다고 말할지도 모르겠습니다.

어쨌거나 이를 통해서 이제 결정적인 구별의 선은 기관 없는 신체와 지층 사이에서 기관 없는 신체들 사이로 옮겨지게 됩니다. 충만한 기관 없는 신체와 다른 두 가지 기관 없는 신체, 혹은 긍정적인 기관 없는 신체와 부정적인 기관 없는 신체 사이로 말입니다. 그렇지만 긍정적/부정적이란 말은 구체적인 내용이나 방향을 확보하지 못한다면 '좋다/나쁘다'라는 말로 귀착되고 말 것입니다. 여기서 저자들은 기관 없는 신체가 갖고 있는 두 개의 다른 '이웃'을 통해 이를 구별하려고 합니다. 한 종류의 기관 없는 신체는 욕망에 따라 속성을 달리하는 기관 없는 신체들이 하나의 충만한 내재성의 장을 이루는 방향으로 향하고 있습니다. 그 방향을 저자들은 '일관성의 구도'라는 개념으로 명시하고 있습니다.

> 욕망을 시험하는 것, 그것은 그릇된 욕망을 고발하는 것이 아니라, 욕망 안에서 지층적 증식으로 회귀하는 것이나, 지나치게 폭력적인 탈지층화로 회귀하는 것과, 일관성의 구도를 구성하는 데로 회귀하는 것을 구별하는 것이다. ……일관성의 구도는 단순히 모든 기관 없는 신체(의 합계)로 구성되는 것이 아니다. 일관

성의 구도가 거부하는 기관 없는 신체도 있는 것이다. 〔기관 없는 신체들을〕 선별하는 것은 바로 일관성의 구도다. 그것은 그것을 그리는(trace) 추상기계를 통해 선별한다. 심지어 하나의 기관 없는 신체(예컨대 마조히즘의 신체, 약물중독자의 신체 등등) 내부에서도 우리는 〔일관성의〕 구도 상에서 구성될 수 있는 것과 구성될 수 없는 것을 구별해야 한다.(MP, 204 ; I, 173~74)

여기서 일관성의 구도란 어떤 양상의 신체도 될 수 있는 잠재성의 지대를 표시하는 표지판이지요. 그것은 가령 망치-기계도 될 수 있고, 젓가락-기계가 될 수도 있으며, 때론 그림을 그리고 때론 글씨를 쓰며, 때론 심지어 그 자체로 몽둥이나 칼, 송곳이 되기도 하는 지극히 다양한 규정을 갖는 신체적 잠재성 그 자체, 그 모든 규정성을 아우르며 '하나로 묶어주는' 것으로서 손이 갖는 잠재성 그 자체를 표시하는 표지판입니다. 그것은 다른 말로 표현하면, "욕망에 연결될 수 있고 효과적으로 욕망을 책임질 수 있으며, 욕망의 지속적 접속과 횡단적 결합을 보장할 수 있는 배치들"의 집합입니다(MP, 204 ; I, 173~74).

반면 다른 구도, 죽음으로 이어지는 구도는 이러한 기관 없는 신체와는 다른 방향을 표시합니다. 그것은 텅 빈 기관 없는 신체든, 암적인 기관 없는 신체든, 결국은 죽음의 선으로 이어지는 탈지층화의 구도로 요약할 수 있습니다. 창조와 생성이 아니라 파괴와 파멸, 죽음으로 이어지는 방향을 표시하는 표지판인 셈이지요.

이러한 두 개의 구도, 두 개의 방향, 두 가지 기관 없는 신체를 구별하는 것은 어쩌면 매우 쉬운 일일 수도 있고, 어쩌면 아주 어려운 일일 수도 있습니다. 저자들 말대로 약물중독자의 신체, 마조히스트의 신체에서도 그 두 가지를 구별해야 하니 말입니다. 거기서 '조심성'이 중요한 기술이 된다고 하지만, 솔직히 말해서 그 또한 얼마나 모호한 말인지 모릅니다. 하긴 어느 경우든 그런 미묘한 어려움, 아니 미묘한 쉬움이 없는 곳이 있겠습니까?

그렇지만 반복하건대 기관 없는 신체의 문제가 이런 식의 경계를 구별하는 문제로 귀착되고, 기관 없는 신체를 만드는 문제가 이런 곤란에 부닥치게 된 것은, 들뢰즈/가타리 식으로 말해 기관 없는 신체라는 개념 자체가 가시적인 형식, 유기체적인 신체관에서 충분히 추상되지 못했다는 점에서 기인하는 것으로 보입니다. 만약 기관 없는 신체의 개념이 서양 과학의 언사를 빌려 양자적인 수준으로 추상될 수 있다면, 혹은 동양에서 사용하는 개념을 빌려 도나 기 등과 같은 개념 수준으로 추상될 수 있다면 이런 난점은 피할 수 있거나, 적어도 이처럼 극단적인 양상의 난점은 사라지지 않을까 싶습니다.

그 경우에만 '기관이 없다'는 말을 '입이 없다, 이빨이 없다, 식도가 없다' 등과 같이 어떤 기관이 없다는 말로 이해할 가능성, 유기체에 반하는 기관 없는 신체를 그런 기관들이 제거된 어떤 신체적 형상으로 이해할 가능성에서 벗어나 긍정적이고 추상적인 방식으로, 추상기계와 일관성의 구도 상에서 이해할 수 있을 것이기 때문입니다. 기관이 그대로 달린 채 다른 신체가 되고, 그 기관이 그대로 달린 채 흐름 그 자체가 되는 것, 그것은 '질료적 흐름'이 신체적 형상에서 완전히 독립되고 추상될 때만 비로소 가능할 것이기 때문입니다.

이제 마지막으로 이런 맥락에서 기관 없는 신체를 이루기 위해

"무엇을 해야 할 것인가"를 저자들의 목소리로 직접 들으면서 이번 강의를 마치기로 하지요.

지층 위에 자리잡고, 그것이 제공하는 기회들을 실험하며, 거기서 유리한 장소를 추구하고, 궁극적인 탈영토화의 운동을, 가능한 탈주선들을 찾으며 그것을 검토하라. 여기저기서 흐름의 통접들을 확보하고, 선분마다 강밀도의 연속체를 이루려고 시도하며, 언제나 새로운 대지의 조그마한 부분들을 가지라. 탈주선들을 자유롭게 하고, 통접된 흐름들이 지나가고 탈주하게 하며, 기관 없는 신체에 지속적인 강밀도들을 해방시키는 데 이르는 것은 지층들과의 신중한 관계를 통해서다. 접속하고, 통접하고, 지속하라. 이것이 여전히 의미화하고 주체화하는 프로그램에 대립하는 전체 '다이어그램'이다. 우리는 사회구성체[사회적 형성체] 안에 있다. 우선 그것이 어떻게 우리를 위해, 우리 내부에, 우리가 있는 곳에서 지층화되어 있는가를 보라. 지층들로부터 우리를 사로잡고 있는 더욱 깊숙한 배치들로 거슬러 올라가라. 배치를 슬그머니 뒤집어서 일관성의 구도 쪽으로 넘어가게끔 하라. 기관 없는 신체가 그 본연의 모습을 드러내는 것은 오직 거기서뿐이다. 그것은 욕망들의 접속, 흐름들의 통접, 강밀도들의 연속체다.(MP, 199; I, 169)

7장 | 얼굴의 정치학: 얼굴의 권력, 권력의 얼굴

7

얼굴의 정치학:
얼굴의 권력, 권력의 얼굴

    0년이라는 연도를 달고 있는《천의 고원》의 일곱 번째 고원은 '안면성(visagéité)'을 주제로 하고 있습니다. 안면성이란 말 그대로 '안면/얼굴'이라는 표현기계의 성질 내지 작동방식을 말하는데, 이를 굳이 오래된 어법으로 말하자면 얼굴에 대한 역사유물론적 연구, 얼굴의 역사유물론이라고 하면 적당할 듯합니다. 여기서 0년이라는 '연도'는 서양에서 안면성의 기계가 작동하는 데서 결정적인 역할을 했던 예수의 얼굴과 연관된 숫자예요. 아, 이른바 '밀레니엄'에 관한 논란을 통해서 많이 알려진 것처럼, 서양인의 '달력'에 0년은 없으며, 예수의 탄생을 시점으로 하는 서력기원은 1년부터 시작하지요. 이는 0이란 개념이 아직 없었던 시기에 달력이 만들어져서 그렇습니다. 이런 점에서 서기 1년이라고 해야 더 엄밀하겠지만, 사실 그거야 부차적인 문제지요.

얼굴 내지 안면성의 문제는 이미 지질학에 관한 장에서 내용과 표현의 문제와 결부하여 언급한 바 있습니다. '손-도구'라는 내용의 지층과 '얼굴-기호'라는 표현의 지층 차원에서의 이중분절을 다룬 적이 있지요. 또 언어학과 기호체제에 관한 장들에서 부분적으로 다룬 바 있습니다. 주파수와 공명이라는 두 가지 잉여성을 명령어와 결부하여 다룬 적이 있으며, 거기서 기호가 안면화되는 양상에 대해 간단히 언급한 적이 있지요. 그리고 의미화의 기호체제에서 기호들의 주파수가 새겨지는 '흰 벽'과, 주체화체제에서 공명을 야기하는 '검은 구멍'에 대해서도 말한 바 있습니다.

따라서 이미 우리는 얼굴이나 안면성, 안면화에 대해 어느 정도 알고 있다고 할 수 있습니다. 그렇지만 처음 이런 말들을 접하고 처음 이런 주제에 부딪혔다면 아마 적지않이 당혹스러울 수도 있었을 듯합니다. 사실 제가 그랬습니다. 얼굴에 '성(性)'이란 말을 붙여 철학자의 연구주제로 삼는다는 것이 그저 놀라울 뿐이었습니다. 하지만 이전에 레비나스(E. Levinas)라는 철학자가 얼굴과 타자에 관해 많은 관심을 갖고 있었고, 이는 '시선(regard)'에 대해 연구했던 사르트르나 메를로-퐁티, 라캉 등의 이론과 이어지는 주제였음을 안다면, 그러한 '어이없는' 독창성이 생각보다 덜 당혹스런 것일 수도 있겠다는 생각이 드는군요. 그래서 이들이 시선이나 얼굴을 다루는 방식을 먼저 간단히 살펴보는 것이 좋을 듯합니다.

1. '얼굴'과 '시선'의 현상학

사르트르는 지향성이라는 현상학적 관점에서 시선을 단순한 지각의 대상이나 지각의 통로로서의 '눈(oel)'과 구별합니다. 자아와 타자의 근본적 유대를 '대타존재'라는 명칭으로 포착하려고 했던 사르트르는 타자가 단지 나라는 주체의 대상이 아니면서도 또한 나에 대하여(pour moi), 나를 위하여(pour moi) 나타나는 존재일 수 있는 가능성을 사유하려고 합니다. 이를 나와 타자의 '쌍생아적 출현'이라고 부르며, 여기서 '타인과-쌍을-이룬-존재'로의 지향성을 발견하고자 합니다.[1] 이러한 타자는 일단 내 눈이 닿는 곳, 내 생각이 미치는 곳 저편에 그저 '즉자적으로' 존재하는 사물과 다른 존재며, 내 눈 안에 포착된 대상과도 다른 존재여야 합니다. 전자는 나와 무관심한 존재로서, '나를 위하여', '나에 대하여' 나타나는 존재가 아니기 때문이고, 후자는 오직 내 눈 안에, 내 관심 안에 있을 뿐인 존재기에 단지 나의 일부인 존재기 때문입니다.

그런데 만약 '나를 보는 누구', 나를 보는 주체라면 어떨까요? 그는 나에 대한 어떤 지향성을 갖고, 관심이 서린 시선을 갖고 나를 보며, 나는 그의 시선 안에 들어갑니다. 그런 식으로 그는 나와 어떤 근본적 유대를 형성합니다. 그렇지만 내가 그를 대상화하는 것과 동일한 방식으로 그런 것은 아닙니다. 내가 누군가와 타자로서 관계를 맺는 것은 내가 이런 방식으로 그의 타자가 되는 것입니다. 그의 일부가 되지 않으면서 그와 '쌍을 이룬 존재'가 되는 것이지요. 그래서 그는 "'타자에-의해-보임'은 '타자를-봄'의 진리다"라고 말합니다.[2] 그럼으로써 "'나의' 우주의 개체들 사이에서, 그 우주를 와해시키는 '하나의' 인간이 출현한다"고 하지요.[3]

---

[1] 사르트르, 손우성 역, 《존재와 무(L'être et le néant)》, I, 삼성출판사, 1982, 436쪽.
[2] 같은 책, 441쪽.
[3] 같은 책, 438쪽.

김춘수는 "내가 그의 이름을 불러주었을 때," 다만 하나의 (즉자적인) 몸짓에 지나지 않았던 그가 "나에게로 와서 꽃이 되었다"고 했지만, 사르트르라면 그건 너무 유아론적이라고 생각할지도 모르며, 그래서 이렇게 바꾸려 할지도 모르겠습니다. "그가 나의 이름을 불러주었을 때, 나는 그에게로 가서 꽃이 되었다." 그럼으로써 그는 나에게 잊혀지지 않을 몸짓이 되었다고 말입니다.

레비나스가 타인의 고통스런 얼굴이야말로 '자아'나 '주체'로 환원 불가능한 초월성의 영역을 증거한다고 말할 때, 그는 사르트르가 타자의 시선을 두었던 자리에 타자의 얼굴을 두는 셈입니다. "절대적으로 다른 자, 곧 타자는 모든 것이 박탈된 궁핍한 얼굴, 고통받는 얼굴로 나에게 현현한다. ……고통받는 얼굴은 내가 어떤 식으로도 소유할 수 없는 자, 어떤 방식으로도 나로 환원되지 않는 자다."[4] 이는 얼굴의 짝인 시선을 나, '자아'에게 돌려주는 것을 뜻합니다.

현상학적 관점을 약간 통속화해 말한다면, 시선을 통해 머리는 비로소 얼굴이 된다고 할 수 있습니다. 동물원 우리 안의 호랑이에게, 혹은 뒷집 강아지에게 머리는 있을지언정 얼굴은 없습니다. 만약 갇힌 야수의 두 눈에서 슬픈 눈빛을 보았다면, 그것은 호랑이를 보는 여러분의 눈에 지향성이 작용했기 때문이고, 여러분이 호랑이의 눈 대신 그의 시선을 보았기 때문입니다. 그것은 또한 여러분 자신의 시선이기도 하지요.

사실 레비나스가 타인의 얼굴에서 고통을 볼 때, 그것은 근본적으로 갇힌 호랑이의 눈에서 슬픔을 보는 여러분의 '시선'과 동일한

---

(4) 서동욱, 〈주체의 근본 구조와 타자〉, 《차이와 타자》, 문학과지성사, 2000, 143쪽.

것을 보는 것일 겁니다. '고통받는 얼굴'이란 타자의 얼굴을 단순히 과학적이고 객관적인 관찰대상으로 보는 것과는 다른 종류의 시선이 없다면 감지될 수 없는 것이지요. 그러나 그렇게 되면 그 타인의 얼굴은 내 시선 안에 갇힌 나의 대상이 되고 맙니다. 이는 나로 환원될 수 없는 타자의 절대성을 철학의 절대원리로 삼고자 했던 레비나스로서는 받아들일 수 없었던 것이고, 사실 사르트르가 나의 시선에 비친 타자 대신 타자의 시선에 비친 나를 선택했을 때 이미 고려했던 것이기도 하지요.

따라서 레비나스는 '나'로 환원될 수 없는 어떤 것을 타자의 얼굴에 남겨두어야 했습니다. 그래서 그는 '고통'을, 내가 원하지 않았으며 내 마음대로 할 수 없는 고통을 그 얼굴에 새겨두어야 했습니다. "그 얼굴은 나의 모든 능력에 반대하여 나에게 '저항'한다. 얼굴의 저항이란 대상세계를 소유하고 지배하려는 나의 힘을 무력화시키고 나의 윤리적 행동을 촉구하는 '윤리적 저항'이다."[5] 이는 레비나스가 타자의 얼굴에 '웃음'이나 '기쁨'이 아니라 '고통'을 남겨두어야 했던 이유를 설명해주는 듯합니다. '나의 윤리적 행동을 촉구하는 윤리적 저항', 그것이 필요했기 때문이겠고, 그것을 말해야 했기 때문이겠지요. 여기서 타인에 대한 동정과 연민을 호소하는 유대교적 혹은 기독교적 신학을 발견하기 위해서 니체 같은 특별한 혜안을 가져야 할 필요는 없을 겁니다.

이처럼 눈이 사라지고 시선이 등장하는 곳에 머리 대신 얼굴이 떠오릅니다. 현상학자들에게 얼굴이나 시선이 중요한 사유대상이

---

(5) 같은 책, 143쪽.

되는 것은 이런 이유 때문이지요. 라캉은 시선이, 프로이트의 어법을 빌자면, 보려는 충동이라는 '부분충동(Partialtrieb)'의 대상이라는 점에서, 그 자체로 욕망의 대상이며 성욕으로 전체화되지 않는 부분대상이라고 하지요. 이를 그는 '대상 a(objet petit a)'라고 부릅니다. 그러나 눈이 시선을 욕망하는 순간, 그리하여 시선을 보려는 순간 시선은 보이지 않는 곳으로 사라지고 만다고 하지요. 이런 식으로 그는 '눈과 시선의 분열'을 말하는데,[6] 사실 이는 눈과 시선을 대립시켜 시선이 작동하는 곳에서 눈이 사라진다고 했던 사르트르의 명제와 크게 다르지 않아 보입니다. 오히려 차이가 있다면, 그가 사르트르의 시선은 '놀라게 하는 시선'이라고 하면서 비판할 때, 그래서 시선이란 놀라게 하는 것이라기보다는 보려고 찾는 순간 사라지는 은밀한 것으로 바꾸어버릴 때 드러나는 것이 아닌가 싶습니다. 제가 둔감해서 그런지는 모르지만, 이러한 차이는 그다지 크게 느껴지지 않습니다. 물론 타자 개념의 차이는 크지만, 라캉의 시선 개념 자체는 생각보다 현상학에 가까이 있는 것으로 보입니다.[7] 아마도 이는 라캉 역시 사르트르처럼 하이데거의 영향 아래 있었던 코제브(A. Kojève)의 헤겔 강의를 통해서 현상학의 영향을 받았고, 이후에도 하이데거에게 크게 기대고 있다는 사실과 무관하지 않은 것 같습니다.

---

(6) 라캉, 권택영 편, 《자크 라캉의 욕망이론》, 문예출판사, 1994, 195~202쪽.
(7) 이는 라캉의 사위였으며, 또한 그의 '합법적' 상속자였던 밀레(J-A. Miller)의 다음 글에서 다시 확인할 수 있습니다. J-A.Miller, "Introduction to Seminars I and II," B. Fink et. al. ed., *Reading Seminars I and II: Lacan's Return to Freud*, State University of New York Press, 1996, 3~25쪽.

2. 얼굴의 미시정치학
1) 표현기계

들뢰즈와 가타리가 얼굴을 다루는 방식은 사르트르나 라캉이 시선을 다루는 방식과 많이 다를 뿐만 아니라, 레비나스가 얼굴을 다루는 방식과도 많이 다릅니다. 그는 현상학적 지향성 개념이 담긴 시선을 통해서 얼굴을 정의하지 않으며, 반대로 그런 시선에 대한 얼굴의 일차성을 주장합니다.

> 얼굴에 관한 문헌 가운데 시선(le regard)에 관한 사르트르의 텍스트와 거울에 관한 라캉의 텍스트는, 현상학적인 장에 비친, 혹은 구조적인 장에 빠져 있는 주체성이나 인간성의 형태로 회귀하는 잘못을 범하고 있다. 시선은 응시하지 않는 눈과의 관계에서, 즉 안면성의 검은 구멍과의 관계에서 이차적일 뿐이다. 거울은 안면성의 흰 벽과의 관계에서 이차적일 뿐이다.(MP, 210; I, 179)

다시 말해 시선이 얼굴을 만드는 게 아니라 흰 벽과 검은 구멍의 조합과 배열이 얼굴들을 만드는 것이며, 그러한 배열을 통해 입에서 튀어나간 기호들에 의미를 부여하거나 마주보는 얼굴에 대해 동조와 공명을 요구하는 '표현기계'라는 것입니다. 시선을 통해 만들어지는 얼굴이 아니라 시선으로 하여금 '눈치'를 보게 만드는 얼굴이며, 눈으로 하여금 공명하게 만드는 얼굴이라는 겁니다. 따라서 얼굴은 동정하거나 공감하거나 놀라는 타자를 상대로 한다기보다는, 의미화하는 기호체제 및 주체화하는 기호체제 사이에 끼어 있다고 합니다. '얼굴은 정치다'라는 명제는 이들이 얼굴을 다루는 입지점이 어디인가를 잘 보여준다고도 할 수 있습니다. 얼굴과 결부된 권력의 문제, 바로 그것이 안면성이란 개념을 통해 그들이 다루고자 하는 것이며, 이런 점에서 이 고원은 '얼굴의 역사유물론'인 만큼이나 '얼굴의 미시정치학'을 시도하고 있다고 할 수 있습니다.

가타리는 《천의 고원》이 출간(1980)되기 직전인 1979년에 《기계적 무의식(L'inconscient machinique)》이란 책을 출간했지요. 대개 가타리의 책은 이미 발표한 글이나 발제문, 혹은 메모를 묶어 출간한 경우가 많았는데, 《분자 혁명(Révolution moléculaire)》, 《정신분석과 횡단성(Psychoanayse et Transversalité)》이 그런 경우지요. 반면 이 책은 그 자체로 독자적으로 씌어진 책입니다. 여기서 그는 무의식의 잉여성이 갖는 두 가지 기본범주를 '안면성'과 '리토르넬로'라고 말합니다. 무의식의 잉여성의 공간적 형식을 안면성, 그 시간적 형식을 리토르넬로라고 하지요.[8] 여기서 우리는 지금 안면성이라는 제목을 가진 고원을 지나가고 있지만, 나중에 '리토르넬로'라는 이름을 가진 고원을 다시 지나가게 될 겁니다.

어쨌든 가타리에 따르면, 안면성은 주파수로 요약되는 의미화의 잉여성과 공명으로 요약되는 주체화의 잉여성이 교차하는 지점에 자리잡고 있습니다. 그래서 안면성에는 의미화하는 안면성과 주체화하는 안면성이 있다고 말할 수 있으며, 이에 대해 비판적 개념인 '다이어그램적 안면성'을 대비시킵니다. 다이어그램적인 안면성이란 개념은 《천의 고원》에서는 사용되지 않습니다만, 지금까지 저자들이 다이어그램이란 개념을 사용한 맥락을 본다면, 아마도 표현형식으로서,

---

[8] F. Guattari, L'inconscient machinique, Recherche, 1979, 15쪽, 75쪽 이하, 109쪽 이하 등.

기호체제로서 권력이 작동하는 얼굴을 넘어서는 어떤 문턱을 표시하는 개념일 것입니다. 이 책에서는 '탐사적 얼굴'이란 개념으로 그것을 대신하고 있는데, 글쎄요, 그게 뭔지는 잘 모르겠지요?

한편 그 책에서 가타리는 좀더 '충실한(?)' 맑스주의자답게 안면성과 리토르넬로를 자본주의적 사회구성체와 연관시킵니다(4장 및 5장). 이 책에서도 안면성이나 얼굴을 특정한 사회구성체의 산물이라고 하긴 하지만, 그것이 자본주의 사회구성체만은 아니며, 또한 자본주의와 결부하여 얼굴이나 리토르넬로를 다루진 않습니다. 그 두 권의 책이 하나가 아닌 것처럼, 이 두 사람 역시 한 사람이 아니며, 자신들 말대로 각각이 이미 많은 사람들이었던 것처럼, 각자가 상이한 관계들, 상이한 삶의 양상들을 함축한 채 말하고 있고 쓰고 있는 것이지요.

어쨌거나 우리는 여기서 이 두 가지 개념이 무의식의 공간 및 시간적 형식에 관한 것일 뿐만 아니라, 그것의 특정한 역사적 형성물에 대한 것임을 알 수 있습니다. 이런 의미에서 이 책에서 시도하고 있는 게 '얼굴의 역사유물론'이라는 말이, 혹은 이 책 전체가 무의식의 형성물에 관한 것으로 확장된 역사유물론이라는 말이 자의적으로 덧붙인 것이 아니란 걸 이젠 믿을 수 있겠지요? 물론 그것이 얼굴이나 리듬, 기호 등에 새겨진, 역사적 관계라는 이름의 외부를 단순히 정통 맑스주의에서처럼 '생산양식'으로 환원해선 안 된다는 점에서 일정한 변화를 포함하지만 말입니다.

2) 얼굴과 권력

이미 '표정'이란 말을 사용한 바 있지만, 얼굴을 본다는 것은 눈과 입 등으로 만들어진 '표정'을 본다는 말과 동일합니다. 얼굴을 뜻하는 프랑스어 'visage'라는 말은 '표정'을 뜻하기도 합니다. 이 말은 '본다'는 의미를 갖는 라틴어 videre의 과거분사 visus에서 파생된 것이지요. 얼굴이 표정이란 말과 동일한 단어라는 걸 염두에 둔다면, 머리와 얼굴의 차이는 분명해집니다. 머리는 표정에 의해 정의되지 않기 때문입니다. 역으로, 표정을 갖는 신체의 표면은 모두 얼굴을 갖는다고도 말할 수 있습니다. 이에 대해선 조금 뒤에 다시 말하지요.

이런 의미에서 표정을 갖게 되었을 때 비로소 얼굴이 탄생한다고 말할 수 있습니다. 그러나 이것은 얼굴을 머리와 구별하는 데 유용하고, 풍경으로서의 얼굴을 이해하는 데는 중요하지만, 얼굴 전체를 다루는 데는 불충분합니다. 가령 저자들이 얼굴이 없다고 말하는 이른바 '원시인'의 경우에도, 기쁨이 드러나거나 고통이 드러나는 '표정'이 없다고 말하는 것은 쉽지 않기 때문이지요.

저자들이 말하는 얼굴이란, 그러한 표정이 다른 사람의 반응을 염두에 두고 만들어질 때 비로소 정확하게 정의된다고 할 수 있습니다. 그렇기에 그것은 타인이나 타자들에게 자신의 의사를 표현하는 도구요 기호며, 입에서 나가는 기호들의 실질적인 의미를 규정하는 조건이라고 할 수 있지요. 비록 그것이 의식적인 것이 아니라 무의식적인 것이라는 점을 잊지 않아야 하지만 말입니다. 얼굴과 기호를 하나의 계열로 연결한다는 것은 바로 이런 의미에서지요.

좀더 강하게 말한다면, 이렇게 말해도 좋을 듯합니다. 얼굴은 자연스런 표정이 아니라 계산되고 만들어진 표정이고, 그것을 통해 의미의 흐름을 전제군주적 기표로 영토화하거나, 정염의 흐름을 주체성으로 영토화하는 권력이 작동한다고 말입니다. 가령 "젖을 먹이는 동안에도 얼굴을 통과하는 모성적 권력(pouvoir), 애무를 할 때에도 연인의 얼굴을 통과하는 정염적 권력, 대중의 행동에서 플래카드나 아이콘 상징으로 나타나는 지도자의 얼굴을 통과하는 정치적 권력, 스타의 얼굴과 클로즈업을 통과하는 영화의 권력……텔레비전의 권력 등등"이 모두 그렇다는 겁니다(MP, 215; I, 184). 물론 이는 때론 의식적인 경우도 있지만, 역시 본질적으론 무의식적인 차원에서 행해지는 것임을 다시 추가해두기로 합시다.

다시 말해 얼굴이 만드는 고통의 표정, 슬픔의 표정, 기쁨의 표정은 자연적인 감정의 발현이 아니라 무의식적으로 계산되고 조직된 표정이며, 효과를 겨냥하여 만들어지는 '기호'들입니다. "나 아파, 힘들어(달래줘!)", "당신의 그 말이 나를 이토록 슬프게 만들고 있어(그러니 이 슬픔을 보았다면 부디 생각을 바꿔주기 바래!)", "너의 선물이 나를 기쁘게 만들고 있어(그러니 나를 좀더 빈번히 기쁘게 해줘!)", "응, 알았어(하지만 나는 네 말이 매우 못마땅해!)" 등등. 마치 언어가 직접 표현되지 않는 잉여적인 명령어를 본질적인 요건으로 하듯이, 어떤 행동을 요구하는 잉여적인 명령어가 기호로서, 표현기계로서의 얼굴의 본질적인 기능이라는 겁니다. 얼굴이 표현형식으로서의 언어와 짝을 이룬다는 말은, 즉 무언가를 말하는 형식이라는 것은 바로 이런 의미에서지요.

이것은 슬픔과 기쁨, 고통과 쾌락 등을 표현하는 자연적인 기호(징표)로서, 자연스러운 것으로 간주되는 표정이란 말이 안면성을 정의하는 데서는 불충분한 이유입니다. 이는 '타자의 고통스런 얼굴'로 동정과 연민의 윤리학을, 아니 모럴(moral)을 구성하려는 레비나스의 윤리학이 부적절하다고 느끼는 이유 중의 하나기도 합니다. 그는 고통스런 표정조차, 항상은 아니라고 해도 대개는 무언가 명령어를 방사(放射)하고 있으며, 그런 명령어에 적합한 방식으로 만들어진다는 점을 보지 못하거나 외면하고 있습니다. 나아가 얼굴이 단순한 '고통'으로 환원 불가능한 많은 표현능력을 갖고 있으며, 그렇게 사용되고 있다는 점 또한 외면하고 있습니다. 나아가 내가 어찌할 수 없는, 상관이나 권력자의 얼굴이, 전제군주의 얼굴이 있습니다. 즉 그 표정을 항상 관찰하고 언제나 눈치를 보아야 하는 타자의 얼굴이 있으며, 그것도 고통스런 얼굴만큼이나 나의 주관 밖에 있는 절대적 타자의 존재를 증명하고 있다는 점 또한 레비나스는 외면하고 있습니다.

이와 관련해 들뢰즈와 가타리는 "얼굴은 개인적인(individuel) 것으로 작용하지 않는다"고 합니다(MP, 215; I, 184). 반대로 그것은 개인들 사이에서 기호를 방사하고 고유한 명령어를 전달하는 방식이며, 언어적인 기호 못지않게 그것을 위해 만들어지는, 그런 만큼 충분히 알아볼 수 있도록 만들어진 표정입니다. 그러한 계산된 표정을 통해서 그것을 보는 사람이나 방사하는 사람은 방사되는 기호에 대응하는 특정한 판단을 하고, 그에 따라 특정한 개인이 됩니다. 이런 의미에서 "얼굴에 존재하던 필연성의 결과가 바로 개인화"라고 해요(MP, 215; I, 184). 개인적인 어떤 느낌이 표현되는 것이 아니라 얼굴들을 조직하는 특정한 표현을 통해서, 그 사람들이 그것을 사용함으로써 특정한 종류의 개인이 된다는 것입니다.

따라서 이렇게 말해야 합니다. "어떤 경우든 그것을 작동케 하는 것은 얼굴의 개별성이 아니라 계산의 결과나 효과다. 그것은 이데올로기의 문제가 아니라 권력의 경제 및 권력의 조직화 문제다. 우리는 얼굴, 얼굴의 능력(puissance)이 권력을 발생시킨다거나 그것을 설명한다고 말하는 것이 아니다. 반대로 특정한 권력의 배치가 얼굴의 생산을 필요로 하는 것이다. 다른 배치라면 그렇지 않다."(MP, 215; I, 184)

이런 의미에서 "얼굴은 정치다"(MP, 222; I, 190)라는 저자들의 테제는 매우 의미심장하다고 할 수 있습니다. 얼굴은 그것의 생산을 필요로 하는 권력 배치의 산물이란 점에서 그 자체로 권력과 결부된 것이고, 따라서 얼굴의 문제가 권력의 문제인 한, 얼굴 자체가 바로 정치라는 겁니다.

3. 얼굴과 신체

1) 얼굴과 언어

얼굴의 문제는 의미화와 주체화라는 두 개의 지층 사이에 있고 그 사이에서 정의됩니다. 왜냐하면 "의미화는 자신의 기호들과 잉여성들을 새기는 흰 벽(un mur blanc) 없이는 진행되지 않기" 때문이고, "주체화는 자신의 의식과 정염(情炎), 그 잉여성들이 머물 수 있는 검은 구멍 없이는 진행되지 않기" 때문입니다. 그리고 "오직 혼성적인 기호계만이 있으며 지층들은 최소한 둘이 있어야 이루어지기 때문에, 그 양자의 교차점에 매우 특수한 장치(dispositif)의 조립물(몽타주)이 있다"고 하며, 그것이 바로 얼굴이라고 말합니다(MP, 205; I, 175).

종이라는 흰 벽이 없다면 기호는 자신이 말하려는 바를, 즉 통상 말하는 '의미'는 물론 명령어라는 잉여성을 정확하게 보여줄 수 없습니다. 화장실의 낙서된 벽에 씌어진 글씨는, 낙서와 섞여 낙서의 일부가 되지요. 다른 낙서를 능가하고 그것들을 무화시킬 정도의 강밀함이 있을 때만, 그것은 자신의 의미나 잉여성을 기록할 수 있습니다. 이를 위해 아크릴 판으로 별도의 흰 벽을 만들어 그 위에 쓰기도 하지요. "낙서금지!" 하고 말입니다. 말로 드러나는 소리도 마찬가집니다. 다른 소리를 흰 벽 안에 묻을 수 없다면, 그 소리들과 섞여서 소음의 일부가 될 뿐이지요.

동조나 공명이란 언표 주체와 언표행위의 주체가 포개지는 것입니다. 포개진다는 것은 윤곽선이 포개지는 것이 아니라 이와 반대로 다른 윤곽선을 갖는 주체가 포개지는 것입니다. 따라서 여기에는 양자를 하나로 포개는 중심이 있어야 합니다. 마주 보는 연인은 서로의 눈을 바라보며 공명하고 포개지며, 선생과 학생 역시 서로의 눈을 보고 고개를 끄덕이지요. "아, 이렇게 하란 말이지!", "음, 알겠다는 뜻이군!" 함께 가는 동료라면 저 앞에 보이는 노란 불빛으로 네 개, 혹은 그 이상의 눈들이 모이면서 같은 목표를 향해 걸어왔음을 확인하지요. "아, 저기군!" 이것이 의식이나 정염이 머물거나 모이는 검은 구멍이지요.

그런데 기호들을 사용하는 활동은 언제나 안면성이란 특징을 수반한다고 합니다. "이 책 좀 봐!" 음조로 어느 정도 짐작은 하겠지만, 얼굴을 보아야 비로소 이 말이 무슨 뜻인지 정확하게 알 수 있습니다. '아, 이 책은 형편없다는 말이군!', '아, 이 책 표지가 너무 이상하다는 말이군!', '아, 이 책이 아주 유니크하다는 말이군!' 등의 다른 의미를 얼굴에서 읽어냅니다. 이렇듯 우리는 얼굴을 보면서 말하는 사람의 마음을 읽어내는 것이지요. '눈치를 본다'고 말하기도 하고요. 그리고 거기에 필요한 얼굴로, 혹은 눈빛으로 얼른 응수해야 합니다. "정말 그렇군요!", "글쎄요, 그 정도까지는 아니지 않나요?" 등등.

그래서 저자들은 이렇게 말한 바 있지요. "언어활동은 언제나 안면성이란 특징을 수반할 뿐만 아니라, 얼굴은 잉여성 전체를 응결시킨다. 얼굴은 기표적 기호를 방사하고 수신하며 풀어주고 다시 포획한다. ……목소리가 나오는 곳은 얼굴이다. ……기표는 얼굴 위에 재영토화된다. 기표에 실체를 부여하는 것은 얼굴이며, 해석할 것을 제공하는 것도 얼굴……이다. 봐라, 그의 표정〔얼굴〕이 달라졌다. 기표는 언제나 안면화된다. 안면성은 이 모든 의미화 및 해석의 총체 위에 물질적으로 군림한다."(MP, 144~45; I, 122) 이는 주체화의 경우도 다르지 않습니다.

언어를 배우는 아이들도 얼굴을 보며 그 의미와 용법을 배웁니다. 동네 아이들과 놀다가 '개새끼'라는 말을 배운 아이가 집에 돌아와 배운 걸 써먹으려고 마당에 있는 강아지를 보고 말합니다. "엄마, 저 개새끼가 오늘은 밥을 잘 안 먹네." 하지만 엄마의 반응이 썰렁합니다. 아이는 즉각 엄마의 얼굴을 쳐다보지요. '아뿔사, 이게 아니구나!' 이처럼 아이는 자신이 배운 말을 여기저기 써보면서 사람들의 반응을, 아니 얼굴을 보지요. 이런 식으로 아이는 그 말의 '용법'을 익힙니다. 비트겐슈타인의 말대로 말의 의미를 안다는 것이 그 말의 용법을 충분히 안다는 것을 뜻한다면, 용법을 충분히 익혔다는 것은 다른 사람의 얼굴에서 예상되는 반응을 야기할 수 있는 방식으로 말하는 방법을 익혔다는 것을 뜻할 겁니다. 저자들은 이를 이렇게 요약합니다.

어린 아이, 여자, 어머니, 남자, 아버지, 사장, 선생, 경찰. 이들은 언어(langue) 일반으로 말하는 것이 아니라, 기표적 특질이 그 특수한 안면성의 특질 상에서 지표화되는 〔그런〕 언어로 말한다. 얼굴은 개별적이지 않으며, 주파수나 가능성의 영역을 정의하고, 적절한 의미작용(significations)에 반하는 표현이나 접속들을 미리 중화시키는 장을 제한한다. 마찬가지로 감각적이거나 정신적인 실재를 선별하고 그것을 미리 지배적인 실재에 부합하도록 하는 공명의 장소를 얼굴이 형성하지 않는다면, 주체성의 형태는—그것이 의식이든 정염이든—절대적으로 공허하게 남을 것이다. 얼굴은 그 자체로 잉여성이다.(MP, 206; I, 176)

2) 머리와 얼굴

다시 기본적인 질문으로 돌아갑시다. 얼굴이란 무엇인가? 얼굴, 이거지요, 그거구요. 하지만 이런 식으론 답에 이를 수 없겠지요. 차라리 그게 무엇이 아닌가를 말하면서 시작하는 편이 좋을 듯하군요. 얼굴과 무한히 가깝지만 얼굴이 아닌 것, 바로 머리가 그것이지요.

얼굴은 머리가 아닙니다. 머리는 손과 발, 위장이 몸뚱이의 일부인 것처럼 몸뚱이의 일부지요. 신체의 일부란 말이지요. 얼굴은 신체인가요? 물론 그것은 신체의 표면입니다. 그러나 신체로서의 머리와는 분명히 다릅니다. 현상학자 스타일로 말하자면, 모든 동물은 머리를 갖지만 모든 동물이 얼굴을 갖는 것은 아니지요. 개의 얼굴을 보신 적이 있나요? 호랑이의 얼굴은요? 개의 얼굴을 보셨다고요? 그럼 그것과 개의 머리를 본 것과는 어떻게 다르던가요?

그렇습니다. 머리는 뒤에서도 보이지만 얼굴은 앞에서만 보이지요. 얼굴을 본다는 것은 신체기관의 일부를 보는 것이 아닙니다. 눈과 입, 거기에 눈썹까지 추가하여 일정한 형상을 보게 될 때, 그래서 '슬픈가 보군', '아픈가 보군', '신이 났군', '화가 많이 났네' 등과 같은 어떤 표정을 읽을 때 비로소 우리는 머리가 아니라 얼굴을 본 것입니다. 머리를 보고 이런 생각을 하진 않는 것도 확실하지요?

사르트르의 말처럼, 반드시 나를 보는 타자의 시선이 있어야 내가 얼굴을 갖게 되는 것은 아니며, 내 시선이 있어야 옆에 있는 사람의 얼굴이 있는 것도 아닙니다. 차라리 반대지요. 눈과 입이 움직여 어떤 표정을 만들고, 우리는 그것을 봅니다. 그 표정은 때론 '자, 나 화났어' 하면서 보라고 드러내는 경우도 있지만, 좋은 패가 들어서 신이 났지만 그걸 감추어야 하는 도박꾼의 경우도 있고, 아내의 배신에 분노와 슬픔으로 미칠 듯하지만 그것을 감추고 웃어야 하는, 그리고 남들을 웃겨야 하는 팔리아치(Pagliacci) 같은 광대의 경우도 있습니다. 모두 시선과 짝하긴 하지만, 얼굴은 시선에 의해 만들어지는 게 아니라 자신을 보는 시선에 대해 자신을 표현하는 것이며, 자신의 의사를 표현하는 것입니다.

그래서 저자들은 뺨과 이마 같은 '흰 벽'과, 눈과 입 같은 '검은 구멍'을 통해 얼굴이 만들어진다고 말합니다. "얼굴은, 최소한 구체적인 얼굴은 흰 벽 위에서 어렴풋이 그려지기 시작한다. 그것은 검은 구멍 안에서 어렴풋이 나타나기 시작한다."(MP, 206; I, 176) 아이들에게 사람 얼굴을 그리라고 하면 동그라미를 하나 먼저 그리고, 그 안에 눈과 코, 입, 눈썹을 그려넣지요. 거기서 동그라미로 표시된 것이 바로 흰 벽이고, 그 안에 그려넣어지는 것들이 검은 구멍이지요. 그 가운데 눈이, "눈은 마음의 창"이란 말처럼 얼굴을 만드는 데

가장 일차적인 역할을 하지요. 동그라미-'흰 벽'-위에 눈이나 입-'검은 구멍'-을 어떻게 그려넣는가가 얼굴 표정을 그리는 방법이지요. 그래서 저자들은 말합니다. 얼굴은 흰 벽과 검은 구멍의 체계라고. 얼굴은 흰 벽-검은 구멍으로 구성되는 추상기계에 의해서 만들어진다고.

> 얼굴은 안면성의 추상기계로부터 태어나며, 이는 얼굴을 생산하는 동시에 기표에게는 흰 벽을 주고 주체성에게는 검은 구멍을 준다. 따라서 검은 구멍/흰 벽 체계는 이미 얼굴이 아닌 셈이며, 그 장치의 변화하는 조합에 따라 얼굴을 생산하는 추상기계인 셈이다.(MP, 207; I, 176)

얼굴이 지향성이라는 현상학적 개념에 사로잡힌다면, 그것은 필경 누군가가 의미를 부여하는 대상이 될 것이고, 그 경우 보는 시선이나 보이는 얼굴이나 인간의 얼굴과 짝하게 됩니다. 후설도 토끼나 수달의 선험적 자아나 지향성에 대해 생각하진 않았고, 사르트르 역시 벤치에 앉아 있는 나를 쳐다보는, 저 앞에 지나가는 개의 시선을 생각하진 않았습니다. 반면에 거칠게 말해 상대적으로 '유물론적인' 것으로 보이는 이런 정의를 통해서 저자들은 현상학적 관념에서 벗어나 얼굴을 정의합니다. 흰 벽과 검은 구멍의 체계로 얼굴을 정의하는 순간, 흰 벽과 검은 구멍이 섞여서 어떤 표현적인 장면을 만들어내는 모든 것은 '얼굴'이 될 수 있습니다. 시선이든 눈이든, 그것을 보게 되는 거지요.

이렇게 되면 얼굴이란 말의 내포 또한 달라집니다. 그것은 인간의 얼굴이란 범위를 벗어나게 됩니다. 그러나 그것이 더 넓어졌다고, 혹은 더 좁아졌다고 말하긴 어렵습니다. 한편으로 그것은 표현적인 성질을 갖는 경우에 한해서만 얼굴/표정이 만들어지기 때문입니다. 즉 모든 인간이 얼굴이 갖는 것이 아니라 인간 가운데서도 특정한 인간, 특정한 사회구성체 안에 사는 인간만이 얼굴을 갖는다는 거예요.

> 그것은 언제나, 어떤 사회구성체(formations sociales)에나 작동하는 것이 아니기 때문이다. 특정한 사회구성체들만 얼굴과 풍경을 필요로 한다. 이 모든 것이 바로 역사다. 매우 상이한 날짜에, 의미화와 주체화의 기호계를 위해 매우 다양한 표현형식의 실체 역할을 하던 이질적이고 다음성적이며 원시적인 모든 기호계의 전반적인 붕괴가 발생했다.(MP, 220~21; I, 188~89)

다른 한편 그것은 자아의 지향성이나 그에 짝하는 타자의 지향성에서 벗어나기 때문에, 얼굴이란 인간에게만 고유한 것이라고 말할 수 없게 됩니다. 얼굴을 필요로 하는 사회구성체 안에서라면 인간뿐만 아니라 건물이나 자연물도 '얼굴'을 가지며('풍경'이라고 부르지요), 인간의 얼굴 또한 머리를 벗어나 다른 신체나 의상 등으로 확장된다고 할 수 있기 때문입니다. 이로써 얼굴 개념은 '인간학'에서, 아니 '인간'에서 벗어날 수 있게 되지요.

얼굴, 이 얼마나 무서운 것인지! 그것은 본래 달표면의 풍경으로, 땀구멍들, 평면들, 수염들, 밝은 색깔들, 힘 그리고 구멍들로

〈그림 7.1〉

두 개의 자화상은 동일한 사람의 '머리'가 어떻게 다른 모습, 다른 얼굴을 가질 수 있는지를 보여준다. 렘브란트는 많은 자화상을 그렸는데, 그것들은 젊은 청년의 기상이 뚜렷하게 표현된 저 얼굴과, 저물어가는 노년의 힘들고 누추함에 술냄새마저 흠씬 풍기는 저 얼굴 사이에서, 자신의 삶과 더불어 자기 얼굴이 어떻게 변해갔는가를 훌륭하게 보여준다. 그의 얼굴들, 그것은 하나의 동일한 머리 위에 만들어진 상이한 삶의 풍경들이다.

렘브란트,
〈자화상〉들

7. 얼굴의 정치학: 얼굴의 권력, 권력의 얼굴 | 515

가득 차 있다. 얼굴을 비인간화하기 위해 클로즈업할 필요는 없다. 그것은 본래 하나의 클로즈업이고, 본래 비인간적인 것이며, 기괴한 두건이다. 이는 그것이 기계에 의해 생산되고, 기계를 발동시키는 어떤 권력장치(un appareil)를, 즉 그것을 부정적인 것으로 유지하면서 탈영토화를 절대적으로 밀고가는 권력기구를 요구하기 때문이다.(MP, 233; I, 199)

여기서 신체의 다른 부분으로 얼굴이 확장되고, 다른 신체가 안면화되는 것에 대해 좀더 말해둘 필요가 있습니다. 표정을 갖게 되면서 머리의 표면이 안면화되듯이, 표정을 갖게 되는 다른 신체 또한 안면화될 수 있게 됩니다. 검지와 중지 사이에 엄지손가락을 밀어넣은 손이나, 접힌 손가락들 사이로 중지를 쭉 내민 손이 신체기능과 무관한 표현기호라는 걸 모르시는 분 있나요? 손가락마다 힘을 잔뜩 준 채 하늘을 향해 쫙 벌린 로댕(Rodin)의 손, 버드나무처럼 나긋나긋하게 감고 휘도는 허리, 주름과 더불어 축 늘어진 가슴 등은 '얼굴'이 없어도 그 자체로 충분히 표정을 갖습니다.

아니, 저자들 말처럼 차라리 다른 신체의 표면을 안면화하지 않고선 머리의 표면이 안면화되지 않는다고 말해야 할지도 모릅니다. "신체 전체가 불가피한 절차를 따라 안면화(표정화)될 수 없다면, 또 그렇게 되지 않는다면, 머리와 그 요소들 역시 얼굴이 되지 않을 것이다. 신체의 다른 모든 볼록한 것과 오목한 것에 호소하지 않고는 입과 코, 특히 눈은 구멍난 표면이 될 수 없을 것이다."(MP, 209; I, 178) 예를 들어 슬픈 표정을 지을 때 얼굴이 슬프면 어깨도 처지고 팔도 내려가야 하는 것이지요. 불끈 쥔 주먹이 화난 표정과 짝을 이루는 만큼이나 밋밋한 손이나 팔은 화난 표정의 얼굴을 상쇄하며, 애처롭게 내민 텅 빈 두 손이 굶주린 아이들의 퀭한 두 눈을 더욱 강밀하게 하는 만큼이나 불룩 나온 기름진 배는 퀭한 눈이 대체 무엇을 말하는 건지 알기 어렵게 하지요. "손, 가슴, 위, 음경, 질, 허벅지, 다리, 발, 이 모든 것이 안면화된다. 페티시즘, 색정광 등은 이러한 안면화 과정과 분리될 수 없다."(MP, 209; I, 178)

3) 얼굴과 풍경

이처럼 얼굴은 신체로부터 벗어나 표현적인 능력을 갖는 표면이 되고, 표정을 만드는 표면이 됩니다. 이는 신체 상의 기관들을 표현적인 목적에 걸맞는 어떤 '풍경'으로 만들기 때문입니다. 머리가 아닌 다른 신체부위가 표정을 갖게 되고 '안면화' 되는 것은 그것이 이런 '풍경'이 될 때, 다시 말해 '풍경화(風景化)' 될 때지요. 따라서 얼굴과 풍경의 관계에 대해 좀더 살펴보아야 합니다.

얼굴은 신체의 표면이며 신체로부터 탈코드화된 표면입니다. "얼굴은 표면-구멍, 구멍이 있는 표면 체계의 부분이다. 이 체계는 신체에 고유한 (육질의) 볼록-오목의 체계와 결코 혼동되어서는 안 된다. 머리는 신체에 포함되지만 얼굴은 그렇지 않다. 얼굴은 표면이다. 한편에는 얼굴의 특질, 선, 주름살, 또 한편에는 긴 얼굴, 사각 얼굴, 삼각 얼굴이 있다. 다른 한편 얼굴은 또한 지도다. 얼굴이 양감을 가지며 그것으로 감싸일 때조차도, 그리고 그것이 오직 구멍(trous)으로 존재할 뿐인 오목함(cavités)을 둘러싸고 경계지울 때조차도 그것은 지도다."(MP, 208; I, 178)

이처럼 얼굴이 신체로부터 벗어나 그 표면이 된다는 것은, 그것

〈그림 7.2〉

생전에도 유명했지만 자살해서 더 유명해진 커트 코베인(Kurdt Kobain)의 출세작 〈네버마인드(Nevermind)〉의 재킷은 매우 인상적이다. 재킷의 정면에는 달러를 미끼로 단 낚싯줄을 따라가는 갓난아기를 통해서, 너무 일찍부터 돈에 끌려가는 우리 자신의 삶을 풍자했다. 그리고 재킷의 뒷면에는 이처럼 거칠게 벌린 입 앞에 중지를 높이 세워, 정신없이 돈을 따라 사는 우리에게, 혹은 우리의 삶에게 "엿먹어(fuck you)"라고 욕을 한다. 이 손가락이 몸을 움직이거나 도구를 부리는 유기체의 기능과 아무런 상관이 없는 '기호'라는 걸 모른다면 세상을 참 편하게 살 수 있을 것이다. 얼굴과 손, 신체의 동작이 잘 어우러져 하나의 명확한 욕을 만들어낸다. 얼굴이 된 손가락, 풍경이 된 손가락.—그리고 그는 그렇게 시작한 자신의 삶이 어느새 돈에 사로잡힌 것을 알고 절망하여, 그 손가락으로 방아쇠를 당겼다.

커트 코베인,
〈네버마인드(Nevermind)〉

이 유기체로서 신체의 일부이길 그치는 것입니다. 머리는 유기체의 일부로서 유기체의 존재에 필수적인 기관들의 집합입니다. 입은 음식물을 먹고, 코는 세포의 활동에 필수적인 공기를 흡입하며, 눈은 보고, 귀는 듣습니다. 거기다 뇌는 신경망을 통해 드나드는 모든 정보를 수합(收合)하고 종합하며 판단합니다. 이 모두는 환경과 소통하며 존재하기 위한 신체의 코드화된 기능입니다. 입이나 눈, 코, 귀는 얼굴의 필수적인 일부지만, 이 경우 입이나 눈, 코, 귀는 얼굴이 아니라 머리에 속하는 머리의 일부며, 신체적 기능을 수행하는 신체의 일부지요.

입이나 눈이 얼굴이 되는 것은 이런 신체적 기능과 무관하게 둥그런 흰 벽 위에 이런저런 모습으로 표정을 만들 때지요. 이때 입은 먹는 활동과 무관하며, 코 또한 숨을 쉬는 기능과 무관하지요. 또 눈은 먹거나 만질 대상을 보는 게 아니라 말을 듣는 사람의 눈을 보거나 그에게 보여주는 것이어서, 질끈 감아 앞을 보지 않는 눈조차 충분히 표정(얼굴)으로 기능합니다. 요컨대 이 경우 눈, 코, 입은 신체적 지층의 기능에서 탈코드화되어 작동한다고 할 수 있겠지요. 따라서 이런 탈코드화된 요소들의 집합으로서 얼굴은 내용의 실체인 신체의 코드화된 기능에서 벗어나 고유한 표현능력을 획득할 때, 얼굴은 머리와 구별되는 독자적인 표면으로서 성립된다고 할 수 있습니다.

인간의 경우조차도 머리가 반드시 얼굴은 아니다. 얼굴이 생산되는 것은 머리가 신체의 일부분이기를 그칠 때, 즉 머리가 신체에 의해 코드화되기를 그칠 때고, 머리가 다차원적이고 다음성적인 신체의 코드를 더 이상 갖지 않을 때, 결국 머리를 포함하는

〈그림 7.3〉

마그리트는 신체의 가운데 '토막'을 뎅겅 잘라다, 위에는 머리털을 붙이고 아래는 목으로 이어 얼굴로 만든다. 이렇게 신체는 얼굴이 된다. 그것도 아주 에로틱한 얼굴이. 아니, 어쩌면 얼굴이 성욕을 따라 신체가 된 거라고 해야 하지 않을까? 그러나 눈이 가슴의 기능을 대신하고 입이 성기의 기능을 대신할 수 없다면, 얼굴이 신체가 되었다는 말보다는 가슴과 성기에 표정을 부여한 것이라고 보는 게 더 적절할 듯하다.

마그리트,
〈강간〉

신체가 **탈코드화**되어 우리가 〈표정(Visage)〉이라고 부르는 어떤 것에 의해 **초코드화**되어야 할 때다.(MP, 209; I, 178)

따라서 얼굴은 신체로부터 탈영토화된다고 말할 수 있을 것입니다. 그렇지만 탈영토화는 다른 신체부위에서도 마찬가지로 발생하며, 이는 차라리 신체를 통합된 유기체로 만들어주지요. 가령 직립한 인간의 손은 대지로부터 탈영토화되지만 도구로 재영토화되어 신체가 유기적 통합성을 유지하는 데 기여합니다. "예컨대 물건을 잡을 수 있는 손은 앞발, 나아가 움직일 수 있는 손의 상대적인 탈영토화를 의미한다. 그것은 그 자체로 상관자(corrélat)를, 즉 사용대상이나 도구를 갖는다. 막대기는 탈영토화된 나뭇가지다."(MP, 211; I, 180)

반면 얼굴의 탈영토화는 아주 다른 종류의 탈영토화라고 할 수 있습니다. 왜냐하면 그것은 손이나 다른 신체처럼 어떤 도구나 대상에 재영토화되지 않기 때문입니다. 그것은 내용의 층위에서 표현의 층위로 '비약'하는 탈영토화며, 도구라는 내용적 상관물 전체로부터의 탈영토화입니다. 그래서 저자들은 이를 '절대적 탈영토화'라고 부릅니다. "얼굴은 비록 더 느리긴 하지만 훨씬 더 강도높은 탈영토화를 표상한다. 우리는 그것을 절대적인 탈영토화라고 말할 수 있으리라. 즉 그것은 인간이든 동물이든, 유기체의 지층으로부터 머리를 벗어나게 하고, 그것을 의미화와 주체화 같은 다른 지층에 접속시키기 때문에 더 이상 상대적인 〔탈영토화가〕 아니다."(MP, 211; I, 180)

그럼으로써 이제 얼굴은 '도구'라는 내용적 상관자 대신에 '풍경(paysage)'이라는 표현적 상관자를 갖게 됩니다. 다시 말해 눈, 코,

〈그림 7.4〉

달리는 그림이 걸리고, 입술 같은 소파가 있는 방, 둥글게 깎은 계단으로 턱이 진 아파트를 만들어 방을 안면화한다. 그럼으로써 방을 둘러싼 풍경이 얼굴화된다. 그리고 제목 밑에다 "초현실주의적 아파트로 사용할 수 있음"이라고 써 붙여놓았다. 그런데 어떨까? 오직 하나의 표정을 갖는 이 아파트가 정말 살 만할까? 하나의 표정을 갖는다는 것은 어쩌면 편집증의 일종은 아닐까? 만약 그렇다면 방의 표정으로 그 안에 사는 사람의 삶을 안면화하는 이 방은 자칫 편집증을 생산하는 아파트가 될 위험이 있는 건 아닐까?

달리,
〈메 웨스트의 얼굴〉

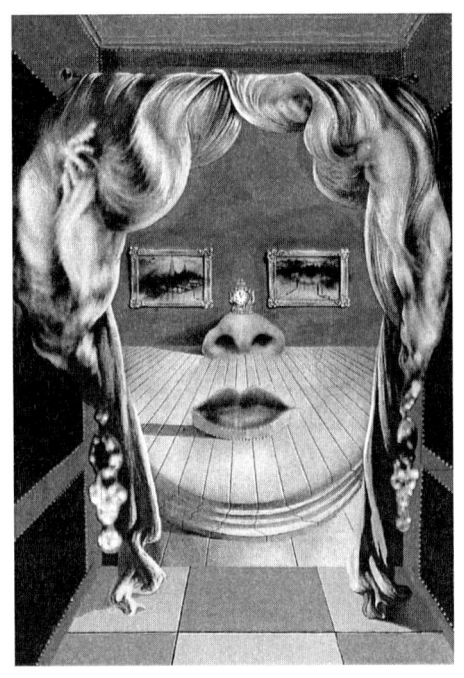

입은 보고 숨쉬고 먹기 위한 기능을 하는 게 아니라, 서로 결합되어 특정한 표현능력을 갖는 하나의 '풍경'을 만들어냅니다. 움츠러들어 날이 선 미간과 꽉 다문 입은 불안이나 고민으로 긴장된 마음을 표현하는 풍경을 만들고, 풀린 눈과 양쪽으로 올라간 입술은 웃음 짓는 밝은 마음을 표현합니다. 특정한 양상의 풍경이 반복되어 만들어지면, 그 사람의 일상적인 마음의 상태를 표현하는 '그 사람의 얼굴'이 만들어집니다. '관상학자'들은 역으로 어떤 사람의 얼굴을 보고서 그의 마음의 상태와 그 마음의 상태를 야기했던 사건들을 읽어내며, 그런 마음의 상태가 만들어낼 이후의 사건을 읽어내려고 합니다. 혹은 관상학 지식이 없는 우리도 얼굴만으로 대충의 큰 구별을 할 수 있게 됩니다. '음, 저 사람은 형사군!', '이 사람은 판사고 저 사람은 검사군!', '저 친군 운동권이군!' 등등. 그래서 흔히들 "40대가 되면 자기 얼굴은 자기가 책임져야 한다"고 말하기도 하지요.

또한 특정한 종류의 예절교육은 특정한 표정을 만들어냅니다. 스튜어디스들이 정형화된 웃는 얼굴은 이런 것을 유감 없이 보여주지요. 미모의 차이는 있을지언정, 표정은 거의 똑같지 않던가요? 건축, 미술, 영화는 풍경의 형태로 안면성을 작동시킵니다. "기독교 교육은 안면성과 풍경성(paysagéité)에 대해 정신적인 통제를 행사한다. ……얼굴과 풍경의 안내서들은 교육방법(pédagogie) 및 엄격한 규율을 형성하며, 예술이 그것에 영감을 주는 만큼 그것도 예술에 영감을 준다."(MP, 211; I, 181)

이는 풍경을 만들거나 풍경을 다루는 모든 예술이 역으로 얼굴이라는 상관자를 갖게 되어, 풍경을 얼굴로 만들거나, 얼굴을 풍경으로 만듭니다. 그래서 가령 에펠 탑이나 개선문은 파리의 '얼굴'이

〈그림 7.5〉

모스크바에는 이런 모양을 한 건물이 5개가 있다고 한다. 모스크바 대학, 외무성 등등. 거대한 규모(건물의 거대한 하부가 보이지 않아서 감지하기 힘들겠지만)와 높이로 건축능력뿐만 아니라 소련 자신의 힘을 표현하고자 했던 이 건물은, 실제로는 스탈린적인 권력을 노골적으로 가시화했던 권력의 대표적인 상징으로 자리잡는다. 단 하나의 형태를 갖는 몇 개의 건축물이 '스탈린 양식'이란 이름의 '양식'으로 '승화'된 것은 그 덕분이다. 이 건물의 정면은 어떻게 보면 높은 권좌를 보여주는 것 같기도 하고, 어떻게 보면 권력자의 자신감 넘치는 오만한 얼굴을 보여주는 듯하다. 그 옆의 그림은 혁명 이후 많이 그려지고 만들어졌던 레닌 기념관의 스케치 중 하나다. 이집트의 신전을 떠올리게 하는 이 거석(巨石) 기념물 또한 권좌를 상징하는 거대한 스케일로 우리를 제압하는 권력의 얼굴을 갖고 있다. 어느 경우든, 건물의 모습이 권력자의 얼굴을 풍경화한 것이란 점은 공통적이다.

소련의 얼굴,
혹은 권력의 풍경

되었고, 풍경화가들은 자연의 풍경에 표정을 부여하여 얼굴로 만들었지요. 한편 렘브란트(Rembrandt)의 자화상들은 같은 사람의 신체 상에 어떻게 저렇게 다른 풍경이 그려질 수 있는지를 보여주지요. 클로즈업을 하는 영화의 카메라 또한 렘브란트처럼 얼굴을 풍경으로 다룹니다.

건축은 집, 마을이나 도시, 기념물이나 공장 등의 집합체를 세우며, 그것들은 건축이 변형시키는 풍경 속에서 얼굴로 기능한다. 미술도 동일한 운동을 하지만, 그것은 또 얼굴의 기능 안에 풍경을 설정하고, 풍경을 얼굴처럼 다룸으로써 그 운동을 역전시킨다. ……영화에서 클로즈업은 얼굴을 무엇보다도 우선 풍경으로 다루며, 검은 구멍과 흰 벽, 스크린과 카메라는 그에 따라 정해진다. 하지만 이는 다른 예술, 즉 건축과 회화는 물론 소설에 이미 있는 것이다.(MP, 211~12; I, 180~81)

4. 탈영토화에 관한 4개의 정리

얼굴과 풍경에 대한 애기를 하다가 갑자기 '탈영토화에 관한 정리들, 혹은 기계적 명제들'이란 제목으로 4개의 '정리'가 느닷없이 튀어나옵니다. '썰 반 소설 반'으로 진행되는 글의 스타일도 갑자기 '정리'라는 수학적 스타일로 바뀌지요. 왜 이런 식으로 쓰는지에 대한 한마디 해명도 없습니다. '정리 1'이란 단어로 시작되는 문장이 있을 뿐입니다. 하지만 여기서 '탈영토화'에 관한 정리를 말하는 이유는 여러분도 대충 짐작할 수 있을 겁니다. 탈영토화의 문제야 모든 고원에서 다루어지고 있지만, 대개는 상대적 탈영토화에 그쳤고,

다만 절대적 탈영토화를 향해 나아가야 한다는 입론을 저자들이 주장하는 것으로 이어지는 정도였지요.

반면 여기서 다루어지는 얼굴의 탈영토화는 손이나 다른 신체의 탈영토화와 달리 일종의 '절대적 탈영토화'였고, 하나의 층위에서 다른 층위로 비약하는 탈영토화였으며, 그것이 머리를 벗어나 다른 신체의 안면화로 이어짐으로써 절대적 탈영토화의 선이 계속해서 이어졌지요. 그것은 건물이나 자연을 풍경화하는 것으로까지 이어졌습니다.

그런데 그것은 앞서 보았던 일관성의 구도로 이어지는 그런 절대적 탈영토화라고 하기는 곤란한 것이었습니다. 왜냐하면 얼굴의 탈영토화는 내용의 층위에서 탈영토화되어 표현의 층위로 넘어가는 것이었고, 그래서 도구라는 상관자 대신에 풍경이라는 상관자를 갖는 것이었기 때문입니다. 이런 의미에서 얼굴은 신체로부터는 절대적으로 탈영토화되지만, 표현의 층위에서 다른 재영토화의 짝을 찾는다는 점에서, 일관성의 구도로 이어지는 절대적 탈영토화는 아니라고 하겠습니다.

이런 난점에도 불구하고 얼굴은 하나의 극한적인 탈영토화 양상을 보여주기에 충분했고, 상대적으로 높은 탈영토화 계수를 갖는다고 할 수 있습니다. 그로 인해 이는 탈영토화 운동을 일반적인 양상으로 파악할 수 있는 계기를 제공한다고 할 수 있습니다. 이런 이유에서 탈영토화 운동에 관한 일반적인 명제를 얼굴의 탈영토화 운동과 결부하여 '정리'의 형태로 제시하고 있는 것입니다.

덧붙일 점은 여기에는 탈영토화에 대한 4개의 정리가 제시되어 있는데, 이 정리들에 이어지는 또 다른 탈영토화의 정리가 4개 더 있다는 것입니다. 이는 '되기'의 문제를 다루는 10번째 고원의 말미에서 제시됩니다. 하지만 그것은 그때 가서 보기로 하고, 여기서는 다만 지금 제시되는 4개의 정리만을 보기로 합시다.

정리 1: 어떤 것도 결코 단독으로 탈영토화되지는 못하며, 적어도 두 항(項)이 항상 존재한다.

이는 탈영토화되는 것이 재영토화되는 짝을 갖는다는 사실과 관련되어 있습니다. 즉 손과 도구, 입과 가슴, 얼굴과 풍경이 그것입니다. 망치에서 탈영토화된 손은 펜이나 젓가락으로 재영토화되지요. 역으로 젓가락이 손에 재영토화되는 것이라고 해도 좋습니다. 이 경우 펜이나 젓가락이 손에 재영토화된다 함은 손이 사용하기 좋은 방식으로 만들어지는 것을 의미합니다. 아이의 입과 엄마의 가슴 역시 마찬가지지요. 입은 점막이 밖으로 젖혀져 젖을 빨기 좋은 형태로 탈영토화되고, 가슴은 그런 입과 상응하여 단순한 유선(乳腺)에서 탈영토화되어 유선의 돌기(突起)가 아니라 '지방질의 푹신한 가슴'으로 변형됩니다(MP, 211; I, 180의 주). 또 얼굴이 풍경화되고 풍경이 얼굴화(안면화)되는 양상은 앞서 건축이나 풍경화, 초상화 등의 예를 통해서 살펴본 것이지요.

정리 1에 붙인 저자들의 '주석'은 이를 요약한 것입니다. 즉 이런 탈영토화에서 "두 항의 각각은 상대항 위에 재영토화된다. 그로부터 손과 도구, 입과 가슴, 얼굴과 풍경 사이에 수평적이고 보완적인 재영토화의 체계 전체가 나타난다. 따라서 원래의 혹은 이전의 영토성으로 회귀하는 것과 재영토화를 혼동해서는 안 된다. 그것은 당연히 책략의 집합으로서, 그것을 통해 그 자체 탈영토화된 요소가 다른 요소—자신의 영토성을 상실한—의 새로운 영토성에 봉사한다. 그로부터 손과 도구, 입과 가슴, 얼굴과 풍경 사이에 수평적이고 보완적인 재영토화의 체계 전체가 나타난다."(MP, 214; I, 183)

이 정리는 신체를 벗어나서도 유효한데, 가령 토지에 영토화되어 있던 중세의 농민들이 토지로부터 벗어나는 경우(그 이유가 무엇이든 간에), 다른 영토로 재영토화되어야 합니다. 도시로 도망간 농민이라면 시장이나 상업으로 재영토화될 것이고, 쫓겨나 부랑하던 농민이라면 다른 토지나 일할 사람을 찾는 공장에 재영토화되겠지요. 그것도 아니라면 '종합병원'이라고 불리던 '수용소'에 재영토화되거나, 영국처럼 '빈민법'에 따라 원래 살던 고향으로 끌려가 재영토화되겠지요. 이에 대해선 나중에 포획장치를 다루는 곳에서 다시 말할 기회가 있을 겁니다.

정리 2: 탈영토화하는 운동에서, 혹은 위의 두 가지 요소 가운데 가장 빠른 것이 반드시 가장 강도가 높거나 가장 탈영토화된 것은 아니다.

예를 들어 인간의 신체 가운데 가장 먼저 탈영토화되는 것은 손일 겁니다. 직립이 그것이지요. 대지로부터의 탈영토화. 아니, 입인가요? 사실 입이 젖가슴으로 재영토화된다는 말은 이해가 되지만, 그게 동물의 입이 탈영토화되는 것인지는 잘 모르겠습니다. 차라리 동물이든 인간이든, 입이 가슴에서 탈영토화됨에 따라 먹이를 먹는 입이 되는 건 아닌가 싶은데 말입니다. 앞서 인용한 주에서 '입의 탈영토화'는 신체에 난 구멍(틈)이 젖을 빨 수 있는 입으로 탈영토화되는 것이라고 보는 듯한데, 이는 확실히 포유류에 고유한 탈영토화라고 할 순 있겠네요. 어쨌거나 이미 지적한 대로 얼굴이 머리로부터 탈영토화되는 것은 다른 신체부위에 비해 가장 늦은 편이고 느린 편이지요. 그렇지만 탈영토화 계수, 즉 탈영토화 정도를 표시하는 값은 다른 어떤 신체부위보다 크다고 할 수 있지요. '절대적 탈영토화'였으니 말입니다.

이에 대해 저자들은 다음과 같이 부연하고 있습니다. "탈영토화의 강도가 운동이나 발전의 속도와 혼동되어선 안 된다. 가장 빠른 것은 가장 느린 것의 강도와 자신의 강도를 접속하며, 후자는 그것이 강도인 한 전자를 뒤따르지 않으며, 차라리 다른 지층이나 다른 구도 위에서 동시에 움직인다. 이런 식으로 입-가슴 관계는 이미 안면성의 구도 위로 인도되고 있는 셈이다."(MP, 214; I, 183)

역시 신체부위를 벗어나 일반화할 수 있는 경우를 생각해보면, 가령 중세의 봉건적 토지소유에서 가장 먼저 탈영토화된 사람들은 도시로 도망간 사람들이었지요. 그런데 이들은, 탈영토화 속도는 매우 빨랐지만 성벽으로 둘러친 도시라는 영토 위에 재영토화되었고, 스스로를 농촌으로부터 분리하고 도시 이외의 지역으로 상업이 확장되는 것을 막아 그것을 도시 내부로 제한하려고 했지요. 즉 또 다른 탈영토화 운동을 방해하고 제한했습니다. 이는 도시의 길드나 조합이 일부의 이익을 배타적으로 보장하는 특권단체가 되는 것으로 이어집니다.

이 경우 도시는 중세적 영토로부터 가장 먼저 탈영토화 운동을 밀고나갔지만, 그 탈영토화 정도를 스스로 제한했던 사례를 보여줍니다. 이로 인해 중세도시는 상업이나 시장의 발달을 통해 발전했지만, 그것이 도시 이외의 지역으로 확산되는 것을 저지함으로써 자본주의의 출현을 가로막게 됩니다. 이 또한 포획장치를 다루는 곳에서 자세하게 다시 볼 것입니다.

정리 3: 가장 탈영토화되지 않은 것이 가장 탈영토화된 것 위에서 재영토화된다.

이는 앞서 본 것처럼 다른 신체부위가 얼굴처럼 표정을 갖게 되고, 그 표정을 통해 얼굴에 재영토화되는 것을 생각하면 쉽게 이해할 수 있습니다. 다른 것들이 얼굴이라는 가장 탈영토화된 것으로 재영토화된다는 겁니다. "여기서 재영토화의 두 번째 체계, 즉 발끝부터 머리 끝까지 진행되는 수직적 체계가 나타난다. 이런 의미에서 입뿐만 아니라 가슴, 손, 신체 전체, 심지어 도구까지 '안면화' 되는 것이다."(MP, 214; I, 183) 이를 좀더 일반화해서 다음과 같이 말합니다. "일반적으로 상대적인 탈영토화(코드 변환)는 어떤 측면에선 절대적인 탈영토화(초코드화) 위에서 재영토화된다." 얼굴의 짝인 풍경은 신체들의 이런 재영토화가 이루어지는 표현적인 초코드화의 지대로 작용합니다. 그리하여 "머리와 가슴은 얼굴 위에서 풍경 속으로 재영토화된다. 즉 그것은 풍경화되는 동시에 안면화된다."(MP, 214; I, 183)

이 정리 또한 다른 사례들을 쉽게 찾을 수 있습니다. 예를 들어 중세도시는 물론 중세 귀족의 토지는, 이른바 '본원적 축적'이 진행되면서 '자본'이라고 부르는, 탈코드화되고 탈영토화된 흐름에 급속하게 재영토화됩니다. 다시 말해 귀족들의 부는 자본이 되고, 귀족들은 지주경영자가 되든, 아니면 단순한 임대인이 되든, 자신들의 토지를 자본으로 만들게 되지요. 그 자본의 흐름이 도시의 영역을 넘어 농촌을 포함하는 전국 규모의 시장으로 확산될 때, 그리고 생산양식 자체로까지 확장될 때, 도시의 제한된 영토에 머물러 있던 도시의 부와 상업은 급속하게 그러한 자본으로 변환됩니다. 즉 자본으로 재영토화되지요. 가장 탈영토화된 부의 흐름인 자본으로 다른 모든 부가 재영토화되는 거지요. 중세의 성이 호텔이나 관광지가 되는 것 역시 이런 경우라고 하겠습니다.

정리 4: 〔안면성의〕 추상기계는 그것이 생산하는 얼굴에서뿐만 아니라, 이성의 질서에 따라 그것이 안면화되는 신체부위, 옷, 물건 들에 대해 다양하게 작용한다.

이는 안면성의 추상기계가 작동함으로써 얼굴이나 다른 신체부위는 물론, 옷이나 사물 모두를 풍경으로 (초)코드화하여 안면화한다는 사실을 달리 표현한 것입니다. "집, 가구, 물건, 옷 등에 대해 그것들이 나를 보고 있다고 말한다면, 이는 그것들이 얼굴과 유사하기 때문이 아니라 흰 벽-검은 구멍의 과정에 따라 포착되기 때문이며, 안면화의 추상기계와 접속되기 때문이다. 영화에서 클로즈업은 얼굴이나 안면적 요소만큼이나 칼, 컵, 시계 혹은 주전자와 관계가 있다."(MP, 214; I, 183) "주전자가 나를 보고 있다"는 그리피스의 말이나, "주전자가 울기 시작했다"고 하는 디킨스의 말, 혹은 보나르(Bonnard)와 뷔야르(Vuillard)의 정물화에서 안면화된 차주전자는 안면성의 추상기계에 의해 다양한 종류의 사물들이 안면화되는 재미있는 사례라고 하겠습니다.

5. 얼굴은 어떻게 만들어지고 작동하는가?

1) 안면성의 추상기계

얼굴은 '흰 벽-검은 구멍'으로 이루어진 체계입니다. 혹은 '흰 벽-검은 구멍'의 기계를 통해 만들어진 특정한 배치를 의미하기도 합니다. 백인의 얼굴, 흑인의 얼굴, 혹은 인디언의 얼굴, 야만인의 얼굴, 미개인의 얼굴, 아니면 귀족의 얼굴, 노예의 얼굴, 죄인의 얼굴, 광인의 얼굴 등과 같이 그런 배치의 목록을 나열하는 것도 가능할 것입니다. 그런데 얼굴은, 의미화하는 기표에게 흰 벽을 제공하고 주체성이라는 정염의 공명에게 검은 구멍을 제공하는 추상기계로부터 탄생한다고 했지요? 여기서 얼굴이 처음부터 '추상기계'에 의해 탄생했다는 점을 주목할 필요가 있습니다.

지금까지 우리가 지나온 고원들은 언제나 고유한 표현의 형식, 내용의 형식이라는 두 개의 층위에서 분절된 지층들을 다루고 있었고, 그러한 지층들 사이에서 만들어지는 배치, 그 배치를 통해 작동하며 그 배치를 통과하면서 포착되는 추상기계에 대해 말하고 있었지요. 지층의 상대적 탈영토화에서 그것의 절대적 탈영토화로 나아가는 것도 이와 무관하지 않았습니다.

그런데 여기서는 얼굴이란 애초에 하나의 추상기계고, 처음부터 추상기계에 의해 탄생했다고 말합니다. 그것은 얼굴이 절대적 탈영토화를 통해 머리로부터 독립된 표현기계가 된다는 점과 무관하지 않습니다. 어쨌든 여기서는 지층적인 형식들이 탈영토화되면서 추상기계에 도달하는 것이 아니라, 탈영토화된 추상기계로부터 얼굴이 만들어지기 시작한다고 말하고 있어요. 아마도 머리의 기능과는 다른 차원에서 흰 벽과 검은 구멍의 체계를 조절하고 작동시킬 수 있을 때 그 사람은 표정을 갖게 되고 계산된 표정을 만들 수 있게 된다는 것을 생각한다면, 오히려 이는 이해하기 쉬울지도 모르겠어요.

> 그것은 이미 만들어진 상태로 주어지는 구체적인 얼굴이 아니다. 얼굴은 안면성의 추상기계로부터 태어난다. ……따라서 흰 벽/검은 구멍의 체계는 이미 [특정한 배치로서의] 얼굴이 아닌 셈이며, 그 장치의 변화하는 조합에 따라 얼굴을 생산하는 추상기계인 셈이다.(MP, 207; I, 176~77)

안면성의 추상기계, 그것은 보통 둥그렇게 둘러치는 동그라미로 얻게 되는 흰 벽과, 그 안에서 구체적인 형상을 만들며 옮겨다니고 자리잡을 수 있는 검은 구멍이라는 두 개의 성분으로 구성된, 말 그대로 '추상적인' 기계입니다. 따라서 이 추상기계가 그것이 생산하는 것, 즉 구체적인 얼굴과 유사하리라고 기대하진 말라고 말합니다. 이 추상기계를 설명하기 위해 저자들은 카프카의 단편 〈블룸펠트(Blumfeld)〉에 등장하는 두 개의 탁구공 얘기를 하고 있습니다. 바닥에서 책상 위로, 의자 밑으로 계속 옮겨다니면서 이리저리 튀어 도망다니는 두 개의 탁구공, 그것이 바로 두 개의 검은 구멍입니다. 그것이 튀는 바닥이나 책상의 '벽'이 바로 그 두 개의 검은 구멍이 자리잡고 튀는 흰 벽이지요. 혹은 드뷔시와 니진스키의 발레곡에서 무대 위를 튀어다니는 작은 테니스공이 그렇다고 합니다.

공이 그 굴러가는 과정에서 벽에 대해 구멍―공이 흘러가는 곳인-이라는 상대적 역할을 가질 수 있듯이, 공과 벽이 부딪칠 때도 그것은 벽에 대해 구멍이라는 상대적인 역할을 가질 수 있다. 공은 흰 벽/검은 구멍 체계 안에서 순환한다. 여기서는 어떤 것도 얼굴을 닮지 않았다. 그럼에도 불구하고 전적으로 그 체계 안에서 얼굴이 분배되고 안면성의 특질이 조직된다.(MP, 207 ; I, 177)

이런 식으로 구성되는 흰 벽/검은 구멍의 체계로서 안면성의 추상기계는 두 가지 방식으로 상이한 구체적 배치들을, 구체적 얼굴들을 만들어냅니다. 이 안면성의 추상기계가 어떻게 작동하는가는 조금 뒤에 자세히 보겠지만, 안면성의 추상기계 자체가 흰 벽과 검은 구멍으로 정의되어 있다는 점에 주목해야 합니다.

얼굴은 안면성의 추상기계에 의해 만들어지는 것이라고 했으며, 안면성의 추상기계는 처음부터 작동한다고 했습니다. 그것은 흰 벽과 검은 구멍의 체계로 만들어진다고 했습니다. 흰 벽 위에서 이리저리 자리를 옮기며 구체적인 얼굴을 만드는 추상기계. 그런데 왜 하필이면 흰 벽과 검은 구멍을 통해서 정의되었던 걸까요? 검은 벽에 흰 구멍으로 표시하면 안 되었을까요?

뭐, 안 될 이유가 있겠습니까? 흰 벽, 검은 구멍에서 색깔 자체는 얼마든지 대체될 수 있는 것이니까요. 검은 벽에 흰색을 두껍게 칠하고 흰 구멍에 검은색을 칠하면 백인의 얼굴이 만들어지고, 검은 벽에 노랑색을 칠하고 흰 구멍에 검은 눈을 그리면 황인종의 얼굴이 되겠지요. 그러나 다행인지 불행인지 안면성의 추상기계를 발명했고 권력의 배치가 얼굴을 필요로 했던 곳은 아프리카나 아시아가 아니라 유럽의 '사회구성체'였습니다. 그래서 그들의 역사가 역사철학의 기원이자 목적, 기준이 되었던 것과 마찬가지로(헤겔에게서 아주 분명하지요!), 안면성의 추상기계 자체는 그들의 얼굴을 추상하여 만들어진 것입니다.

이는 안면성의 추상기계가 일관성의 구도로 이어지는 게 아니라 표현형식의 지층으로 이어진다는 점과 관련되어 있습니다. 그것은 모든 얼굴을 추상하여 절대적 탈영토화를 극한으로 밀고가는 게 아니라 표현기계로 만들어버리는 것이었다는 점에서, 이미 처음부터 특정한 얼굴과 결부된 특정한 표현형식 안에서 진행된 추상이었던 겁니다. 따라서 추상기계가 표현적 요소를 완전히 추상하지 못한 채 이미 내포하고 있었고, 그것은 바로 그 기계를 필요로 했고 그 기계에 따라 얼굴을 만들어내야 했던 서양의 백인들의 얼굴에서 가장 추상적인 최소요소를 이용하여 구성되었던 거지요.

이 기계가 움직이고 변형되면서 얼굴을 만드는 방식을 보면, 그게 무엇을 뜻하는지가 분명히 드러납니다. 즉 이 기계가 구체적인 얼굴을 만들기 위해선, 한편으론 이미 말했듯이 검은 구멍들의 위치나 형태를 바꾸는 방법이 있지만, 다른 한편으론 흰 벽과 검은 구멍의 색깔을 바꾸는 방법도 있습니다. "그 조합에 따라 벽 또한 검게 될 수도 있고, 구멍도 희게 될 수 있다. 공은 벽에 튈 수도 있고, 검은 구멍 속으로 흘러들어갈 수도 있다."(MP, 207; I, 177)

예를 들어 〈전함 포템킨〉의 오데사 계단 장면에 나오는, 유명한 피흘리는 노인의 얼굴은 빨간색의 구멍이 다른 검은 구멍들을 뭉개면서 의미화의 기표를 만들어냅니다. 다른 경우로, 밤길을 걷는 두 명의 동료가 검게 칠해진 '흰 벽', 그 칠흙같은 어둠 속에서 하나의 밝은 불빛을 봅니다. "불빛이다." 이제 조금만 가면 먹고 쉴 수 있겠지! 여기선 검은색의 흰 벽에 밝게 빛나는 노란 불빛이 검은 구멍이 되어 두 사람의 눈을 잡아끕니다. 두 사람의 발길은 자기도 모르게 그 밝은 검은 구멍으로 향하게 되지요. 그 다음에는 대개 과부나 홀몸인 여인이 등장하고, 그 다음엔, 잘 아시지요? 뭐, 여우가 등장하거나 귀신이 등장해서 그 빛이 사실은 그들의 눈과 발을 빨아들이는 검은 구멍이었음을 '입증' 하지요.

혹은 검푸른 하늘과 흰 달이 만드는 밤의 풍경 역시, 역상으로 칠해진 두 개의 색깔로 인해 정상적인 풍경에 반하는, 그것과 대립하는 일종의 '반(反)-풍경'으로 간주됩니다. 이런 풍경은, 중국의 선사들은 걸핏하면 달을 가리키고 물 위에 뜬 달을 빌려 도(道)를 말했지만,[9] 서양에선 결코 아름다운 풍경, 정상적인 풍경이라고 생각하지 않았지요. 그것은 달빛(lunatic!)이 검은 벽을 비추는 기이하고 공포스런 풍경이고, 광기(lunatic!)가 지배하는 풍경이며, 사람으로 변신했던 미친 광기가 늑대 같은 본래 모습을 드러내 기괴하게 우는 풍경이지요. "우우~우~!"

이런 풍경이 서양 영화가 즐겨 이용했던 거의 상투구(cliché) 같은 장면이란 건 다 잘 아시지요? 그리고 이것이 광인이나 광기를 야수성으로 몰아가는 전형적인 방법이었다는 것도 말입니다. 이쯤되

---

[9] 이름조차 '자취를 남기지 않아', 다만 깨친 뒤에 강을 건네주는 뱃사공을 하며 살았다고 하여 '선자화상(船者和尙)'이라고 불리는 선승의 다음 시는 달이 어둠이나 광기가 아니라 '공(空)'이라고 표현되는 '도(道)'와 계열화되는 것임을 잘 보여줍니다.

千尺絲綸直下垂(천척사륜직하수)	천 길 낚싯줄 곧바로 드리우니
一波纔動萬波隨(일파재동만파수)	한 물결 움직이자 만 물결 따라온다.
夜靜水寒魚不食(야정수한어불식)	밤 깊어 물 차가운데 고기는 물지 않아
滿船空載月明歸(만선공재월명귀)	배 가득 휑하니 밝은 달빛 싣고 돌아간다.

면 흰 벽과 검은 구멍의 추상기계에 다른 색깔을 칠한다는 것이 무엇을 의미하는지 선명하게 드러나지 않았나 싶습니다. 옆길로 샌 김에 좀더 갈까요? 이에 대해 핑크 플로이드(Pink Floyd)의 로저 워터스(Roger Waters)는 달과 광기를 동일시하는 이러한 풍경화를 '광기'를 의미하는 제목을 단 유명한 앨범 〈달의 뒷면(The Dark Side of the Moon)〉의 한 노래에서 이렇게 쓰고 있습니다.

> 달빛(the lunatic, 광기)은 풀밭 위에 있지/ 달빛은 풀밭 위에 있지/ 게임과 화환(daisy chain),[10] 웃음을 기억해/ 미친 놈들(loonies)이 길에서 벗어나지 않도록//
>
> 달빛은 홀(hall) 안에 있지/ 달빛은 내 홀 안에 있지/ 신문(the paper)은 그들의 접힌 얼굴을 바닥에 쑤셔박곤 하지/ 그리고 매일 더 많은 아이들을 데려다 그렇게 하지//
>
> ……
>
> 달빛은 내 머리 안에 있지/ 달빛은 내 머리 안에 있지/ 당신은 칼날을 세워 변화를 만들지/ 당신은 정상(sane)이라고 부를 때까지 나를 재배열하지(re-arrange)//
>
> 그리고 당신은 문을 잠그곤/ 열쇠를 던져버리지/ 내 머릿속에 누군가 있지만 그건 내가 아니야// ……
>
> 〈브레인 대미지(Brain Damage)〉

---

(10) 여기서 daisy는 햇빛을 뜻하는 day's eyes에서 파생된 말이고, '훌륭한'이란 의미를 갖고 있습니다. lunatic에 정반대되는 의미의 단어지요. 하지만 달빛의 관점에서 본다면 화환은 '훌륭한 구속(chain)', '빛의 구속'이기도 합니다.

〈그림 7.6〉

앞얼굴은 자기 눈앞을 보는 얼굴이라기보다는 눈앞에 있는 우리를 보는 얼굴이다. 모세는 눈앞의 히브리인들을 향해, 그리고 그 그림을 보는 우리의 눈을 향해 분노와 격정의 기표를 방사한다. 그 분노는 신이 손수 써준 저 멋진 돌판을 금세라도 내던져 깨뜨릴 기세다. 이유는 알다시피 히브리인들이 계율로 금해진 행동들을 했기 때문이다. 따라서 그가 방사하는 분노의 기표는 계율을 지킬 것을 요구하는 명령어를 담고 있고, 분노의 강도는 그 명령어의 강도를 표현한다. 확실히 이런 점에서 의미화하는 기표를 방사하는 저 앞얼굴은 전제군주 내지 신의 기표를 방사하는 전제적 얼굴이다.

렘브란트,
〈십계명을 새긴 돌판을 깨는 모세〉

그런데 만약 저 안면성의 추상기계를 써서 흑인의 얼굴을 만들려면 어떻게 해야 할까요? 우리 황인종이라면 그나마 좀 '다행'이어서 누런색으로 흰 벽을 칠하고, 그 위에 찢어진 두 개의 검은 구멍을 그리면 되지만, 흑인들은 흰 벽에 온통 까맣게 검은 칠을 하고, 거기에 다시 검은 구멍을 두 개 그려넣어야 할 겁니다. 벽이 흰 것은 검은 구멍과 대비되면서 효과적으로 작동하기 위한 것인데, 이런 경우엔 그게 잘 안 되지요? 그래서 흰 얼굴에 익숙하신 분들은 이렇게 생각하게 됩니다. '저건 사람의 얼굴이 아니야!' 휴머니즘의 시대라고 칭해지는 르네상스기의 이른바 '인간' 논쟁에서 어떤 휴머니스트도 그들이 인간일 수 있으리라고 생각하지 않았던 것이 이와 무관할까요?

2) 얼굴과 가면

머리로부터 얼굴을 '독립시켜' 구체적인 얼굴을 만들어내는 것이 안면성의 추상기계라고 했으며, 그것은 백인의 얼굴 자체로부터 탄생한 것이라고 했습니다. 그렇다면 그 안면성의 추상기계가 작동하기 시작한 것은 언제인가? 그것이 작동하기 이전에는, 가령 흔히 말하는 '원시사회'에선 사람들이 얼굴을 갖지 않았단 말인가? 얼굴 없는 인간? 그것은 개성이 사라진 시대를 상징하는 디스토피아의 표상 아닌가? 얼굴의 인간학을, 혹은 인간학적 얼굴을 벗어난다는 것은 그 끔찍한 세계로 들어가는 것을 뜻하는 것은 아닌가?

여기서 저자들은 원시인들에겐 얼굴이 없었다고 분명하게 말합니다. 원시사회의 경우에는 "얼굴을 통과하는 것이 거의 없었다"고 말입니다. 그러나 그것이 디스토피안지, 아니면 유토피안지에 대해

〈그림 7.7〉

서로 마주보는 두 얼굴, 한편에선 부르고 한편에선 대답하며 서로의 눈을 맞춘다. 마치 엄마와 아이가 그러하듯이. 신을 대신하는 천사는 신의 아들을 수태(受胎)했음을 알리고, 마리아는 그것을 수긍하고 받아들인다. 마주보는 이 두 얼굴은 그림을 보는 우리에게 기표를 발한다기보다는 자기들끼리 주고받는다. 그리고 그 주고받음이 하나의 풍경이 되어 우리에게 의미화의 기호를 방사한다. 그러나 이는 그림에 등장한 얼굴의 기능이 아니라, 그려진 풍경 자체가 안면화됨으로써 발생하는 현상이다. 그런데 다른 이들도 그랬지만, 레오나르도 역시 마리아의 저편 얼굴을 살짝 보이도록 돌려놓음으로써, 신의 고지(告知)를 받는 얼굴의 의미화 기능을 부분적으로 할당하며, 이로써 전체 풍경이 산출하는 의미화 기능을 촉진한다.

레오나르도 다 빈치,
〈수태고지〉

선 관심이 없습니다. 원시인들은 아름답고 정신적인 머리를 갖고 있었다는 점에서 얼굴을 갖고 있던 사람들과 대비되지만, 따라서 디스토피아와는 상반되는 가치를 함축하지만, 그렇다고 그것이 되돌아가야 할 어떤 유토피아도 아니란 점에서 말입니다. 사실 저자들이 보기에 얼굴의 유무를 어느새 이렇게 '유토피아'와 '디스토피아'라는 극단적인 개념으로 양분하는 것처럼 어이없는 일도 없을 겁니다.

그렇지만 조금 뒤에 볼 것처럼, 들뢰즈/가타리가 원시인들의 머리와 우리의 얼굴을 대비시키면서, 차라리 원시인의 정신적인 머리가 아름다웠노라고 말하는 것은 분명히 현재의 지배적인 체제의 외부를 거기서 보기 때문일 것입니다. 그런 한에서 그것은 어쩌면 일종의 회귀적 사유라고 말할 수 있을지도 모르겠습니다. 얼굴이 없던 시절, 그때가 아름다웠노라고 말하는 것이란 점에서 말입니다. 이들도 이런 '위험'을 인정합니다. 그러나 얼굴의 비인간성에 대비해 머리의 인간성을 찬미하는 것은 아닙니다. 머리의 정신성이란 뒤에 보듯이 동물-되기 등과 결부되어 있기 때문이지요.

> 우리가 원시적·정신적·인간적인 머리를 비인간적인 얼굴과 대비했을 때, 우리는 회귀 내지 후퇴의 향수에 빠지고 있었다. 사실 비인간성만이 존재할 뿐이며, 인간들은 비인간성으로써 만들어진다. 하지만 그것은 매우 다양한 속도와 본성에 따라 매우 다양하게 만들어진다. 원시적 비인간성, 얼굴 이전의(pré-visage) 비인간성은 머리를 신체에, 즉 이미 상대적으로 탈영토화되고 정신적-동물적으로 되기(devenir)로 분지(分枝)된 신체에 속하게 하는 기호계의 다음성성을 갖는다.(MP, 233; I, 199)

〈그림 7,8〉

도박꾼에게 얼굴은 머리 이상으로 중요한 무기다. 좋은 카드를 쥐었을 때나 나쁜 카드를 쥐었을 때나 그것을 드러내선 안 되기 때문이다. 때론 반대 의미의 얼굴이 필요하기도 하지만, 잘못 썼다간 간파당하기 십상이다. 포커-페이스라는 얼굴 관련 개념이 도박판 밖에서까지 환유적 일반성을 획득하는 것도 충분히 이유가 있다.

하지만 라 투르의 이 그림은 도박과 얼굴의 상관성을 이와는 다른 맥락에서 아주 잘 보여준다. 사기꾼인 남자는 옆으로 돌린 얼굴을 하고 있고, 그의 오른쪽의 순진한 여자는 그를 마주보는 옆얼굴로 게임에 몰두해 있다(세잔의 〈카드놀이하는 남자〉는 둘이 이렇게 마주보고 앉아 있다). 그러나 남자는 옆으로 돌린 얼굴에서 시선을 슬쩍 비낌으로써 그 순진한 얼굴과 공명하지 않고 있음을 보여준다. 그런데 가운데 있는 두 여자는 사태가 심상치 않음을 짐작하고 있다. 정면의 여자는 앞얼굴로 앉아 있지만, 시선을 완전히 삐딱하게 돌림으로써 어떤 심각한 의심을 하고 있음을 '의미화'한다. 그리고 그 시선과 짝하여 하녀인 듯한 여자가 옆얼굴로 마주보고 있다. 정면에서 벗어난 시선과 마주보는 얼굴은 주체화의 공명이 발생하고 있음을 보여준다. 하지만 이 하녀의 시선 역시 옆으로 돌린 얼굴에서 재차 벗어남으로써 '시선과 옆얼굴의 공명'을 야기하고 있는 곳을 본다. 그렇게 그것은 주인의 시선을 받아 사기꾼에게 넘기는 시선이 된다. 그러나 남자는 그 시선과 마주하길 피함으로써 거듭되는 주체화의 공명을 피한다. 그것은 의혹을 모른 체함으로써 모면하려는 사기꾼의 얼굴이 된다. 뒤로 감춘 손이 없이 이 시선만으로도 그가 정직하게 게임에 몰두하고 있지 않음을 보여주기에 충분했을 것이다. 이런 식으로 라 투르는 시선이 눈동자를 표시하는 검은 구멍의 작용으로 만들어진다는 것을 절묘한 상황을 통해서 극적으로 보여주고 있다.

라 투르,
〈사기꾼〉

이처럼 원시인들의 머리와 '문명인'의 얼굴을 대비하는 걸 보면 그것이 상이한 기호체제와 결부되어 있다는 것을 알 수 있습니다. 전기표적 기호체제와 기표적 기호체제, 주체적 기호체제가 그것이지요. 전기표적인 체제에서는 기표도, 기표가 등기될 흰 벽도, 공명을 유도하는 검은 구멍도 필요없기 때문에, 얼굴이 필요없었다는 겁니다.

만약 원시사회를 생각해본다면, 얼굴을 통과하는 것이 거의 없음을 알 수 있다. 그들의 기호계는 비기표적이고 비주체적이며, 본질적으로 집단적이고 다의적(多義的)이고 신체적이며, 매우 다양한 표현의 형식과 실체를 이룬다. 이러한 다의성은 신체를 통과하고, 그들의 볼록한 곳을, 그들의 내적인 오목함을, 그들의 가변적인 외적 접속과 좌표들(영토성들)을 통과한다. 손을 사용하는 기호계의 조각, 손에 의한 시퀀스(séquence)는 어떤 예속이나 단일화 없이 입이나 피부, 혹은 리듬 등에 의한 계열과 대등하게 연결될 수 있다. ……장례를 하는 동안 어떤 사람들은 우는 반면 다른 사람들은 외설스런 농담을 한다. 혹은 어떤 인디언이 갑자기 울기를 멈추고는 그의 피리를 손질하기 시작한다. 혹은 모든 사람들이 잠들어버린다.(MP, 215; I, 184)

장례식과 같이 특정한 표정, 특정한 감정 표현이 요구되는 경우에도 이처럼 전혀 다른 종류의 행동들이 이루어지고, 표정은 만들어지는 경우에조차 상황에 일대일 대응되는 방식의 고정된 유형성을 갖지 않습니다. 다의성이 그들의 신체를 통과하는 만큼, 그들의 머리 또한 통과한다고 할 수 있겠지요. 이는 '얼굴이 없다'는 말이 무엇을 뜻하는지를 잘 보여줍니다.

이러한 차이는 가면을 사용하는 방식을 통해 좀더 명확하게 이해할 수 있습니다. 원시인의 경우에는 "심지어 가면조차 머리를 얼굴로 부각시키기보다는 차라리 머리가 신체의 일부임을 확인시켜준다"고 하지요(MP, 215; I, 184). 가령 원시인들은 가면을 어떤 계산된 표정을 표현하기 위해서 사용한 것이 아니라, 그것을 통해 새로운 신체적 힘과 능력을 얻기 위해 사용했습니다. 적당한 모습의 가면을 쓰는 것은 그 모습과 관련된 어떤 마력과도 같은 힘을 획득하기 위한 것이었습니다. 재규어의 가면을 쓰는 것은 재규어가 '되어' 재규어의 힘과 지혜를 빌리기 위한 것이었고, 곰의 가면을 쓰는 것은 곰의 지혜와 힘을 빌리기 위한 것이었으며, 곰이 되기 위한 것이었습니다. 다시 말해 가면은 재규어-되기, 곰-되기를 위한 수단의 하나였던 겁니다.

> 가면에 사자의 이빨이나 다른 일부분을 새긴다면 그것은 적에게 겁을 줄 뿐만 아니라, 그것을 쓰는 사람에게 마술처럼 사자의 힘과 난폭성을 부여했다(동물-되기!). ……또한 가면이 부족의 의원이나 주술사의 손에 들려지면 생명을 보존하고 질병을 치료할 수 있다. 가면을 무섭고 신비하게 만들수록 치료효과는 더 커진다. ……그것은 주술사의 초라한 일상의 모습을 숨기고 완전히 새롭고 강력한 개성을 창조해주었다.[11]

동물이 아니라 사람의 모습을 한 가면이나 그 둘이 뒤섞인 채 변형된 가면도 있었는데, 어느 것이든 가면을 쓰는 것은 죽은 사람의 영혼이나 동물의 영혼과 합일하기 위한 것이었다고 해요. 그래서 중앙아프리카에서는 가면을 뜻하는 말로 '마키시'라는 단어를 널리 사용하고 있는데, 이 말은 생명이 없는 것만을 가리키는 영어의 마스크와 달리 죽은 사람이 부활한 것을 가리키는 말이어서 '조상의 영혼'으로 번역된다고 합니다. 그리고 이는 단지 가면뿐만 아니라 그런 영혼과 합일하는 데 사용되는 부적과 주문, 의상과 장비는 물론, 가면이 나타내는 인물까지 포함해서 그 모두를 가리키는 말이라고 하지요. 요컨대 마키시란 그것을 쓰고 입고 사용하는 사람에게 "생명을 불어넣는 근본적인 힘을 가리키는 중요한 말"이라고 합니다.[12]

이는 스리랑카에서 악귀를 쫓는 치료의식을 지칭하는 '산니'와도 비슷합니다. 그래서 산니의 경우에는 "가면도 춤추는 사람들이 일시적인 황홀경에 빠져 부들부들 떨면서 귀신이 들리는 마지막 단계에 가서야 쓰게 된다"고 해요. 방식은 다르지만, 초크웨(Chokwe)족의 경우도 가면을 쓰면 사람들이 정령으로 변한다고 믿어, 그렇게 되기 위해 할례식이나 다른 의식에서 가면을 사용했다고 합니다.[13] 가면을 다룬 다른 글들을 보면 심지어 어떤 부족의 경우에는 귀머거리를 치료하는 가면, 기관지염을 치료하는 가면, 말더듬이를 치료하

---

(11) 존 리젯, 이영식 역, 《얼굴문화, 그 예술적 위장(*Human face*)》, 보고싶은책, 1997, 203쪽.
(12) 존 맥, 〈'얼굴'에 대하여〉, 존 맥 외 편, 윤길순 역, 《마스크(*Masks, The Art of Expression*)》, 개마고원, 2000, 15~16쪽.
(13) 같은 책, 20~22쪽.

는 가면 등등이 있었다고 해요.[14]

물론 이와 더불어 약물이 사용된다면 가면의 신체적 효과를 더욱 더 증폭시키게 되겠지요. 인디언들이 병을 치료하기 위해서 페요틀 같은 약물을 이용하는 이야기는 베어하트라는 주술사의 책에서도 찾아볼 수 있지요.[15] 또한 대개 장식적인 이유에서 얼굴에 새겨지던 문신은 표정으로 드러나는 다양한 기호들을 분산시키고 모호하게 함으로써 표정의 효과를 극소화합니다. 이런 점에서 원시인들은 얼굴이 없으며, 얼굴이 필요하지 않았다고 하는 것입니다.

요컨대 이른바 '원시인'들이 가면을 사용한 것은 한마디로 말해 영혼에게 빌고 그것의 영혼과 합일하기 위해서란 점에서 지극히 '정신적'인 것이라고 해야 합니다. 다시 말해 그것은 흔히들 서양식의 종교, 기독교적 종교관념을 기준으로 말하듯이, 그러한 그들의 의식이나 행동이 미개하거나 정신성이 덜한 것이 아니라, 반대로 죽은 이의 영혼이나 동물들의 영혼, 재규어-혼, 새-혼, 사자-혼 등을 갖는 것이란 점에서 극도로 '정신적'이란 겁니다. 그들은 가면으로 정해진 표정으로 고정된 어떤 '얼굴'을 만드는 게 아니라, 가면이 담고 있는 영혼으로 머리를 채우고 신체를 채우는 것입니다.

들뢰즈와 가타리는 이러한 여러 가지 의미에서 원시인에겐 얼굴이 없으며, 대신 머리만이, 정신적인 머리만이 있었다고 말합니다. "'원시인'은 가장 인간적인 머리를, 가장 아름답고 가장 정신적인 머리를 가질 수 있었다. 그러나 그들은 얼굴을 갖고 있지 않았으며

---

(14) 존 리젯, 앞의 책, 203~205쪽.
(15) 베어하트, 《자연과 인생을 바라보는 인디언의 지혜》, 황금가지, 1999, 262~74쪽.

그것을 필요로 하지도 않았다."(MP, 216; I, 185)

반면 서양에서 가면은 영혼을 얻는 이런 '정신적' 기능과는 아무 상관이 없습니다. 차라리 그것은 구체적인 상황이나 장소에서 사람들에게 역할을 할당하고 그 역할에 부합하는 표정을 유지하고 지속하는 기능을 합니다. 다시 말해 그것은 정신적 감응을 얻는 수단이 아니라, 유형화된 표상을 제공하고 그 표상에 따라 신체의 표면을 안면화하는 수단이었다는 겁니다. 물론 서양의 가면만 그런 것은 아닙니다. 일본의 노[能]나[16] 한국의 탈 또한 관객을 상대로 하는 공연에서 어떤 인물이나 배역의 특색을 선명하게 보여주기 위해 표정을 양식화한 가면이지요. 가면은 아니지만, 영화 〈패왕별희〉 때문에 유명해진 중국의 경극 역시, 배우의 '얼굴'을 정형화된 화장으로 고정하여 '가면화'하며, 이로써 공연에 필요한 인물의 시각적 표상을 만들어냅니다.

한편 이처럼 역할과 표정을 적절하게 표상하기 위해 가면을 사용했던 것은 그리스의 연극에서도 마찬가지였다고 합니다. 즉 "그리스어로 얼굴을 '토 프로소폰(to prosopon)'이라고 했는데, 글자 그대로 '눈앞에 놓여 있는 것'이란 뜻의 이 말은 가면을 가리키는 말로도 쓰였다. ……가면이란 그저 배우들이 각자 어떤 역할……을 맡고 있는지를 보여주는 수단일 뿐이었다. 라틴어로 가면은 페르소나(persona)인데, 그 기능은 배역의 종류를 분명히 나타내기 위한 것이었다."[17] 이는 아마도 예수 이전의 시기에도 얼굴로서의 가면

---

(16) 그레고리 어빈, 〈의례와 극: 일본의 가면〉, 《마스크》, 161쪽 이하 참조.
(17) 이안 젠킨스, 〈액면 그대로의 가면: 그리스·로마의 가면〉, 《마스크》, 61쪽.

이 서양에서 사용되었음을 의미하는 것으로 보여서, '얼굴'을 만드는 안면성의 추상기계를 예수의 얼굴을 기점으로 잡는 저자들의 입론과 상충되는 면이 있는 것처럼 보입니다.

어쨌든 가면을 다루는 근본적으로 상이한 태도가 있다는 점은 분명합니다. 그리고 하나가 머리, 동물-되기, 신체적 감응을 위한 것이었다면, 다른 하나는 얼굴, 페르소나, 표상과 결부되어 있다는 것 또한 분명합니다. "원시적 기호계의 경우처럼, 가면은 머리가 신체에 속함을, 그것의 동물-되기를 보장한다. 아니면 현재의 경우에서처럼, 가면은 얼굴의 승격과 고양, 머리와 신체의 안면화를 보장한다. 가면은 이제 얼굴 자체고 얼굴의 추상화 혹은 작동이다."(MP, 222; I, 190) 앞서 잠시 언급했던 마스크와 마키시라는 두 개념은 가면을 다루는 이 두 가지 상반되는 태도의 차이를 잘 보여줍니다. 마스크가 정해진 역할과 표정을 위해서 사용된 가면을 지칭한다면, 중앙아프리카의 마키시는 영혼을 '입기' 위해 사용된 것 일체를 지칭한다는 거지요.

아, 물론 이집트의 황제들이 썼던 가면은 죽은 후에도 얼굴이나 몸이 변하지 않도록 하기 위한 것이었고, 그럼으로써 "육체가 썩어 없어지면 육체를 대신해 영혼의 부활에 필요한 육체적 형태를 제공하려는 것"이었다는 점에서[18] 또 다른 것이었다고 할 수 있습니다. 원시인들이 변신을 위해, 다른 신체로 스스로를 바꾸기 위해 가면을 이용했다면, 이집트의 황제들은 변하지 않기 위해 그것을 사용했다는 점에서 다시 대비된다고 하겠습니다.

---

[18] 존 H. 테일러, 〈신의 모습: 고대 이집트의 가면〉, 《마스크》, 43쪽.

〈그림 7.9〉

너무도 아름다운 누드화. 이 나신을 보고 음탕한 생각을 하는 사람이 있다면, 그건 인간도 아니다! 우리는 여기서 미의 여신을, 아니 여신과도 같은 미를 보아야 하지, 옷 벗은 여자의 신체를 보아선 안 된다. 여기서 단지 옷을 벗고 있는 나체만을 본다면, 그건 아무것도 보지 못한 것이다! 누드란 그저 옷을 벗은 것을 뜻하는 '나체'가 아니다. 그것은 비너스라는 신화적 대기(atmosphere)를, 신체를 이상적인 대기로 감싸는 분위기(atmosphere)를 입은 것이며, 그런 신화와 이상에 의해 표정을 갖게 된 신체다. 안면화된 신체. 곱게 흐르는 윤곽선 안에 품위 있게 들어앉은 젖가슴과 배꼽은, 그와 반대되는 방향으로 슬며시 돌린 얼굴과 대칭성을 갖는 또 하나의 '얼굴'이다. 모델의 곱게 내리깐 얼굴이, 그러면서도 은근히 슬쩍 올려보는 부드럽고 격조 있는 시선이 누드의 고운 신체를 미적인 이상으로 부드럽게 감쌈으로써 신체는 충분히 안면화된다.

티치아노,
〈우르비노의 비너스〉

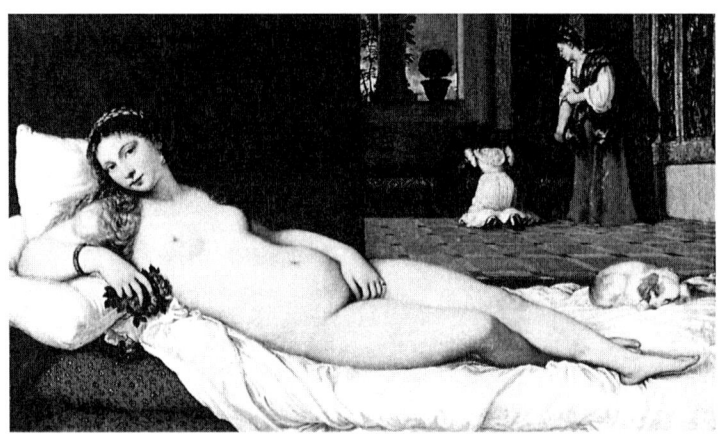

가면에서 보이는 이 두 가지 상이한 체제는 옷에 대해서도 마찬가지로 적용됩니다. "우리의 제복, 의상(vêtements)과 원시인들의 그림 내지 의복(vétures)의 차이는, 전자가 흰 벽의 재료와 검은 구멍의 단추들로 신체의 안면화를 작동시킨다는 점이다."(MP, 222; I, 189) 체온을 보호하기 위해서, 혹은 다른 조건으로 인한 상처를 막기 위해서 동물가죽이나 옷감으로 만든 원시인의 의복이 마치 동물의 가죽이나 털처럼 신체적 기능을 보완하고 보충하는 것이었다면, 단추나 주름, 실밥 등으로 일정한 형상을 만들고 어깨에 '힘을 주는' 식으로 '디자인'하여 만들어지는 문명인들의 의상은, 옷의 신체적 기능보다는 그것의 모양과 표정에 관심을 두는 것이란 점에서 근본적으로 다른 지층에 속한다는 것입니다.

3) 안면성-기계의 작동방식

이런 이유에서 저자들은 말합니다. "얼굴은 보편적이지 않았다." 계산된 표정으로 기호를 삼고, 정형화된 표정으로 말하며, 결과를 겨냥하는 표정으로 권력을 방사(放射)하는 얼굴은 그 자체가 특정한 권력 배치의 소산이며, 특정한 사회구성체의 산물이라는 것입니다. 저자들은 이 문제를 평균적인 백인 중년 남자의 얼굴로서의 예수의 얼굴에 관련시킵니다. "얼굴은 넓은 흰 뺨과 검은 구멍을 가진 '백인(l'Homme blanc)' 그 자신이다. 얼굴은 그리스도며 전형적인 유럽인이다."(MP, 222; I, 189)

유럽의 전형적인 백인 중년 남자의 얼굴, 그 평균적인 모습이 화가들의 손을 통해 예수의 얼굴로 그려졌던 것이고, 그것을 통해 그 얼굴은 하나의 '척도적인 얼굴'의 자리를 차지했던 것입니다. 만인

〈그림 7.10〉

아니, 이 여자의 표정은 대체 무언가? 몸은 티치아노의 비너스를 본떠서 누웠건만, 거기 있던 격조 있는 아름다운 얼굴 대신, 뻔뻔스런 느낌마저 주는 이상한 표정을 하고서 어쩌자는 것인가? 유혹의 인력(引力)마저 느껴지지 않는, 닳고닳은 창녀 같은 저 눈매와 입, 벗은 몸에서 어떤 부끄러움이나 수줍음도 느끼지 않은 채 정면을 곧바로 쳐다보는 얼굴. 그래서인지 어떤 격조나 품격도 없는 그저 벗은 몸일 뿐인 육체에다, 슬쩍 슬리퍼까지 걸쳤다. 혹시 그림을 보는 우리마저 닳고닳은 고객으로 보고 있는 건 아닌지? 분명히 안면화되긴 했지만, 그림에서 기대되는 누드의 원소적 얼굴과는 거리가 먼 이런 종류의 누드는 많은 사람들을 당황하게 했고, 덕분에 마네는, 같은 시기에 누드를 그린 수많은 다른 화가가 있었건만, 사회적인 스캔들의 주인공이 되었다.

마네,
〈올랭피아〉

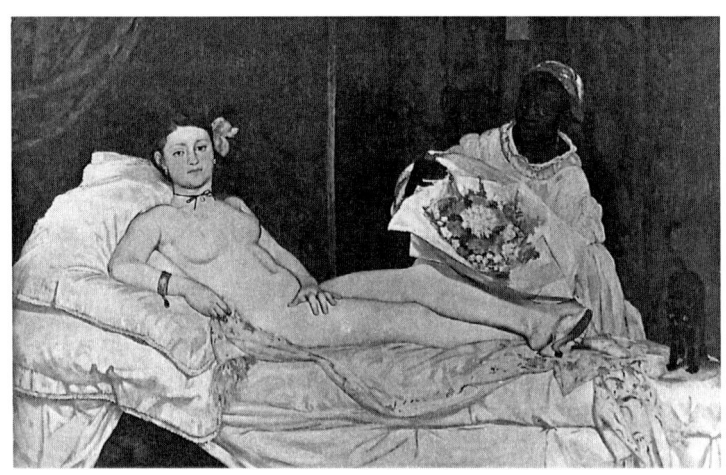

의 주(主)이자 만인의 사랑을 받아 마땅한 얼굴, 모든 이들이 항상 바라보아야 하고 항상 가슴에 새겨두어야 하는 얼굴, 모든 이들의 얼굴을 심판하는 심판자, 그것이 바로 예수 그리스도의 얼굴이었다는 것이고, 그것이 바로 유럽의 전형적인 백인 중년 남자의 얼굴이었다는 것입니다. 자신의 얼굴, 그것은 또한 자신 안에 있는 그리스도의 얼굴로서, 모든 얼굴을 만드는 안면성의 추상기계가 되었던 겁니다. 그리고 바로 그것이 이젠 모든 머리를 안면화하고, 모든 신체를 안면화하며, 모든 풍경을 안면화하는 척도가 되었던 겁니다. "슈퍼스타 예수 그리스도, 그는 전 신체의 안면화를 고안했고, 그것을 모든 곳에 확산시켰다."(MP, 222; I, 189)

안면성의 추상기계, 그것은 이처럼 유럽의 백인들이 스스로를 모델로 삼아 만들어낸 결과물이었던 것입니다. 그리고 그것이 이제는 모든 구체적인 얼굴을 만들어내기 시작합니다. 그것은 여자와 아이, 노동자와 노예의 단위 얼굴을 구성하는 척도로서 지고한 위치를 가질 뿐만 아니라, 그런 식으로 새로운 단위 얼굴들을 흑인과 황인, 동물과 우주인으로까지 확장해갑니다. 〈라이온 킹〉에 등장하는 금발의 사자왕과 그를 죽이는 흑발의 못된 동생이 그런 경우일 겁니다. 따라서 "얼굴이란 그 본성상 전적으로 특수한 관념이지만, 그렇다고 해서 그것이 가장 일반적인 기능을 획득하고 행사하는 것을 가로막지는 않는다."(MP, 222; I, 189)

이제 우리는 안면성의 추상기계가 어떻게 작동하는가를 말해야 합니다. 그런데 안면성의 추상기계 자체에 결부된 앞서의 예들은 이 기계가 어떻게 작동할 것이며 어떤 식으로 작동할 것인지를 예시해줍니다. 아마 얼굴이 권력의 배치와 결부되어 있으며, 얼굴은 정치

〈그림 7.11〉

이번에는 다행히 누드는 아니다. 감히 아이들의 누드를 그릴 생각은 하지 못했던 것일까? 그렇지만 사내고 여자애고 아이들의 얼굴은 정말 어이가 없다. 저게 어디 아이들의 얼굴이야? 술주정뱅이나 마약쟁이의 얼굴이지! 청순함과 순결함 대신 삶에 지치고 술에 찌든 것 같은 이 얼굴 또한 아이들의 '원소적 얼굴'과는 너무도 거리가 먼 것이었고, 그래서 이번에는 옷을 입은 아이들의 얼굴에 사람들은 분노를 표시했다. 코코슈카를 포함해 표현주의자들은 이제 사람들의 얼굴에 이전과는 전혀 다른 표정을 새기기 시작한다. 시체에게서나 볼 줄 알았던 시퍼런 색깔을 얼굴이나 신체에 칠하고, 거친 질감의 터치를 이용함으로써 그들은 예상하지 못한 얼굴들을 발명한다. 성스런 얼굴, 이상화되고 신화화된 얼굴을 전복하고 싶었던 것일까? 전쟁으로 쏠려가는 끔찍한 세상, 그런 세상에서 그들이 느꼈던 것에 이런 식의 표정을 부여하여 얼굴로 풍경화하고 싶었던 것일까?

코코슈카,
〈노는 아이들〉

라는 명제에 대해서도 이제 좀더 분명하게 짐작할 수 있을 겁니다.

안면성의 추상기계가 작동하여 구체적인 얼굴을 만들어내는 방식은 두 가지로 나누어 말할 수 있습니다. 하나는 얼굴의 단위(unité)가 되는 일종의 '원소(요소)'와 같은 얼굴, 원소적 얼굴(visage élémentaire, 요소적 얼굴)을 만들어내는 것입니다. 다른 하나는 안면성의 추상기계 자체의 백인적인 특성과 더불어 그런 단위 얼굴들을 통해서 구체적인 얼굴들을 분류하고 선별하는 것입니다.

먼저 원소적 얼굴의 구성에 대해서 저자들은 이렇게 말합니다. "첫번째 측면으로, 검은 구멍은 중앙컴퓨터, 그리스도, 혹은 제3의 눈처럼 활동하는데, 준거(réference)의 일반적 표면으로 봉사하는 흰 벽 내지 흰 스크린 위에서 자리를 바꾼다(se deplace). 그것에 부여되는 내용이 무엇이든, 그 기계는 얼굴의 단위를, 즉 다른 것과 일대일 대응관계에 있는 원소적 얼굴을 구성한다."(MP, 217; I, 185)

이것만으론 무슨 말인지 잘 드러나지 않지요? 원소적인 얼굴을 만든다는 것은 쉽게 말해 흰 벽 위에서 검은 구멍의 자리를 변화시켜 부나 인종, 성별, 나이, 직업 내지 지위 등등에 관련된 일정한 유형의 얼굴을 일종의 '단위'로 만들어내는 것을 뜻합니다. 그리하여 "남자인가 여자인가?", "부자인가 가난뱅이인가?", "어른인가 아이인가?", "주인인가 하인인가?", "정상인인가 또라이인가?" 등과 같은 질문이 얼굴을 향해서 던져질 수 있게 됩니다. 그리고 "선생과 학생의 얼굴, 아버지와 아들의 얼굴, 노동자와 사장의 얼굴, 경찰과 시민의 얼굴, 피고와 판사의 얼굴"(MP, 217; I, 185)이 구별되게 됩니다.

이 이항적인 단위들이 섞여서 좀더 복합적인 원소적 얼굴을 만들 수도 있겠지요. 부잣집 아들의 얼굴과 가난뱅이 아들의 얼굴, 사장

앞에서 허리를 숙인 노동자의 얼굴과 이마에 '투쟁'이라고 써붙인 붉은 띠를 맨 노동자의 얼굴 등처럼 말입니다. 이 경우 하나의 원소적 얼굴 안에는 눈을 표시하는 구멍이 최소한 네 개로 늘어나게 되지요. 왜냐하면 사장 앞에서 허리를 숙인 노동자의 두 눈에는 이미 그로 하여금 허리를 숙이게 만드는 사장의 두 눈이 함축되어 있기 때문입니다. 즉 이 경우에는 아버지의 눈과 아들의 눈, 사장의 눈과 노동자의 눈이 상이한 양상으로 대응되면서 복합적인 원소적 얼굴이 만들어지는 거지요.

다음으로 얼굴들을 분류하고 선별하는 절차가 있습니다. "두 번째 측면으로, 안면성의 추상기계는 선별적인 대응 내지 선택의 역할을 한다. 즉 구체적인 얼굴이 주어졌을 때, 기계는 요소적인 얼굴의 단위들에 근거해서, 그 얼굴이 용인되는지 아닌지, 그것이 적당한지 아닌지를 판단한다." 앞서 이항성이 "이것인가 저것인가?"의 질문으로 행해졌다면, 여기서는 "좋아/안 돼"라는 대답으로 행해집니다. "텅 빈 눈이나 검은 구멍은, 여전히 묵인이나 거절의 신호를 만들어내는 반쯤 비틀거리는 전제군주처럼, 흡수하거나 거부한다."(MP, 217; I, 186)

쉽게 말하면, 이는 원소적 얼굴을 통해서 적절한 얼굴과 부적절한 얼굴에 대한 분별을 하는 것을 뜻합니다. 가령 아이들은 어른들의 탁하고 불순한 세계에 물들지 않아서 순수하고 맑다는 식의 생각과 나란히 어린이의 얼굴에 대한 원소적인 표상이 만들어집니다. 따라서 어린이의 얼굴을 '제대로' 그리려면 그처럼 순진하고 청순하고 순결한 모습으로 그려야 합니다. 젊은 처녀의 얼굴, 혹은 교황이나 성직자의 얼굴, 성인의 얼굴, 귀족의 얼굴, 노동자의 얼굴 또한 마찬가지지요.

　원소적 얼굴을 구성하고 그에 따라 적절한 얼굴을 선별하는 이 두 가지 방법은 대개 함께 작동합니다. 가령 그림을 본다거나 마주 선 사람의 얼굴을 볼 때, 사람들은 먼저 원소적 얼굴을 떠올리고, 그 다음 그에 부합하는 얼굴인지 아닌지를 판단합니다. 선생에게 말하는 학생의 얼굴, 상관에게 말하는 부하직원의 얼굴, 장례식에 참석한 사람의 얼굴과 안면화된 신체(여기에는 동작과 의복까지 포함되지요), 강의하는 선생의 얼굴 등등. 그래서 가령 결혼식장에 와서 슬피 우는 사람은 많은 사람들을 당황하게 하고, 아무리 화나는 일이 있어도 선생 앞에서 화난 표정을 짓는 학생은 선생을 크게 '당황'하게 하지요.

　이것만이 아닙니다. 심지어 화가들이 그린 그림을 보면서도 그것이 원소적 얼굴에 적절히 대응하지 않거나 거기서 많이 벗어날 때, 혹은 그것에 반하는 모습으로 그려질 때 당황하고 화를 냅니다. 코코슈카(O. Kokoschka)는 이에 관한 유명한 사례를 만든 적이 있지요. 그는 1909년에 남녀의 두 아이를 그린 적이 있는데(〈노는 아이들〉), 그 그림을 보신 분은 잘 아시겠지만, 거기에 등장하는 두 아이의 얼굴은 원소적인 어린이의 순수하고 청순한 이미지하곤 아주 거리가 멉니다. 차라리 삶에 지치고 찌든 모습이어서, 마치 알코올중독자나 마약중독자 같은 느낌을 줍니다. 이 그림은 당연히 사람들 사이에 센세이션을 일으켰고, 아이들을 이런 식으로 묘사한 화가의 불순함과 사악함에 대한 비난이 이어졌습니다.

　이보다 더 유명한 사례는 아마, 코코슈카보다 수십 년 전에 그려진 마네(E. Manet)의 두 그림일 겁니다. 〈풀밭 위의 점심식사〉와 〈올

〈그림 7.12〉

서기 1년, 게다가 아무런 조각상이나 초상도 남아 있지 않았는데, 서양사람들은 대체 예수의 얼굴을 어떻게 알고 그렸을까? 더구나 근대의 화가들은 정확한 재현을 가장 중요한 덕목으로 삼지 않았던가? 그러나 그건 아무 문제가 되지 않았던 듯하다. 그들은 더 오래 전에 살았던 아담과 이브도 그렸고, 모세도 그렸기 때문이다. 뿐만 아니라 제우스와 헤라클레스, 박카스와 큐피드도 정말 '리얼하게' 그리지 않았던가! 그것은 언제나 상상의 산물이었다. 그런데 '정확한' 상상을 위해서 그들은 얼굴에 대한 자신들의 통념에 따랐음이 분명하다. 그들은 자신이 알고 있는 '좋은' 얼굴, 아름다운 얼굴로 그들의 모습을 '이상화'했다. 이런 방식으로 그들은 자신의 얼굴을 그리스도로 만들었고, 그런 그리스도의 얼굴에 따라 모든 얼굴을 만들었다. 이건 상상하며 그림을 그리는 화가가 그리스도를 이용하는 것일까, 아니면 그리스도가 자신의 뜻을 펴기 위해 화가들을 이용하는 것일까?

지오토의 그림에서 프란체스코는 예수의 성흔을 받는다. 그런 식으로 예수의 형상, 예수의 얼굴은 프란체스코의 신체에 새겨진다. 기적! 그리고 바로 그 기적 같은 흔적이 프란체스코가 성인임을 보여주는 가시적인 증거가 되었다. 이것이 뜻하는 바는 분명하다. 성흔을 받는 자는 누구나 기적을 본 것이고, 성령을 '입은' 것이다. 따라서 신의 가호를 바라는 자, 성령을 '입으려는' 자는 누구나 그리스도화될 것이다. 이런 식으로 유럽인들은 자신의 신체에 닿은, 저 보이지 않는 실을 움직여 자신이 손에 넣은 그리스도의 얼굴을 이용했다.

지오토,
〈성흔을 받는 성 프란체스코〉

랭피아〉가 그것인데, 앞의 그림은 반드시 얼굴에 관한 것이라곤 할 수 없지만, 어쨌든 옷을 입은 두 신사 사이에 옷을 벗은 여인을 하나 그림으로써, "아니, 대체 어떻게 이 따위로 그림을 그릴 수가 있는 거야!"라는 거센 비난을 받았습니다. 누드란 단지 옷을 벗고 있는 모델의 맨 살을 그리는 게 아니라, 티치아노(Tiziano)의 '비너스'처럼 품격 있고 고상한 모습으로, 신화적이거나 이상적인 어떤 분위기를 '입고 있는' 모습으로 그려야 하는데, 그건 그런 분위기나 품격을 여자의 살에서 제거해버렸기 때문이지요. 즉 여성의 신체를 고상하고 품격 있는 정형화된 스타일로 안면화하는 요소를 제거함으로써 탈안면화하여 신체로 되돌리거나, 전혀 뜻밖의 표정의 신체로 그렸다는 점이 센세이셔널한 비난을 야기했던 것입니다.

마네는 한 걸음 더 나아가지요. 〈올랭피아〉는 앞서 말했던 티치아노의 그림 〈우르비노의 비너스〉를 패러디한 것인데, 시중을 들고 있는 하녀를 흑인으로 그린 것은 둘째고, 전면에 있는 누드의 얼굴이, 아름답게 흐르는 누드에 상응하는 고상하고 격조 있는 티치아노의 비너스의 얼굴과 달리, 뻔뻔스러운 창녀의 느낌을 주는 이상야릇한 표정으로 그려졌기 때문입니다. 다시 말해 누드화에 걸맞는 얼굴이 아닌 다른 표정의 얼굴이 사람들의 거센 반발을 샀던 것이지요. "개별화된 구체적 얼굴은 이러한 단위들과 그 단위들의 조합을 중심으로 생산되고 변형된다. 생시르 육군사관학교 식의 목덜미로 사람들이 그 군사적 직책을 이미 알아볼 수 있는 부유한 아이의 얼굴. 우리는 어떤 얼굴을 가지고 있다기보다는 어떤 얼굴 속으로 미끄러져 들어간다."(MP, 217; I, 186)

이처럼 원소적 얼굴은 선별과 대응의 방식으로 사람들에게 요구되고 강제됩니다. 확고하고 단호한 얼굴이 아니라면 훌륭한 군인이 될 수 없는 법이고, 따라서 그런 얼굴이 나올 때까지, 군대 말로 '각이 나올 때까지' 맞거나 벌을 서면서 훈련을 하게 되지요. "군기가 빠졌다"는 말이 보통 그런 처벌과 훈련의 충분한 이유가 됩니다. 선생에게 질문하는 학생의 얼굴, 사장에게 무언가를 부탁하는 노동자의 얼굴, 그것도 마찬가지지요. 적절한 얼굴을 만들지 못할 때, 학생들은 "싸가지가 없어"라며 얻어맞거나 욕을 먹고, 노동자들은 "니가 사장이야!"라며 욕을 먹고 쫓겨나기 십상이지요. 부적절한 그림을 그린 화가는 전시회에서 쫓겨나게 되고, 기이한 표정의 그림을 그린 학생은 입시에서 낙방하게 되지요.

4) 이항적 관계의 확장

얼굴을 만들어내는 이항적 관계는 여기에 머물지 않습니다. 왜냐하면 좋은 얼굴과 나쁜 얼굴의 이항성은 어차피 상대적인 극(極)으로서 존재할 뿐이어서, 그 사이에 있는 무수한 얼굴들을 어떤 식으로든 포섭하고 용인하지 않으면 안 되기 때문입니다. 이러한 포섭은 연속적인 선택의 선형적 계열을 수립함으로써 이루어집니다. 가령 그런 얼굴은 첫번째 선택인 모범적인 학생의 얼굴로는 적당하지 않지만, 그렇다고 거기서 멀리 벗어난 말썽쟁이 학생의 얼굴은 아니며, 그래서 차선 내지 세 번째 선택인 무덤덤한 학생의 얼굴로는 용인할 수 있다든가, 저런 얼굴은 첫번째 선택이라면 참을 수 없지만, 세 번째나 네 번째 정도의 선택에서라면 용인할 수 있다 등과 같은 식으로 말입니다. "일대일 대응관계를 벗어나는 모든 것에 대해서 편차(偏差)를 갖는 이탈의 유형들을 연이어 생산하고, 첫번째 선택

〈그림 7.13〉

검게 그을린 얼굴과 이국적인 옷과 두건, 야만적인 힘으로 가득한 가슴과 팔, 이 모두가 칼에 묻은 피를 옷자락으로 닦고 있는 무어인 왕의 신체에 이국적인 표정을 부여한다. 이국적인 모습으로 안면화되는 이 신체는 뒤에 배경으로 그린 카펫의 이국적인 풍경뿐만 아니라, 그가 재판 없이 처형한 신하의 잘린 머리와도 잘 '어울린다.' 잘린 신체 역시 머리가 없이 바닥을 짚고 있는 팔이 인상적이지만, 무엇보다 잘린 머리의 표정과 연결되어 이국적인 풍경을 더 한층 멀리 밀고간다. 야만적인 얼굴, 야만적인 표정의 신체를 가진 무어인 왕이라면 저렇게 재판 없이 끔찍한 방식으로 처형하리라는 턱없는 생각이 아주 극적으로 표현된 이 그림을 사이드(E. Said) 같은 사람이 본다면, 서양인의 '오리엔탈리즘'의 증거라고 즉각 비난하고 나섰을 것이다. 저런 얼굴을 가진 사람들은 저런 식으로 행동한다고 하는 이런 발상은 단순한 무지의 산물이 아니다. 사실은 저런 행동의 야만성에 대한 자신의 지식, "그런 것은 얼굴이 저렇게 생긴 것들이나 할 수 있는 일이지" 하는 지식의 산물이란 점에서 그것은 정확하게 '지성!'의 산물이다. 저렇게 멀리 벗어난 얼굴을 가진 자라면 저렇게 멀리 벗어난 짓을 해도 좋다는 것일까? n번째 선택?(아마 n은 적어도 10 이상일 것이다!) 그러나 실제로 그런 야만적인 행동을, 아니 그보다 더 끔찍한 행동을 허용받았던(의회의 법적인 지지까지도!) 것은 하얀 뺨에 파란 눈, 금발의 머리카락을 가진 서양인들이었다. 반면 수많은 경계들 밖에 있는 얼굴은 하지도 않았고, 할 리도 없는 저런 행동을 마치 한 것처럼 비난받았다. 정말 얼굴이 정치다!

앙리 르뇨,
〈재판 없이 처형하는 그라나다의 무어인 왕〉

〈그림 7.14〉

변방의 얼굴이 모두 끔찍한 것은 아니다. 마사이스의 이 그림은 왕녀를 그린 것이다. 그러나 영국이나 프랑스, 스페인 같은 멀쩡한 백인들의 나라에 어떻게 이런 기이하고 추한 모습의 왕녀가 있을 수 있으랴! 그건 광인이라도 생각하기 힘든 일이다. 반면 변방에 있는 나라, 그래서 인간인지 아닌지 의심을 받기도 했고, 때론 인간이 아님에 의문조차 갖지 않기도 했던 그런 나라에서는 왕녀조차 이러하리라고 생각하는 건 그들로선 아주 쉬운 일이다. 그런 나라에서는 다행히 얼굴이 회다면 틀림없이 눈이나 입이, 혹은 다른 선들이 기이하게 삐뚤어져 있어야 한다는 생각은, 피부의 어둠만큼이나 행동도 야만적이리라는 생각과 공모하여 이처럼 다소 다른 방식의 '원소적 얼굴'을 만든다. 11번째 선택일까, 9번째 선택일까? 아니면 그 이상? 안면성의 추상기계의 경계가 배가되는 만큼 이 왕녀의 주름도 늘어나고 그 추함도 늘어난다. 유럽인 아닌 다른 어느 족속도 이런 식의 상상력을 발휘하진 못했다!

마사이스,
〈튀니지 왕녀〉

에서 받아들여지는 것과, 두 번째나 세 번째 등의 선택에서라면 참아줄 만한 것 사이에 이항적인 관계를 확립"한다는 겁니다(MP, 217; I, 186).

이런 식으로 얼굴들에 대한 이러한 선형적 배열과 위계화는 우열을 가르는 분별의 벡터를 다양한 얼굴들 위에 작용시킵니다. 그 배열 안에서, 최초의 얼굴과의 거리나 편차를 통해 좋은 얼굴과 나쁜 얼굴, 아름다운 얼굴과 추한 얼굴, 선한 얼굴과 악한 얼굴 등등이 가려지고, 그 안에서 심지어 범죄자의 얼굴, 광인의 얼굴, 바보의 얼굴, 병자의 얼굴 등을 가리는 '학문'이 발전합니다. 19세기 범죄심리학과 결부되어 발전한 골상학과 관상학이 대표적인 경우겠지요. 이러한 선별과 우열화는 일차적 얼굴을 향한 동일화를, 다시 말해 백인 중년 남자의 평균적인 얼굴을 향한 동일화의 벡터를 작동시킵니다. 거기서 멀리 벗어난 얼굴은 범죄나 광기, 병 등과 같이 나쁜 얼굴, 악인의 얼굴에 근접하기 때문에, 다양한 선택의 순서가 있다고 해도 어떤 단계든지 첫번째 선택지인 모범적인 원소적 얼굴을 향해서 나아가야 하고 그것에 근접하려고 노력해야 한다는 겁니다.

이처럼 '안면화'된다는 것은 그 자체에 '적절한 안면화'를 포함하고 있습니다. 그것은 안면화 자체가 항상-이미 흰 벽-검은 구멍으로 이루어진 백인의 얼굴 자체를 뜻하기 때문입니다. 앞서 본 것처럼 이는 안면성의 추상기계 자체의 '지층적' 성질과 결부된 것이기도 합니다. 그리스도의 얼굴 반대편 극에는 악마의 얼굴이 있고, 인간의 얼굴이길 중단한 그런 얼굴이 있으므로, 모든 얼굴은 악마의 '유혹'에서 벗어나 그리스도화되어야 한다는 함축이 추상기계에 함축되어 있는 것이지요.

〈그림 7.16〉

이 그림은 17세기 초에 그려진 아이콘인데, 예수의 얼굴을 그린 것이다. 하지만 하관(下顴)이 좁고 뾰족한 원형의 '흰 벽'에 유럽의 예수보다 색깔이 좀 진하게 칠해져 있고, 눈썹과 눈매도 흔히 보던 예수의 얼굴과 다르고, 수염이나 입매도 많이 다르다. 전체적인 인상은 한국의 배우 명계남을 연상시킨다. 유럽의 예수보다 좀더 동쪽으로 근접해서인지, 통상적인 예수의 얼굴보다 동양인에 가까운 모습이다. 이것은 러시아인이 상상한 예수의 얼굴일 것이고, 거기에는 자신들의 모습이 충분히 평균화되어 반영되었다고 보아도 좋을 것이다.

러시아의 그리스도 아이콘

앞서 서양의 화가들이 자신들의 평균적인 얼굴을 그리스도의 얼굴로 구성하는 데 결정적인 기여를 했다고 말한 바 있지요. 동시에 그들은 그렇게 만들어진 그리스도의 얼굴을, 모든 얼굴을 그리스도화하는 데 충분히 이용하고 활용했다고 저자들은 말합니다. "회화는 좀더 활기차게 그리스도-얼굴의 모든 자원을 사용했다. 그것은 그리스도의 얼굴로써 얼굴이 갖는 모든 종류의 단위들을 생산하기 위하여, 더불어 모든 종류의 이탈의 편차를 생산하기 위하여 안면성의 추상기계를, 즉 흰 벽과 검은 구멍을 가능한 모든 방향(sens)에서 이용했다."(MP, 218~19; I, 187)

이러한 절차를 응축해서 보여주는 것은 지오토(Giotto)가 그린 〈성흔을 받는 성 프란체스코〉라는 그림입니다. 그리스도의 손과 발, 가슴에 있는 성흔이 프란체스코의 신체에 옮겨져 새겨지는 '기적'을 그린 이 장면은 사실 지오토 이외에도 많은 중세 화가들이 즐겨 그린 것이기도 합니다. 이는 프란체스코의 신체가 성흔에 따라 그리스도화되는 모습을 보여주는 것이며, 이런 방식으로 사람들의 신체가 그리스도의 모습에 따라 안면화되는 것을 보여주며, 더구나 그것은 성자의 징표로, '기적'으로 받아들이게 되었음을 보여주는 것이지요. "성흔은 그리스도의 신체의 이미지에 따라 성자의 신체를 안면화한다. 그런데 성자에게 성흔을 실어 나르는 광선은 또한 프란체스코가 신의 연을 끌어당기기 위해 사용하는 끈이다. 바로 이 십자가의 징표 아래 사람들은 모든 방향(sens)으로 얼굴을 곱씹으며 안면화의 절차를 진행시켰다."(MP, 219; I, 187)

이러한 안면화는 백인들, 기독교도들만의 문제가 아닙니다. 정상화가 범죄자만의 문제가 아니라 모든 사람들의 문제듯이, 그리스도

〈그림 7.16〉

성 베드로 성당을 짓기 위해 면죄부까지 발행한 로마의 교황청에 대항하여 종교개혁의 불을 붙였던 루터는, 한편으론 대중들이 직접《성서》를 읽을 수 있도록 독일어로 번역하는 한편, 자신의 생각을 널리 알리고자 했다. 그러나 당시 글을 읽을 수 있다는 것은 평민이 아님을 뜻했다. 따라서 지금처럼 '삐라'나 전단을 만들어 뿌려야 별 소용이 없었다. 생각 끝에 그는 이미 항의와 파문으로 유명해진 자신의 이름과 얼굴을 판화로 찍어 뿌리기로 했다. 얼굴이 의미화하는 기표를 방사한다는 것을 일찍이 알았던 것일까? 화가 크라나흐가 이를 도와주었다. 그런데 판화가 새로 만들어질 때마다 루터의 얼굴이 달라진다. 보다시피 변화의 경로는 점차 예수의 얼굴이 되어가는 것이었다. 이런 식으로 예수와 자신을 겹침으로써 자신의 얼굴이 방사하는 의미화의 기표가 예수의 그것과 동일하다는 것을 보여주려 했을까? "안면화란 곧 그리스도화"라는 것을, 그리고 '얼굴이 정치'라는 것을 이만큼 잘 보여주는 예를 찾기는 어려울 듯하다. 하지만 예수의 얼굴을 이용한 게 어디 루터뿐인가?

루카스 크라나흐(Lukas Kranach),
〈루터 초상〉들

1500년

1520년

1522년

화로서 안면화는 모든 사람들에게 해당되는 문제입니다. 그리스도의 얼굴이 항상-이미 백인 중년 남자의 얼굴인 만큼 이미 그들은 충분히 그리스도화되어 있다고 해야지요. 반면 첫번째 선택에서 멀리 떨어져 있는 자들이야말로 '그리스도화' 되어야 할 일차적인 대상이 됩니다.

그런데 완전히 갱생하기 힘든 범죄자는 없을지 몰라도, 완전한 그리스도화가 불가능한 사람들은 적지 않습니다. 아무리 적합한 얼굴을 만들어도 흰 벽에 칠해진 색을 지울 수 없는 사람들이 있기 때문입니다. 그들은 애시당초 첫번째 선택이 불가능한 사람입니다. 그게 아니라면 '인종'이 다른 무엇보다도 얼굴색에 의해 구별된다는 사실을 어떻게 이해할 수 있을까요? 인종이란 그리스도와의 편차, 백인 중년 남자의 얼굴과의 편차에 의해 정의된다고 해야 할 듯합니다. "만약 얼굴이 사실상 그리스도라면, 즉 평균적인 보통의 백인 남자라면, 첫번째 이탈, 첫번째 편차적 유형들은 인종적이다. 다시 말해 그것은 두 번째 혹은 세 번째 범주에 드는 사람으로, 황인과 흑인이다. 그들 또한 벽 위에 새겨지고 구멍에 따라 분배된다. 그들은 그리스도화되어야, 즉 안면화되어야 한다."(MP, 218; I, 186)

유럽적인 형태의 인종주의가 바로 이것과 직결되어 있다는 것은 분명합니다. 사실 자신과 다르게 생긴 사람들, 이방인이나 외국인을 두려워하거나 기이한 흉물, 괴물이라고 생각하는 건 어느 사회에서나 있는 일이지요. 가령 이집트 그림을 보면 외국인을 이상하게 생긴 흉한 동물로 그려놓았습니다. 다르게 생긴 사람들을 인간이 아닌 것으로 보는 그런 태도는 그를 '타자화' 하고 '배제' 하는 원리에 따라 작동하는 인종주의를 만들어낼 수 있습니다. 그런데 유럽의 인종

〈그림 7.17〉

이 그림은 〈벤〉을 냈을 때의 마이클 잭슨이고, 오른쪽은 이미 대성하여 '팝의 제왕' 자리에 선 이후의 앨범 〈히스토리〉에 실린 마이클 잭슨이다. 전자에서는 검은 피부에 앳된 소년인데, 후자에서는 흰 피부의 세련된 백인이 되어 있다. 이러한 '근본적' 변화는 알다시피 화장 때문이 아니다. 미국에서 검은 얼굴로 살아간다는 것의 고통이 저렇게 피부의 색깔마저 바꿔놓은 것이다. 그런데 그것은 '돈만 있다면 이 검은 피부를 희게 바꾸어놓으련만' 하고 몽상하면서 수세미로 얼굴을 씻어내렸던 흑인이라면, 아니 희지 않은 피부를 가진 모든 사람이라면 누구나 느꼈을 고통일 것이다. 다만 마이클 잭슨은 정말 그럴 수 있는 엄청난 돈을 벌었고, 그것이 그를 하얀 백인으로 만들어놓았다. 백인화 내지 그리스도화하며 작동하는 안면성의 추상기계는 이처럼 물질적인 힘을 갖고 있으며, 돈을 들여 피부를 바꾸게 만드는 현실적인 권력을 행사한다. "얼굴, 오, 이 얼마나 무서운 것인지!"

마이클 잭슨,
〈벤〉과 〈히스토리〉 사이.

주의는 그런 것이 아니었다고 하지요. "유럽적 인종주의는 결코 배제에 의해 진행되지도, 특정한 어떤 사람을 타자로 정함으로써 작동되지도 않았다. 이방인을 '타자'로 파악했던 것은 차라리 원시사회에서였다. 〔유럽의〕 인종주의는 백인 남자의 얼굴을 기준으로 이탈의 편차를 결정함으로써 작동한다."(MP, 218; I, 186)

유명한 가수 마이클 잭슨(Micheal Jackson)은 백인화, 그리스도화라는 안면성 기계의 작동이 결코 은유가 아니란 것을 보여주지요. 우리야 직접 접할 일이 없어서 주로 소설이나 영화에서 보지만, 많은 흑인들이 자신의 피부가 검다는 사실로 인해 주어지는 차별과 박해로 인해 검은 피부를 희게 바꾸고 싶어하지요. 아주 오래 전에 소설책에서 본 것인데, 흑인인 어떤 인물이 세수하면서 얼굴과 손의 피부를 수세미로 미는 장면이 아직도 기억에 남아 있습니다. 마이클 잭슨은 노래와 공연, 음반으로 얻은 거대한 부를 이용해 자신을 얼굴을 '안면화' 했고, 백인화했으며, 그리스도화했습니다.

하지만 안면화나 백인화가 단지 유럽인이 지배하는 곳에서만 일어난다고 생각하면, 그저 남의 일일 뿐이며 우리와 무관하다고 생각하면 큰 오산입니다. 예전에 저는 여러 해에 걸쳐 매년 한 번씩 '한국인의 평균 얼굴'이 신문에 실린 걸 본 적이 있습니다. 그 평균적인 얼굴은 매년 변해가는데, 분명한 건 그 변화의 방향이 유럽인의 얼굴을 향하고 있다는 겁니다. 코는 높아지고 눈은 커지고 쌍꺼풀이 두꺼워지고 광대뼈가 들어가고 피부가 하얘지면서 유럽인에 가까워진다고 쓴 걸 본 기억이 있습니다.

그게 어디 이런 형태나 높낮이뿐이겠습니까? 화장을 동반하는 일상적인 표정관리, 감정적 표현방식에서 유럽적인 스타일 등은 표정

〈그림 7.18〉

예수의 얼굴이 서양의 백인 중년 남자의 평균 얼굴이었다면, 그렇게 만들어진 얼굴은 이제 모든 사람의 머리에 얼굴로서 새겨지게 된다. 그런 식으로 얼굴에는 항상-이미 예수의 얼굴이 겹쳐지며 작동한다. 뒤러의 이 자화상은 마치 자신이 예수가 된 듯한 형상을 보여준다. 뒤러가 진짜 이렇게 생겼을까? 그야 모를 일이다. 그러나 앞서 루터의 초상화가 어떻게 다르게 그려졌는가를 안다면, 이런 자화상을 있는 그대로 믿는다는 것은 아주 순진한 짓으로 보인다. 자신의 얼굴을 그리스도화하는 것만으로는 모자랐던지, 뒤러는 예수처럼 제자도 12명만을 둠으로써 좀더 예수에게 다가가려고 했다. 루터-그리스도, 뒤러-그리스도, 데카르트-그리스도 등등. 그렇듯 그리스도는 모든 이들의 영혼 속에, 아니 모든 이들의 얼굴 속에 살아계신 것이다.

뒤러,
〈자화상〉

의 안면화를 더욱더 부추기는 것이라고 하겠지요. '평균 얼굴'은 그 정도가 아니라 성형에 의한 것이든, 유럽화된 섭생에 의한 것이든, 아니면 화장이나 TV에 의한 것이든, 우리 얼굴의 '물리적 형태' 조차 점점 유럽인을 향해 '백인화' 되고 있다는 사실을 보여주고 있습니다.

유럽인들이 귀와 눈썹, 입과 코, 심지어 배꼽과 가슴에까지 구멍을 뚫고(피어싱이라고 하던가요?) 고리를 다는 것은 흑인들의 스타일을 이용하여 얼굴을 '탈백인화' 하기 위한 것이었습니다. 최근에는 한국인들도 피어싱의 정도를 확대하고 범위를 넓혀가고 있습니다만, 그것이 탈백인화하고 탈그리스도화하려는 전략이 아니라 정반대로 백인들이 하는 것을 따라, 혹은 백인화하는 전략에 따라 행해지고 있는 것이란 점에서 어이없는 아이러니처럼 보입니다.

뿐만 아니라, 유럽적인 양상의 인종주의까지 노골적으로 동반하고 있다는 점은 더욱더 안타깝고 참담합니다. 얼굴이 흰 유럽이나 미국의 외국인들에 대해서는 유순하고 복종적인, 때론 존경 어린 태도를 취하면서, 네팔이나 필리핀, 인도네시아 등 동남아시아에서 온 외국인들에 대해서는, 같은 아시아인이고 같은 황인종이면서도 자신보다 얼굴빛이 더 까맣다는 이유로 경멸과 무시, 억압과 전횡을 일삼는 태도를 보면, 제가 그런 사람들과 같은 '민족'에 속한다는 사실에 참담한 심정을 갖지 않을 수 없습니다. 심지어 미국에 사는 이른바 '동포'들이 흑인들을 '깜둥이'라고 부르면서 미국인 이상으로 무시하고 경멸해, 그 결과 흑인 폭동에서 그들이 유별난 분노의 대상이 되었다는 사실은 이런 태도가 지리를 뛰어넘어 지속되고 있음을 보여줍니다. 유럽인보다 더 유럽적인 인종주의, 바로 그게 지금 한국에서 정부나 자본가, 혹은 일반 '인민'들이 동남아시아에서 온 외국인 노동자들을 대하는 '원리'처럼 보입니다. 자기보다 더 검은 사람이 있다는 것으로 위안을 삼고, 더 검은 사람 덕분에 갖게 되는 누런 사람들의 그런 자신감을 볼 때마다, '아, 국적을 던져버리고 싶다'는 생각을 피할 길이 없습니다.

6. 얼굴의 극한

1) 두 개의 극한적 얼굴과 클로즈업

앞서 기호체제에 대해 말하는 곳에서 저자들은 모든 기호체계들은 혼성적이라고 이야기한 바 있지요. 심지어 의미화 체제나 주체화 체제조차 단독으로 작동한다기보다는 다른 것과 섞여서 혼성적인 체제를 형성합니다. 의미화의 기표들만으로 작동하는 기호체제도, 주체화만으로 작동하는 기호체제도 없지요. 그렇다면 마찬가지 이유에서 얼굴 또한 그처럼 혼성적인 체제를 이룬다고 말해야 합니다. 의미화하는 성분과 주체화하는 성분이 뒤섞여 혼성적인 얼굴이 만들어진다고 말입니다.

그렇다면 그런 혼성의 양상을 포함하는 얼굴을 과연 어떻게 추상적으로 포착할 수 있을까? 여기서 저자들은 두 개의 '극한적인 얼굴(visage-limite)'을 제시함으로써 그것을 시험하고자 합니다. 정면을 바라보고 있는 의미화하는 얼굴 안에 주체화하는 얼굴이 끼어드는 그러한 혼성이 발생할 때, 다양한 얼굴의 배치를 만들어내는 일종의 복합적인 추상 기계가 정의될 수 있으며, 역으로 옆으로 돌린 주체화하는 얼굴 안에서 그와 대칭적인 혼성이 발생할 때, 역시 다양한 얼굴의 배치를 만들어내는 안면성의 추상기계가 정의될 수 있는데,

단순한 기계   경계의 배증효과를 갖는 기계   4개의 눈을 갖는 기계

배증된 경계에 의한 눈의 증식

〈그림 7.19〉 대지의 기표적이고 전제적인 얼굴

이것이 바로 극한적 얼굴이라는 것입니다. 주의할 점은 이 극한적 얼굴은 구체적인 얼굴의 단위(원소적 얼굴)가 아니라 그것을 만들어내는 추상적 기계며, 사전에 정의된 얼굴의 편차가 아니라 그것을 만들어내는 추상적 기계라는 것입니다.

매우 추상적이면서 아주 흥미로운 〈그림 7.19〉는 에티오피아의 두루마리 그림에서 따온 것이라고 하지요. '대지의 기표적이고 전제적인 얼굴'이라고 명명되어 있는데, 일전에 전제적인 기호체제나 기표적/의미적인 체제는 정면에서 '나'를 보고 말하는 얼굴, 나에게 의미화된 기호를 방사하는 얼굴이란 점에서 정면의 얼굴이라고 말한 적이 있지요? 동그라미로 표시된 흰 벽에 새겨진 두 개의 검은 구멍, 그것은 그 자체로 기호/의미를 발하는 가장 단순한 얼굴입니다. 그렇게 단순한 만큼 안면성의 추상기계 자체와 동일한 기계지요.

하지만 앞서 두 개의 원소적 얼굴이 복합되어 만들어지는 얼굴의 단위에 대해 말했듯이, 사장과 노동자, 선생과 학생, 아버지와 아들이 짝을 이룬 원소적 얼굴이 있을 수 있었습니다. 그런데 이 경우 노동자의 눈에는 이미 사장의 눈이 비친 채 대응하고 있었고, 사장의 눈 역시 마찬가지였지요. 그래서 이 경우 원소적 얼굴은 4개의 눈을 갖는다고 말했지요? 4개의 눈을 갖는 기계는 이와 결부된 것입니다. 다만 원소적 얼굴이라면 노동자와 사장, 선생과 학생, 한 쌍의 연인처럼 구체적인 형태를 갖는 배치로서 정의되지만, 추상기계는 그런 다양한 얼굴의 배치를 만들어내는 추상기계란 점에서 흰 벽과 4개의 검은 구멍만으로 정의되면 충분합니다. 눈이 늘어나는 것은 그런 복합체의 짝이 늘어나는 것과 결부되어 있습니다. 아버지와 아들이 만드는 짝에 부자와 빈민의 짝이 겹칠 수도 있고, 거기에 연인의 짝이 끼어들 수도 있으니까 말입니다.

반면 흰 벽을 만드는 테두리선이 늘어나기도 합니다. 흰 얼굴, 흰 뺨, 검은 눈을 가진 예수의 얼굴이 가장 중심에 있는 것이라면, 약간 거무스름한 얼굴을 가지면서 눈빛이 노란, 또는 파란 사람이 있을 수 있죠. 그건 예수의 얼굴이 허용할 수 있는 경계가 확장되었을 때 가능합니다. 황인 예수가 있을 수 있고 흑인 예수까지 갔을 때 예수의 얼굴의 경계가 확장되는 거지요. 예수와는 다른 종류의 얼굴이면

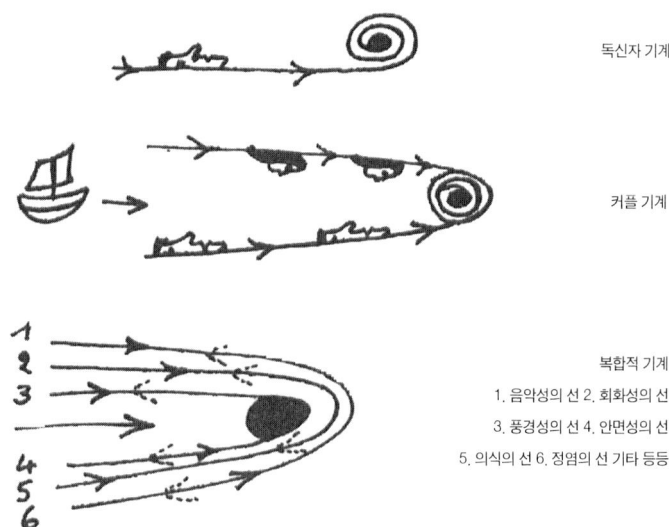

〈그림 7.20〉 해양의 주체적이고 권위적인 얼굴

서 색깔이 중첩될 때 경계는 더욱더 복수화될 수 있죠. 그래서 '경계의 배가(倍加) 효과를 갖는 기계'가 탄생합니다.

두 번째 그림이 그렇고, 이는 그 다음 그림에도 역시 게재되어 있습니다. 아시겠지만 이는 원소적 얼굴을 통해서 분류와 선별을 작동시킵니다. 백인이라면 하나의 선이면 충분하지만, 아메리카 원주민이라면 두 개나 세 개의 선이 필요할지도 모릅니다. 'n번째 선택'에 대응하는 n개의 테두리가 그려질 수 있지요. 그렇다면 눈의 증식과 경계의 배가가 겹쳐진 이 극한적 얼굴들은 가장 단순한 정면의 '얼굴'이 전제적이고 기표적인 안면성의 추상기계가 증식하는 양상을 표시한다는 것을 쉽게 이해할 수 있을 겁니다.

〈그림 7.20〉은, 앞에서 본 그림의 영향 아래서겠지만, 트리스탄과

이졸데의 모델을 따라 그린 것이라고 해요. "트리스탄, ……이졸데, ……이졸데, ……트리스탄……" 하고 부르고 대답하며 서로 마주보면서, 마치 거대한 소용돌이와도 같은 주체화의 검은 구멍으로 빨려들어가는 연인들의 정염에 대해 주체화의 기호체제를 다룬 곳에서 설명한 적이 있지요? '해양'이란 말은 의미화의 확고한 대지와 달리 이처럼 유동하며 검은 구멍으로 빨아들이는 주체화의 양상을 표현하기 위해서 사용한 단어처럼 보입니다.

또 거기서 우리는 주체화 체제란 서로 마주보는 두 개의 얼굴이라고 정의한 바 있고, 이것이 언표 주체와 언표행위의 주체의 의식적 이중체로 진행되는 경우를 '코기토적 주체화'라고 했지요. 이 그림에서는 한 사람이 자기의 의식 안에서 이중화되어 포개지는 이런 양상을 '독신자 기계'라고 말합니다. 하나의 얼굴이 검은 구멍을 향해 소용돌이치며 끌려가는 것이지요.[19] 그런데 이처럼 공명하면서 서로 검은 구멍으로 끌려가는 것은 인물화된 개체만이 아니라 그들 각각의 의식일 수도 있고, 정염일 수도 있으며, 그와 결부된 음악이나 회화의 선 등일 수도 있습니다. 트리스탄의 테마와 이졸데의 테마가 함께 섞이며 등장하고, 창문 너머로는 이졸데가 탄 배가 보이고, 그 배에는 흰 깃발이 날리고 하는 식으로 말입니다. 주체화된 개인이란 이처럼 분자적인 요소들의 공명을 통해서 만들어진 효과 전반을 뜻하며, 그 각각의 흐름이 다른 속도를 취함에 따라 복합적인

---

(19) 이들이 말하는 독신자 기계가 언제나 이런 의미를 갖는 것은 아니니 오해하시면 곤란합니다. 가령 《카프카》에서는 예술가를 모든 방향에서의 접속을 향해 열린 독신사 기계라고 말하는데, 이 경우에는 사회적인 성격이 오히려 강조된 개념입니다(들뢰즈 · 가타리, 이진경 역, 《카프카》, 동문선, 2001, 164~65쪽).

다른 양상을 취할 수 있다는 점에서, 저자들은 주체화의 복합적 기계를 세 번째 그림처럼 표현하고 있는 것이지요.

그것은 어느 경우든, 주체화하는 '호명'과 그에 공명하여 대답하는, 마주보는 두 개의 옆얼굴(profile)로 표시할 수 있습니다. 방사된 기표를 의미화하는 얼굴이 앞얼굴이라면, 주체화의 얼굴은 이처럼 옆얼굴이라고 할 수 있습니다. 이는 주체화라는 말처럼 주체로서 개인의 고유한 이력과 특징이 마치 능선이나 (닭의) 벼슬처럼 두드러지게 하는 얼굴이지요. 닭의 벼슬을 뜻하는 accrête를 번역하면서 우리 말에서라면 오해를 야기할 수도 있는 '벼슬화'라는 말보다 '능선화'라는 말이 더 낫다고 생각한 것은 이런 이유에서입니다(MP, 224; I, 193).

저자들은 이 두 개의 극한적 얼굴에 두 개의 클로즈업이 대응한다고 말합니다. 얼굴이란 표면적 요소들을 풍경화하는 동시에 그런 풍경화를 통해서 포착된 것들에 표정을 부여한다는 점에서 본질적으로 클로즈업이라고 하지요("얼굴은 본래 하나의 클로즈업이다"). 그런데 클로즈업에도 크게 두 가지 상이한 것이 있다고 합니다. 하나는 정면의 얼굴을 클로즈업함으로써 '감정-이미지'를 표현하는 것인데,[20] 그리피스(Grifith)의 클로즈업이 그렇다고 합니다.

물론 이 말은 그리피스만 그렇다는 것이 아니라, 그리피스에 의해 시작된 클로즈업이란 의미입니다. 〈국가의 탄생〉 같은 영화를 보셨다면 알겠지만, 사실 그리피스는 카메라를 접사하여 클로즈업하기보다는 '아이리스(iris)'라고 부르는 방법으로 감정-이미지를 표

---

[20] 들뢰즈, 주은우 외 역, 《영화 1(Cinéma I: image-mouvement)》, 새길, 1996, 175쪽 이하.

현합니다. 얼굴에 동그란 원을 둘러치고, 그 뒤의 배경을 검은 면으로 지워버려 얼굴만 남겨두는 거지요. 그럼으로써 얼굴은 배경을 이루는 풍경의 한 요소이길 그치고 그 자체로 독립된 대상이 되며, 그 안에서 눈과 입 등으로 감정-이미지를 표현하는 새로운 풍경을 형성하게 되지요.

반면 주체화 체제에 해당되는 클로즈업은 에이젠슈테인(S. Eisenstein)의 클로즈업이라고 하여 그리피스의 클로즈업과 대비합니다. 〈전함 포템킨〉은 이를 아주 극명하게 보여줍니다. 포템킨 호에서 발생한 수병반란에서 수병들은 승리하지만 그 반란을 주도한 병사는 죽습니다. 반란에서 승리한 그들은 오데사 항에 도착해 그 사람의 시신을 항구에 내려놓고 그가 어떻게 죽었는지를 써놓습니다. 구경 나온 사람들 앞에서 한 수병이 모자를 흔들며 연설합니다. 머리가 흔들리고, 그걸 보며 혹은 그 얘길 들으며 사람들은 옆 사람을 쳐다보면서 얼굴을 돌리지요. 돌리고 마주보는 얼굴이 왔다갔다하면서 서로 마주보는 얼굴들이 급속하게 증식되기 시작합니다. 이야기하는 사람의 감응이 옆으로 전염되며 퍼져나가는 거지요. 이는 시민들이 정권의 억압에 항거하는 시위로 이어집니다. 그리고 오데사 계단의 유명한 장면(scene)으로 이어지지요.

여기서 에이젠슈테인은 옆으로 돌린 얼굴과 그것을 마주보는 얼굴의 클로즈업을 통해서 주체화하는 정염이 전염되는 양상을 탁월하게 표현합니다. 아, 물론 이 영화에서 오데사 계단에서 총을 맞은 노인의 얼굴에 번지는 피를 보여주는 유명한 클로즈업은, '의미화'하는 얼굴의 인상적이고 탁월한 예임이 분명합니다만, 여기서 옆얼굴을 에이젠슈테인의 클로즈업이라고 했던 것은 그가 옆얼굴의 클로즈업만 썼다는 의미도 아니고, 앞얼굴의 클로즈업에서 탁월한 표현력을 획득했음을 부인하는 것도 아닙니다. 주체화의 클로즈업이란 개념은 그에 의해서 시작된 것, 그의 이름과 시작한 날짜가 기록되어 있다는 의미지요.

2) 얼굴의 해체 혹은 탈안면화

지금까지 저자들은 얼굴에 대해서, 안면성의 추상기계에 대해서 매우 중요한 연구를 제시했습니다. 이는 아마도 얼굴의 역사를 연구하고 얼굴의 정치학을 연구하는 데 매우 중요한 계기를 제공할 것이라고 생각합니다. 이는 우리 자신의 얼굴, 우리 자신이 얼굴을 만들고 이용하는 방법, 그리고 얼굴을 통해서 사람들을 분류하고 선별하는 방법 모두에 대해서 근본적으로 다시 생각할 수 있는 계기를 제공했음이 분명합니다.

그런데 다시 또 하나의 질문을 피할 수 없습니다. 얼굴이 내용의 지층에서 비약하는 절대적 탈영토화지만, 그것이 유기체의 지층에서 일관성의 구도로 나아가는 것이 아니라 의미화와 주체화라는 지층으로, 다시 말해 표현의 지층으로 재영토화되는 것을 피할 수 없었다는 점에서 특이한 종류의 선을 그리고 있다고 하겠습니다. 그리고 처음부터 안면성의 추상기계가 구체적인 얼굴을 만든다는 점에서도 다른 지층과는 다른 양상을 보여주었습니다.

그렇지만 그러한 안면성의 추상기계가 백인의 얼굴도 아닌 '백인' 자체라고 할 때, 그리하여 "얼굴이란 그 얼마나 가공할 것인지!"를 상기시킨다고 할 때, 얼굴 자체로부터 벗어날 길은 없는가 하는 질문을 피할 수 없습니다. 이 얼굴에서 저 얼굴로 대체하는 것으로는, 좋은 얼굴과 나쁜 얼굴을 대비하는 것으로는 결코 문제가 해결될 가능성이 없기 때문입니다. 얼굴 자체가, 안면성 자체가 그리스도의 얼굴이요 백인 자체라고 할 때, 이 '백인'을 제거한다는 것은 안면성의 추상기계 자체를 제거하는 것을 의미할 수밖에 없기 때문입니다. 이를 '얼굴의 해체(défaire le visage)'라고 합니다.

그러나 얼굴을 해체한다는 것은 대체 어떤 것일까? 예술의 얼굴에서 다시 원시인의 정신적인 머리로 돌아가는 것일까? 그것이 아무리 아름다운 것이라고 해도, 그것은 사회구성체를 다시 원시적인 사회로 되돌리는 것만큼이나 이미 불가능하고, 잘해야 잃어버린 낙원에 대한 낭만적이고 회고적인 향수를 설파하는 데 지나지 않을 겁니다. 저자들도 이를 잘 알고 있습니다. "우리는 원시적인 머리나 신체를 결코 다시 만들 수 없으며, 정신적인, 얼굴이 사라진 인간적인 머리를 다시 만들 수도 없다."(MP, 230; I, 197)

그렇다면 다시 원점으로 되돌아와야 합니다. 얼굴을 해체한다는 것은 대체 어떤 것인가? 여기서 우리는 그것이 의미화와 주체화 사이에서 양자를 작동시키며, 백인 중년 남자의 얼굴을 보편화하고 그것을 향한 동일화 운동을 야기하는 얼굴을 어떻게 해체할 것인가의 문제임을 상기할 필요가 있습니다. 앞서 들뢰즈와 가타리는 의미화의 지층을 탈지층화하면서 기호도 없고 의미화도 없는 일관성의 구도로 나아가라고 한 바 있고, 주체화의 정염적 선을 강밀도의 연속적 장으로 만들어 탈주체화된 세계로 나아가라고 한 바 있습니다. 얼굴은 의미화의 지층과 주체화의 지층이 겹치는 곳에 있기에, 얼굴의 해체란 그 양자의 절대적 탈영토화의 선과 함께 나아가야 합니다. 따라서 저자들은 얼굴의 해체에 대해 이렇게 말합니다.

얼굴이 정치라면, 얼굴의 해체 또한 현실적인 됨[생성]에, 모든 은밀하게-되기(devenir-clandestin)에 관여된 정치다. 얼굴의 해체, 그것은 기표의 벽을 돌파하고 주체성의 검은 구멍을 벗어나는 것과 동일하다. ……당신의 검은 구멍과 당신의 흰 벽을 찾으라. 그것을 알고 당신의 얼굴을 알라. 그렇지 않고는 당신은 그것을 해체하지 못할 것이며, 탈주의 선을 그려낼 수 없을 것이다.(MP, 230; I, 197)

그러나 얼굴을 해체하는 것은 결코 쉬운 일이 아닙니다. "얼굴을 해체하는 것은 결코 하찮은 일이 아니다. 거기에는 광기에 빠질 커다란 위험이 있다. 분열자(le schizo)가 얼굴의 감각(sens)을, 그 자신과 다른 사람의 얼굴에 대한 감각을, 풍경에 대한 감각을, 언어와 그 지배적인 의미작용들에 대한 감각을 동시에 상실하는 것이 우연일까?"(MP, 230; I, 196) 얼굴을 해체한다는 것은 의미화, 주체화의 지층에서 절대적 탈영토화의 선을 그리는 것과 마찬가지로, 광기의 위험, 죽음의 위험에 부딪힐 수 있다는 겁니다. 그 경우 그것은 탈주를 시도하지 않으니만도 못한 경우로 귀착될 것입니다.

그렇다면 얼굴을 해체하는 것을 포기해야 하는가? 결코 그렇지는 않습니다. 여기서 들뢰즈/가타리가 제시하는 것은 얼굴을 해체하여 '탐사적인 머리(tête chercheuse)'를 만드는 것입니다. 이는 이미 그 자체로 추상기계인 안면성의 추상기계와 다른 종류의 추상기계를 형성하는 것이고, 그것을 통해 일관성의 구도로 나아가는 것입니다. "때로 추상기계는 안면성 기계로서, 흐름들을 의미화와 주체화에다 끌어 맞추고, 수목의 매듭과 소진(abolition)의 구멍에 끌어 맞

〈그림 7.21〉

서로 다른 얼굴의 '체제'에 속했다는 것을 보여주는 것일까? 피카소는 이 다른 얼굴에 속한 것들을 교묘하게 섞어서 앞얼굴인 동시에 옆얼굴인 복합적 얼굴을 만들기도 하고, 하나의 얼굴을 다양한 조각들로 분해하여 다른 각도를 향한 파편들로 만들기도 하며, 이런저런 얼굴의 요소들을 이리저리 뒤섞어 새로운 '머리'로 빚어내기도 한다. 얼굴을 해체하려는 것이었을까? 그럼으로써 새로운 얼굴을, 아니 새로운 머리를 만드는 실험을 하려는 것이었을까? '얼굴의 해체'와 '탐사적 머리'란 이런 것을 두고 한 말이었을까? 그게 의미화하거나 주체화하는 하나의 얼굴이기를 그친다는 것은 그럭저럭 받아들인다고 해도, 이런 해체와 탐사란 새로운 종류의 '삶'보다는 새로운 형태를 추구하는 '예술'에 속하는 게 아닐까? 이는 프루스트조차 삶이 아닌 예술에서 출구를 찾으려 했다고 비난하는 이 고원의 결론과는 다른 방향임이 분명하다. 그런데 혹시 '탐사적 머리'라는 개념 자체가 이런 종류의 '탐사'에 아직도 사로잡혀 있는 것은 아닌지?

피카소,
〈모자 쓴 여인〉

추지만, 때로 그것은 반대로 진정한 '탈안면화'를 작동시키면서 일종의 탐사적 머리를 해방시키는 바, 이 탐사적 머리는 풍경 위에서 지층을 해체하고, 의미화의 벽을 돌파하며, 주체성의 구멍에서 솟구쳐 오르며, 진정한 리좀을 위해 수목을 잘라버리며, 긍정적 탈영토화나 창조적 탈주의 선 위로 흐름을 인도한다."(MP, 232~33; I, 199)

그렇다면 다시 물어야 합니다. 탐사적 머리란 무엇인가? 탐사적 머리를 만든다는 것은 대체 어떤 것인가? 그에 대해서 들뢰즈/가타리는 이렇게 말합니다. "오직 얼굴 안에서, 검은 구멍의 밑바닥에서, 흰 벽 위에서 자유로운 안면적 속성을 새처럼 해방시킬 수 있을 것이다. 원시적 머리로 돌아가기 위해서가 아니라 어떤 결합들을 창안하기 위해서, 다시 말해 풍경으로부터 해방된 풍경성의 특성과 접속되며, 또한 그 각각의 코드로부터 해방된 미술성·음악성·안면적 속성과 접속되는 결합들을 창안하기 위해서다."(MP, 232; I, 198)

솔직히 말해 여기서 말하는 것으론 탐사적 머리가 어떤 것인지 잘 모르겠습니다. 아직 그것이 다가오지 않아서인지, 아니면 너무 추상적인 다이어그램이어서인지, 또는 제가 이해한다는 것을 어느새 구체적인 형상을 떠올리는 것과 동일시하고 있어서인지 잘 모르겠습니다. 하지만 어떻게 해도 '탐사' 내지 '탐구'라는 말과 머리라는 말이 어떻게 연결되는지는 잘 모르겠습니다. 그것이 "낯설고 새로운 것이 되는 것, 은밀하게 되는 것, 새로운 다의성을 발명하는 것"이란 말과 연결된다고 해도, 그것이 '탐사적인 머리가 된 얼굴'과 어떻게 이어지는지는 짐작하기 어렵습니다(MP, 233~34; I, 199~200).

다만 제가 확언할 수 있는 것은 얼굴 내지 안면성이 의미화와 주체화의 두 지층 사이에 있다는 것이고, 그 두 지층의 절대적 탈영토화와 결부된 것이란 점입니다. 그리고 거기서 저는 얼굴의 해체가 무언지를 다시 생각해야 하지 않나 생각합니다. 그것은 한편으론 의미화를 넘어서 일관성의 구도로, 강밀도의 연속체로, 기관 없는 신체로 나아가는 것과, 다른 한편으론 주체화를 넘어서 사랑으로, 제식의 용어를 쓰면 '나'라는 주체에 대한 집착에서 벗어남으로써 '주체도 대상도 없는 사랑'으로, 절대적 상생으로 나아가는 것이 교차하는 지대 어딘가일 것입니다. 그것은 마주선 사람에게 명령어를 방사하는 얼굴도, 공명을 야기하는 얼굴도 아니며, 다가오는 모든 것들을 분류하고 선별하는 얼굴이 아니라, 일체의 분별을 떠나 그 모두를 다가오는 그대로 받아들일 수 있는 '머리', 그 모두의 차이와 이질성을 있는 그대로 받아들일 수 있는 신체('머리'!), 애증을 떠난 마음으로 그 모두를 평온하게 해줄 수 있는 지혜를 가진 '머리'가 아닐까 싶습니다.

이런 점에서 마지막에 '0년' 대신에 '선년(禪年, année zen)'이라는 말을 덧붙여 놓았는데, 이것이 깨달은 자의 '머리'와 결부된 것임을 고려하여, 일체의 아상(我相)을 떠난 깨달은 자의 이름, 모든 것을 여여(如如)하게 긍정할 수 있는 자를 의미하는 이름을 붙여 '부처의 머리'라고 고쳐 쓴다면 어떨까요? 이게 혹시 이 책의 마지막에 있는 다음과 같은 저자들의 질문에 대한 하나의 답이 아닐까요? "원시적인 머리, 그리스도-얼굴, 그리고 탐사적 머리라는 세 가지 상태에서 끝나야 하는 것일까? 더 이상은 없는 것일까?"

하지만 고지식한 학승(學僧)이라면 이렇게 반문할지도 모릅니다. "부처에 머리라구? 모든 상(相) 있는 것에서 상(相) 없음을 보라고 했더니, 거꾸로 상 없는 것에서 상을 찾고 있구먼!" 혹은 '한 소식 하신' 선사(禪師)라면 이렇게 일갈할지도 모릅니다. "그것이 부처의 머리라고 한다면 30방(棒)을 맞을 것이다. 그러나 그것이 부처의 머리가 아니라고 해도 30방을 맞을 것이다."

8장 | 사건의 철학과 분열분석

8

사건의 철학과 분열분석

《천의 고원》의 여덟 번째 고원은 소설에 대한 정의로 시작합니다. "대체 무슨 일이 일어난 것인가?"와 "대체 무슨 일이 일어날 것인가?"라는 두 가지 시제의 질문이 소설과 콩트를 정의하는 질문입니다. 그리고 이를 헨리 제임스의 《철창 안에서》, 피츠제럴드의 《붕괴》, 플뤼티오의 《심연과 망원경 이야기》라는 세 편의 소설을 통해서 말하고 있습니다. 그러나 이의 주제는 소설이 아니며, 소설이나 문학의 정의와는 그다지 상관이 없습니다. 주제는 차라리 세 가지 소설이 아니라 세 가지 선이라고 해야 합니다. '경직된 몰적 선분성의 선', '유연한 분자적 선분성의 선', 그리고 '탈주선'이 바로 그것입니다. 그것은 이 책에서 미시정치학을 펼치는 데 중요한 개념인데, 이는 '미시정치학과 선분성'이란 제목을 달고 있는 다음 장에서 다시 다루어질 것이기도 합니다. 어쨌거나 이런 점에서 이 장은 다음 고원과 더불어 '미시정치학'에 관한 장이라고 해야 할 듯합니다.

저자들은 이 책에서 '점'과 대비되는 의미에서 '선'이라는 개념을 즐겨 사용하고 있지요. 하지만 점과 선이 사실은 항상 함께 등장하기 때문에 이는 점에 일차성을 두는 사유와 선에 일차성을 두는 사유를 대비하는 관점으로 변형됩니다. 점적인 사유와 선적인 사유, 이는 근본적으로 다른 방식의 사유라는 겁니다. 여기서 좀더 나아가 저자들은 자신들이 제시하는 분열분석이란 이처럼 선들의 배치를, 다시 말해 선들의 성격과 선들과 교차, 선들의 섞임과 변환 등을 대상으로 하는 것이라고 정의합니다. 그런 점에서 이 장의 주된 테마는 삶의 문제를 선의 배치를 통해서 포착하고 분석하는 것이라고 할 수 있겠지요.

한편 저자들이 소설과 관련하여 제기하는 질문은 오래 전에 들뢰즈가 《의미의 논리》에서 던졌던 질문입니다. "대체 무슨 일이 일어난 것인가?" 이는 '사실(fait)'과 다른 '사건(événement)', 혹은 '사고(accident)'와 다른 '사건'을 개념화할 수 있게 해주는 질문입니다. 하지만 이 장에서는 사건의 개념이 표면에 등장하지 않으며, 명시적으로 언급되지 않습니다. '사건'이란 개념은 《의미의 논리》에서 고유하게 발전된 개념인데, 여기서는 따로 설명하지 않고 있습니다. 그렇지만 이 책에서 들뢰즈는 "대체 무슨 일이 있어난 것인가?" 하는 질문이 바로 어떤 주어진 사실을 하나의 '사건'으로 만드는 질문임을 명시하고 있습니다. 그래서 일단 간략하게나마 그가 말하는 '사건'이란 개념에 대해 미리 말해두는 것이 좋을 듯합니다.

1. 사건과 계열화

1) 사건이란 무엇인가?

가장 기초적이고 포괄적인 의미에서의 '사건(événement)'은 '사물의 상태(état de chose)'와 대비됩니다. 가령 '크다'가 사물의 상태를 표시한다면, '커지다'는 사건을 표시합니다. 《이상한 나라의 앨리스》에서 토끼를 따라 이상한 나라에 들어온 앨리스는 '먹으시오'라고 씌어진 케이크를 먹고 키가 엄청나게 커집니다. 당황해서 울던 앨리스는 토끼가 놓고 간 부채로 부채질을 하지요. 그것으로써 키는 다시 작아집니다. 그렇지만 작아진 그를 기다리고 있던 것은 키가 커졌을 때 자신이 흘린 눈물의 '바다'였지요.

여기서 '커진다', '작아진다' 하는 것은 이전의 상태와 다른 상태로 변화되는 것을 뜻합니다. 앨리스의 키가 커졌다는 것은 크지 않은 상태에서 큰 상태로 변화하는 것입니다. 작아지다는 반대지요. 즉 '커지다'도 '작아지다'도 모두 '크다'나 '작다'고 말하는 상태가 아니라 그 두 상태 사이에 있는 것입니다. 크다, 작다가 신체의 상태를 표시하기에 신체적인 것이라면, '커지다'나 '작아지다'는 신체의 상태가 아니며, 따라서 신체적인 것이라고 할 수 없습니다.

마찬가지 방식으로 '사실(fait)'과 사건을 구별할 수 있습니다. 가령 〈모던 타임스〉에서 찰리는 붉은 깃발을 들고, 그것을 흘렸음을 알려주려고 트럭을 따라갑니다. 그러나 트럭은 모른 채 가버리고 대신 그의 뒤에 옆 골목에서 나온 시위대가 연결됩니다. 그리고 경찰이 달려오고 시위대 앞에서 붉은 깃발을 흔들며 걸어가는 찰리를 '공산주의자'라고 체포합니다.

여기서 붉은 깃발은 하나의 사물이고, 찰리가 그런 깃발을 들고 있다는 것은 하나의 사실에 불과합니다. 그런데 그런 사물 내지 사실이 트럭과 연결되면(접속되면), 그것은 "주의!"를 요구하는 깃발이 '되지만', 시위대와 접속되면 공산주의를 의미하는 깃발이 됩니다. 하나의 동일한 사물이 무엇과 접속되는가에 따라 다른 '의미(sens)'를 갖게 되는 것이고, 하나의 동일한 사실이 무엇과 이웃하게 되는가, 어떤 관계를 이루는가에 따라 다른 의미를 갖는 '사건'이 되는 겁니다. 이를 이런 식으로 표현해도 좋을 겁니다. "붉은 깃발은 붉은 깃발이다. 특정한 관계 속에서만 그것은 적기가 된다."

이와 동일한 관점에서 사고와 사건을 구별할 수도 있습니다. 사고 역시 신체적 상태의 변화를 통해 정의된다는 점에서 순수사건의 외연 안에 있습니다. 그러나 잠재적 사건이라고 해도 좋을 이러한 사태와 구별되는 다른 층위의 사태가 중첩됩니다. 가령 어떤 숲 속에 어떤 사람이 쓰러져 있다는 것은 무언가 사고가 발생한 신체의 상태를 표시합니다. 이런 사고의 현장에는 두 가지 종류의 사람들이 달려옵니다. 하나는 '의사'고 다른 하나는 경찰이나 기자지요. 의사는 일단 쓰러진 사람의 신체적 상태가 어떠한가, 죽었나 살았나 등을 진단하고 확인합니다.

그러나 경찰이나 기자는 다릅니다. 그들은 죽었나 살았나 여부보다는 그가 왜 그런 신체 상태에 도달했는지에 더 관심이 있습니다. 그들은 "대체 무슨 일이 발생한 것인가?" 하는 질문을 던집니다. 그들은 쓰러진 사람의 신체보다는 그 신체와 연결될 수 있는 '이웃항'들에 더 관심이 있습니다. 그 신체의 주변에 흩어진 발자국들, 담배꽁초나 다른 유류품들, 그가 갖고 있는 물건과 없어진 물건 등등. 이 모두는 그 사람의 '이웃항'이 무엇인지를 찾는 데 필요한 것입니다. 그리고 그들은 그 이웃이 누구였는지, 어떤 이유로 이 쓰러진 사람과 만났는지를 알아내려 합니다. 그 이유가 특별한 게 없다면, 그건 단순한 사고사로 처리되겠지요. 그러나 특별한 이유가 있다면, 그것은 하나의 '사건'이 되고, 그 이유는 바로 그 사건의 '의미'가 됩니다. "대체 무슨 일이 일어난 것인가?" 하는 질문이 '사건'에 관한 질문이고 '사건화'하는 질문이라는 말은 바로 이런 의미에서지요.

이처럼 하나의 사물은 이웃항들과 접속하여 하나의 '계열(série)'을 형성합니다. 죽은 여자-칼-남자의 발자국……. 이러한 계열화의 양상이 어떠한가에 의해 치정에 의한 살인이라든지, 원한에 의한 살인, 혹은 강도살인이나 자살을 가장한 살인 등과 같은 다양한 사건화의 선이 그려집니다. 이처럼 하나의 사물이 다른 사물과 연결되어 하나의 계열을 이루는 것을 '계열화(mise en séries)'라고 합니다. 계열화란 하나의 사물이 다른 사물과 특정한 관계 속에 들어가는 것을 의미하기도 합니다. 여기서 보이듯이, 하나의 사물이나 사실은 어떤 이웃과 계열화되는가에 따라 전혀 다른 의미를 갖게 됩니다. 다른 의미를 갖는 사건이 되는 거지요.

따라서 이렇게 말해도 좋을 겁니다. 사건은 사건화하는 선, 상이한 사물들을 연결하고 상이한 신체들을 연결하는 계열화의 선을 통해 정의된다고 말입니다. 즉 사건은 사건화를 통해 정의됩니다. 계열화란 바로 사건화의 선이 그려지는 양상이라 할 수 있지요. 계열화란 둘 이상의 사실 내지 사물이 접속되는 것이고, 그것을 통해 사물들 사이에 특정한 의미 내지 '표면효과'를 야기하는 이웃관계가 형성되는 것입니다.

2) 점적(點的) 사유와 선적(線的) 사유

사물의 상태는 굳이 말하자면 하나의 점입니다. '커진다'나 '작아진다', 혹은 '적기가 된다'는 사건은 사물의 상이한 두 개의 상태 사이에서 벌어집니다. 두 점 사이에서 벌어지는 것이며, 두 점 사이의 어느 지점에서든 벌어집니다. 따라서 사건이란 그 두 점을 잇는 선으로 표시할 수 있겠지요. 이를 사건화의 '선'이라고 해도 좋겠지요. 점과 선을 대비하는 것은 일단 이런 차이가 있기 때문입니다. 이 사건화의 선을 통해 어떤 하나의 사물(점)은 사건을 구성하는 선의 일부로 들어가고, 그 선 안에서, 다시 말해 선을 통해 연결된 이웃한 점들과의 관계(이웃관계) 속에서 특정한 의미를 획득합니다.

따라서 이웃관계를 표시하는, 접속된 점과의 미분적 관계가, 다시 말해 '미분계수'가 그 점의 의미를 표시한다고 할 수 있습니다. 미분계수란 곡선 위의 두 점을 잇는 직선을 그리고, 그 두 점을 정해진 어느 하나의 점으로 무한히 가깝게 접근하게 할 때, 그 직선의 기울기를 뜻합니다. 어떤 점과 그 점에 무한히 가까운 이웃한 점을 잇는 선이, 연이은 두 점을 연결한 선이 바로 미분계수지요. 이런 의미에서 사물의 상태가 하나의 점이라면, 그것의 의미란 그 점에서의 미분계수라고 해도 좋을 겁니다.

그렇지만 선을 단지 두 점을 연결하는 선으로만 본다면, 그것은 점에 갇힌 선이며, 점에서 점으로 이동하기 위한 선에 불과합니다. 시점과 종점이 있고, 그것을 연결하는 직선이 그려지면서 하나의 선분을 만드는 그런 경우지요. 선분(segment)이란 이처럼 두 점에 갇힌 선을 말하지요. 이 경우 선이 아무리 길어도 그것은 두 점 사이에 갇힌 선분일 뿐이며, 하나의 점에서 다른 점으로 이동하기 위한 선일 뿐입니다. 서울-부산의 두 점을 연결하는 선(경부선), 1학년에서 6학년을 잇는 선, 아침 9시에서 오후 6시를 잇는 선, 그 안에 있는 3시와 4시, 4시와 5시를 연결하는 선, 학생시절의 선, 군대시절의 선, 이 모두가 사실은 시점과 종점이라는 두 개의 점을 잇는 선분입니다.

이는 단지 점들로 끊어진다는 의미만 갖는 것이 아닙니다. 실제 삶 또한 그런 식으로 절단하는 점들에 의해 가공됩니다. 예를 들어 학교에 다닌다면, 먼저 시작하는 점이 있어요. 9시, 혹은 8시, 아니 7시. 적어도 8시에는 그 점을 통과해야 합니다. 그 다음 5시에 끝난다 하면 5시까진 그 안에 있어야지, 그 전에 튀어나오면 안 되지요. 몽둥이를 휘두르는 학생주임, 혹은 완장을 찬 선도부원들이 그 선분의 끄트머리를, 그것을 통과하는 움직임을 통제합니다. 그 안에는 또 작은 선분들이 있고, 12시부터 12시 50분까지, 12시 50분부터 1시까지, 1시부터 몇 시까지 이런 식으로 또 작은 선분들로 나누어지고, 그 선분들은 그 선분 안에서 해야 할 것들을 부여하고, 그것을 수행할 것을 강제합니다. 학교 종이 "땡땡" 치면 그 선분을 통과해서 다른 선분으로 넘어갑니다. 이처럼 우리의 삶은 모두 선분적인 방식으로 절단되고 채취됩니다. 시간만 그런 게 아니라 공간도 그렇습니다. 그리고 중요한 선분은 그것을 '통과'하여 빠져나가도 좋은지를 시험하고 체크하며 때론 다시 돌려보내고 때론 배제하며 일정한 '자격'을 갖춘 자들만을 통과시킵니다. 대표적인 것이 시험이겠지요.

반면 점들을 통과하는 선이 있으며, 그 선에 따라 점들의 의미가 달라지는 경우가 있습니다. 사막을 여행하는 유목민들은 오아시스를 통과하는 선을 그리지만, 오아시스에 도착하기 위해 이동하는 것이 아니며, 따라서 어떤 오아시스도 그저 통과하는 점들 가운데 하나일 뿐이며, 여러 가지 요인에 따라 그 경로 또한 얼마든지 달라질 수 있습니다. 출장 가는 회사원은 목적지를 바꿀 수 없으며, 이동하는 사람 역시 목적지에 도달하려 가지만, 자유롭게 여행하는 사람은 얼마든지 통과하는 점들을 바꿀 수 있습니다. 또한 이동하는 사람에겐 목적지가 중요하지만, 여행하는 사람에겐 통과하는 선 자체가 중요합니다. 그래서 두 점 사이를 이동하는 사람은 가능한 한 '빨리' 이동하는 방법을 찾으며, 이동하는 기차 안에선 자거나 활동을 쉬지만, 여행하는 사람에겐 경로 그 자체가 중요하며, 이동하는 과정에서 만나는 모든 것이 중요한 체험의 일부가 됩니다. 산을 타면서도 '정복'한다는 생각을 갖고 있다면 정상이란 점에 산행의 경로를 종속시킬 것이고, 목표는 오직 정상에 도달해 '깃발을 꽂는' 것이겠지요. 하지만 산을 타는 과정을 즐기는 사람이라면 정상에 굳이 도달하려기보다는 좋은 길을 선택해서 갈 것이고, 걷는 길과 만나는 모든 것이 중요할 겁니다.

비슷하게, 점을 통한 사유는 각각의 점이 먼저 결정되고, 그 점으로 이동하기 위해 선을 그립니다. 되도록 짧고 직선이 되도록, 혹은 되도록 적은 노력과 비용이 들도록. 반면 선을 통한 사유는 어느 방향으로든 열려 있는 선을 그리며, 그것이 통과하는 점은 선의 궤적 안에서 의미를 갖게 됩니다. 다시 말해 어떤 점을 통과하는 선이 달라지면, 그 점에서의 미분계수 또한 당연히 달라지지요. 즉 그 점의 의미가 달라진다는 겁니다. 여기서는 어떤 점도 시점(기원)이나 종점(목적)과 같은 특권적인 점이 아니며, 다만 선 안에서 끊임없이 다른 점과 관계지어지는 임의점일 뿐입니다. 이는 나중에 홈 패인 공간과 매끄러운 공간의 정의에서 다시 보게 될 것입니다.

어쨌거나 이는 저자들이 선이라는 개념을 중요하게 여기는 이유를 잘 보여줍니다. 그것이 '사건의 철학'이라고 하는 들뢰즈의 생각과 매우 가까이 있음을 또한 잘 보여주며, 정착과 대비되는 유목주의를 주장하게 되는 이유 또한 짐작하게 해줍니다. 이런 의미에서 들뢰즈와 가타리는 사회적 삶이나 무의식, 욕망 등등 역시 이런 선들로 그려지고 선의 궤적을 통해 진행한다고 봅니다.

나중에 보게 될 세 가지 선에서 선분적 선은 점에 의해 절단된 선, 따라서 양끝이 명확하며, 시점/종점의 역할을 하는 두 점을 통과하는 것으로서 선이 의미를 갖는 그런 선입니다.[1] 여기에는 두 가지 상이한 양상의 선분이 나타납니다. 하나는 그 점을 통과하는 모든 요소들에 대해 획일적으로 적용되고, 그 선분 안에 있는 한 선분성의 요구를 수용하고 받아들일 것을 강제하는 선분입니다. "지금은 강의시간입니다", "여기가 학교인줄 아나!", "여긴 식당이다, 밥 먹는 곳이지. 책은 도서관에나 가서 읽어!" 등등.

다른 하나는 개개의 분자적인 움직임이 만드는 유연한 선분입니다. 여러분은 모두 제가 강의하는 걸 똑같이 듣고 앉아 있지만, 이걸 들으러 온 이유나 이 강의를 통해서 얻으려는 것, 그리고 그걸 듣고 생각하고 수용하는 것이 모두 다를 겁니다. 강의시간은 하나의 경직된 몰적 선분으로 작동하기에, 지금 여기서 노래를 하거나 잡담을

---

[1] 이런 이유에서 segment은 '선분'이라는 말의 수학적 의미를 적극적으로 이용하고 있는 개념이며, 이는 선분적 권력이란 개념을 이해하는 데 매우 결정적입니다. 이를 '절편'이라고 번역하는 것은 이런 점에서 부적절합니다.

하거나 다른 책을 보는 것은 허용되지 않습니다만, 사실은 그 경직된 선분 안에 사람마다 각이하게 그리는 분자적 선분들이 미세한 균열의 선을 그리면서 존재하고 있는 것이지요.

반면 탈주선은 이와 달리 선분성의 형태로 정의되지 않습니다. 그것은 기존의 선에서 벗어나는 이탈의 성분(클리나멘!)을 통해 정의되며, 이탈의 최소각을 갖는 새로운 생성과 창조로서 정의됩니다. 따라서 그것은 기존의 선, 그 안에 고정된 어떤 선에서 고유한 기울기를 가지며 빠져나가는 순수한 선적 성분을 통해 정의됩니다. 물론 거기에는 시점/종점의 단위를 갖는 어떤 선들이 뒤섞인 채 포함되어 있지만, 여기서 일차적인 것은 기존의 선에서 벗어나는 선적인 성분입니다.

여기서 이탈의 성분을 '클리나멘(clinamen)'이라고 했는데, 이는 에피쿠로스의 개념으로, 주어진 관성적인 운동에서 벗어나려는 성분을 지칭합니다. 가령 중력에 의해 낙하하는 것은 아무리 빨리 떨어진다 해도 속도를 갖지 않는다고 할 수 있습니다. 그것은 다만 중력에 끌려 내려갈 뿐이지요. 자신의 속도, 자신의 고유한 속도는 그 중력을 이기는 힘, 중력에서 벗어나는 힘에 의해 정의됩니다. 중력이나 관성에서 벗어날 수 있는 힘을 가질 때, 거기서 벗어나는 성분을 '클리나멘'이라 하지요.

바로 이 클리나멘이 탈주선을 정의합니다. 관성에서 벗어나는 성분, 기존에 존재하는 것과 다른 것을 창조하고 생성하는 성분, 그리하여 기존의 지배적인 것에서 벗어나는 모든 것은 바로 이 클리나멘을 가지며, 클리나멘이 바로 탈주선을 정의한다는 겁니다. 이는 탈주선이 단지 '도망'치고 도주하는, 혹은 파괴하고 해체하는 부정적인 것이 아니라, 관성, 타성, 중력에서 벗어나는 적극적이고 능동적인 힘을 만들어낼 때만 비로소 그려질 수 있는 것임을 보여준다는 점에서, 탈주선의 긍정성과 능동성을 보여주는 개념이라고 할 수 있습니다.

예전에 TV에서 '춤꾼' 이애주 선생이 고구려 춤에 대해 말하는 것을 들은 적이 있습니다. 아마도 고분벽화를 통해서 춤동작들을 연결하면서 재구성하려고 했던 듯한데, 동작들이 모두 노동의 동작에 기초하고 있다고 하더군요. 여기에서 예술을 노동으로 환원하고자 했던 리얼리즘 '미학'의 통념을 비판할 생각은 없습니다. 그러기엔 고구려 춤에 대해 제가 아는 게 너무도 적습니다. 그런데 다만 이런 의문이 드는 건 피할 수 없었습니다. 어떤 동작이 노동의 동작과 동일하다면, 그것은 노동의 동작이지 춤동작이 아니지 않은가? 노동에 기초하고 있다고 하더라도, 그것이 노동이 아니라 춤이라면 노동의 동작과 다른 무엇이 포함되어 있을 때 비로소 춤동작이 되지 않을까 하는 것입니다. 다시 말해 노동의 동작에 이어지지만 노동의 동작에서 벗어나는 고유한 클리나멘을 가질 때, 탈주선이 그려질 때, 그것은 노동의 동작과 구별되는 춤동작이 될 수 있다는 것이지요. 이런 점에서 어떤 동작이 노동이 아닌 춤, 노동이 아닌 예술이 될 수 있는 것은 클리나멘에 의해서, 탈주선에 의해서라고 말할 수 있습니다. 이런 방식으로 우리는 탈주선에 의해 예술을 정의할 수 있습니다.

2. 소설과 사건

다른 많은 서사적인 예술들도 그렇지만, 특히 소설이나 콩트는

'사건'을 만들며 사건을 맴돌며 만들어집니다. 여기서 소설이란 말은 nouvelle을 번역한 것인데, 영어로 치면 novel에 해당되겠지요. 이는 대개 단편소설이나 중편소설을 지칭하는 말입니다. 반면 장편소설은 roman이란 단어를 사용하지요. 콩트(conte)라는 말은 따로 설명할 필요가 없겠지요? 그런데 여기서 소설과 콩트를 구별하여 말할 때, 이는 사건화의 상이한 두 가지 시제와 결부되어 있습니다.

> 문학 장르로서의 소설의 본질을 규정하는 것은 매우 쉬운 일이다. 즉 모든 것이 "무슨 일이 일어난 것인가? 대체 무슨 일이 일어날 수 있었는가?"라는 질문을 둘러싸고 조직될 때 소설이 된다고 할 수 있다. 콩트는 소설과 반대인데, 왜냐하면 "무슨 일이 일어날 것인가?"라는 완전히 다른 질문을 가지고 독자를 긴장시키기 때문이다.(MP, 235; I, 201)

통상 우리가 아는 소설이나 콩트는 대개 무언가 알려지지 않은 사실을 향해 진행됩니다. 미지수 X, 혹은 어떤 비밀을 향해서 나아가지요. 그러기 위해 반드시 탐정이 등장해야 하는 건 아닙니다. 어떤 사실, 혹은 어떤 상태에서 시작하여, 때론 그 상태와 결부된 과거의 어떤 사실을 알게 되기도 하고, 또 때론 어떤 사태에서 시작하여 대개는 반전의 양상을 취하기 십상인 이후의 어떤 일에 이르게 됩니다. 확실히 이런 점에서 소설이든 콩트든, '사건화' 하는 방식으로 진행됩니다. 현재의 어떤 상태를 과거나 미래의 어떤 사실과 계열화함으로써, 그것의 의미를 드러낸다는 점에서 말입니다.

소설은 대개 현재 진행되는 어떤 사태, 혹은 현재의 어떤 상태에서 시작하지만, 이런 상태에 이른 것은 대체 무엇 때문인지, 과거에 대체 무슨 일이 일어났기에 이러한 상태에 이르게 되었는가 하는 질문으로 독자들을 긴장하게 만들지요. 이런 점에서 소설에서 일차적인 것은 어떤 현재적 사건을, 그것을 만들어온 과거의 어떤 것에 소급시킴으로써, 그 현재를 만든 과거를 찾아내고 상기시키는 것입니다. 따라서 현재란 그 과거와 연속적인 것으로서 의미를 갖게 되고, 현재의 사건이 사건인 것은 바로 그 과거의 어떤 것에 잇닿아 있기 때문입니다.

예를 들어 구로자와 아키라의 영화 〈라쇼몽〉에서 사용되었던 아쿠다카와의 소설 〈덤불 속에서〉는 정확히 이런 의미에서 소설의 사건화 방식을 잘 보여줍니다. 소설은 잘 모른다 해도 영화 〈라쇼몽〉은 좀 아실 테니, 그걸로 말할까요? 나무꾼이 산길을 갑니다. 그러다가 베일이 달린 모자를 발견하지요. 조금 더 가니 다시 망건 같은 모자, 끊어진 밧줄이 차례로 나옵니다. 그리고 좀더 가자 죽은 남자의 시체가 나옵니다. 이쯤 되면 질문을 던지지 않을 수 없습니다. "대체 무슨 일이 일어난 것일까?" 영화는 이 질문에 대한 답을 듣는 것으로 진행됩니다. 산적 타조마루, 죽은 남자의 부인, 그리고 영매를 통해 말하는 죽은 남자의 진술이 이어집니다. 그리고 소설에는 없는 또 하나의 진술을 구로자와는 집어넣습니다. 나무꾼이 본 것을 말입니다. 하나의 동일한 시체를 둘러싸고 네 가지 상이한 사건이 나란히 공존하는 것으로 그려지지요. 이런 점에서 이 영화는 사실과 사건의 차이를 극명하게 대비하면서, 사건화의 다양한 가능성을 알려줍니다. 이런 의미에서 이 영화를 '사건의 철학'에 대한 영화라고 해도 좋을 듯합니다.

반면 콩트에서 일차적인 것은 현재진행형의 어떤 요소들을, 결국은 발생하고 발견될 어떤 장래의 사건에 결부시키고 그것을 향해 현재를 몰고갑니다. 따라서 현재란 바로 그 장래(미래)와 연속적인 것으로 다루어지고, 그것이 사건화의 선 속에 들어가는 것은 미래의 그 사건과 잇닿아 있는 한에서입니다.

가령 아폴리네르가 쓴 콩트 중에 〈암스테르담의 뱃사람〉이라는 작품이 있습니다. 암스테르담의 어떤 뱃사람이 영국의 '사우스 햄프턴'이라는 항구에 내려요. 한쪽 어깨에 원숭이를 얹고, 또 한쪽 어깨에는 앵무새를 얹고서 짐 하나 지고 남양에서 사온 옷감들을 팔려고 나가죠. 그런데 어떤 신사 한 사람이 앵무새에 대해서 물어보면서 자기가 앵무새를 사겠다는 거예요. 그런데 그 신사는 앵무새를 당신이 새장 안에 넣어야 하기 때문에 나랑 같이 우리 집에 가야 한다라고 하는 거예요. 이쯤 되면 우리는 무언가 미심쩍은 구석이 있음을 느끼게 되고 이렇게 질문하게 됩니다. "대체 무슨 일이 일어날 것인가?" 결국 뱃사람은 그 신사가 데려간 집에 갇히고, 권총을 들이대고 협박하는 신사의 요구에 따라 신사의 부인을 죽이게 됩니다. 그리고 자신 역시 신사의 총에 맞아 죽게 되지요. 앵무새를 팔러 왔던 뱃사람은 처음 보는 여자와 뜻하지 않게 '동반자살' 하게 된 겁니다.

그런데 이 이야기 속에는 왜 이 신사가 자기 부인을 죽여야 했는지, 어떤 일이 있었는지에 관해선 아무것도 언급되지 않아요. 다만 "해리, 난 무고해요!"라는, 죽은 뒤에 앵무새가 반복해서 외치는 부인의 절규가 치정에 얽힌 사건이나 오해가 있었으리라 짐작하게 하지만, 그에 대해선 더 이상 아무것도 말해주지 않습니다. 소설은 현재진행형으로 펼쳐지면서 "대체 무슨 일이 일어날 것인가?" 하는 질문만으로 긴장을 만들어냅니다.

이처럼 소설은 이미 일어난 어떤 것과 관련하여 현재를 사건화한다면, 콩트는 앞으로 일어날 어떤 것과 관련하여 현재를 사건화합니다. 그리하여 대개 현재의 상태에서 시작하여 뜻밖의 어떤 사태에 도달하면서 끝이 납니다. 이로 인해 우리는 "대체 무슨 일이 일어날 것인가?" 하는 기대와 긴장을 갖고 읽게 됩니다.

> ……이는 소설과 콩트를 읽으면서 독자들이 취하는 상이한 두 가지 긴장이다. 하지만 이는 또한 살아 있는 현재가 매 순간 나누어지는 두 가지 방식이기도 하다. 소설에서 사람들은 무슨 일이 일어날지에 주목하지 않으며, 무슨 일이 방금 일어났는지에 주목한다. 콩트(conte)가 [진행될] 첫번째 이야기(conte)인 반면, 소설(nouvelle)은 [지나간] 최근의 소식(nouvelle, 뉴스)이다.(MP, 202; I, 236)

물론 그렇다고 소설이 과거에 일어난 어떤 사건을 찾아가는 방식의 내러티브를 뜻하는 건 아닙니다. 그보다는 차라리 어떤 현재적 사건을 만드는 감추어진 어떤 것(비밀), 그 현재를 가능하게 했던 과거에 대해 질문하는 것입니다. 이는 콩트에 대해서도 마찬가지지요.

"무슨 일이 일어난 것인가?"라는 소설의 질문과 "무슨 일이 일어날 것인가?"라는 콩트의 질문이 보여주듯이, 사건화하는 양상에서 소설이 대개 현재와 과거를 연결하는 선을 따라 펼쳐진다면, 콩트는 현재와 미래를 연결하는 선을 따라 펼쳐진다고 말할 수 있습니다. 여기서 현재와 과거를 연결하여 사건화하는 방식은 후설(Husserl) 의 개념을 빌려 '다시-당김(Retention)'과 결부되어 있다고 합니다. 반면 현재를 미래와 연결하는 선은 '미리-당김(Protention)'과 결부되어 있다고 할 수 있지요.

이 두 개념은 후설이 시간성을 구성하는 지향성(Intention)과 관련하여 사용한 것인데, 가령 대보름날 밤에 깡통에다 불을 담아 빙빙 돌리는 것을 보면 우리는 그 불을 담은 깡통이 원을 그린다고 지각합니다. 그러나 잘 알다시피 우리가 깡통을 보는 순간마다 그것은 사실 공간 상의 어느 한 점에 있을 뿐, 원이 존재하는 것은 아닙니다. 셔터 속도를 아주 빨리해서 사진을 찍으면, 약간의 흔적은 남겠지만 허공의 한 점에 머물러 있는 깡통을 보게 될 겁니다. 셔터 속도를 무한히 빨리하면 정확히 한 점에 서 있는 깡통을 찍을 수 있을 겁니다.

그럼에도 불구하고 우리가 그것을 원운동으로 지각하는 것은 무엇 때문인가? 후설에 따르면, 그것은 우리가 깡통을 본 어떤 한 순간에 그것은 한 점에 있지만, 무의식적으로 그것이 이전에 있던 점을 현재의 그 점으로 '다시 당기고', 아직 도달하지 않은 '미래'의 점을 '미리 당겨서' 깡통의 움직임을 원운동으로 구성한다고 하지요. 이런 식으로 우리의 의식은 현재의 것에 과거의 어떤 것을 다시 당기거나, 미래의 것을 현재의 것으로 미리 당겨서 어떤 궤적으로 그리는 운동으로 구성한다는 것입니다. 들뢰즈 식으로 말하면, 그런 식으로 계열화하는 거지요.

이처럼 과거의 것을 다시 당기는 의식의 작용을 후설은 Retention

이라고 했고, 미래의 것을 미리 당기는 것을 Protention이라고 했습니다. 현상학 관련 서적에선 전자를 '과거지향'이라고 번역하고, 후자를 '미래지향'이라고 번역하는데, 그것은 방금 말한 의미를 드러내기 위한 의역일 겁니다. 그렇지만 좋은 번역은 아닌 듯합니다. 일단 원래의 단어와 아무런 상관없는 개념이 된데다(도대체 그 단어들에서 과거지향이나 미래지향이란 말을 떠올린다는 게 어떻게 가능할까요?), 당긴다는 의미(tention)나 다시 당기고 미리 당긴다는 의미를 제거하기 때문에, 그러한 지향성의 작동방식을 표현하지 못한다는 점에서 그렇습니다. 현상학을 모르는 사람이라면 심지어 '과거나 미래를 지향한다'는 통상적 의미로 오해할 수도 있을 정표지요. 아마도 Intention이 지향성이니까, Re+Intention이라고 보아 과거지향이라고 번역한 모양인데, 여기서 Tention이 지향성이 되는 건 접어두고라도 Re가 과거가 되는 건 아무래도 납득하기 어렵습니다. 반대로 Intention마저 In-tention으로, 즉 (의식의) 내부에서-당김으로 번역하는 것이 차라리 더 나을 듯합니다. 뭐, 저야 '전공자'가 아니니까, 제 말을 별로 유심히 들어줄 것 같진 않지만, 이 말은 데카르트의 clear and distinct를 '명석판명(明晳判明)'이라고 했던 번역과 더불어, 그 존속의 길이만큼 '전공자'들의 언어적(개념적!) 무능력을 보여주는 사례의 하나일 수 있다고 생각합니다.

다시 이 책으로 돌아가면, 이러한 개념들을 통해서 들뢰즈와 가타리는 소설과 콩트에 대해 이렇게 말합니다. "이미 일어난 어떤 것, 앞으로 일어날 어떤 것은 방금 지나간 과거와 가까운 미래를 표시할 수 있기에, 그것들은 (후설 말처럼) 현재 그 자체의 다시-당김(rétentions)과 미리-당김(protentions)에 의해 하나를 이룬……다.

현재를 활기 있게 하고, 현재와 동시적인 상이한 운동이라는 관점에서 이러한 구별은 정당한데, 하나는 현재와 함께 운동하는 것이고, 다른 하나는 그것(현재)이 나타나자(est présent)마자 과거로 내몰면서(소설), 동시에 미래에 연계시키는 것(콩트)이다."(MP, 236; I, 202)

3. 세 가지 삶, 세 가지 선

세 편의 소설 가운데 첫째는 헨리 제임스의 소설 〈철장 안에서〉입니다. 이 소설을 통해서 들뢰즈와 가타리는 앞서 말한 바 있는 세 가지 선의 개념을 보여주고, 다음에 등장하는 스코트 피츠제럴드의 소설 〈붕괴〉를 통해서 세 가지 선을 특징짓는 핵심적인 특징을 설명합니다. 먼저 제임스의 소설을 통해서 저자들은 세 가지 선을 상이한 세 가지 삶의 방식과 관련하여 설명합니다. 이는 세 가지 선의 문제는 일차적으로 삶의 문제라는 것을 명확하게 보여줍니다.

세 가지 선 가운데 첫번째 것은 **경직된 몰적 선분성의 선**입니다. 선분적인 선이 어떤 것인지는 앞서 말한 바 있지요. '몰적'이라는 말은 앞서 거쳐온 다른 고원에서 설명한 바 있습니다. '분자적인 것'과 대비되는 것으로, 개별적인 움직임이 아니라 통계적 평균에 의해 표시되는 것과 동일하게 움직인다고 가정되는 분자들의 거대한 집합체를 '몰(mole)'이라고 하지요. 이 경우 분자적인 고유한 움직임은 평균에서 벗어난 '편차'일 뿐이고, 그런 편차의 분산을 통해서 평균에 근접한 정도로 포섭되는 움직임일 뿐입니다.

따라서 몰적인 것은 어떤 것 안에 포함된 개개의 분자들에 대해 **동일하게 움직일 것**을 요구합니다. "지금은 수업시간이니까 졸지 말고 잘 들어!", "여긴 군대지 학교가 아니야. 감상적인 생각은 버리고 총을 들어!" 등등. 따라서 그것은 경직된 양상으로 작동합니다. 모두에게 동일하게 적용된다는 것은 그런 '경직성'을 피할 수 없기 때문입니다. 그렇다면 네 개의 개념이 연결된 '경직된 몰적 선분성의 선'이란 말을 어느 정도 이해할 수 있겠지요?

제임스의 소설에서 여주인공인 전신수는 아주 명확한 선분적 선을 따라 사는 사람입니다. 출근을 하고, 하나하나의 발신자를 상대로 전보를 치고, 전보 치는 글자의 숫자를 셉니다. 그의 약혼자인 야채장수 또한 다르지 않습니다. 일정한 시간이 되면 가서 가게문을 열고, 야채들의 수를 세며, 판매한 야채의 가격을 계산합니다. 때론 한 사람을 상대하는 와중에 다른 사람이 끼어들기도 하지만, 그땐 "잠시만요" 하면서 자신의 순서를 기다리라고, 자기 선분에서 대기하라고 말하겠지요.

이런 생활이란 "제한된 선분들로 진행되는, 매우 명확히 분할되고 극히 계산 가능한 생활"(MP, 238; I, 204)을 뜻합니다. 가령 "매일 계속해서 그녀가 받는 전보들, 전보를 보내는 사람들, 동일한 방식으로 전보를 이용하지는 않는 이들의 사회적 계급, 숫자를 세야 하는 단어들"이 그렇습니다. 그 약혼자의 선도 유사합니다. "나는 남자고 너는 여자며, 너는 전신수고 나는 야채장수야. 너는 단어들을 세고, 나는 물건의 무게를 재며, 우리의 선분들은 서로 잘 들어맞고 결합되지."(MP, 239; I, 205) 선분적인 삶이란 이처럼 시작과 끝이 뚜렷하게 구별되기에, 명확하게 결정되고 분명하게 계산되며, 그런 만큼 활동이나 행동의 결과를 대체로 계산할 수 있으며, 차후에 벌어질 일들을 어느 정도 예측하고 계획할 수 있는 그런 게임이라고 할 수 있습니다.

그러나 여기에는 "장래(avenir)는 있지만 생성(devenir)은 없다"(MP, 239; I, 205)고 합니다. 짐작하다시피 장래란, 전신수는 야채장수와 결혼할 것이고, 우체국에 계속 출근하며 전보를 칠 것이며, 애를 낳아서 키울 것이고 등등, 통상 우리가 결혼하여 가정을 꾸리면서 직업을 갖고 사는 사람의 삶에 대해 예측하는 그런 '미래'지요. 나름대로 분자적인 움직임이 있겠지만, 대개는 통상적인 방식대로 통상적인 선분들을 통과하는 그런 삶이고, 따라서 누구나 예측할 수 있을 만큼 뻔한 방식으로 결정되고 계획되는 삶입니다.

따라서 거기에 다른 것이 '되는' 삶, 새로운 선이 '생성'되는 삶이 있다고 말할 순 없습니다. 남들처럼 사는 삶을 살며, 남들처럼 자식을 키우고 남들처럼 돈을 벌며 남들처럼 집을 사고 남들처럼 여행을 하는, 그것도 남들이 많이들 가본 곳에 "나도 가봤다"는 경험을 하면서 사는 그런 평균적인 삶입니다. 이런 삶은 개인의 뜻에 반하여 특별히 강요된 것이라기보다는 일종의 사회적 규범이나 관습, 통념과 상식의 형태로 습득된 습속(習俗)에 따른 '경직된' 삶이고, 그런 식으로 강요된 것이 아님에도 누구나 동일한 방식으로 반복하는 '몰적인' 삶이지요. 경직된 몰적인 선분성의 선, 바로 그것이 이런 삶이 통과하는 선입니다.

이 선 위에서 경직된 채 배열된 각각의 선분들로 인해 사람들은 "각 선분의 시작과 끝, 다른 선분으로의 이행을 계산할 수 있고 예측할 수 있는 것처럼 보인다. 우리들의 삶 역시 그러하다. 거대한 몰적 집합(국가, 제도, 계급)뿐만 아니라 집합의 원소로서의 개인이나, 개인 상호 간의 관계로서의 감정까지 모두가 선분화되어 있다. 이는 그것은 산란시키거나 혼란시키기 위한 것이 아니라, 개인의 동일성을 포함하여 모든 심급의 동일성을 보증하고 통제하기 위한 것이다."(MP, 239; I, 204)

우리는 모두 이런 방식으로 사회적 삶을 살고 문화라고 불리는 삶의 영역으로 들어가며, 그런 삶을 '무사히' 통과하도록 교육받습니다. 혹여 거기서 벗어날 기미라도 보이면, 가장 가까운 사람들로부터 "다 너 잘 되라고 하는 말인데" 하면서 다시 평균적인 삶으로, 그 몰적인 삶으로 되돌아갈 것을 권유받고 때론 강요받습니다. 그것이 편한 삶이고 그것이 출세며 그것이 성공하는 삶이라는 전도된 생각이 상식과 양식의 이름으로 우리를 그리 밀어넣습니다. 그리고 그렇게 우리에게 주어진 시간은 흘러가고 그 시간을 따라 우리의 삶도 흘러가겠지요.

이러한 선은 우리의 삶을 차지하고 가로지르며, 결국은 모든 것을 가져갈 것이다. 그것은 심지어 수많은 슬픔과 사랑도 포함한다. "이 선은 나쁘다"고 말하는 것은 아주 쉬운 일이다. 왜냐하면 당신은 어디서든 이 선을 재발견할 것이고, 다른 모든 선에서 발견할 것이기 때문이다.(MP, 239; I, 205)

다음으로 두 번째 선은 유연한 분자적 선분성의 선입니다. 1몰의 기체 속에는 6×10^{23}개의 분자가 들어 있습니다. 이들은 각자 다르게 움직이지만, 이 각각을 포착하는 것은 불가능합니다. 그 많은 수의 분자들의 움직임을 그저 통계적 평균을 통해 포착하고 서술할 수 있을 뿐이지요. 통계역학으로 서술되는 '몰' 단위의 운동은 그 많은 분자들의 상이한 움직임을 평균한 것일 뿐이기 때문에, 그것으로는 각각의 분자들의 고유한 움직임을 포착하지 못합니다. 몰 단위로 운동을 포착하고 서술한다는 것은 각각의 분자적 운동을 몰적인 움직임과 동일한 것으로 간주하는 것입니다. 다행인지 불행인지, 통계학자들은 수가 많으면 많을수록 통계적 법칙에 잘 따른다는 이른바 '큰 수의 법칙'을 찾아냈고, 이는 분자적인 운동을 몰 단위 분자들의 운동과 동일시하는 것을 정당화해주었습니다.

이런 관점에서는 각각의 분자들은 몰 단위로 서술되는 운동과 동일하게 움직인다고 간주되지만, 이는 실제론 개개 분자들의 운동을 시야에서 배제하는 효과를 갖습니다. 그것은 이제 포착되지 않는 운동이 되지요. 지각 불가능한 운동. 그것은 몰 단위로 동일하게 서술되는 경직성을 벗어나 유연하게 움직이며, 서로 인접한 분자들끼리 영향을 주고받으면서(이를 '미시적 전염'이라고 하지요) 몰적인 동질성에서 벗어나는 유연한 흐름을 형성합니다.

그것은 전체화하고 동질화하는 경직된 선분에 갇히지 않는 유연한 흐름을 형성하지만, 때로는 그 경직된 선분과 대응하는 선분을 새로이 만들면서, 혹은 그것과 어긋나는 선분을 만들면서 진행됩니다. 각자 다른 이유와 목적을 갖고 다른 생각을 하며 강의를 듣지만, 강의시간에 몰두하는 사람이라면 그와 시·공간적으로 대응하는 새로운 선분을 만들면서 자기 사유의 선을 그리는 것이고, 학교에서 벌어지는 일에 관심이 없는 사람도 일단 학교를 계속 다닌다면 학교 안에 존재하는 선분과 일정한 관계를 맺으면서 자신의 선을 그릴 수밖에 없기 때문이지요.

물론 이러한 분자적 흐름은 몰적인 선분 안에 있는 경우에도, 그래서 그 영향을 받는 경우에도 그 안에 갇히진 않기 때문에, 몰적인 선분과 일대일로 대응하는 방식으로 선분을 만들지는 않습니다. 아마도 이 책에서 유연한 분자적 선에 대해 '양자적(量子的)인 흐름'이라는 말을 사용하는 것은 이런 의미에서일 겁니다. "여기에는 경직된 것과는 아주 다른 선이, 분자적인 혹은 유연한 선분화의 선이 있는데, 여기에서 선분들은 탈영토화의 양자처럼 존재한다(où les segments sont comme des quanta de déterritirialisation)."(MP, 240; I, 206)

그러나 여기엔 약간 혼란스런 점이 없지 않습니다. 양자 내지 양자적 흐름이란 개념은 다음 장에서 좀더 적극적으로 사용되는데, 거기에서는 탈영토화된 흐름이라는 의미로 사용되고 있으며, 그래서 탈주선과 관련되어 있습니다. 거기서도 세 가지 선에 대해 말하는데, 탈주선에 대해선 이렇게 쓰고 있습니다. "세 번째는 탈주선들로, 양자에 의해 표시되며 탈코드화와 탈영토화에 의해 정의된다."(MP, 271; I, 233) 이는 조금 뒤에 세 가지 선의 관계에 대한 다음과 같은 문장으로 이어집니다. "탈주선이, 혹은 이미 경직된 선분들이 먼저 존재하며, 유연한 선분화는 이 둘 사이에서 끊임없이 동요한다고 말할 수 있다."(MP, 271; I, 233) 그런데 이와 동일한 것을 말하는 문장이 8장에서는 이렇게 표현되어 있습니다. "특이성을 갖는, 이미 복잡한 탈주선이 있다. 또 자신의 선분들을 갖는 몰적인 선 내지 습관의 선도 있다. 그리고 그 둘(?) 사이에 분자적 선이 있는데, 이는 그 선을 탈주선이나 몰적인 선 중 어느 한쪽으로 기울게 만드는 양자(量子)를 갖는다."(MP, 248; I, 213)

적어도 표면적으로 보기에 8장에서는 양자라는 개념을 분자적 선분화의 선과 관련짓고 있다면, 9장에서는 탈주선과 관련짓고 있다고 보입니다. 하지만 우리가 좀더 적극적으로 판단한다면, 양자적 흐름이란 개념은 그것이 본격적으로 다루어지는 9장에서처럼 탈영토화 내지 탈코드화된 흐름이란 의미에서 탈주선과 결부시켜 사용하는 것이 더 적절할 듯합니다. 즉 몰적인 것, 분자적인 것과 구별하여 양자적인 것이 개념으로 사용될 수 있으며, 이 세 가지 개념이 세 가지 선에 대응한다는 것입니다.

양자적인 것이 탈주선과 결부된다는 것은 양자라는 개념의 특성과 연관되어 있습니다. 양자이론에서 양자들은 파동으로 표시되는 흐름이면서 동시에 불연속성을 갖는 '입자'라고 하지요. 그리고 이 입자는 벽에 부딪히면 일부는 튕겨 나오지만 일부는 그것을 통과합니다. 이를 '터널링'이라고 부르지요. 이는 양자들의 미시적 세계에서 벌어지는 기이한 일들 가운데 하나일 뿐입니다. 양자들이 벽을 통과한다는 것을 이해하기 힘든 것은 아마 그것을 벽을 향해 던진 공처럼 '입자'의 형태로 생각하기 때문일 겁니다. 그런데 만약 파동이라면, 가령 음파라면, 유리창이나 벽을 만들어도 그것을 통과하여 창이나 벽 저편으로 넘어가지요. 물론 다 통과하는 건 아니기 때문에, 밀폐된 벽이나 창을 통과하면 소리는 작아지고 잘 들리지 않게 됩니다. 양자가 벽을 일부만 통과한다는 건 이런 식의 비유로 이해하면 좋을 듯합니다. 양자는 또한 파동이니까 말입니다.

또 하이젠베르크(W. Heisenberg)의 '불확정성의 원리'라고 불리는 '법칙'이 있지요. 양자가 입자성과 동시에 파동성을 갖는다는 점 때문에 위치와 운동량을 동시에 정확하게 측정할 순 없다는 '법칙'인데, 이는 에너지와 시간에 대해서도 마찬가지로 성립합니다.[2] 그래서 양자를 포획하여 그 위치를 명료하고 뚜렷하게 선분화하려는 경우, 그것의 운동량이 지극히 불명료하게 되어 빠져나가버리고, 운동량을 포획하여 명료하게 선분화하려는 경우에는 위치가 불명료하게 되어 빠져나가버립니다.

이런 이유에서 양자라는 개념은 몰적 집합체는 물론 분자와도 분명하게 다릅니다. 분자적 선분들은 몰적인 것과 달리 유연하게 움직이며 나름의 선을 그리지만, 그것은 선분적 선을 그립니다. 다만 몰적인 것에 대해 그것을 교란하고 거기서 빠져나가는 움직임을 만든다는 점에서 "탈영토화의 양자처럼 존재한다"고 말할 순 있습니다. 혹은 '터널링'하는 양자들처럼 분자적인 운동 또한 선분의 절단된 끄트머리, 그 선분의 벽에 일부분 갇히지만 일부분은 통과하면서 흘러간다는 점에서, 그래서 분자적 선은 몰적인 선분에 영향을 받지만 거기에 갇히지 않고 그것과 어긋나는 새로운 선분을 만들어낼 수 있다는 점에서, 분자적인 선분이 양자를 갖는다고도 할 수 있을 것입니다.

그럼에도 불구하고 양자적 흐름이란 개념은 몰적인 것과 분자적인 것의 대립과는 다른 층위에서 작용하는 것이며, 그 둘 다를 관통하는, 혹은 그 둘 다에 의해 포획되고 분절되는 탈영토화된 흐름 자체라고 하는 것이 더 적절하다고 하겠습니다. 8장에서 분자적인 선

---

(2) 위치의 불확정도를 Δx, 운동량의 불확정도를 Δp_x라고 하면, 이 두 변수 간에는

$\Delta x \cdot \Delta p_x \geq \frac{h}{4\pi}$ (h는 플랑크 상수)

의 관계가 있습니다. 그래서 Δx를 줄이면 Δp_x가 커지고, Δp_x를 줄이면 Δx가 커지기 때문에 둘 다를 동시에 줄일 수 없다는 것이 불확정성의 원리입니다. 이는 측정하는 시간의 불확정도 Δt와 에너지의 불확정도 ΔE사이에도 동일하게 성립합니다.

분화와 양자의 개념이 나란히 등장하는 것은 방금 말한 그런 제한된 의미로 이해하는 게 좋을 듯합니다.

다시 8장으로 돌아갑시다. 제임스의 소설에서 하나의 몰적인 선분인 우체국에는 그런 수많은 분자적 요소들이 드나듭니다. 많은 경우에는 그것의 규칙과 선분적 요구에 따르리라는 점에서 경직된 몰적 운동에 포섭되지만, 어디나 그렇듯이 그렇지 않은 경우도 종종 있게 마련이지요. 이 소설에서는 우체국에 들어와 가명으로 서명된, 암호화된 전보들을 보내는 부유한 부부가 바로 그런 사람이라고 해요. 뭐, 소설을 직접 읽어보지 않아서 구체적인 이유는 잘 모르겠지만, 어떤 식의 사태가 벌어지는지 대략 짐작은 할 수 있지요. 극적인 경우는 이른바 '간첩'들이 소식을 보내는 방법이 그렇지요. 예를 들어 "서울 삼촌이 6월 25일 간암으로 별세. 서울대학 병원 영안실"이라고 전보를 보내지만, 이는 전혀 다른 의미로 해독되어야 할 문장이지요.

이는 경직된 몰적 선분을 따라 만들어지고 그 안에서 움직이지만, 사실은 그것을 벗어나는 새로운 종류의 선분을 만들고 있는 것이지요. 이는 명료하고 뚜렷하게 구별되는, 그리고 누구나 다 비슷하게 따라가는 경직된 선분성의 선과 다른 종류의 선을 따라 진행되는 삶이 있음을 보여줍니다. 여기서는 "누가 누구인지, 무엇이 무엇을 뜻하는지를 분명히 말하는 것이 더 이상 곤란해진다. 이제 전보는 명확하게 규정된 선분들로 이루어진 경직된 선 대신에 양자로 표시되는 유연한 흐름을 형성"합니다(MP, 239; I, 205).

비밀을 엿보면 좋든 싫든 그 비밀에 휘말리게 되고 비밀스런 삶의 일부가 되게 마련이지요. 심지어 자신도 모르게 알게 된 경우에도 말입니다. 더구나 그 비밀에, 지각 불가능한 다른 종류의 삶에 접속하는 순간, 많은 경우 그런 삶에 '매혹'되기 십상입니다. 물론 공포를 느끼며 물러서는 경우도 있겠지요. 어쨌든 제임스의 전신수는 그 부유한 부부의 비밀스런 삶에 매혹된다고 해요. 이것도 '미시적 전염'의 일종이지요. 이로 인해 전신수는 약혼자와 함께 하는 삶과는 전혀 다른 종류의 삶으로 끌려들어간다고 하지요. 일종의 전염적 공모가 이루어진 것입니다. 어디에서 기인하는지, 어디에 자리잡고 있는지 모를 이 기이한 삶이, 몰적 선분성의 외부에서, 그것을 비껴나는 흐름으로 닥쳐옵니다. "〔경직된〕 것과는 매우 다른 선이, 분자적인 내지 유연한 선분화(segmentation)의 선이 있는 것이고, 이 경우 선분은 탈영토화의 양자처럼 존재한다. ……이 어떤 것의 알 수 없는 질료는 전적으로 분자화된 것이고, 지각의 일상적인 문턱을 넘는 속도를 갖고 있다."(MP, 240 ; I, 206)

그러나 이 유연한 분자적 선분성의 선이 언제나 경직된 몰적 선분성의 선보다 더 좋은 것이라고 말할 수는 없습니다. 경직된 선분성의 선이 그만큼 안정된 것과 반대로, 유연한 분자적 선분성의 선은 불안정하고 위험하며, 그 자체만으론 쉽사리 죽음의 선으로 이어지거나 무력화의 선에 연결될 가능성이 있기 때문입니다. 비밀을 안다는 것은 그만큼 어떤 위험을 무릅쓰기 시작해야 한다는 것을 의미하지요. 본인의 의사와 무관하게, 비밀을 안 사람이 죽음의 선으로 끌려들어가는 것은 굳이 스파이 영화가 아니더라도 쉽게 볼 수 있습니다.

뿐만 아니라, 분자적 선분성의 선이 경직된 몰적인 선분의 벽을 돌파하지 못하는 경우, 그것은 몰적 선분성의 선에 포섭되어 그러한 선분성의 작동을 미시화하고 보완하는 것이 될 수도 있기 때문입니다. 교도소 안에서 분자적인 움직임을 잘 아는 수인은 그걸로 금지된 물품이나 돈 같은 것들을 '돌리면서' 새로운 비리의 선을 만들어내고, 그것을 잘 아는 교도관은 그걸 이용해 수인들을 통제하거나 심지어 자신의 '출세'에 이용하기도 합니다. 아이들의 움직임을 잘 아는 유능한 교사는 나름의 창조적 교육철학이 없다면, 학교의 선분적인 선이 좀더 효과적으로 작동하는 데 봉사하기 십상이지요.

이 두 가지 선분성의 선은 상이한 유형의 사회적 관계를 함축하는 것으로서, 경직된 몰적 선분성의 선이 '거시정치학'에 관련된다면, 유연한 분자적 선분성의 선은 '미시정치학'에 관련됩니다. 이 "두 가지 선이 서로 간에 끊임없이 간섭하고, 서로에 대해 되작용하고, 유연한 흐름이든 경직된 점이든 간에 서로를 각자 안으로 끌어들인다는 데에는 의심의 여지가 없다."(MP, 240; I, 206)

유연한 분자적 선분성의 선 안에서 양자적 진동을 가속화하는 것은, 방금 말했듯이 어떤 위험을 무릅써야 합니다. 그 진동의 강도가 하나의 문턱을 넘을 정도로 증가하면, 그 위험은 자칫 치명적인 것이 될 수 있습니다. 새로운 긍정적 창조의 선을 그리지 못한다면, 그리하여 그 진동의 힘을 다른 종류의 창조적 성분으로 변화시키지 못한다면, 비밀을 알았다는 것이 죽음의 선을 그리거나 몰적 선분성의 좀더 섬세하고 치밀한 작동에 봉사하는 결과로 귀착될 수 있기 때문입니다. 그래서 "이윽고 제임스의 여주인공은 유연한 선분성 내지 흐름의 선 안에서, 더 이상 넘어설 수 없는 일종의 양자의 최대치(그녀가 원해도 더 이상 멀리 나갈 수는 없는)에 이른다. 우리를 가로지르는 이 진동을, 우리가 견딜 수 있는 수준을 넘어 증가시키는 것은 위험하다."(MP, 241; I, 206)

세 번째 선인 탈주선이 문제가 되는 것은 바로 이 지점입니다. 기존의 몰적 선분을 흔드는 진동이나, 그 벽을 넘는 유연한 양자적 흐름에 멈추는 것이 아니라, 그 선분적인 선에서 벗어나는 새로운 창조의 선을 그리는 것, 삶의 관성이나 타성에서 벗어나는 새로운 선을 그리는 것, 그리하여 경직된 선분적 삶에서 벗어나는 출구를 발견하는 것, 비록 언젠간 다시 새로운 몰적 선분이 되고 말지라도, 새로운 방향성을 갖는 선을 그리는 것이 그것입니다. "전신수는 새로운 선을, 제3의 선을 기다렸다. 그 자리에 남아 있는 경우에도 다른 선과 마찬가지로 현실적인 일종의 탈주선을. 이 선은 모든 선분들을 더 이상 허용하지 않으며, 차라리 선분적인 두 계열의 폭발처럼 존재한다."(MP, 241; I, 206)

이 "세 번째 선 위에는 더 이상 어떠한 형식도 없다. 단지 순수한 추상적 선만이 있을 뿐이다. ······스스로 감지할 수 없는 것이 되는 것. 사랑할 수 있게 되기 위해 사랑을 해체하는 것. 고유한 자아를 해체하고는 결국 혼자가 되는 것. 또 선의 다른 끄트머리에서 진정한 이중체〔분신〕와 만나는 것. 움직이지 않는 여행을 하는 지하의 (clandestin) 나그네. 모든 사람처럼 되기, 그러나 이는 바로 누구도 되지 않는 법을 아는 사람이 되기고, 더 이상 누구도 아닌 사람이 되기다."(MP, 241~42; I, 207)

이 세 가지 선에 대해서 이 책은 이렇게 요약하고 있습니다. "첫 번째 선에는 많은 단어와 대화, 질문과 대답, 끝없는 설명들, 초점 맞추기(mises au point)가 있다. 두 번째 선은 해석되어야만 하는 침

묶이나 암시, 급속한 생략으로 이루어져 있다. 그러나 세 번째의 선이 섬광 같다면, 탈주선이 달리고 있는 기차와 비슷하다고 한다면, 이는 선형적인 비약이 있기 때문이고, 어떤 것도 다른 것을 대신할 수 없는 곳에 도달한 사태를 조용히 받아들이는 가운데 '문자 그대로' 날이 선 풀이파리, 파국이나 충격 등에 대해 말할 수 있기 때문이다. 하지만 세 번째의 선들은 끊임없이 뒤섞인다(se mélanger)." (MP, 242; I, 207)

4. 절단, 균열, 단절

다음으로 두 번째 소설은 피츠제럴드의 《붕괴》입니다. 이 소설 역시 읽어보질 못해서 소설 얘기를 자세히 하긴 어렵겠습니다만, 여기서 말하려는 게 소설에 관한 논평이 아니라 소설을 빌려 세 개의 개념을 대비하여 소개하는 것이기에 그다지 큰 상관은 없습니다. 세 개의 개념은 '절단(coupure)', '균열(fêlure)', '단절(rupture)'입니다.

이 세 개의 개념은 앞서 말한 세 개의 선에 상응합니다. 경직된 몰적인 선분성의 선은 선분의 가장자리마다, 선분의 끄트머리마다 명료하고 뚜렷하게 '절단'되어 있습니다.[3] 통과하는 모든 대중(masse, '큼'이란 뜻이지요!)을 절단하는 강력하고 거대한 절단을 통해 경직된 몰적 선분성의 선은 작동합니다. 달리 말하면 경직된

---

[3] 따라서 이 말은 영어로 번역한다면 'cut'라고 옮기면 좋을 듯합니다. 말 그대로 어떤 삶의 선을 선분적인 단위로 끊는 것, 절단하는 것이니까 말입니다. 영역본에선 이를 break라고 번역했는데, 이는 부적절한 것으로 보입니다. 절단이란 정지시키거나 중단시키는 게 아니라 선분적인 방식으로 절단하여(잘라서, cut) 채취하는 것이기 때문입니다.

몰적 선분성의 선은 절단의 양상으로 그려집니다. 집, 학교, 직장을 구별하는 절단, 학교 안에서도 학년, 반을 구별하는 절단이 작동하고, 그에 따라 학생대중은 분할되고 분배됩니다. 또 학교에서의 일상은 절단된 선분적 공간 안에서, 시간적으로 절단된 일정에 따라 진행됩니다.

누구나 따라야 하는 것이란 점에서 이 절단은 아무리 잘게 쪼개지는 경우라도 대중 전체의 삶의 흐름을 절단하는 것이란 점에서 '큰' 절단이고 거대한 절단이며 경직된 절단입니다. 나아가 이렇게 절단된 선분들은 종종 성적이나 나이, 혹은 시간표가 그렇듯이, 일정한 선형적 순서에 따라 배열됩니다. 이러한 절단은 삶의 자유로운 흐름을 절단하고 제한하여 그것에 몰적인 '통일성'을 부여합니다. 그렇게 절단의 양상으로만 몰적 선분성의 선은 삶의 흐름을 채취합니다.

그것은 몰적 선분성 안에서 정의된 바에 따라 성공과 실패를 판단하는 사람들에겐 안정과 출세를 위한 규범이나 척도로 보이겠지만, 그러한 방식의 성공과 실패에 무관심하거나 반감을 갖고 있는 사람들에겐 자신의 삶을 절단하여 바치게 되는 파괴의 과정으로 이해될 겁니다. 그림을 그리고 싶지만 돈을 벌어야 하기에 노동을 해야 하는 사람이라면, 혹은 공부를 하고 싶지만 먹고살아야 하기에 노동 같은 강의를 해야 하는 사람이라면, 자신으로 하여금 노동하도록 강요하는 직업적 선분이 자신의 삶을 파괴하고 잡아먹고 있다고 느끼지 않겠어요?

저자들이 이 책에서 인용하는 피츠제럴드의 말은 이런 의미일 겁니다. "모든 삶은, 제대로 이해된다면(bien entendu), 파괴(démolition)의 과정이다."(MP, 242; I, 208) 하지만 이 문장에 이어서 저자들은 '제대로 이해된다면'이란 대체 무엇인가를 묻고 있습니다. 여기서 저자들은 '물론(of course)'이란 말의 불어 번역어 'bien entendu'를 이용해서 말하고 있습니다. 이 경우 bien은 bon과 동일하게 '좋다(good)'는 의미를 갖지요. '제대로 이해한다'는 것, 그것은 양식(bon sens)에 따라 이해하는 것을 뜻하며, 좋은 방향(bon sens)에 따라, 흔히들 좋다고 하는 방향에 따라 의미화하는 것입니다.[4] 남들이 말하는 '양식'에 따라 이해하는 것, 그것은 모두가 그러하리라고 믿는 몰적인 동일성(idnetité)에 따라 이해하는 것이고, 그런 동일성을 자신의 것으로 동일화하는 것입니다. 즉 '제대로 이해한다'는 것은 몰적 선분성의 요구를 자신의 '동일성/정체성(identité)'으로 이해하는 것입니다. 따라서 그렇게 이해하고 살아간다면, "삶은 점점 경직되고 메말라지는 선분성 속으로 끊임없이 말려들어 간다고 말할 수 있"습니다(MP, 242; I, 208). 몰적 선분들의 끄트머리마다 작동하고 있는 절단의 날에 삶이 거듭 절단되고 파괴된다는 겁니다.

---

(4) bon sens에서 sens는 의미, 방향, 감각이란 의미를 동시에 갖고 있습니다. 들뢰즈에 따르면, 양식(좋은 의미)이란 '좋은 방향'으로 사실들을 계열화하는 것을 뜻하며, 이는 대개 훈육되거나 강제되는 사회적 습속이나 규범이 지시하는 방향에 따라 의미를 부여하는 것입니다. 이러한 '좋은 방향(양식)'에 반하여 계열화하는 경우, 그리하여 통념이나 속견(俗見)을 뜻하는 doxa에 반하여(para) 사물의 의미를 포착하는 경우를 역설(paradoxe)이라고 말합니다. 이는 기존의 지배적 통념에 의해 규정되고 강제되는 의미와 충돌하는 의미를 발생시킴으로써, 새로운 의미를 생성하기 위한 '사건'을 야기합니다. 들뢰즈가 역설이란 개념을 특별히 강조하고 중요하게 여기는 것은 이런 이유에섭니다(이에 대해서는 들뢰즈, 《의미의 논리》, 154~61쪽 참조).《의미의 논리》에서 '사건의 철학'이란 관점에서 양식과 역설에 대해 말했던 것을, 여기서는 사건화의 장으로서 소설에 대해서 말하고 있으며, 역설이라고 했던 것 대신에 균열과 단절이란 개념을 제시하고 있지요.

이처럼 몰적 선분성의 선은 선의 경계마다 거대한 칼날을 작동시키면서 우리의 '선택'을 요구하며, 결국은 '양식'에 따라 이미 좋은 것으로 선-결정된 경직된 삶 안에 우리를 가둡니다. 여기서 선택은 이항적인 방식으로 제시되지요. '취직할 것인가, 아니면 실업자로 살아갈 것인가', '열심히 일해서 살아남을 것인가, 아니면 싸우고 게기다가 짤릴 것인가', 혹은 '돈을 벌 것인가, 아니면 (돈을 포기하고) 공부를 할 것인가' 등과 같은 이항적 선택 말입니다. "너무도 의미적인 절단에 의해 진행되는 이 타격으로 인해, 우리는 부유함이나 빈곤이냐라는, 하나의 항에서 다른 항으로 넘어가는 계속적인 이항적 '선택'을 거쳐간다."(MP, 242; I, 208)

그렇지만 알다시피 삶이 단지 이것만은 아니지요. 양식에서 벗어나는 삶도 있고, 양식에 반하는 삶도 있으며, 양식 안에 갈라진 틈새를 만드는 그런 삶도 있습니다. 어느 쪽에서 먼저 외면한 건지는 모르지만, 저같이 돈이나 안정된 직업과는 거리가 먼 사람도 있고, 우리 연구실에 있는 많은 사람들처럼 하고 싶은 공부를 하기 위해서 돈버는 시간을 줄이려는 사람들도 있지요. 혹은 너무도 돈을 벌고 싶은 욕심에 공부보다는 다른 '일'을 열심히 하는 사람도 있고, 남의 것을 갈취하거나 착취하는 사람도 있으며, 알다시피 '도둑질'하는 사람도 있습니다. 이 모두는 몰적인 동일성이 흘러넘치거나 그것을 외면한 경우, 혹은 그것을 지나치게 추구해서 그 선분 자체를 깨버리는 사람입니다.

이를 유연한 분자적 선분성의 선이라고 한다는 것은 이미 말한 바 있지요. 이 유연한 분자적 선분성의 선은 심지어 그 몰적인 선분성의 선 안에서도 어디로 흘러가는지 알기 힘든 미시적이고 미세한

'균열'을 야기합니다. 이 선은 거대한 규모로 대중들을 절단하는 경직된 선분성의 선과 달리, 미시적이고 미세하며 유연한 균열을 그립니다. 이 선은 리좀적으로 그려지지요. 그러나 나름대로 고유한 선분적인 매듭을 만들면서 진행된다는 점에서 선분성의 선입니다. 이 책에 따르면, 피츠제럴드가 파괴(démolition)와 구별하여 '붕괴(crack up)'라고 말한 것은 아마도 이를 지칭한 것으로 보입니다. "피츠제럴드는 전혀 다른 선분성에 따른, 또 다른 유형의 붕괴(craquement)가 있다고 한다. 이것은 더 이상 대규모의 절단이 아니라, 접시에 금이 가는 것과 같은 미시적 균열들이다."(MP, 243; I, 208)

그러나 이것을 몰적인 선분에서 배제된 자들이나 거기서 성공하지 못한 사람들이 선택한 길이라고 생각하면 큰 오산입니다. 이는 더욱 미세하고 더욱 유연하며, 오히려 사태가 잘 나아갈 때 생산됩니다. 하라는 대로 공부하다 보니 너무도 재미있어서 세상 모르고 공부하게 되는 학인이나, 돈을 벌다 보니 너무도 신이 나서 모든 것을 돈 버는 데 집중하고 돈 버는 데 방해되는 것은 가차없이 박차고 제거하며 돌진하는 자본가, 혹은 하라는 대로 열심히 TV를 보다 보니 너무도 재미있어서 모든 것을 잊고 오직 TV 보는 데만 몰두하는, 그래서 TV 보는 데 방해되는 일자리는 저리 던져버리고, TV 보는 데 방해된다면 직업도 구하지 않는 오타쿠 등을 생각해보세요.

보다시피 이는 결코 광기 어린 몇몇 개인이나 '천재'들에게만 해당되지는 않으며, 머리를 짜내서 만들어낸 극단적인 기형이 아닙니다. 공부에 미쳐 모든 삶을 오직 거기다 몰아넣는 사람은 흔하지 않을지 몰라도, 돈 버는 데 미친 자본가나 도박꾼, TV 보는 데 미친 오타쿠, 혹은 스포츠나 포르노에 빠진 사람은, 자본의 논리가 욕망을 자극하며 돈이나 대중 매체, 스포츠와 섹스로 대중들을 포획하는 현대 사회에서 아주 흔하게 보는 현상입니다. 물론 분자적 선분성의 선이 이런 경우만을 지칭하는 건 아니라고 해도, 다음의 말을 납득하는 것은 결코 어려운 일이 아닐 겁니다. "극히 유연하지만 그만큼 불안정한, 아니 훨씬 더 불안정한 이 분자적 선은, 단지 내적인 혹은 개인적인 선이 아니다. 이 선은 또한 모든 것을 움직이게 하지만, 다른 척도, 다른 형태로 그러하며, 수목적인 것과는 달리 리좀적인 성질을 갖는 선분화와 더불어 그러하다."(MP, 243; I, 208)

몰적인 선분성의 선이 절단에 의해 작동하고, 분자적 선분성의 선이 다양한 균열의 선을 그리면서 뻗어나간다면, 탈주선은 이와 달리 단절에 의해 그려진다고 합니다. 우리 말로는 글자 순서만 바꾼 것일 뿐 비슷해보이지만, 절단과 단절은 아주 다른 의미로 쓰이고 있습니다. 절단이 마치 칼로 무를 자르듯 삶의 선을 선분적인 마디로 자르는 것이라면, 단절이란 기존의 것과 '단절'하여 새로운 방향으로 뻗어나가는 선을 그리는 것입니다.

가령 하라는 대로 열심히 공부하는 우직한 모범생도 있고, 그걸 지나치게 해서 공부말고는 할 줄 모르는 사람도 있으며, 반대로 강요하는 공부가 싫어서 옆길로 새는 '불량학생'도 있지만, 이는 몰적 선분성의 선에 갇힌 것이거나 아니면 그 안팎에서 동요하고 범람하는 것일 뿐이어서, 그 자체로는 새로운 선을 그렸다거나 만들어냈다고 하기 어렵습니다. 요구되는 정확한 데생을 열심히 반복하는 화가 지망생이나, 화성학이나 대위법 숙제를 열심히 써내는 음악원 학생이나, 그게 싫어서 학교 바깥을 맴도는 학생 역시 비슷한 경우라고 하겠습니다. 너무 정확하기만 한 데생만큼이나 서툰 데생은 무익하며, 화성학이나 대위법 규칙에는 정확하게 들어맞지만 어떤 새로운 감응이나 감흥을 만들어내지 못하는 상투적인 곡만큼이나, 기초가 받쳐주지 않아서 자신이 느낀 감응이나 감흥을 제대로 표현하지 못하는 어설픈 작품 역시 거기서 끝날 뿐입니다.

아마도 진정한 창안의 선은 그 둘 다와 '단절'하면서 시작된다고 해도 좋을 듯합니다. 가령 '데생'도 제대로 못한다고 비난받았던 피카소는, 사실은 정확한 데생을 할 수 있었지만 '정확한 그림' 자체에 관심이 없었지요. 그래서 정확한 데생으로 훈련된 손으로 정확하지 않고 비틀린, 혹은 겹치고 중첩된 새로운 종류의 그림을 창조했습니다. 기존 화단의 몰적인 선분성의 선과 단절된, 그리고 데생을 망가뜨리는 산만하게 흩어진 선과도 단절된 새로운 창안·창조의 선을 그린 것이지요.

이 경우 우리는 두 가지 선분성의 선과 단절된 탈주선을 그렸다고 말할 수 있습니다. 이는 기존의 몰적 선분성의 선을, 그 거대한 선분적 벽을 돌파했지만, 그렇다고 단순히 과잉이나 과소의 진동으로 간주되는 분자적인 선분성의 선을 하나 추가한 것도 아닙니다. 그것은 새로운 선을 그린 것이고, 그 새로운 선은 두 가지 선분성의 선 모두와 단절된 창조와 창안의 선입니다. 탈주선이 단절이라는 개념으로 특징지어진다면, 그것은 바로 이런 점에서지요. 즉 탈주선이란 단순한 저항이나 부정, 혹은 동요나 진동에 머무는 게 아니라, 새로운 것을 창조하는 적극적이고 긍정적인 선이라는 겁니다.

그런데 탈주선을 그리는 데 몰적인 선분성의 선을 따라가면서 그것을 뒤집고 그것과 단절된 선을 그리는 방식만 있는 것은 아닙니다. 차라리 두 가지 경우를 상정하는 것이 더 나을 듯합니다. 가령 드뷔시(C. Debussy)는 화성학과 대위법, 그리고 소나타 형식 등으로 요약되는 파리 음악원의 전통적인 음악교육에 대해서 전혀 만족하지 못했고, 그런 훈련의 요구에 고통스러워했지만, 강력한 절단기계를 작동시키는 그 몰적 선분들을 통과했습니다. 그리고 그렇게 습득된 것을 기존의 형식을 해체하는 다른 종류의 음악적 선을 그리는 데 사용했습니다. 물론 여기에는 가까이 지내던 사티(E. Sati)의 '중세적 선법', 아니면 당시 조성을 해체하는 첨점이었던 바그너의 혁신, 혹은 무소르그스키(Mussorgsky)의 새로운 소리가 섞여들어가 있지만, 여하튼 드뷔시는 자신이 고통스럽게 통과한 몰적 선분성의 선을 충분히 이용하고 변형시켜 강력하고 훌륭한 탈주선을 만들어 냈습니다.

반면 드뷔시나 라벨(M. Ravel)과 가까이 지내기도 했던 사티는 아주 달랐습니다. 그는 정통 음악교육을 받지 못했고, 나중에 친구였던 라벨이나 드뷔시의 도움으로 파리 음악원에 몇 번 입학하지만, 제대로 다니지 못했습니다. 모두 다니다 그만두고 말지요. 전통적 형식의 몰적 선분성의 선을, 그 절단기계를 끝내 통과하지 못했고, 고통을 감수하며 그것을 굳이 통과할 필요를 별로 느끼지 못했던 겁니다. 그런데 사티의 경우 유럽의 전통적인 음악형식에 훈련되어 있지 않다는 사실이, 혹은 그런 전통적 형식을 잘 몰랐다는 사실이 무소르그스키처럼 거꾸로 새로운 종류의 소리와 음악을 만드는 데 중요한 기여를 했습니다. 물론 이 새로운 음악을 만드는 데는 중세의 선법에 대한 나름의 해석과 이용이 큰 역할을 했습니다만, 어쨌든 사티는 드뷔시나 라벨과 달리 몰적 선분성의 선에서 이탈한 분자적인 선분성의 선을 그리고 있었고, 거기서 기존의 음악과 다른 새로운 창조적 탈주선을 그렸던 겁니다.

이처럼 탈주선은 절단이나 균열이 아니라 단절에 의해 그려집니다. 그것은 앞서의 두 선으로부터의 단절이고, 새로운 선을 그리는 단절이며, 두 가지 선분적인 선과의 파열과 충돌을 표시합니다. 이 파열이나 충돌이 분자적 진동과 다른 것은, 탈주선은 탈주하기 이전의 상태로, 그게 몰적인 것이든 분자적인 것이든, 이전의 선으로 돌아갈 수 없다는 점 때문입니다. 그래서 저자들은 피츠제럴드를 인용하여 이러한 단절이 예전의 구속(chine, 연쇄)으로 되돌아갈 운명에 처한 탈옥과 구별되며, 이른바 기표적 구속(연쇄) 안에서 행해지는 구조적인 사이비-절단과도, 또 유연하고 잠행적인 연결이나 분자적 교통의 타입과도 구별되는 진정한 단절임을 주장합니다(MP, 243; I, 209). "도피나 모든 것으로부터 도주하는 것은 이 두 가지 선에 파놓은 함정에 빠지는 것이다. ……진정한 단절이란 다시 돌아올 수 없는 어떤 것이고, 복구할 수 없는 어떤 것이다. 왜냐하면 그것은 과거가 더 이상 존속하지 않게 만들기 때문이다."(MP, 243; I, 209)

이상의 애기를 저자들은 이렇게 요약하고 있습니다. "어쨌든 피츠제럴드는 우리를 관통하는 '인생(une vie)'을 구성하는 세 개의 선을 구별할 것을 제안한다. 절단(coupure)의 선, 균열(fêlure)의 선, 그리고 단절(rupture)의 선. 경직된 선분성 내지 몰적 절단의 선, 유연한 선분화 내지 분자적 균열의 선, 그리고 탈주의 선, 즉 생사에 관련된, 선분적이지 않은 추상적인 단절의 선."(MP, 244~45; I, 210)

5. 두 종류의 감시자

마지막으로 세 번째 소설은 플뤼티오의 〈심연과 망원경 이야기〉입니다. 불행하게도 이 소설 또한 제가 읽어보지 못했습니다. 게다가 이 부분에선 소설 얘기는 거의 나오지 않습니다. 다만 '근시안'을 가진 감시자와 '멀리 보는 눈'을 가진 감시자라는 두 종류의 감시자만을 이 소설에서 따다 쓰고 있습니다. les courts-voyeurs은 직역하면 '짧게-보는-자'고, les longs-voyeurs는 '길게-보는-자'로서, 전자는 우리말의 '근시안'이라는 말에 가까운데, 후자는 '멀리 보는 안목이 있다'는 말에 가까운 말이지요. 그렇지만 '길게 보는 자'라는 말은 이런 의미를 잘 살리지 못합니다. 반면 '근시안'은 말이 되는데, 이와 대응하여 후자를 '원시안'이라고 번역하면 말이 되질 않습니다. '원시안' 역시 일종의 '무능력'을 표현하는 단어라서 말입니다. 고심 끝에 '가까이 보는 자'와 '멀리 보는 자'로 번역했지만, 이 경우 '가까이 보는 자'는 자세히 보는 자를 뜻하는 것으로 오해될 소지가 있을 듯하네요. 그보다는 우리말의 어감으로는 '대충 보는 자'와 '자세히 보는 자'로 번역하는 게 여기서 말하려는 내용에 부합한다고 생각됩니다. 왜냐하면 실질적인 내용은 전자가 '피상적으로 보는 자'고 '대충 보는 자'라면 후자는 '자세히 보는 자'고 눈에 잘 안 보이는 깊숙한 속내를 들여다보는 자며, 전자가 '거칠게 보는 자'라면 후자는 '세심하게 보는 자'라고 할 수 있기 때문입니다.

앞서 우리는 두 가지 선분성의 선에 대해서 말했지요. 그런데 이 선분적인 선들 위에는, 각각의 선분마다 그것을 통과하는 대중들을 감시하는 두 종류의 감시자가 있습니다. '대충 보는 자'와 '자세히 보는 자'가 그것입니다. 그들은 무엇을 감시하는가? 그들은 선분 사이에 있는 심연이나 선분이 둘러싸고 있는 심연, 그래서 잘 드러나지 않는 그 어두운 곳에서 발생하는 운동, 격동, 위반, 혼란 및 반란을 감시한다고 해요. 선분적인 선에서 벗어나지는 않는지, 그 선분을 흔들고 교란시키지는 않는지, 선분들의 배열이나 체계를 환란에 빠뜨리고 그것을 전복하려 하지는 않는지 하는 것을 감시한다는 겁니다.

먼저 대충 보는 자에 대해선 이렇게 쓰고 있습니다. "짧게 보는 자들은 간단한 망원경을 가지고 있다. 그들은 심연 속에서 거대세포의 테두리를, 이항적인 거대분할 및 이항대립의 테두리를, '교실, 막사, 공단 주택, 혹은 심지어 비행기에서 본 국토'처럼 분명하게 규정되어 있는 선분들의 테두리를 본다. 그들은 나뭇가지, 사슬, 줄, 기둥, 도미노, 홈을 본다. 이따금 가장자리에서 보기 흉한 형상 내지 떨리는 테두리선을 발견한다. 그러면 그들은 가공할 광(光)망원경을 꺼낸다. 이것은 보기 위해서가 아니라, 절단하고 재단하기 위해 사용된다. 이 기하학적 도구는 레이저 광선을 쏘며 어디에서나 거대한 기표적인 절단을 다스리고, 일시적인 위협을 물리치고 몰적 질서를 복원한다. 이 재단용 망원경은 모든 것을 초코드화한다. 이것은 살과 피 안에서 작동하지만, 순수기하학, 국가적 사안으로서 기하학에 따르며, 그 기계를 이용하는, 가까이 보는 자의 물리학에 따른다. ……여기서 모든 사람들은 그것이 개별적이든 집합적이든, 그 테두리선을 따라 판단되고 교정된다."(MP, 245; I, 210)

이 감시자가 몰적 선분성의 선과 대응한다는 것은 쉽게 알 수 있습니다. 거리의 경찰, 학교의 교사, 관청의 관리, 혹은 가정의 부모

등이 모두 이런 감시자에 속한다고 할 수 있겠지요. 그러나 이들이 감시하는 것은 그 몰적 선분성의 선을 교란하는 다양한 분자적 진동과 동요, 위반과 이탈이란 점에서, 이들이 단지 **몰적 선분성**의 관리자라고만 생각해선 곤란합니다. 몰적 선분성의 선에서 발생하는 그런 교란과 이탈이 없다면, 사실 감시자가 있을 이유가 없을 테니까요. 따라서 선분적인 선을 관리하고 감시하는 자들이라고 하는 게 적당할 듯합니다.

자세히 보는 자는 유연한 분자적 선분성의 선에 대응하지만, 그러한 감시자가 존재하는 이유는 몰적 선분성의 선에서 이탈하는 것을 막고 통제하기 위한 것이란 점에서 이들 역시 몰적 선분성의 선과 결부되어 있습니다. 다만 이들은 거대한 절단기계를 사용하는 공식적 감시자라기보다는 때론 함께 동요하고 이탈하던 자일 수도 있고, 때론 아주 가까운 이웃일 수도 있으며, 심지어 형제나 친구일 수도 있습니다. 물론 공식적 지위를 가진 '지도자' 가운데도 이런 사람이 드물게 있을 수 있겠지만 말입니다.

그들은 좋고 복잡한 망원경을 가지고 있다. 하지만 분명히 말하건대, 그들은 지도자가 아니다. 그들은 다른 이들이 보는 것과 전혀 다른 것을 본다. 그들은 미시적 선분성을 보며, 세부의 세부를, '가능성의 육교'를, 경계선 상에서 간단(間斷) 없이 일어나는 미세한 운동을, 테두리선 부근에서 그려지는 선들과 동요를, '급격하게 변동하는 선분들'을 본다. 이 모두가 리좀이며, 재단기계로서의 기표에 의해 초코드화되지 않고, 특정한 형상이나 집합 내지 요소에 귀속되지도 않는 분자적 선분성이다.(MP,

245 ; I, 210)

어쨌든 이렇게 자세히 보는 자는 그리 많지 않습니다. 세심하고 자세히 볼 수 있는 능력, 다양한 진동과 동요를 감지하고 알아볼 수 있는 능력이란 사실 그런 세심함과 동요를 따라갈 수 있는 유연함과 섬세함을 요구하기 때문입니다. 심지어 친구나 가족 가운데서도 이런 사람은 드물며, 더욱이 공식적 지위를 갖는 관리나 관료, '지도자' 가운데는 더욱더 드물다고 할 수 있습니다. '안목이 있다'는 말은 이런 종류의 능력을 가졌음을 지칭하는 말이지요.

그런데 이런 능력을 가진 사람은 '양의성(兩意性)'을 갖는다고 합니다. 어떤 양의성인가? 한편으로 이런 사람은 간단한 망원경을 들고 있는 감시자들이 놓치는 것을, 미시적인 위반이나 이탈, 동요를 잘 찾아낸다는 점에서 아주 탁월한 '감시자'의 역할을 합니다. 뛰어난 수학자였지만 인간이 문명이란 이름으로 자연과 세계를 파괴하는 것에 분노하여 우편물 폭탄으로 미국 전체를 긴장하게 만들었던 유나바머라는 사람이 있었지요. 그는 아주 머리가 좋아서 FBI의 수사망을 효과적으로 차단하는 능력을 갖고 있었습니다. 거대하고 강력하지만 거친 망원경으론 잡을 수 없는 사람이었지요. 그런데 결국 그는 체포되고 마는데, 여기서 결정적인 역할을 한 사람은 아이러니컬하게도 그의 친동생이었습니다. 그가 중요 일간지에 게재한 원고를 보고 자신의 형이란 걸 알아채서 신고한 거지요.

비슷한 경우가 또 있더군요. 정확히 기억이 나진 않지만, 1970년대 미국에서 베트남 전쟁 반대투쟁을 하던 사람이, 아마도 군이나 무기산업 관련건물에 폭탄을 던졌다던가, 어쨌든 '사고'를 치고 도망치던 사람이 체포되었다는 신문기사를 본 적이 있습니다. 아마도 그 사람은 여자였던 것으로 기억되는데, 숨어살면서 어떤 경우에는 의사를 하기도 하고 때론 연극배우를 하기도 하면서 잘 살았다고 하지요. 20년 이상을 그렇게 무사히 잘 지냈는데, 아마 그 사건 몇 주년인가를 상기시키면서 수배자들의 사진을 TV로 보도했다고 해요. 그런데 그걸 본, 평소에 친하게 지내던 이웃사람이 "어, 저거 누구 아니야" 하고 기겁을 하여 신고를 해서 체포되었다고 하더군요. 이 경우에도 탁월한 감시자의 역할을 한 것은 경찰이나 정보원이 아니라 친하게 지내던 이웃이었던 겁니다.

그렇지만 그런 미시적 움직임과 이탈, 동요를 알아보는 능력이란 그것을 감지하고 스스로 느낄 수 있는 감각을 가져야 한다는 점에서, 그것에 공감하고 따라갈 가능성이 있습니다. 가령 새로운 예술가의 창조성을 알아볼 수 있는 섬세한 안목 내지 감식력을 갖고 있는 관리처럼, 비슷해보이는 것 안에서도 다른 것을 보고, 동일한 형식 안에서 미세한 변이를 감지할 능력이 있다면, 대개는 그것에 공감하고 그것과 함께 갈 가능성이 크지요.

오우삼의 유명한 영화 〈첩혈쌍웅〉에서 테러리스트(주윤발 분)를 쫓는 뛰어난 경찰(이수현 분)이 바로 그런 인물입니다. 그는 다른 형사나 경찰이 보지 못하는, 탁월한 테러리스트의 움직임을 포착하고 추적합니다. 그리고 결국 그와 마주치게 됩니다. 그러나 추적하면서 주윤발이 보여주는 특이한 태도에 사로잡히고 매혹되며 그것에 호감을 갖게 됩니다. 통상적인 '악당'과 다른 면모를 식별할 능력이 있는 만큼, 그는 그것을 알아보자마자 거기에 매혹될 능력 또한 있었던 겁니다. 그래서 그는 결국 다른 악당들에게 쫓기는 주윤발과 한편이 되어 목숨을 건 총질을 하게 됩니다. 급기야 바로 자기가 쫓던 범인의 시체를 붙들고 "미키 마우스"라는 '가명'을 외치며 슬퍼하고 분노합니다.

그래서 멀리 보는 자는 그 고유한 능력과 위치로 인해 상반되는 두 가지 길 사이에서 주저하고 있다고 말합니다. 일단 그들은 "다른 사람이 보지 못하는 더없이 미미한 미시적 위반(micro-infractions)을 심연 속에서 발견하기 쉽다. 반면 그들은 또한 재단하는 망원경이 기하학적인 정의(正義)의 미명 아래, 끔찍한 피해를 야기할 수 있다는 것을 확인한다."(MP, 247; I, 212) 따라서 그들은 어렵지 않게 위반을 발견하지만, 그것을 몰적인 선분성의 선에 따라 재단하는 거대망원경에 알리고 그것이 그 위반을 교정하도록 하는 데 주저합니다. "그들은 가장 경직되고 가장 잔혹한 통제의 기획에 가담했지만, 그들에게는 보이는 지하활동에 어떻게 그들이 암묵적 동감을 갖지 않을 수 있을 것인가?"(MP, 247; I, 212) 여기서 저자들은 이렇게 전망합니다. "멀리 보는 자는 자신의 선분을 버리고 검은 심연 아래 있는 좁다란 육교에 올라갈 것이고, 탈주선을 따라 나아가기 시작할 것이며, 그의 망원경을 부수고는 다른 쪽 끄트머리에서 다가오는 눈먼 〈이중체(Double)〉와 만날 것이다."(MP, 247; I, 212)

6. 분열분석과 선의 배치
1) 선의 배치

우리의 삶은, 우리의 신체는 수많은 선들을 통과합니다. 아니, 거꾸로 말해야 정확할 듯합니다. 우리의 삶도, 우리의 신체도 서로 교차하고 뒤섞이는 수많은 선들에 의해 횡단되고 있다고 말입니다. 지금까지 살펴본 세 가지 선은, 이러한 선들을 그 특성과 작동방식 등에 의해 유형화한 선들의 집합이고 묶음입니다. 경직된 몰적 선분성의 선, 유연한 분자적 선분성의 선, 탈주선.

물론 사람마다 나름대로 가장 중요하며 가장 결정적인 어떤 선을 갖습니다. 가령 관료들, 정치인들 등등의 모든 공식적인 사람들, 이른바 '공인'들에게 가장 중요한 것은 경직된 선분성의 선입니다. 그들은 자신은 물론 남들도 빠짐없이 이 선을 지나가야 한다고 믿거나 적어도 그렇게 말합니다(그래서 그런지 자기 아들을 군대에 안 보낸 사람은 '공인'의 자격이 없다고 하지요). 들리니(F. Deligny)가 말하는 '습관적 선'이 바로 이것일 것입니다.

그러나 이런 식의 삶을 사는 것이 단지 '공인'들만의 '인생'은 아니지요. 장삼이사(張三李四), 평범한 삶을 사는 모든 사람들이 바로 이런 방식으로 삶을 살아갑니다. 학교나 직장에 들어가려고 하는 순간 어디서나 누구에게나 요구하는 이른바 '이력서'나 '경력증명서' 같은 서류에 기록되는 삶, 바로 그것이 자신이 통과한 몰적 선분 가운데 중요한 것들을 표시합니다. 공적으로 인정될 수 있는 몰적인 선분들의 집합, 위의 서류들은 바로 그것을 표시하지요. 공식적으로 인정할 수 있는 이력이나 경력의 집합만을 유의미한 인생의 행적으로 인정하겠다는 의지가 이런 서류들을 통해 작동하고 있는 거지요.

이로 인해 공식적인 학력이나 이력, 경력에 민감한 사람들은 어떻게든 그런 이력 상의 공백이 없게 하려고 애를 씁니다. 마치 거기에 공백이 생긴다면 자신의 인생에 자신이 살지 않은 공백이라도 생기기라도 할 듯이 말입니다. 인정욕망, 그것도 공적인 인정욕망이라고 불러도 좋을 이런 욕망을 통해서 몰적 선분성의 선은 사람들의 삶을 장악하고 그것을 목표대로 절단합니다. 아마도 이들은 그러한 절단의 날을 통과할 때마다 삶이 절단되었다고 느끼는 게 아니라 '새로운 이력을 하나 더 쌓았다'고 생각하며, 출세와 성공에 한 걸음 더 다가섰다고 느낄 게 분명합니다.

"시간이 다 되어 노래를 중단해야 해요. 비록 할 말이 많이 남았지만." 핑크 플로이드의 〈시간〉이란 노래에 나오는 이 구절은 우리 삶의 가장 기본적인 '형식'인 시간이 선분적인 선을 이루고 있음을 잘 보여줍니다. 이는 이미 저나 여러분에게 익숙한 습관의 선이 되었지요. 집에서 입는 옷과 밖에서 입는 옷, 출근할 때 입는 옷, 여행 갈 때 입는 옷, 심지어 섹스할 때 입는 옷까지 구별하여 사용하는 삶은, 시간뿐만 아니라 공간에 따라, 혹은 행동에 따라 옷마저 다른 것을 입을 것을 요구하는 선분적 권력의 힘을 잘 보여줍니다. 이 또한 이미 충분히 습관이 되었지요? 이러한 예들은 아마도 공인이든 아니든, 노동시간이든 휴식시간이든, 학교에서든 집에서든, 몰적인 선분성의 선을 따라 분절된 우리의 삶을 보여준다고 하겠습니다.

이와 달리 우리는 또한 '방황의 선'이 있음을 보았습니다. 몰적인 선분들의 벽에 잘게 균열된 금들을 그리는, 때론 안에서 방황하기도 하고 때론 벽을 넘어가기도 하는 수많은 미시적 선들을 보았습니다. 관료라고 해서 어찌 모두 같을 것이며, 공인이라고 해서 어찌 모두 같을 수 있겠습니까? 음주운전하다 걸린 연예인, 혹은 대마초나 마약을 하다 걸린 가수, 혹은 원조교제하다 걸린 영화배우는 차라리 거대한 빙산의 조그만 한 조각일 뿐입니다. 포주와 공생하는 경찰, 아니 매춘업을 하는 경찰관, 조직폭력배와 함께 룸살롱을 드나드는 검사, 관련 법을 만들어주고 정치자금을 받는 정치가, 정치인을 매수하는 자본가 등은 차라리 몰적 선분성에 결부되어 있다고 해도 좋을 정도지요. 안 그런 사람이 유연한 균열의 선을 그리는 경우에 속한다고 하는 것이 좀더 진실에 부합할 겁니다.

그 숱한 방황의 끝에서 새로운 삶의 길〔道〕을 찾은 사람들이 있습니다. 그것이 외면적으로 몰적인 선분성과 포개진다고 해도, 몰적 선분성의 습관적인 선에서도, 분자적인 방황의 선에서도 단절된 창조적인 선을 그리는 사람들이 있지요. 종종 문학에서 그리는 '젊은 날의 방황'은 이런 새로운 깨달음에 이르는 계기를 발견하는 곳에서 끝나지요. 마치 그걸 찾기 위해 방황하기라도 한 것처럼 말입니다. 하늘에서 지하에까지 이르며 좌충우돌하는 손오공의 미친 듯한 방황은 '부처님 손바닥 안'을 벗어나지 못했지만, 새로운 동반자와 시작한 여행은 숱한 고난 속에서 삶의 철리(哲理)를 가르치며 그것을 통해 우리로선 지각할 수 없는 경지, 도(道)의 경지에 이릅니다. 방황에서 여행으로, 그리고 이 책의 저자들이 '일관성의 구도'라고도 부르는 '도'로 이어지는 장대한 선을 통해 우리는 삶(une vie)을 가로지르는 선들을 다시 보게 됩니다.

한편 방황의 선에서 창조적 탈주선으로 이어지는 경로와 달리, 탈주선을 그리는 데서 시작해야 하는 사람도 있습니다. 새로운 것을 창조하기 시작한 이후에야 비로소 자신의 고유한 이름으로 표시되는 삶을 살 수 있는 것이 예술가라면, 이들은 탈주선에서 시작하는 삶을 산다고 할 수 있을 겁니다. 물론 언제나 그런 탈주자들이 만들어낸 문턱 안에서 그들이 창안한 것을 착취하고 이용하며 그것의 재생산을 통해 살아가는 '예술가'들도 많지만 말입니다. 새로운 종류의 사유, 새로운 삶을 촉발하는 사유를 시도하는 창조적인 사상가 역시 마찬가지일 겁니다. 혹은 혁명을 꿈꾸며 잠행하는, 새로운 삶을 만들고자 하는 지하혁명가 또한 강한 의미에서 탈주선 위에서 사는 사람이라고 할 수 있을 겁니다.

혁명가들 역시 경찰이나 정보경찰에 쫓기며 잠행하지만, 쫓기는 탈옥수와 이들 잠행자가 다른 것은, 이들은 단지 도망치기 위해 잠행하는 것이 아니라 새로운 활동, 새로운 작업, 새로운 삶을 만들기 위해 달린다는 것이고, 심지어 붙잡혀 감옥으로 가는 경우에도, 촉발(affection)로 인해 야기된 결코 무화될 수 없는 변용(affection)의 흔적을 남긴다는 점입니다.

시드니 루멧의 영화 〈허공에의 질주〉는 탈주하는 잠행자 가족을 통해서 이러한 사실을 아주 잘 보여줍니다. 이 영화는 폭탄연구소에 폭탄을 던져 탈주자가 된 부부와 그의 자식들이 주인공입니다. 하지만 이들은 FBI의 추적을 따돌리며 거듭하여 탈주하면서, 이르는 곳마다 새로운 삶을 촉발하는 선을 그립니다. 환경운동을 하는 조직을 만들기도 하고, 도망쳐선 노동조합을 만들 준비를 하기도 하고 말입니다. 그의 아들 대니는 '소리 없는 피아노 건반' 하나만 들고 함께 도망치지만, 작곡을 하고 피아노를 치며 새로운 창조의 선을 그립니다. 그것이 없다면, 끊임없이 도망쳐야 하는 이들의 삶을 견디어낸다는 것은 얼마나 힘든 일일까요? 정말 우리는 이렇게 계속해서 '도망치며' 살아야 하는 걸까 하는 의구심이 하루에도 몇 번씩 들지 않을까요?

그래서 탈주자들이 이런 창조적 탈주선을 결여하거나 상실하게 되었을 때, 그들은 쉽사리 죽음의 선을 타게 됩니다. 〈허공에의 질주〉에서 어느 날 나타난 과거의 동료 거스가 그렇습니다. 환경운동조직을 만들고, 노동조합 하나를 더 만든다고 해서 이 세상이 달라지진 않아! 그건 이제 누구도 알아주지 않고 누구도 기억해주지 않는 무의미한 일이야! 그래서 그는 이전에 모든 신문과 방송이 자신들을 주목하고 자신들의 움직임을 주시하던 '좋았던 시절'을 말하면서 은행을 털자고 합니다. 차 트렁크엔 무기가 가득 실려 있습니다. 그것은 일종의 무력한 '절망' 속에서 새로이 힘을 얻기 시작한 '혐오'와 '파괴'의 정염이고, 죽음의 선으로 이어지게 마련인 절망의 정염입니다. 탈주선이 종종 죽음과 절망의 어두운 빛으로 채색되어 나타난다면, 그것은 아마도 그 이유 때문일 겁니다. 아니면 창조적인 성분을 상실하지 않고 계속해서 살아간다는 것의 어려움 때문인지도 모릅니다.

어쨌든 이처럼 다양한 선의 교차와 혼합, 연결과 끊어짐, 변환과 전변 등, 한마디로 선의 배치(linéaments) 내지 선의 양상을 대상으로 분석하는 것이 분열분석(schizoanalyse)의 과제라고 합니다. "분열분석이 겨냥하는 것은 개인들만큼이나 집단을 가로지르는 선의 배치다."(MP, 249; I, 214) 그런데 보다시피 선의 배치란 기표적인 상징이나 문학적인 상상이 만들어낸 허구가 아니라, 우리의 삶을 가로지르고 관통하고 있는 현실이며, 그렇게 교차하며 우리를 통과하는 선들이란, 그 현실이 펼쳐지고 변화되며 구부러지는 실재적인 양상입니다. 그것은 삶의 흐름이라는 '기관 없는 신체' 상에서 그 삶의 흐름과 양상을 분할하고 분배하며 규제하고 변환하는 조건들이지요. 이런 점에서 분열분석이 선의 배치를 대상으로 한다는 말은, 그 다양한 선들이 그려지고, 그 선들을 통해 분할되고 재분할되는 기관 없는 신체라는 실재계를 그 대상으로 한다는 말로 고쳐 쓸 수 있겠습니다.

> 무엇이 당신의 기관 없는 신체인가? 무엇이 당신의 선들이며, 당신이 지금 막 만들고 고치는 중인 지도는 어떤 것이며, 당신 자신이나 혹은 타인을 위해 당신이 그리려고 하는 추상적인 선은 어떤 것이며, 그것을 위해 어떤 대가를 치를 것인가? 당신의 탈주선은? 탈주선과 일체가 되는 당신의 기관 없는 신체는? 당신은 붕괴하는가? 당신은 붕괴될 것인가? 당신은 탈영토화되는가? 당신이 끊어버리는 것은 어떤 선이며, 당신이 늘리고 다시 잡는, 형상도 상징도 없는 선은 어느 것인가?(MP, 249; I, 213~14)

이런 의미에서 분열분석은 삶에서 작동하는 권력의 문제를 다루는 미시정치학과 다르지 않으며, 나아가 몰적인 거대선분을 다루는 거시정치학 또한 포함한다고 할 수 있습니다. 그것은 일상적인 삶조차 탈주와 생성, 권력과 혁명의 문제로 파악하는 삶(une vie)의 정치학이며, 그런 의미에서 스피노자가 말한 것과 동일한 의미에서의 '윤리학'이며, 맑스가 말한 것과 동일한 의미의 '실천철학'이라고 할 수 있을 겁니다.

2) 세 가지 선: 혼합, 이행 그리고 위험

그렇지만 저자들은 분열분석이나 그것이 대상으로 하는 선들의 배치에 관해 중대한 오해가 있다고 말합니다. 경직된 몰적 선분성의 선은 사회적으로 결정 내지 선결정되고, 국가에 의해 초코드화되는 것이라고 믿어져 왔고, 이런 점에서 그것은 제도와 법, 서류 등에 의해 작동되는 만큼 현실적이고 실재적임을 누구도 의심하지 않을 겁니다.

반면 유연한 선분성의 선은 몰적 선분성의 선과 같은 실재성을 갖는다고 하기엔 너무도 개별적이고 순간적이어서, 게다가 그 미세한 움직임을 포착할 수 있는 섬세한 눈을 가진 사람이 아니라면 잘 보이지 않는 것이라고, 상상적인 것이거나 환상적인 것이라고, 혹은 개인의 내면적 활동과 결부되어 있다고 보는 경향이 있다고 해요. 또 탈주선에 관해서도 이와 유사한 오해가 있다고 합니다. 또한 탈주선이란 전적으로 개인적인 것이고, 어떤 개인이 그 나름대로 탈주하고는 그 책임을 던져버리는 '무책임한 이탈'이며, 세상에서 도피하여 사막이나 예술 등등에서 피난처를 찾는 것이고(MP, 249; I, 214), 대책 없이 기존의 것을 부정할 뿐인 부정적인 활동이라는 것입니다. 그러나 이 역시 잘못된 인상에 불과합니다.

유연한 선분성의 선과 탈주선에 관해서는 저자들이 말한 것을 직접 읽어보는 것이 좋을 듯합니다. 먼저 유연한 분자적 선분성의 선에 대해 저자들은 이렇게 말합니다. "유연한 선분성은 상상과는 아무런 관계가 없으며, 미시정치는 그 외연과 현실성에서 다른 것에 못지 않은 것이다. 거대정치는 거기에 우호적이거나 방해가 되는 이 미시적 주입 내지 침투를 통하지 않고는 그 몰적인 집합들을 다룰 수 없다. 마찬가지로 집합체가 커지면 커질수록 그것이 작동시키는 심급들의 분자화도 증가한다."(MP, 249; I, 214) 우리는 이미 유연한 선분성의 다양한 예들을 보았기 때문에, 그것의 현실성에 대해 다시 설명할 필요는 없을 것으로 보입니다.

다음으로 탈주선에 대해 말합니다. "탈주선에 관해 말하자면, 그것은 결코 세상(le monde)으로부터 탈주하는 것이 아니라, 오히려 마치 사람들이 수도관에 구멍을 뚫듯이, 세상을 탈주케 하는 것이다. 모든 경계에서 탈주가 발생하지 않는 사회체계란 없다. 심지어 그 체계의 선분들이 탈주선을 막기 위해 끊임없이 경화(硬化)된다고 해도 말이다. 탈주선에는 상상적인 것은 아무것도 없으며, 어떤 상징적인 것도 없다. 동물에게든 사람에게든, 탈주선보다 능동적인 것은 아무것도 없다. ……사람들이 국가의 거대한 무기에 반하여 새로운 무기를 창안해내는 것은 바로 탈주선 상에서다. ……유목민이 그들의 갈 길을 쓸어버리고, 놀라서 어쩔 줄 모르는 파라오를 깨부술 새로운 무기를 발견하는 것 역시 그들의 탈주선 위에서다."(MP, 249~50; I, 214~15)

  탈주가 도망치거나 도피하는 것이 아니라는 점은 이미 반복해서 말한 바 있습니다. 심지어 탈옥과 비교해서 탈주가 단순한 도주와 다르다는 것도 피츠제럴드까지 인용하면서 말한 바 있지요. 탈주란 부정적인 도피도, 무책임한 외면도 아닙니다. 그것은 반대로 긍정적인 **창조**고 적극적인 **생성**입니다. 무언가 새로이 창안하고 창조한 것이 기존의 지배적인 선분들에서 벗어난다는 사실로 인해, '이탈' 같은 부정적 껍데기를 덮어쓰는 것입니다. 새로운 창안으로 세상을 새로운 삶으로 변용하려는 적극적인 촉발이지만, 기존의 삶을 유지하고 보존하려는 몰적인 선분성의 선, 선분적 권력에 의해 공격받거나 외면당하여 실패와 패배, 혹은 핍박과 도주자라는 어두운 그늘에 감싸이게 되는 것입니다. 탈주선으로 인해 촉발될 새로운 탈주를 막기 위해 신이 퍼붓는 저주, 전제군주가 내리는 사형선고가 저 긍정적 탈주선에 죽음의 색을 칠하는 것입니다.

이를 이해하기 위해선 기존의 화단과 대결하겠다는 생각조차 없이 그저 긍정적인 창조적 탈주선을 그렸지만, 기존의 화단 어디서도 인정받지 못했기에 견딜 수 없는 고독과 불행 속에서 '자살당해야 했던' 반 고흐(V. van Gogh)의 경우를 떠올려보면 족할 것입니다 (아르토는 고흐의 전기를 쓰면서 그 제목을 《반 고흐, 사회에 의해 자살당한 사람》이라고 붙인 바 있지요).

어디 고흐뿐이겠습니까? 새로운 창조의 문을 연 많은 사람이 이와 유사한 운명을 감수해야 했습니다. 그들은 부정하지 않았고 그저 창조했을 뿐입니다. 그 새로움으로 인해 기존의 것이 부정되었던 것이고, 그러한 대립이 만들어지면서 기존의 것을 부정하는 것으로 간주되었을 뿐이며, 그 대립 속에서 이미 권력인 기존의 것, 그 몰적 선분성의 권력에 의해 깨지거나 외면당해 '실패'와 '패배'로 귀착되었던 거지요. 그러나 고흐도, 바르톡도 결코 실패하지 않았습니다. 그들이 창안한 세계는 사람들로 하여금 그림이나 음악을 새로운 방식으로 창안하고 영유하게 함으로써, 새로운 감각과 감응이 수반된 새로운 삶으로 변용하고 촉발했던 것입니다.

혁명 또한 다르지 않습니다. 그것은 대개 기존의 권력을 부정하고 '파괴'하고자 겨냥하지만, 그것이 목표인 경우는 없습니다. 혁명이란 새로운 인간관계, 새로운 삶의 방식, 새로운 종류의 세계를 구성하고자 창안하는 것입니다. 그러나 그것은 필경 기존의 지배적 삶의 방식, 기존의 인간관계를 유지하고 보존하려는 낡은 권력과 대결하지 않을 수 없으며, 이로 인해 전복과 '파괴'라는 부정적 형식을 수반하는 것이지요.

확실히 이런 의미에서 탈주선은 그 자체로 긍정적일 뿐만 아니라 다른 선들에 앞서 존재하는 선입니다. 즉 그것은 절대적 탈영토화와 함께 있는 최초의 선입니다. "분명한 것은, 탈주선이 나중에 오는 것이 아니며, 애초부터 거기에 있다는 것이다. 비록 그것이 시기를 기다리고, 다른 두 선의 파열을 기다리고 있다고 해도 말이다."(MP, 250; I, 215)

반면 유연한 선분성의 선은 탈주선과 달리 상대적 탈영토화에 의해 진행되며, 결국은 경직된 선분성의 선으로 재영토화를 허용하는 타협이라고 말합니다(MP, 250; I, 215). 결국은 보안회사나 정보기관 등에 취직하는 해커들이 그런 경우겠지요. 알다시피 해커들은, 스스로들 말하듯이 무언가를 파괴하고 혼란시키기 위해 활동하는 사람이 아닙니다. 다만 기존의 것, 특히 지배적인 지위를 차지한 프로그램이나 보안 시스템의 절단선을 통과해서 무언가를 획득하려는 욕망을 갖고 있을 뿐이지요. 그러나 그것은 필경 그 몰적인 선분들의 벽과 충돌·대립하게 되고, 거기에 출구를, 구멍을 뚫고자 하게 됩니다. 아마도 이런 문제의식이 '리눅스'나 '냅스터'의 유명한 사례처럼, 프로그램의 자유로운 공유와 접속을 통해 새로운 삶의 장을 만들려는 시도로 이어진다면, 이는 분명 긍정적 탈주선을 그린 것이라고 할 수 있을 겁니다.

그러나 많은 경우, 몰적인 선분성의 선에서 포착할 수 없는 움직임을 만들고 국가장치나 자본의 보안체제와 대결하던 이들이 다시 몰적인 권력에 포섭되어 보안회사에 들어가거나 국가장치에 포획되는 사례들이 마치 개과천선한 악인이라도 되는 양, 혹은 자신의 능력을 공인받았다는 징표라도 되는 양 자랑스레 선전됩니다. 이런 경우로 인해 이젠 심지어 그렇게 취직하기 위해 자신의 능력을 '알려주려고' 해킹을 하는 사람도 있는 것처럼 보입니다. 정말 어이없고 한심한 일입니다. 그럼에도 불구하고 리눅스나 냅스터처럼 새로운 삶의 가능성을 연 경우가 보여주듯이, 유연한 선분성의 선이 갖는 양의성이 이와 반대 방향으로 결합할 가능성으로 이어질 수 있음 또한 누구도 부정할 수 없을 것입니다.

여기서도 보이는 것처럼, 세 가지 선은 그 자체로 어떤 초월적인 지위를 갖지 않으며, 다른 선에 의해 침범되지 않는 고유영역을 형성하지도 않습니다. 몰적인 선분성의 선과 분자적 선분성의 선이 겹치거나 중첩되는 것, 혹은 어긋나며 교차하는 것도, 탈주선과 분자적 선분성의 선이 겹치거나 교차하고 때론 방해하기도 하는 것도, 혹은 탈주선과 몰적인 선분성의 선이 상호결합되거나 상호촉발하는 경우조차 있습니다. 그리고 심지어 상이한 탈주선들이 서로 촉발하는 경우도, 혹은 반대로 부딪치고 충돌하여 방해하는 경우도 얼마든지 있을 수 있습니다. 이런 의미에서 세 가지 선은 서로 내재적인(immanent) 연관을 갖는다고 할 수 있습니다. 이를 저자들은 세 가지 선의 상호내재성이라고 말합니다.

어떤 선도 초월성을 갖지 않으며, 각각의 선은 다른 선들 속에서 작동한다. 어디에나 내재성이 있다. 탈주선은 사회적 장에 내재해 있다. 유연한 선분성은 경직된 선분성의 응고물을 끊임없이 분해하지만, 자신의 수준에서 자기가 분해한 것을 재구성하는데, 미시적 오이디푸스, 미시적 권력 형성체, 미시적 파시즘 등이 그것이다. 탈주선은 두 가지 선분적 계열을 파열시키지만, 그 이상의 위험을 초래할 수 있으니, 벽에서 다시 튀고, 검은 구멍에 다시 빠지고, 거대한 퇴행의 길을 취하고, 멋대로 빗나가면서 가장 경직된 선분을 재구성할 수도 있다.(MP, 251; I, 215)

저자들은 이 세 가지 선에 대응하는 세 가지 유형의 '인물'을 들고 있습니다. 첫번째인 몰적 선분성의 선에서는 다른 개체면서도 서로 간에 정확하게 대응하여 하나처럼 동일하게 행동하는 '커플'이라는 이항적 기계가 발견된다면, 두 번째로 분자적 선분성의 선에서는 같아 보이지만 다르게 움직이는, 그러나 독립적이라기보다는 보충적인 '분신'이라는 이항적 기계가 발견됩니다. 세 번째인 탈주선에서는 선분적 선의 심연을 감시하는 감시자로부터 벗어난, 혹은 선분적 지각능력을 벗어난 '잠행자'가 발견됩니다. 그렇지만 이 세 가지 인물 역시 세 가지 선이 서로 얽히고 이행하는 것과 마찬가지로 혼합되고 이행합니다. "첫번째 선분성의 〈커플(le Couple)〉, 두 번째 선분성의 〈분신(le Double)〉, 탈주선의 〈잠행자(le Clandestin)〉, 이들 사이에서 가능한 혼합과 이행이 수다하게 일어난다."(MP, 251; I, 216)

마지막으로 각각의 선에는 고유한 위험이 있다고 합니다. 이 위험에 대한 분석과 연구는 세 가지 선의 교착과 혼합을 연구하는 것만큼이나 창조적이고 자유로운 삶을 구성하는 데 매우 중요합니다. 먼저 첫번째 선에서의 위험은 몰적 선분성에 따라 그 선분을 통과하는 모든 것이 동일화되는 것, 그리하여 획일화되는 것이며, 더불어 '이것이냐 저것이냐'의 이항적 선택, 그리고 몰적 선분성의 요구에 부합하지 않는 것을 배제하는 것이 그 선에서의 또 다른 위험입니다. 아마도 여기서 몰적 선분성의 경직성이 개선될 수 있기를 기대한다면, 그리하여 그 개선 가능성에 희망을 걸어본다면, 예전에 로자 룩셈부르크(R. Luxemburg)가 베른슈타인(E. Bernstein)에 대해 던졌던 비판이 적당할 것입니다. "그것은 벽돌을 하나씩 빼서 집 전체를 부수겠다는 발상"이라는 비판 말입니다.

두 번째 선에서의 위험은 이미 말한 것처럼 양의성입니다. 유연한 움직임을 포착하는 '자세히 보는 자'처럼 유연한 선분성을 그리는 경우에는, 한편으론 몰적인 선분성에 분자적 움직임을 가두고 포획하는 방향과, 다른 한편으론 그 동요와 진동을 따라가면서 공감하고 그것이 새로운 삶의 싹을 틔울 수 있도록 하는 방향을 동시에 향하고 있습니다. 가능성이 두 방향으로 열려 있지만, 그렇기에 두 방향 사이에서 주저하며 선택해야 합니다. 그렇지만 여기서 본질적인 것은 경직된 선으로 재영토화될 위험, 혹은 경직된 선으로 탈주선을 연결시킬 위험, 혹은 한없는 방황과 도피 속으로 끌려들어갈 위험 등등입니다. 양의성의 위험이란 그 능력이 두 방향으로 열려 있다는 것의 위험이 아니라, 그것이 바로 이런 '나쁜' 방향을 향할 위험이란 점입니다.

세 번째로 탈주선에 고유한 위험이 있습니다. 그것은 고흐가 보여주었던 것처럼, 그 자체로 긍정적이고 창조적인 선을 그림에도 불구하고 선분적인 선들의 억압이나 무시, 외면이나 배제 등에 의해 '실패'로 귀착될 위험, 그리하여 스스로 창조한 것들을, 그 창조적인 삶을 '실패'요 '패배'라고 자인하여 절망할 위험, 그리하여 결국은 자살이나 죽음으로 이어질 위험, 바로 그것이 탈주선에 고유한 위험입니다. 탈주선이 죽음의 선으로 이어지는 것, 그것은 아마도 다른 어떤 위험에도 비할 수 없는 최악의 위험이라고 할 수 있을지도 모릅니다. 아마도 이것이, 탈주선이 제공하는 "그 기쁨(joie)의 메시지에도 불구하고, 왜 저토록 특유한 절망을 담고 있는 것일까?" (MP, 252; I, 216) 하는 질문을 하게 하는 것인지도 모릅니다.

이상에서 세 가지 선이라는 개념을 중심으로 다양한 개념들과 그것의 복합, 그리고 각각에 고유한 위험에 대해서 살펴보았습니다. 이는 저자들이 자신들에 붙인 이름인 '분열분석'의 중요한 요소들인데, '미시정치학'을 다루는 다음의 고원에서 다른 방식으로 다시 만나게 될 것입니다.

9장 | 미시정치학과 선분성: 거시정치와 미시정치

9

미시정치학과 선분성:
거시정치와 미시정치

《천의 고원》의 9장에서는 세 가지 선에 대해 서술했던 그 앞장과 이어지면서 경직된 선분성의 선과 유연한 선분성의 선, 혹은 몰적인 선분성과 분자적 선분성이라는 두 가지 유형의 선분성과 그 선분성 위를, 혹은 그 사이를 가로지르며 흘러다니는 양자적 흐름에 대해서 좀더 진전된 논의를 진행하고 있습니다. 그리고 탈영토화된 흐름을 포획하여 선분적인 동일성을 부여하는 양상은 결국 그러한 선분마다 작동하는 권력의 문제라는 것을 분명히 하고 있으며, 그 권력의 중심(초점)은 흐름의 선과 선분성의 선이 만나는 선분들의 양 '끝점'에 있다는 것을 보여줍니다.

미시정치학을 직접적인 주제로 다루는 이 장에서 우리가 통상 익숙해져 있는 '정치학'의 주제와 관련하여 특히 주목할 만한 것 가운데 하나는 '대중(masse)'이라는 개념입니다. 계급이 몰적인 선분성의 선과 관련된 것이라면, 대중은 분자적인 선분성의 선 내지 분자적 흐름과 결부된 것입니다. "한편으로는 변이, 탈영토화의 양자, 접속, 자극을 갖는 대중 내지 흐름이, 다른 한편으로는 이항적 조직화, 공명, 통접 내지 축적, 어떤 하나로의 초코드화를 갖는 계급 내지 선분들이 그것"입니다(MP, 270; I, 232).

> 대중은 분자적인 개념으로서, 계급의 몰적 선분성으로 환원될 수 없는 유형의 선분화로 진행된다. 그러나 계급들은 대중들을 분명히 구별하고 그들을 응결시킨다. 또한 대중들은 계급들로부터 연원하며 거기서 흘러나온다.(MP, 260; I, 224)

사실 계급과 대중이란 이처럼 개념적으로 분명히 구별되진 않았지만, 맑스주의 혁명이론에서 매우 중요한 개념이었고, 많은 사람들에 의해 발전되어온 개념입니다. 이는 '대중의 자발성'이란 개념을 통해 당이나 조합과 같은 거시적 조직(몰적 조직)으로 환원 불가능한 대중의 흐름을 포착하고자 했던 로자 룩셈부르크나,[1] '대중노선'이란 개념을 통해 대중에 직접적 일차성을 부여했던 마오(Mao)의[2] 경우를 상기하는 것만으로 충분합니다.

그런데 들뢰즈와 가타리는 노동자나 피억압민중에 대해서 사용되는 '대중'이란 개념을 좀더 확장해서 분자적인 운동, 분자적인 흐

---

[1] R. Luxemburg, "Mass Strike, Party and Trade Unions," D. Howard ed., *Selected Political Writings of Rosa Luxemburg*, Monthly Review Press, 1971.
[2] 모택동, 〈지도방법에 관한 몇 가지 문제〉, 중국공산당 중앙문헌편집위원회 편, 이희옥 역, 《모택동 선집》, II, 전인, 1990.

름을 형성하는 모든 경우에 사용할 수 있다고 합니다. 즉 대중이라는 개념이 피억압대중뿐만 아니라 영주 대중, 부르주아 대중처럼 착취계급에 대해서도 사용될 수 있으며, 나아가 인간뿐만 아니라 화폐처럼 — '화폐대중(monetary mass)'? '통화량'이 되나요? — 흐름의 양상으로 존재하는 모든 것에 대해 사용될 수 있다고 함으로써 대중을 분자적 흐름에 관한 개념으로 새로이 정의합니다(MP, 270; I, 232).

이는 '대중'이라는 개념을 사용할 수 있는 모든 흐름이 미시정치학의 대상이 된다는 것을 함축합니다. 정치학의 중심문제라는 점에서 대중의 문제가 욕망 내지 믿음의 흐름, 혹은 화폐의 흐름 등과 같이 어떤 흐름을 선분적인 선 안에 포획하는, 선분성과 권력에 대한 문제로 변환되는 겁니다. 여기다 마지막에 추가하고 있는 네 가지 위험에 대한 서술을 고려한다면, 이러한 문제가 앞서 《안티 오이디푸스》에서 '정치학의 근본문제'라고 명명했던 의문에 대해 대답하려는 시도라는 것을 이해할 수 있을 겁니다. "욕망이 자신에 대한 억압을 욕망하는 이유는 무엇이며, 그것은 또 어떻게 자신의 억압을 욕망할 수 있는 것일까?"(MP, 262; I, 225)

첫번째 강의에서 들뢰즈/가타리를 소개하면서 말했던 것처럼, 이 질문은 그들이 1972년에 출간된 《안티 오이디푸스》에서 이미 던졌던 '화두'입니다. 일찍이 스피노자가 던졌던 바 있고, 그 뒤에 카프카가 던진 바 있으며, 히틀러를 지지하는 대중들을 보면서 결정적으로 라이히가 던졌던 질문, 바로 그 질문을 이들 또한 다시 던지고 있는 것이며, 그에 대답하려는 것입니다. 이 고원에 직접 '미시정치학과 선분성'이란 제목을 달았던 이유도 그런 맥락에서 보면 쉽게 이해할 수 있을 겁니다.

1. 선분성의 양상들
1) 선분성

이 고원은 선분성(segmentarité)에 관한 명제로 시작하고 있습니다. "우리는 모든 방향에서 선분화되어 있다. 인간은 선분적인 동물이다."(MP, 254; I, 218) 처음 들으면 당혹스러울 수도 있는 이 명제가 여러분에게는 그다지 낯설게 느껴지지 않을 겁니다. 이미 선분적인 선들에 대한 것을 지난 시간에 말한 바 있고, 그와 관련된 개념들을 사용하는 데 어느 정도 익숙해졌을 것이기 때문입니다. 따라서 선분성을 일반화해서 말한 이 명제를, 대개는 동물이나 다른 생물에겐 없는 어떤 특성을 통해, 다시 말해 자기만이 갖고 있는 어떤 특성을 통해 인간을 정의하고, 그것이 무슨 인간의 타고난 우월성에 대한 증명이라도 되는 양 뿌듯해하는 인간학적 관념으로 오해하진 않을 거라고 믿습니다. 차라리 이 명제를 듣고 인간의 고유한 불행에 대해 떠올리는 거라면, 비록 옳다곤 못하더라도 이해할 순 있겠습니다.

선분화된 양상은 우리의 삶 모든 곳에서, "모든 방향에서" 발견할 수 있습니다. "선분성은 우리를 구성하는 모든 지층에 포함되어 있다. 거주, 왕래, 노동, 놀이. 체험은 공간적으로, 사회적으로 선분화되어 있다. 집은 그 방에 할당된 목적에 따라 선분화되어 있다. 길은 도시의 질서에 따라 선분화되어 있고, 공장은 거기서 수행되는 노동과 작업의 성질에 따라 선분화되어 있다."(MP, 254; I, 218~19) 이는 우리가 사는 집만 봐도 쉽게 알 수 있지요. 침실, 거실, 부엌, 화장실, 이런 식으로 집은 공간적으로 선분화되어 있습니다. 집의 공간적 분화가 시작되었던 서양의 궁정시대에는 더욱더 복잡하고 더욱더 세밀하게 분화된 많은 방들이 있었습니다. 살롱(salon), 갤러리(galérie), 베스티뷸(véstibule), 샹브르(chambre), 대기실(anti-chambre), 샹브르 드 소시에테(chambre de société), 샹브르 드 파라드(chambre de parade), 부두아(boudoir), 화장실(변소가 아닙니다!), 캬비네(cabinet), 의상실(garde-robe), 식당, 침실 등등 수많은 선분화된 단위들로 주거공간이 분할되어 있었습니다.[3] 조선조 양반들의 주거공간도 그렇지요.

하나의 방에서 자기도 하고, 식사도 하고, 모임을 갖기도 하고, 아이를 재우기도 하고, 하나의 침실에서 주인과 손님, 하인이, 그리고 여자와 남자가 섞여서 자는 중세의 공간에서라면 아마도 다르게 말해야 할 겁니다. 물론 그 경우에도 '방'과 홀이라는 두 개의 선분이 있었던 것이고, 안과 밖이 분할되어 있다는 점에서 선분화되어 있었다는 사실에는 변함이 없습니다만, 기능과 목적에 따라 명확하고 뚜렷하게 구획하여 분할하는 것은 서양에서는 17세기 이래의 새로운 현상이었고, 방들의 분화가 상대적으로 훨씬 단순화된 19세기에 이르러서도 기능적 단일화라는 원칙은 그대로 존속하고 있지요. 집뿐만 아니라 사무실도, 학교도 모두 기능과 목적에 따라 선분적으로 분할되어 있습니다. 우리 연구실처럼 하나의 공간을 카페로도 썼다가 식당으로도 쓰고, 또 토론장으로 썼다가 강의실로도 쓰는 경우에는 대개 시간적으로 방의 기능을 선분화합니다.

도시의 길도 명확하게 선분화되어 있습니다. 특히 바로크 시대

---

(3) 이에 대해서는 이진경, 《근대적 주거공간의 탄생》, 소명출판, 2000, 103쪽 이하 참조.

이후 근대 도시가 그렇습니다. 광장을 만들고, 그 광장에서 방사상으로 뻗어나가는 도로를 만들며, 그 도로를 따라 블록을 만들어 블록마다 번호를 붙입니다. 번지수가 그것이지요. 전형적인 바로크 도시들은 이런 구조를 극적으로 보여주고 있습니다. 베르사유, 칼스루헤, 포츠담, 파리 등등. 특히 파리는 이런 도시적 선분화의 모델이 되었고, 19세기 후반 나폴레옹 3세의 지원 아래 진행된 오스망(Haussmann) 남작의 파리 대개조는 이런 양상의 극단을 만들어냈지요. 물론 르네상스 기에 구상된 '이상도시'들 또한 이런 기하학적 형태를 취하는 도시들이었지만, 실제로 만들어진 것은 얼마 되지 않지요.

공장에 대해선 길게 말하지 않아도 좋을 겁니다. 애덤 스미스가 《국부론》에서 제시한 분업의 강력한 효율은 작업에 따른 노동의 선분화가 갖는 생산성을 뜻하는 것이었습니다. 테일러는 이러한 작업을 시간 단위로 잘게 분할했고, 그 결과 노동시간은 초 단위 이하의 시간으로 분절된 선분들로 나누어지게 되었습니다. 그의 제자 길브레스(Gilbreth)는 자기 이름의 철자를 거꾸로 쓴 '서블릭(theblig)'이란 이름으로 하나의 동작을 더욱더 작은 선분들로 쪼갰고, 그 부분동작들의 최소동선을 연구했습니다. 미국의 도살업장에서 사용되다가 포드에 의해 전면적으로 발전하게 된 어셈블리 라인은 공장을 그러한 시간적 선분들에 대응되는 공간적 선분들의 체계로 만들었지요.[4]

---

[4] 이에 대해서는 이진경, 〈근대적 시간-기계와 공간-기계〉, 《근대적 시·공간의 탄생》, 푸른숲, 2002(제2판) 참조.

학교나 공장에서 사용하는 시간표는 그런 선분들로 시간이 분할되고 배열된 사태를 단적으로 잘 보여주고 있습니다. 아니, 어쩌면 그보다 더 먼저 캘린더(曆) 자체가 시간들의 선분화된 양상을 보여준다고도 하겠습니다. 이처럼 우리의 삶은, 그리고 그 삶을 직조하는 시간과 공간은 선분적으로 분할되어 있습니다.

아, 오해하지 말 것은 역법은 동양이나 서양, 마야의 아메리카처럼 대부분의 세계에 걸쳐 무척이나 오래된 역사를 갖지만, 실제로 그러한 역의 선분들이 사람들의 일상적인 삶을, 지금 우리가 알고 있는 것처럼 세세하게 분할하고 선분화한 것은 그리 오래되지 않았습니다. 태양의 움직임에 따라 하루의 시작과 끝, 그 중간부분들을 대충 나누었던 시기의 선분화는, 밤과 낮의 대비를 제외한다면, 사실은 아주 느슨한 것이어서 '선분'이란 말을 쓰긴 어렵습니다. 선분이란 양끝이 분명하게 절단되어 있는 직선이고, 이런 점에서 명확한 절단이야말로 선분의 중요한 특징이기 때문입니다. 그러나 명확한 절단이란 정확한 시점을 정하는 문제라기보다는, 아무리 인접한 것이라도 이게 노동시간인지 휴식시간인지, 이게 침실인지 거실인지를 분명하게 구별하는 것을 의미합니다.

이것이 바로 저자들이 굳이 수학적인 기원을 갖는 '선분(segment)'이란 개념을 사용한 이유지요. 시작과 끝이 명확한 선, 그래서 시작한 점을 통과했다면 이 선분의 끝점을 통과하기 전까지는, 이전 선분과는 구별되는 이번 선분의 요구에 정확하게 따르는 것, 복합적이고 이질적인 삶의 흐름을 이처럼 명확한 끄트머리를 갖도록 '절단'하는 것, 이것이 바로 '선분'이란 개념을 통해서 저자들이 특별히 개념화하고 싶었던 것일 겁니다.

결국 '선분성'이란 선분적인 절단에 의해 작동하는 이러한 특징을 의미하는 거라고 하겠습니다. 이것은 선분성이란 개념이 '미시정치학'이란 주제와 직접 결부되어 다루어지는 이유입니다. "지금은 쉬는 시간이 아니야!" 알다시피 이것은 노동시간임을, 혹은 수업시간임을 상기시키는 말입니다. 이 말에는 "일해!" 혹은 "공부해!" 같은 '명령어'가 잉여적으로 포함되어 있습니다. "여긴 식당이다. 밥 먹는 곳이지." 이 역시 "책 덮어!"라는 명령어를 포함하고 있는 문장입니다. 선분적으로 분할된 삶에서, 지금 당신이 속한 선분이 어떤 선분인가를 확인하고 상기시키는 모든 언표에는 이처럼 현재의 선분성에 행동을 일치시키려는 '명령어'가 포함되어 있습니다. 선분성이란 이런 명령어를 포함한다는 말이지요. 그리고 대개는 그 명령어에 따르지 않으면 안 될 조건들을 구비하고 있습니다. 다양한 종류의 징벌들이 준비되어 있지요.

이런 의미에서 선분성은 명령어와 동일하게 명령하고 강제하며 집행하는 권력을 포함하고 있습니다. 이전에 오스망이 도로를 일자로 펴기 위해 파리 시의 건물들을 때려부수고 새로 건축함으로써 직선이 권력을, 아니 폭력을 함축하고 있음을 보여주었다면, 이들은 선분성에 대한 미시정치학을 통해, 오스망과는 반대되는 방향에서지만, 선분이 권력을 함축하고 있다는 것을 보여준다고도 할 수 있을 듯합니다.

2) 선분성의 세 형태

이러한 선분성에는 세 가지 상이한 형태가 있다고 합니다. 이항적 선분성, 원환적 선분성, 그리고 선형적(직선적) 선분성이 그것입니다. 먼저 이항적 선분성은 거대한 이원적 대립에 따른 선분화로 정의됩니다. 남자와 여자, 어른과 아이, 선생과 학생, 부르주아와 프롤레타리아, 성직자와 평신도, 상관과 부하 등등. 이런 이분법적인 범주들이 모두 여기에 해당되지요. "저게 남자야 여자야?", "아니, 머리에 피도 안 마른 게 무슨 연애야!" 게다가 이런 선분성에는 대개 그 중 하나는 우월한 것이고 다른 것은 열등한 것이라는 평가, 혹은 하나가 명령하면 다른 하나는 따라야 하는 요구, 혹은 하나는 좋은 것, 다른 것은 나쁜 것이라는 식의 가치평가가 개재되어 있습니다. 이를 통해 선분들 간의 관계 안에서 지배와 피지배의 관계들이 작동하게 되는 셈이지요.

두 번째로 원환적인 선분성이 있습니다. 이것은 선분들이 원환을 이루면서 존재하는 경우에 해당됩니다. 그러나 여기서 원환이란 '하나의 점에서 같은 거리에 있는 점들의 집합'이라는 유클리드 기하학의 엄격한 원이라기보다는, 하나가 다른 하나를 포함하는 방식으로 구분되는 관계를 지칭합니다. 물론 하나의 중심을 가질 수도 있겠지만, 중심이 복수일 수도 있고 명확하지 않을 수도 있으며, 중심이 있다고 해도 언제나 동심원을 그리는 포함관계만은 아닌 그런 환상(環狀)의 관계지요. 그래서 원환적 선분성은 확장되는 원환, 점점 확대되는 원반이나 환상(環狀)조직을 이루는 선분화로 정의되지요. 예를 들면 나, 우리 가족, 내가 사는 동(洞), 구(區), 시(市), 나라처럼 영토적으로 확장되는 원환적 선분이 있을 수도 있겠고, 나를 둘러싼 반, 학년, 학교의 동심원적 원환과, 나와 내가 속한 반을 문과·이과로 분할하는 계열로 확장되는 동심원적 원환이 중간에서 분기하며 교차하는 원환적 선분성이 있을 수 있습니다. 또 이와 달리 나에서 시작하여 인접성의 정도에 따라 촌수(寸數)로 표시되는 친족관계의 원환들과, 가문의 '시조'에서부터 장자들을 중심으로 항렬(行列)에 따라 확장되는 원환들의 계열이 전체를 포괄하면서도 다른 중심을 가지며 중첩되는 친족관계의 원환적 선분들이 있을 수도 있지요.

세 번째는 선형적 선분성입니다. 여기서 '선형적'이란 말은 '직선적'이라고 번역하는 것이 더 나을 수도 있겠네요. 선분들이 직선을 이루면서 차례대로 배열되어 있는 경우를 말하니까 말입니다. 즉 직선의 각 선분이 일종의 '절차(procès)'를 표시하면서 직선적으로 (선형적으로) 선분화되어 있는 양상을 선형적 선분성이라고 하지요. 가족, 학교, 군대, 직장 등으로 순차적으로 이어지는 선분들이 그것입니다. "우리는 하나의 절차(소송)를 끝내자마자 또 다른 절차를 시작한다. 가족에서 학교로, 군대로, 직장으로, 언제나 절차를 밟으며, 또 절차에 따라 밟히며."(MP, 254 ; I, 219)

우리들의 삶은 집 내지 가족이란 선분에서 학교로 이어지고, 또 학교를 다니다가 군대에 가며, 군대를 마치면 직장에 다니게 됩니다. 이런 식으로 선분들이 선형적으로 이어집니다. 이러한 선형적 선분성의 경우 우리는 두 개의 선분에 동시에 속해서 활동하기 힘들지요. 물론 동시에 여러 개에 속할 수도 있습니다. 가족에도 속하면서 동시에 직장인이고, 야간에는 학교를 다니는 학생일 수도 있으니까요. 그렇지만 학교를 다니면서 동시에 직장에서 일할 수는 없고, 직장에 다니면서 군대를 다니는 것은 곤란한 일종의 '배타성'이 있지요. 그렇기 때문에 군대에서는 "여기가 학교인줄 알아!"라고 외치면서 현재 속한 선분을 상기시킵니다. 그것은 '여기는 학교가 아니라 군대다. 군대에 걸맞는 행동을 하라'는 요구지요.

이항적 선분성이 대개 "이것이냐 저것이냐"를 물으면서 둘 중 오직 하나에만 속할 것을 요구하며 절단한다면, 원환적 선분성은 크기를 달리하는 선분들에 동시에 속하게 되는 포함관계를 형성하면 절단하고, 직선적 선분성은 이것과 저것에 동시에 속할 수 있지만, 순차적인 절차에 따른 일의성을 요구하며 절단합니다. 이처럼 세 가지 선분성이 다르긴 하지만, 많은 경우 이 세 가지 형태의 선분이 동시에 우리를 관통합니다. 남자인 동시에 김해 김씨 몇 대 손이고, 직장을 다니는, 한 가족의 가장인 동시에 빈번하게 부모에게 전화라도 걸어 자식임을 확인해야 하는 어떤 사람은, 이 세 가지 형태의 선분성에 동시에 속해 있다고 해야지요. 물론 때론 그 중 한 선분이, 때론 다른 한 선분이 중요하게 부상되고, 또 때론 원환적 선분에서 직선적 선분으로 이동하기도 하며 살겠지만 말입니다.

2. 선분성의 두 유형

지금까지 선분성의 세 가지 형태에 대해 이야기했는데, 이와 달리 선분성의 두 가지 유형을 구별해야 합니다. 여기서 형태는 'forme'을 번역한 것이고, 유형은 'type'을 번역한 것이에요. 형태가 말 그대로 형태적인 차이에 따라 선분들을 구별한 것이라면, 유형은 선분성이 작동하는 양상에 따라, 혹은 이렇게 말해도 좋다면 '질적인 양상'에 따라 구별한 것이라고 할 수 있을 듯합니다. 선분성의 두 유형은 사실 지난 시간에 이미 말한 것인데, 하나는 이른바 '원시적이고 유연한 유형'이고, 또 하나는 '근대적이고 경직된 유형'입니다. 여기서 '원시적'이니 '근대적'이니 하는 말은 일반적인 의미, 사람들이 통상적으로 쓰는 의미에 따라 '대충' 사용한 것이며, 엄격한 역사적인 시기구분의 범주는 아닌 듯합니다. 그러니 여기서 경직된 유형이 꼭 '근대'에만 나타나는가 하고 질문하진 마세요.

이처럼 선분성의 유형을 구별한다면, 각각의 선분적 형태들마다 질적인 차이들에 의해 상이한 유형의 선분이 있을 수 있음을 쉽게 알 수 있습니다. 그래서 이항적 선분성, 순환적 선분성, 선형적 선분성, 각각의 경우 모두 두 유형의 선분성이 있다고 해요. 뒤집어서 두 유형의 선분성 모두 세 가지 형태의 선분성에 따라 다시 구별될 수 있다고 해도 되겠지요.

1) 이항적 선분성의 두 유형

이항적 선분성의 경우를 먼저 볼까요? 원시사회에도 남녀의 대립, 상·하층의 대립 같은 이항대립은 존재하며, 어쩌면 더욱더 강력하게 존재한다고도 할 수 있을 겁니다. 차별의 강도, 분절의 강도가 훨씬 더 강할 수 있지요. 하지만 이 경우에는, 가령 남녀 간의 이항적인 선분성은 이항적이지 않은 배치의 산물이라고 합니다.

레비-스트로스는 이러한 사실을 잘 보여주었다고 할 수 있습니다. 예를 들어 남녀의 사회적 이항성의 원칙은 각자가 자신의 배우자를 다른 부족으로부터 구해야 한다는 원칙을 가동시킵니다. 그런데 이를 통해서 레비-스트로스가 보여준 것은, 결혼하는 남녀가 서로 다른 집단에 속할 것을 요구하는 이러한 이항적인 혼인규칙을 위해선, 적어도 셋 이상의 상이한 집단이 존재해야 한다는 것입니다. 알다시피 집단이 둘이면 외혼(外婚)이 지속될 수가 없어요.

가령 남자가 A족에 속하고 여자가 B족에 속한다면, 이들 사이에 나온 아이는 누구와 결혼해야 할까요? 만약 이 사회가 부계사회였으면 아들은 A족에 속하는데, 그가 다른 부족과 결혼하려면 다시 B족에 속한 여자를 구해야 합니다. 이렇게 되면 자기 어머니의 가족들과 결혼해야 된다는 결과가 나오지요? 이것이 외혼을 요구하는 규칙에서 벗어난다는 것은 분명합니다. 하지만 그 자체론 결혼할 수 있을 듯이 보이기도 하지요. 그러나 좀더 극한적으로 밀고가 보면 그것이 불가능하다는 게 확연하게 드러납니다.

가령 성서의 〈창세기〉에 나온 것처럼 신이 아담과 이브라는 두 남녀를, 한 쌍의 이항기계만을 창조했다고 합시다. 그리고 두 남녀는 결혼해서 아이를 갖게 될 겁니다. 그런데 아담과 이브의 아이들은 대체 누구와 결혼해야 할까요? 형제끼리? 근친상간의 도덕적 죄악에 대해서 묻지 않는다고 해도, 이는 외혼의 규칙에 정면으로 위배됩니다. 남자의 가족과 여자의 가족이 구별되지 않게 되지요. 그리고 그렇게 해서 가족이 구성되면 '호칭의 체계'가 일의적으로 구성되지 않습니다. 어머니가 장모가 되고, 형이 처남이 되는 식이 되기 때문에 친족적인 관계가 일의적으로 구성되지 않지요. 그렇다면 친족 내지 가족적 질서란 불가능합니다.

따라서 남녀의 이항기계가 제대로 작동하려면 최소한 세 개 이상의 부족이 있어야 합니다. 신이 인간을 제대로 만들려면 애시당초 최소한 셋 이상의 인간을 만들었어야 하고, 오직 하나의 순수한 혈통을 갖는 부족을 만들어선 안 되며, 최소한 세 개 이상의 상이한 부족을 만들었어야 한다는 겁니다.

이런 이유에서 원시사회에서 남녀의 이항적 선분성은 적어도 세 개 이상의 선분을 통해서 존속할 수 있는 것이며, 이항성은 이항적이지 않은 것의 결과라는 것입니다. 이런 원칙을 레비-스트로스는 좀더 밀고나가, 가족관계가 아버지와 어머니, 그리고 거기서 나온 나의 세 항으로 구성되는 게 아니라, 어머니의 남자형제인 외삼촌까지 고려해야 한다는 것을 보여주었습니다. 그래서 아버지와 자식의 관계가 엄격한가 부드러운가 하는 이항성은 최소한 4개의 항이 복합되어 작동하는 관계라는 것을 보여주었습니다.

반면에 근대사회, 혹은 국가사회의 고유한 특징은 "이항적인 선분성이 일대일 대응관계 및 계속적인 이항적 선택에 의해서 진행되며, 그 자체로 기능하는 이항적 기계에 의해 작동하는 것"이라고 합니다(MP, 256; I, 220). 가령 계급과 성은 둘씩 짝을 이루어 이항적 선분성을 형성합니다. 부르주아지와 프롤레타리아트, 남과 여의 이항기계가 그렇습니다. 물론 여기에도 삼분할 현상이 있지만, 이는 이원적인 것의 변형에서 기인하는 것이란 점에서 이항적 선분과 연속적이라고 합니다. 원시사회의 경우에 이원성이 셋이나 그 이상의 분할의 결과물이었다면, 근대사회에서는 이항성이 3항성이나 그 이상의 항들을 만들어낸다는 겁니다.

앞서 얘기했던 혼인규칙과 관련해서 말한다면, 혼인관계를 형성하는 근대적인 원칙은 아마도 두 사람의 남녀가 사랑해서 결혼한다는, 이른바 '낭만적 사랑'이라고 할 수 있을 겁니다. 여기에서 가문이나 가족은 '본질적으로' 부차적입니다. 물론 아직도 부와 권력을 교환하거나 결합하기 위해 이루어지는 권력가나 재벌 가문들의 결혼이 있지만, 이는 많은 경우 경멸이나 비난의 대상이 되지요. 그렇게 결혼하는 사람들조차 결혼이란 가족 간의 교환관계라는 레비-스트로스 식의 규정을 받아들이지 않으며, 경제적 교환을 위한 결혼조차 사랑을 통한 결혼으로 포장하고 싶어합니다. 요컨대 근대적인 결혼이란 결혼하는 남녀의 사랑에 따라 이루어지는 가족적 결합이라는 겁니다.

물론 이 경우에도 외혼의 원칙은 존속하고 있지 않느냐고 할지도 모릅니다. 그러나 그것은 지금 결혼을 규정하는 일차적인 힘을 행사하지 못합니다. 예를 들어 한국의 경우 동성동본(同姓同本) 간의 혼인을 금지하는 규칙이 있었지만, 이를 심각하게 받아들이는 사람은, 민법 상의 이 조항을 폐기하자는 주장이 제기될 때마다 시골에서 올라와 시위하는, 갓 쓰고 도포 입은 노인들처럼 완고하고 보수적인 노인들에 국한된다고 해도 좋을 정도로 약화되었고, 몇 년마다 정기적으로 행해지고 있는, 동성동본 부부를 합법화해주는 조치를 통해서 실질적으로 무효화되었지요. 서양의 경우에는 사촌 간의 결혼조차 허용되어 있지요.

결혼과 관련해서 나타나는 근대의 '비정상'의 형태, 아니 이항적 선분을 벗어난 경우들은 전혀 다른 것들입니다. 지금 서양은 물론 우리가 사는 이 세계에서도 많은 관심을 끌고 있는 것이 동성애 문제나 동성애 부부를 합법화하는 문제지요. 즉 동성애를 비롯해서 남/녀의 이항적 선분성에서 벗어나는 다른 형태의 사랑과 결혼 들이 있습니다. 19세기 말이나 20세기 전반기만 해도 동성애는 오스카 와일드나 하벨록 엘리스처럼 남녀 간의 사랑만을 배타적으로 인정하는 강력한 이항기계에 의해서 처참하게 절단되었고, 질병화하거나 범죄화하는 이런 절단은 사랑과 결혼의 이항적 선분을 유효하게 작동시켰지요.

하지만 알다시피 지금은 서양에선 동성애를 정상적인 사랑의 일부로 인정하게 되었으며, 동성애 부부를 합법화하는 조치들이 법제화되고 있지요. 심지어 동성애 부부가 아이를 입양하는 문제까지 합법화될 가능성이 보이고 있지요. 한국에서도 동성애 문제는 트랜스젠더와 더불어 수많은 사람들이 관심을 갖고 있는 문제가 되고 있습니다.

그런데 여기서 동성애가 정의되는 방식을 보면, 어디서든 남녀의 이항적인 연애관계를 기초로 하여, 그것의 한쪽 항을 동성으로 대체하는 것으로 정의되고 있습니다. 남성과 여성이라는 이항적 선분의 변형으로서 남자와 남자, 혹은 여자와 여자의 결합이라고 정의된다는 점에서 이항기계의 변형일 뿐이라는 겁니다. 트랜스 젠더 역시 마찬가집니다. 이는 남성이나 여성이냐에서 타고난 성을 다른 반대의 성으로 전환한 사람으로 정의됩니다. 어디서도 남성과 여성을 구별하는 이항적 선분 자체는 변함없이 존속하며, 다만 그 선분들이 작동하는 양상에서 약간의 변화를 용인하고 있다는 것이지요. 아마 언젠가 동물과의 사랑, 혹은 동물과의 결혼이 동성애에 이어 새로이 문제로 제기된다면, 그때에도 아마 남성과 여성이란 이항적 선분을 통해 동물이 남성 '역할'인가, 여성 '역할'인가를 따지게 될지도 모릅니다.

이항적 선분성이 셋 이상의 분할을 규정하는 것은 계급의 경우도 마찬가지지요. 이는 맑스주의 계급이론에서 아주 두드러지게 나타납니다. 맑스주의 이론에서 계급은 본질적으로 둘입니다. 부르주아지와 프롤레타리아트. 하지만 실제로는 지주나 자영업자, 혹은 중산층 등과 같은 다른 계급들이 존재하지요. 계급이 본질적으로 둘이라는 것은 이 모두가 두 계급으로 환원 가능하다는 말입니다. 자본가적 경영을 하는 지주는 자본가계급, 소작농은 반(半)프롤레타리아 하는 식으로 말입니다. 그렇지만 불가피하게 중간층을 설정하지 않을 수 없습니다. 신중산층이나 소상품생산자, 자영업자 같은 소부르주아 등과 같이, 부르주아지라고 하기도 곤란하고 노동자계급이라고 하기도 곤란한 층들이 있기 때문입니다. 그래서 '중간계급'이나 '중간층'이라는 말을 사용합니다. 이런 점에서 중간계급은 하나가 아니라 복수인 셈이지요.

그러나 중간층이나 중간계급에 대한 '정통' 맑스주의 계급이론은 이 중간층 역시 부르주아지와 프롤레타리아트라는 두 개의 계급으로 환원할 수 있다고 봅니다. 어떤 이름으로 불리든 중간계급은 부르주아지와 프롤레타리아 중간에 있는 자, 그래서 프롤레타리아적인 속성과 부르주아지의 속성을 동시에 갖는 양면적인 존재라고 하지요. 프티 부르주아지에 대한 정통적인 정의도 그렇습니다. 그래서 이들은 언제나 두 계급 사이에서 동요하는 존재로 간주됩니다. 또 객관적으로도 이들은 두 계급으로 분해될 운명에 처해 있다고 하는 것이 정통적인 계급이론의 중요한 명제지요. 중간층은 결국은 자본주의가 발전함에 따라 분해되어 두 계급으로 양극화된다고 하며, 이를 '계급 분해'라는 개념으로 설명합니다.

따라서 중간계급은 다양한 계급들을 묶는 제3항이고, 이로 인해 자본주의에서 계급은 3분할되지만 이러한 이론이 보여주는 것처럼 이는 이항적인 선분, 이원적인 것의 변형에 불과하다고 합니다. 즉 중간계급은 그것이 어떤 것을 '자산'으로 삼아 존재하든, 결국은 언제나 부르주아지와 프롤레타리아트라는 이항적 선분이 만들어낸 결과요, 그 이항적 선분으로 귀착될 잠정적인 계급일 뿐이라는 겁니다.

　잠시 덧붙이자면, 저자들은 3분할이 이항적 선분성의 변형인 경우로 얼굴기계의 예를 들고 있는데, 안면성의 고원을 거쳐온 분들은 알겠지만, 구체적인 얼굴의 배치와 양상은 흰 벽과 검은 구멍을 통해 작동하는 안면성의 추상기계에 의해 만들어집니다. 흰 벽과 검은 구멍의 이항적 성분의 변형을 통해서 황인의 얼굴이나 흑인의 얼굴이 규정되고, 그것이 마주보는 주체화의 얼굴이, 혹은 홀로 있는 독신자기계의 얼굴이 만들어집니다. 이런 의미에서 다양한 얼굴들은 이항적 선분의 변형으로 만들어진다고 하는 것입니다.

　그런데 이러한 얼굴기계가 작동하는 데서 그리스도 얼굴기계의 중요성에 대해 말한 것을 기억하지요? 그래서 서기 0년이란 날짜를 7장의 첫머리에 적었던 것도 말입니다. 물론 실제로 0년에 탄생했다는 의미보다는 예수의 얼굴을 만들고 그것을 작동시키면서 그 얼굴의 탄생과 결부된 날짜가 기록된 것이지만, 적어도 이것이 '근대적인 선분성'을 특징짓는 것이라고 한다면, 여기서 말하는 '근대'라는 말이 역사가들이 말하는 특정한 구체적인 시기보다는, 국가장치를 통해 선분이 경직성을 획득하게 된 시기, 그래서 원시사회와 대비되는 넓은 시기를 총칭한다는 것을 알 수 있습니다.

2) 원환적 선분성의 두 유형

　두 번째로 원환적 선분성에서 선분성의 두 유형이 어떻게 구별되는지 볼까요? 먼저 원시적인 유형입니다. "원시인들의 원환적 선분성이라고 할 때, 그것은 반드시 그 원들이 동심원적이라거나 동일한 중심을 갖는다는 것을 의미하지는 않는다. 유연한 체제에서 중심은 매듭으로서, 눈 내지는 검은 구멍으로서 작용했다. 그렇기 때문에 그들이 모두 함께 공명하는 것이 아니며, 동일한 점에 빠지는 것도 아니고, 동일한 중심점, 검은 구멍에 수렴하는 것도 아니다."(MP, 256; I, 221)

원시사회의 유연한 체제에도 중심은 있으며, 원환적인 선분들이 그 중심을 둘러싸며 형성되고 작동합니다. 그런데 여기서 중요한 것은 그런 중심이 하나가 아니라 다수라는 점이며, 그 결과 그 중심을 둘러싼 원환적인 선분들 또한 복수로 존재한다는 겁니다. 예를 들어 북아메리카의 원주민은 하나의 부족이 여러 개의 씨족들로 나누어지는데, 각각의 씨족은 토템동물을 갖습니다. 즉 하나의 부족은 그 안에서 곰을 토템으로 하는 곰족, 들소를 토템으로 하는 들소족, 뱀을 토템으로 하는 뱀족 등으로 다시 분할됩니다. 이처럼 하나의 부족조차 복수의 중심으로 분할되어 있으며, 그 중심들 가운데 다른 모든 중심들이 종속되어야 할 특권적인 중심은 없습니다. 서로의 토템에 따라 각이하게 움직일 뿐이지요.

여기서 '중심'이란 씨족이나 부족의 추장일 수도 있겠고, 혹은 샤먼일 수도 있겠지요. 이들을 중심으로 씨족적 내지 부족적인 원환적 선분들이 만들어지는 겁니다. 물론 이들을 다시 더 넓게 포괄하는 선분이 있겠지만, 전쟁이나 제의, 혹은 일상적 삶과 결부된 집단적 공명은 각 씨족집단의 우두머리인 그 '중심'들, 각 집단의 '검은 구멍'들에 의해서 행해졌던 것이지요. 따라서 이들 부족 내지 씨족들을 포괄하는 큰 규모의 집합적 활동은 이들 부분적인 '중심'들의 동의와 연대에 의해서 가능한 것이지, 또 다른 특권적 중심을 통해서 가능한 것은 아니란 겁니다.

공명의 중심들이 이처럼 분산되어 복수로 존재한다는 점이, 오직 하나의 중심을 갖는 국가적 통일성이나 국가적 공명과는 다른 원시사회의 원환적 선분성의 중요한 특징입니다. 이는 나중에 유목론에 대한 고원에서 '국가의 형성을 예견하면서 또한 방지하는 메커니즘'이라고 부르는 중요한 개념과 연관된 것입니다. 공명의 중심 내지 검은 구멍을 복수적으로 분산시키는 것은 국가적 체제의 성립을 방지하는 메커니즘이었다는 것입니다.

이 책에서 애니미즘적 눈의 복수성에 대해 쓰고 있는 것도 이와 관련된 것일 겁니다. 뱀이나 딱다구리, 곰 등 상이한 집단들이 상이한 토템을 가지면서 공존하고, 각각의 집단은 자신의 토템적 동일성 안에서 공명하며, 이것들이 종종 하나의 연대를 이루기도 하지만 그것은 대개 잠정적일 뿐이고, 그나마도 제한적인 목적이 다하면 연대는 해소되어 복수적인 중심들이 독자적으로 움직이는 예전 상태로 되돌아간다는 겁니다. 이런 식으로 하나의 중심을 통해 공명이 이루어지는 것을 방지했다는 거지요.

예를 들어 공동의 적이 나타났을 때, 매우 많은 인디언 부족들이 모여 한 사람의 대추장을 선출하며, 그의 지휘를 받으며 전투를 수행하지만, 그 경우에도 그의 권위는 일시적이고 잠정적일 뿐이며, 결정권의 폭 또한 제한적입니다. 가령 멕시코 토벌대와 싸우기 위해 아파치족의 여러 부족이 모여 제로니모(Geronimo)를 대추장으로 선출했고, 그의 지휘 아래 멕시코 토벌대를 전멸시켰는데, 백인들에게 가족을 잃은 제로니모는 이후에도 백인들에 대한 전쟁을 계속할 것을 주장합니다. 그러나 아파치족은 이를 받아들이지 않았고, 반대로 제로니모를 자기들 집단에서 내쫓았다고 하지요. 제로니모의 주장이 복수라는 개인적인 목적에 부족 전체를 이용한다는 이유 때문이지만, 어쨌거나 이들로선 하나의 중심에 종속되는 통일적인 체제, 국가적인 체제란 결코 받아들일 수 없는 것이었다고 해요.[5]

우리의 경우를 보면, 가령 고려시대의 경우에는 각 지방의 실질적 권력을 장악하고 있는 호족들이 독자적인 무장력까지 갖고 있었지요. 만약 이런 식으로 각각의 호족별로 분산되어 공존한다면, 이는 국가적 통일성과 대비되는 저 인디언들의 원시적인 원환적 선분성이라고 말해도 좋을 겁니다. 그러나 물론 이것만은 아니었지요. 그것들을 하나로 통합하는 하나의 단일한 국가적 중심이 있었습니다. 왕건이 '고려'라는 통합된 국가를 세운 것은 이들 호족들을 통합하고 통제할 수 있는 특권적 중심을 수립함으로써 가능했지요. 이 경우 호족마다 독자적인 권력과 무력을 갖고 있었지만, 왕건이 세운 국가적 권력에 스스로를 종속시킴으로써 국가적 체제의 일부가 되었습니다.

아마도 '국가인'들이 보기에 이런 체제는 국가적 중심이 있음에도 불구하고, 그 중심의 능력이 약화되는 경우 쉽사리 국가적 통일성이 와해될 위험을 갖는 것으로 보였을 겁니다. 그래서 이방원은 조선 왕조를 세운 직후부터 호족들의 무장력을 해체하여 무력화시키려고 집요하게 노력하지요. 그리고 결국 그것을 이룸으로써 고려에 비해서 훨씬 더 통합력이 강한 국가체제를 수립했습니다. 국가적 권력에 대항할 무력이 사라졌던 것이고, 씨족적인, 혹은 지방적인

---

(5) 스크립차크, 〈피에르 클라스트르: 원시사회에 대한 또 하나의 견해〉, 이상률 외 역, 《오늘을 위한 프랑스 사상가들》, 청아출판사, 1994, 30쪽.

공명의 중심들은 다만 국가적 공명을 위해 기능하고 그에 통합되는 한에서만 스스로의 존립과 안위를 추구할 수 있는 무력한 것이 되고 말았지요. 엘리아스(N. Elias)는 서양에서도 근대국가의 가장 중요한 특징이 국가에 의한 폭력의 독점이라고 말하는데, 중세까지만 해도 봉건 영주들이 나누어 갖고 있던 무력을 절대주의 체제 이후에 국가만이 독점하는 방식으로 변화되지요. 이 역시 국가 이외의 공명의 중심을 제거하고 무력화시키는 방식으로 국가적 통합력과 통일성을 극대화하려는 시도였다고 할 수 있습니다.

이것이 국가적 체제에 고유한, 혹은 근대사회에 고유한 원환적 선분성의 특징입니다. 즉 복수의 중심을 갖는 원시사회의 원환적 선분성과 달리, 근대의 경직된 원환적 선분성은 단일한 중심을 갖는 동심원을 그리게 됩니다. 즉 근대사회 내지 국가에서 그것들은 "동심원적인 것이 되며, 명확하게 수목화된다. 선분성은 경직되고, 모든 중심이 공명하는 한에서 모든 검은 구멍은 축적의 점으로, 모든 눈 뒤에 있는 어떤 교차점으로 귀착된다."(MP, 256; I, 221)

그럼으로써 가장의 얼굴, 대장의 얼굴, 보호자의 얼굴은 '잉여적인 것(남아도는 것)'이 됩니다. 아니, 저자들의 어법에 따라 말한다면 모든 '중심들', 모든 중심적 얼굴은 국가적 중심이라는 단일한 중심을 '잉여성'으로 갖게 된다고 할 수 있겠네요. 즉 근대사회에도 원시사회처럼 많은 중심들을 갖고, 그 중심에 따른 원환적 선분성이 작동하지만, 그 중심은 모두 국가적 중심을 자신의 잉여성으로 갖는다는 점에서 그 다수의 중심들은 항상-이미 국가적 중심을 통해 공명하게 만드는 공명통의 역할을 하게 될 뿐이라고 할 수 있겠지요.

하나의 중심을 통해서 다양한 "중심들의 공명"을 조직함으로써 중심화된 국가가 구성된다는 것은 바로 이런 의미에서일 겁니다(MP, 257; I, 221). 이 경우 "유연한 미시적 머리, 동물적 안면화를 거시적 얼굴이 대체하며, 그 경우 중심은 어디에나 있지만, 원주는 어디에도 없다. 하늘에, 식물이나 동물-되기 속에 포함된 n개의 눈(yeux)이 있는 것이 아니라, 모든 반경을 휩쓸어버리는 컴퓨터의 하나의 중심화된 눈(un oeil)이 있을 뿐이다."(MP, 257; I, 221)

하지만 이는 중심만이 있고 원주는 없다는 점에서, 게다가 중심은 어디에나 있다는 점에서 선분성을 해체한 것이 아닌가 반문할 수도 있습니다. 하지만 이는 선분성을 폐기하거나 해체한 것이 아니라, 모든 선분의 한쪽 끝을 국가적 중심으로 대체하는 것이라고 할 수 있습니다. 그래서 국가적 중심이 모든 선분을 통합하는 중심이 되고, 모든 선분마다 국가적 중심이 작동하게 되는 것이며, 그 작용의 범위는 국가가 영향을 미치는 모든 범위에 걸쳐 있기에 특별히 하나의 궤적을 따로 그려 원주로 삼을 수 없게 된 것뿐입니다. 근대 국가의 원환적 선분성을 "모든 원들을 동심원화하는 것"(MP, 257; I, 221)이라고 했던 것은 바로 이런 의미에섭니다. "원시적 사회에도 이미 다수의 권력 중심이 있다. 혹은 이렇게 말하길 원한다면, 국가사회만큼이나 많은 권력 중심이 있다. 하지만 후자에서는 그 중심들이 공명장치(appareils de résonance)로서 작용하며 공명을 조직화하는 반면, 전자에서는 그것이 금지된다."(MP, 257; I, 221)

3) 선형적 선분성의 두 유형

세 번째로 선형적 선분성의 두 유형입니다. 원시사회에서도 선형적 선분성이 있지요. 식사나 놀이의 선분, 사냥의 선분, 성인식이나 혼인식, 장례식 같은 제의의 선분들이 있지요. 그런데 앞서 안면성을 다루는 곳에서, "장례식에서 어떤 사람들은 우는 동안 다른 사람들은 외설스런 농담을 하고, 어떤 사람은 갑자기 울기를 그치고 피리를 손질하기 시작한다"(MP, 215~16; I, 184)는 것을 본 적이 있지요. 사냥은 동물들에게 미안함을 표시하는 인사로 분명하게 시작하지만, 사냥의 선분은 놀이로 이어지거나 그것과 뒤섞이게 마련입니다. 원시적인 사회에서 선형적 선분성이 유연하다는 것은 이를 두고 하는 말이겠지요.

반면 근대적 유형은 다릅니다. 물론 수업시간에 자는 학생, 딴 생각을 하는 학생도 있지만, 그것은 원칙상 허용되지 않으며, 발견되면 그에 상응하는 조치와 더불어 '교정'되게 됩니다. 장례식장에는 상복은 아니라 해도 그에 준하는 옷을 입고 가야지, 빨간색이나 노란색 옷을 입고 갔다간 빈축을 살 게 뻔합니다. 알다시피 공장이나 군대의 선분들은 더욱더 강하게 경직되어 있습니다. 단일성과 엄격성이 선분적인 요건이지요. 이처럼 그 나름의 요건에 따라 교정하고 동질화하는 권력이 작동할 뿐만 아니라, 다른 선분과의 관계에서도 그런 효과를 작동시킵니다. "아니, 대체 학교에선 뭘 배웠어?" "자네 집에서는 이렇게 행동하라고 가르치던가?"

이처럼 선분들 사이의 관계에서 각자의 선분성을, 혹은 서로의 선분성을 강조하고 교정하며 동질화하는 메커니즘으로 인해 "선분들 사이에 등가성과 번역 가능성이 있다"고 합니다(MP, 258; I, 222). 공장의 규율에 훈련된 노동자는 조직활동의 규율에도 잘 따른다는 레닌의 유명한 명제도 이와 무관하지 않은 것처럼 보입니다. 학교에서 시간표에 따라 생활하는 것을 훈육하는 것은 공장에서 시간적 규율에 따른 노동을 위해 18~19세기 자본가들이 중요하게 요청했던 것이었지요.[6]

이처럼 하나의 선분성이 다른 선분들로 등가적인 양상으로 번역되기 위해선 어떤 공통의 척도를 가져야 합니다. 시간적 규율, 공간적 동질화, 혹은 명령에 순응하는 태도 등과 같은 것이 그 사례겠지요. 이와 관련해서 이 책에선 두 가지 기하학을 대비하고 있습니다. 선이 아니라 금 내지 줄을, 원이 아니라 동그라미를 그리는 원시적 기하학과, 엄격하게 정의된 선, 선분, 원, 도형 등을 다루는 국가적 기하학이 그것입니다. 기하학을 대표하는 유클리드 기하학은 이런 국가적 기하학의 전형적인 경우지요.

> 만약 원시적인 기하학(원형적인 기하학)이 있다면, 그것은 아마도 형상이 그 변용(affections)이나 그 생성의 선과 혹은 그 선분화의 선분들과 분리될 수 없는 조작적인 기하학일 것이다. 거기에는 원이 아니라 '동그라미'가 있고, 직선이 아니라 '금' 등등이 있다. 반대로 국가의 기하학, 혹은 차라리 국가와 기하학의 유대는, 정리(定理)라는 요소의 우위성에서 나타날 것이며, 이는 유연한 형태적 형성체를 이상적 본질로, 감응(affects)을 속성으로, 과정 중에 있는 선분화를 미리 결정된 선분들로 대체하거나 고정시킬 것이다.(MP, 258; I, 222)

---

[6] 이에 대해서는 E. P. Thompson, "Time, Work-Discipline and Industrial Capitalism," *Customs in Common*, Merlin Press, 1991, 387~88쪽 참조.

지금은 잘 안 하지만, 예전에 제가 어릴 적엔 땅에다 오징어포 모양의 금을 긋고는 어디선 깨끔발로, 다른 곳에선 두발로 뛰며 상대 진영을 '정복'하는 놀이가 있었지요. 또 '땅따먹기' 놀이라고 하던, 돌맹이의 궤적에 따라 금을 그으면서 하는 놀이가 있었지요. 이런 경우 우리는 땅바닥에 금을 긋습니다. 이 경우 '금'은 구불구불한 선이지요. 그러나 구불구불해도 아무런 문제가 없습니다. 손으로 약도나 간단한 지도를 그리는 경우도 그렇습니다. 금의 길이나 형태, 구불거림은 문제가 되지 않습니다. 여기선 금들이 분기하고 합류하는 양상, 다시 말해 '금'들이 접속되는 양상만이 문제가 되지요.[7]

다시 돌아가면, 이처럼 구불구불하고 정확한 길이를 갖지 않는 '금'이나 '동그라미', '세모'와 '네모'를 그리는 기하학이 있다면, 그것이 바로 '원시적 기하학'일지도 모르겠습니다. 그러나 이런 기하학은 영토의 넓이나 선의 길이를 엄격하게 계산하려고 했을 땐 아주 불만족스런 것이 될 겁니다. 그래서 자를 대고 선을 곧게 펴게 됩니다. 자를 대고 그린 곧은 선은 구불구불한 다양한 금들의 형태적 척도가 되며, 척도를 갖는 자의 눈금은 그 금들의 길이와 그 금들로

---

[7] 참고로 말하면, 이처럼 금들이 접속되는 양상을, '접속의 양태'를 저자들은 '구도(plan)'라고 부릅니다(MP, 633; II, 298). 이 말이 일관성의 구도라는 개념에서 '구도'라는 말의 가장 중요한 의미입니다. 방금 말한 것처럼, 지도나 도면을 뜻하기도 하는 플랑(plan)은 이런 접속의 양태로 표시된 '다이어그램'을 말합니다. 길이나 각도, 형태가 아니라 오직 접속의 양상만이 문제가 되는 '도식'이 바로 다이어그램이지요. 일관성의 구도가 '다이어그램'과 연결되는 것은 이런 이유에서지요. 우리가 통상 사용하는 '플랜을 세운다'는 말은, 사태의 진행이나 조건의 변화에 따라 달라지겠지만, 일이나 행로의 진행을, 그 접속의 양태를 표시하는 대체적인 구도를 그린다는 말이고, 앞서 말한 지도를 그리는 것과 통하는 말이지요.

그려진 도형의 면적을 재는 척도가 되지요.[8]

가령 이집트 제국에서 나일 강이 범람한 뒤, 홍수로 뭉개진 땅을 다시 구획하여 자신의 영토와 타인의 영토를 구별하려고 할 때, 대충 그려지는 구불구불한 금은 부정확한 선이 되지요. 여기서는 자로 댄 엄격한 직선이 필요해집니다. 또 넓이와 토양 등에 따라, 혹은 인민들이 소유한 땅의 면적을 계산하여 세금을 매기고자 할 때, 상이한 형태를 갖고 상이한 질을 갖는 토지를 '공평하게' 비교할 수 있는 척도가 필요하게 됩니다. 국가적 기하학이 이런 이유에서 시작되었다는 것은 고대 수학사를 다루는 책들에서 흔히들 언급하는 것이지요.

길이와 면적, 형태의 동일성을 따지는 엄격한 계산, 그것은 엄격한 정의와 공리, 정리의 체계에, 모든 요소에 대해 적용되는 공통의 척도가 있을 때 가능하지요. 거꾸로 이런 척도가 있을 때, 원과 삼각형처럼 다른 종류의 도형도, 가령 테두리선의 길이나 면적을 비교할 수 있게 됩니다. 이러한 기하학은 하나의 척도, 혹은 한두 개의 공리에 의해 모든 경우를 엄격하게 규정하고 '정리'하는 것이란 점에서 일종의 '초코드화'라고 할 수 있습니다.

---

(8) 유클리드 기하학에서는 이러한 척도적 선이나 도형의 완전성을 추구하기 위해 현실적으로는 존재할 수 없는 그런 정의를 채택합니다. 점은 위치를 갖지만 길이를 갖지 않기에 완전한 점은 그릴 수 없으며, 선은 길이만 있고 두께는 없기에 완전한 선 또한 그릴 수 없습니다. 그렇다면 원이나 삼각형 또한 완전한 것은 그릴 수 없습니다. 선을 그릴 수 없는데 삼각형을 어떻게 그리겠어요? 이런 점에서 동그라미와 원, 세모와 삼각형은 근본적으로 다른 도형입니다. 그리고 이 부재하는 선과 도형이 이제 현실의 '금'들을 지배하는 모델이 되고, 그것의 이데아가 됩니다. 반면 현실로 존재하는 금이나 선은 그에 비해 불완전하고 부정확한 것이 됩니다. 하지만 그래도 완전함을 추구하려는 이성은 그 부재하는 선과 도형을 따라 현실을 재단하고 분할하게 됩니다.

기하학이 국가의 기하학이라는 것은, 혹은 국가와 기하학의 연합이라는 것은 이런 점에서 분명한 역사적 실재성을 갖습니다. 특히 사적 소유는 이런 기하학을 반드시 필요로 하며, 계산을 위한 척도와 방법을 반드시 필요로 합니다. 모든 땅을 격자화된 지번(地番)들로 분할하고 그에 따라 소유와 이득, 세금과 착취가 이루어지는 이 세계는 기하학과 산수 없이는 존재할 수 없습니다. 심지어 바다마저 선을 그어 나누어 갖는 이 근대세계란, 모든 것이 기하학적으로 초코드화된 공간이라고 해도 좋을 겁니다.

이것이 영토와 장소를 '공간'으로 만들고, 직선적인 도로와 건축물의 기하학적 배치로 특징지어지는 근대적 도시의 경직된 선분성과 직접적으로 결부되어 있다는 것은 따로 말하지 않아도 잘 아실 겁니다. 파리를 비롯한 유럽의 도시들이 이러한 기하학의 직선이나 도형에 따라 오려지고 잘려져 '개조'되었다는 것은 아주 유명한 사실이지요. 이는 기하학이 선형적인 국가이성을 강제하고 강요하는 방식을 보여줍니다. 그리스의 건축물이나 로마 제국의 도로와 수로, 혹은 거대한 건축물, 혹은 바로크 도시나 심지어 20세기의 '육면체박스'와 같은 저 수많은 건축물과 도로들이 기하학의 그 거대한 칼날에 의해 재단된, 지극히 경직된 선들로 만들어졌다는 것은 길게 말할 필요가 없을 겁니다. 이런 점에서 "기하학과 산수는 외과의사의 메스와도 같은 능력을 갖고 있다"(MP, 258; I, 222)는 말은 결코 은유가 아닙니다.

유럽인들은 심지어 정원마저도 기하학적 선분들로 절단하여 만들었습니다. 베르사유 궁전의 정원이나 벨베데레 궁전의 정원 등 절대군주의 권력과 위세를 과시하고 확인하는 궁전의 정원은 모두 강

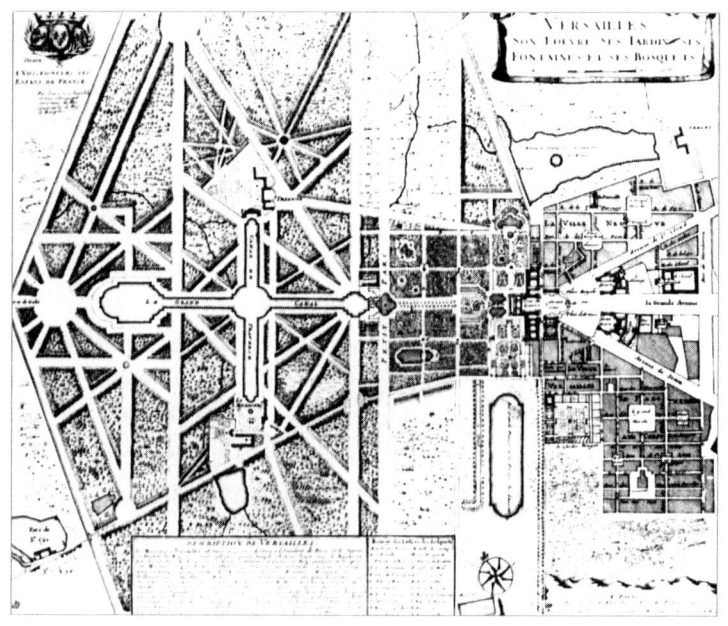

〈그림 9.1〉 베르사유 궁전의 정원

력한 기하학적 칼과 가위에 의해 재단되어 있지요. 바로크식 정원이라고 하는 이런 정원에는 콤파스와 자를 가지고 만든 기하학적인 선과 도형 들로 가득 차 있어요. 군대 말로 '각이 잘 나오는' 선으로 길과 잔디밭, 숲을 잘라놓았지요. 그것은 왕의 시선을 위해 만들어진 정원이기에, 왕의 시선이 한눈에 포착할 수 있는 질서를 가져야 했고, 이를 위해 건축가나 정원사는 거기에 기하학적 질서를 부여하려고 한 거지요. 뿐만 아니라, 거기에 맞춰 나무들도 '이발'을 시켜놓았더군요. 가령 파리의 뤽상부르 공원에 가보신 분은 혹시 눈여겨 보신 적이 있나 모르겠습니다. 거기에서는 나무들을 모두 동그란

'구'의 형태를 따라 이발을 시켜놓았어요.

하긴 나뭇가지를 쳐서 어떤 모양을 만들고 이발시키는 것은 지금이라면 우리 주변에서도 어렵지 않게 볼 수 있긴 하지요. 공원에 잔디를 까는 것 역시, 시선의 움직임을 거스르는 것 없이 전체적인 기하학적 형상들을 쉽게 알아보라고 하는 짓이지요. 따라서 이런 공원은 그 공원을 멀리서 한눈에 보는 주인(소유자, 군주)의 시선을 위한 것이지, 산책하는 사람들의 동선을 위한 것이 아닙니다. 그래서 햇볕이 좋은 가을날 산책이라도 하려 하면 양산이라도 하나씩 챙겨들어야 합니다. 그리고 무언의 발언을 듣습니다. 잔디밭에는 '들어가지 마시오.' 왜냐하면 이 잔디는 걷는 당신을 위한 게 아니라, 저 멀리서 이 모든 것을 보는 오직 한 분을 위한 것이니 말이오.

세 가지 형태의 선분 위에서 경직된 선분성과 유연한 선분성의 차이에 대해 저자들은 이렇게 요약합니다. "경직된 양태[의 선분성]에서는 이항적 선분성이 그 자체로 효력을 가지며, 직접적인 이항화의 거대한 기계에 의존하는 반면, 다른 양태[의 선분성]에서는 이항적인 것은 'n차원 다양체'의 결과다. 두 번째로, 원환적 선분성은 동심원화되는 경향이 있다. 다시 말해 끊임없이 치환되면서도 그 치환 가운데 불변적인 것으로 남는 하나의 단일한 중심에 모든 초점을 일치시키는, 그리하여 그것을 공명기계로 회부하는 경향이 있다." 이 동심원화하는 것이 바로 유연한 선분성과 다른 경직된 선분성의 특징이지요. "마지막으로, 선형적 선분성은 기하학적인 동질적 공간을 구성하면서 그것의 실체, 형식 및 관계 들 속에서 규정되는 선분을 추출해내는 초코드화 기계를 통과한다."(MP, 258~59: I, 222~23) 이것은 방금 원시적 기하학이 국가적 기하학으로 되는 것을 통해서 보았지요.

　이 두 가지 선분성을 저자들은 리좀적 선분성과 수목적 선분성이란 개념으로 표현하기도 합니다. 이 경우 "주목할 점은 언제나 나무(l'Arbre)는 이러한 경직된 선분성을 표시한다는 것이다. 나무는 수목 상태의 매듭 내지 이분법의 원리다. 그것은 동심성(同心性)을 보장하는 회전축이다. 그것은 가능한 것[의 세계]을 격자화하는 구조 내지 그물망이다."(MP, 259; I, 223) 이는 리좀적 선분성이 유연한 분자적 선분성의 선과 결부되어 있고, 수목적 선분성이 경직된 몰적 선분성의 선과 결부되어 있음을 의미하지요.

　여기서 하나 더 추가할 것은, 이는 '탈주선'과 대비하여 '리좀'이란 개념으로 이 책의 중심을 삼으려는 시도가 부적절하다는 것을 보여준다는 점입니다. 유연한 선분성의 선이 경직된 것에 비해서 낫다고 생각한다면 오산이라는 말은 8장에서 이미 본 바 있지요? 이는 조금 뒤에 다시 반복해서 볼 것이기도 합니다. 어쨌든 세 가지 선에서 두 가지 선분성의 선과 대비되는 탈주선의 일차성, 그것의 결정적인 중요성을 강조하는 것은 적어도 세 가지 선을 다루는 미시정치학의 영역에서는 충분히 설득력이 있다고 하겠습니다.

3. 거시정치와 미시정치

　지금까지 경직된 선분성과 유연한 선분성이라는 두 유형의 선분을 대비해서 이야기했습니다. 원환적 선분성의 근대적 유형에서 본 것처럼, 동심원화를 통해서 선분적인 것이 하나의 중심으로 통합되는 것을 보았듯이, 중심화된 것과 선분화된 것을 대립시키는 것은 부적절합니다. 이와 마찬가지로 유연한 선분성과 경직된 선분성을 대립시키는 것으론 불충분합니다.

> 왜냐하면 이 둘 사이에 차이가 있는 것은 사실이지만, 양자는 서로 분리할 수 없고 서로 간에, 또 각각이 서로 속에 얽혀 있기 때문이다. 원시사회는 경직성, 수목성의 씨를 가지고 있으며, 이는 국가를 방지하는 것 못지 않게 그것을 준비하는 것이기도 하다. 역으로 우리의 〔근대적〕 사회는 유연한 조직체에 잠겨 있으며, 그것 없이는 경직된 선분성이 유지되지 못한다.(MP, 259~60; I, 223)

따라서 유연한 선분성에 대해 '원시적'이란 관형어를 썼지만, 유연한 성분성을 원시인들에게만 따로 할당해둘 수는 없습니다. "유연한 선분성은 우리 안에 남아 있는 야생인의 잔해가 아니라, 경직된 선분성과 뗄 수 없는, 완전히 현재적인 기능이다."(MP, 260; I, 223)

이런 점에서 "모든 사회뿐만 아니라 모든 개인들은 몰적인 것과 분자적인 것이라는 두가지 선분성으로 동시에 가로질러지고 있다"고 해야 합니다(MP, 260; I, 223). 두 유형의 선분성의 상호성, 두 선분의 상호 얽힘을 보아야 한다는 것입니다. 몰적인 선분성의 선을 통해 작동하는 것을 '거시정치'라고 하고, 분자적인 선분성의 선을 통해 작동하는 것을 미시정치라고 한다면, 방금 말한 명제는 이제 이렇게 변형될 수 있습니다. "모든 것은 정치적이지만, 모든 정치는 거시정치인 동시에 미시정치다."(MP, 260; I, 224)

저자들은 이러한 명제를 입증하는 몇 가지 예를 들고 있습니다.

이 예들은 사실 미시정치학을 이해하는 데 매우 중요하기 때문에 자세히 설명할 필요가 있습니다. 특히 파시즘의 경우는 더욱더 그렇습니다.

1) 두 개의 성, N개의 성

가장 먼저 성(性)이 바로 그런 경우에 해당됩니다. 알다시피 성은 거대한 이항적 선분으로, 남성과 여성이라는 경직된 선분으로 작동합니다. 이는 원시적인 경우에도 다르지 않았지요. 다만 그것이 3분할된 것의 결과로 존재한다는 것을 말했을 뿐이지요. 여기 앉아 있는 모든 사람들에게 저는 물을 수 있습니다. 남자분들, 손 들어보세요. 다음, 여자분들……. 이 두 숫자를 합치면 전체 숫자가 나올 겁니다. 혹시 손을 안 드신 분 있나요? 역시 없지요?

그렇지만 영화에서 자주 보는 것이고, 현실에서도 그에 못지 않게 보는 것이 남성보다 더 남성적인 여자, 혹은 여성보다 더 여성적인 남자들이지요. 만약 남성적인 여자가 어떤 여자의 여성적인 섬세함이 좋아서 사랑한다면 이것은 이성애일까요, 동성애일까요? 겉으로야, 다시 말해 몰적인 선분성의 관점에서야 분명히 동성애로 나타나지만, 미시적 관점에서 본다면 다르게 말할 수도 있을 겁니다. 반면 여성적인 남자와 여성적인 여자가 연애한다면, 이는 몰적인 관점에서는 '정상적인' 이성애지만, 사실상은 동성애라고 할 순 없나요? 여기서 우리가 망설이는 이유는, '동성애'라는 단어조차 이미 남성/여성의 몰적인 이항적 선분에 사로잡혀 있기 때문입니다. 이항성을 떠나서 사람들이 다른 사람에게 이끌리고 좋아하게 되는 이유를 본다면, 동성애 안에서도 이성애를 볼 수 있고, 이성애 안에서도 동성애를 볼 수 있습니다.

어디 그뿐이겠습니까? 자기 애완견을 너무도 사랑한 부인의 애기가 있다면, 거기서 우리는 남/녀의 이항성을 '초월한', 다시 말해 생물학적 종의 국경을 초월한 사랑을 발견할 수도 있을 것이며, 부인보다도 난초를 더 사랑한 남자의 애기에서는 동물과 식물의 경계를 초월한 '박물학적' 사랑을 발견할 수도 있을 겁니다. 광물에 대한 사랑은 또 어떻습니까? 나아가 만약 어떤 여자가 애완견처럼 지극히 순종적이라는 이유에서 사랑하는 남자가 있다면, 그것은 몰적 형태는 남자와 여자의 사랑이지만 사실은 애완견과 사람의 사랑에 가깝다고 해야 할 것이며, 어떤 여자가 갖는 야생성을 사랑한다면 이는 애완동물과는 다른 동물성에 대한 사랑이라고 해야 하지 않을까요?

반대로 한 남자가 다른 한 남자를 좋아한다는 것을 오직 동성애라는 '사랑'의 관계로만 포착하는 것도 부적절할 수 있을 겁니다. 예전에 제가 아는 한 사람은 자기 후배와 함께 독일인 남자와 사는 선배 집에 놀러갔다가 너무 늦어져서 그 집에서, 그것도 둘이 한 방에서 자게 되었다고 해요. 그런데 그 애기를 듣고 독일인은 매우 당혹스런 표정을 지었다고 하는데, 이유는 자기 집에서 자고 가겠다는 그 두 사람이 여자였기 때문이었답니다. 우리로선 아주 자연스런 행위가 그의 눈에는 어느새 '레즈비언'으로 비친 것이었던 거지요. 만약 이 두 사람이 친하고 좋아하는 관계였다면, 이 당혹스런 의심은 더욱더 확고했을 겁니다. 이는 사람들이 좋아하는 관계에서 오직 사랑과 섹스를 연상할 뿐인 저 끔찍한 단일성의 산물이지요. 아마 여러분도 친하게 지내는 두 남녀가 여러분 집의 한 방에서 자고 간다고 하면 저 독일인처럼 매우 당혹스런 의심을 안 할 수 없을 겁니다.

그런데 만약 동성애가 더 '보급' 되어 '일반화' 된다면, 여자 두 사람이 여러분 집에 와서 "오늘은 너무 늦어 저 옆방에서 함께 자고 가겠다"고 한다면, 그 말에 마찬가지로 당혹스런 의심을 하게 되진 않을까요? 이렇게 우리 인생은 점점 더 피곤한 환경 속으로 들어가게 되는 겁니다. 일거수 일투족마다 분별과 의심을 피할 수 없는 삶이란 역으로 모든 행동에서 타인의 시선을 의식해야만 하는 삶이기 때문입니다. 누구 노래처럼 "사랑밖에 난 몰라!" 하며 사는 삶이 정말 좋은 삶인지, 아니면 반대로 지극히 끔찍한 삶은 아닌지 잘 생각해볼 필요가 있습니다.

어쨌거나 남성과 여성이라는 오직 두 개의 성과, 이성 간의 사랑이라는 단순한 선분성만으로 사람들의 실제 관계를 포착한다는 것은, 심지어 틀린 것이 아닌 경우에도 매우 거칠고 단순화된 결과로 귀착될 수 있음은 분명합니다. 이런 점에서 "거대한 몰적인 이항적 집합인 성은, 그것과 전혀 다른 배치를 갖는 분자적 배치 또한 통과한다"(MP, 260 ; I, 224)는 것을 잊지 않아야 합니다. 다양한 관계들에 따라서 작동하는 수천의 작은 '성'들, 그래서 《안티 오이디푸스》에서 'N개의 성' 이라고 말했던 것이 바로 이런 것일 겁니다. 이런 관점에서 본다면 남성 안에 있는 여성적인 것, 여성 안에 있는 여성적인 것 등과 같이 이항성을 중첩시키는 것조차 부적절합니다. 몰적인 이항성을 피할 수 없다고 하더라도, 그 안에 존재하는 수천의 성들을 또다시 남녀의 거대한 이항성으로 쪼개는 것이니까 말입니다.

2) 계급과 대중

두 번째는 계급과 대중에 관한 것입니다. 이는 오늘 강의를 시작하면서 언급했던 것이기도 하지요. 계급이란 분명히 거대한 몰적 이항성을 갖는 경직된 선분들입니다. 부르주아지와 프롤레타리아트, 그리고 그 두 계급 중 하나로 귀착될 다양한 중간 '층'들. 그렇지만 계급이란 그것을 실질적으로 구성하는 대중들이 없다면 공허한 개념일 것입니다. "또한 사회적 계급들은, 그 자체가 동일한 운동도, 동일한 분할선도, 동일한 목적도, 또 동일한 투쟁의 방식도 갖지 않는 '대중(masses)'으로 귀착된다."(MP, 260 ; I, 224) 역으로 말하는 게 더 나을지도 모릅니다. 두 개의 선분이 이항적이라는 것은 이 대중을 부르주아 대중과 프롤레타리아 대중으로 절단하는 것을 뜻한다고 말입니다. "만국의 프롤레타리아여, 단결하라!"라는 맑스의 슬로건은 다양한 종류의 노동에 종사하는 대중들을 '프롤레타리아트'라는 하나의 계급으로 통합하려는 구호였지요. 대중들을 새로운 지층으로 합류하게 하는 개념으로서 '프롤레타리아트'라는 말이 얼마나 중요한 것이었는지는 이미 4장에서 말한 바 있습니다.

그런데 대중의 흐름을 합류하게 하고 그들의 힘을 하나의 정치세력으로 통합하기 위해서 '계급'이란 개념이 필요했다는 사실은, 대중이란 개념이 계급과 아주 상이한 것이라는 점을 함축하고 있습니다. 즉 대중이란 활동이나 힘의 흐름이고, 조건에 따라 각이한 방향으로 흘러가는 분자적인 움직임과 결부된 것이라는 겁니다. 그래서 때론 제각각의 삶을 위해 흩어지고 분산되지만, 때론 하나로 합류하면서 기존의 권력을 전복하는 거대한 세력을 형성하기도 하며, 또 때론 집시나 유대인, 혹은 흑인과 같은 '타자'들을 속죄양으로 삼아 죽음의 선을 그리는 파시즘적 반동을 형성하기도 하는 그런 '유연한' 흐름 말입니다. 그래서 맑스는 그런 분자적 흐름에 하나의 일관된 방향을 부여하고 그것으로써 기존의 계급적 지배와 착취를 전복할 수 있는 세력을 형성하고자 했던 것이지요. 이것이 1848년이라는 날짜가 적힌, '프롤레타리아트'라는 몰적 선분성의 선이 갖는 **적극적인 의미**일 겁니다.

이런 점에서 몰적 선분성은 모두 나쁘고, 분자적 선분성은 모두 좋다는, 미시정치학을 오도하는 가장 통상적인 오해에 대해 쐐기를 박아둘 필요가 있습니다. 만약에 맑스가 제안한 저 거대한 몰적 선분이 없었다면, 대중의 힘이란 가장 적극적인 경우에도 일련의 혁명을 통해 전복적인 힘을 표현했지만 귀족이나 부르주아지의 권력을 전복하는 데 이르지 못하고 패배하거나, 아니면 루이 나폴레옹을 대통령으로 선출하는 식의 어이없는 결과로 귀착되는 것을 피할 수 없을 것이기 때문입니다. 저자들이 '약간의 유연성이면 사태를 좀더 낫게 하는 데 충분하리라는 믿음'에 대해 거듭 비판하고 있는 것(MP, 262; I, 226)은, 그리고 심지어 1968년의 혁명을 평가하면서 "**분자적인 탈주와 운동은 몰적인 조직으로 되돌아오지 않는다면, 성, 계급, 당의 이항적인 분포로, 그 선분들로 되돌아오지 않는다면 아무것도 아니**"라고 하는 것(MP, 264; I, 227)은 바로 이런 점에서 지지자도 비판자도 가장 쉽게 빠지는 오해를 겨냥한 것입니다.

그렇지만 그것이 분자적 흐름을 그저 거칠고 단순하게 통합하는 몰적 통일성에 대한 지지로 해석된다면, 미시정치학은 통상적인 거시정치학으로 환원되고, 여기서 제기하려는 정치의 개념은 무의미한 군더더기가 되고 말 겁니다. 차라리 중요한 것은 몰적인 것과 분자적인 것에서 어느 것이 좋고 어느 것이 나쁜가를 배타적으로 선택하는 것을 벗어나는 것이고, 몰적인 것과 분자적인 것이 교차되고 섞이는 양상을 정확하게 포착하여 **분자적 욕망에 기초한 몰적 정치를 가동시키는 것입니다.** 이미 인용한 바 있었던 다음의 문장은 이런 의미에서 하는 말일 겁니다. "대중의 개념은 분자적인 개념으로서, 계급의 몰적인 선분성으로 환원될 수 없는 선분화 유형으로 진행된다. 그러나 계급들은 대중들을 분명히 구분하고, 그들을 응결시킨다. 또한 대중들은 계급들로부터 연원하며 거기서 흘러나온다."(MP, 260; I, 224) 이런 점에서 계급과 대중이 다른 성질을 가지며 다른 차원에서 다른 양상으로 움직인다는 것을 아는 것은 더욱더 중요합니다. 프롤레타리아 운동의 지도자들이 많은 경우 '대중운동'에 대한 개념을 발전시켜야 했던 것은 이런 이유에서였다고 할 수 있겠지요.

3) 관료제

세 번째는 관료제입니다. 우리는 관료제를 연상하면 경직된 선분성만을 떠올리게 되는데, 실제론 결코 그렇지만은 않다는 겁니다. 한국에는 워낙 한심한 관료제가 작동하고 있어서 그런지 우리로선 이런 경우를 경험하기가 쉽지는 않겠지만 말입니다.

20세기 건축에서 가장 큰 영향력을 미쳤던 건축가 르 코르뷔지에(Le Corbusier)는 이 두 가지를 모두 경험했던 경우일 겁니다. 원래 스위스 태생이었고, 초기엔 파리에서 화가로 활동했지만, 건축가로서의 본격적인 이력은 미스 반 데어 로에(Mies van der Rohe)나 그로피우스(W. Gropius) 등과 더불어 독일에서 시작했지요. 하지만 예술가의 자유로운 선은 독일의 건축법과 그 규제를 끊임없이 상기시키는 경직된 관료들로 인해 심하게 구부러지고 건축가는 심한 고생을 했지요. 결국 그는 그 경직된 관료들에 머리를 흔들고 독일을 떠나 다시 프랑스로 갑니다. 반면 프랑스의 관료들은 이 유능한 건축가를 위해 법적인 규제의 선들을 유연하게 구부리거나 물러서게 했고, 이것이 그로 하여금 '프랑스인'이 되게 만들었던 결정적인 요인이었다고 하지요.

한편 예전에 프랑스의 미테랑 대통령이 한국에서 약탈해간 문화재를 돌려주겠다고 약속했던 적이 있었지요. 그런데 자신이 관리하는 문화재에 대한 사랑과 정열 때문인지, 대통령이 한 그 약속에 대해서까지 항의하고 눈물을 흘리며 사직서까지 제출했던 프랑스 문화부 관료들의 얘기를 신문에서 읽은 적이 있습니다. 그것은 분명 자신에게 주어진 일, 주어진 명령에 그대로 따를 뿐인 경직된 관료와 다릅니다. 자신이 맡은 일을 진심으로 좋아하며 거기에 몰두하여 대통령의 명령조차 받아들이지 않는 그런 관료들이 있는 겁니다. 카프카가 《성》의 한 부분에서 묘사하고 있는, 마을 사람들의 일에 애정과 관심을 갖고 일하는 관료들 또한 이런 경우일 겁니다.

반면 한국에선 소중한 문화재인 탑이 망가지고 기울어가는데도, 자신에게 돌아올 책임이나 비난을 피하기 위해 레마르크 소설의 제목처럼 "아무 이상이 없다"는 말만 되풀이하면서, 진심으로 걱정하며 조사한 사람들의 논지를 반박(!)하는 데만 관심을 쏟는 한심할 정도로 경직된 관료들을 보면, 이런 얘기는 아직은 남의 나라 얘기인가 싶기도 합니다.

4) 전체주의와 파시즘

네 번째는 파시즘과 전체주의입니다. 통상 파시즘이란 전체주의와 동일한 것으로 생각하지만, 들뢰즈와 가타리는 양자를 아주 다른 것이라고 봅니다. 전체주의가 그 안에 포함된 사람들을 하나의 몰적 전체로 통일하고 통합하는 것이란 점에서 **거시정치학적 개념**이라면, 파시즘은 분자적인 흐름이 밀려가면서 형성되는 **미시정치학적 개념**이라고 정의하지요. 전체주의는 박정희 정권이나 스탈린 정권이 보여주는 것처럼, 국가라는 거대한 경계 안에서 대중들의 공명을 만들어내고자 하며, 이 경우 대중들은 자발적인 동의와 무관하게, 대개는 억압과 강제에 의해 국가적 전체성에 복종할 것을 요구받게 됩니다.

반면 파시즘은 국가가 제시하고 요구하는 것에 공명하기 이전에 대중들 자신이 상호작용과 전염에 의해 번식되는 정치적 흐름이고, 따라서 자발적인 대중운동으로, 혹은 '운동'이란 형식까진 아니어도 대중 자신의 자발적 선택이 전염되며 확장되는 양상으로 진행됩니다. 박정희나 스탈린의 전체주의에는 공포와 억압은 있었지만, 혹은 관제 데모는 있었지만, 그것이 대중들의 자발적 몰입을 야기하진 못했고, 이런 점에서 파시즘 없는 전체주의였다면, 유럽에서 외국인에 대한 파시스트들의 증오와 테러는 국가의 금지에도 불구하고 자발적으로 형성되고 확산되고 있다는 점에서 전체주의 없는 파시즘을 보여줍니다. 1930년대 독일이나 이탈리아의 파시즘 역시 집시나 유대인과 같은 소수자들을 겨냥한 대중운동으로 일어났고, 이런 움직임은 이 시기 이 두 나라뿐 아니라 프랑스나 스페인 등 다른 나라에서도 유사하게 발생한 바 있지요.

우리는 파시즘이 몰적인 선분들이나 그것의 집중화와 전혀 다른 분자적 체제를 내포한다고 말할 수도 있겠다. 의심할 바 없이 파시즘은 전체주의적 국가 개념을 고안했지만, 파시즘을 단지 그것의 고안물 그 자체로서 정의할 이유는 없다. 즉 스탈린적인 유형이나 군사독재 유형처럼 파시즘 없는 전체주의 국가가 있는 것이다. 전체주의적 국가는 오직 거시정치적 척도에서만, 경직된 선분성이나 전체화 및 집중화의 특정한 양식에 대해서만 타당하다. 하지만 파시즘은, 민족-사회주의〔나치〕 국가 안에서 전체적으로 공명하기 이전에 이미 한 점에서 다른 한 점으로 상호작용하면서 건너뛰고 급격히 번식하는 분자적 초점들과 분리할 수 없다.(MP, 261; I, 224~25)

이런 의미에서 전체주의가 국가적 차원에서, 혹은 어떤 몰적 전체성을 형성하는 차원에서 작동하는 것이라면, 파시즘은 지역의 파시즘, 커플의 파시즘, 가족의 파시즘, 학교의 파시즘, 젊은이의 파시즘과 늙은 군인의 파시즘, 농촌의 파시즘과 도시의 파시즘 등처럼 욕망의 분자적 흐름이 존재하는 모든 지대에서 형성될 수 있는 것이라고 합니다. "이 각각의 파시즘은 미시적 검은 구멍에 의해 정의되며, 중앙의 거대한 일반화된 검은 구멍 안에서 공명하기 이전에 그 자체로 존립하며 다른 것과 소통한다. 전쟁기계(Machine de guerre)가 각각의 검은 구멍에, 각각의 굴 속에 장착될 때 파시즘이 존재하게 된다."(MP, 261; I, 225)

이런 파시즘의 대표적인 경우가 아마도 미국의 KKK단이 아닌가 싶습니다. 그리피스의 유명한 영화 〈국가의 탄생〉은 뜻밖에도 KKK단이 탄생한 배경을 노골적인 백인의 관점에서 '설득력 있게' 보여줍니다. 예를 들어 백인들만 다니게 되어 있던 길을 뻔뻔스레 걸어가는 '무례한' 흑인들에 대한 분노, 감히 백인 아가씨를 넘보는 '못된' 흑인들에 대한 분노가 어디선가 일어나기 시작하고, 이 분노가 주위의 백인들에게 전염되면서 확산되기 시작하며, 이것이 사람들을 결속시키면서 결국은 흰 가면과 옷을 입고 '못된 흑인들을 응징하는' KKK단이 만들어지게 되었다는 게, 그리하여 흑인들을 응징하고 승리하였다는 게 그 영화의 내용입니다. 인종주의적 편견에 대한 분노를 삭이고, 그리고 거짓된 '고발'에 열 받지 않고 냉정하게 유심히 보면, 미시적인 차원에서 파시즘이 어떻게 시작되고 확장되는지를 이해할 수 있습니다.

예전에 교육방송에서 〈위험한 질주〉인가 하는 제목의 영화를 본 적이 있습니다. 제임스 딘이 오토바이족을 이끌고 다니는 영화인데, 지역 파시즘이 어느 순간 급격히 솟아올라 확장되는 양상을 아주 극적으로 보여주지요. 이 마을 저 마을로 떠돌아다니는 이 오토바이족들이 영화의 주무대가 된 어느 마을에서 사람들을 구해주고 '대접'을 받으며 잠시 머물게 됩니다. 그러나 대접을 해주면서도 마을 사람들이 굉장히 불안해해요. 낯설고 젊은, 그래서 어느 방향으로 튈지 모르는 이 청년들에게 불안해하는 거지요. 이들에게 이끌리는 여자들이 나타나고, 그 여자의 가족 및 친척들은 그럴수록 더욱더 불안해하다가 결국 조그마한 사고를 핑계로 여자를 가두고 야밤에 이 오토바이족을 습격합니다. 이들의 습격은 그렇지 않아도 불안해하고 있던 마을 사람들에게 하나씩 전염되어 급기야 거의 모든 동네 사람들이 이들을 추격하여 두들겨 패고 죽이게 됩니다. 뭔지 모를 분자적 불안이 있고, 그 와중에 어디선가 그 불안을 빨아들이는 검은 구멍이 만들어지며, 그 검은 구멍이 이웃의 다른 분자들과 소통하면서 급속히 증식되기 시작하면서 죽음의 선으로 이어지는 파시즘이 솟아오르는 겁니다.

오시마 나기사의 영화 〈감각의 제국〉은 커플의 파시즘이 무언가를 아주 잘 보여주지요. '사다'와 '기지'의 욕망이 서로의 신체를 빨아들이기 시작하고, 이 빨아들임은 상호적으로 그 정도를 높여가기 시작합니다. 분자적인 욕망이 상호작용하면서 점점 서로에게 끌려 들어가는 거지요. 그리하여 각자는 서로의 신체에 집착하고 그것을 배타적으로 소유하려고 합니다. 이들에겐 오직 방 하나면 충분합니다. 방 밖에 나갈 일이 없는 거지요. 심지어 용변을 보는 것조차 서로를 물고서 할 수 있으면 하는 생각까지 하게 되지요. 처음엔 '하녀'였던 사다가 점차 주인인 기지를 장악하며, 그로 하여금 죽음을 욕망하게 하지요. 결국 그를 죽인 후에도 사다는 그의 신체를 항상 자기 손 안에 쥐고 있기 위해 그의 성기를 잘라서 들고 다니는 것으로 끝나게 됩니다. 서로에 대해 검은 구멍이 되는 각자의 신체, 서로 끌려 들어갈 뿐만 아니라 상대방을 소유하려고 하며, 결국 죽음의 선으로 이끄는 커플의 파시즘을 이보다 더 적나라하게 보여주는 영화는 찾기 힘들 겁니다.

예가 너무 길어졌지만, 마지막으로 가족의 파시즘에 대해서만 간단히 볼까요? 이건 우리의 일상에서 쉽게 발견할 수 있는 것이며, 많은 경우 우리 자신들조차 사로잡혀 있는 것이기도 합니다. 오직 자기 가족의 이익만을 세상에 유일하게 존귀한 것으로 간주하며, 그 이익을 위해선 자신의 생을 걸어도 좋다고 욕망하는 것, 그리고 이를 위해선 어떤 대가도 지불할 의사가 있다고 생각하며, 그것을 방해하는 어떤 것도 단호하게 처단하는 태도, 그리고 서로를 위한 것이란 이름으로 서로를 그러한 태도로 이끌고 빨아들이는 극단적 가족주의, 바로 이것이 가족의 파시즘이지요.

한없이 예를 늘릴 수도 있을 이 모든 파시즘, 이는 모두 분자적 욕망과 그것의 미시적 전염에 의해 확장되고 그것에 의해 하나로 결속되는 것이란 점에서 미시적 파시즘이고, 유연한 선분성의 선을 따라, 때로는 심지어 국가적 금지와 같은 몰적인 선분의 벽을 넘어가면서 증식되는 분자적 파시즘입니다. "파시즘을 위험스러운 것으로 만들었던 것은 미시-정치적 내지 분자적 능력(puissance)이다. 왜냐하면 파시즘은 대중운동이기 때문이다. 즉 전체화된 유기체라기보다는 오히려 암적인 신체가 문제인 것이다."(MP, 262; I, 225)

이러한 파시즘적 욕망은 히틀러나 무솔리니의 경우처럼 하나의 강력한 검은 구멍으로 모이기도 하고, 그것을 통해 국가장치를 장악하여 대대적인 공명의 방식으로 확장되기도 합니다. 사실은 그 모두를 파괴와 죽음으로 이끄는 분자적 욕망의 흐름이며, 대개는 어떤 소수자를 희생양으로 삼아 죽음으로 몰아넣는 자발적인 욕망입니다. 억압과 파괴, 죽음, 결국은 자신에 대한 억압과 파괴, 죽음으로 귀착되는 이러한 파괴와 억압을 자기 스스로 욕망하는 것, 이것이 바로 미시파시즘에서 보여주는 그런 욕망의 배치입니다.

아마도 네덜란드에서 오란녀(Oranje) 공의 거짓 선동에 속아 1672년 요한 드 비트(J. de Witt)를 때려죽였던 대중들에게서 스피노자가 보았던 것이 바로 이것일 겁니다.[9] 또한 1933년 히틀러에 열

---

(9) 들뢰즈, 박기순 역, 《스피노자의 철학(*Spinoza: pholosophie pratique*)》, 민음사, 1999, 19~23쪽.

광하면서 마치 그가 구세주라도 되는 양 그를 따라다니며 수많은 사람들을 죽음으로 몰아넣고 결국은 세계 전체를, 그리고 자신들의 운명조차 죽음의 선으로 몰고 갔던 독일의 대중들에게서 라이히가 보았던 것도 바로 이것일 겁니다.[10] 이 책의 저자들이《안티 오이디푸스》에서 던졌고, 이 책에서 지금 다시 던지는 질문, 즉 "욕망이 자신에 대한 억압을 욕망하는 이유는 무엇이며, 그것은 또 어떻게 자신의 억압을 욕망할 수 있는 것일까?" 하는 이 포괄적인 질문에 대해 "미시파시즘만이 대답을 줄 수 있다"고 하는 것(MP, 262; I, 225)은 이런 이유에서일 겁니다.

요컨대 파시즘은 전체주의의 경직된 몰적인 선분성의 선에서 욕망의 억압에 의해 작동하는 거시정치와 달리, 분자적인 유연한 선분성의 선에서 욕망의 자극과 감염에 의해 증식되고 확산되는 미시정치를 작동시키고 있다는 것입니다. "확실히 대중들은 권력에 수동적으로 복종하는 것이 아니다. 또 그들은 일종의 피학적인 히스테리 속에서 억압되기를 '원하는' 것이 아니며, 이데올로기적인 속임수에 의해 함정에 빠지는 것도 아니다. 오히려 욕망은 자세, 태도, 지각, 예상, 기호계 등등을 이미 모양짓는 미시적 형성체들을, 그 분자적 수준을 필연적으로 관통하는 복합적인 배치와 불가분한 것이다. 욕망은 무차별적인 충동적 에너지가 아니라, 정교한 몽타주의 결과요, 고도의 상호작용을 엔지니어링한 결과 그 자체다. 즉 분자적 에너지를 다루며, 이미 파시즘적인 것이 된 욕망을 결국에는 결정하는

---

(10) 라이히, 오세철 외 역, 《파시즘의 대중심리(*The Mass Psychology of Fascism*)》, 현상과인식사, 1987, 55쪽 이하 등 참조.

극히 유연한 선분성이다."(MP, 262; I, 225~26)

이런 관점에서 들뢰즈와 가타리는 이렇게 경고합니다. "좌파 조직들이 그 미시-파시즘을 은폐하는 마지막 형태는 아니다. 분자적이고 개인적이며 집합적인 것과 더불어, 파시스트는 자기 자신일 수 있다는 것, 자신이 그것을 견지하고 배양하고 있으며, 그것을 소중하게 껴안고 있다는 것을 알지 못한 채, 다만 몰적인 수준에서 반파시스트가 되는 것은 너무도 쉬운 일이다."(MP, 262; I, 226)

5) 유연한 선분성에 대한 오류

지금까지 거시정치와 미시정치를 구별하면서, 양자가 교차하면서도 서로 벗어나는 지점들을 보았습니다. 이런 방식으로 거시정치와 구별되는 미시정치의 고유한 양상을 볼 수 있었습니다. 미시정치학, 그것은 **분자적 욕망과 결부된 정치학**이고, 대중이라고 불리는 흐름의 정치학이며, 경직된 선분이 아니라 유연한 선분성의 선 위에서 이루어지는 정치에 대한 이론이라고 할 수 있습니다.

이제 마지막으로, 이와 관련해서 유연한 선분성에 관해서 사람들이 흔히 갖게 되는, 그렇지만 꼭 피해야만 하는 오류들을 간단히 제시하고 있습니다. 첫째, 경직된 것과 유연한 것이라는 단어 때문이기도 한데, 이런 말 자체에서 우리는 통상 경직된 것은 나쁜 것이고 유연한 것은 좋은 것이라는 가치판단을 하게 되지요. 그러나 "약간의 유연성이 사태를 좀더 '낫게' 하는 데 충분하리라는 믿음"이 바로 피해야 할 오류의 첫번째 것입니다(MP, 262; I, 226). 이미 충분히 본 것처럼, 전체주의와 구별되는 파시즘, 다시 말해 미시-파시즘은 경직된 선분성의 선 위에서 작동하는 것이 아니라, 유연한 선분성의 선을 따라 균열을 일으키며 작동하는 것이지요. 이 경우 파시즘은 거꾸로 그것이 갖는 유연성으로 말미암아 더욱 위험스런 것이 됩니다. 즉 섬세한 선분화는 가장 경직된 선분만큼이나 해로울 수도 있다는 겁니다.

이런 점에서 자본주의가 파시즘의 '실험'을 관망하다가 그것이 어느덧 기울어가는 형세를 보이자 파시즘보다는 "차라리 스탈린주의와 연합하기를 선택한 것은, 전자에 비해 후자가 훨씬 더 고전적이고 훨씬 덜 유동적인 선분성과 집중화를 포함하고 있었기 때문"(MP, 262; I, 225)이라는 말은 매우 설득력이 있습니다. 유연함이 필경 함축하게 마련인 유동성과 가변성, 그리고 분자적 운동이 함축할 수 있는 통제 불가능한 상태 등에 대한 불안이, 파시즘의 사회주의 공격을 지켜보던 자본주의 진영이 차라리 사회주의적 전체주의와 연합을 하게 했다는 겁니다.

두 번째로 "분자적인 것을 상상력의 영역에 관한 것으로 생각하여, 그것을 다만 개인적인 혹은 간-개인적인(inter-individual) 것으로 돌려버리는 것"(MP, 262; I, 226) 역시 오류라고 합니다. 분자적인 것은 개개의 분자로 흩어진다는 것을 뜻하는 게 아닙니다. 그 경우 '분자적'이란 말은 '개별적'이란 말과 다를 것이 하나도 없지요. 오히려 몰적 전체 속에서 하나로 통합하는 경직성이 아니라, 분자들끼리 서로 소통하고 상호작용하면서 움직이고 흘러가는 양상을 표현하기 위해서 '분자적'이라는 말을 사용하고 있는 것입니다. 이는 몰적인 개념으로서의 계급과 분자적인 개념으로서의 대중을 대비시키는 것으로 아주 선명하게 드러난다고 생각합니다. 대중이란 그처럼 분자적인 전염에 의해, 분자적인 소통과 상호작용에 의해 특정한 활동의 흐름이나 능력을 형성하지요. 때론 이리로 흐르고 때론 저리로 흐르는 유연한 흐름을 말입니다. 이런 점에서 분자적인 것은 개인에 의해서 행해질 때조차도 분명히 사회적 실재라고 할 수 있으며, 그것은 개인적인 경우에도 집합적인 성격을 갖는 것이라고 할 수 있을 겁니다.

세 번째로, 몰적인 것과 분자적인 것을 '거시적인 것'과 '미시적인 것'이라고 표현하기도 했는데, 이 두 단어 모두 양자의 구별이 크기나 스케일 상의 구별이라는 생각을 하게 합니다. 이것이 세 번째 오류입니다. 반대로 이렇게 말해야 합니다. 미시적인 것은 분자적인 것이고, 분자적인 것은 개별적인 게 아니라 집합적인 것이며, 작음의 성질이 아니라 큼(masse, 대중!)의 성질에 의해 특징지어진다고. 사실 계급은 큰 것이고, 대중은 작은 것이라는 말처럼 우스운 것도 없을 겁니다. 이 양자를 구별하는 것은 크기의 문제가 아닙니다. 전체주의와 파시즘 역시 마찬가지지요. "분자적인 것이 세부적인 곳에서 작동하고 작은 집단을 통과하는 것은 사실이지만, 몰적인 조직만큼이나 사회적 장 전체와 외연을 같이하는 것이다."(MP, 262; I, 226)

네 번째로, 두 선의 질적 차이를 보면서 양자의 상호성을 못 보는 것도 잘못이라고 지적해요. "두 선의 질적인 차이가, 양자가 서로 교차하며 서로를 자극한다는 것을 가로막지는 않는다."(MP, 262~63; I, 226) 이 점에서 미시정치와 거시정치는 대상을 달리하기에 양자가 서로 독립적이라고 보는 견해나, 이와 동일한 말이지만 맑스주의 정치학과 푸코가 말하는 미시정치학은 대상이 서로 다르기 때문에 양자는 결합될 가능성이 없다는 식의 견해는[11] 이

---

(11) 발리바르, 〈푸코와 마르크스: 명목론이라는 쟁점(Foucault et Marx)〉, 윤소영 역, 《알튀세르와 라캉》, 공감, 1996.

러한 오류의 전형적인 경우를 보여줍니다. 히틀러의 독일국가는 대중운동으로 진행되던 파시즘이 국가라는 거시정치적 장치를 장악하고 그것을 통해 새로운 미시적 상호작용을 대대적으로 확장하게 했던 사례지요. 혹은 아직은 계급적 성격을 확고하게 갖지 않은 대중운동이 프롤레타리아트라는 몰적 개념을 통해 하나의 정치적 문턱을 넘는 것을 심지어 대중운동 발전의 '일반적 법칙'이라고까지 말하기도 하지요. 역으로 당과 같은 계급적 조직이 수립되고 강화되면 그것의 대중화를 촉발하여 대중운동의 확장을 야기하기도 합니다.

> 사실 우선 몰적인 조직이 강화될수록 그것은 그 요소들과 관계들, 요소적 기구들의 분자화를 자극한다. 기계가 지구적인 것 내지 우주적인 것이 될 때, 배치들은 점점 더 소규모화하고 미시적 배치들이 되는 경향이 있다. 고르츠(Gorz)의 공식에 따르면, 세계 자본주의는 오직 분자적인, 혹은 분자화된 개인, 다시 말해 '대중'이라는 노동의 요소를 가질 뿐이다.(MP, 263; I, 226)

그렇지만 이러한 상호성을 양자가 서로 포개질 수 있는 가능성이나, 하나가 다른 하나로 환원될 가능성을 의미하는 것으로 이해하면 그 또한 큰 오류일 것입니다. 그것은 양자의 구별을 제거하고 분자적인 것을 몰적인 것으로 환원하는 것을 뜻하기 때문입니다. "분자적인 운동은 완결되지 않으며, 오히려 거대한 세계적 조직에 반하거나 그것을 헤치고 빠져나간다."(MP, 263; I, 226)

6) 68년 5월 혁명

이러한 누수와 누출, 혹은 탈주선들은 종종 몰적인 선분들에 반하는 것으로 나타나기도 하고, 종종 그것을 잠식하고 침수하는 방향으로 나아가기도 합니다. 1968년 5월 혁명이 그런 경우였다고 합니다.

> 프랑스의 68년 5월은 분자적이었다. 〔그것을 야기한〕 조건은 거시정치의 관점에서는 결코 지각할 수 없는 것이었다. ……거시정치의 항목들로 판단하던 모든 사람들은 사태를 전혀 이해할 수 없었다. 왜냐하면 〔그것으로〕 포착할 수 없는 어떤 것들이 탈주했던 것이기 때문이다. 정치인, 당원, 노동운동가 및 수많은 좌익들이 극도로 황당해했다. 즉 그들은 아직 '조건'이 익지 않았음을 끊임없이 상기시켰다. 분자적인 흐름이 〔몰적인 거시정치를〕 회피하고 있었다.(MP, 264; I, 227)

68년 혁명에서 공산당이나 노동조합을 비롯한 좌파 조직의 오해와 오류는 이젠 잘 알려져 있습니다. 그것은 기존의 계급적 혁명의 관념이나 몰적인 선분으로는 이해할 수 없는 분자적 혁명이었습니다. 요구도 달랐고, 요구하는 방식도, 싸우는 방식도 달랐습니다. 몰적 중앙의 지도에 따르는 진행이 아니라 분자적 상호작용에 의해 뜻밖의 방향으로 사태가 진전되고, 경찰과 대치한 상황에서 대중들의 토론과 소통이 있었으며, 그것이 다음에 흘러갈 방향을 결정했습니다. 이로 인해 68년 혁명의 대중적 흐름은 심지어 좌파 조직들의 벽에 의해 방해받았고, 결국은 그것을 비껴가거나 침수시키며 가기도

했습니다.[12]

 그러나 대중운동, 혹은 분자적인 미시적 운동은 그 자체로 유연한 만큼 불안정하기에, 그것이 돌파하여 얻어낸 것들을 새로운 출발을 위한 지반으로 응고시키는 능력이 취약하며, 몰적인 집합성과 교차하면서 혁명이 쟁취한 성과를 새로운 선분들로 굳히지 않고는 어느새 다시 뺏기고 원점으로 돌아갈, 혹은 더 나쁜 지점으로 밀려갈 가능성도 있습니다. 물론 그것이 분자적 혁명이 제기하고 새로이 표현되게 만든 것들이 무화(無化)되어 공기 중으로 사라진다는 것을 뜻하는 것은 아니라고 해도 말입니다. 그래서 저자들은 이렇게 말합니다. "분자적인 탈주와 운동은 몰적인 조직으로 되돌아오지 않는다면, 성, 계급, 당의 이항적인 분포로, 그 선분들로 되돌아오지 않는다면 아무것도 아니었던 것이다."(MP, 264; I, 227)

 이는 이들이 말하는 '미시정치학'을 좋게 이해하는 경우에도 다만 몰적인 것에 반하여 분자적인 것을 선호하고 그것으로 돌아가며 그것 안에 머무는 경우가 많다는 것을 안다면, 어쩌면 매우 놀라운 말일 수도 있을 겁니다. 그러나 경직성 대신에 유연성을 선택하는 것으로 충분하리라는 생각이 오류라고 말한 바 있는데, 이 말의 의미가 방금 위에서 인용했던 '놀라운' 명제와 동일한 것임을 안다면, 이 '놀라운' 명제가 결코 뜻밖의 것이 아니란 점을 이해하는 것도 그리 어려운 일은 아닙니다. 이는 분자적인 것에 반하여 몰적인 것을 선택하고 고집하는 '오래된' 좌파의 태도만큼이나, 몰적인 것에 반하여 오직 분자적인 것만을 선택하고 거기에 머물려는 '새로운'

---

(12) 이에 대해서는 로널드 프레이저, 안효상 역, 《1968년의 목소리》, 박종철출판사, 2002 참조.

좌파의 태도 또한 잘못된 것임을 분명하게 해주고 있습니다. 어느 경우든 몰적인 것과 분자적인 것의 상호성과 중첩을 보지 못한 채 '이것이냐 저것이냐'라는 배타적 이접(exclusive disjonction)의 구도에서 벗어나지 못하고 있기 때문입니다.

다시 대중과 계급이란 개념으로 돌아간다면, 칸트 식으로 말해, 대중 없는 프롤레타리아트는 공허하고, 프롤레타리아트 없는 대중은 맹목적이라고 할 수 있을 겁니다. 모호하고 맹목적인 방황의 선이 경직된 선보다 결코 더 낫다고 할 수 없다는 말은 이런 점에서 다시 강조될 필요가 있습니다. 들뢰즈와 가타리의 사상을 반대하는 사람 못지 않게 지지하는 사람들조차, 그들의 사상을 모호하고 맹목적인 분자적 방황의 유연성을 주장하는 것으로 이해하는 경우가 적지 않기에 더욱더 그렇습니다. 이미 4장에서 본, 프롤레타리아트라는 계급적 개념을 통해서 "대중으로부터 프롤레타리아 계급을 추출하는 비신체적 변환"이, 그리하여 유연하지만 동시에 그런 만큼 모호한 대중과 구별되는 새로운 유형의 신체를 만들어낸 것이, 〈공산당 선언〉에서 맑스의 뛰어난 창안이라는 저자들의 평가(MP, 105; I, 88)는 이와 매우 긴밀한 관련을 갖는 것입니다.

이는 "계급이냐 소수자냐" 하는 이접적 선택지를 만들어놓고 소수-화와 계급적 혁명을 그저 대립시킬 뿐인 '지지자'들을 위해서도 다시금 강조되어야 합니다. 나중에 포획장치에 관한 고원의 마지막 부분에서 다시 보겠지만, 소수자와 계급을 대립시키는 '지지자'들의 생각과 반대로 "소수자의 능력(puissance)은 프롤레타리아트에게서 자신의 보편적 형상 내지 의식을 발견한다"(MP, 589; I, 262)고 선언합니다. 소수자에게 중요한 것은 "자본주의의 분쇄고 사회주의의 재정의"(MP, 590; I, 262)라고 하는 것 역시, 통상적인 '소수자 혁명의 지지자'들의 통념이 들뢰즈/가타리의 견해와 얼마나 거리가 먼가를 잘 보여줍니다.

동시에 이 말은 분자적인 혁명으로서 1968년 혁명이 몰적 선분들로, 계급이나 당의 이항적 선분으로 다시 돌아온다는 것이 어떤 것인지를 추론할 수 있는 계기를 제공합니다. 그것은 "프롤레타리아여, 안녕!"이나 "당이여, 안녕!" 하고 작별인사를 하는 게 아니라, 대중의 분자적 욕망에 기초하여 계급적 운동과 계급혁명을 재정의하는 것, 그리고 대중의 욕망을 억압하는 것이 아니라 대중의 욕망에 기초하여 당이나 당적 운동을 재정의하는 것이라고 요약할 수 있을 겁니다. 그리고 바로 이것이 《안티 오이디푸스》에서 이 책의 저자들이 분열분석을 통해서, 분열분석적인 자본주의 연구를 통해서 수행하고자 했던 것이기도 합니다.

가타리는 물론 들뢰즈 자신이 반복하여 "나는 어떠한 의미에서도 맑스주의자"라고 주장하는 것은 이런 점에서 그저 교묘하게 선택된 '정치적 발언'이 아니라, 매우 강한 의미로 받아들여야 할 '입장표명'이었음이 분명합니다. 따라서 들뢰즈와 가타리를 비-맑스적인 포스트모더니즘의 일종이라고 하는 비난이 '무지에 의한 논증'인 것만큼이나, 들뢰즈/가타리를 통해, 여전히 혁명을 꿈꾸는 맑스주의나 '운동권'을 저 멀리서 비난하려는 시도 또한 '무지에 의한 지지'라는 건 명약관화(明若觀火)합니다. 더불어 이들의 정치학이 조직적인 것, 몰적인 것 모두에 대한 반대라는 의미에서 '무정부주의'라고 비난하는 것이, 그리고 이런 의미에서 '탈주'와 '욕망'을 "네 멋대로 해라!" 내지 "아무렇게나 해라!(Anything Goes!)"라고 이해하여 저자들을 '무정부주의'라고 비난하는 것이 앞서 두 가지 태도와 그리 다르지 않다는 것을 덧붙일 수 있을 겁니다.

4. 선분성과 권력 중심
1) 선분적인 선과 양자화된 흐름

앞서 우리는 몰적인 것과 분자적인 것의 차이가 크기의 차이나 집합적인 것과 개별적인 것의 차이가 아니라 그것이 운동하고 작동하는 양상의 차이, 그리고 각각의 준거체계가 갖는 성질의 차이라는 것을 보았습니다. 준거체계(système de référence)가 갖는 성질의 차이라고 하니까, 언제 그런 얘기를 했나 싶지요? 몰적인 것은, 해당되는 개개의 분자들에 대해 하나의 동일한 기준(référence)이 적용되고, 그 기준에 공명하는 방식으로 통합되고 절단되는 그런 선분성의 선을 작동시킨다고 하지 않았습니까? 반면 분자적인 것은 개개의 분자적인 욕망과 움직임이 이웃한 분자들로 전염되며 증식되고 분자 간의 상호작용에 의해 검은 구멍으로 빨려들어가는 그런 방식으로 하나의 흐름을 만들어냈지요. 이처럼 공명이나 전염을 통해 통합되거나 소통하게 되는 준거 내지 기준이 되는 체계가, 전자가 거시적이라면 후자는 미시적이란 점에서 다른 겁니다. 거시적인 것과 미시적인 것의 차이가 크기에 의한 것이 아니라 준거체계의 성질에 의한 것이란 말은 이런 뜻입니다.

이제 이런 차이를 안다면, 몰적인 선분성과 분자적 선분성이 비록 교차하거나 포개지기도 하지만, 말 그대로 '본성을 달리한다'는 것을 이해할 수 있을 겁니다. 그런데 이런 차이를 염두에 둔다면, 이제 여기서 '선분' 내지 '선분성'이라고 했던 개념과 분자적인 것이 잘 호응하지 않는 측면이 있다는 생각을 피하기 어렵습니다. 몰적인 것이 대중 내지 분자들의 흐름을 정확한 끝을 갖는 선분들로 절단한다면, 소통과 감염에 의해 만들어지는 분자적인 것의 흐름은 어떤 끝을 갖는 것들이 연쇄적으로 연결되고 전염되며 증식하지만, 이 경우 이웃한 분자들 간의 경계는 모호해지며, 흐름은 '대중'이 그렇듯이 모호한 입자들이 하나로 이어진 연속체가 되는 것처럼 보이기 때문입니다. 그래서 저자들은 선분이나 선이란 개념은 몰적인 것에 국한하고, 분자적인 것에 대해서는 '양자'라는 개념을 사용하자고 제안합니다.

> 아마도 '선'이나 '선분들'이란 말들은 몰적인 조직들을 위해 남겨두어야 하며, 분자적 구성(composition)을 잘 다루기 위해서는 다른 말들을 찾아야 한다. 사실 명확히 규정된 선분들로 선들을 할당할 수 있을 때마다, 그것[선]이 또 다른 형태로, 즉 양자화된 흐름의 형태로 연장되고 있음을 알고 있다.(MP, 264; I, 227)

양자란 입자성을 갖는 것이고 따라서 입자적인 불연속성을 갖습니다. 그러나 지난번에 하이젠베르크의 '불확정성의 원리'를 언급하면서 말했듯이, 그 입자의 정확한 위치와 운동량을 동시에 알 수 없는 '모호성'을 가지며, 선분처럼 분명한 끄트머리를 갖지 않습니다. 더구나 양자는 파동성 또한 갖기 때문에, 어느 하나의 제한된 위치를 정확하게 특정하기도 어렵습니다. 다만 정규화된(normalized) 파동함수를 통해 어떤 시각에 어느 공간 안에 입자가 존재할 확률밀도만을 알 수 있을 뿐이지요. 분자적인 것의 유연함 내지 모호성을, 마치 구름처럼 확률밀도의 분포도로나 표시할 수 있는 이런 양자적 특성을 통해 표현하려고 하는 것입니다. 대중의 흐름, 혹은 분자적인 것의 흐름이란 이처럼 양자처럼 모호하고 유연한 것들이 하나의 흐름을 이루는 것이란 점에서 '양자화된 흐름'이라고 하는 듯합니다.

요컨대 앞의 고원이나 조금 전까지 경직된 몰적 선분성의 선과 유연한 분자적 선분화의 선이라고 불렀던 것은 이제 몰적 선분성의 선과 양자화된 분자적 흐름이란 개념으로 대체해야 한다는 겁니다. 그런데 이는 단지 개념의 대체에 머물지 않으며, 다루는 대상의 위상이 달라지는 것을 함축합니다. 사실 앞의 장에서도 말했지만 양자의 흐름은 벽을 뚫고나가는 '터널링'이란 특징을 갖습니다. 양자화된 흐름이란 말로 표현된 분자적 흐름 역시 이런 특징을 갖습니다. 양자화된 흐름은, 비록 다는 아니라 해도, 몰적 선분성의 선이 세워놓은 벽들을 어느새 뚫고나가 다른 곳으로 흘러가버립니다. 이는 대중의 흐름이 계급이나 국가적 선분들을 '터널링'하는 경우들을 생각해보면 쉽게 이해할 수 있을 것입니다.

이런 점에서 그것은 이미 탈주선의 성분을 포함하고 있습니다. '양자화된 흐름'이란, 양자란 말로 개개 분자의 입자적인 구별을 표시하면서도, 선분적인 벽을 '터널링'하는 흐름을, 탈주선을 그리는 흐름을 함축하는 개념인 셈입니다. 따라서 그것은 분자적 선분성의 선이란 개념에 비해 탈주선의 흐름에, 혹은 흐름이라는 탈주선에 훨씬 더 근접하는 개념이며, 이미 탈주선을 자체에 함축하는 개념입니다.[13]

양자화된 흐름을 몰적 선분성과, 혹은 양자를 선분과 대립시키게 되면서 이제 저자들은 양자화된 흐름을 두 가지 선분적인 선 자체와 대비되는 또 하나의 '선'—선이길 중지한 선—으로 추가하고 있습니다. 즉 "두 가지 선이 아니라 사실은 세 가지 선이 있다는 것을 알게 된다"면서, '서로 얽힌 코드와 영토성을 갖는 상대적으로 유연한 선', '일반화된 초코드화로 나아가는 경직된 선', '양자에 의해 표시되며 탈코드화와 탈영토화에 의해 정의되는 탈주선'의 세 가지를 들고 있습니다. 결국 양자화된 흐름이란 이 세 번째 선을 앞의 두 가지 선과 구별하기 위해 도입된 개념인 셈입니다.

어쨌거나 선분성의 선과 대비되는 개념으로서 양자화된 흐름을 말할 때, 그것은 이제 탈주선을 의미하는 것으로 이해하는 것이 적절합니다. 이때 비로소 "선분적인 선들과 양자화된 흐름의 경계에 권력의 중심이 존재한다"(MP, 264; I, 228)는 명제도 적절하게 이해할 수 있습니다. 즉 권력의 중심이란 "어떤 영역에 대해 절대적으로 행사되는 무엇이 아니라, 선과 흐름 사이에서 작동하는 상대적인 적응과 변환"(MP, 264; I, 228)이라는 겁니다. 물론 권력은 선분 안이라면 어디에나, 선분화된 것이라면 어떤 것에든 작용하는 것이지요. 그렇지만 권력의 중심이란, 혹은 권력의 요체란 양자화된 흐름을 따

---

(13) 아마도 이는 앞 장에서는 양자화된 흐름을 분자적 선분성의 선에 상응하는 것으로 다루지만(MP, 248; I, 213), 지금 다루고 있는 이 부분 이후에서는 "탈주선이 양자에 의해 정의된다"(MP, 271; I, 233)고 하면서 양자화된 흐름과 탈주선이 상응한다고 설명하는 '모호성'의 이유를 설명해주는 듯합니다. 이는 사실 분자적인 선과 탈주선의 구별이 모호해지는 것과 연관되어 있는 것 같습니다. 이는 파시즘을 설명하면서 "분자적 전염과 소통이 죽음의 선을 그리는 것"이란 표현과 "탈주선이 죽음의 선으로 이어지는 것"이란 표현이 비슷한 의미를 갖고 사용되는 것에서도 비슷한 양상으로 반복됩니다.

라가면서 그것을 선분으로 변환시키는 지점이고, 바로 그럴 경우에만 탈주적인 흐름을 선분 안에 가둘 수 있고 선분 안에서 공명하게 할 수 있을 것이란 거지요. 물론 그 경우에도 '터널링' 하는 양자들의 흐름을 배제할 수 없기에, 이러한 적응이나 변환은 '상대적'일 뿐이란 점을 잊지 않아야 하지만 말입니다.

2) 화폐대중의 흐름과 선분화

선분화된 선과 양자화된 흐름, 그리고 그 경계에 있는 권력의 중심이란 개념을 설명하기 위해 저자들은 화폐대중(masse monétaire)의 흐름과 화폐적인 선분들 그리고 은행, 특히 중앙은행에 집중된 권력 중심의 경우를 예로 들고 있습니다. 알다시피 '거시' 경제학의 가장 중요한 통제대상 중의 하나가 화폐의 흐름이지요. 중앙은행이나 통화량을 담당하는 정부기관은 물가와 고용 등을 적절하게 유지하기 위해 이자율이나 화폐 발행, 지불준비율 등의 방법을 사용해서 흘러가는 화폐의 양을 조절하려고 합니다. 가령 흘러다니는 화폐의 양이 너무 많으면 고용이나 경기는 활성화되지만 인플레이션이 발생하고, 반대로 화폐의 양이 '충분' 하지 않으면 물가는 안정되지만 경기가 둔화되고 고용이 줄어 실업률이 늘어나지요.

화폐대중을 표시하기 위해 통상 사용되는 '통화량' 이라는 말은 이런 화폐대중의 양과 관련되어 있지만 동일한 것은 아닙니다. 화폐대중의 흐름은 포착할 수 없는 '미시적' 흐름인 데 반해(그래서 저자들은 이를 미시정치학과 대응되는 '미시경제학'의 대상으로 보는데, 이는 통상적인 미시경제학의 대상과는 전혀 다르지요), '통화량'은 'money supply'로서 중앙은행이 발행하는 본원통화와 은행에서 '신용창조'

등의 방법으로 발생하는 파생통화의 합으로 계산되는 '거시적' 지표일 뿐입니다. 그런데 통화량 개념은 화폐대중을 포착하기 위한 것인데, 화폐대중의 흐름이 그 선분적인 지표들에 쉽사리 포착되지 않기 때문에, 통화량을 계산하는 지표들은 M1, M2, M2A, M2B, M3 등과 같이 사람마다 다르게 정의하여 사용합니다. 화폐의 흐름을 어떤 측면에서 포착하려 하는가에 따라, 통화량에 포함되어야 할 은행자산의 범위 등이 달라지기 때문이지요.

통화지표를 비롯해서 다양한 경제지표들을 조작함으로써 화폐대중의 양은 신축되며 변화되지만, 사실 화폐의 흐름, 아니 화폐대중의 흐름은 그처럼 뜻대로 잘 움직여주질 않습니다. 조그만 조치 하나에 갑자기 '화폐대중'이 몰려나와 기대치 이상으로 통화량이 증가하여 물가가 오르기도 하고, 또 조그만 조치 하나에 암시장으로 빠져나가기도 하며, 때론 증권시장에 몰리던 돈이 갑자기 빠져나가 부동산시장을 과열시키기도 하지요. 이처럼 화폐대중의 흐름은 그 자체로 양자적인 흐름으로서, 어느 지점에 어느 정도 밀도로 몰려 있을 것이며 어떻게 흘러갈지 대충 예상할 순 있지만, 일정 정도 이상으론 정확하게 측정할 수 없지요. 그 와중에도 항상 빠져나가는 흐름이 존재하며, 아주 작은 조건의 변화에도 엉뚱한 곳으로 흘러가기도 하는 그런 흐름이 바로 화폐대중의 흐름입니다.

바로 이 경계지점에 권력 중심이 존재하며 작동합니다. 즉 화폐대중의 양자화된 흐름을 따라가면서 그 흐름을 통제 가능한 선분으로 바꾸기 위해 '통화지표'로 표시되는 통화량을 측정하고, 그것을 바탕으로 화폐 발행의 양이나 이자율을 조절하거나, 아니면 다른 부양책이나 긴축책 등을 사용합니다. 이를 통해 화폐대중의 흐름을 통제 가능한 화폐적 선분들로,[14] 즉 "예를 들면 기업의 예산이란 관점에서 본다면, 실질임금, 순이익, 경영임금, 자본의 이자, 준비금, 투자 등등"(MP, 264; I, 228)으로 변환시키려고 합니다. "은행의 권력, 특히 중앙은행에 집중된 은행의 권력에 대해 이야기할 때 문제가 되는 것은 이 두 측면 간의 소통과 변환 및 상호적응을 '가능한 한' 규제하려는 상대적 권력이다."(MP, 265; I, 228)

이러한 선분화는 어느 정도 성공하기도 하지만, 화폐대중의 흐름은 어느새 부분적으로 그 선분을 '터널링'해 빠져나가기 때문에 다시 새로운 선분화를 시도해야 합니다. 경계지점에서 작동하는 이 권력은 항상 흐름의 양자를 포획하지만, 어느새 거기서 벗어난 흐름이 다시 발생하기에 끊임없이 다시 따라가야만 하는, 이런 의미에서 끊임없이 실패하는 권력입니다. "바로 자본의 운동은 이런 식으로 선분화될 수 없는데, 왜냐하면 그것은 그 성질과 지속의 기능, 채권자나 채무자의 기능에 따라 극도로 분해되기(décomposés) 때문이고, 그리하여 이 흐름과 연관하여 '선을 어디에 두어야 하는지 전혀 알지 못하기' 때문이다."(MP, 265; I, 228)

이런 의미에서 저자들은 "권력의 중심은 그 능력의 지대(zone de puissance)보다는 그 회피와 무능력[지대]에 의해 훨씬 더 잘 정의된다"고 합니다(MP, 265; I, 228). 이는 단지 권력의 선분화가 끊임없이 실패하기 때문이 아니라, 그러한 권력이 하고자 하는 것이 바로

---

(14) 금융-화폐의 양자적 흐름이 한편에 있다면, 이것을 임금, 이자, 준비금, 이윤 등등처럼 특정한 선분적인 형태로 지출되거나 거래되는 형식으로 선분화할 때, 이를 지불-화폐의 선이라고 합니다. '금융-화폐의 흐름'과 '지불-화폐의 선'이라는 슈미트(B. Schmitt)의 개념은 이런 점에서 양자화된 흐름과 선분화된 선에 상응하는 것이라고 봅니다.

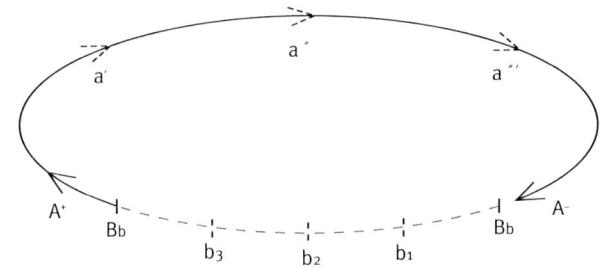

〈그림 9.2〉

A: 흐름(flux)과 극(pÔles)
a: 양자(量子)
b: 선과 선분들
B: 권력의 중심
(전체는 사이클 내지 주기를 이룬다)

양자화된 흐름을 선분화하는 것이기 때문이고, 그렇기에 항상 양자화된 흐름을 따라가면서 그것에 적응하여야 그것을 유효하게 변환시킬 수 있기 때문입니다. "선분들을 양자에 상응하게 만드는 일, 선분을 양자에 적합하게 조정하는 일은 리듬과 양상의 변화를 내포하며, 이는 전능함에 의해 이루어진다기보다는 그럭저럭 대강 이루어진다. 그리고 무언가가 〔다시〕 탈주한다."(MP, 265 ; I, 228)

양자화된 흐름으로 정의되는 탈주선과, 그것을 따라가면서 선분화하는 권력, 그 결과 만들어지는 선분, 그리고 다시 거기서 벗어나는 양자화된 흐름의 관계를 〈그림 9.2〉처럼 식화하고 있습니다.

A는 '대중'들의 흐름이며, a로 표시된 것은 그 흐름의 양자들입니다. A에 플러스나 마이너스의 부호를 붙인 것은 그 흐름이 나름대로 어떤 방향성을 갖고 있기 때문입니다. 그리고 B는 그 흐름을 선분들로 바꾸는 '권력의 중심'들입니다. 그리고 여기를 통과하면서

흐름은 일련의 선분들로, 선분적인 선들로 바뀌며, b는 그 선분들의 다양한 끄트머리들입니다.

3) 믿음·욕망의 흐름과 권력

선분적인 선과 구별되는 양자화된 흐름의 개념을 정의했고, 이것이 탈주선과 결부된다고 하는 것을 보았습니다. 저자들은 이러한 양자화된 흐름, 다양한 대중의 미시적 흐름들에 대해 좀더 부연하고 있습니다. 먼저 뒤르켐(E. Durkheim)에 의해 매장되었던 프랑스 사회학자 타르드(G. Tarde)에 대해 언급하고 있습니다. '가브리엘 타르드에게 바침'이란 헌사와 더불어 말입니다.

사회적인 집합표상 내지 표상체계와 같이 거대한 것에 관심을 갖고 있던 뒤르켐과 달리 타르드는 미시적인 믿음이나 태도 등의 흐름에 관심이 많았어요. 표상체계란 말이 생소한가요? 예를 들어 '고양이'란 말은 하나의 표상(représentation)을 야기합니다. 즉 그 단어를 들으면 우리의 관념 안에 무언가가 나타납니다(présent). 그렇지만 그것이 단독으로 나타나는 일은 없습니다. 가령 어떤 사람에겐 애완동물이란 관념과 연결되어 나타나기도 하고, 다른 사람에겐 그 울음소리로 인해 '기분 나쁜 동물'이란 관념과 연결되어 나타나기도 합니다. 즉 무언가 다른 관념, 다른 표상과 결부되어 '다시-나타나는(re-présent)'겁니다. 그래서 표상이란 어떤 것이 다른 무언가와 결부되어 '다시-나타나는' 것입니다.

그런데 사회마다 어떤 것에 결부되는 것들은 대개 문화적으로 항상-이미 결정되어 있고, 우리는 그것을 학습하거나 수용하여 사용합니다. 그래서 어디에선 개가 '친구'로 다시-나타나기에 보신탕은 친구를 먹는 끔찍한 야만으로 표상되지만, 한국처럼 부족한 단백질을 채우기 위해 개를 키우는 곳에서는 그저 여름날 몸을 '보신'하는 '고기'로 다시-나타납니다. 소를 보고 서양인들은 '먹을 것'이라는 의미에서 고기로 표상하지만, 한국에선 식용 이전에 가장 중요한 노동수단으로 표상되고, 인도에선 신적인 동물로 표상됩니다. 이처럼 하나의 단어나 사물을 다른 것들과 연결하여 다시-나타나게 하는 이런 문화적인 조건을 '표상체계'라고 합니다. 집합표상이란 말도 이와 유사한 의미를 갖습니다.

뒤르켐은 이런 것이 바로 개인이란 범위를 넘어서 '사회적 사실'에 속한다고 보았고, 사회학이란 이런 식으로 개인이 아닌 사회적 사실을, 몰적인 집합성을 갖는 거대한 것을 대상으로 한다고 보았습니다. 반면 타르드는 그렇게 거시적인 것들이 대체 어떻게 존재할 수 있는지가 문제라고 생각했고, 그래서 뒤르켐이 답해야 할 것을 당연시하고 거기서 시작하고 있다고 비판했지요. "타르드는 집합표상이 설명되어야 할 것을 전제한다고, 즉 '수많은 사람들의 유사성'을 전제한다는 이유로 반대했다. 이것이 바로 타르드가 차라리 세부적인 세계 혹은 극미한 세계에 주목했던 이유다. 그것은 작은 모방, 대립, 창안(invention)으로서 표상보다 하위에 있는(subreprésentative) 모든 질료를 이루는 것이다."(MP, 267; I, 230)

이 책의 용어를 사용하자면, 타르드는 표상체계라는 것을 이런 질료들의 선분화에 의해 만들어진 거대한 몰적인 형식들이라고 보았던 셈이지요. 그리고 그와 달리 '분자적인' 믿음의 흐름, 욕망의 흐름, 심리의 전염과 전파 등이 어떻게 이루어지는가를 파악하고자 했습니다. 반면 뒤르켐은 그런 것은 심리학의 대상이지 사회학의 대상은 아니라고 비판합니다. 사회학은 개인이 아닌, 개인으로 환원될 수 없는 집합성을 전제하는 것이라고 보았다는 점에서, 뒤르켐이 오직 거시적이고 경직된 몰적 선분성을 특권화하고 있다는 점은 아주 분명합니다. 그래서 뒤르켐은 가령 자살 같은 개인적인 행위조차도 사회적인 조건 속에서 결정되는 것으로 보고자 했지요.

그런데 들뢰즈와 가타리는 타르드가 하려고 했던 것이 어떤 개인적인 것이나 심리적인 것이 아니라, 믿음이나 욕망의 흐름 내지 파동이 어떻게 만들어지고 전파되는가 하는 데 관한 것이었다고 합니다. 말 그대로 미시적인 흐름이 어떻게 형성되고 퍼져가며 확산되는지를 연구하고자 했다는 거지요. 타르드가 말하는 "모방이란 흐름의 파급이고, 대립은 흐름의 이항화 내지 이항구조화며, 창안은 다양한 흐름의 결속 내지 접속"이며, 그가 말하는 "흐름이란 언제나 믿음과 욕망의 흐름"(MP, 267; I, 230)이라는 겁니다. 이런 점에서 뒤르켐과 타르드의 이론의 차이는 표상체계라는 거대한 몰적인 것과, 믿음과 욕망의 흐름이라는 분자적인 흐름의 차이와 상응한다고 말할 수 있겠지요.

그런데 여기서 저자들은 타르드가 사용했던 접속(connexion)과 결속(conjugaison)을 다시 구별하여 정의합니다. "'접속'은 탈코드화되고 탈영토화된 흐름이 서로를 활성화하고 그들 공통의 탈주를 자극하며 그 양자(量子)를 추가하고 가속하는 방식을 표시하는 반면, 이 동일한 흐름의 '결속'은 오히려 그것들의 상대적인 정체를 뜻하고, 탈주선을 봉인하고 틀어막으며 일반적 재영토화를 작동시키며 다른 것들을 초코드화할 수 있는 것들 가운데 어느 하나의 지배 아래 흐름을 밀어넣는다."(MP, 269; I, 231~32)

이런 관점에서 저자들은 선분적 선과 구별되는 양자적인 흐름이 탈영토화의 선을 그리는 탈주선임을 분명하게 명시하고 있습니다. "변이적인 흐름이란 언제나 코드들을 피하며 그것을 비껴가려는 어떤 것을 뜻한다. 그리고 양자란 바로 탈코드화된 흐름 위에서 탈영토화의 징표 내지 정도를 의미한다. 반면 경직된 선은 쇠약해진 코드를 대체하는 초코드화를 뜻하며, 선분들은 초코드화하거나 초코드화되는 선 위에서의 재영토화와 같은 것이다."(MP, 268; I, 230~31)

예를 들어 1209년에 만들어진 프란체스코 파의 경우를 보지요. 이 시기는 교황청과 교회 등에 대한 반발로 인해 대중들의 믿음이 광범하게 탈영토화되던 시기였지요. 이 시기에 왈도파를 비롯한 다양한 '이단' 조직들이 나타나게 됩니다. 즉 기독교의 전통적인 코드가 쇠약하게 되면서 교리를 새로이 해석하는, 다시 말해 탈코드화된 신앙의 흐름이 다양하게 발생하며, 이는 교황청이란 중심을 갖는 기독교적 영토로부터 탈영토화된 흐름을 형성합니다. 프란체스코 역시 신도들과 성직자 대중을 끌고서 나름대로 새로운 탈영토화의 흐름을 형성하게 됩니다. 기존 교단의 경직된 선분성의 선을 벗어나 스스로가 새로운 신앙의 흐름을 이루면서, 그 양자적인 흐름을 타고 흘러갔던 겁니다. 예수와 그의 제자들이 살던 방식대로 살겠다면서 모든 재산을 버리고 빈민과 부랑자 들 속으로 들어가 살던 프란체스코의 '신화'가 탄생한 것도 바로 이 시기였지요.

당시 교황청은 프란체스코 주변의 사람들 또한 왈도파와 유사한 이단의 하나로 여기고 있었다고 해요. 그렇지만 프란체스코는 교회나 교황청 자체와 싸우거나 그것을 등질 생각이 없었고, 반대로 자신을 교황의 충실한 종으로 여겼으며, 그래서 자신들의 조직을 승인해줄 것을 교황청에 요청합니다. 교활한 교황은 이들이 매우 순진한 '성도'들임을 알고 재빨리 승인하여 기존 교단 안에 재영토화합니다. 그 결과 탈코드화된 흐름 상에서 발생한 탈영토화의 선은 또 하나의 교단이 되고 맙니다.

이로써 프란체스코와 그의 동료들의 문제의식은 '예수'라는 이름으로 탈영토화된 신앙의 흐름을 포획하는 새로운 종류의 초코드화가 되었고, 이 초코드화된 선 위에서 '회칙'으로 명문화된 새로운 선분들이 만들어지며, 그 결과 프란체스코 파라는 거대한 몰적 선분이 탄생하게 됩니다.

이런 재영토화를 통해서 교회는 이제 새로이 영향력을 확대할 수 있게 됩니다. 프란체스코 파의 경우 부랑자, 도둑, 빈민 등과 같은 대중들의 흐름 속에 있었기 때문에, 대중의 분자적인 욕망을, 그 미세한 흐름을 소상히 파악하고 있었던 거예요. 프란체스코 파가 교단 속에 포섭되자마자 이들이 포괄할 수 있었던 대중의 범위나 이들을 통해 선분화시킬 수 있었던 대중의 흐름이 훨씬 넓고 다양해집니다. 이전에는 교황청의 무능력의 지대에 속했던 것을 정확하게 포착함으로써 새로운 권력 중심을, 이전과 비교할 수 없을 정도로 강력한 권력과 영향력을 획득하게 된 거지요. "가장 탈영토화된 것이 재영토화의 토대로 이용되었던 것"이고(MP, 269: I, 232), 이런 식으로 "재영토화는 가장 탈영토화된 것 위에서 발생한다"는 것을, [안면성]에 대한 고원에서 보았던 탈영토화의 정리 3을 상기시키고 있습니다.

이것은 교회라는 사회적 장, 이미 활기를 잃고 정체되어 쇠퇴하고 있었던 그 장에 새로운 활력을 불어넣게 됩니다. "사회적 장은 상이한 속도와 추세로 '대중'에게 영향을 미치는 모든 종류의 탈코드화와 탈영토화 운동들에 의해 끊임없이 활기를 얻는다. 이는 모순이 아니라 탈주다. 여기에서 모든 것은 대중의 문제다."(MP, 268; I, 231) 이는 역설적이게도, 권력이란 바로 대중의 문제로, 대중의 흐름을 포착하여 그것을 선분화하는 능력에 의해 정의된다는 점을 아주 잘 보여줍니다. '위대한' 정치가, 혹은 '위대한' 성직자는 바로 이처럼 대중의 양자적 흐름을 포착하여 그것을 선분으로 바꾸는 능력을 가진 사람들입니다.

4) 권력 중심에 대한 명제들

선분성과 선분적 선들, 그리고 양자적 흐름과 권력 중심에 대한 이상의 고찰 위에서 저자들은 권력 중심에 관한 몇 개의 명제를 제시합니다. 제일 먼저 선분과 권력 중심의 관계에 대한 것으로, "각각의 몰적인 선분은 그〔권력〕중심(들)을 갖는다"(MP, 273; I, 234)는 명제가 그것입니다. 이에 대해, 선분들이 존재하고 작동하려면 그에 앞서 그것을 구분하고 대립시키고 공명하게 하는 권력 중심이 먼저 있어야 한다고 반박할 수도 있겠지만, 이미 우리는 "선분적인 부분들과 중심화된 장치 간에는 어떤 모순도 없다"(MP, 273; I, 234)는 것을 보았습니다. 왜냐하면 한편으로 가장 경직된 선분성도 집중화를 방해하지 않기 때문입니다. 즉 "공통된 중심점이란 다른 점들이 혼재하는 점이 아니라, 지평선 저편에서 다른 모든 점들의 뒤에서 공명하는 점이다. 국가는 다른 모든 점들을 끌어들이는 하나의 점이 아니라 모든 점들을 위한 공명통(共鳴桶)이다."(MP, 274; I, 235)

다른 한편, 가장 엄격한 집중화 또한 중심과 선분 및 원환의 구별을 제거하지 않기 때문입니다. "초코드화하는 선은 다른 선분들에 대한 한 선분의 우위를 확보하고서만 그려질 뿐이며(이항적 선분성의 경우), 다른 선분과 관련된 상대적인 공명의 권력을 그러한 중심에 부여하면서만 그려질 뿐이고(원환적 선분성의 경우), 그 자신이 통과하는 지배적인 선분을 강조하면서만 그려질 뿐이다(선형적 선분성의 경우). 이런 의미에서 집중화는 언제나 위계적이지만, 위계는 언제나 선분적이다."(MP, 274; I, 235)

앞서 말한 바 있듯이, 가령 남성/여성 같은 이항적 선분성의 경우, 남성이라는 한 선분이 다른 선분에 대해 우위를 확보하고 자신의 형상이나 관념에 따라 다른 선분(여성)을 초코드화합니다. 그래서 여성 또한 남성의 일부가 되며, 때론 남성보다 더한 남근중심주의에 사로잡혀 있는 경우도 적지 않습니다. 원환적 선분성에서 초코드화는 다수의 중심들을 오직 하나의 지배적인 중심에 공명하게 함으로써, 그 중심들 아래 있는 선분들이 하나의 국가적 중심에 대해 공명하게 하는 방식으로 이루어진다는 것 또한 이미 보았습니다. 또한 선형적 선분성의 경우 그 선분들을 통과하는 초코드화의 선이 무엇인가에 따라 지배적인 것이 결정되고 선분성의 양상이 결정됩니다. 가령 절대군주적인 초코드화가 작동하는 경우와 자본주의 내지 근대적 국민국가의 초코드화가 작동하는 경우, 가정, 학교, 군대, 교회, 작업장 등의 선분들 가운데 지배적인 것으로 부각되고 강조되는 것이 달라지며, 선분들 사이의 서열이나 위계 또한 달라집니다.

두 번째는 권력 중심과 미시적 조직의 관계에 관한 것으로, "권력의 중심 각각은 또한 분자적이며, 미시논리적인 조직체(tissu) 위에 행사된다"(MP, 274; I, 235)는 것입니다. 이미 우리는 미시적인 권력의 중심이 분자적인 것 내지 양자적인 흐름과 선분화된 것의 경계 지점에 있다는 것을 보았지요? 따라서 권력의 중심 또한 분자적이라고 할 수 있습니다. 여기서 "권력의 중심은 확산되고 분산되고 감소되고 축소된 것으로 존재할 뿐이며, 끊임없이 치환되고, 미세한 선분화에 의해 활동하며, 세부적인 것, 세부의 세부적인 것 안에서 작동한다."(MP, 274; I, 236)

《감시와 처벌》에서 푸코가 제시했던 미시권력 분석이 바로 그런 경우의 적절한 예가 될 겁니다. 거기서 푸코는 범죄자들 내지 범죄의 흐름과 그것들의 선분화로서 처벌이나 감금의 양상에 대해 쓰고 있는데, 이 경우 재편과 축적, 도피와 탈주가 상충하며 역전을 야기하기도 하는 '불안정한 초점들'을 잘 보여준다고 합니다.[15] 여기서 푸코가 말하는 '불안정한 초점들'이 바로 이 책에서 말하는 미시적인 권력 중심들이란 것은 분명합니다. 그런데 이 불안정한 초점인 권력 중심이란 무엇인가? 가령 우리는 학교의 권력을 생각하면 교장을 떠올리며, 이는 앞서 말했던 원환적 선분성의 중심이란 의미에서 권력의 중심이긴 하지만, 제도가 제공하는 안정화된 권력을 갖고 있는 그런 중심입니다.

이와 달리 중심의 형태를 취하지 않는, 하지만 양자적인 흐름을

---

(15) "이러한 관계들은 사회의 두께 속으로 멀리 들어가며, 국가와 시민 간의 관계로, 또는 계급들의 경계로 국지화되지 않는다. 그것은 법 내지 통치의 일반적 형식을……재생산하는 데 만족하지 않는다. ……그것은 상충하는 무수한 점들, 불안정한 초점들을 정의하는 바, 그 각각은 갈등과 투쟁의 위험을, 최소한 힘 관계의 일시적인 역전이라는 위험을 포함하고 있다."(M. Foucault, *Surveiller et punir*, Gallimard, 32쪽, MP, 274; I, 236의 주에서 재인용)

선분화하는 권력의 중심이 있습니다. 반장, 감시자, 우등생과 열등생, 수위 등등이 그것입니다. 군대에서는 사단장 같은 고위장교가 아니라 하급장교와 하사관이 그것이고, 공장에서는 사장이나 공장장이 아니라 십장이나 반장, 부서장 등이 그것입니다. 카프카의 소설(《성》)에서는 클람 같은 성의 중앙관리보다는 모무스 같은 비서들, 혹은 클람에 매료되어 있는 추어브뤼케(Zurbrücke) 여관의 여주인, 면장, 혹은 교사 같은 인물들이 바로 그것입니다. 《아메리카》에서 칼 로스만을 괴롭히고 그의 행동 하나하나를 감시하고 통제하고자 했던 수위장도 그렇습니다. 특히 카프카는 관료들만큼이나 수위들의 자그마한 권력을, 그리고 그런 권력에 도취된 사람들과 그런 권력에 의해 시달리는 사람들의 모습을 치밀하게 그리고 있습니다. 심지어 《성》에서 아말리아의 가족들을 파멸로 몰아넣은 그의 이웃들 또한 이 불안정한 초점들임이 분명합니다. 특히 아말리아의 사건과 그에 대한 이웃들의 행동에 대한 올가의 이야기는 분자적인 양상의 파시즘, 미시파시즘에 대한 카프카의 탁월한 통찰력을 보여주는 것이라고 할 수 있겠습니다.[16]

"권력은 아래로부터 나온다"는 푸코의 파격적인 명제는[17] 아마도 이런 의미에서 이해할 수 있을 겁니다. 물론 이러한 명제가 전통적인 거시적 권력 개념과 대결하면서 제기된 것이란 점에서 미시적 권력만을 특권화한다는 비판의 여지를 스스로 제공한 면이 있다고 하더라도, 미시적인 권력이 작동하는 고유한 양상을, 다시 말해 분자

---

[16] 이에 대해서는 이진경, 〈카프카: 큐비즘적 서사공간과 욕망의 건축술〉, 《들뢰즈와 문학-기계》, 소명출판, 2002 참조.
[17] 푸코, 이규현 역, 《성의 역사》, 1권, 나남, 1990, 108쪽.

적인 양상을 잘 보여준다는 것은 분명합니다. 국가적인 공명의 중심을 형성하는 권력과 공명하면서 국가적 중심화와 통합에 기능(이런 한에서 이는 거시적 권력의 일부입니다)하기도 하는 이러한 미시적 권력 중심들(불안정한 초점들)은 역으로 그 거대한 국가적 권력이 도대체 어떻게 일상적 삶의 저 미시적 요소들에까지 촉수를 뻗치고 그것을 통제할 수 있는가를 잘 보여주는 것이기도 합니다.

> 이러한 미시적 직물(micro-texture)을 갖지 않는 권력의 중심은 없다. 이〔미시적 직물〕는 억압의 체계에서 피억압자들이 언제나 능동적인 위치를 차지하고 있다는 것을 설명해준다. 부유한 나라의 노동자들이 제3세계의 착취와 독재자의 무장에, 그리고 대기오염에 능동적으로 참여한다는 것을 말이다.(MP, 275; I, 236)

세 번째는 "권력 중심은 가능한 한 흐름의 양자를 선의 선분들로 변환시키는 것을 그 존재이유로 한다"(MP, 275; I, 236)는 명제로, 권력 중심의 기능에 대한 명제라고 할 수 있습니다. 이미 말했듯이, 흐름 자체를 통제할 수 있는 권력은 없으며, 그런 점에서 양자적 흐름 자체는 권력의 무능력의 지대라고 할 수 있습니다. "오직 선분들만이 이런저런 방식으로 총체화될 수 있다."(MP, 275; I, 236~37) 그것은 흐름 자체의 리듬을 따라가면서 그것을 어떤 선분적인 선에 포갬으로써만 가능한 일입니다. 따라서 흐름이 무능력의 지대를 형성한다면, 선분성의 선은 능력의 지대를 이루며, 권력 중심이란 바로 이 둘이 만나는 지점이라고 할 수 있겠습니다. "바로 여기서 능력의 원리와 무능력이라는 바탕이 일시에 조우한다."(MP, 275; I, 237)

이른바 '위대한' 정치가란 바로 이 무능력의 지대에 속하는 흐름을 따라가면서 그것을 바탕으로 삼아 흐름의 양자를 선분적인 선으로 변형시키고 초코드화할 수 있는 능력을 가진 사람이라고 합니다. 칭기스칸, 마오, 드골 등이 모두 이런 사람이라고 하지요. 이런 점에서 정치가의 능력이란 무능력의 지대와 능력의 지대가 만나는 지점에서 형성되며, 두 가지 상이한 지대를 드나들 수 있는 능력에 의해 정의된다고도 할 수 있을 듯합니다.

네 번째 명제는 방금 말한 것에서 도출되는 것으로, "모든 권력 중심은 세 가지 측면 내지 세 가지 지대(地帶)를 갖는다"(MP, 276; I, 237~38)는 명제입니다. 세 가지 지대란 "첫째, 그 능력의 지대로서, 단단하게 경직된 선의 선분들과 관련된 것이다. 둘째, 그 식별 불가능성의 지대로서, 미시-물리학적 조직체 안에서 그것의 확산과 관련된 것이다. 셋째, 그 무능력의 지대로서, 권력이 통제하지도 결정하지도 못한 채 단지 변환시킬 수 있을 뿐인 흐름 및 양자와 관련된 것이다."(MP, 276; I, 238) 여기서 첫번째 지대는 국가기구 안에서 몰적인 초코드화의 추상기계를 실행시키는 배치로서 정의됩니다. 두 번째 지대는 이러한 배치를 침수시키는 분자적인 조직체 안에서 정의되며, 세 번째 지대는 변이의 추상기계 안에서의 흐름과 양자로 정의됩니다.

화폐의 예로 다시 돌아가면 "첫째, 능력의 지대는 공적인 중앙은행이 대표한다. 둘째, 식별 불가능의 지대는 '은행과 차용자 간의 사적인 거래라는 정의할 수 없는 계열'에 의해 대표된다. 셋째, 무능력의 지대는 경제적 거래의 양(masse)으로 그 양자가 정의되는, 화폐의 욕망하는 흐름에 의해 대표된다"(MP, 277; I, 238)고 합니다.

몰적인 선분성의 선과 분자적 선분성의 선, 그리고 탈주선이라는 세 가지 선이 이 세 개의 지대와 결부되어 있다는 것은 따로 말하지 않아도 잘 아시겠지요?

5. 세 가지 선과 네 가지 위험

이제 마지막으로 세 가지 선과 그 선에서 발생하는 네 가지 위험에 대해서 말해야 합니다. 그러나 일단 세 가지 선의 개념을 좀더 엄밀하고 정확하게 규정하기 위해선 양자화된 흐름과 선분적인 선 사이에서 발생하는 변환을 세심하게 구별하는 것에서 시작해야 합니다. 추상기계에 대한 두 가지 개념을 구별하는 것이 바로 그것입니다.

1) 두 가지 추상기계

지금까지 본 바에 따르면, 결국 모든 것은 양자화된 흐름과 선분적인 선의 경계에서 발생한다고 해도 좋을 겁니다. 발생하는 사태는 근본적으로 두 가지 상반되는 방향성을 갖습니다. 하나는 선분화된 것에서 다시 양자화된 흐름으로 빠져나가는 것입니다. 탈주선을 그리는 것이라고 해도 좋겠지요. 이미 우리는 이러한 사태를 다양한 사례를 통해서 보았습니다. 이는 코드화된 것을 탈코드화하고 영토화된 것을 탈영토화하는 선을 그리는 것이고, 이런 방식으로 어떤 형태로 고정된 것을 변이시키는 것입니다. 다른 하나는 반대로 양자화된 흐름을 선분적인 것으로 바꾸는 것입니다. 양자적 흐름을 따라가면서 그것을 재코드화하고 재영토화하여 선분적인 선으로 바꾸는 것이지요. 흐름과 선분 사이에 있는 권력 중심이 이런 기능을 한다는 것 또한 이미 말한 바 있습니다.

여기서 이제 우리는 이 두 가지 상반된 운동을 두 가지 추상기계의 개념을 통해서 다시 대비할 수 있습니다. 하나는 초코드화의 추상기계로서, 경직된 선분성, 거시적 선분성을 정의하는 추상기계입니다. 초코드화(surcodage)란 어떤 하나의 코드로 모든 것을 코드화하는 것이고, 하나의 코드 아래 그 모든 것을 통합하고 통일하는 것입니다. 가령 토템에 의한 코드화는 해당 부족에 대해서만 제한되어 이루어지지만, 제국적 코드화나 국가적 코드화는 모든 부족들에 대해 동일하게 코드화한다는 점에서 초코드화에 해당됩니다. 이 경우 다양한 부족이나 가문들이 하나의 '국민'이 되는 것은 각각의 부족이나 가문이 갖고 있는 신분이나 위계 등을 비롯한 모든 코드를 탈코드화하여 국민 내지 국가적 코드로 통합하는 것입니다. 즉 다른 코드들을 넘어서는(sur), 혹은 다른 코드들 위에(sur) 선 국가적 코드로 단일하게 통합하는 코드화가 바로 초코드화입니다.

그런데 이를 '위로부터' 코드화하는 것이라고 해선 곤란합니다. 왜냐하면 이런 초코드화는 위가 아니라 옆에서, 혹은 밑에서도 얼마든지 덮쳐오기 때문입니다. 가령 자본주의는 모든 종류의 신분적인 코드를 철폐하여 모든 사람을 등가적인─'평등한'─개인으로 탈코드화합니다. 그러나 그것은 가령 사물에 대한 권리를 소유권이란 단일한 규칙으로 초코드화하고, 노동하지 않는 자는 먹을 자격이 없다는 '노동의 공리'로 초코드화합니다. 이는 신분이나 재산에 따라 다르게 적용되는 것이 아니란 점에서 '코드'라고 하긴 어렵지만, 모든 사람을 하나의 동일한 규칙에 복속시키고자 하는 또 하나의 '코드'고, 이런 점에서 초코드화에 해당합니다. 그런데 이러한 초코드화는

'중앙권력'이라는 '위'로부터 덮쳐오는 코드화가 아니라, 일차적으로는 시장 내지 교환에서 오는 것이란 점에서 차라리 '옆에서' 혹은 발딛고 선 땅 '밑에서' 덮쳐오는 코드화라고 해야 합니다. 즉 이 경우 '초코드화'는 위로부터 덮쳐오는 코드화가 아니란 것입니다.

한편 이를 '덧코드화'라고 하는 것 또한 부적절합니다. 초코드화는 하나의 코드에 다른 코드가 덧씌워지는 코드화가 아닙니다. 반대로 그것은 이전의 코드를 탈코드화하면서 진행됩니다. 자본주의적 초코드화가 이전의 모든 코드를 탈코드화해야 했다는 것은 이를 잘 보여줍니다. 자본주의적 공리에 의한 초코드화('공리계화'라고도 하는데, 공리계화하는 것은 공리들로의 초코드화를 의미합니다)는 이전의 봉건적 신분이나 예속 위에 덧씌워지는 것이 아니며, 제국적 초코드화는 이전의 국가나 도시들의 코드들에 덧씌워지는 게 아니라 그것을 지우면서(탈코드화하면서) 이루어집니다. 제국적 초코드화가 이전의 신분에서 벗어난 '자유노예'와 같은 탈코드화된 계급을 발생시켰으며, 이들이 사적 소유의 발생에서 결정적인 역할을 한다는 것은 나중에 포획장치를 다루는 고원에서 자세하게 검토될 것입니다.

이런 점에서 초코드화는 이전의 모든 코드들을 제거한다는 의미에서 변형 내지 추상을 야기하지만, 그것은 하나의 단일한 코드, 하나의 단일한 중심으로 통합하기 위해서 그렇게 하는 것입니다. 앞서 프란체스코 파가 탈코드화되고 탈영토화된 신앙의 흐름을 예수라는 이름으로 교황청 아래 다시 통합했을 때, 흐름의 초코드화가 진행되었던 겁니다. 이는 지층을 탈지층화하면서 수행되는 변환이 아니라 **지층 안에서 진행되는 변환이요, 다수의 지층을 하나의 지층 안으로 통**

합하고 포획하는 추상입니다. 초코드화 역시 다양한 코드를 탈코드화하는 하나의 추상이지만 결국은 어떤 단일한 지층 안에, 어떤 하나의 중심 아래 통합하기 위한 추상이란 점에서 '초코드화의 추상기계'를 작동시킨다고 할 수 있습니다. 이는 "선분들을 둘씩 대립시키면서, 모든 중심을 공명케 하면서, 또 분할 가능하고 홈 패인(strié) 동질적 공간을 모든 방향(sens)으로 연장시키면서 선분들을 생산 내지 재생산"합니다(MP, 272; I, 234).

이러한 추상기계는 많은 경우 국가로 소급되지만, 언제나 그런 것은 아닙니다. 물론 일종의 국가긴 하지만, 교황청이나 교회, 혹은 예수에 의한 초코드화가 있고, 소유나 노동의 공리에 의한 초코드화도 있기 때문입니다. 그래서 저자들은 이러한 종류의 "추상기계를 예컨대 기하학적인 것(more geometrico)으로, 혹은 또 다른 조건 아래서는 '공리계'로 정의"(MP, 272; I, 234)하겠다고 명시합니다. 그리고 이 초코드화의 추상기계와 국가장치를 구별하는 문제에 대해서 다시 부연합니다. "국가장치는 기하학적인 것도, 공리적인 것도 아니다. 그것은 그러한 한계 안에서, 그러한 조건 아래서 초코드화 기계를 실행시키는 재영토화 배치일 뿐이다. 다만 국가장치는 그것이 실행시키는 이러한 추상기계와 다소간 동일시되는 경향이 있다고 말할 수 있을 뿐이다."(MP, 272; I, 234)

반면 이와 반대 방향의 변화, 반대 방향의 운동은 '변이의 추상기계'라고 할 수 있습니다. 선분화된 것을 흐름의 양자들로 변환시키고, 양자적 흐름이 선분적 벽을 '터널링'하면서 누수하고 범람하게 하는 변환과 상응하는 변이요 추상이라고 할 수 있지요. "다른 쪽 극에는 탈코드화와 탈영토화에 의해 작동하는 변이(mutation)의 추상기계가 있다. 탈주선을 그리는 것은 바로 이것이다. 그것은 흐름을 양자로 인도하고, 흐름의 창조-접속을 보장하며, 새로운 양자를 방사한다. 그것은 그 자체로 탈주의 상태로서, 자신의 선 위에 전쟁기계를 설치한다. 그것이 다른 쪽 극을 이루는 것은, 경직된 내지 몰적인 선분들이 탈주선을 끊임없이 틀어막고 봉쇄하며 가로막는 반면, 이 추상기계는 그것을 경직된 선분들 '사이로' 흐르게 하고, 다른 방향으로, 분자-이하적인 것으로 흐르게 하기 때문이다."(MP, 273; I, 235)

이는 이미 이전의 여러 고원에서 만났던 추상기계지요. 형식화하는 게 아니라 탈형식화하는 방식으로 추상하고, 지층화하는 게 아니라 탈지층화된 흐름으로 변환시키는 추상기계, 그리하여 일관성의 구도로 이어지는 추상기계.

2) 세 가지 선
이제 세 가지 선의 관계를 좀더 명확하게 이해할 수 있습니다. 이 세 가지 선을 저자들은 이렇게 요약하고 있습니다.

> 만약 우리가 '선'이란 말에 매우 일반적인 의미를 다시 부여한다면, 우리는 오직 두 가지 선이 있는 것이 아니라 사실은 세 가지 선이 있다는 것을 알게 된다. 1) 서로 얽힌 코드와 영토성의 상대적으로 유연한 선. 이것이 영토 및 혈통의 선분화가 사회적 공간을 이루는 이른바 원시적 영토성에서 시작한 이유다. 2) 선분들의 이원적 조직으로, 공명하는 원들의 동심성(同心性)으로, 일반화된 초코드화로 나아가는 경직된 선. 여기서 사회적 공간은 국

가기구를 내포한다. 이것이 원시적인 체계와 다른 체계인 것은, 초코드화가 여전히 강력한 어떤 코드가 아니라, 코드의 절차와는 다른 특수한 어떤 절차라는 점 때문이다(마찬가지로 여기서 재영토화는 어떤 영토의 추가가 아니며, 영토적〔토지적〕공간과는 다른 공간, 즉 초코드화된 기하학적 공간 안에서 이루어진다). 3) 탈주선 내지 탈주선들로, 양자에 의해 표시되며 탈코드화와 탈영토화에 의해 정의된다(이 선들 위에서 기능하는 전쟁기계와 같은 어떤 것이 언제나 있게 마련이다).(MP, 271; I, 233)

그런데 여기서 말한 순서대로 분자적인 것, 혹은 유연한 선분성의 선인 원시사회가 본원적이라고 해선 곤란하다고 합니다. 왜냐하면 원시사회를 특징짓는 코드들은 탈코드화 운동과 분리될 수 없으며, 원시사회의 영토 또한 탈영토화 운동과 분리될 수 없기 때문입니다. 가령 하나의 토템적 코드를 갖는 것은 하나의 부족 안에서 일정한 탈코드화 운동을 통해서 이루어지기 때문입니다. 부족 간의 전쟁에 의한 것이든, 다른 이유에 의한 것이든, 영토는 끊임없는 탈영토화 운동의 산물이지요. 그래서 차라리 이렇게 말해야 한다고 합니다. "밀접하게 뒤섞여 있는 세 가지 종류의 선이, 부족과 제국 및 전쟁기계가 공존하는 공간"이 있는 거라고(MP, 271; I, 233). 로마 제국과 그것을 멸망시킨 야만족의 습격이 있었지만, 그것은 훈족의 진출에 의해 야기된 탈영토화 운동의 결과였다는 것이 그러한 공존과 뒤섞임의 사례라고 하겠습니다.

따라서 탈주선이 일차적이라고, 혹은 경직된 몰적 선분성의 선이 먼저 있고, 유연한 선분화는 그 양자 사이에서 동요하고 있다고, 그 두 가지에 비해 이차적이라고 말합니다. 이 또한 유연한 분자적 선분이 일차적인 소여라고 하는 통념, 혹은 좀더 통상적인 어법으로 말하면, 개인적이고 개별적인 것이 일차적이고 그것이 무언가로 조직되고 변환되는 것이라는 통념에 반하는 것입니다. 변이와 운동이, 탈주선이 먼저 있는 것이라고, 혹은 양자적 흐름을 고정시키려는 경직된 선분이 차라리 먼저 있는 것이라고 해야 한다는 겁니다.

하지만 이 두 가지 선 가운데서도 무엇이 일차적인지 또한 이미 보았습니다. 즉 선분성의 선은 양자화된 흐름을 선분화하거나 선분적으로 절단하면서 작동한다고 했는데, 이는 양자화된 흐름 없이는 선분성의 선은 존재할 이유가 없으며 작동할 질료를 갖지 않는다는 것을 의미하지요. 다른 말로 하면 탈주선이야말로 가장 일차적이며, 그 탈주선의 자유로운 흐름을 선분화하는 권력이 있고 그것을 절단하고 채취하는 몰적 선분성의 선이 있다는 것입니다. 저자들이 푸코와 자신들의 차이를 요약하면서 "다이어그램 내지 추상기계는 탈주선을 가지며, 이것이 일차적이다. 이는[탈주선은] 하나의 배치 안에서 저항이나 반박이라는 현상이 아니라 창조의 첨점 내지 탈영토화의 첨점이다"(MP, 75~76; I, 148~49, 주 36))라고 했던 것은 이와 관련되어 있습니다. 나아가 "배치는 권력의 배치가 아니라 무엇보다 우선 욕망의 배치"(MP, 75~76; I, 148~49, 주 36)라고 하는 것 역시 이와 결부된 명제지요.

이러한 경직된 몰적 선분성의 선과 탈영토화된 양자적 흐름 사이에, 유연한 분자적 선분성의 선이 타협과 번역, 유연성과 모호성 사이에서 동요하고 진동하는 분자적인 것의 지대가 있습니다. "거기서 때로는 몰적인 선이 균열과 틈새에 의해 이미 변형되기도 하고,

또 때로는 탈주선이 검은 구멍을 향해 이미 이끌려가고, 흐름의 접속은 이미 제한적 통접에 의해 대체되기도 하고, 양자의 방사는 중심점들로 전환되기도 한다."(MP, 273 ; I, 235)

3) 네 가지 위험

이제 마지막으로 이 세 가지 선과 관련된 네 가지 위험에 대해 이야기합니다. 상이한 선들의 양상을 파악하고 그것들 간의 관계와 구도(plan)를 찾아내는 것과 동시에 그 선 위에서 발생할 수 있는 위험을 찾아내는 것이 분열분석의 과제라는 것은 다시 말하지 않아도 좋겠지요? 어쨌든 선들의 배치에 대한 연구에서 이들이 찾아내는 네 가지 위험은 "첫째는 〈공포(la Peur)〉, 둘째는 〈명확성(la Clarté)〉, 셋째는 〈권력(le Pouvoir)〉, 마지막은 거대한 〈혐오(Dégoût)〉로서, 죽거나 죽이고자 하는 열망이고, 멸망의 〈정염(Passion)〉"(MP, 277 ; I, 238)입니다.

① 공포

첫째로, 공포는 모든 상실에 대한 공포요 두려움입니다. 현재 갖고 있는 것을 잃어버리거나 버려야 할지도 모른다는 두려움이 바로 그것이지요. 그것과 짝을 이루는 대개념은 '안전(sécurité)'입니다. 재산, 지위, 가정의 행복, 혹은 성적 정체성(identité), 집단의 정체성 등등을 상실할 위험에서 멀어진 상태, 바로 그것이 안전이라는 개념으로 표시되는 것들입니다. 그것은 몰적인 선분 위에 머무는 것이고, 몰적 정체성을 상실하지 않는 것이며, 몰적 선분 안에서 획득한 것을 계속하여 소유하고 지속하게 하고자 하는 욕망의 표현입니다. 다시 말해 우리는 그처럼 '안전'을 욕망하는데, 이는 몰적인 선분들에서 출세와 성공을 욕망하는 것과 동일한 의미에서 우리 자신의 욕망입니다.

이런 의미에서 몰적 선분성의 선조차 하나의 욕망의 배치라는 것은 분명합니다. 욕망이란 양자화된 흐름이지만, 이처럼 몰적 선분성 안에 포획되거나 포섭되어 고착되는 것이기도 하며, 그런 방식으로 어떤 상태를 동일하게 지속하려는 힘을 작동시키는 권력이기도 합니다. 몰적 선분성의 선이 권력을 작동시킨다고 할 때, 그것은 바로 이런 의미에서지요. 권력이란 강제와 강요, 억압과 통제기 이전에 욕망을 유인하는 검은 구멍이고, 욕망의 흐름을 절단하여 포획하는 거대한 칼날이며, 그럼으로써 욕망의 흐름에 하나의 고정점을 부여하는 닻입니다. 가령 사랑은, 어떤 경우에는 미지의 삶을 향한 추동력이기도 하지만, 많은 경우 욕망의 흐름을 흡수하는 커플의 검은 구멍을 형성하며, 너무도 뻔한 가족적 선분 안에 "너와 함께 머물고만 싶네" 하게 하는 정착의 닻이지요. 하지만 분명한 건 그 경우에도 그것은 결코 억압이나 강제가 아니라 스스로의 욕망이며, 서로의 욕망을 끌어당기는 욕망이란 겁니다.

상실에 대한 두려움의 짝인 '안전'이란 "우리를 지탱해주는 거대한 몰적 조직이며, 우리가 집착하고 있는 수목상(樹木狀)이며, 우리에게 명확히 정의된 규칙을 제공하는 이항적 기계고, 우리를 포괄하는 공명이며, 우리를 지배하는 초코드화 체계로서, 이 모든 것을 우리는 욕망한다"(MP, 277; I, 238)고 하는 것은 바로 이런 의미에서지요. 안전이라는 말로 표현되는 이 욕망으로 인해 우리는 탈주선 앞에서 주저하게 되고, 탈주의 욕망을 접게 되며, 결국 탈주 앞에서 도망치게 됩니다. "우리는 탈주 앞에서 탈주하며, 우리의 선분들을 경직시키고, 이항적 논리에 자신을 내맡기며, 그같은 선분 위에서 경직되는 만큼 그것과 다른 선분 위에서도 더욱더 경직될 것이다. 우리는 어떤 것—그것이 무엇이든—위에서 재영토화되며, 오직 몰적인 선분성만을 알 뿐이다."(MP, 277~78; I, 238~39)

그것은 경직된 선분 안에 머무는 것, 안주하는 것이고, 몰적 동일성/정체성 안에서 편안해하는 것이며, 그런 만큼 이제는 다른 모든 경직된 선분들을 자신의 삶으로 수용하고 받아들이게 하는 것입니다. 나아가 다른 이들까지 그 편안한 경직성, 그 안이한 성공으로 권유하거나 밀어넣게 하는 권력입니다. "선분성이 경직되는 만큼, 사실 경직이란 일종의 안정감도 주기 때문에, 우리는 더욱더 안심한다. 공포란 우리를 경직된 선분성의 선으로 끌어내리는 방법이다." (MP, 278; I, 239)

이런 점에서 현대사회의 상황을 이른바 '위험사회(risk society)'라는 개념으로 파악하는 것은[18] 이러한 상실의 위험을 상기시키면서 '안전성'으로 회귀하게 하려는 것이란 점에서 지금 말한 것과 밀접하게 관련되어 있습니다. 이러한 입장에 따르면, 근대사회는 위험사회입니다. 산업화된 문명이 자신이 생존할 수 있는 환경 자체를 계속 파괴함으로써, 근대문명은 자신이 산출한 것에서 거꾸로 자신의 안전을 위협받게 된 사회라는 거지요. 이러한 이율배반적 결과를 극복한, 굳이 말하자면 '안전사회'를 향한 성찰과 반성으로서 '재귀적 근대화' 혹은 '성찰적 근대화'가 요구된다고 하지요. 물론 이런

---

[18] 울리히 벡, 홍성태 역, 《위험사회(*Risiko Gesellschaft*)》, 새물결, 1997.

개념을 통해서 경제지상주의나 과학지상주의, 혹은 발전지상주의를 비판하고 있지만, 그 비판의 양상이 사람들이 갖고 있는 상실에 대한 공포를 자극하여 안전성으로, 안전한 사회로 다시-돌아가고(재귀!) 싶다는 반성을 요구한다는 점에서 본질적으로 보수적인 입장이라고 할 수 있겠습니다.

② 명확성

두 번째 위험은 '명확성'입니다. 앞서 공포가 몰적 선분성의 선에 고유한 위험이라면, 이 명확성은 분자적 선분성의 선에 고유한 위험입니다. 그런데 '명확성'이란 대체 무엇인가? 그것은 거대한 절단 기계가 잘라낸 선분적인 끝이나 보는, 지난 고원에서 등장했던 대충 보는 망원경이 아니라 세밀하고 명확하게 볼 수 있는 고감도 망원경으로, 보통은 모호하게만 보이는 것을 명확하게 보려는 것이고, 분자적인 유연한 움직임과 균열의 선을 명확하게 들여다보려는 욕망을 의미합니다. 따라서 그것은 유연성을 포착하는 것과 동일하고, 유연함을 통해 분자적 욕망을 따라가거나 그것을 포섭하고자 하게 되며, 그런 식으로 유연한 선을 따라가는 것을 지향하게 됩니다.

정신분석학을 배우고, 그에 따라 아이들의 욕망, 혹은 연인의 욕망이 움직이는 미세한 양상을 포착하며, 그것을 '긍정'하거나 그것을 '자극'하는 것, 혹은 그것을 따라가는 것이 그런 경우의 사례일 겁니다. '욕망의 본령'인 성욕에 빠져드는 것, 아이들의 모호한 욕망 안에 존재하는 오이디푸스적 욕망의 구멍을 드러내는 것, 혹은 아이들의 억압 없는 자위를 선동하는 것, 그리하여 스스로 모든 유연하고 미세한 욕망의 '분신'이 되는 것 등등이 그것입니다. 혹은 약물이 펼쳐주는 분자적 지각의 세계를 따라가는 것, 범죄적 욕망을 '긍정'하고 따라가는 것, 가족적 제한을 넘어서 욕망의 대상을 끊임없이 대체하며 따라가는 것(쉽게 말해 끝없이 '바람을 피우는 것') 또한 이런 경우에 속합니다.

> 이러한 유연성과 명확성은 그에 따른 위험을 가질 뿐만 아니라 그 자체가 위험이다. 이는 우선 유연한 선분성이, 경직된 것의 감정과 가식을 소규모 형태로 재생산할 위험을 감수해야 하기 때문이다. 즉 공동체로 가족을, 교환 및 이동의 체제로 결혼관계를 대체한다. 하지만 더욱더 나쁜 것은, 미시적 오이디푸스가 수립되고 미시적 파시즘이 법을 만들고, 어머니는 자신이 아이들을 자극해야 한다고 믿게 되고, 아버지는 엄마가 되어버린다는 것이다.(MP, 278; I, 239)

그 결과 "거대한 편집증적 공포 대신에 수없이 많은 작은 모노마니에 사로잡히고, 각각의 검은 구멍에서 분출하지만 더 이상 체계를 이루지는 않는 명확성과 명증성이 나타난다. 하지만 이는 웅성거림과 왁자지껄함이며, 모든 사람들에게 나름대로 판사나 집행관, 경찰관, 건물이나 숙소의 관리자 등의 사명을 부여하는 맹목적 빛이다. 공포를 극복했고 안전성의 해변에서 벗어났지만, 그것만큼이나 동심원화되고 조직화된 체계 속으로 들어간다."(MP, 279; I, 240)

③ 권력
세 번째 위험은 권력에 대한 것인데, 아마도 이는 모든 선분적인

선에 공통된 위험이라고 할 수 있겠지요. 아니, 어쩌면 그보다는 양자화된 흐름과 선분성의 선 사이에서 발생하는 위험이라고 하는 편이 더 적절할지도 모르겠습니다. 이미 우리는 권력 중심이 양자화된 흐름과 선분성의 선이 만나는 지점에 존재한다는 것을 보았습니다. 여기서 말하는 권력의 위험이란 바로 이 지점에서 발생하는 것입니다.

통상 말하는 '권력'의 위험이란 몰적 선분성의 선 안에서 분자적 흐름을 절단하여 통합하고 포획하는 권력이나, 아니면 다양한 중심들을 공명하게 하는 국가장치의 권력에 관한 것인데, 이런 종류의 권력의 위험을 이야기한다는 것은 여기서 말하려는 것과는 약간 다른 뉘앙스를 갖는 듯합니다. 그 경우 분열분석이 알려주는 권력의 위험은 아마도 권력의 억압이나 통제에 길들지 않을 것을, 혹은 그러한 권력에 공명하면서 타인에 대해 그것을 확장하고 이전하지 않을 것을 요구하는 것일텐데, 그것은 어쩌면 앞서 말한 '공포'의 위험에서 이미 경고한 것으로 보이기 때문입니다.

여기서 말하는 권력의 위험이란 그보다는 오히려 양자화된 흐름을 선분적인 것으로 바꾸려는 시도의 위험, 대개는 우리 자신이 양자화된 흐름에 대해 불안해하거나 못마땅해하면서 그것에 안정성을 부여하려고 하는 경우에 발견되는 그런 위험으로 보입니다. '무능력의 지대'를 최소화하려는 시도, 그리하여 탈주선을 멈추게 하려는 시도 말입니다. 이는 스스로 탈주선 앞에서 도망쳐 안전지대로 대피하려는 그런 위험과는 다른 것입니다.

이런 사례를 우리는 혁명운동의 역사에서 빈번하게 발견할 수 있습니다. 당의 통제에서 벗어난 대중의 자발적인 운동이나 투쟁을 비난하면서 다시 당의 통제 아래 '질서정연하게 움직일 것'을 요구하는 일은 아주 비일비재했지요. 1871년의 파리 코뮨이나 1905년의 러시아 혁명에 대해서 많은 혁명가들이 그런 식으로 대응했다는 것을, 우리는 〈프랑스 내전〉이나 〈러시아 혁명에서 사회민주주의자의 두 가지 전술〉 같은 글을 보면서 추측할 수 있습니다.

대중의 자발성과 지도부의 보수성을 비판적으로 대립시키고 있는 로자 룩셈부르크의 유명한 글 〈대중파업, 당, 노동조합〉이라는 글에서도 우리는 이러한 사태가 독일 사회민주당이나 노동조합 지도자들에 의해 반복되었다는 것을 알 수 있습니다. 혹은 당의 지도에서 벗어나 새로운 탈주선을 그리려고 했던 크론슈타트 소비에트의 '반란'을 유혈진압한 뒤 소비에트라는 생산자 대중의 직접적인 조직을 해체하여 지역단위 대표자회의라는 일종의 의회로 만들어버렸던 사건을 상기해도 좋을 것입니다. 그리고 당이나 노동조합이 전혀 손을 쓸 수 없는 무능력의 지대에서 발생한 학생혁명을 '프티 부르주아의 난동'이라면서 원래 자리로 복귀할 것을 요구했던 1968년 5월 혁명 또한 빼놓을 수 없을 겁니다.

이처럼 "자신을 위협하는 무능력 지대를 최소화하려고 하며, 이를 위해 탈주선을 멈추게 하려 하고, 초코드화의 기계 안에 변이의 기계를 고정시키려고 하는"(MP, 279; I, 240) 것이 바로 여기서 말하는 권력의 위험입니다. 새로운 이론적 사유의 흐름을, 통제 가능한 선에서 벗어난 사유의 탈주선을 멈추게 하려 하고, 그것을 정통적인 이론, 아니 진보적인 이론 자체를 위협하는 것으로 간주하여 비난하며, '정통적' 사유의 도식에 따라 낡은 '편향'을 반복하는 상투구로 만들어버리는 '비판'이나 '논쟁'의 기술 또한 이런 위험을 동일하게 보여주는 것이라고 하겠습니다.

마지막으로, 다른 어떤 위험보다도 더 중요하다고 보아 자세하게 언급하는 것이 '혐오' 내지 '멸망'의 정염입니다. 이는 탈주선에 고유한 위험인데, 저자들이 탈주선에 애정과 관심이 많기에, 그 반면 다른 위험에 비해서 훨씬 더 치명적일 수 있는 위험이기에, 더욱더 세심하게 취급하고 있습니다.

④ 혐오 혹은 멸망의 정염

탈주선은 세상에서 도망가는 것이 아니라 새로운 것을 창조하고 생성하는 첨점이며, 그로써 세상을 탈주케 하는, 다른 삶으로 인도하는 선을 그린다는 것은 이미 거듭 말한 바 있습니다. 탈주선이란 변이능력에 의해서 정의된다고 할 수 있지요. 이것이 변이의 추상기계와 연결되는 것은 물론입니다.

반면 이러한 창조적 생성능력, 창조적 변이능력을 상실한 경우에도, 탈주를 꿈꾸었던 욕망은 선분적인 벽으로 가득 찬 세계에 대한 혐오의 정염을 상실하진 않습니다. 새로운 세계에 대한 꿈, 새로운 세계를 창조할 능력이 사라진 뒤에도, 낡은 세계에 대한 혐오와 경멸은 사라지지 않으며, 차라리 더욱더 강해지기도 합니다.

아니, 정확하게 말하면 새로운 세계를 구성할 능력이 있는 경우, 혹은 새로운 세계로 사람들을 탈주케 할 능력이 있는 경우, 기존의 세계, 낡은 세계에 대해 특별한 혐오나 원한, 미움 같은 것은 별로 생거나지 않습니다. 생성적 능력이 강하다면, 기존의 것에 대한 비판이나 비난을 하지 않아도, 그 생성적인 능력이 창조한 것만으로도 새로운 세계를 찾는 탈주적인 욕망을 촉발하고 변용할 수 있기 때문이지요. 반면 그 능력이 그저 그렇다면 기존의 세계에 대한 비판과 비난이 없이는 새로운 삶의 흐름을 창출하고 촉발할 수 없습니다. 그리고 그런 능력이 고갈되었거나 창조적인 능력이 없을 경우, 탈주적인 욕망은 기존의 세계, 낡은 세계에 대한 비난과 부정으로, 그것에 대한 혐오와 경멸로 끌려갑니다. 그것마저 없다면 '탈주'라는 개념을 사용할 수 없는 욕망일 겁니다.

이처럼 창조적인 생성능력을 상실한 탈주선은 이제 기존의 것, 낡은 세계를 혐오하고 부정하는 파괴와 멸망의 선을 그리게 됩니다. 죽음의 선이 그려지는 거지요. "권력이 존재하는 한 모든 것을 다 부정한다"거나, "기존의 것 모두를 파괴한다"는 것을 뜻하는, 통상 부정적인 의미로 사용되는 '무정부주의'라는 말(물론 과도하게 단순화된 비판에 동원된 무기인 경우가 많았지만 말입니다)은 바로 이런 경우에 상응하는 것일 겁니다. "〔탈주선에 관해〕 두려워할, 그리고 대결해야 할 위험이 단지 결국은 다시 사로잡히고 봉쇄되며, 동여매이고 다시 묶이며 재영토화되는 것뿐이라고 믿는 것은 너무도 단순한 생각이다. 탈주선들은 그 자체가 죽음 내지 제물의 향기와 같은, 사람들이 파괴되어 나가는 전쟁 상태와 같은 낯선 절망을 발산한다. 즉 앞서 보았던 위험과 혼동되어선 안 되는 자신의 고유한 위험을 안고 있다."(MP, 280 ; I, 240) 요컨대 혐오의 정염에서 기인하는 순수한 파괴와 멸망의 정염, 바로 그것이 탈주선에 고유한 위험입니다. "순수하고 단순한 파괴와 멸망, 멸망의 정염으로 바뀔 수 있다는 위험."(MP, 280 ; I, 241)

탈주선 상에서 탈주선을 그리는 배치를 저자들은 '전쟁기계(machine de guerre)'라고 합니다. 이에 대해서는 12장과 13장에서 자세하게 보게 될 겁니다. 간단히 말하자면, 여기서 말하는 '전쟁'이란 새로운 것을 창조함으로써 낡은 것과 벌이는 전쟁이고, 그런 만큼 '포언이 없는 전쟁'입니다. 그래서 니체는 "좋은 전쟁에서는 연기가 나지 않는다"고 하지요. 임꺽정의 무리, 홍길동의 활빈당, 혹은 《수호지》에 등장하는 양산박이 바로 그런 전쟁기계의 대표적인 예지요. 이들은 새로운 삶의 방식을 추구하며, 그런 삶이 가능한 세계를 만들고자 합니다. 이로 인해 주변의 많은 사람들이 촉발되고 모여들지요. 이들은 국가장치와의 전쟁 자체를 목표로 하지 않습니다. 그건 가능한 한 피하는 게 좋지요. 들뢰즈와 가타리는 "전쟁기계는 전쟁을 목표로 하지 않는다"고 하지요(MP, 518; I, 201). 전쟁이 발생하는 것은 이들을 방치하지 못하는 국가장치나 국가인들 때문입니다.

〈허공에의 질주〉는 가족을 일종의 '전쟁기계'로 만든 탈주자들의 삶을 보여주고 있습니다. 이들 역시 파괴도, 전쟁이나 충돌도 바라지 않습니다. 대신 가는 곳마다 환경운동을 조직한다든지, 노동조합을 조직한다든지, 혹은 예술적 창조의 선을 그린다든지 하는 긍정적이고 창조적인 탈주선을 그릴 뿐입니다. 그러나 그 가족을 찾아왔던 거스라는 인물처럼 이런 식의 활동에서 어떤 희망도 발견할 수 없을 때, 그런 식의 '조그만' 활동으론 세상이 결코 바뀌지 않는다는 절망에 빠져들 때, 다른 세계에 대한 꿈은 기존의 사회에 대한 혐오의 정염으로 바뀌게 되고, 이 혐오의 정염은 기존의 것에 대한 순수한 파괴를 겨냥하거나, 아니면 결코 깨지거나 흔들리지 않을 듯한 그 거대한 세계를 결코 긍정할 수 없는 자신의 죽음으로 나아갑니다. 죽음의 선을 그리게 되는 거지요. 이 경우 전쟁기계는 "오직 전쟁만을 목적으로 하는 전쟁기계"가 됩니다(MP, 283;I, 243). 파괴와 멸망만을 목적으로 하는 전쟁기계.

이것이 바로 탈주선에 고유한 위험이고, 다른 어떤 위험보다도 치명적인 위험입니다. 탈주하지 않은 것만도 못한 결과를 야기하는 위험, 그래서 종종 탈주선 자체를 어두운 죽음의 색으로 물들이기도 하는 그런 위험입니다. 가장 경계해야 할 위험이지요. 저자들은 이와 관련해 파시즘이 바로 죽음의 선을 그리게 된 탈주선이었다는 명제를 비릴리오(P. Virilio)를 원용하면서 말하고 있습니다. 이에 대해서는 나중에 전쟁기계와 포획장치를 다루는 부분에서 다시 보기로 하지요. 그 대신 야릇한 죽음의 냄새를 피우고 있는 파시즘의 이런 자살적인 정염을 잘 보여주는 보르헤스(J. Borges)의 소설 일부를 읽어보면서 이 강의를 마칠까 합니다.

제3제국은 광활한 대륙들의 쫓김을 받으면서 죽어가고 있다. 제국은 모든 국가들을 상대로 싸우고 있었고, 모든 국가들이 그를 상대로 싸우고 있었다. ……나는 분노의 잔을 밑바닥까지 비워버릴 수 있었다. 그러나 예상치 못한 어떤 맛, 신비롭고 거의 공포스럽기조차 한 행복감이 나를 저 아래의 앙금들 속으로 가라앉게 만들었다. …… '마음속으로 나는 내가 죄가 있다는 것을 알고 있고, 오직 벌을 받음으로써 구원을 받을 수 있기 때문에 나는 독일의 패배를 기꺼워하고 있는 것이다'라고 나는 생각했다. '모든 게 끝났고, 나는 너무 지쳐 있기 때문에 독일의 패배를 기꺼워

---

(19) 보르헤스, 황병하 역, 〈독일 진혼곡〉, 《알렙》, 민음사, 1996, 123~26쪽.

하고 있는 것이다'라고 나는 생각했다. ……

새로운 질서가 세워지기 위해서는 수많은 것들이 파괴되어야 한다. 이제 우리는 독일이 바로 파괴되어야 할 그러한 것들 중의 하나인 것을 안다. 우리들은 우리들의 생명보다 귀중한 어떤 것을 바쳤고, 사랑하는 우리 조국의 운명을 바쳤다. 비난을 퍼부을 사람은 퍼붓고 통탄할 사람은 통탄하라고 하라. 나는 우리에게 주어진 선물이 원형의 형태를 이루고 있고, 완전하다는 것이 기쁘기 한량없다.

이제 세계 위로 무자비한 시대가 만개하기 시작하고 있다. 우리가, 이미 그것의 희생자가 된 우리가 그것을 조련시켰다. 영국이 망치가 되고 우리가 대장간의 모루가 된들 무슨 상관이란 말인가? 중요한 것은 비굴한 기독교적 소심함이 아니라 폭력이 지배하기만 하면 되는 것 아닌가. 만일 승리와 불의와 행복이 독일의 것이 아니라면 다른 국가들의 것이 되도록 하자. ……나의 육체는 두려움을 가질 수 있다. 그러나 나는 그렇지 않다.[19]

찾아보기

주제어 찾아보기 / 인명 찾아보기

1. 주제어 찾아보기

〔ㄱ〕

가능성(possibilité) 51, 87, 94, 118, 159, 183, 184, 213, 220, 223, 235, 244, 262, 287, 321, 322, 346, 370, 383, 403, 407, 415, 426, 430, 431, 458, 462, 485, 490, 497, 510, 582, 603, 617, 631, 633, 645, 647, 666, 674, 698, 699, 701, 722

가면 351, 539, 545, 546~49, 551, 692

가면화 548

가족삼각형 129

가족의 파시즘 691, 693

가족주의적 욕망 146

간-지층(interstrate) 249, 250, 252, 253

간접화법(discours indirect, 간접담론) 271, 307

〈감각의 제국〉 693

《감시와 처벌》 70, 54, 719

감옥 70, 97, 239, 240, 241, 278, 284, 289, 327, 416, 417, 420, 638

감응(affects) 30, 32, 33, 167, 177, 474, 548, 549, 580, 626, 643, 675 /

감각(affect) 32, 33, 34, 135, 425, 441, 458, 510, 583, 622, 633, 643 / 정서(affect) 32, 34, 142, 316

감정-이미지 579, 580

강밀도(intensité) 43, 68, 135, 137, 164~67, 180, 183, 192, 206, 207, 252, 306, 314, 387, 399, 403, 429, 582, 586

강밀도와 욕망 460, 466, 468

강밀도의 분배 165, 166, 478

강밀도의 연속체(continuums d'intensité) 167, 252, 461, 466, 469, 491, 586

강밀하게 – 되기(devenir-intense) 517

거세 46, 128, 160, 162, 166, 473, 475

거시기(das Es, Id) 49, 128, 456

거시적인 것 140, 698, 704, 713

거시정치 618, 640, 651, 681, 682, 687, 690, 691, 695, 696, 698, 699, 700

검은 구멍(trou noir) 328, 386, 389, 397, 399, 400~03, 481, 496, 501, 507, 508, 511, 512, 525, 531~37, 539, 544, 551, 555, 556, 565, 567, 576, 578, 583, 585, 542, 645, 668, 669, 670, 672, 691~94, 704, 730, 731, 734

결속(conjugaison) 475, 692, 694, 714

결핍 166, 345, 353
결합관계 167 / 결합축(syntagme) 293, 294, 388
결합된 환경(milieu associé) 210, 214, 216
결혼(marriage) 116, 142, 145, 368, 376, 389, 398, 610, 662~66, 734
경계의 배가(倍加)(multiplication de bordure) 577
경제적 토대 242
경직된 선분성 616, 617, 624, 628, 635, 644, 645, 651, 678, 680~82, 688, 691, 696, 715, 717, 724, 732
《경험주의와 주관성》 42
계급(classes) 76, 116, 143, 144, 149, 150, 161, 276, 277, 279, 280, 309, 366, 367, 609, 610, 651~53, 664, 666, 667, 685~88, 697~99, 700~03, 706, 719, 725
계열(série) 58, 59, 95, 97, 101, 102, 149, 211~14, 249 / 계열화(mise en séries) 58, 59, 60, 62, 81, 249, 250, 287, 288, 536, 593, 595, 602, 606, 622
계열관계 187 / 계열축(paradigme) 293, 294, 388
고원(plateau) 29, 67, 68, 85, 89, 123 ~27, 140, 153~55, 169, 175~79,
199, 202, 212, 234, 254, 257, 258, 283, 333, 362, 423, 424, 428, 448, 468, 479, 480, 487, 495, 507, 525, 527, 532, 591, 592, 608, 648, 653, 654, 668, 670, 702, 706, 716, 725, 727, 733
고유명사(nom propre) 147, 165
고통스런 얼굴 498, 505, 506
공(空) 113, 207, 221, 251, 457~59, 463, 536 / 공성(空性) 221, 353
공리계화 417, 418, 725
공리주의 272, 417, 418
공명(résonance) 154, 180, 228, 274, 275, 300, 381, 385, 387, 389, 392, 396~99, 401, 496, 501, 502, 508, 510, 532, 542, 544, 578, 579, 587, 652, 667, 669, 670, 672, 673, 680, 690, 691, 694, 704, 708, 717, 718, 721, 726, 727, 732, 735
공명장치(appareils de résonance) 673
공명통 672
공무변처정(空無邊處定) 458
〈공산당 선언〉 279, 309, 702
〈공상에서 과학으로〉 275
공안(公案) 89
공통개념(common uotion) 29, 31
공포(la Peur) 327, 328, 474, 486, 617, 690, 730, 732~35, 740

광기(lunatic) 62, 145, 536, 537, 565, 583, 624
교육방법(pédagogie) 523
구도(plan) 68, 119, 154, 192, 207, 210, 220~23, 247, 250~54, 403, 407, 412, 413, 418, 419, 424, 425, 454, 468, 478, 481, 482, 484~86, 489~91, 526, 529, 535, 581~83, 586, 637, 676, 702, 727, 730,
구성단위(unité de composition) 186, 188~90, 193~96, 204, 206, 207, 209, 210, 230, 253
구조언어학 73, 189, 294
구조주의 36, 42~44, 87, 95, 104, 238
〈국가의 탄생〉 371, 579, 691
국가장치(appaveil d'Etat) 90, 92, 117, 154, 329, 362, 364, 369, 371~73, 644, 668, 694, 726, 735, 739
국가적 공명 670, 672
국가적 기하학 675, 677, 680
국가적 통일성 670, 671
《국부론》 77, 656
궁정식 사랑 475
권력(la Pouvoir) 47, 54~57, 90, 95, 116, 127, 137, 145, 153, 170, 208, 217, 240, 260, 263, 276, 280, 317, 319, 320, 322~24, 328, 334, 335, 337, 356, 365, 418, 419, 424, 431, 495, 502, 503, 505, 507, 514, 524, 551, 599, 636, 640, 642~45, 651, 653, 658, 664, 671, 674, 678, 686, 687, 695, 707, 710~12, 716~22, 725, 729~36, 738
권력 중심 317, 320, 651, 673, 702, 707~11, 716~23, 735
권력의 배치 54, 63, 337, 507, 534, 551, 555, 729
권력의지(Will zur Macht) 130, 324, 464
균열(fêlure) 600, 620, 622, 624, 625, 628, 636, 637, 697, 729, 733
《그라마톨로지》 80
극한(limite) 113, 141, 207, 210, 221, 222, 326, 327, 353, 394, 436, 443, 447, 449, 454, 459, 461, 467, 468, 526, 535, 574, 575, 577, 579, 663
극한적인 얼굴(visage-limite) 574
근거(Grund, fondement) 26, 40, 112, 114, 309, 417, 430
근친상간 138, 139, 343, 344, 663
글리산도(glissando) 350
글리산도의 다이어그램 416
《금강경》 221
금융-화폐의 흐름 710
긍정성 154, 166, 376, 402, 403, 450,

457, 610 / 양성(陽性, la positivité) 166
기(氣) 106, 180, 204, 416, 457, 466
기계(machine) 48, 60, 61, 76, 79, 81~83, 90, 92, 123, 131~37, 140, 141, 143, 150, 151, 153, 155~57, 166, 167, 169, 204, 206, 208, 209, 212~15, 233, 241, 247~50, 258, 264, 294, 295, 350, 460, 495, 516, 532, 535, 553, 555, 556, 571, 573, 575~79, 585, 630, 646, 664, 680, 699, 726, 731, 736
기계권(mécanospére) 248
기계론(mechanism) 133, 153
《기계적 무의식》 169, 502
기계적 배치(agencement machinique) 60, 61, 132, 137, 245, 249, 250, 252, 254, 258, 287~89, 419
기계적인 것 199, 232, 233, 241
기관(organe) 24, 43, 68, 92, 125, 131, 134~37, 154, 158, 159, 165~67, 169, 170, 179, 180, 192, 206~08, 211, 222, 223, 251, 401, 403, 423~29, 431~40, 442~50, 452, 453~64, 466~69, 476~78, 480~95, 517, 519, 584, 639, 640
기관 없는 신체(corps sans organe) 24, 68, 125, 135~37, 154, 158~60,

165~67, 169, 170, 180, 192, 206, 207, 222, 223, 251, 403, 423~29, 431~34, 436~40, 444, 446~50, 452~64, 466~69, 476, 477, 480, 481~95, 584, 639, 640
기능화성 195, 219, 303, 304
기쁨(joie) 446, 456, 458, 474, 499, 504, 505, 648
기억(souvenir) 109, 110, 168, 428, 570, 571, 632, 638
기원(origine) 69, 102, 115, 119, 208, 233, 359, 362, 409, 495, 535, 598, 657
기의(signifié) 71~73, 236~41, 245, 269, 295, 296, 339~42, 344~46, 348, 349, 353, 354, 356, 479
기의적 분절 72
기준(référence) 181, 535, 547, 571, 704
기표(signifiant) 71~73, 101, 102, 104, 130, 166, 214, 235~41, 244, 245, 268, 269, 292, 293, 296, 297, 302, 307, 334, 336~81, 390, 392, 396, 398, 399, 401, 406~13, 479, 504, 509~11, 532, 535, 538, 540, 544, 568, 574~78, 581, 628, 630, 631, 639
기표의 물질성 72, 269, 293, 336, 342

기표의 제국주의 238, 239, 269
기표적 기호체제 340, 355, 358, 361, 544 / 의미적(signifiante) 기호체제 360
기표적 분절 72
기표적인 기호계 406, 408, 412
《기하학의 기초를 이루는 가설에 관하여》 259
기하학적 공간 728
기하학적 추상 203
기호체제(régime de signes) 238, 239, 333, 334~41, 343, 345, 346, 349, 352, 353, 355, 356, 361, 365, 379, 399, 403, 405~07, 410~12, 414, 415, 419, 420, 428, 496, 501, 503, 544, 574, 576, 578
기호-입자 252, 403, 415, 419
기호계(une/sémiotique) 237, 238, 333, 335~38, 356, 359, 360, 374, 375, 399, 400, 405~08, 410~12, 414, 415, 419, 420, 507, 513, 541, 544, 554, 695
기호의 선형성 234, 297
기호의 잉여성 392
기호의 자의성 71, 292, 297
기호이론(semiotics) 238, 239, 334, 336, 337
기호체제의 혼성성 405

기호학(sémiologie) 36, 45, 46, 137, 168, 237~39, 269, 334, 337, 338, 344, 406

[ㄴ]

남근 127~29, 160, 344~46, 354, 408, 718
내공(intensité) 436, 463~65
내용(content) 33, 37, 50, 73, 75, 79, 87, 95, 124, 141, 176, 179, 186, 191~94, 196~99, 200~02, 209, 216, 217, 223~25, 227, 229, 230, 233~36, 239~46, 248~50, 252, 257, 258, 267, 282~87, 290~92, 294~96, 314, 316, 326, 349, 356, 416, 418~20, 488, 496, 519, 521, 526, 532, 555, 581, 629, 692
내용과 표현 186, 191, 192, 194, 196, 198, 199, 201, 217, 223~25, 227, 229, 233~36, 240, 241, 243~46, 248~50, 252, 257, 258, 282~84, 286, 287, 290, 291, 349, 416, 496
내용과 형식 197, 241, 243~45, 291
내용의 실체 191~94, 216, 230, 519
내용의 형식 73, 191, 192, 194, 196, 198, 200, 202, 230, 236, 239~41,

244, 250, 283, 285, 286, 291, 292, 356, 418, 532
내재성(immanence) 43, 56, 67, 111, 113, 114, 116, 119, 222, 468, 469, 472, 474~77, 488, 645,
내재성의 사상 43
내재성의 장(champ d'immanence) 43, 119, 468, 469, 472, 475, 488
내파(implosion) 46
〈냉정함과 잔혹함〉 37
〈네버마인드(Nevermind)〉 518
네프(NEP) 276, 277
노(能) 548
〈노는 아이들〉 554, 557
노동력 62, 75, 76
노동의 공리 724, 726
논쟁적 내지 전략적 변환 407, 410
눈(oel) 496
뉴클레오티드(Nucleotide) 230
느부갓네살 370
늑대(le Loup) 148, 155, 156, 158, 160~62, 164~67, 169, 536
늑대-되기 125
늑대인간 124~26, 147~49, 156~58, 160~62, 164, 165, 167, 169, 387
능력(puissance) 32, 34, 50, 51, 53, 57, 131, 141, 143, 149, 160, 191, 213, 216, 251, 280, 341, 353, 360,
403, 426, 434, 438, 441, 456, 462, 464, 469, 476, 482, 485~87, 499, 507, 512, 545, 632~34, 644, 647, 671, 678, 694, 697, 701, 702, 710, 717, 721, 722, 737, 738
능력의 지대(zone de puissance) 710, 716, 722
능선화(稜線化, accrête) 579
《니체와 철학》 42
니체주의 35, 263

〔ㄷ〕

다다이스트 411, 413
다수성(majorité) 260, 319, 322~24
다수적 언어 300, 316, 319~22, 324, 325
다수적(majeur) 41, 260, 300, 316, 319~25, 328
다시 나타나게 하는 것(representation) 29
다시-당김(Retention) 606, 607
다양성의 원리 95
다양체(multiplicité) 71, 73, 75, 77, 83, 95, 97, 100, 101, 106, 123, 140, 152, 155, 162~64, 167, 169, 171, 241, 466, 476, 483, 484, 680

다원론=일원론 119
다이어그램(diagramme) 70, 106, 176, 177, 238, 254, 296, 353, 403, 405, 407, 412, 414~20, 482, 491, 502, 585, 676, 729
다이어그램적 변환 407, 412, 414, 415
다이어그램적 안면성 502
다중심성 483
단백질 229~33, 247, 257, 713
단일성 86, 88, 228, 320, 336, 337, 483, 674, 684
단절(rupture) 86, 101, 102, 104, 133, 279, 302, 308, 309, 406, 620, 622, 625, 626, 628, 637,
달빛(lunatic) 536, 537
〈달의 뒷면(The Dark Side of the moon)〉 537
《담론의 질서(L'Ordre discours)》 238, 268, 269
대상 a(object petit a) 345, 500
대상관계이론 135
대중(masse) 46, 51, 52, 277, 279, 280, 430, 505, 566, 620, 621, 624, 625, 629, 651~53, 685~88, 690, 694~69, 700~03, 705, 706, 708, 711, 715~17, 735, 736
대중노선 652

대중의 자발성 652, 736
〈대중파업, 당, 노동조합〉 736
대지의 기표적이고 전제적인 얼굴 575
대타존재 497
〈덤불 속에서〉 603
도(道) 89, 113, 412, 459, 536, 637
도공족 186, 427
도교(道敎) 115, 457, 476
도덕의 지질학 175, 423
도상학(Ikonograhie) 200, 201
도상해석학(Ikonologie) 201
도식 62, 70, 103, 116, 130, 242, 243, 246, 247, 275, 390, 417, 676, 711, 736
독신자 381, 382, 385, 398
독신자기계 401, 577, 578, 668
독창성(originalité) 23, 69, 415, 496
동물-되기(devenir-animal) 403, 541, 545, 549, 673
《동물기》 357
동사구 272, 294, 297
동성애 92, 160, 665, 666, 683~85
동심성(同心性) 681, 727
동일성 30, 31, 112, 138, 184, 249, 269, 271, 383, 398, 401, 445, 463, 611, 622, 623, 651, 670, 677, 730 / 정체성(identitie) 30, 622, 730, 732

《동일성과 차이》 112
동정과 연민의 윤리학 505
되기(devenir) 39, 46, 52, 79, 82, 102, 105, 125, 131, 134, 162, 194, 232, 235, 327, 328, 355, 402, 403, 446, 470, 489, 527, 541, 545, 549, 583, 619, 673 / 생성 42~44, 59, 82, 93, 152, 207, 221, 313, 312~24, 425, 431, 450~52, 454, 486, 489, 583, 600, 610, 640, 622, 642, 675, 737
등가성 364, 674
DNA 103, 105, 229
디스토피아 539, 541
디오니소스 223, 230~32
딸림화음 195, 219

[ㄹ]

라 보르드(La Borde) 병원 34, 47
〈라쇼몽〉 603
랑그(langue) 71, 260, 261, 266, 281, 282, 298
러시아 혁명 78, 736
〈러시아 혁명에서 사회민주주의자의 두 가지 전술〉 736
레닌주의 415

로고스(Logos) 26, 90, 342, 445, 446
론도 417
루터 초상 568
르네상스 200, 204~06, 247, 394, 539, 656
리보솜(Rivosome) 231
리비도(libido) 60, 127, 131, 134, 137, 141, 143, 144, 149~51, 155, 156, 158, 452, 470
리좀(rhizome) 67, 68, 84, 88, 89, 90, 91, 93~95, 97, 99, 102~09, 111, 116~19, 123, 162, 163, 170, 420, 483, 585, 624, 625, 631, 681
리좀 속의 수목 117
리좀적 다양체 97, 100, 101, 162, 163, 167, 171, 483
리좀적 사유 108
리좀적 선분성 681
리좀적 책 123
리좀학(Rhizomatique) 108, 171
리토르넬로(ritornello) 502, 503

[ㅁ]

〈마르가레타 드 게르〉 395
마스크 546, 548, 549
마조(Le maso) 456, 457

마조히스트의 신체 449, 455, 456, 490
마조히즘(masochism) 42, 470, 489
마키시 546, 549
만인이 되는 것(devenir de tout le monde) 323, 328
말-되기 125
《말과 사물》 49, 445
《맑스의 위대성(Grandeur de Marx)》 35
맑스주의 44~48, 74, 95, 241, 243, 247, 290, 291, 503, 652, 666, 667, 698, 703
매개적 환경(milieu intermédiaire) 211
매끄러운 것(le lisse) 116, 117
매너 215, 408~10, 419
머리 30, 58, 202, 203, 208, 233, 258, 282~84, 289, 359, 429, 437, 498, 499, 504, 510, 511, 513, 514, 516, 517, 519, 521, 526, 528, 530, 532, 537, 539, 541, 542, 544, 545, 547~49, 553, 562, 566, 572, 580, 582~87, 624, 632, 659, 673, 688
머리와 신체의 안면화 549
멀리 보는 자(les longs-voyeurs) 629, 634
〈메 웨스트의 얼굴〉 522
메타-자연학 26 / 메타-피직스 26
메타지층(méta-strate) 222, 250, 253

멸망 370, 728, 730, 737, 738, 740
멸진정(滅盡定) 458
명령 111, 235, 249, 262, 263, 265, 266, 269, 270, 273, 276, 277, 280, 325, 329, 367, 368, 370, 375, 377, 381, 446, 658, 659, 675, 689
명령어 234, 235, 243, 261, 266, 268, 270, 271, 273, 275, 277~80, 295, 306, 319, 325~29, 350, 355, 392, 496, 505, 506, 507, 538, 586, 658
명령어의 순간성 279
명사구 272, 294, 297
명확성(la Clarté) 730, 733, 734
〈모던 타임즈〉 94
모사(simulacre) 46, 105
모상(calque) 105~07
《모피 입은 비너스》 37
모호한(fuzzy) 집합 68
몰(mole) 227, 228, 608, 611, 612
몰적 구성체 140
몰적(molaire) 선분성 591, 608, 609, 617, 618, 620~23, 625~27, 630, 631, 635, 637, 640, 641, 643, 646, 652, 681, 687, 706, 707, 714, 728, 729, 731, 733, 735
몰적 집합 610, 615
몰적 화합물 188, 195
몰적인(molaire) 것 143, 224,

226~29, 257, 608, 614, 615, 628, 682, 687, 698, 699, 701~05, 714
몽타주 507, 695
무(無) 113, 207
무능력 지대 736
무리(meute) 143
무아(無我) 402, 459
《무엇을 할 것인가》 78
무의식 33, 47, 48, 51, 73, 123~29, 137, 138, 140, 143, 144, 150~51, 155, 156, 159, 162~64, 166~70, 175, 336, 343, 386, 387, 478, 502, 503, 599
무의식적 구성체 159
무의식적 리비도 투여 143
무정부적 440
무조 198, 219, 304
무한한 연기(延期) 370, 374
《문명화 과정》 408, 409
문법 126, 130, 261, 262, 280, 281, 284, 299, 300, 310~14, 317, 319, 324
문법의 욕망 130
문신 547
문자(grammes) 80, 235, 379
문자학(grammatologie) 80
문체(style) 25, 245, 300, 309~14, 317, 321, 439

문턱(seuil) 164~66, 213, 289, 310, 327, 328, 438, 460, 478, 503, 617, 618, 637, 699
《물의 신(Dieu d'eau)》 186
미래(futur) 82, 117, 430, 602, 604, 606~08, 610
미리-당김(Protention) 606, 607
미분계수 596, 598
미시-물리학적 조직체 722
미시권력(micro-pouvoir) 719
미시적 권력 형성체 645
미시적 오이디푸스 645, 734
미시적 위반 634
미시적 직물(micro-texture) 721
미시적 파시즘(micro-fascism) 645, 694, 734
미시적인 것 140, 689, 704
미시정치학(Micropolitique) 53, 54, 108, 140, 152, 170, 171, 333, 334, 448, 501, 502, 591, 592, 618, 640, 646, 651, 653, 658, 681, 683, 685, 690, 696, 698, 701, 708
민중분석(Pop'analyse) 170, 171

[ㅂ]

바깥지층(épistrate) 212~17, 241, 246

바로크(barock) 200, 394, 655, 656, 678, 679
박(拍, pulse) 184
박자 184
《반 고흐, 사회에 의해 자살 당한 사람》 643
반(反) 기표적 내지 반-의미적(contre-signifiante) 338
반(反)-풍경 536
반(反)생산 135, 453
반기표적 기호체제 361, 399
반복 29, 33, 37, 38, 42, 43, 58, 91, 98, 101, 118, 133, 135, 138, 168, 176~78, 247, 263, 370, 374, 375, 391, 400, 402, 435, 436, 442, 479
반복강박 479
반음계주의 302~06, 308, 333, 392, 416
반음계주의적 언어학 302, 308, 333, 257, 296, 324
반정신의학(anti-psychiatry) 운동 47
방언 320~22
방할(棒喝) 412
방황의 선(ligue d'erre) 636, 637, 702
〈배신자와 영웅에 대한 논고〉 377
배음(倍音) 274
배치(agencement) 54, 56, 57, 59, 60~63, 68, 70, 71, 73~77, 81, 82, 90, 97, 108, 132, 137, 141, 142, 146, 147, 153, 159, 166, 169, 170, 176, 178, 190, 245, 248~54, 258, 267, 268, 271, 279, 282, 287~90, 296, 307, 309, 310, 334, 335, 337, 369, 403, 405, 406, 418~20, 424, 425, 431, 453, 454, 478, 489, 491, 507, 532~34, 551, 555, 574~76, 592, 634, 639, 640, 662, 668, 678, 685, 694, 695, 699, 722, 726, 729, 730, 731, 738
배치의 4가성 61, 282, 287, 289
배타적 이접(exclusive disjonction) 92, 702
백인(l'Homme blanc) 203, 247, 322, 408, 411, 413, 532, 534, 535, 539, 551, 553, 555, 564~67, 569~73, 577, 581, 582, 670, 691, 692
번역 49, 26, 50, 69, 109, 185, 186, 189, 190, 212, 216, 231, 232, 235, 236, 238, 240, 260, 261, 262, 266, 270, 312, 315, 336, 337, 339, 342, 365, 392, 407, 408, 420, 426, 460, 463, 546, 579, 568, 599, 602, 607, 620, 629, 660, 661, 674, 675, 729
범신론 77
《베르그송주의》 42
베토벤-기계 209, 418

《벽암록(碧嚴錄)》 89

변수(變數) 270, 295~97, 299, 302, 303, 414, 615

변용(affection) 32, 33, 43, 101, 107, 167, 170, 234, 278, 289, 302, 308, 466, 638, 642, 643, 675, 737

변이(mutation) 34, 38, 41, 88, 90, 98, 152, 154, 164, 169, 208, 210, 220, 221, 248, 249, 253, 300~02, 306~09, 313, 314, 320~24, 326~28, 334, 335, 408, 414, 420, 424, 431, 433, 447, 461, 467, 476, 633, 652, 715, 722, 723, 726, 729, 736, 737

변이의 선 34, 38, 41, 210, 221, 248, 253, 414

변이의 추상기계 208, 220, 722, 726, 737

변환(transformation) 44, 51, 54, 57, 63, 79, 134, 135, 155, 166, 167, 169, 170, 210, 220, 223, 231, 232, 277~80, 283~89, 304, 306, 307, 321, 326, 327, 329, 335, 372, 403, 405, 407, 408, 410~15, 420, 431, 433, 447, 459, 460, 467~69, 475, 480, 503, 530, 531, 592, 618, 639, 653, 702, 707, 708, 710, 711, 721~23, 725~27, 729

병렬지층(parastate) 212, 214~17, 222, 240, 246, 250

병합된 환경(milien annexé) 212

보편성 138, 207, 209, 210, 260, 297~99, 300, 308, 313, 324, 336~38, 406, 475

본래면목(本來面目) 223, 434, 437, 438, 451, 466

볼셰비키 351

봉건적 배치 289, 290

부동(不動)의 동자(動子) 40, 112

부르주아 대중 653, 686

부르주아지 145, 147, 409, 664, 666, 667, 686, 687

부분대상(partial object) 43, 135, 136, 500

부분충동(Partialtrieb) 500

부처의 머리 586, 587

분류학 83, 84, 109

분신(le double) 381, 382, 386, 388, 397, 487, 619, 646, 733

분열분석(schizoanalyse) 108, 123, 125~27, 134, 140, 141, 143, 144, 150, 151, 154, 155, 162, 163, 167, 169~71, 175, 420, 448, 487, 591, 592, 634, 639, 640, 648, 703, 730, 735

분열자(le schizo) 156, 583

분열적 신체 449
분열적인 극 154
분열적인 투여(investement) 150, 151
《분자 혁명》 502
분자적 구성체 140
분자적 상호작용 143, 700
분자적 선분성 591, 611, 617, 618,
    623, 625, 631 635, 641, 645, 646,
    651, 681, 687, 704, 706, 707, 723,
    729, 733
분자적 선분성의 선 591, 611, 617,
    618, 623, 625, 631 635, 641, 645,
    646, 681, 706, 723, 729, 733, 707
분자적인(moléculaire) 것 143, 224,
    226~29, 257, 608, 614, 615, 628,
    682, 687, 697, 698, 699, 701, 702,
    704~06, 718, 728, 729
분자적인 운동 612, 615, 652, 699
분절(articulation) 71~76, 101, 102,
    134, 175, 178~89, 191~96, 198,
    199, 200, 202, 209, 211, 212, 214,
    216, 217, 222~24, 226, 240, 246,
    248, 249, 250, 304, 305, 478, 532,
    614, 634, 656, 662
분절방식 182, 183, 185, 191, 193,
    214, 249
불가(佛家) 451
불교(佛敎) 412, 457

불립문자(不立文字) 412
불변성 209, 210, 298, 299, 308
불자 404, 436
불충분한 추상 207
불확정성의 원리 614, 615, 705
〈붕괴〉 591, 608, 620, 624
브라운 운동 158
블록 656
〈블룸펠트〉 533
비교공명 396, 398
비례 113, 204~06
비신체적 변화 277~79, 283~85,
    288, 289, 326, 702
비신체적인 것 232, 233, 258, 277,
    278, 283, 286
비유기적인 신체 136
비의미적인(asignifiante, 비기표적인)
    101, 102
비행(délinquance) 240, 241
빈민법 528
뿌리형 모델 84

[ㅅ]

사건(événement) 43, 59, 60, 77, 78,
    94, 137, 245, 268, 283, 309, 347,
    370, 372, 380, 392, 430, 431, 441,

523, 591~96, 599, 601~06, 622, 633, 720, 736
사건의 철학 43, 591, 622
〈사기꾼〉 543
사디즘(Sadism) 42
사랑(amour) 47, 142, 145~49, 158, 160, 161, 165, 234, 284, 289, 367, 381, 385~87, 389, 390, 391, 398, 400, 402~05, 475, 553, 586, 611, 619, 664~66, 683, 684, 685, 689, 731, 741
〈사무엘기〉 371, 374
사유학(noologie) 116
사회구성체(formations sociales) 78, 242, 247, 484, 491, 503, 513, 534, 581, 582
《사회구성체론과 사회과학방법론》 87
사회적 기계 140, 143
사회적 욕망 140~42
산니 546
삼매(三昧) 458
상극(相剋) 113
상부구조 242, 243, 290
상상계 336 / 상상된 것(l' Imaginaire) 168
상생(相生) 113, 405, 483, 586
상수(常數) 295, 297, 299, 300, 302, 307, 319, 323, 615

상징 59, 128, 129, 141, 168, 169, 201, 232, 234, 237, 238, 336, 359, 360, 372, 373, 407, 408, 412, 505, 539, 524, 639, 640, 642
상징계(le symbole) 336~38, 342 / 상징적인 것(le symbole) 168, 336, 642
상징적 변환 407, 408
상품 62, 75, 96, 291, 408, 453,
상품의 신분 75
색즉시공(色卽是空) 공즉시색(空卽是色) 463
〈샘〉 411
생기론(vitalism) 132, 133, 474
생물권(biosphere) 153, 248
생산수단 62, 75, 76, 292
생성(devenir)
생의 본능 451, 452
서식(population) 155, 158, 159, 462
선가(禪家) 88, 115, 177, 436~38, 451, 459
선년(禪年, année zen) 586
선법(旋法, mode) 194, 627
선분(segment) 74, 75, 98, 110, 154, 189, 220, 244, 245, 250, 287, 352, 390, 490, 596, 597, 599, 600, 609, 610, 612, 613, 615~17, 619~24, 626~31, 634~37, 640~47,

651~75, 678, 680~83, 685~88, 690, 691, 694~97, 700, 701, 703~24, 726~35, 737

선분성(segmentanité) 71, 108, 117, 400, 591, 599, 600, 608~11, 616~18, 620, 622~31, 634~37, 640~47, 651~54, 658~66, 668, 670~75, 678, 680~83, 685, 687, 688, 691, 694~97, 704, 706, 707, 714, 715, 717~19, 721, 723, 724, 728, 729, 731, 732~35

선분성의 선 71, 108, 117, 591, 608~11, 616~18, 620, 621, 623~31, 634~36, 640~42, 644~46, 651, 652, 681, 682, 687, 694~96, 704, 706, 707, 715, 721, 723, 728, 729, 731~33, 735 / 선분적인 선 222, 608, 618, 619, 628~31, 636, 647, 653, 654, 704, 707, 712, 721~23, 734

선분화(segmentation) 610, 613~15, 617, 625, 628, 652, 654~57, 659, 660, 675, 681, 688, 697, 706~08, 710, 711, 713, 716, 717, 719, 720, 723, 726~29

선사(禪師) 412, 414, 536, 587
선의 배치(linéament) 592, 634, 639
선(先)의식(pré-conscient) 143, 144, 151
선의식적 투여 143, 151
선(線)적인 사유 592
선정(禪定) 458
선형성 232, 234, 235, 297
선형적 배열 130, 565
선형적 선분성 660, 662, 673, 674, 680, 718
《성》 55, 689, 720
〈성모자상〉 394, 396, 397
《성서》 374, 568
성욕(sexnalité) 127~29, 131, 136, 138, 142, 144, 147, 149, 168, 170, 344, 452, 464, 467, 469, 471, 472, 475, 500, 520, 733
성욕화 129, 138
《성의 역사》 115, 720
성찰적 근대화 732
소나타 208, 209, 216, 304, 417, 418, 627
소나타 형식 208, 209, 216, 304, 417, 418, 627
《소녀경》 115
소비사회 469
소설 37, 42, 55, 56, 85, 163, 179, 199, 245, 272, 309~12, 326, 377, 525, 571, 591, 592, 601~05, 607~09, 616, 620, 622, 629, 689,

720, 740
소송(procès) 56, 61, 116, 369, 373, 375, 383, 660
《소송》 56
소수성(minorité) 319, 322, 323, 324
소수적 과학 42
소수적 언어 319, 320~322, 325
소수화되기(devenir-minoritaire) 323
소재 199, 210, 416, 418, 420 / 재료(materiel) 199, 551
속도(vélosité) 72, 73, 120, 221, 222, 250, 306, 308, 362, 378, 529, 541, 579, 600, 606, 617, 717
속성(attribut) 104, 198, 199, 225, 226, 257, 278, 284~86, 326, 438, 466~69, 488, 585, 665, 667
손-도구 233, 257, 349, 416, 496
수목 속의 리좀 117
수목적(arbre) 다양체 171
수목적 사유 108, 114
수목적 선분성 681
수목적 체계 109~11
수목화 116, 672
수직지층(epistrate) 212, 213, 220, 250
〈수태고지〉 540
수행(修行) 113, 131, 135, 152, 250, 281, 301, 363, 383, 435, 436, 445, 467, 479, 486, 519, 597, 654, 670, 703, 725
수행성(performance) 298
《수호지》 739
스탈린 양식 524
스탈린주의 48, 697
《스피노자와 표현의 문제》 42, 87
스피노자주의 35, 42, 286
〈슬로건(mot d'ordre)에 관하여〉 270
《슬픈 열대》 49, 360
습관적 선(ligne de coutumière) 637
승화(sublimation) 48, 127, 128, 138, 144, 524
《시뮬라시옹》 45
시선(regard) 131, 134, 145, 147, 496~501, 511, 512, 542, 550, 679, 680, 685
식인 360, 361
신민화 369
《신성한 가족》 50
신의 심판 180, 227, 446, 447, 459, 78
신체 없는 기관 43, 136
신체의 안면화 526, 549, 551, 553
신체적인 것 199, 232, 233, 258, 277, 283, 285, 286, 326, 360, 443, 593
《신학정치론》 52
실재계(le Réel) 168, 336, 345, 475,

639

실재적(réelle) 구별 198, 199, 224~27, 229, 230, 257, 258

실재적-본질적 구별 225, 232, 236, 257

실재적-실재적 구별 224, 229, 230, 257

실재적-형식적 구별 224, 226, 227, 257

실증주의 71, 94, 286

실천철학 154, 640

실체(substance) 43, 77, 104, 130, 132, 186, 188~96, 198, 199, 202, 206, 207, 209, 210, 214~17, 230, 252, 350, 353, 356, 388, 416, 438, 466, 468, 509, 513, 519, 544, 680

심(心) 466

심급 128, 242, 611, 641

심연(Abgrund) 472, 630

《심연과 망원경 이야기》 591, 629

12음기법 33, 198, 219, 220

〈십계명을 새긴 돌판을 깨는 모세〉 538

십자군 290

[ㅇ]

〈아마빛 머리의 소녀〉 30

아미노산 229~33

아보가드로 법칙 228

아이리스(iris) 258

아이콘 235, 238, 349, 505

안면/얼굴(visage) 495

안면성(visagéité) 233, 349, 350, 353, 356, 495, 501, 501~03, 505, 508~10, 512, 523, 529, 531~35, 539, 549, 551, 553, 555, 556, 564, 565, 567, 570, 571, 575~77, 581~83, 585, 586, 668, 672, 716

안면성의 추상기계 512, 531~35, 539, 548, 553, 555, 556, 564, 565, 567, 570, 575~77, 581, 582, 583, 668

안면화(visagéification) 350, 353, 496, 509, 516, 517, 526, 527, 530, 531, 540, 548~53, 557, 560, 562, 565, 567~69, 571, 573, 673

안면화되는 신체 531

안전(sécurité) 730~34

안전사회 732

《안티 오이디푸스》 24, 35, 36, 37, 43, 48~51, 53, 54, 57, 69, 91, 126, 127, 129, 135, 136, 137, 139, 140,

152, 153, 154, 169, 653, 685, 695, 703
RNA 229~32
〈암스테르담의 뱃사람〉 604
암적인 기관 없는 신체 154, 450, 483~87, 489
암호 270, 271, 361, 407, 411, 412, 616
앞얼굴 579, 581, 538, 542, 584
약물중독된 신체 449
양생술 115, 476
양식론 200, 201
양자(量子) 613, 711, 714
양자이론 614
양자적(量子的)인 흐름 251, 613~15, 619, 651, 709, 710, 715, 717, 719, 721, 723, 726, 729 / 양자화된 흐름 704~12, 723, 729, 731, 735
양태(mode) 43, 199, 435, 438, 468, 77, 676, 680
양태적(modale) 구별 199
〈어느 가혹한 비평가에게 보내는 편지〉 24, 38
〈어느 개의 연구〉 28
언어게임 265, 268
언어구조 282, 290, 292, 294, 298, 340
언어능력(compétence) 298, 299
언어의 공시성 293

언어적 제국주의 237
언어철학 71, 73, 257
언어학 26, 36, 72, 73, 168, 181, 185, 187~89, 191, 195, 226, 236~38, 242, 243, 257~61, 269, 281~83, 290, 292, 294, 295~300, 302, 303, 307~09, 314, 316, 324, 325, 333~35, 337, 338, 340, 419, 496
언어학의 공준 258~60
〈언어학의 제문제〉 243
언어활동(langage) 170, 260~63, 266~71, 273~75, 277, 280, 281, 292, 294, 298~303, 307, 308, 310, 314, 317~21, 323~26, 338, 350, 509
언표(énocé) 61, 70, 73, 137, 170, 199, 232, 233, 240, 241, 243, 258, 266~71, 273, 277~79, 283~89, 295, 302, 309, 310, 335, 338, 366, 369, 370, 380~91, 398, 400, 402, 415, 416, 419, 420, 479, 508, 578, 658
언표주체(sujet d'énoncé) 266, 267, 366, 369, 370, 382~84, 386~91, 398, 400, 402, 479, 508, 578
언표행위(énonciation) 61, 70, 137, 170, 243, 258, 266~68, 270, 271, 277~79, 284, 285, 287~89, 295,

309, 310, 335, 338, 366, 369, 370, 382~84, 386~88, 390, 391, 398, 400, 419, 420, 479, 508, 578

언표행위의 주체(sujet d'énonciation) 266, 267, 366, 369, 370, 382~84, 386~88, 390, 391, 398, 400, 479, 508, 578

얼굴(Visage) 39, 49, 63, 116, 202, 203, 204, 212, 213, 233, 234, 235, 247, 257, 258, 282, 283, 307, 347, 349~55, 358, 365~68, 373~82, 385, 390~92, 394, 396, 399, 403, 416, 433, 434, 436, 475, 495, 496, 498, 499, 501~28, 530~35, 537~42, 544~58, 560~62, 564~86, 668, 672, 673

얼굴 돌리기(détournement) 365, 368, 374~77, 380

얼굴의 경계(bordure de visage) 577

얼굴의 단위 555, 556, 575, 576

얼굴의 역사유물론 495, 502, 503

얼굴의 인간학 539

얼굴의 정치학 495, 581

얼굴의 해체(défaire) 581~84, 586

업(業) 436

에쿠메논(Ecuméne) 210

《에티카》 29, 77, 177, 438, 452

에피스테메(episteme) 190, 205

n개의 눈 673

n개의 성 683, 685

n차원 다양체 680

여래 221

역사유물론 23, 57, 61~63, 78, 143, 151, 175, 242, 243, 495, 502, 503

역치 460, 461

연기적(緣起的) 113, 118, 401

연애결혼(mariage d'inclination) 142

열반 451, 453, 470, 471

열반원칙 451, 453, 470, 471

〈열왕기〉 371

영(zéro) 162, 165, 166

영원회귀 43

영토성 71, 73, 180, 191, 214, 217, 236, 282, 289, 290, 337, 527, 528, 544, 707, 727

영토화 61, 76, 178, 180, 190, 215, 217, 218, 253, 290, 345, 425, 504, 505, 528, 723

옆얼굴(Prifile) 380, 542, 579~81, 584

예(禮) 407

예속화(assujettissement) 275, 380, 384, 388, 401, 480, 481

오르키데 - 되기 102

오르키데의 말벌 - 되기 102

오리엔탈리즘 562

오온(五蘊) 457

오이디푸스 49, 51, 125, 129, 136, 138, 139, 144, 147, 149, 151, 153, 160, 168, 344, 351, 355, 376, 377, 475, 645, 733, 734
오이디푸스 콤플렉스 129
오이디푸스적 욕망 144, 147, 160, 168, 344, 475, 733
〈올랭피아〉 552, 560
왕립과학(Royal Science) 42
왕의 시선 679
외공(extensité) 463, 464
외관상의 무죄방면 402
외부 31, 61, 67, 77~79, 80~83, 88, 90, 91, 95, 100, 132, 133, 137, 140, 146, 197, 210, 211~16, 232, 248, 257, 281, 290, 298, 333, 342, 379, 401, 419, 468, 477, 503, 541, 617
외부환경(milieu extérieur) 212~16, 248
외생적(extrinsèque) 원리 470
요가 434~36, 478, 485
욕망(désir) 47~49, 50~57, 62, 63, 123, 127~29, 130~47, 150~55, 157~64, 166~71, 187, 228, 342, 344, 346, 372, 387, 424, 431, 433, 448, 451~55, 458, 464~77, 480, 485~89, 491, 498, 599, 624, 635, 644, 653, 686, 691, 693~96, 702, 703, 712~14, 716, 720, 722, 729~31, 733, 734, 737, 738
욕망의 내재성(immanence) 468, 469, 474, 477
욕망의 다양체 123
욕망의 배치 54, 137, 141, 142, 146, 147, 153, 166, 169, 170, 453, 454, 694, 729, 731
욕망하는 기계(machine désirante) 132, 133, 135~37, 139, 140, 143, 150, 151, 153, 155, 159, 167, 169
욕망하는 생산(production désirante) 51, 133, 134, 136, 153, 474
〈우르비노의 비너스〉 550, 560
우정의 정리 109, 110
원소적 얼굴 550, 554~57, 561, 564, 565, 575~77
원시사회 138, 539, 544, 571, 662~64, 668~73, 682, 728
원시인들의 머리 541, 544
원시적 기호계 549
원인(Cause) 112, 132, 133, 168, 452
원풍경(Urszene) 160, 387
원형감옥 416
원환적 선분성 658, 659, 661, 668, 670~73, 680, 681, 718, 719
〈위험한 질주〉 692
위험사회(risk society) 732

유기적 지층 206, 212, 231, 249, 434
유기체 71, 92, 93, 131~36, 153, 154, 156, 208, 213, 222, 249, 257, 423, 429, 439, 444~47, 449, 451, 454, 455, 461, 471, 477~82, 486, 488, 490, 518, 519, 521, 581, 694
유도(induction) 228, 248, 544
유럽인 96, 551, 558, 564, 571, 573, 574, 678
유목론 115, 362, 670
유목민 82, 116, 117, 362, 368, 369, 372, 406, 597, 642
유목적 과학(nomad science) 42
유목적 전쟁기계 364
유목적인 사유 90
유목주의 157, 480, 599
유비적 변환 407, 413
유비적 사고 205
유사성 205, 208, 277, 306, 349, 426, 713
유연한 선분성 618, 641, 644, 645, 647, 651, 680~82, 694~96, 728, 734
유클리드 기하학 98, 203, 258, 259, 659, 675, 677
68혁명 35, 36, 38
윤리학(Ethica) 43, 54, 119, 170, 178, 505, 506, 640

으뜸음 194, 195, 219
으뜸화음 195, 219
은밀하게-되기(devinir-clandestin) 583
음계 193~95, 198, 302~08, 324, 333, 392, 411, 416
음색 181, 209, 216, 234, 235, 272, 280, 296, 297, 302, 303, 305~08, 333, 392, 442
음성중심주의(Phonocentrisme) 342
음소(phonème) 101, 102, 187~90, 195, 226, 230, 268, 299
음운론 72, 73, 181, 184, 187~89, 281, 298, 302, 317
음정 195
음향학 274, 305, 392
응축 25, 137, 442, 460, 567
의념(疑念) 437
의미(sens) 24~27, 29, 34, 40, 42, 58, 59, 60, 62, 63, 68, 70~73, 76, 77, 79, 80~82, 87, 88, 91, 93~97, 100~02, 106, 107, 111~13, 125, 132~35, 137, 143, 144, 146, 150, 156, 163, 167, 168, 170, 176, 178, 180~82, 184, 186~91, 193~95, 203, 204, 207, 212, 215, 219, 221~26, 229, 231~36, 238, 239, 243~46, 249, 252, 253, 209, 210,

258, 259, 262~72, 274, 275, 281~85, 288, 291~99, 300, 302, 304~08, 313, 317, 323, 327~29, 336~46, 349~52, 356, 359, 361~73, 374, 376, 384, 392, 403, 404, 413~15, 418, 425, 426, 430, 436, 441, 446, 450, 451, 457, 460~64, 466, 469, 472, 474, 476, 478, 482, 485, 501~12, 521, 526, 527, 530, 532, 537, 542, 547, 549, 576, 578~84, 592~99, 602, 603, 607, 612~17, 621~23, 625, 629, 638, 640, 643, 645, 657, 658, 661, 662, 668, 673, 676, 687, 688, 691, 699, 701, 703, 707, 710, 713, 715, 718~20, 725, 727, 729, 731, 733, 738

의미론 72, 187~89, 281, 294, 299, 302, 317

《의미의 논리》 26, 36, 37, 42, 43, 58, 87, 91, 199, 283, 439, 592, 622

의미작용(significations) 238, 262, 263, 275, 295, 299, 339~42, 346, 361, 362, 510, 583

의미적인(signifiante, 기표적인) 101, 102, 338, 576, 623

의미화 84, 101, 102, 109, 110, 239, 244, 274, 275, 293, 307, 334, 337, 339~42, 344, 347~50, 353, 365~69, 375, 390, 391, 394, 400, 401, 403, 406, 408, 410, 413, 414, 423, 477, 479~83, 491, 496, 501, 502, 507, 509, 513, 521, 532, 535, 538, 540, 542, 568, 574, 576, 578~86, 622

의복(vêtures) 551, 557

의상(vêtements) 513, 546, 551

의식적 내지 의태적 변환 407, 411

의식적 이중체 381, 383, 385, 388, 391, 398, 578

의정(疑情) 437

의태(mimétisme) 104, 407, 411

의태적 변환 407, 411

2차 분절 186~88, 195, 196

이데아 112, 203, 472, 677

이데올로기 75, 242, 291, 292, 506, 695

이산적 다양체 171

이상도시 656

《이상한 나라의 앨리스》 234

이웃항 60, 137, 486, 594, 595

이접(離接 disjonction) 91~3, 702

이중분절 175, 179, 185, 186, 188, 189, 191, 193, 196, 202, 217, 223, 224, 240, 246, 248, 250, 257, 258, 282, 496

이중체(le double) 379, 381~83, 385, 386, 388, 389, 391, 398, 399, 487, 578, 619, 634
이중화 과정 384
이질성(hétérogénéité) 87, 94, 185, 199, 356, 485, 486, 586
이질성의 원리 94
이항적(binaire) 기계 646, 664, 731
이항적 선분성 658, 659, 661~66, 668, 680, 718
이항적 조직화 652
이행(passage) 61, 132, 222, 224, 280, 285, 286, 306, 326, 329, 364, 403, 467, 468, 478, 610, 640, 646
《인간의 얼굴을 한 야만》 49
인간의 조건 138, 139, 352
인간중심주의 247
인간학적 얼굴 539
인디언 96, 247, 347, 356~58, 480, 532, 544, 547, 670, 671
인종주의 267, 569, 571, 573, 574, 692
인지권(人智圈, noosphère) 248
1차 분절 186~88, 196
일관성(consistance) 68, 88, 119, 154, 192, 204, 207, 210, 220~23, 250~54, 313, 403, 407, 412, 413, 418, 419, 424, 425, 468, 476, 481, 482, 484, 485, 488~91, 526, 535, 581~83, 586, 637, 676, 727

일관성의 구도(plan de consistance) 68, 119, 154, 192, 207, 210, 220~23, 250~54, 403, 407, 412, 413, 418, 419, 424, 425, 468, 476, 481, 482, 484, 485, 488~91, 526, 535, 581~83, 586, 637, 676, 727
《일반 언어학 강의》 71, 72, 237, 238, 293
일반성 1 286
일반성 3 286
일반화된 글리산도(glisando généralisé) 305
일반화된 기계주의(machinisme généralisé) 133, 153
일반화된 반음계주의(chromatisme généralisé) 302~06, 308, 333, 392, 416
일의성(univocité) 119, 225, 413, 661
일자(一者, l'Un, the One) 83, 138, 445
일차적 얼굴 565
《임노동과 자본》 61
입-기계 131
입법자-노예 385
입자 187, 192, 251, 252, 295, 403, 415, 419, 614, 705, 706
입자성 614, 705

잉여성(redondance) 180, 232, 234, 235, 271~79, 295, 314, 325, 349, 350, 391, 392, 396, 399, 496, 502, 507~10, 672
잉여적(redondant) 232, 271~73, 275~77, 349, 505, 658, 672

[ㅈ]

《자본》 50, 70, 73, 75, 76, 78, 86
자본의 선분 75
자본주의와 정신분열 50, 126, 152
자비(慈悲) 404
자성(自性) 113, 118
자아(Ego) 128, 130, 476, 477, 496, 498, 512, 513, 619
자연권 133 / 자연주의적 권역 133
자위(masturbation) 473
자유노예 725
〈자허 마조흐 소개〉 42
〈자화상〉 514, 572
작은 주체(Sujet) 369
잔혹극 440, 443 / 잔혹연극 439, 441~43
잔혹성 442, 443
잠재성(virtualité) 82, 180, 182, 185, 207, 223, 402, 428, 430, 431, 435, 450, 454, 459, 485, 489
잠행자 638, 646
장단(長短) 184
장래(avenir) 81, 604, 610
재귀적 근대화 732
재영토화(reterritorizlisation) 61, 71, 74, 76, 176, 213~15, 217, 219, 220, 221, 236, 282, 286~89, 349, 350, 353, 360, 378, 380, 383, 400, 476, 509, 521, 526~31, 581, 644, 647, 714~16, 723, 726, 728, 732, 738
재지층화(restratification) 63, 480
〈재판 없이 처형하는 그라나다의 무어인 왕〉 263
《적과 흑》 145
전기표적 기호체제 355, 361, 399, 544
전기표적 내지 전-의미적(pré-signifiante) 338
〈전람회의 그림〉 30
전사(轉寫) 231
전사술(décalcomanie) 105, 107
전이(transfer) 387
전쟁기계(machine de guerre) 90, 116, 117, 362, 364, 691, 727, 728, 738~40
전체주의 49, 484, 487, 489, 690, 691, 695~98
〈전함 포템킨〉 535, 580

〈절규〉 392~94
절단(coupure) 60, 101, 131, 134, 136, 149, 186, 189, 190, 213~15, 248, 364, 597, 599, 615, 620~25, 627, 628, 630, 631, 636, 657, 658, 661, 665, 678, 686, 704, 705, 729, 731, 733, 735
절대적 〈외부〉(le Dehors absolu) 477
절대적 상생 405, 586
절대적 코뮨주의 405
절대적 탈영토화(déterritorialisation absolue) 119, 154, 220~23, 253, 400, 401, 404, 425, 450, 521, 526, 529, 532, 535, 581~83, 586, 644
절대적 흐름 221
절차(procés) 161, 315, 369, 370, 375, 376, 454, 458, 480, 516, 556, 567, 660, 661, 728
절합(節合, articulation) 186
접속(connexion) 38, 39, 43, 48, 49, 59, 60, 68, 79, 82~84, 86, 91~95, 97, 99, 103, 106, 111, 130~32, 134, 136, 137, 206, 212, 213, 249, 324, 476, 489, 491, 510, 521, 529, 531, 544, 585, 594~96, 617, 644, 652, 676, 714, 727, 730
접속의 양태 676
접속의 원리 91

접합(articulation) 45, 186
정면의 얼굴 394, 576, 579
정상성 240
정신분석/정신분석학 24, 26, 36, 37, 43, 47~49, 50, 51, 87, 124~27, 138, 139, 151, 153, 155, 162, 168, 175, 344, 349, 379, 381, 408, 451, 453, 468, 470, 471, 474, 733
《정신분석과 횡단성》 36, 502
정신적인 머리 541, 547, 582
정열(passion) 146, 365, 441, 689
정염(情炎, Passion) 365~69, 378, 379, 381, 384~90, 397~99, 400, 402~04, 406, 504, 505, 507, 508, 510, 532, 577, 578, 580, 582, 630, 730, 737~39, 740
정염적 권력 505
정염적 히브리 367
정착민 117, 347, 362, 372, 373
정치경제학 45, 50, 70, 74, 75, 82, 134, 143
정치적 권력 319, 505
제3종의 지식 117
조성 189, 193, 195, 198, 215, 216, 219, 303, 304, 627
조심성(prudence) 480, 481, 490
조직체(tissu) 246, 682, 718, 722
족보학적(généologique) 103

존재(Sein) 40, 41, 43, 103, 112, 114, 119, 138, 148, 327, 328, 352, 374, 382, 401, 405, 433, 445, 451, 452, 466, 497, 506, 519, 667, 721
존재-신-론(Ontotheologie) 112
존재론적 차이 40
《존재와 무》 49, 497
존재자(Seiende) 42, 112
종합병원 528
주관적 공명 391, 396
《주자가례(朱子家禮)》 407, 410, 412
주체도 대상도 없는 사랑 404, 586
주체적 기호체제 544
주체철학적 사유 130
주체화(subjectivation) 109, 110, 274, 275, 366~70, 373, 376, 379~85, 387, 388, 390, 423, 477, 479~81, 483, 491, 496, 501, 502, 507, 509, 513, 521, 542, 574, 578~83, 585, 586, 668
주체화의 잉여성 502
주파수(fréquence) 274, 275, 281, 302, 305, 306, 391~94, 397~399, 400, 496, 502, 510
죽음 139, 154, 156, 326~29, 351, 352, 355, 358, 359, 368, 374, 386, 387, 389, 392, 397, 398, 400, 401, 403, 447, 448, 450~54, 458, 459, 470, 471, 480~82, 484, 486, 487, 489, 583, 617, 618, 638, 639, 642, 647, 686, 693~95, 738~40
죽음본능(타나토스) 450~54, 470, 471
죽음의 선 154, 401, 403, 448, 450, 451, 454, 481, 484, 489, 617, 618, 638, 639, 647, 686, 693, 695, 707, 738~40
〈죽지 않는 사람〉 326, 327
준거체계(système de référence) 704
중간계급 667
《중론(中論)》 85, 89, 113
중생(衆生) 223
중심들의 공명 673
증식(peuplement) 88, 95, 155, 158, 159, 348, 351, 352, 355, 378, 482~85, 487, 488, 574, 577, 580, 693~95, 704, 705
지도그리기(cartographie) 105, 107
지불-화폐의 선 710
지역의 파시즘 691
지질학(Géologie) 170, 175, 179, 211, 423, 496
지층(strates) 63, 98, 71, 72, 74, 76, 102, 104, 170, 171, 176, 178~86, 189~91, 196, 201, 202, 204~17, 220~33, 236~41, 246~53, 257,

258, 328, 380, 400, 401, 403, 412, 413, 418, 419, 423~25, 433, 434, 438, 446, 447, 477~91, 496, 507, 519, 521, 529, 532, 535, 551, 565, 581~83, 585, 586, 654, 686, 725, 726

지층화(stratification) 63, 73, 154, 170, 178~86, 201, 211, 217, 220, 222, 223, 227, 248, 253, 419, 424, 425, 433, 441, 446, 477~82, 486, 488, 491, 727

지층분석 170, 172

지표(index) 150, 235, 238, 319, 349, 510, 709

지향성(Intention) 496~98, 501, 512, 513, 606, 607

직관지(直觀知) 177

진동수 274

진화 74, 78, 103, 104, 246, 247, 356, 444

질료(matière) 77, 135, 136, 154, 159, 169, 186, 189, 191~93, 199, 206, 210, 214, 248, 251, 306, 424, 425, 433, 434, 446, 457, 458, 462~64, 469, 470, 486, 490, 617, 713, 729

질료적 흐름 154, 206, 210, 424, 425, 433, 434, 446, 457, 458, 469, 470, 486, 490

집단 34, 47, 108, 143, 237, 368, 544, 639, 662, 698~70, 730

집합표상 712, 713

징후(symptôtme) 137, 344

짧게(가까이) 보는 자(les courts-voyeurs) 629, 630

〔ㅊ〕

《차이와 반복》 37, 42, 176

차이의 철학 23, 42

〈창세기〉 374, 663

창조적인 선 637, 647

책-기계 23, 32, 79, 83, 90

척도적인 얼굴 553

《천의 고원》 23~25, 27, 34~36, 38, 57, 63, 67, 69, 123, 136, 143, 148, 151~53, 169, 170, 175, 257, 423, 495, 502, 591, 651

〈철창 안에서〉 591

《철학이란 무엇인가》 27, 36, 68, 82, 176

《철학적 탐구》 86, 264

〈첩혈쌍웅〉 633

초선형성(sur-linéarité) 234, 235

초월성(transcendance) 111~14, 116, 472, 475, 478, 498, 645

초자아(super-ego) 128

초코드화(surcodage) 521, 530, 630, 631, 640, 652, 677, 678, 680, 707, 714~18, 722, 724~28, 731, 736
초크웨(Chokwe) 족 546
초현실주의자 129
촉발(affection) 32, 33, 82, 89, 90, 108, 151, 158, 380, 425, 486, 637, 638, 642, 643, 645, 699, 737~39
추상(abstraction) 30, 202~10, 292, 295, 356, 360, 415, 417, 418, 436, 440, 457, 490, 535, 725~27
추상기계(machine abstraite) 68, 154, 176, 202, 204~10, 220, 221, 245, 248, 250~54, 260, 290, 294~97, 299, 302, 303, 308, 333, 403, 416~20, 424, 488, 490, 512, 531~35, 537, 539, 549, 553, 555, 556, 565, 567, 575~77, 581~83, 585, 564, 570, 668, 722~24, 726, 727, 729, 737
축적 70, 76, 364, 386, 477, 530, 652, 672, 719
〈출애굽기〉 367, 371, 374
충만한 신체 159, 166, 448, 481, 485
치환(déplacement) 137, 160, 229, 346, 355, 361, 376, 389, 391, 418, 472, 680, 719
《친족관계의 기본구조》 138

[ㅋ]

《카프카 : 소수적인 문학을 위하여》 25, 54, 153, 199, 200, 310
《칸트의 비판철학》 42
칸트철학 39
커플(couple) 381, 385~89, 391, 398, 399, 401, 402, 577, 646, 691, 693, 731
커플의 이중체(le Double de couple) 381, 386, 389
커플의 파시즘 691, 693
KKK단 691, 692
코기토 381, 383, 385~88, 398, 399, 400, 578
코기토적 주체화 578
코나투스(conatus) 436
코돈(codon) 203
코드의 잉여가치(surplus valeur de code) 105, 405, 406
코드화(codage) 141, 178, 180, 184, 185, 190, 191, 196, 214, 215, 217~20, 230, 356, 360, 406, 407, 519, 521, 530, 531, 630, 631, 640, 651, 677, 678, 680, 707, 714~18, 722~29, 731, 736
코뮨(commune) 405, 482, 736
코흐(Koch) 곡선 98, 99, 100

쾌락원칙 128, 451, 469~71
《쿠란》 379
크로우(Crow) 족 347
크론슈타트 소비에트 736
큰 수의 법칙 228, 612
클로즈업(close-up) 505, 516, 525, 531, 574, 579~81
클리나멘(clinamen) 600, 601
키취(kitsch) 44

〔ㅌ〕

타인과-쌍을-이룬-존재 497
타자 375, 404, 476, 496~99, 500, 501, 504~06, 511, 513, 569, 571, 686
탈그리스도화 573
탈기관화 434~36, 444, 449, 451, 453, 455, 456, 458, 467
탈기표적 기호체제 365
탈기표적 내지 탈-의미적(post-signifiante) 기호체제 338
탈백인화 573
탈분절화 74, 253, 478, 479
탈성욕 144
탈안면화 560, 581, 585
탈영토화(déterritorialisation) 54, 61, 63, 68, 71~74, 76, 101, 102, 104, 119, 153, 154, 176, 180, 191, 193, 194, 202, 210, 213~15, 217~23, 231, 233, 236, 251~53, 282, 285~90, 337, 349, 353, 363, 373, 374, 378~80, 382, 383, 394, 399, 400~04, 407, 412, 413, 424, 425, 431, 450, 478, 491, 516, 521, 525, 526~32, 535, 541, 581~83, 585, 586, 613~17, 640, 642, 651, 652, 707, 714~17, 723, 725, 726, 728, 729
탈영토화에 관한 정리 525
탈영토화의 첨점(pointe de déterritorialisation) 73, 153, 253, 288~90, 337, 729
탈주(fuite)
탈주선(ligne de fuite)
탈주선의 일차성 101, 424, 681
탈주의 철학 425
탈지층화의 위험 480
탈지층화(déstratification) 63, 71, 74, 76, 154, 180, 192, 207, 210, 215, 217, 220, 221, 250~53, 380, 399, 400, 403, 419, 424~26, 431, 432, 434, 443, 444, 446, 447, 450, 478~82, 484, 485, 487, 489, 582, 725, 727

탈코드화(décodage) 141, 178, 180, 184, 190, 191, 193, 194, 202, 210, 214, 215, 217~21, 291, 406, 517, 519, 521, 530, 613, 614, 707, 714~16, 723~26, 728
탈코드화의 여백(marge) 406
탈형식화 93, 136, 204, 206, 209, 210, 220, 221, 295, 417, 436, 727
탈형식화의 추상기계 206
탐사적인 머리(téte chercheuse) 583, 585
터널링(tunneling) 614, 615, 706, 708, 710, 726
텅 빈 신체 158, 448, 449, 456~58, 481, 482, 486
텍스트(texte) 79, 80, 81, 83, 94, 95, 443, 451, 501
토템(totem) 669, 670, 724, 728
토템적 코드 728
통사론 281, 302, 317, 319
통일성 71, 83, 86~88, 90, 110, 132, 152, 189, 202, 204~06, 210, 318, 319, 433, 434, 444, 621, 670~72, 687
통접(統接 conjonction) 91~93, 252, 478, 491, 652, 730
통화량 93, 653, 708, 709
통화지표 709

투여(investement) 137, 140, 141, 143~45, 150, 151, 154~56, 158, 465
〈튀니지 왕녀〉 564
트리스탄과 이졸데 385, 386, 389, 398, 578
특이성(singularité) 165, 180, 185, 192, 222, 483, 613
특이점(point singuliér) 165, 483

[ㅍ]

파동성 614, 705
파롤(parole) 73, 261, 268, 281, 282, 298
파시즘 49, 108, 150, 154, 484, 485, 487, 645, 683, 686, 689~699, 707, 720 734, 740
《파시즘의 대중심리》 51, 695
파시즘적이고 편집증적 투여 150
패스티시(혼성모방) 44
〈패왕별희〉 548
페요틀(payotl) 480, 547
편집증 139, 150, 154, 346, 347, 348, 366 ,367, 369, 376, 375, 377, 449, 522, 734
편집증적 신체 449

편집증적 투어 150
편집증적 파라오 367
편집증적인 극 154
편집증적인 체제 346~48, 367
평균율 183, 184, 193, 194, 196, 304, 306
〈평균율 피아노 곡집〉 194
평행론(parallelism) 104, 286, 290
〈평행선은 결코 헤어지지 않는다〉 104
포르노그라피 56, 145
포르루아얄(Port-Royal) 300
포스트모더니스트 44, 45
포스트주의 46, 157, 263
포연이 없는 전쟁 739
포커-페이스 542
포획 76, 94, 105, 117, 138, 180, 185, 362, 404, 405, 419, 509, 528, 529, 613, 625, 644, 647, 651, 653, 702, 710, 716, 725, 726, 731, 735, 740
표상(représentation) 29, 30, 31, 33, 37, 88, 129, 133, 136, 137, 143, 167, 168, 249, 264, 284, 285, 300, 445, 472, 436, 521, 538, 548, 549, 556, 712~14
표상체계 37, 712~14
표정 28, 34, 212, 233~35, 282, 296, 297, 302, 307, 349~51, 433, 503, 506, 509, 511~13, 516, 517, 519~23, 525, 530, 533, 544, 545, 547~52, 554, 557, 560, 561, 562, 573, 579, 684
표준어 317~20, 323, 324
표현(expression) 42, 43, 50, 73, 75, 119, 130, 163, 186, 191~199, 200~02, 209, 216, 217, 223, 252, 257, 258, 277, 282~96, 305, 307, 309, 303, 314, 316, 326, 335, 337, 349, 356, 360, 412, 413, 415, 416, 418~20, 440, 469, 495, 496, 501, 502, 505, 506, 510, 512, 513, 516 517, 519, 521, 523, 526, 532, 535, 544, 573, 581, 707, 730
표현기계 495, 501, 505, 532, 535
표현의 선형성 232
표현의 실체 191, 192, 195, 196, 216, 230
표현의 형식 73, 192, 194, 198, 200, 202, 216, 230, 234, 236, 237, 240, 241, 244, 283, 285, 286, 291, 292, 418, 532, 544
표현적 상관자 521
표현형식 197, 200, 201, 216, 229, 237, 244, 245, 250, 290, 292, 309, 313, 316, 335, 347, 356, 412, 413, 415, 502, 505, 513, 535

푸가 형식 208, 209, 216, 417, 418
〈풀밭 위의 점심식사〉 560
풍경(paysage)
풍경성(paysagéité) 523, 585, 577
풍경화(風景化) 517, 524~27, 530, 537, 554, 579
프란체스코 파 715, 716, 725
〈프랑스 내전〉 736
〈프랑스 조곡〉 30
프랙탈 기하학 97, 98
《프루스트와 기호들 》 42
프롤레타리아트 142, 280, 664, 666, 667 686, 687, 699, 702
플라노메논(planomène) 210
피어싱 573
《픽션들》 377

[ㅎ]

하녀 147~49, 160, 542, 560, 693
하부구조 242
하이퍼-리얼리티(hyper-reality) 46
한스 소년 107, 124, 125
항문-기계 125
해석학(Hermeneutics) 348
해체(deconstruction) 71, 118, 141, 198, 219, 299, 304, 475, 478, 480,
481, 581~86, 600, 619, 627, 671, 673, 736
핵산 229~31, 233, 235, 247, 257
〈허공에의 질주〉 638, 739
혁명 29, 35, 36, 38, 44, 46~55, 57, 62, 63, 78, 82, 150, 153, 154, 276, 280, 328, 329, 352, 379, 430, 431, 524, 638, 640, 643, 652, 687, 700, 701, 703, 735, 736
혁명적이고 분열적인 투여 150
현상학 496, 498, 500, 501, 512, 607
현실(reality) 44, 46, 80, 107, 124, 128, 133, 134, 137, 145, 152, 155, 167~69, 223~25, 227, 261, 384, 430~32, 441, 447, 470, 481, 639, 641, 683, 677
현실원칙 128, 470
현재성(actuelité) 430, 431
혐오(Dégoút) 639, 730, 737~39
형상 68, 95, 105~07, 123, 141, 158, 161, 203 207, 221, 223, 225, 248, 324, 326, 351, 352, 388, 431, 433~35, 440, 447, 457~59, 462, 470, 472, 490, 511, 533, 551, 558, 566, 572, 585, 630, 631, 640, 675, 680, 702, 718
형식 54, 56, 68, 69, 73, 75, 78, 84, 85, 87, 88, 123, 126, 127, 154, 156,

179~99, 200~11, 214, 216, 217, 221, 224~30, 234, 236, 237, 240~46, 250, 252, 257, 265, 266, 274, 283, 285, 286, 290~92, 295, 300, 304, 306, 308, 309, 313~16, 323, 324, 335, 337, 338, 342, 353, 356, 363, 386, 388, 412, 413, 415~19, 441, 466, 472, 490, 502, 503, 505, 513 532, 535, 544, 619, 627, 633, 636, 643, 680, 690, 710, 713, 719, 727

형식적 공통성 204, 208, 209

형식적 구별 224~27, 230, 257

형이상학(metaphysique) 26, 40, 112, 138

형태소 187~89, 195, 226, 230, 268

호명(interpellation) 369, 370, 380, 386, 391, 401, 405, 579

호칭의 체계 128, 343, 344, 663

호피 족 347

혼인규칙 662, 664

홈 패인 다양체 717

홈 패인 것 116, 117

화두(話頭) 47, 88, 412~14, 437, 653

화용론(Pragmatique) 108, 170, 171, 261, 265, 268, 280, 281, 294~96, 302, 333, 334, 337, 338, 420

화용론적 언어학 334

화음 195, 204, 219

화폐 62, 70, 75, 93, 96, 141, 291, 408, 484, 487, 653, 708~10, 722

화폐대중(masse monétaire) 653, 708~10

화폐의 선분 75

화폐 형태 62

환경(milieu) 77, 89, 105, 178, 211~17, 246, 248, 519, 638, 685, 732, 739

훈육 262, 263, 265, 622, 675

훈족 728

희열(Jouissance) 473, 475,

희열의 결여(manque-á-jouir) 473

흰 벽 394, 396, 399, 496, 501, 507, 508, 511, 512, 519, 525, 531~37, 539, 544, 551, 555, 565, 567, 569, 576, 583, 585, 668

흰벽/검은 구멍의 체계 512, 532~34

히포콘드리아적 신체 449

힘(force) 28, 48, 51, 53, 83, 106, 131, 135, 143, 158, 180, 251, 291, 293, 301, 314, 336, 342, 357, 361, 398, 416, 430~33, 435, 436, 441, 447, 451, 453, 455, 460~62, 464~66, 486, 499, 516, 524, 545, 546, 551, 562, 570, 600, 601, 618, 636, 639, 665, 686, 687, 719, 731

2. 인명 찾아보기

[ㄱ], [ㄴ]

가타리(F. Guattari) 25, 28, 34~38, 44, 46~48, 53~55, 61, 63, 67, 69, 73, 79~82, 87~91, 95, 123, 125, 126, 129, 131, 133, 136, 139, 143, 147, 149, 152, 153, 160, 162, 169, 234, 263, 266, 269, 287, 299, 310, 333, 335, 336, 367, 377, 408, 425, 431, 438, 444, 446, 452, 453, 466, 490, 501~503, 506, 541, 547, 582, 583 585, 578, 599, 607, 608, 652, 653, 689, 696, 702, 703, 714, 739

고다르((J-L. Godard) 47
고르츠(Gorz) 699
구로자와 아키라(Kurosawa Akira) 603
그로피우스(W. Gropius) 688
그리올(M. Griaule) 186
그리피스(Grifith) 531, 579, 580, 691
글랜 굴드 219
길브레스(F. B. Gilbreth) 417, 656
김대례 34
김동인 311, 312
김삿갓 314, 315, 351

나폴레옹3세 656
너바나(Nirvana) 33
네그리(A. Negri) 35, 36, 57, 63, 75
노노(L. Nono) 33
니진스키(V. F. Nijinsky) 533
니체(F. Nietzsche) 24, 25, 32, 35~37, 39~43, 49, 87, 129, 223, 263, 264, 427, 451, 464, 465, 472, 499, 739

[ㄷ], [ㄹ]

다윗(Solomon) 371~374
다윗(Solomon)과 솔로몬(Solomon) 371, 373
다이어(J. Dyer) 432, 433
즈가리아(Zgcharia) 373
다젤리오(M. d'Agelio) 318
달라이 라마(Dalai-Lama) 404
달리(G. Darley) 522
데리다(J. Derrida) 43, 80, 81, 118, 261, 269, 342, 426, 427, 439
데카르트(R. Descartes) 31, 90, 130, 300, 380~83, 386, 565, 607
둔스 스코투스(J. Duns Scotus) 43, 225~27
뒤러(A. Durer) 566, 572

뒤르켐(E. Durkheim) 711~14
뒤샹(M. Duchamps) 411
드골(De Gaulle) 722
드 비트(J. de Witt) 52, 694
드뷔시(C. Debussy) 30, 533, 627
들뢰즈(G. Deleuze) 24~29, 31, 34~39, 41~43, 48, 52~55, 57, 59, 61, 63, 67, 69, 73, 79, 81, 82, 87~89, 91, 95, 119, 123, 125, 126, 129, 131, 133, 136, 138, 139, 143, 147, 149, 152, 153, 157, 160, 162, 169, 176, 200, 223, 234, 263, 264, 266, 268, 269, 283, 287, 299, 310, 327, 333, 335, 336, 366, 377, 408, 425~27, 429, 431, 438, 439, 444, 446, 452, 453, 464, 465, 466, 474, 490, 501, 506, 541, 547, 578, 579, 582, 583, 585, 592, 599, 606~08, 622, 652, 653, 689, 694, 696, 702, 703, 714, 720, 739
라 투르(G. La Tour) 394, 542, 543
라벨(M. J. Ravel) 627
라보프(W. Labov) 299~301
라이프니츠(G. W. Leibniz) 43, 90
라이히(W. Reich) 51, 52, 134, 653, 695
라캉(J. Lacan) 34, 36, 37, 43, 48, 50, 73, 87, 136, 168, 169, 237, 269, 334, 336, 342, 344, 352, 472, 473, 496, 500, 501, 698
라파엘로(S. Raffaello) 394, 396
랭(Laing) 47
레닌(V. I. Lenin) 78, 94, 95, 118, 243, 270, 276, 279~281, 351, 415, 524, 674
레마르크(R. Remarque) 689
레미 쇼뱅(Rémy Chauvin) 103
레비-스트로스(C. Levi-Strauss) 43, 138, 139, 190, 269, 298, 343, 344, 347, 352, 360, 662, 664
레비나스(E. Lévinas) 496, 498, 499, 501~03, 506
레오나르도 다 빈치(Leonardo da Vinci) 540
렘브란트(Rembrandt Harmenszoon van Rijn) 394, 395, 514, 525, 538
로댕(A. Rodin) 516
로렌스(D. H. Lawrence) 44
로장스틸(P. Rosenstiehl) 109
료타르(J-F. Lyotard) 23, 24, 44, 45
루 리드(Lou Reed) 33
루멧(S. Lumet) 638
루벤스(P. P Rubens) 394
루이(Louis) 116
루카스(K. Lukas) 568
루카치(G. Lukccs) 75, 78
루크레티우스(T. Lucretius Carus) 41

룩셈부르크(R. Luxemburg) 647, 652, 736
르노(H. Regnault) 563
르루아-그랑(Leroi-Gourhan) 233
르 코르뷔지에(Le Corbusier) 688
리만(G.F.B Riemann) 259
리카도(D. Ricardo) 74, 78, 94
린네(C. Linne) 445

[ㅁ], [ㅂ]

마그리트(R. Magritte) 520
마네(E. Manet) 552, 560
마르티네(Martinet) 186~88, 224
마사이스 564
마오(Mao) 116, 652, 722
마조흐(Masoch) 37, 42
만델브로트(B. Mandelbrot) 98
말라르메(Mallarmé) 25, 379
맑스(K. Marx) 35, 36, 44~48, 50, 51, 61~63, 69, 70, 73, 74, 86, 94, 95, 241~43, 247, 279, 290, 291, 309, 379, 503, 640, 652, 666, 667, 686, 687, 698, 702, 703
메를로-퐁티(M. Merleau-ponty) 496
메시앙(O. Messiaen) 33
모노(J. Monod) 131, 247
모세(Mose) 367~71, 378, 380, 381, 390, 405, 406, 538, 558
모차르트(W. Mozart) 208, 417
무리요(B. Murillo) 394, 396, 397
무소르그스키(M. Mussorgsky) 30, 627
뭉크(E. Munk) 392~94
미스 반 데어 로에(Mies van der Rohe) 688
바그너(W. Wagner) 219, 304, 379, 627
바르트(R. Barthe) 237, 238 239, 269, 334
바흐(J-S. Bach) 30, 194, 208 219
박정희 690
반 고흐(V. Gogh) 643
베르그송(H. Bergson) 25, 26, 43, 429
베른슈타인(E. Bernstein) 647
베리오(L. Berio) 33, 307
베어하트(Bear Heart) 358~60, 547
베이컨(F. Bacon) 432, 433
베이트슨(G. Bateson) 468
베토벤(L. Beethoven) 208, 209, 304, 416
벨라스케스(D.R. Velazquez) 394
보나르(P. Bonnard) 531
보드리야르(J. Baudrillard) 44, 45, 269, 334
보르헤스(J. Borges) 245, 326~28, 377, 740

부처 116, 142, 223, 586, 587
불레즈(P. Boulez) 33
뷔야르(Vuillard) 531
비릴리오(P. Virilio) 740
비트겐슈타인(L. Wittgenstein) 86, 176, 263~65, 270, 281, 284, 302, 509
비틀즈(Beatles) 47

[ㅅ]

사드(M. Sade) 472
사르트르(J-P. Sartre) 496~501, 511, 512
사무엘(Samuel) 371~374
사이드(E. said) 562
사케리(G. Saccheri) 259
사티(E. A. Satie) 627
선자화상(船者和尚) 536
설두 중현(雪竇 重顯) 89
성철(性徹) 462
세르반테스(M. Cervantes) 245
소르티니 55
소쉬르(F. Saussure) 71~73, 197, 234, 237, 238, 261, 269, 290, 292, 297, 298, 293, 334, 339
소크라테스(Socrates) 427

쇤베르크(A. Schonberg) 33, 219, 220
쉬톡하우젠(K. Schtockhausen) 33
슈레버(Schreber) 336
스미스(A. Smith) 74, 76, 78, 656
스타니슬라브스키 296
스탈린(I.V. Stalin) 242, 243, 415, 524, 690, 691, 697
스파이로자이라(Spirogyra) 104
스피노자(B. Spinoza) 24, 29, 31, 35, 41~43, 51, 52, 77, 78, 87, 104, 114, 133, 170, 177, 178, 198, 199, 223, 224, 232, 286, 404, 436, 438, 452, 466, 468, 469, 474, 640, 653, 694
시튼(E. T. Seton) 357

[ㅇ]

아도르노(T. Adorno) 27
아르토(A. Artaud) 44, 180, 424, 426, 427, 439~47, 488, 643
아리스토텔레스(Aristoteles) 26, 85, 203, 205
아말리아 55, 720
아벨(Abel) 374
아폴리네르(G. Apollinaire) 604
안티고네 351, 376

알베르티(L. B. Alberti) 205
알튀세르(L. Althusser) 75, 78, 86, 185, 242, 286, 369
앙리-레비(Henry-Lévy) 49
야마다 비묘(山田美妙) 312
야콥슨(R. Jakobson) 73, 187, 298
에피쿠로스(Epicuros) 41, 86, 94, 600
엘리스(H. Ellis) 665
엘리아스(N. Elias) 408, 409, 672
엥겔스(F. Engels) 86, 242, 275
예수 200, 259, 375, 495, 549, 551, 553, 558, 566, 568, 572, 577, 668, 715, 715, 725, 726
옐름슬레브(L. Hjelmslev) 186, 189, 191, 192, 196, 197, 224
오란녀(Oranje) 52, 694
오스망 656, 658
오시마 나기사(大島渚) 693
오우삼(吳宇森) 633
와일드(O. Wilde) 665
왕건 671
요나(Jonas) 374, 375
용수(龍樹, Nagarjuna) 85, 89, 113, 118
우리(J. Oury) 34, 47
워터스(R. waters) 537
원오 극근(園悟 克勤) 89
융(K. Jung) 156

[ㅈ], [ㅊ]

잭슨(M. Jackson) 570, 571
제로니모(Geronimo) 670
윌리엄 제임스(W. James) 245
헨리 제임스(H. James) 591, 608, 609, 614, 617, 618
조공례 34
조이스(J. Joyce) 379
조프루아 생틸레르(Geoffroy Saint-Hilaire) 207, 208, 220
지오토(Giotto) 567~569
차라투스트라 223
차이코프스키(P. Chaikovskii) 407
챌린저 179, 180, 192, 207
촘스키(Chomsky) 290, 294, 297~301
칭기스칸(成吉思汗, Genghis Khan) 362, 722
카인(Cain) 374~76
카프카(F. Kafka) 25, 28, 44, 54~57, 82, 85, 152, 153, 199, 242, 272, 309, 314, 402, 533, 653, 689, 720
칸딘스키(W. Kandinsky) 91
케인스(J. Keynes) 94

[ㅋ], [ㅌ], [ㅍ]

코베인(K. Kobain) 518

코제브(A. Kojéve) 500

코코슈카(O. Kokoschka) 554, 557

쿠겔만 242

퀴비에(G. Guvier) 207, 208, 445

크리스테바 237

클라인(M. Klein) 43, 135

클람 55, 720

타르드(G. Tarde) 712~714

트루베츠코이(N.S. Troubetzkoy) 187, 298

티치아노(V. Tizaino) 550, 560

티투스(F. Titus) 371

파노프스키(E. Panofsky) 201

팔라디오(A. Palladio) 205

팔리아치(Pagliacci) 511

퍼스(C. S. Peirce) 238, 334, 336

펄 잼(Pearl Jam) 33

푸코(M. Foucault) 38, 43, 54, 62, 69, 70, 77, 87, 115, 142, 190, 205, 238, 239, 264, 268, 269, 416, 425, 445, 474, 698, 719, 720, 729

프로이트(S.Freud) 36, 37, 48~50, 52, 107, 124~127, 129, 135, 136, 143, 144, 147, 148, 155, 156, 160~162, 167, 168, 344, 345, 366, 379, 450~453, 470, 471, 500

프루스트(M. Proust) 42, 43, 313, 584

프티토(J. Petitot) 109

플라톤(Platon) 90, 203, 472

플랑드랭(H. Flandrin) 142, 146

플뤼티오(P. Fleutiaux) 591, 629

피츠제럴드(S. FitzGerald) 591, 608, 620, 621, 624, 628, 642

피카소(P. Picasso) 584, 626

핑크 플로이드(Pink Floyd) 537, 636

[ㅎ]

하이데거(M. Heidegger) 39~41, 78, 79, 88, 112, 500

하이젠베르크(W. Heisenberg) 614, 705

햄릿(Hamlet) 129

헤겔(G.W.F.Hegel) 35, 39~41, 78, 81, 86, 90, 94, 96, 242, 247, 500, 535

혜능(慧能) 223, 437, 438

홍인(弘忍) 436

후설(E. Husserl) 41, 261, 342, 512, 606, 607

후타바타이 시메이(二葉亭四郞) 312

흄(D. Hume) 35, 42

히틀러(A. Hitler) 51, 653, 694, 699
힐베르트(D. Hilbert) 418

노마디즘 1

1판 1쇄 발행일 2002년 12월 2일
1판 14쇄 발행일 2022년 11월 7일

지은이 이진경

발행인 김학원
발행처 (주)휴머니스트출판그룹
출판등록 제313-2007-000007호(2007년 1월 5일)
주소 (03991) 서울시 마포구 동교로23길 76(연남동)
전화 02-335-4422 **팩스** 02-334-3427
저자·독자 서비스 humanist@humanistbooks.com
홈페이지 www.humanistbooks.com
유튜브 youtube.com/user/humanistma **포스트** post.naver.com/hmcv
페이스북 facebook.com/hmcv2001 **인스타그램** @humanist_insta

편집주간 황서현 **편집** 박지홍 **디자인** 이준용 **그래픽** 김준희 **사진** 안해룡 **찾아보기** 이은실 김진희
조판 홍영사 **용지** 화인페이퍼 **인쇄** 청아디앤피 **제본** 정민문화사

ⓒ 이진경, 2002

ISBN 978-89-89899-40-2 03100
　　　978-89-89899-39-6 (세트)

• 이 책은 저작권법에 따라 보호받는 저작물이므로 무단 전재와 무단 복제를 금합니다.
• 이 책의 전부 또는 일부를 이용하려면 반드시 저자와 (주)휴머니스트출판그룹의 동의를 받아야 합니다.